Wilhelm Killermann / Peter Hiering / Bernhard Starosta

Biologieunterricht heute

Eine moderne Fachdidaktik

Auer

Verfasser:

Prof. Dr. Wilhelm Killermann, Universität München
Prof. Dr. Peter Hiering, Universität Passau
Dr. habil. Bernhard Starosta, Universität Regensburg

Folgende Autoren wirkten mit:

Dr. Monika Bieberbach, Universität München, Kap. 8.2.4
Dr. Maria Erhart, Universität Augsburg, Kap. 3.5
Dr. Bruno Hügel, Universität Eichstätt, Kap. 3.1 u. Mitautor Kap. 3.2
M.A. et M.P.H. Doris Mill, Augsburg, Kap. 10.6.2

Gedruckt auf umweltbewusst gefertigtem, chlorfrei gebleichtem und alterungsbeständigem Papier.

17. Auflage 2018

Satz: Fotosatz H. Buck, Kumhausen
Druck und Bindung: Kessler Druck + Medien GmbH, Bobingen
ISBN 978-3-403-**00428**-8
www.auer-verlag.de

Inhaltsverzeichnis

Vorwort

Im Jahr 1974 erschien „Biologieunterricht heute" in erster Auflage. Das Werk fand rasch große Zustimmung unter Lehramtsstudierenden, Lehrerinnen und Lehrern. So konnten bald weitere Auflagen folgen. Die für ein Lehrbuch der Fachdidaktik lange Lebensdauer zeigt, dass es stets den aktuellen Anforderungen und Gegebenheiten des Biologieunterrichtes gerecht werden konnte. Nachdem die zehnte Auflage schon seit längerer Zeit vergriffen war, wurde der Wunsch an Autor und Verlag herangetragen, das vielfach bewährte Werk wieder herauszubringen. Inzwischen fanden, nicht zuletzt als Folge internationaler Vergleichsstudien, neue bildungspolitische und pädagogisch-didaktische Zielsetzungen Eingang in die Gestaltung der Lehrpläne und in die tägliche Unterrichtspraxis. Neue Aspekte brachten auch moderne Lerntheorien sowie die schulische Nutzung moderner Medien etc. Diese und andere Entwicklungen erforderten nicht nur eine Überarbeitung der letzten Auflage, sondern, unter Beibehaltung bewährter Strukturen, eine weitgehende Neubearbeitung.
Diese Neubearbeitung wurde vom bisherigen Alleinverfasser Killermann nun gemeinschaftlich mit den Kollegen Hiering und Starosta vorgenommen. Darüber hinaus steuerten Monika Bieberbach, Maria Erhart, Bruno Hügel und Doris Mill einzelne Kapitel bei, die dann in das Gesamtkonzept so eingefügt wurden, dass möglichst keine Überschneidungen entstanden. Die Verfasser und die drei erstgenannten Mitautoren verfügen sowohl über langjährige Erfahrungen in der Ausbildung von Lehramtsstudierenden an der Universität als auch über mehrjährige eigene Unterrichtspraxis.
Die Neubearbeitung soll, wie die bisherigen Auflagen, einerseits theoretisches Grundlagenwissen zur Fachdidaktik Biologie vermitteln und in diesem Rahmen auch moderne Entwicklungen darstellen, etwa neue Sichtweisen vom Lehren und Lernen, konstruktivistische Ansätze, offene Unterrichtsformen, fächerverbindende Aspekte oder computergestützte Medien etc. Spezielle wissenschaftliche Arbeiten, insbesondere biologiedidaktische Dissertationen, die Interessierten einen Einblick in den aktuellen Forschungsstand ermöglichen, sind in Kleindruck wiedergegeben. Unsere Fachdidaktik soll andererseits Theorie und Praxis eng miteinander verbinden, sie soll helfen, theoretische Grundlagen in Unterrichtspraxis umzusetzen. Deshalb finden sich an geeigneten Stellen stets realitätsnahe

Anregungen und konkrete Beispiele für den Unterricht. So ist auch ein umfangreiches Kapitel wichtigen Themenkreisen des Biologieunterrichtes mit vielen didaktischen Hinweisen gewidmet. Andere, praxisnahe Abschnitte beschäftigen sich mit Unterrichtsformen, mit fachgemäßen Arbeitsweisen und Arbeitsmitteln, mit schulischen und außerschulischen Lernorten. Dabei wurde Altbewährtes keinesfalls gegenüber Neuem vernachlässigt. Die Verfasser wenden sich mit diesem Buch an Lehramtsstudierende aller Schularten und Schulstufen mit dem Fach bzw. mit einer Fächerverbindung Biologie sowie an Lehrerinnen und Lehrer der Biologie im Vorbereitungs- oder im aktiven Schuldienst. Das Lehrbuch soll die studentische Arbeit an der Hochschule begleiten und der Prüfungsvorbereitung dienen. Auch Anliegen von Studierenden der Fachdidaktik Biologie, die kein Lehramt anstreben, konnten mitberücksichtigt werden. In gleicher Weise soll das Buch in der zweiten Ausbildungsphase Hilfestellung leisten und den aktiven Lehrern im Schuldienst Stütze bei der Fortbildung sein. Wir danken den oben genannten Mitarbeitern für ihre Beiträge, weiteren Kolleginnen und Kollegen sowie Studierenden für viele Anregungen und Verbesserungsvorschläge. Dem Verlag danken wir für die konstruktive Zusammenarbeit.

Vorwort zur 16. Auflage

Aktuell findet im deutschen Schulsystem ein Reformprozess statt, der sich mit den Schlagworten „Qualitätsmanagement", „Output-Steuerung" und „Kompetenzorientierung" beschreiben lässt. Die vorliegende Neuauflage berücksichtigt vor allem die für den Biologieunterricht relevanten Änderungen. Aktualisierungen wurden auch in zahlreichen weiteren Kapiteln vorgenommen.

München, Passau, Regensburg 2016
Wilhelm Killermann, Peter Hiering, Bernhard Starosta

1 Bedeutung und Stellung der Biologie im Kanon der Unterrichtsfächer[1]

Wir leben heute in einer Zeit, in der die Biowissenschaften und ihre Fortschritte das Denken und Handeln der Menschen wesentlich mitprägen. Während Physik und Chemie in früheren Jahrzehnten im Mittelpunkt des Interesses standen, kann heute die Biologie mit ihren Teilbereichen als Leitwissenschaft des 21. Jahrhunderts angesehen werden; ihre Forschungsergebnisse, insbesondere im molekularbiologischen und ökologischen Bereich, bewegen die öffentliche Diskussion. Es geht dabei vor allem um Chancen und Risiken der Anwendung ihrer Erkenntnisse in Medizin und Pharmazie, Landwirtschaft und Ernährung, um ihre Bedeutung für Umweltsicherung und Erhalt der natürlichen Lebensgrundlagen des Menschen. Verfahren der Biotechnologie gewinnen mehr und mehr an Bedeutung, etwa bei der Herstellung von Lebensmitteln und Medikamenten, bei der Erzeugung erneuerbarer Energien, bei der Abwasserreinigung usw. Mit der Gentechnik entstand auch in Deutschland ein neuer, ständig wachsender Industriezweig. Methoden der Neurobiologie und Ethologie vermitteln neue Einsichten in Funktionen unseres Gehirns, in die Steuerung unseres Verhaltens und in die Entstehung unseres Weltbildes. Diese Entwicklungen sind von großer gesellschaftlicher und wirtschaftlicher Bedeutung. Sie erfordern Stellungnahmen und Entscheidungen auf solider fachlicher Grundlage, die der Unterricht im Schulfach Biologie vermitteln kann.
Inhalte aus der Biologie als der Wissenschaft von den Lebewesen und den Lebenserscheinungen erschließen dem Heranwachsenden wesentliche Bereiche der Umwelt; sie stellen damit auch einen unverzichtbaren Beitrag für das Selbst- und Weltverständnis und zugleich für die Persönlichkeitsentwicklung des Einzelnen dar. Biologische Einsichten können den Schülerinnen und Schülern Hilfestellung leisten, um in ihrem aktuellen Lebensumfeld zurechtzukommen, aber auch um künftige Lebenssituationen zu bewältigen; sie können ihnen zumindest eine grobe Orientierung mit auf den Lebensweg geben.
Die große Rolle, die der Biologie in fast allen Lebensbereichen zukommt, sollte folglich dem Schulfach Biologie bzw. biologischen Themen im Kanon aller Unterrichtsfächer einen bedeutsamen Platz einräumen. Das Fach ist bei Schülerinnen und Schülern in der Regel recht beliebt.
Themen der Biologie weisen viele Beziehungen zu Inhalten der Chemie und Physik, aber auch der Geografie, Sozialkunde, Ethik oder Religion auf. Im molekularbiologischen Bereich verwenden Chemie und Biologie ähnliche Arbeitsmethoden. Fächerübergreifende Kooperation ist deshalb notwendig und heute verpflichtend vorgeschrieben.
Traditionell werden biologische Themen in Lehrplänen der Grundschule im Rahmen des Sachunterrichtes behandelt. Biologie als eigenständiges Unterrichtsfach war bis vor Kurzem in den meisten Jahrgangsstufen des Sekundarbereiches I

1 Literatur z. B. VdBiol-Rahmenplan Schulbiologie 2000

vertreten. In den Kursen der gymnasialen Oberstufe wurde das Unterrichtsfach Biologie häufig gewählt. Im Zuge jüngster Reformen, u. a. um das Denken in Zusammenhängen und damit ein umfassendes Natur- und Technikverständnis zu fördern, wird Biologie in einigen Jahrgangsstufen weiterführender Schulen heute nicht mehr als selbstständiges Fach geführt, sondern in verschiedenen Bundesländern mit Chemie und Physik oder auch Technik zu einem gemeinsamen Fach verbunden. Auch fächerübergreifende Rahmenthemen, wie „Bewegung in Technik und Natur" oder „Wasser", sollen unter biologischen sowie unter anderen fachlichen Aspekten behandelt werden (vgl. Kap. 3.5).

Trotz mancher Gemeinsamkeiten können sich jedoch die drei genannten Naturwissenschaften im Unterricht keinesfalls gegenseitig ersetzen. Jede verfügt über ein eigenes Fachprofil, über eigene Inhalte und Methoden, und jede trägt auf ihre Weise zur Gewinnung eines naturwissenschaftlichen Weltbildes bei. So hat die Biologie als die Wissenschaft von den Lebewesen ihre ganz besonderen Ziele, Inhalte und Methoden. Man denke zum Beispiel an das Konzept der Zweckmäßigkeit von Strukturen und Funktionen, an Selbstreproduktion, an Evolution, an Formenvielfalt und Variabilität oder an spezielle Ziele des Biologieunterrichtes, wie Achtung vor dem Lebendigen, verantwortungsvolle Haltung gegenüber der Natur usw.

Biologie ist auch aus diesen Gründen als ein unverzichtbarer Bestandteil im Fächerkanon aller Schularten und Jahrgangsstufen anzusehen. Biologischen Themen gebührt ein wesentlicher Anteil am Sachunterricht der Grundschule. In den unteren und mittleren Jahrgangsstufen der weiterführenden Schulen sollte Biologie entweder als eigenständiges Fach geführt werden, oder in den genannten Fächerkombinationen mit entsprechendem Gewicht vertreten sein. In der gymnasialen Oberstufe sollten Kurse mit biologischen Themen auf jeden Fall zum verpflichtenden Kanon gehören.

2 Biologiedidaktik als Wissenschaft[2]

2.1 Wissenschaftsverständnis der Fachdidaktik Biologie

Didaktik ist die Wissenschaft vom Lehren und Lernen oder, im engeren Sinne, die Wissenschaft vom Unterricht. Das griechische Verb *didaskein* bedeutet sowohl *lehren, unterweisen* als auch *einüben, lernen*. Didaktik setzt sich mit Zielen und Inhalten des Lehrens und Lernens auseinander, aber auch mit den Lehr-Lernmethoden sowie mit allen anderen Faktoren, die für das Lehren und Lernen von Relevanz sind (z. B. Lehr-Lernmittel, Lernort, Lernzielkontrollen etc.). PETERSSEN (2004) definiert Didaktik „als Theorie und Lehre des Lernens und Lehrens, die sich um die Erfassung aller Vorgänge und Faktoren bemüht, einschließlich Bedingungen und Wirkungen." Aus bildungstheoretischer Sicht wird Didaktik auch verstanden als Planung des Lehrens und Lernens.
Didaktisches Handeln wird maßgeblich von erziehungswissenschaftlichen Theorien geleitet. Von richtungsweisender Bedeutung sind in diesem Zusammenhang die Ansätze der bildungstheoretischen Didaktik[3] und der lehr-lerntheoretisch orientierten Didaktik[4]. Erstere versucht die Lerninhalte von ihrem Bildungswert her zu begründen, wobei diese nach KLAFKI (1964a) im Rahmen einer sog. *Didaktischen Analyse* hinsichtlich Gegenwartsbedeutung, Zukunftsbedeutung, Sachstruktur, exemplarischer Bedeutung und Zugänglichkeit kritisch zu hinterfragen sind. Insbesondere komme es dabei darauf an, Antworten zu finden auf die Fragen „*Was* soll aus der Fülle der heute vorliegenden Erkenntnisse (z. B. der Biowissenschaften) in allgemeinbildenden Schulen unterrichtet werden? *Warum* sollen bevorzugt die ausgewählten Inhalte unterrichtet werden, andere hingegen nicht? *Wozu* soll unterrichtet werden, d. h. welche Fähigkeiten und Kompetenzen sollten die Lernenden erwerben?"
Im Unterschied zum bildungstheoretischen Ansatz versucht der lehr-lerntheoretische Ansatz durch Analyse der Lehr-Lernprozesse, d. h. aller den Unterricht beeinflussenden Faktoren, eine Theorie optimalen Lehrens und Lernens zu entwickeln. Lehren und Lernen sind zwei dialektisch aufeinander bezogene Vorgänge und damit zwei Seiten desselben Unterrichtsgeschehens. Die entscheidenden Zielfragen, die es dabei zu beantworten gilt, lauten: *Wie* und *womit* soll unterrichtet werden? Diese Fragen fokussieren die Unterrichtsmethode, die Lernvoraussetzungen und die Unterrichtsmittel.
Zunächst stand die *Allgemeine Didaktik* im Vordergrund des Interesses. Sie machte Aussagen zur Auswahl der Lerninhalte und zu den Lehrmethoden, die mit gewissen Abwandlungen („Besondere Unterrichtslehre") für alle Unterrichtsfächer

2 Literatur z. B. Blankertz 2000, Gropengießer & Kattmann 1994, Heimann, Otto & Schulz 1976, Klafki 1963, 1964a, 1964b; 2007; Kramp 1964; Wagenschein 1970a,b,c
3 Göttinger Schule (Klafki 1963 und 1964b, Kramp 1964); Blankertz 2000, Wagenschein 1970a,b,c
4 Berliner Schule (Heimann, Otto & Schulz 1976)

gelten sollten. Erst in jüngerer Zeit erkannte man den besonderen Stellenwert der fachbezogenen Bildungsziele und Lerninhalte sowie der spezifischen Denk- und Arbeitsweisen der einzelnen Fachwissenschaften für das Lehren und Lernen. Dieser Weg führte zu den *Fachdidaktiken*. Sie verstehen sich als Wissenschaften, die das Ziel haben, Theorie und Praxis miteinander zu verbinden und so zur Verbesserung des Unterrichts beizutragen. Was die fachdidaktischen Theorien betrifft, so müssen sich diese daran messen lassen, inwieweit sie geeignet sind, unterrichtliche Realität zu erklären bzw. zu verbessern, und ob sie von den Lehrenden und Lernenden auch akzeptiert werden.

Fachdidaktik Biologie ist die Wissenschaft vom Lehren und Lernen im Fach Biologie. In dieser Eigenschaft versucht sie, über Erkenntnisprozesse Ziele, Inhalte und Methoden des Lehrens und Lernens von Biologie zu begründen. Sie ist damit mehr als eine Methodenlehre. Im Mittelpunkt biologiedidaktischer Fragestellungen steht der Mensch. Deshalb dürfen die Gegenstände der Biowissenschaften im Unterricht nicht einfach nur reproduziert werden. Vielmehr müssen die für den Unterricht relevanten Inhalte „in *pädagogischer Zielsetzung* didaktisch neu aufbereitet, d. h. *rekonstruiert* werden, damit die Lernenden ihre Bedeutung für das Fach sowie für umweltliche, soziale und individuale Bereiche erkennen und reflektieren können" (Gropengiesser & Kattmann 1994). Fachdidaktische Entscheidungen können daher nicht allein aus den Fachwissenschaften abgeleitet werden. Das Schulfach „Biologie" ist keine Abbildung der Biowissenschaften auf reduziertem Niveau (Abbilddidaktik), da Fachunterricht in allgemeinbildenden Schulen nicht nur von der Fachwissenschaft bestimmt wird, sondern auch von pädagogischen Grundsätzen, gesellschaftlichen Interessen und übergeordneten Erziehungszielen.

Fachdidaktik Biologie versteht sich somit als eine mit dem Lehren und Lernen von Biologie befasste Wissenschaft, die sich auf Erkenntnisse der Biowissenschaften sowie der Pädagogik, Psychologie und Soziologie als Bezugswissenschaften stützt. Als *Forschungsdisziplin* untersucht die Biologiedidaktik die fachbezogenen Lehr-Lernprozesse und die in ihnen wirksamen Gesetzlichkeiten mit wissenschaftlichen Verfahren und setzt sich mit Zielen und Inhalten des Biologieunterrichts auseinander. Biologiedidaktik ist folglich sowohl eine *hermeneutisch-interpretative* Wissenschaft, die Lernziele und Lerninhalte begründet, als auch eine *empirisch-analytische* Wissenschaft, welche die konstitutiven Elemente für biologische Lern- und Verstehensprozesse erforscht. In ihrem Bestreben, die Bildungsfunktion des Unterrichtsfaches Biologie theoriebezogen zu legitimieren und Verfahren optimalen Lehrens und Lernens zu erforschen, betreibt die Fachdidaktik Biologie sowohl grundlagenbezogene als auch anwendungsbezogene Forschung.

2.2 Grundlegende Methoden der Erkenntnissuche und biologische Erklärungen

Induktion und Deduktion

Überlegungen grundsätzlicher Art über Wege und Methoden der Erkenntnissuche und Erkenntnisgewinnung in der Biologie gehen vornehmlich auf den Zellbiologen und Naturphilosophen MAX HARTMANN zurück. Dieser vertritt in seinen theoretischen Schriften die Auffassung, dass, ausgehend von vielen Einzelfällen, z. B. Beobachtungen, Experimentierergebnissen und dgl., durch Verallgemeinerung (Generalisierung) auf Allgemeingültiges, eine Regel oder einen Typus geschlossen werden könne. Einen solchen Schluss vom Besonderen auf das Allgemeine nennt man *Induktion*. Umgekehrt könne aber auch von einer allgemeinen Erkenntnis oder Gesetzmäßigkeit eine Schlussfolgerung auf einen Einzelfall, auf das Besondere gezogen, ja sogar eine Voraussage über den Einzelfall gemacht werden. Den Schluss vom Allgemeinen auf das Besondere bezeichnet man als *Deduktion*. In der Biologie als erklärende Erfahrungswissenschaft sind induktive und deduktive Schlussfolgerungen eng miteinander verknüpft und lösen einander im Erkenntnisprozess ab.

Die induktive Erkenntnissuche spielt in der Geschichte der Naturwissenschaften bei der Hypothesen- und Theoriebildung eine wichtige Rolle (VOLLMER 1986/88). In der Regel führt eine Reihe von Einzelergebnissen durch *Induktion* zunächst zur Aufstellung einer *Hypothese*. Diese Hypothese muss an möglichst vielen Fällen überprüft werden. Zeigt die Überprüfung einen positiven Ausgang, so kann die Hypothese als vorläufig bestätigt gelten. Sie ist es so lange, bis eine bessere Hypothese gefunden wird, die noch treffendere Voraussagen ermöglicht. Bei negativem Ausgang muss die Hypothese modifiziert oder ganz verworfen werden. Da naturwissenschaftliche Ergebnisse nie unumstößlich bestätigt werden können, kommt insbesondere der Widerlegung (Falsifikation) einer Hypothese für das Fortschreiten wissenschaftlicher Erkenntnis hohe Bedeutung zu (POPPER 1998). Aus erkenntnistheoretischer Sicht ist es jedoch nicht zulässig, von wiederholten Einzelfällen auf eine allgemeine Gesetzmäßigkeit zu schließen, da jede Induktion immer bereits Allgemeinbegriffe voraussetzt und somit deduktive Elemente impliziert, die sich von theorieähnlichen Annahmen ableiten. Da außerdem niemals alle Einzelfälle überprüft werden können, ist nicht auszuschließen, dass auch abweichende Fälle vorkommen. Ein in diesem Zusammenhang häufig zitiertes Beispiel: Alle bislang beobachteten Schwäne sind weiß. – Induktiver Schluss: Alle Schwäne sind weiß. – In Neuseeland gibt es tatsächlich auch schwarze Schwäne.

Dessen ungeachtet scheint sich aber die schlussfolgernde Praxis im Alltag dennoch zu bewähren. VOLLMER (1990) erklärt dieses Phänomen aus der evolutionären Erkenntnistheorie, wonach der Mensch die angeborene Neigung (Disposition) habe, Regelmäßigkeiten in der Umwelt anzunehmen, weil sie sich in der natürlichen Auslese bewährt haben. Diese Disposition beweist aber nichts über ihre Wahrheit bzw. Allgemeingültigkeit und taugt deshalb auch nicht für eine Vorhersage zukünftiger Fälle. VOLLMER schlägt daher vor, statt die Naturgesetze als Allaussagen zu formulieren, z.B. „Für alle Zeiten und an allen Orten gilt A", sollten wir diese besser folgendermaßen aussprechen: „In allen bisher beobachteten Fällen galt A, und es spricht nichts dagegen, dass es auch für einen weiteren Fall gilt."

Auf der Grundlage dieser empirischen Alltagserfahrung lässt sich z.B. durch Untersuchen und Vergleichen von Blüten feststellen, dass Taubnessel, Wiesensalbei und Gundermann die gleichen oder sehr ähnlichen Gestaltmerkmale aufweisen: zweiseitig-symmetrische Blüten, zwei lange und zwei kurze Staubblätter, Blätter gekreuzt gegenständig, vierkantige Stängel usw. Daraus kann synthetisch ein Typus oder Bauplan abgeleitet werden, der für die untersuchten und alle ähnlichen Arten zutrifft. Er wird durch einen neuen Gruppenbegriff „Lippenblütengewächse" gekennzeichnet. Das Verfahren zu seiner Auffindung ist *induktiv*. Im umgekehrten Fall wird eine einzelne vorgelegte Pflanze daraufhin untersucht, ob sie bekannte Baueigentümlichkeiten einer bestimmten Pflanzenfamilie aufweist. Wenn das der Fall ist, wird sie als zu dieser Familie gehörend erkannt. Vertrauend auf alle bislang gemachten Erfahrungen mit Merkmalen von Pflanzenfamilien, können dann *deduktiv* weitere typische, noch nicht beobachtete Familienmerkmale bei ihr vorausgesetzt werden.

Was den *Prozess der Theoriebildung* betrifft, so geht nach Meinung des Evolutionsbiologen Ernst Mayr (2000) „Wissenschaft in zwei Schritten vor sich: Der erste Schritt umfasst die Entdeckung von neuen Tatsachen sowie die Entwicklung von Hypothesen oder Theorien zu ihrer Erklärung. Der zweite Schritt befasst sich mit der *Prüfung der Theorien*, d.h. ihrer Bestätigung bzw. Nichtbestätigung." Die Güte einer Theorie erweist sich in der Zuverlässigkeit für eine Vorhersage, wobei Vorhersagen in der Biologie bestenfalls probabilistisch sind, d.h. nur mit einer gewissen Wahrscheinlichkeit zutreffen. Übereinstimmung herrscht unter Erkenntnistheoretikern weitestgehend darin, dass durch Induktion allein keine Theorien generiert werden können.

Wie Hypothesen, sind auch Theorien grundsätzlich für eine Weiterentwicklung offen. So wurde die Bedeutung von Gregor Mendels Entdeckung über den Erbgang äußerlich sichtbarer Merkmale jahrzehntelang nicht erkannt, weil z.T. andere Hypothesen im Vordergrund des Interesses standen. Als Correns, Tschermak und De Vries die Ergebnisse ihrer Kreuzungsexperimente 1900 veröffentlichten, erkannte man darin die Regeln Mendels von 1865 wieder. Aus den bis dahin weitgehend unabhängig voneinander entwickelten Hypothesen der Kreuzungs- und der Zellforschung wurde schließlich als gemeinsames Ergebnis die Chromosomentheorie der Vererbung begründet.

Vitalismus und Mechanismus

Die Frage, was Leben seinem Wesen nach sei, hat Naturphilosophen zu allen Zeiten stark beschäftigt; sie scheint bis heute nicht schlüssig geklärt zu sein. Thomas Mann widmet dieser Frage im „Zauberberg" eine längere Gedankensequenz, ohne dabei selbst zu einer befriedigenden Antwort zu kommen. Schon Aristoteles (384–322 v.Chr.) erkannte die Eigengesetzlichkeit des Lebendigen und postulierte

hierfür das Wirken einer spezifischen Kraft, die er Entelechie nannte (griech. „was das Ziel in sich hat"). Anhänger des sog. *Vitalismus* gingen von der Annahme aus, dass alle Lebensäußerungen von einer verborgenen Kraft, einer *vis vitalis*, gesteuert würden. Der Vitalismus war vom frühen 17. Jahrhundert bis in die 1920er-Jahre populär. Da es nie gelang, eine solche Lebenskraft nachzuweisen, überlebte sich die vitalistische Lehre schließlich von selbst.
Im Gegensatz zu den Vitalisten vertraten die sog. *Mechanisten* die Auffassung, dass alle Lebenserscheinungen auf chemischen und physikalischen Vorgängen beruhen würden. Gestützt wurde diese Lehre u. a. durch die künstliche Synthese von Harnstoff durch Friedrich Wöhler (1828) und die Selektionstheorie von Charles Darwin, der für die natürliche Auslese nur ein mechanistisch wirkendes Prinzip gelten ließ.
Sowohl Vitalismus als auch Mechanismus sind jedoch keine wissenschaftlich begründbaren Positionen, da sie letztlich empirisch nicht überprüft werden können und damit keinen wissenschaftlichen Erklärungswert haben.

Teleologie, Teleonomie und Kausalität

Anknüpfend an die vitalistische Deutung des Lebendigen, stellt sich – anders als in der Physik – in der Biologie immer auch die Frage *„Zu welchem Zweck?"* oder *„Wozu?"* ist diese oder jene Struktur bzw. Eigenschaft gut und nützlich. Antworten auf die Frage „Zu welchem Zweck?" oder „Wozu?" lauten in der Regel „um zu ..." oder „damit ..." Nicht selten folgt z. B. auf die Frage „Wozu haben Vögel Federn?" die Antwort: „Damit sie fliegen können." Solche auch mitunter in Schulbüchern vorkommenden Erklärungen sind aus didaktischer Sicht dann bedenklich, wenn sie zu der Annahme verleiten, der Ausbildung zweckmäßiger Strukturen und Eigenschaften liege eine zielgerichtete Absicht zugrunde. Man bezeichnet diese, auf einer vitalistischen Sicht basierende Betrachtungsweise auch als *Teleologie* (griech. teleos = vollkommen, vollendet). Teleologie ist die Lehre von der Zielgerichtetheit oder Zweckmäßigkeit von Erscheinungen in der Natur. Anhänger des Vitalismus sehen übrigens in der Zweckmäßigkeit organismischer Strukturen den besten Beweis für die Existenz eines intelligenten Schöpfers.
Obwohl es für gelenkte, zielgerichtete Entwicklungen keine naturwissenschaftlich begründeten Erklärungen gibt, spielt die Frage nach der Zweckmäßigkeit biologischer Strukturen dennoch eine ganz wichtige Rolle. Zahlreiche Phänomene des Lebendigen werden nämlich erst verständlich, wenn man ihren Zweck oder ihre Funktion kennt, wie z. B. die Farbe und den Duft der Blüten. „Die komplexe Organisation eines lebendigen Wesens ist in den meisten Fällen nützlich. Sie dient einem Ziel und ist in diesem Sinne finalistisch, sie hat einen Zweck und ist in diesem Sinne teleologisch" (Simpson 1969, zitiert von Penzlin 1994). Zur Beantwortung der Frage nach der Zweckmäßigkeit werden Überlegungen aus der Evolutionstheorie herangezogen, welche die Zweckmäßigkeit mit ihrem arterhaltenden Charakter erklären. Für diese Sichtweise prägte der Verhaltensforscher PITTENDRIGH 1956 den Begriff *Teleonomie*. Darunter versteht man die durch Gene „programmgesteuerte, arterhaltende Zweckmäßigkeit als Ergebnis eines

evolutionären Prozesses, wobei sich die Programmsteuerung nur auf die Individualentwicklung (Ontogenese) und nicht auf die Stammesgeschichte (Phylogenese) erstreckt" (Vollmer 1994). Aus dieser Perspektive wird Zweckmäßigkeit somit als ein Produkt der Evolution verstanden.
Viele biologische Einzelerscheinungen lassen sich auch auf der Basis einer Ursache-Wirkungsbeziehung erklären. Entsprechende Fragestellungen lauten zumeist: „Worauf beruht ... z. B. die herbstliche Laubfärbung?" oder: „Wodurch wird ... z. B. die Blutgerinnung verursacht?" oder: „Wie erklärt sich ... z. B. die Immunisierung?" Derartige Fragestellungen zielen auf *kausale Erklärungen*. Mit dem Aufdecken von Kausalbeziehungen ist das Bestreben verknüpft, Naturerscheinungen auf berechenbare Geschehnisse, auf physikalische und chemische Ursachen zurückzuführen. Die Gültigkeit von Kausalität auf der biologischen Ebene wird dabei vorausgesetzt. Die Suche nach kausalen Erklärungen spielt im problemorientierten Unterricht eine wichtige Rolle. Ausgangspunkt ist zumeist ein für den Schüler/die Schülerin unerklärliches Phänomen, das über Hypothesenbildung schließlich in der Erarbeitungsphase einer Erklärung zugeführt wird. Schüler/innen stellen im Biologieunterricht häufig Fragen mit „warum", z. B.: „Warum ziehen viele heimische Vögel im Winter nach dem Süden?" Teleologisch mutmaßend, neigen Schüler/innen dazu, anthropomorph zu antworten: „Damit sie hier nicht verhungern und erfrieren" – was natürlich nicht überzeugt, da auch Jungvögel nach dem Süden ziehen, die einen Winter noch gar nicht erlebt haben. Teleonom und kausal erklärend, müsste daher die Antwort lauten: „Viele heimische Vögel haben einen angeborenen Trieb, der sie veranlasst, im Winter nach dem Süden zu ziehen" – was sich übrigens auch durch Kaspar-Hauser-Versuche beweisen lässt.

Systemtheoretische Betrachtungsweise

Neuere Versuche, das Phänomen Leben zu erklären, gehen von einem systemtheoretischen Ansatz aus. Diesem liegt die Überlegung zugrunde, dass erst durch das hoch organisierte Zusammenwirken der für sich leblosen organischen Einzelbausteine, wie Nukleinsäuren, Proteine, Fette und andere Stoffe, ein lebender Organismus entsteht. Diese *systemtheoretische Betrachtungsweise* geht im Wesentlichen auf das Konzept der „offenen Systeme" von Bertalanffy (1990) zurück, der damit die Regulationserscheinungen des Stoff- und Energiewechsels bei Lebewesen erklärte. Offene Systeme sind definitionsgemäß solche Systeme, die mit ihrer Umgebung Stoffe bzw. Energie austauschen. Wenn sich dabei Ein- und Ausströme die Waage halten, spricht man von einem *Fließgleichgewicht*. Nach der Systemtheorie sind Lebewesen als hierarchisch organisierte Systeme im Fließgleichgewicht aufzufassen, wobei zwischen allen Elementen eines lebenden Systems wechselseitige Beziehungen bestehen. So sind z. B. die Gene, also die Ausgangselemente der individuellen Entwicklung eines Lebewesens, einerseits hoch organisierte Systeme und andrerseits Bestandteile (Subsysteme) eines übergeordneten Systems (Organismus), mit dem sie in Wechselwirkung(Interdependenz) stehen (Wuketits 1982). Erst die Integration aller an einem Organismus beteiligten Einzelelemente

(Moleküle, Zellorganelle, Zellen, Organe, Organsysteme) und ihr geordnetes Zusammenspiel lässt das entstehen, was man als „lebendig" bezeichnet.

2.3 Aufgaben der Biologiedidaktik in Forschung und Lehre

Als Integrationswissenschaft zwischen den Teildisziplinen der Bio- und Erziehungswissenschaften befasst sich die Biologiedidaktik mit vielfältigen Aufgaben in Forschung und Lehre. Da sich die Lehre an der Forschung orientiert, sind Ergebnisse biologiedidaktischer Forschung zwangsläufig immer auch Bestandteil biologiedidaktischer Lehre. Die nachstehend aufgeführten Aufgabenfelder sind gegenwärtig Schwerpunkte von Forschung und Lehre:

(1) Begründung von Lehr- und Lernzielen sowie von Lerninhalten des Biologieunterrichts unter Berücksichtigung normativer und fächerübergreifender Aspekte
Was die Lehr-Lerninhalte betrifft, so sind hauptsächlich diejenigen Inhalte von vorrangiger Wichtigkeit,

- die in besonderer Weise geeignet sind, Wesentliches der Biologie erkennen zu lassen, und somit für die Orientierung in der von den Naturwissenschaften geprägten Welt von Bedeutung sind,
- die nach allgemeinem Grundverständnis von Unterricht die Interessen des Faches (Fachrelevanz), der Lernenden (Schülerrelevanz) und der Gesellschaft (Gesellschaftsrelevanz) berücksichtigen und zur Verwirklichung leitender Erziehungsziele unterstützend beitragen, wie z. B. zum Erkennen von Zusammenhängen, zum Denken in Modellen, zum Aufbau von Werthaltungen, zur Achtung vor dem Lebendigen und zur Bereitschaft zum schonenden Umgang mit der Natur.
- Des Weiteren soll fachdidaktische Forschung den Umfang und die Qualität biologischer Bildung begründen, die ein „mündiger Mensch benötigt, um in wichtigen Lebensbereichen sowie als zukünftiger Entscheidungsträger auf verschiedenen Ebenen unserer Gesellschaft sachgerecht urteilen und handeln zu können" (Hedewig 1992).

Angesichts des enormen Zuwachses an Erkenntnissen in den Biowissenschaften und der ständigen Veränderungen unserer Gesellschaft stellt sich die Aufgabe der Auswahl von Unterrichtsinhalten und die Legitimation von Lehr- und Lernzielen immer wieder aufs Neue. Zu nennen sind hier vor allem Inhalte, die aus fortschrittsbedingten Problemfeldern unserer Gesellschaft erwachsen und die die Interessensphäre der Schüler/innen in besonderer Weise tangieren, wie z. B. Probleme des Natur- und Umweltschutzes, Fragen gesunder Lebensführung, menschliche Sexualität, Drogenproblematik, Biotechnik.

(2) Erforschung der Lernvoraussetzungen
Damit den Zielvorstellungen von Biologieunterricht in zufriedenstellender Weise auch entsprochen werden kann, ist es wichtig, die Ausgangsbedingungen und Voraussetzungen für das Verstehen biologischer Erscheinungen

und Vorgänge sowie für das Erlernen fachtypischer Arbeitstechniken zu kennen. Biologiedidaktische Lehr-Lernforschung stellt sich daher die Aufgabe, die fachrelevanten Lernvoraussetzungen zu erforschen, die für gewinnbringendes Lernen im Fach Biologie von Bedeutung sind. Gegenstand dieses Forschungsansatzes ist somit die Gewinnung von Erkenntnissen

- über das Auffassungs- und Abstraktionsvermögen der Schüler/innen im Zusammenhang mit dem Erlernen biologischer Sachverhalte sowie deren Fähigkeit zum begrifflichen Denken und Erfassen biologischer Denkweisen,
- über Präkonzepte, von denen sich Schüler/innen bei der Interpretation biologischer Phänomene leiten lassen,
- über bereits bestehende Vorkenntnisse, Einstellungen und das Interesse an biologischen Erscheinungen sowie über die Bereitschaft zum aktiven Handeln,
- über die Befähigung der Schüler/innen zur Ausführung biologischer Arbeitsweisen (psychomotorisch-pragmatische Fähigkeiten), wie z. B. gezieltes Betrachten, Beobachten, Untersuchen, Gebrauch optischer Hilfsmittel (Mikroskop) und von Erkennungshilfen (Bestimmungsschlüssel, Naturführer), Befähigung zur Durchführung eines Experiments usw.

(3) *Erforschung der Bedingungen, die den Kompetenzaufbau bei Schülern unterstützen, und Analyse der Lehr-Lernprozesse*
Forschung über Bedingungen des Lernens versucht, über Erkenntnisprozesse zu begründen, welche Faktoren fachbezogenes Lernen beeinflussen. Auf der Basis der gewonnenen Erkenntnisse wird sodann versucht, eine allgemeingültige Theorie des Lehrens und Lernens biologiespezifischer Inhalte zu erarbeiten. Biologiedidaktische Forschung ist daher bestrebt, aufzuklären,

- wie Lernende für biologische Inhalte zu motivieren sind (Motivationsforschung),
- wie Interesse an biologischen Inhalten geweckt und gesteigert werden kann (Interessenforschung),
- wie kognitive Lernerfolge und Behaltensleistungen verbessert bzw. optimiert werden können (Kognitionsforschung),
- wie Lernende zum selbstständigen Lernen angeleitet werden können, d. h. wie Lernumgebungen zu gestalten sind, damit Schüler/innen in die Lage versetzt werden, sich biologisches Wissen weitgehend selbstständig anzueignen.

Forschungsgegenstand sind somit alle Faktoren des Lehrens und Lernens, die für Motivation, Interesse sowie kognitive und psychomotorisch-pragmatische Kompetenz konstitutiv sind.

(4) *Erforschung der Einflüsse auf Lernergebnisse und Unterrichtseffekte*
Fachdidaktische Lehr-Lernforschung befasst sich mit Ergebnissen von Unterricht und versucht, beobachtbare Effekte als Folge einer bestimmten unterrichtlichen Behandlung (Treatment) zu erklären. In diesem Kontext vermag

Lehr-Lernforschung auch eine Aussage über die Effizienz von Unterricht zu machen. Erkenntnisse über Kausalbeziehungen zwischen behandelten Inhalten bzw. angewandten Methoden und erzielten Unterrichtseffekten erlauben die Aufstellung von Hypothesen und vorläufigen Theorien über gewinnbringendes Lernen im Fachunterricht. Als für den Fachunterricht „Biologie" relevante Effekte sind zu nennen:

- der unmittelbare und langfristige kognitive Lernzuwachs („Behaltensleistung"),
- der Erwerb psychomotorisch-pragmatischer (praktischer) Fähigkeiten,
- die Veränderung sachbezogenen Interesses,
- die Änderung von Einstellungen gegenüber der belebten Natur und menschlichem Verhalten.

Darüber hinaus versucht fachdidaktische Lehr-Lernforschung auch in Erfahrung zu bringen, welche Lerneffekte bestimmte unterrichtliche Maßnahmen in unterschiedlichen Lerngruppen (Teilstichproben) zur Folge haben. Von Interesse sind in der Regel Vergleiche der Lerngewinne zwischen Jungen und Mädchen, leistungsstarken und leistungsschwachen Schüler/innen und zwischen Schüler-Teilpopulationen unterschiedlicher regionaler Herkunft (Land versus Stadt) oder sozialer Schichtzugehörigkeit.
Während *Querschnittuntersuchungen* nur die unmittelbaren Effekte von Unterricht beschreiben, geben *Längsschnittuntersuchungen* auch Auskunft über Langzeiteffekte sowie über den Umfang ihrer Veränderungen. Ein im Zusammenhang mit Längsschnittstudien interessanter Forschungsaspekt ist stets die Frage, in welchem Umfang unterrichtliche Maßnahmen das Handeln der Schüler/innen außerhalb der Schule bestimmen. Diesbezügliche Erkenntnisse sind insbesondere in der Gesundheits- und Umwelterziehung von großem Interesse. Unterrichtseffekte, die auf umwelt- oder gesundheitserzieherischen Maßnahmen basieren, sind daher – wenn überhaupt – bestenfalls über Langzeitstudien zu erfassen.

Über die genannten Schwerpunktbereiche hinaus befasst sich Biologiedidaktik mit der Entwicklung und Erprobung von *Unterrichtseinheiten* und schülergemäßen *Lernhilfen*, dem Lernen von *biologischen Begriffen*, der Analyse von *Alltagsvorstellungen* der Schüler/innen sowie der *Evaluation* von Lernleistungen. Ferner ist die Biologiedidaktik bestrebt, an der Konzeption und Aktualisierung von Curricula bzw. Lehrplänen mitzuwirken.

Die Angebote biologiedidaktischer Lehre richten sich nicht nur an Lehramtsstudierende aller Schularten, die später einmal das Fach Biologie unterrichten möchten, sondern auch an Personen, die die Absicht haben, in Bildungsstätten außerhalb der Schule unterrichtend tätig zu werden, z. B. im Zoo, in Naturkundemuseen, Umweltzentren, botanischen Gärten und Nationalparks.

2.4 Methoden biologiedidaktischer Forschung

Die Biologiedidaktik bedient sich bei der Erforschung biologiespezifischer Lehr-Lernprozesse zweier Forschungsmethoden, die sie aus den Geistes- und Sozialwissenschaften übernommen hat. Es sind dies die *hermeneutische* und die *empirische* Forschungsmethode.

Viele Aussagen der Biologiedidaktik basieren zunächst auf persönlichen oder überlieferten Erfahrungen aus eigener oder beobachteter Unterrichtspraxis. Die darauf fußende wissenschaftliche Bearbeitung bedient sich in der Regel des *hermeneutischen Verfahrens*. Dieses geht von Phänomenen aus, die es zum Zwecke des Verstehens mit den Techniken des Erklärens, Auslegens und Deutens zu beschreiben und zu analysieren versucht. Das hermeneutische Verfahren liefert so die theoretischen Grundlagen für die praxisorientierten Forschungsaufgaben der Biologiedidaktik.

Ausgehend von Gedanken Schleiermachers (1768–1834), entwickelte Dilthey (1833–1911) die *Hermeneutik* (griech. hermeneuein = auslegen) als Kunst des Verstehens und erhob sie zur grundlegenden Methode der geisteswissenschaftlichen Pädagogik (Hermeneutik = Wissenschaft vom Verstehen). Er ging davon aus, dass menschliches Dasein, Denken und Handeln aus seinen Manifestationen, wie z. B. Texten, Aufzeichnungen, Kunstwerken usw., erschlossen und gedeutet werden kann. Auch oberste Bildungsziele des Biologieunterrichts, wie Werteerziehung und normative Aussagen – etwa im Kontext der Umwelt- oder Sexualerziehung – oder z. B. auch die Bedeutung der originalen Begegnung mit Pflanzen und Tieren, lassen sich nur auf hermeneutische Weise begründen. Hermeneutische Verfahren kommen daher in der biologiedidaktischen Forschung auf solchen Gebieten zur Anwendung, die empirischen Methoden nicht oder noch nicht zugänglich sind. Doch auch im Rahmen des empirischen Forschungsansatzes spielt das hermeneutische Verfahren eine wichtige Rolle, etwa im Zusammenhang mit der Herleitung von Forschungshypothesen sowie der Analyse und Interpretation empirisch gewonnener Daten, um sie dem Verstehen zugänglich zu machen.

Im Gegensatz zum hermeneutischen Verfahren bedient sich die *empirische Forschungsmethode* (empirisch = auf Erfahrung beruhend) der Erhebung von Daten mittels bestimmter Messinstrumente, die anschließend über statistische Verfahren ausgewertet, analysiert und interpretiert werden. Dabei müssen die angewandten Messinstrumente den Anforderungen von Objektivität (Unabhängigkeit vom Testleiter), Reliabilität (Messgenauigkeit) und Validität (Gültigkeit bezüglich des zu messenden Merkmals) genügen. Die in der empirischen Forschung zur Anwendung gelangenden Verfahren entsprechen in der Regel den Methoden der empirischen Sozialforschung.

Empirische Untersuchungen basieren stets auf einem theoriebezogenen Grundkonzept, das sich an Erkenntnissen der Fachwissenschaft, Erziehungswissenschaft und der Lehr-Lernforschung orientiert. Sie sind damit ein geeignetes Instrument, um pädagogische Verbesserungen zu rechtfertigen, Innovationen zu erproben und unterrichtliche Abläufe kritisch zu reflektieren. Ergebnisse empirischer Studien sind darüber hinaus auch eine wichtige Stütze für hermeneutisches Arbeiten. Da sich biologiedidaktische Forschungsarbeiten auf allgemeine Lehr-Lerntheorien stützen, geht man bei empirischen Untersuchungen in der Regel von entsprechenden theoriebezogenen Annahmen aus, von denen Hypothesen abgeleitet werden, die anschließend empirisch zu überprüfen sind.

Das Problem der Theoriebildung ist allgemein konstitutiv für die Grundlagenforschung in den Sozial- und Erziehungswissenschaften. In der Regel sind Theorien nur teilweise vorhanden oder müssen erst neu entwickelt werden. Empirische Studien, die sich auf theoriebezogene Annahmen (Ad-hoc-Theorien) stützen, sowie explorative Fallstudien und hermeneutische Arbeiten können jedoch in ihrer Summe zur Theoriebildung beitragen. Existiert noch keine allgemeingültige Theorie, so können nach Bortz (1985) vorab sog. „Erkundungsexperimente" durchgeführt werden, die dazu dienen, erste Hypothesen über einen bestimmten, noch nicht erforschten Gegenstand zu formulieren.

Ein von Krüger & Vogt 2007 herausgegebenes Handbuch stellt einschlägige Theorien vor, die in der biologiedidaktischen Forschung von Relevanz sind. Ausführlich dargestellt werden insbesondere Theorien zu Motivation, Interesse und Einstellungen, zum Lernen, zur Erkenntnisgewinnung, zum Bewerten und Lehren. Die einer Untersuchung zugrunde gelegte Theorie macht deutlich, welche Faktoren zueinander in Beziehung stehen und welche Hypothesen aus ihr abgeleitet werden können.

Der Ablauf einer Hypothesen prüfenden empirischen Untersuchung (das Design) ist in einzelne Phasen gegliedert und erfolgt zumeist nach dem Schema in Abb. 1.

Ist eine theoriebezogene Grundlegung gegeben, so können für die beabsichtigte Untersuchung relevante Problemstellungen entwickelt und prüfende Hypothesen formuliert werden. Nach Auswahl einer repräsentativen Stichprobe erfolgt die eigentliche Ausführung (Operationalisierung) der Untersuchung. Diese kann im Rahmen einer *Erhebung* oder eines *Experiments* durchgeführt werden.

Bei der *Erhebung* geht es um die Aufzeichnung von Beobachtungen und die Dokumentation von Fakten, wobei von einer aktiven Manipulation des Untersuchungsfeldes abgesehen wird. Gegenstand von Erhebungen sind z. B. Befragungen von Schülerinnen und Schülern, um ihre Einstellungen und Interessen zu ermitteln, oder auch Tests, die die Erfassung von vorhandenem Wissen und Können zu einem ganz bestimmten Sachgebiet zum Ziel haben.

Beim *Experiment* manipuliert der Versuchsleiter die Bedingungen, unter denen die Versuchspersonen (Probanden) agieren. Anwendungsbeispiele für sog. „didaktische Experimente" wären die Überprüfung der Effizienz unterschiedlicher Unterrichtsmethoden im Hinblick auf kognitive Lerngewinne, die Erfassung von Einstellungsänderungen als Folge einer speziellen unterrichtlichen Behandlung (Treatment) oder die Überprüfung des Einflusses von Medien oder des Lernortes auf Lern- und Behaltensleistungen.

In den genannten Beispielen werden entweder ein Faktor oder mehrere Faktoren vom Versuchsleiter als *unabhängige Variable* systematisch variiert, um ihre Auswirkung auf die *abhängige Variable*, z. B. Wissen, Können, Einstellungen, In-

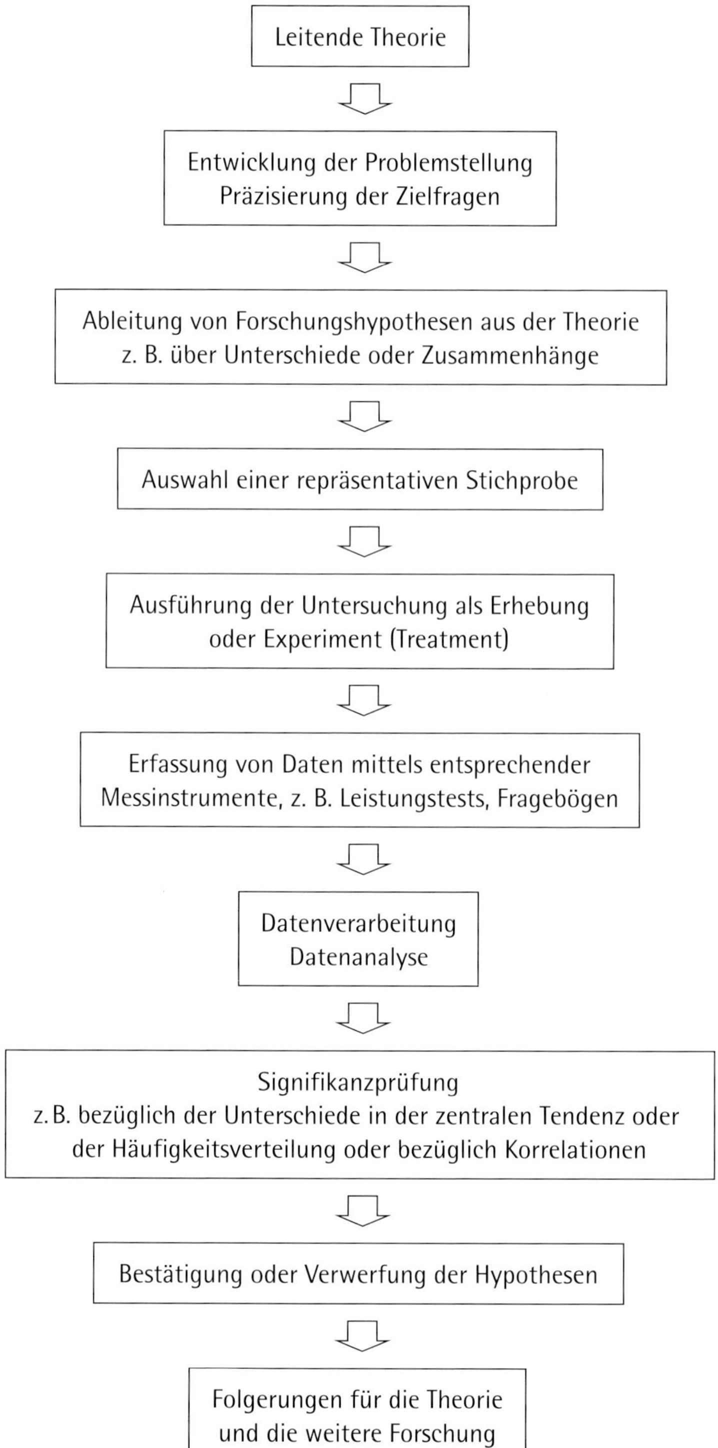

Abb. 1: Phasen einer Hypothesen prüfenden empirischen Untersuchung

teresse, zu untersuchen. Untersuchungen dieser Art liegt vielfach ein Zwei- oder Mehrstichprobenplan mit einer Kontrollgruppe zugrunde. Diese soll Auskunft geben, ob Veränderungen in den Beobachtungswerten auch unabhängig von der experimentellen Behandlung auftreten.

Experimente können entweder als Feld- oder als Laborexperiment durchgeführt werden. *Feldexperimente* finden im natürlichen Milieu statt, z. B. im Klassenzimmer oder im Freiland, und sind somit anfällig gegenüber verschiedenen Störvariablen, wie z. B. vorausgehendem Unterricht oder störenden Einflüssen im Freiland. *Laborexperimente* sind durch stärkere Kontrollmöglichkeiten zwar methodisch exakter, eignen sich aber für empirische Unterrichtsforschung nur bedingt, da ihre Ergebnisse auf die reale Unterrichtssituation nur unter Vorbehalt übertragbar sind.

Die im Rahmen einer empirischen Untersuchung anfallenden Daten werden anschließend analysiert und mittels einschlägiger statistischer Tests einer Signifikanzprüfung unterzogen. Diese soll Aufschluss geben, ob die festgestellten Unterschiede nur zufällig bestehen oder durch die Variation der unabhängigen Variablen bedingt sind. Je nach Ausgang der Signifikanzprüfung, können die anfangs aufgestellten Hypothesen entweder bestätigt werden, oder sie müssen verworfen werden. Daraus ergeben sich Folgerungen für die leitende Theorie bzw. für notwendige Folgeuntersuchungen (vgl. auch NEUHAUS & BRAUN 2007).

3 Biologie als Unterrichtsfach

3.1 Zur Geschichte des Biologieunterrichts[5]

In dem umfangreichen Sammelband zur „Geschichte der Biologie" macht ILSE JAHN (2002) darauf aufmerksam, dass zur Zeit der Bildung des Begriffes „Biologie" um 1800 noch keine selbstständige Disziplin dieses Namens bestand, sondern noch über Jahrzehnte hinweg eine getrennte Entwicklung botanischer und zoologischer Fachrichtungen erfolgte. Somit ist auch das Schulfach Biologie relativ neu, bis ins 19. Jahrhundert hinein vollzog sich die Beschäftigung mit Naturobjekten im Rahmen von „Realienkunde" bzw. „Naturkunde".
Wie jeder Unterricht, ist auch der Biologieunterricht einem steten Wandel unterworfen, da Zeitströmungen, wissenschaftliche und pädagogische Anschauungen Unterrichtsinhalte und Methoden mitprägen. Verschiedene Konzeptionen früherer Zeiten wurden abgewandelt oder ganz beiseite geschoben, andere sind auch heute noch oder wieder aktuell. Ein historischer Rückblick ist deshalb nicht in erster Linie um seiner selbst willen von Interesse. Indem er den Weg bis zu unseren heutigen Auffassungen zeigt, trägt er zum Verständnis neuer Zielsetzungen und Inhalte bei und bereichert den didaktischen Horizont.
In den Klosterschulen des Mittelalters wurden naturwissenschaftliche Inhalte wortgemäß aus den Werken tradiert, die zum Beispiel ARISTOTELES (384–322 v. Chr.) oder PLINIUS (23–79 n. Chr) zugeschrieben werden. Eine Überprüfung des überlieferten Wissens aus der Antike forderte ALBERTUS MAGNUS (1200–1280), indem er eigene Beobachtungen und Experimente der kritiklosen Übernahme von Berichten aus Handschriften gegenüberstellte: *„Es ist nicht Sache der Naturwissenschaft, das, was erzählt wird, einfach zu übernehmen, sondern in den natürlichen Dingen nach den Ursachen zu forschen."*(vgl. KUHN 1975).
Ganz in diesem Sinne, nämlich durch genaues Beobachten zur Erkenntnis von Zusammenhängen zu gelangen, empfahl JAN AMOS COMENIUS (1592–1670) die induktive Methode des naturwissenschaftlichen Erkenntnisgewinns. Die Schüler, so mahnte er, sollen ihre Weisheit nicht aus Büchern schöpfen, sondern aus der eigentätigen Betrachtung und Erforschung der Naturobjekte. In seiner „Didactica magna" (1632) forderte er dazu auf, naturkundliche Gegenstände (Realien) in den Schulunterricht aufzunehmen. Ein weiteres Unterrichtswerk des COMENIUS, der „Orbis pictus" (1658), war über lange Zeiträume hinweg das bedeutendste naturwissenschaftliche Schulbuch.

Nützliches Wissen

Von COMENIUS beeinflusst, wurde in der Gothaischen Schulordnung schon früh naturkundlicher Unterricht eingeführt. Vorrangiges Ziel dieses „Naturgeschich-

5 Literatur z. B. Jahn 2002, Junge 1885, 1985; Keckstein 1980, Oblinger 1968, Schmeil 1896, 1976; Timmermann 1978

te-Unterrichts" war die Vermittlung „nützlichen Wissens". Ein Blick in einen 1794 veröffentlichten „Gesundheits-Katechismus zum Gebrauche in den Schulen und dem häuslichen Unterrichte" belegt in eindrucksvoller Weise, wie Wissenswertes um die schädliche Wirkung von Branntwein und Tabak vermittelt worden ist:

XII Vom Brannteweine
Ist der Branntewein ein gutes Getränk?
Nein.
Sagt mir, meine Lieben, dürfen Kinder Branntewein trinken?
Nein, sie dürfen keinen Branntewein trinken.
Die Kinder und junge Menschen, die Branntewein trinken, (...)
werden ungesund, verkrüppelt, dumm, grob, faul, und lasterhaft;
und sie verderben an Körper und Seele.
Vertreibt oder verhütet der Branntewein die Würmer in den Därmen?
Nein, das thut er nicht.

Das Beispiel zeigt, wie den Schülerinnen und Schülern Kenntnisse, rein lehrerzentriert, mittels Lesen und Leseübungen, garniert mit moralisierenden Ermahnungen, als nützliches Wissen eingepaukt worden sind, gewissermaßen eine frühe Form von Drogenprävention.
Der *Nützlichkeitsgedanke* blieb lange Zeit beherrschend: Kräuter wurden hinsichtlich ihrer Verwendung als Gewürze, Heilmittel oder Nahrungsmittel gesehen, ebenso Tiere in Nützlinge oder Schädlinge eingeteilt. Der Aspekt der „gemeinnützigen Kenntnisse" wurde in Zeiten wirtschaftlicher Not, etwa während des 1. und 2. Weltkriegs und danach, wieder stark in den Mittelpunkt des Biologieunterrichts gerückt.
Dieser *utilitaristische Aspekt* findet auch heute, z.B. im Schulgartenunterricht, bei der Behandlung gesellschaftsrelevanter Themen des Umweltschutzes oder bezüglich Drogenprävention und Gesundheitsvorsorge, Berücksichtigung.
Dem monotonen, lehrerzentrierten Unterrichten entgegentretend, forderte SALZMANN (1744–1811) dazu auf, Beobachtungen an Lebewesen in freier Natur vorzunehmen, Sammlungen naturkundlicher Objekte anzulegen oder gar Schulgärten anzulegen. SALZMANN stand in der Gedankenwelt der Philanthropen, deren Schulprojekte auf Anschauungen ROUSSEAUS (1712–1778) fußten. Leider war den modern klingenden Vorschlägen Salzmanns keine Nachhaltigkeit beschieden.

Systematisch-morphologische Betrachtungsweise

Ein weiterer Schwerpunkt, der auf die Ausformung von Biologieunterricht prägend wirkte, kristallisierte sich mit der „Systema naturae" des CARL VON LINNÉ (1707–1778) – im Zeitabstand von einigen Jahrzehnten – heraus. Dabei stand das Klassifizieren der Lebewesen nach Arten, Gattungen, Familien etc. im Vordergrund. Jedem Lebewesen wurde von LINNÉ im Rahmen der heute noch gültigen „binären Nomenklatur" ein wissenschaftlicher Doppelname erteilt.
AUGUST LÜBEN (1804–1873) zählt zu einem der bedeutendsten Vertreter der systematisch-morphologischen Betrachtungsweise, indem er das Linné'sche System zur Verwirklichung formaler Bildungsziele, wie Wahrnehmen, Vergleichen,

Ordnen, Zeichnen, heranzog. Wie langweilig eine derartige Beschreibung der Lebewesen ganz ohne Problemstellung war, veranschaulicht folgender Ausschnitt aus dem von ihm verfassten „Leitfaden zu einem methodischen Unterricht in der Naturgeschichte" (1871):

„Die Säugethiere haben, wie der Mensch 7 (eigentlich 8) Halswirbel, mit Ausnahme des Faultieres, welches 9 hat, weil ihm die erste Rippe verkümmert ist. Die Zahl der Rippen sinkt nie unter 11 Paar, beträgt meistens 12, 13, 14 und 15, selten mehr. Das Pferd hat 17, das Nashorn 19, der Tapir und Elephant 20, ein Faulthier sogar 23. Die Zahl der Lendenwirbel beläuft sich gewöhnlich auf 5, 6 und 7, die der Kreuzwirbel meistens nur auf 3 und 4, weil ..."

„In diesem geisttötenden Stil geht es schier endlos über Nebensächlichkeiten weiter." (KUHN 1975)
Diese lediglich *beschreibend-aufzählende Vorgehensweise* hielt sich zäh, wie Schulbücher von LEUNIS, einem Schüler LÜBENS belegen. So steht beispielsweise in dessen „Schul-Naturgeschichte" (1869) über den Hecht:

„Schnauze stark niedergedrückt, entenschnabelförmig. Unterkiefer weit vorstehend und mit großen Fangzähnen besetzt. Rücken dunkelgrün, Bauch weiß mit kleinen schwarzen Punkten; Seiten olivgrün marmoriert mit hellen Flecken und Querstreifen, Rücken- und Afterflosse schwärzlich gefleckt ..."

Auch wenn diese eintönige Art der Naturbeschreibung heute keinen Anklang mehr findet, bleibt es als Verdienst LÜBENS unbestritten, einen bedeutsamen Schritt gegen den „Lesebuchunterricht" eingeleitet zu haben.

Sinnig-gemüthafte Betrachtungsweise

In der Mitte des 19. Jahrhunderts machte sich auf didaktischem Gebiet der Einfluss einer gravierend unwissenschaftlichen, teils sogar grundfalsch argumentierenden Naturauffassung von Dichtern und Schriftstellern bemerkbar. Möglicherweise war es ihnen ein Anliegen, von der einseitigen, klassifizierenden „Naturbeschreibung" wegzukommen, um über den Appell an das Gemüt der Leserinnen und Leser das Interesse an den Lebewesen zu verankern. Dabei traten vermehrt erzählende Lesestücke in den Vordergrund, wie z. B. „Der Fuchs" in den „Naturstudien" von MASIUS (1852). Diese sinnig-gemüthafte Betrachtungsweise, vielleicht eine Reaktion auf die Nüchternheit und Kargheit der systematisch-morphologischen Richtung, verlässt, mehr oder weniger romantisch verbrämt, in oft kitschiger Manier den Boden der biologischen Tatsachen. Eine kurze Leseprobe, wiederum über den Hecht, aus „Entdeckungsreisen in Feld und Flur" (WAGNER 1866) belegt dies eindrucksvoll:

„Zum Fassen seiner Beute hat der Hecht gewaltige Reihen sehr spitzer scharfer Zähne; auch bekommt er sein Lebtag weder Zahnschmerzen noch hohle Zähne. Sind die alten Zähne abgenutzt, so wachsen flugs neue nach ... Ein Fisch vergießt nie eine Träne, er ist ja fortwährend im Wasser. Er verzieht selbst das Gesicht nicht, die Schuppen, mit denen er rings gepanzert ist, wie ein Ritter aus alter Zeit, lassen schon solches nicht zu ..."

Eine andere Form der Vermenschlichung bestand noch bis in die 50er-Jahre des vorigen Jahrhunderts in der Verniedlichung von Lebewesen in Form der „guten Mutter Natur". In einem naturkundlichen Arbeitsbuch für den Gebrauch an

bayerischen Volksschulen werden Wiesenblumen als elfenhafte Wesen bildlich dargestellt. Im zweiten Band dieses Buches findet man eine kleine Auswahl an Teilkapiteln, welche die genannte Tendenz widerspiegelt: „Wohnungssorgen der Waldtiere im Frühling"; „Der Specht als Waldhüter"; „Die Ameisen – eine unermüdliche Waldpolizei" (WILLI 1960).
Etwa ab der zweiten Hälfte der 60er-Jahre lässt sich eine zunehmende Versachlichung biologischer Sachverhalte in den naturkundlichen Schulbüchern feststellen. Freilich kann eine emotionsbezogene Darstellung von Pflanzen und Tieren in fachlich vertretbarer Weise in der Grundschule aus stufendidaktischer Sicht mit Einschränkungen erfolgen, worauf GEBHARD (2003) hingewiesen hat. Dies mag auch zutreffen, wenn es beispielsweise um das Unterrichtsthema „artgerechte Haltung von Haustieren" geht.

Ökologische Betrachtungsweise

Neue Impulse, die jedoch mit einer Zeitverzögerung von etwa einem halben Jahrhundert den Biologieunterricht beeinflussen sollten, gingen von FRIEDRICH JUNGE in Richtung einer ökologischen Betrachtungsweise aus. Er lehnte das bloß beschreibende Verfahren ab und führte die Auseinandersetzung mit *Lebensgemeinschaften* ein. Die bisher im Unterricht fast völlig ausgeklammerten Fragen nach den ursächlichen Beziehungen, nach dem Zusammenhang zwischen Bau und Lebensäußerungen der Lebewesen, erforderten einen völligen Wandel in der Auswahl des Lehrstoffes, in seiner Anordnung und in der methodisch-didaktischen Aufbereitung. Neben der biologischen Betrachtungsweise von Lebensgemeinschaften forderte Junge die Aufstellung von insgesamt acht „Gesetzen des organischen Lebens", wie z. B. das Gesetz der Erhaltungsmäßigkeit: „Aufenthalt, Lebensweise und Einrichtung entsprechen einander" (zit. nach SCHERZER 1930), das Gesetz der Arbeitsteilung, das Gesetz der organischen Harmonie oder das Gesetz der Sparsamkeit. Wenngleich diese „Gesetze" aus wissenschaftlicher Sicht anfechtbar sind, fand doch seit JUNGES Vorpreschen die Auseinandersetzung mit Lebensgesetzlichkeiten stärkeren Eingang in Unterricht und Schulbuch. Wegweisend war das 1885 erschienene Werk von JUNGE: *„Der Dorfteich als Lebensgemeinschaft"*, welches 1985 wieder aufgelegt worden ist. Sein „Dorfteich" sollte als Modell einer Lebensgemeinschaft zur Erarbeitung der Zusammenhänge zwischen den Lebewesen einer Biozönose dienen. Ihm gebührt das Verdienst, als erster Schulmann die Bedeutung ökologischer Themen erkannt zu haben. Seine Anweisungen zur Behandlung einer Lebensgemeinschaft, die hier auszugsweise wiedergegeben werden, zeigen sein großes Verständnis für diese Fragen:

1. Betrachte jedes Lebewesen nach seinen Wechselbeziehungen zu anderen in derselben Gemeinschaft, in seiner Beziehung zum Ganzen, nach seiner Abhängigkeit von Wärme, Licht, Luft, Wasser.
2. Mache am Schluss des Kurses eine zweckentsprechende Zusammenstellung der Einzelwesen, aus der die gleichmäßige Abhängigkeit hervorleuchtet.
3. Betrachte die ganzen Lebensgemeinschaften als Glieder eines höheren Ganzen, speziell in ihrer Beziehung zum Menschen.
4. Auf höherer Stufe werden die Glieder und die Lebensbedingungen einer Gemeinschaft mit denen einer anderen verglichen.

In einem Beitrag über den „Geschichtlichen Werdegang des naturkundlichen Unterrichts" aus den 30er-Jahren des 20. Jahrhunderts (SCHERZER 1930) wird die Feststellung getroffen, dass „das *Findenlassen und Formulieren*" der von JUNGE aufgestellten Gesetze *„zu hohe Anforderungen stellt"*. Dabei spielte sicher die Tatsache eine Rolle, dass zu dieser Zeit die wissenschaftlich betriebene Ökologie noch in den Anfängen stand, deren Terminologie noch uneinheitlich war und zudem die Lehrkräfte nur geringe Artenkenntnisse besaßen. Folglich war den Forderungen JUNGES zunächst wenig Erfolg beschieden, wenngleich sich die Lebensgemeinschaften als Stoffanordnungsprinzip in den Volksschulen durchsetzten. Heute findet man ökologische Fragestellungen in den Lehrplänen aller Schultypen vertreten.

Funktionell-morphologische Betrachtungsweise

OTTO SCHMEIL (1860–1943) war es, der sich 1896 in seiner kämpferischen Schrift „Über die Reformbestrebungen auf dem Gebiet des naturwissenschaftlichen Unterrichts" mit LÜBEN und JUNGE auseinandersetzte, indem er sich gegen alleiniges Beschreiben und Klassifizieren wandte, aber auch die Verwendung der Lebensgemeinschaften als Leitprinzip ablehnte. SCHMEIL griff aber JUNGES Gedanken einer allseitigen biologischen Betrachtung der Organismen auf. Sein eigentliches Ziel war eine funktionell-morphologische Betrachtungsweise, wobei vor allem der Bau und die Lebensweise der Organismen sowie die Funktion von Organen in ursächliche Zusammenhänge zu bringen waren. Eine der Schmeilschen Maximen lautete: *„An Stelle der morphologisch-systematischen Betrachtungsweise hat eine das Leben der Organismen in erster Linie berücksichtigende, also morphologisch-physiologische oder kurz biologische Betrachtungsweise zu treten."* SCHMEILS Ideen fanden über seine vorbildlich illustrierten Pflanzen- und Tierkundebücher über Jahrzehnte lang Eingang in die höheren Schulen. Seine Pflanzenkunde erschien 1965 in der 186. Auflage (!) und war somit noch über die Mitte der 60er-Jahre an manchen Gymnasien in Gebrauch.
Insgesamt verdient es SCHMEIL, als *„verdienstvollster Bahnbrecher des neuzeitlichen naturkundlichen Unterrichts"* gewürdigt zu werden (SCHERZER 1930). Wie sehr SCHMEIL die originale Begegnung der Schüler/innen mit Naturobjekten am Herzen lag, geht aus einer kurzen Stellungnahme hervor, die er um 1930 gegenüber SCHERZER abgab: *„Sagen Sie Ihren Kollegen: Die Hauptarbeit im Unterricht tut nach wie vor nicht das Buch, auch nicht der Lehrer, sondern einzig und allein das Tier und die Pflanze!"* SCHMEIL verkörpert eine Persönlichkeit, die ein entschiedener Gegner von reinem „Verbalismus" und „Kreidebiologie" war. Seine methodischen Auffassungen zielen auf direkte Objektbegegnung in Eigentätigkeit der Schüler/innen, indem er ausführt: *„Nur durch fleißiges Beobachten, durch Selbstschauen und Selbstuntersuchen ist es möglich, den schlimmsten Feind allen geistbildenden Unterrichts aus der Schule zu verbannen – den Verbalismus."*

Reformpädagogik – Arbeitsschulbewegung

Forderungen der Reformpädagogik aus dem ersten Drittel des 20. Jahrhunderts, die sich u. a. gegen überkommene Unterrichtsmethoden wandten und für eine Erziehung vom Kinde aus eintraten, wurden zum Beispiel von SCHERZER (1930) für den Naturkundeunterricht aufgegriffen. Er plädiert im Sinne der Reformpädagogen u. a. für das gefühlsmäßige Erfassen der Natur: *„Wir müssen die Naturgeschichte mehr erleben, erfühlen, erarbeiten! Wir müssen weg vom Buch, vom Bild und Balg, wir müssen heraus aus der Schulstube und hinein in die lebendige Natur!"* Eine ähnlich lautende Forderung hatte CORNEL SCHMITT im Rahmen der sogenannten Arbeitsschulbewegung in seiner Schrift „Heraus aus der Schulstube! Naturgeschichte im Freien" (1926) erhoben. Unter den Reformpädagogen übte GEORG KERSCHENSTEINER (1854–1932) mit dem Arbeitsschulgedanken einen besonderen Einfluss aus, der in Richtlinien und Lehrplänen seinen Niederschlag fand. Auch im Biologieunterricht sollte demnach die Arbeit am Naturobjekt in den Vordergrund gerückt werden. Dies manifestierte sich, neben der Naturbeobachtung selbst, im Durchführen von Experimenten, dem Anlegen von Herbarien oder der Pflege von Tieren in Aquarien und Terrarien. Ganz besonderes Augenmerk richtete der Arbeitsschulgedanke auf die manuelle Arbeit in Schulgärten, eine Tendenz, die in den letzten Jahren wieder verstärkt Anklang findet.

Zeit des Nationalsozialismus – Biologie und Ideologie

Politische Systeme führten wiederholt zu pseudowissenschaftlichen Ausrichtungen und Tendenzen bei der Auseinandersetzung mit Themen des Biologieunterrichts. Von 1933 bis 1945 beeinflusste der Nationalsozialismus bestimmte Inhalte der *„Lebenskunde"*, wie Biologie als Schulfach nun auch benannt wurde, ganz im Sinne der damals vorherrschenden „Blut-und-Boden-Ideologie". Schwerpunkte der Lehrpläne befassten sich innerhalb der Oberbegriffe „Fortpflanzung und Vererbung" sowie „Rasse und Volk" u. a. mit Genetik, Rassenkunde und Rassenhygiene. Im Rahmen positiver wie negativer eugenischer Maßnahmen standen familienfördernden Maßnahmen die Propagierung des „Ausmerzens kranken und minderwertigen Erbgutes" gegenüber. Besonders fatal und in ihrer geistigen Absicht fürchterlich erwiesen sich Kapitel über „Die Ausmerze fremden Erbgutes – Juden, Negermischlinge und Zigeuner", wie sie in einem „Lehrbuch der Biologie für Höhere Schulen" (MEYER & ZIMMERMANN o. J., vgl. auch GRAF 1939/40) zu finden sind.
Im Hinblick auf die Blut-und-Boden-Ideologie wurden die Gedanken der „Lebensgemeinschaften", der „Auslese" und der „Ausmerze" für die „völkische Erziehung" auszuwerten versucht. Der bekannte Systematiker PAUL BROHMER schrieb 1936 sein Werk „Die deutschen Lebensgemeinschaften", in dem es darum ging, den „Kampf ums Dasein, das Überleben der Tüchtigeren" im Bewusstsein der Massen zu verankern und im Sinne des *Sozialdarwinismus* auf das Leben in der Gesellschaft zu übertragen. Damit sollte die „Einsicht" suggeriert werden, dass das einzelne Lebewesen wenig bedeute, das Fortbestehen der Gemeinschaft hingegen das Wesentliche darstelle. Diese Analogie geht so weit, dass Lebensgemein-

schaften als Modelle für menschliches Zusammenleben oft mit der deutschen Volksgemeinschaft verglichen worden sind.
Der großen Bedeutung des „Lebenskunde-" bzw. Biologieunterrichts entsprechend, erhielt das Fach mehr Unterrichtsstunden zugebilligt. Zunächst im Rahmen der Autarkiebestrebungen des Deutschen Reiches und später verstärkt durch Versorgungsengpässe im Verlauf des 2. Weltkrieges bedingt, zählten Grundlagen der Haus-, Land- und Forstwirtschaft zur biologischen Ausbildung. Die Kinder sollten Verständnis für die Bemühungen erlangen, die Erträge der „heimischen Scholle" zu verbessern. Der Ackerboden wird als „heiliger Heimatboden" mythologisiert, der als „Mutter Erde" die „Kraftquelle des Volkes" darstelle. Im Sinne der „Wehrertüchtigung" kam der *Gesundheitserziehung* ein besonderer Stellenwert zu.
Der rasche Eingang ideologisierten Gedankenguts in die Schulbiologie während der knapp 12-jährigen Dauer des sog. Dritten Reiches wäre nicht realisierbar gewesen, wenn nicht der Boden dafür bereits seit Jahrzehnten vorbereitet gewesen wäre. Ein Beispiel dafür, wie, lange vor 1933, basierend auf Erkenntnissen der Vererbungslehre, Themen wie „Selektion in Erbstämmen", „Rassenhygiene" oder „Geburtenpolitik" propagiert wurden, liefert ein bereits 1916 von H. W. Siemens publiziertes Bändchen: „Vererbungslehre, Rassenhygiene und Bevölkerungspolitik" (Siemens 1930). Das Buch wurde bald darauf ins Schwedische, Englische, Französische und ins Holländische übersetzt. Nach der Machtergreifung der Nationalsozialisten empfiehlt die „Reichszeitung der Deutschen Erzieher" die auf den neuesten Stand der Forschung gebrachte 8. Auflage (40.–48. Tausend) als „Standardwerk für die Hand des Lehrers".

Zeit nach 1945

Nach 1945 fand eine Neubesinnung statt, indem an Bewährtes aus der Zeit vor 1933 angeknüpft wurde. Die Theorie der *Bildungsinhalte* rückte nun in den Mittelpunkt pädagogisch-didaktischer Überlegungen. Namen wie Willmann, Derbolav, Weniger, Litt und besonders Wolfgang Klafki charakterisieren die Strömungen dieser Zeitepoche.
Für den Biologieunterricht bedeutete diese Richtung ein Festhalten am traditionellen „Lehrgut". Im Grundschulunterricht blieben naturkundliche Sachverhalte im Rahmen der Heimatkunde verankert. In der Hauptschule wurden im Fach Naturkunde vor allem monografische Darstellungen von Pflanzen und Tieren, nach Lebensräumen gegliedert, aneinandergereiht. Im Sinne einer „volkstümlichen Bildung" sollten Kenntnisse über Organismen in ihrer Umwelt erworben werden. Dagegen war der gymnasiale Unterricht stärker an der Systematik von Pflanzen und Tieren orientiert.
Die Wissensexplosion in Teilbereichen der Biologie seit den 50er-Jahren des vorausgegangenen Jahrhunderts machte die Stoffauswahl zu einem zentralen Problem, weil vieles wichtig Erscheinende überhaupt nicht mehr unterrichtlich angesprochen werden konnte. Angesichts dieser Prämisse, formulierte Martin Wagenschein (1955) das „Prinzip des Exemplarischen", das sich für den Biologieunterricht in seiner Auseinandersetzung mit einer Vielfalt von Arten und

Teildisziplinen als sehr bedeutsam erweisen sollte. Klafki verwendet in diesem Zusammenhang die Begriffe des „Elementaren" und des „Fundamentalen", indem er forderte, den Schülerinnen und Schülern elementare Einsichten in allgemeine Gesetzmäßigkeiten zu vermitteln und ihnen so die Umwelt zu erschließen.
In der ehemaligen DDR erfolgte ab 1945 eine grundlegende Umgestaltung des Schulwesens im Sinne der Ideologie des dialektischen Materialismus. Neue Lehrplanwerke entstanden Ende der 60er- und dann wieder Ende der 80er-Jahre. In den Lehrplänen Biologie wurde dem praxisorientierten polytechnischen Bezug große Bedeutung zugestanden und entsprechenden Themen im Biologieunterricht breiter Raum gewährt. Beim Erziehungsauftrag zum sozialistischen Staatsbürger fiel dem Fach Biologie eine besondere Rolle zu. Die Lehrpläne waren bezüglich Inhalten und Stundenmaß streng verbindlich.

Curriculumreform – Lernzielorientierung

Die Zeit der 60er- und 70er-Jahre des 20. Jahrhunderts war in der Bundesrepublik gekennzeichnet durch verschiedene Reformansätze im gesamten Bildungsbereich. Mit der Berufung des Deutschen Bildungsrates begann das Überdenken der Fächerstruktur und die damit verbundene Suche nach Begründungen für die Auswahl und Struktur von Lernbereichen und Lernzielen, die sogenannte Curriculumreform. In Anlehnung an S. B. Robinsohn (1967) wurde für das Schulfach Biologie u. a. die Forderung erhoben: „Der Biologieunterricht soll dazu beitragen, die Schüler/innen zu befähigen, jetzt und später im privaten und öffentlichen Bereich in Situationen, die eine Entscheidung verlangen, begründet und sinnvoll zu entscheiden" (Bojunga & Dylla 1972).
Diese Bestrebungen führten bei der Lehrstoffauswahl zu einer Betonung von *Fachgemäßheit* („Wissenschaftlichkeit") und *Gegenwartsnähe* („Gesellschaftsbezug"). In der Kollegstufe der Gymnasien wurden Inhalte vermittelt, die bisher den Hochschulen vorbehalten waren. Im Fächerkanon der umgestalteten Volksschuloberstufe zur Hauptschule wich die „Naturkunde" dem Fach Biologie. In der Grundschule wurden biologische Themen nicht mehr im Rahmen von Heimatkunde, sondern im Heimat- und Sachunterricht vermittelt.
Inhaltlich traten, auch schon in der Unter- und Mittelstufe, allgemein-biologische Themen in den Vordergrund; das Kennenlernen einzelner Tier- und Pflanzenarten (Artmonografien) und systematische Kenntnisse wurden als weniger wichtig erachtet. Umweltschutz, Ernährungs- und Bevölkerungsprobleme, Gesundheits- und Sexualerziehung fanden als sog. gesellschaftsrelevante Themen stärker Berücksichtigung als bisher.
An die Stelle eines Lehrplans sollte ein *Curriculum*[6] treten. Für die Curriculumentwicklung gibt es zwei unterschiedliche Konzepte. Die „geschlossenen" Curricula waren detaillierte Planungsunterlagen zur Organisation von Lernprozessen, sozusagen „vorgefertigter" Unterricht. Man produzierte möglichst alle Elemente

6 Das Wort stammt aus der mitteleuropäischen Pädagogik der Barockzeit und bedeutet „Bildungsgang".

der Lernorganisation, insbesondere Verlaufspläne und Testaufgaben sowie Lehr- und Lernmaterialien, für den gesamten Unterrichtsablauf im Voraus. Durch die zu starke Beschneidung der flexiblen Unterrichtsplanung und den enormen Arbeitsaufwand bei der Entwicklung konnten sich geschlossene Curricula nicht durchsetzen. Für den Biologieunterricht gab es lediglich Teilcurricula für bestimmte biologische Themen (z. B. IPN-Einheitenbank Curriculum Biologie 1974 ff.).
Mehr Erfolg war einer Modifikation vorbehalten, den „offenen" Curricula. Sie übernahmen den formalen Aufbau des „curricularen Regelkreises", das ist die Ableitungskette Lernziele – Lerninhalte – Unterrichtsverfahren – Lernzielkontrollen (vgl. Abb. 2), ließen der Lehrkraft aber deutlich mehr methodischen Spielraum. Ein Beispiel für offene Curricula sind die „Curricularen Lehrpläne" (eine Verknüpfung der Begriffe „Lehrplan" und „Curriculum"), die in Bayern seit 1972 und in ähnlicher Form in anderen Bundesländern entwickelt wurden (vgl. Schiessl 1995).

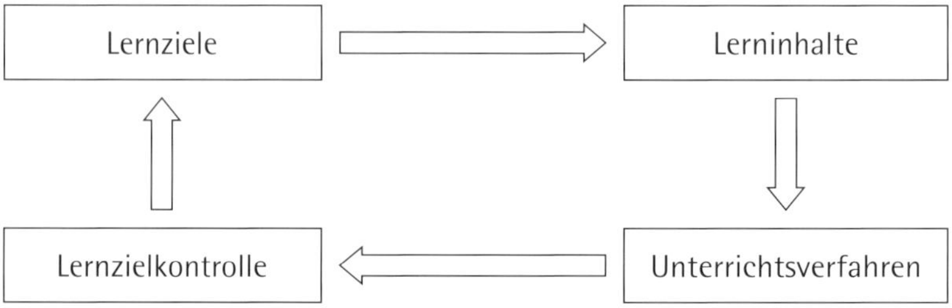

Abb. 2: Curricularer Regelkreis

In Zusammenhang mit der Curriculumreform gewann der Begriff des Lernzieles zunehmend an Bedeutung. Ein Lernziel legt fest, was der Schüler / die Schülerin wissen oder können soll, welche Einsichten er / sie gewinnen und welches Verhalten er / sie zeigen soll (vgl. hierzu auch Mager 1965, S. 3). In Anlehnung an Vorgaben aus den USA (z. B. Bloom 1956 bzw. 1976) werden vier Bereiche von Lernzielen unterschieden:

a) *Kognitive Lernziele* sprechen Denk-, Wahrnehmungs- und Gedächtnisfunktionen an, beziehen sich auf biologisches Wissen, Denken und Problemlösen, z. B. Kenntnis der Mendelschen Gesetze, Erkennen der Wechselwirkungen von abiotischen und biotischen Faktoren, Maßnahmen zur Vermeidung von Wasserverschmutzung.
b) *Psychomotorische* (instrumentelle) Lernziele beschreiben manuelle und andere körperliche Fertigkeiten, z. B. Fähigkeit, mit dem Mikroskop umzugehen.
c) *Affektive Lernziele* beziehen sich auf den Bereich der Gefühle, Interessen, Einstellungen und Werte, z. B. Interesse an Fragen der Genetik, Freude an der Beobachtung von Tieren.
d) *Soziale Lernziele* beschreiben Veränderungen in Bezug auf die soziale Kompetenz und das gemeinsame Lernen, z. B. Rücksichtnahme, Hilfs- und Verantwortungsbereitschaft, Teamfähigkeit.

Jeglicher Unterricht bedarf der Zielorientierung. So sind auch die genannten Lernzielbezeichnungen nach wie vor von Bedeutung und finden entsprechende Verwendung. Je genauer ein Ziel formuliert ist, desto leichter kann es überprüft werden. Vom Abstraktionsniveau und dem Detailliertheitsgrad der Beschreibung her werden Leit-, Richt-, Grob- und Feinziele unterschieden.
Erwähnung verdient das in jener Zeit entwickelte Spiralcurriculum oder *Spiralprinzip* (BRUNER 1970). Darunter wird eine Wissensvermittlung verstanden, die sich vor allem an der sprachlichen und kognitiven Entwicklung der Schüler/innen ausrichtet. Wesentlich ist dabei, dass derselbe Grundbegriff bzw. dieselbe Thematik von Jahrgangsstufe zu Jahrgangsstufe fortschreitend auf jeweils höherem Komplexitätsniveau wieder aufgegriffen wird. Einerseits geht es um konkretere Details, andererseits um ein höheres Abstraktionsniveau und allgemeinere Aspekte. Auf früheren Kenntnissen soll systematisch aufgebaut werden, ein kontinuierlicher Lernprozess soll erfolgen. In diesem Prinzip stecken bereits einzelne Elemente des modernen Konstruktivismus, nämlich neue Wissensstrukturen auf Grundlage schon vorhandener Vorstellungen aufzubauen. Auch das kumulative Lernen (vgl. Kap. 4.7) zielt in eine ähnliche Richtung.

Beispiel aus der Biologie für spiralige Kenntnisvermittlung:
Pflanzenernährung, Fotosynthese

3./4. Jahrgangsstufe:	Wasser, Nährsalze und Licht als wichtige Bedingungen für pflanzliches Wachstum
6./8. Jahrgangsstufe:	Fotosynthese: experimentelles Feststellen der Sauerstoffausscheidung und Stärkebildung: Wortgleichung; Bedeutung des Vorganges für Pflanze, Tier und Mensch; Nährsalze aus dem Boden
9./10. Jahrgangsstufe:	Kohlenstoff- und Sauerstoffkreislauf; Bedeutung der Pflanzen für Ernährung der Weltbevölkerung
11./12. Jahrgangsstufe:	Physikalische und chemische Prozesse bei der Fotosynthese: Abhängigkeit von abiotischen Umweltfaktoren; Ökologische Bedeutung

80er- und 90er-Jahre

Ende der 70er-Jahre setzte eine Bewegung ein, die mit der Betonung von Begriffen wie „Wiedergewinnung des Erzieherischen", „Werteorientierung", „humane Schule", „Schülerorientierung" eine veränderte Haltung zu Schule und Erziehung sichtbar machte. Der Schüler trat als Persönlichkeit, die es zu erziehen und zu bilden gilt, die sich in der Schule entfalten soll, stärker in den Vordergrund. Die Überbetonung kognitiver Ziele sollte abgebaut und die affektive Seite der Unterrichtsgegenstände und -themen aufgewertet werden. „Natur erleben" wurde wieder stärker als Aufgabe des Biologieunterrichts gesehen. Der Unterricht sollte sich in ausgewogener Weise am Schüler und am Fach orientieren. Der erzieherische Aspekt naturwissenschaftlichen Unterrichtens wurde stärker in den Vordergrund gerückt, die Schülerorientierung gewann an Bedeutung.
Die Lehrpläne wurden knapper gefasst, die Lehrkraft hat mehr Freiraum. Kurzen Zielformulierungen sind ausführlichere Lerninhalte oder Themen zugeordnet. Wichtig werden in jüngster Zeit Grundwissenskataloge, die meist für jede Jahrgangsstufe formuliert sind (vgl. Kap. 4.7).

Inhaltlich versucht man, eine Synthese zwischen reformerischen Ansätzen und traditionellen Themenkatalogen zu finden, etwa in unteren und mittleren Jahrgangsstufen allgemein-biologische Aspekte mit der Betrachtung von Tier- und Pflanzenarten sowie mit Arten- bzw. Formenkenntnissen zu verknüpfen. Ökologische Themen bekommen großes Gewicht. In Zusammenhang mit Umweltfragen und Themen der Biotechnologie rücken auch ethische Aspekte in den Vordergrund. Besonders in den 90er-Jahren wird in den Präambeln der Lehrpläne auf *fachübergreifende* Bildungsaufgaben hingewiesen. Im Rahmen des Biologieunterrichts kann diesen Forderungen besonders in den Bereichen Gesundheits- und Umwelterziehung, Familien- und Sexualerziehung sowie Drogenprävention nachgekommen werden. Die Verknüpfungsmöglichkeiten zu anderen Fächern wurden durch Querverweise im Lehrplan angegeben. Diese Form bringt aber oft nicht die erwünschte Vernetzung, da, vor allem an großen Schulen, ein in der Regel nicht zu realisierender Kooperationsaufwand aller Lehrkräfte erforderlich ist. Man geht daher einen Schritt weiter und versucht, naturwissenschaftliche Fächer zu einem Fächerverbund mit zum Teil neuen Fachbezeichnungen zusammenzufassen, z. B. in Bayern „Physik / Chemie / Biologie" in der Hauptschule oder „Natur und Technik" im Gymnasium. Darauf wird im Kapitel 3.5 gesondert eingegangen.

Aktuelle Entwicklungen

Aufgrund des mäßigen Abschneidens deutscher Schüler / innen bei internationalen Vergleichen (TIMSS II und III, PISA 2000 und 2003) wurde ein Reformprozess eingeleitet, der die Qualitätsverbesserung des gesamten Schulsystems zum Ziel hat. Neben Strukturveränderungen (z. B. verkürzte Gymnasialzeit, Ausweitung von Ganztagsschulen) wurden länderübergreifende Bildungsstandards eingeführt. Sie legen fächerspezifisch fest, welche Kompetenzen Kinder und Jugendliche bis zu einem bestimmten Abschnitt in ihrer Schullaufbahn entwickelt haben sollen (genauere Ausführungen hierzu in Kapitel 4.1). Die angestrebten Leistungen werden regelmäßig auf internationaler und nationaler Ebene überprüft (Output-Steuerung).

Für den Biologieunterricht wurden bisher Bildungsstandards für den mittleren Bildungsabschluss formuliert. Die anzustrebenden Schülerkompetenzen sind in vier Kompetenzbereiche gegliedert, enthalten sowohl eine inhaltliche Dimension als auch eine Handlungsdimension. Neben dem Fachwissen spielen also Erkenntnisgewinnung (experimentelles und theoretisches Arbeiten), Kommunikation und Bewertung eine mindestens gleichwertige Rolle (vgl. auch hier Kapitel 4.1).

Die Bildungsstandards dienen als Orientierung für die Neuentwicklung von Lehrplänen auf allen Schularten und Schulstufen. Weitere Bildungsstandards für das Fach Biologie werden in Kürze für die allgemeine Hochschulreife veröffentlicht.

3.2 Ziele des Biologieunterrichts[7]

Das Hauptaugenmerk des Biologieunterrichts sollte auf die Vermittlung grundlegender naturwissenschaftlicher Kenntnisse im Sinne einer soliden Allgemeinbildung gerichtet sein. Das vorrangige Ziel kann angesichts der unüberschaubaren Faktenfülle nicht im Erwerb von möglichst vielen biologischen Einzelkenntnissen liegen, sondern im Gewinnen wesentlicher Einsichten in die Natur des Lebendigen sowie im Kennenlernen biologischer Denk- und Arbeitsmethoden. Im Sinne ganzheitlicher Bildung soll damit das Fach praktische Hilfen zur Bewältigung gegenwärtiger und zukünftiger Lebenssituationen bieten, aber auch dem Schüler / der Schülerin wesentliche Bereiche der Umwelt und der Kultur erschließen. Zugleich sollen Anregungen zur persönlichen Lebensgestaltung vermittelt werden. Dies beinhaltet den Erwerb wichtiger Kompetenzen, nämlich Fach-, Methoden- und Sozialkompetenz.
Lerninhalte aus der Biologie stellen einen wichtigen Beitrag zur Persönlichkeitsentwicklung dar. Da sich im Sinne des Bildungsideals Alexander von Humboldts „Bildung als Aneignung von Welt" ereignet (Klafki 1993), vollzieht sie sich im Spannungsfeld von Wirklichkeit („Realien") und Person. Wagenschein hat in diesem Zusammenhang den Begriff „Phänomene" geprägt. „Phänomene haben für den Beobachter ihren eigenen Wert, eröffnen ihm die Wirklichkeit des Lebens ..." (Wagenschein 1966b). Der Lernende soll von ihnen ausgehen, soll sie dann hinterfragen und schließlich zu biologischen Erklärungen kommen; ein solches Vorgehen kann mit einem „Konzeptwechsel" verbunden sein (vgl. Kap. 4.6).
Biologie in der Schule darf gemäß diesen Ausführungen kein vereinfachtes oder verkürztes Abbild der wissenschaftlichen Biologie sein. Biologieunterricht hat seine eigenen bedeutsamen Anliegen und Ziele; sie werden im Folgenden näher erläutert.

1. Der Biologieunterricht soll grundlegende Kenntnisse und Einsichten über die Natur vermitteln.

Die Umsetzung dieser Forderung verlangt, dass der Unterricht den Schülerinnen und Schülern beim Zurechtfinden in ihrer Erfahrungswelt Hilfestellung leistet. Ein wesentlicher Beitrag zur Umwelterschließung der Jugendlichen kann über die Auseinandersetzung mit grundlegenden biologischen Erscheinungen, Gesetzmäßigkeiten und Konzepten, zum Beispiel aus den Bereichen Physiologie, Ökologie, Zellbiologie, Evolutionslehre, Genetik, Biotechnologie erfolgen; hierzu zählt auch die Beschäftigung mit der Formenvielfalt des Pflanzen- und Tierreiches als Kennzeichen des Lebendigen. Entsprechende Kenntnisse, die bei jüngeren Schülern zunächst anhand ausgewählter Arten ihrer Umwelt erarbeitet werden, sind unverzichtbar. Damit soll u. a. die Gewinnung eines Weltbildes, das mit den objektiven Sachverhalten der Natur in Einklang steht, gefördert und Fachkompetenz erworben werden. Diese Fachkompetenz erstreckt sich auch auf das Bewältigen

7 Literatur z. B. Berck & Graf 2010, Eschenhagen, Kattmann & Rodi 2003, Graf 2004, Kerschensteiner 1963, Klafki 1993, Litt 1968, VdBiol-Rahmenplan 2000

alltäglicher Lebenssituationen, sei es Verständnis für allgemein interessierende biologische Fragen, seien es praktische Bezüge, wie die artgerechte Haltung von Haustieren oder die Arbeit im Schulgarten. Solche anwendungsbezogenen Kenntnisse vermögen auch Anregungen für eine sinnvolle Freizeitgestaltung zu vermitteln.

2. Der Biologieunterricht soll das Wahrnehmungs-, Denk- und Urteilsvermögen schulen sowie mit fachgemäßen Arbeitsweisen vertraut machen.

Sachgemäßer Biologieunterricht schult durch differenziertes Wahrnehmen von Gegebenheiten der Natur das exakte Beobachten, Untersuchen, Vergleichen und Wiedergeben. In diesem Zusammenhang wurde der Begriff des „mehrkanaligen Lernens" geprägt, wonach Wahrnehmungsprozesse vom Einsatz möglichst vieler Sinne begleitet sein sollten. Im Rahmen fachgemäßer Arbeitsweisen werden zum Beispiel Beobachtungsaufgaben zum Verhalten von Tieren gestellt, wobei auch auf evtl. Lautäußerungen zu achten ist. Oder es werden ökologische Untersuchungen durchgeführt oder Hypothesen bei der Planung einfacher Versuche an Pflanzen formuliert. Aus den gewonnenen Daten sind dann Schlussfolgerungen zu ziehen und Deutungen zu versuchen. Damit werden neben der Fachkompetenz zugleich überfachliche Qualifikationen, etwa allgemeine naturwissenschaftliche Methodenkompetenz, vermittelt.
Mit den biologischen Arbeits- und Denkweisen lernen die Schüler/innen Wege kennen, wie Biologen zu ihren Aussagen und Ergebnissen kommen. Verfahren der naturwissenschaftlichen Induktion und Deduktion finden im Biologieunterricht Anwendung, die Fähigkeit zum selbstständigen Arbeiten sowie das Denk- und Urteilsvermögen sollen gefördert werden. Das ist heute sehr wichtig, denn die Bewältigung gegenwärtiger biologischer Probleme verlangt nicht nur den Sachverstand von Experten, sondern die Urteilsfähigkeit vieler. Dazu gehört auch die Einbeziehung einer präzisierenden biologischen Fachsprache. Verlangt wird heute ferner Teamfähigkeit, also Sozialkompetenz, die gerade beim Praktizieren biologischer Arbeitsweisen, etwa in Gruppen, geübt werden kann. Schon KERSCHENSTEINER (1963) betonte die erzieherische Bedeutsamkeit der Beschäftigung mit naturwissenschaftlichen Fragestellungen.

3. Der Biologieunterricht soll Freude und Interesse an der Natur wecken und mit der Förderung von Formen- und Artenkenntnissen den Naturschutzgedanken unterstützen.

Der emotionale Bereich des Biologieunterrichts dient dem Wecken von Interesse an Lebewesen und deren Lebenserscheinungen. Dies berührt auch das ästhetische Erleben, d.h. die Freude an der Formen- und Farbenvielfalt der Natur. So kann beispielsweise die Beschäftigung mit dem Leben der Pilze und der Mannigfaltigkeit ihrer oberirdischen Sporenkörper von den Schülerinnen und Schülern genauso als reizvoll empfunden werden wie das Bestimmen blühender Arten in einer Wiese oder der Lebewesen am und im Bach.

Nachdem das Kennenlernen und Benennen von Pflanzen- und Tierarten im Biologieunterricht über Jahrzehnte eine eher untergeordnete Rolle gespielt hat, wird dem Erwerb von Artenkenntnissen in Zusammenhang mit Ökologie und Naturschutz erfreulicherweise heute wieder mehr Beachtung geschenkt. Es reicht nicht aus, „die Blume, den Baum, die Libelle zu erhalten, sondern eben die gesamte vorhandene Vielfalt der Arten samt ihren Lebensräumen" (STAHL-SCHNITZLER 1988). Hierbei muss ein möglichst harmonisches Miteinander von Mensch und belebter Natur in den Vordergrund gestellt werden. Beim Ansprechen von Arten sollten die Schüler/innen selbst aktiv tätig sein. Über das Sammeln, Vergleichen, Untersuchen und Ordnen werden wichtige fachgemäße Arbeitsweisen ausgeübt, ein Beitrag zur Methodenkompetenz wird erbracht.
Angesichts des Artenschwundes erscheint es wichtig, die Bereitschaft zum Schutz der heimatlichen Flora und Fauna zu wecken. Verantwortungsbewusstsein kann aber nur dann entstehen, wenn die belebte Umwelt den Jugendlichen konkret in bestimmten Tier- und Pflanzenarten begegnet. „Es genügt nicht, die Probleme des Naturschutzes rein kognitiv zu erfassen, vielmehr muss gerade auch der Gefühlsbereich angesprochen werden. Nur was der Schüler/die Schülerin kennt, schätzen und lieben gelernt hat, wird er/sie auch für schützenswert erachten. Wird der Schüler/die Schülerin über die Begegnung mit Tieren und Pflanzen erlebnishaft an die Natur herangeführt, so kann ein Grundstein gelegt werden für die dauerhafte Beschäftigung mit der Natur" (STAHL-SCHNITZLER 1988).

4. Der Biologieunterricht soll Kenntnisse über den menschlichen Körper vermitteln sowie mit Grundlagen der Gesunderhaltung und der Sexualität vertraut machen

Die Behandlung des menschlichen Körpers unter Berücksichtigung von Fragen der Gesundheits- und Sexualerziehung sowie der Drogenprävention nimmt heute mit Recht einen breiten Raum im Stoffkanon vieler Lehrpläne ein. Angesichts der Bewegungsarmut der Jugendlichen, von hohem Medienkonsum, Überernährung und Gefahren durch Drogen sowie durch Aids etc. kommt entsprechenden Themen im Biologieunterricht eine große Bedeutung zu. Sie sind besonders geeignet, zur Persönlichkeitsentwicklung des Jugendlichen sowie zur Bewältigung von Lebenssituationen beizutragen. Auch wenn der Einfluss der Schule in diesen Bereichen nicht überschätzt werden darf, sollte auf jeden Fall versucht werden, ein gesundheitsbewusstes Verhalten bei den Schülerinnen und Schülern anzubahnen. Das bedeutet zum Beispiel, auf der Grundlage biologischer Kenntnisse Regeln für Ernährung und Bewegung zu vermitteln und den jungen Menschen ihre Verantwortung für die eigene Gesundheit bewusst zu machen. Fächerkooperation ist erforderlich, die Gestaltung der ganzen Schulsituation (räumliche Gegebenheiten, Pausenverpflegung etc.) sollte ebenfalls zur Gesundheitserziehung beitragen.
Für Anliegen der Familien- und Sexualerziehung leistet der Biologieunterricht einen wesentlichen Beitrag. Er vermittelt physische und psychische Aspekte von Sexualität und Entwicklung. In diesem Rahmen geht es in höheren Jahrgangsstufen auch um Fortschritte der Medizin, die vielfach auf biologischen Forschungen fußen. Sie erlauben heute beispielsweise die extrakorporale Zeugung menschlichen Lebens durch künstliche Befruchtung von Eizellen. Die Möglichkeit, das

Erbgut von in vitro gezeugtem menschlichen Leben durch Präimplantationsdiagnose (PID) genetisch zu beurteilen oder menschliche Gene zu verändern, wirft eine Fülle ethischer Fragen auf, ebenso die Gewinnung menschlicher Stammzellen aus frühen Embryonalstadien.
Zur Humanbiologie der Oberstufe zählen auch Fragen der Neurobiologie, etwa Einblicke in die Entstehung von Wahrnehmungen, von Denk- und Gedächtnisleistungen. Solche Themen tragen wie die Beschäftigung mit der Herkunft des Menschen zum Welt- und Selbstverständnis des jungen Menschen bei und damit zu fundamentalen Fragen unserer Existenz. Es geht in diesem Zusammenhang um die Sonderstellung des Menschen unter den Lebewesen, daraus sollte Achtung vor der Unversehrtheit des eigenen wie des Körpers anderer resultieren (vgl. Kap. 10.6 u. 10.7).

5. Der Biologieunterricht soll zur Achtung gegenüber dem Lebendigen führen und zu einer verantwortungsvollen Haltung gegenüber Natur und Organismen beitragen.

Die ethische Dimension von Inhalten des Biologieunterrichts erfordert wertende Stellungnahmen, die auch die eigene Lebenswirklichkeit berühren können. Fachlich fundierter Biologieunterricht wird Leben in seiner Einmaligkeit und seinem Wert aufzeigen und zur Achtung und Ehrfurcht vor dem Lebendigen erziehen. In diesem Sinne muss ein verantwortungsvolles Verhalten gegenüber der Natur und den Organismen auch schon in den unteren Jahrgangsstufen angestrebt werden. Das betrifft etwa die Themen Umwelt-, Tier- und Pflanzenschutz.
Der Biologieunterricht soll neben der Artenvielfalt die mannigfachen Beziehungen und Kreisläufe in den Ökosystemen aufzeigen sowie mögliche Störungen und Belastungen durch Eingriffe des Menschen. Er soll die Gefahren für die Lebensgrundlagen des Menschen und vieler Organismen darstellen und in Kooperation mit anderen Fächern eine Haltung anbahnen, die auf einen verantwortungsvollen Umgang mit unserer Umwelt und deren natürlichen Ressourcen ausgerichtet ist. Das Fach Biologie leistet damit einen wichtigen Beitrag zur Umweltbildung (vgl. Kap. 10.5). Noch mehr als bei diesem Thema, ist die Frage des biologisch Machbaren oder des sittlich Erlaubten im Bereich der angewandten Gentechnik sowie der Forschung mit embryonalen Stammzellen aktuell. Bei deren Behandlung im Unterricht sollte neben fachlichen Gesichtspunkten auch die Beleuchtung ethischer Aspekte erfolgen. Dies sei an zwei Beispielen verdeutlicht. Der sogenannte „genetische Fingerabdruck" ist heute kriminaltechnisch unentbehrlich geworden. Die Möglichkeit, über ein solches Verfahren nicht nur Aussagen über die Identität einer Person, sondern auch über Erbkrankheiten oder die Disposition für bestimmte Allergien zu treffen, gewinnt zunehmend an Aktualität, etwa auch für die Versicherungswirtschaft, und ruft deshalb bei Vielen Sorgen und Bedenken wach. Der Freilandanbau von transgenen Nutzpflanzen erfolgt heute bei Soja, Mais und Baumwolle schon in erheblichem Umfang. Das kann zur Verringerung des Pestizideinsatzes führen; es wird argumentiert, dass ohne gentechnisch veränderte Pflanzen die Ernährung der ständig wachsenden Erdbevölkerung nicht zu gewährleisten ist (z. B. Kern 2002). Andererseits stellt dieser Anbau ein Großexperiment für die existierenden Ökosysteme dar (vgl. Fuchs 2005). Genveränderte

Nahrungsmittel könnten evtl. neue Allergien auslösen; die Abhängigkeit der Landwirtschaft von Großkonzernen mit patentiertem Saatgut ist zu befürchten. Solche und ähnliche Themen, etwa aus dem Bereich der Biomedizin bedürfen gründlicher Sachkenntnis und unvoreingenommener Diskussion im Biologieunterricht (vgl. Kap. 10.7). Das Fach Biologie erfüllt gerade im Hinblick auf diese modernen Sachfragen eine wichtige gesellschaftspolitische Aufgabe.

3.3 Anordnung der Lerninhalte

Es ist keinesfalls gleichgültig, in welcher Weise die Lerninhalte in einem Lehrplan angeordnet sind. Auswahl und Anordnung hängen nämlich stark voneinander ab (sog. Auswahl-Anordnungsproblematik). Ein bestimmtes Strukturierungsprinzip beinhaltet zugleich Vorgaben für die Auswahl der Unterrichtsinhalte. Entscheidet man sich beispielsweise für das biologische System als Anordnungsprinzip, dann werden systematische Fragen in den Inhalten eine größere Rolle spielen. Die Anordnung des Lernstoffs einer Schulart in den einzelnen Jahrgangsstufen ist zwar in aller Regel durch die Lehrpläne bereits vorweggenommen, trotzdem ist es aber von Vorteil, die Konsequenzen eines Anordnungsprinzips auf die unterrichtliche Umsetzung zu kennen.
In den vergangenen Jahrzehnten haben mehrere unterschiedliche Prinzipien eine Rolle gespielt und es sind neuere hinzugekommen. Die nachfolgende Darstellung berücksichtigt nur die wichtigsten.

3.3.1 Anordnung nach Lebensräumen

Dieses Prinzip wurde lange Zeit für die Oberstufe der Volksschulen (heutige Mittelstufe / Sekundarstufe I) verwendet. Haus und Hof, Garten und Parkanlagen, Feld, Wiese, Wald, Wasser usw. bildeten den äußeren Rahmen für zahlreiche pflanzen- und tierkundliche Lebensbilder (z. B. Lebensraum „Feld und Wiese": Roggen, Weizen, Gerste ..., Rotklee, Luzerne ..., Hase, Feldmaus, Lerche ...). Die Schüler / innen lernten auf diese Weise einige Lebewesen eines konkreten Ausschnittes der Umwelt kennen; die lebensräumliche Behandlung regte zum Unterrichtsgang und oft auch zu längeren Beobachtungen an. Echte Wechselbeziehungen zwischen den Organismen und zwischen Lebensraum und Organismen wurden jedoch kaum erarbeitet; es handelt sich auch nicht in jedem Falle um Lebensgemeinschaften im ökologischen Sinne (z. B. Haus und Hof). Der Unterricht bestand häufig in einem Aneinanderreihen von Artmonografie; allgemein-biologische Themen fanden wenig Berücksichtigung.
Auch einige aktuelle Lehrpläne der Grundschule und der Sekundarstufe I enthalten Lebensräume (vor allem Wald und Gewässer, aber auch Luft und Boden) als Gliederungsprinzip für ökologische Lerninhalte. Die Einbeziehung von Lebensräumen ist von Vorteil, da sie zum Erfahrungs- und Erlebnisbereich der Schüler / innen gehören und sich vor Ort zahlreiche sinnvolle Möglichkeiten der handlungsorientierten Erarbeitung unter Einsatz fachgemäßer biologischer Arbeitsweisen bieten.

Bereits in der Grundschule sind erste Einblicke in die vielschichtigen Verflechtungen in einem Ökosystem möglich. Die Mittelschule führt dann weiter über exemplarisch ausgewählte Beispiele für die Angepasstheit von Tieren und Pflanzen zum Erkennen von Wechselwirkungen der Lebewesen zueinander und zu ihrer Umwelt und damit zum Grundverständnis des Begriffs „Lebensgemeinschaft".

3.3.2 Anordnung nach dem System der Pflanzen und Tiere

In Gymnasien und meist auch in Realschulen bildeten lange Zeit die großen Gruppen des Tier- und Pflanzenreiches das Strukturierungsprinzip für die Themen des Biologieunterrichts. In der Regel wurde in der 5. Jahrgangsstufe mit Säugern und einfachen bedecktsamigen Blütenpflanzen begonnen; es folgten Vögel und andere Wirbeltiere bzw. bedecktsamige Pflanzen und Nacktsamer und etwa ab der 7. oder 8. Jahrgangsstufe die Wirbellosen bzw. weitere Gruppen des Pflanzenreiches. Botanische, zoologische und humanbiologische Themen wurden bei diesem Vorgehen zeitlich getrennt behandelt. Dieses Anordnungsprinzip versucht, einen Überblick über die Vielfalt der Tiere und Pflanzen zu vermitteln. Es ermöglicht dem Schüler/der Schülerin, Ordnungsgefüge der Natur kennenzulernen, Beziehungen zur Stammesgeschichte herzustellen usw. Der Unterricht bleibt aber zu sehr im systematisch-monografischen Ansatz stecken; er schreitet von Art zu Art, von Gruppe zu Gruppe und kann in Monotonie erstarren. Für allgemein-biologische Themen bleibt zu wenig Zeit. Das Konzept der Strukturierung nach dem System der Lebewesen wird heute nicht mehr als vorrangiges Gliederungsprinzip verwendet. Geblieben ist lediglich die Idee der Stoffanordnung entgegen der Evolutionshöhe, also in den niederen Jahrgangsstufen (5/6) mit den Wirbeltieren und den bedecktsamigen Pflanzen zu beginnen und erst später zu den Wirbellosen bzw. zu anderen Pflanzengruppen fortzuschreiten, da sich dies aus lernpsychologischer Sicht bewährt hat.

3.3.3 Anordnung nach Gesichtspunkten der Allgemeinen Biologie

Nachdem lange Zeit Botanik, Zoologie und auch Humanbiologie getrennte Wege gingen, versucht die Allgemeine Biologie, allgemeine Lebenserscheinungen (die „Kennzeichen des Lebendigen") und allgemeingültige Gesetzlichkeiten herauszuarbeiten. Es entstanden zahlreiche Teildisziplinen, z. B. Biochemie, Biophysik, Molekularbiologie, Physiologie, Genetik, Anatomie, Histologie, Zytologie, Paläontologie, Systematik, Morphologie, Evolution, Entwicklungsbiologie, Ökologie und Verhaltensforschung. Bei einigen Teilgebieten setzte eine stürmische Entwicklung ein. Der Ruf nach Einbindung der wichtigsten Teilgebiete mit ihren Erkenntnissen in den Biologieunterricht blieb nicht lange aus. Es wurden Stoffpläne entwickelt, die sich an der Grundstruktur der Allgemeinen Biologie orientierten, z. B. nach den Erscheinungen, die für Lebewesen allgemein typisch sind, wie Bewegung, Stoff- und Energiewechsel, Reizbarkeit, Verhalten, Fortpflanzung, Entwicklung, Vererbung, ökologische Beziehungen, Evolution. Eine Trennung in Zoologie, Botanik und Humanbiologie war nicht mehr unbedingt erforderlich. Bestimmte

Tiere, Pflanzen oder der Mensch dienen als Beispiele zur Verdeutlichung eines allgemeinen Prinzips.
Diese Art der Stoffanordnung hat auf den ersten Blick verschiedene Vorteile: Indem man die oben genannten Lebenserscheinungen auf die Jahrgangsstufen verteilt, können Kenntnisse und Einsichten systematisch aufgebaut, bestimmte Bereiche in verschiedenen Jahrgangsstufen wiederholt angesprochen werden (Spiralprinzip). Der Schüler/die Schülerin wird fortschreitend mit wichtigen biologischen Erscheinungen und Begriffen vertraut. Die Teilkenntnisse lassen sich leicht in größere Zusammenhänge einbetten. Wesentliches wird dadurch leichter im Gedächtnis bewahrt. Es gibt kein eintöniges Aneinanderreihen einzelner Monografien. Botanische, zoologische und humanbiologische Themen stehen nicht zusammenhanglos neben- oder hintereinander. In der Schulpraxis offenbarte die uneingeschränkte Orientierung an der Struktur der Allgemeinen Biologie aber auch einige Nachteile. Besonders in den unteren und mittleren Jahrgangsstufen der weiterführenden Schulen steht die fachwissenschaftliche Ausrichtung zu sehr im Vordergrund. Zahlreiche Teilbereiche enthalten komplexe Zusammenhänge und setzen ein hohes Abstraktionsvermögen voraus. Auch der Bezug zur Lebenswirklichkeit der Lernenden ist nicht in jedem Fall leicht herzustellen. Weiterhin kann die allgemeinbiologische Betrachtungsweise vor allem in den unteren Jahrgangsstufen am Schülerinteresse vorbeigehen, das aller Erfahrung nach den Lebewesen in ihrer Ganzheit gilt. Schließlich besteht auch die Gefahr, dass die Vermittlung von Formen- und Artenkenntnissen vernachlässigt wird.
Das Prinzip der allgemeinbiologischen Stoffauswahl wurde in vielen Lehrplänen, vor allem der 70er-Jahre, umgesetzt (z. B. Bayern, Nordrhein-Westfalen, Baden-Württemberg, Saarland usw.). Sie bedienten sich übergreifender Leitthemen oder „Inhaltsbereiche" zur Stoffanordnung, wie etwa „Wahrnehmungsarten und Verhaltensweisen, Fortpflanzung und Individualentwicklung, Zukunftssicherung der Menschheit usw." Um die Nachteile zu vermeiden, hat man das Stoffanordnungsprinzip modifiziert. Z. B. wurden Themen der angewandten Biologie integriert und damit Sachverhalte miteinbezogen, die für den Menschen von besonderer Bedeutung sind (Ernährung, Umweltsicherung usw.). Dem Schülerinteresse wurde dadurch Rechnung getragen, dass zusätzlich Einzelbilder von Lebewesen eingefügt wurden, z. B. „Überblick über Bau und Lebensweise eines Säugetieres, eines Vogels, eines Fisches usw.".

3.3.4. Anordnung nach gesellschaftsrelevanten Gesichtspunkten

Die bisher vorgestellten Anordnungsprinzipien basieren im Wesentlichen auf fachwissenschaftlichen Gesichtspunkten. Es sollen aber auch Strukturierungsansätze nicht unerwähnt bleiben, die darüber hinausgehen. Als Beispiel sei hier der situationsorientierte Ansatz nach Bojunga & Dylla (1972) erwähnt. Er fordert, *„dass der Biologieunterricht dazu beitragen soll, die Schüler/innen zu befähigen, jetzt und später im privaten und öffentlichen Bereich in Situationen, die eine Entscheidung verlangen, begründet und sinnvoll zu entscheiden"* (Bojunga & Dylla 1972). Entscheidungsrelevante Situationen, in denen biologische Bedingungen zum

Tragen kommen, treten demnach dort auf, wo sich die drei Bereiche „Mensch als Lebewesen", „Gesellschaft" und „Umwelt" überschneiden. Daraus lassen sich Situationsfelder konstruieren: Umweltplanung, Rückwirkungen der Technik, Zivilisation und Entwicklung der Menschheit, zwischenmenschliche Beziehungen, Sexualität, körperlich-seelische Gesundheit. Die Situationsfelder bilden somit ein Bezugssystem, das durch adäquate biologische Inhalte konkretisiert wird.

3.3.5 Aktuelle Ansätze zur Anordnung der Unterrichtsinhalte

Bereits in den 80er- und 90er-Jahren erfolgte eine Modifizierung der überwiegend allgemein-biologischen Strukturierung der Lehrpläne. Man verblieb nicht bei der möglichst unverfälschten Umsetzung eines Anordnungsprinzips, sondern bemühte sich um eine Verknüpfung zwischen systematischen, allgemein-biologischen und angewandt-biologischen Aspekten. Dabei wurde, besonders in den unteren und mittleren Jahrgangsstufen, der ganzheitlichen (monografischen) Betrachtung verschiedener Tier- und Pflanzenarten wieder wesentlich mehr Aufmerksamkeit geschenkt, ebenso den Formen- und Artenkenntnissen. Ein wichtiges Anliegen war es, den Lernenden nicht nur kognitiv, sondern auch emotional anzusprechen, d. h. biologische Sachverhalte zu vermitteln und zugleich die erlebnishafte Begegnung mit Tieren und Pflanzen sowie seine Bereitschaft zu aktivem Natur- und Umweltschutz zu fördern. Auch ökologische Themen bekamen ein größeres Gewicht; ausgewählte Ökosysteme, z. B. Wald, Gewässer, bilden Schwerpunkte biologischen Arbeitens in einzelnen Jahrgangsstufen. Eine Aufwertung erfuhren außerdem Humanbiologie und Gesundheitserziehung.

Außerdem bemühte man sich verstärkt, die vertikale und horizontale Vernetzung der Lerninhalte zu vernetzen. Bei der vertikalen Vernetzung werden die Lerninhalte in kumulativer Weise so angeordnet, dass nachfolgender Lernstoff auf bereits vorhandenem Wissen aufbaut. Bei der horizontalen Vernetzung werden Lerninhalte verschiedener Fächer (z. B. Physik / Chemie / Biologie) im Sinne fächerübergreifenden Unterrichtens unter geeigneten Leitaspekten miteinander verknüpft (siehe hierzu Kap. 3.5).

Mit Beginn des neuen Jahrtausends setzte als Reaktion auf die Ergebnisse der ersten internationalen Vergleichstests (PISA, TIMSS) ein Reformprozess ein, der ein verbessertes Qualitätsmanagement des allgemeinbildenden Schulsystems zum Ziel hat. Im Mittelpunkt stehen nun kompetenzorientierte Bildungsstandards. Damit orientiert sich die aktuelle Entwicklung von Lehrplänen weniger an Lernzielen als vielmehr am Erwerb von Kompetenzen. Wissen allein ist noch keine Kompetenz, aber ohne Wissen ist auch kein Erwerb von Kompetenzen möglich. Kompetenzen umfassen daher mehr als nur Wissen. Sie beinhalten Kenntnisse, Fähigkeiten und Fertigkeiten, mittels derer ein Lernender in der Lage ist, Aufgaben und Probleme des täglichen Lebens zu lösen, daraus Erkenntnisse abzuleiten sowie fachliche Gegenstände zu kommunizieren und sie in einem sozial verantwortlichen Kontext zu bewerten (vgl. Kap. 4.1).

3.3.6 Anmerkung: Anordnung nach der jahreszeitlichen Folge (phänologisches Prinzip)

Dieses Prinzip ist kein Stoffanordnungsprinzip im eigentlichen Sinne, da man damit den Lernstoff nicht über mehrere Schuljahre hinweg gliedern kann. Es gilt jeweils nur für ein Schuljahr. Die Anordnung nach der jahreszeitlichen Folge wird aber trotzdem hier erwähnt, weil sie als biologietypischer Gesichtspunkt von jeder Lehrkraft in jedem Schuljahr bei der Erstellung des stofflichen Jahresverteilungsplans berücksichtigt werden sollte. Selten verlangt ein Lehrplan eine fest vorgegebene Folge aller Lerninhalte. Deshalb lassen sich Lerninhalte, die eine unmittelbare Begegnung mit der Natur erfordern (z. B. botanische, zoologische oder ökologische Themen), mit Lerninhalten ohne jahreszeitlichen Bezug (z. B. Themen der Humanbiologie) in eine sinnvolle Reihenfolge bringen.

3.4 Prinzip des Exemplarischen[8]

Als Begründer des Prinzips des Exemplarischen gilt Martin Wagenschein (1896–1988). Er entwickelte seine Ideen vom exemplarischen Lehren und Lernen vom Physikunterricht her (vgl. z. B. Wagenschein 1993). Sein Grundanliegen ist es, dem Verstehen den Vorrang vor der bloßen Anhäufung von Wissen einzuräumen. Er fordert den Verzicht auf zu große Stofffülle oder gar stoffliche Vollständigkeit zugunsten einer Konzentration des Unterrichts auf wenige, aber besonders bedeutsame Beispiele (die Exempla), an denen sich grundlegende Erfahrungen und Einsichten gewinnen lassen. Das Prinzip des Exemplarischen ist hier also stoffliches Auswahlprinzip. Da es stofflich entlastend wirkt und Stoffauswahlkriterien beinhaltet, ist es für viele Fächer bei der Zusammenstellung und Strukturierung der Lerninhalte von Vorteil, vor allem auch für das Unterrichtsfach Biologie mit seiner Fülle von Formen und Erscheinungen. Im Vergleich zur sequenziellen Abarbeitung von zahlreichen Themen mit gleichem Stellenwert ist das exemplarische Vorgehen zeitökonomisch. Die eingesparte Zeit kann einer vertieften Behandlung des Exempels und dem vermehrten Einsatz von fachgemäßen Arbeitsweisen und Arbeitsmitteln zugute kommen.
Wagenschein verbindet mit dem Prinzip des Exemplarischen aber auch einen besonderen Weg des Lehrens und Lernens, ein spezielles methodisches Verfahren. Es ist dadurch gekennzeichnet, dass der Lernende nicht einfach das Wissen anderer aufnimmt, sondern es sich selbst auf gründliche Weise erarbeitet. Wagenschein hat den Begriff des Exemplarischen erweitert und diesen Weg als „genetisches Lernen" (Wagenschein 1966) bezeichnet.

3.4.1 Exemplarische Stoffauswahl

Der Begriff „exemplarisch" leitet sich ab von lat. „eximere" und bedeutet „herausnehmen". Um etwas herausnehmen zu können, bedarf es einer Fülle, eines

8 Literatur z. B. Klafki 1964b, Scheuerl 1969, Wagenschein 1966, 1970a, 1970b, 1997

größeren Ganzen. Das „Herausgenommene" steht dann in einem besonderen Verhältnis zum Ganzen. Ein Exemplum ist nun nicht ein beliebiges Beispiel, an dessen Stelle auch irgendein anderes stehen könnte und das nur einen Teilaspekt zeigt, sondern muss für das Ganze stehen, es ist ein „Spiegel des Ganzen" (WAGENSCHEIN 2003). Exemplarisch vorgehen heißt demnach, an wenigen konkreten Beispielen Gesetzlichkeiten, Begriffe oder Methoden von allgemeiner Bedeutung erschließen, am Besonderen das Allgemeine verständlich machen, *„ein umfassenderes Etwas durch ein herausgehobenes Beispiel repräsentieren"* (SCHEUERL 1969). Damit ein Stoff (Lerninhalt) zum Exemplum erhoben werden kann, muss er eine Reihe von charakteristischen Merkmalen erfüllen. Er kann als exemplarisch angesehen werden, wenn er

- *elementar* ist, d. h. wenn er sich zur Erarbeitung der in einem Fach grundlegenden Aussagen, Erkenntnisse und Einsichten eignet,
- *beispielhaft* und *stellvertretend* für zahlreiche gleiche oder ähnliche Fälle Allgemeingültiges zur Geltung bringt,
- geeignet ist, *Denk- und Arbeitsmethoden* des Faches anzuwenden,
- den *Bezug des Menschen zur Sache* erhellt. WAGENSCHEIN verwendet hierfür die Bezeichnung „fundamental" und meint damit Ergebnisse, „die die Stellung des Menschen in der Welt in einem neuen Licht zeigen" (WAGENSCHEIN 1997).

Man kann das Merkmal des Fundamentalen in drei Gruppen von Themen mit teils biophilosophischen, teils ethischen Fragestellungen aufgliedern (vgl. BERCK & GRAF 2010): Zum Ersten Themen, die die Grenzen unserer Erkenntnis markieren. Hierzu gehört auch die Erkenntnis, dass jedes Fach Aspektcharakter besitzt, d. h. nur einen partiellen Erkenntniszugriff auf die Welt erlaubt; zum Zweiten Themen, die die Stellung des Menschen innerhalb der Lebewesen klären, und zum Dritten Themen, die unsere Abhängigkeit und Gefährdung, unsere Verpflichtungen und Freiheiten in besonderem Maße deutlich werden lassen.

3.4.2 Genetisches Lernen

Mit diesem Begriff bezeichnet man nach Wagenschein ein Unterrichtsverfahren, bei dem die Schüler / innen nicht „fertiges", von Experten (z. B. Lehrkräften) präsentiertes Wissen übernehmen, sondern selbst aktiv am Erwerb des Wissens beteiligt sind. Anstatt eines Unterrichts, der einer *„Führung durch eine geordnete Ausstellung der Funde einer abgeschlossenen Expedition"* (WAGENSCHEIN 1964) gleicht und in dem Lehrer / innen *„das Kind den Berg hinauftragen, statt es ihn ersteigen zu lassen"*, stehen beim genetischen Lernen die eigenen Ideen und Überlegungen der Schüler / innen, das produktive Finden von Fragestellungen und Problemen, das Selbstentdecken, das aktive Herausarbeiten der Problemlösungen im Vordergrund. Ein solches Verfahren ist für den naturwissenschaftlichen Unterricht nicht nur wegen seines hohen Motivationsgehalts und seines problemorientierten Charakters vorteilhaft. Von Bedeutung ist auch, dass man damit nicht nur Erkenntnisse gewinnt, sondern auch das Erkennen lernt. Der Lernprozess geht

dann über den ursprünglichen Lernstoff hinaus und vermittelt fachgemäße und fachübergreifende Methodenkompetenz.
Für genetisches Lernen gibt es drei Zugänge (Einteilung nach KÖHNLEIN 1998):

- *den individual-genetischen Weg*
  Das Wissen entsteht im Lernenden durch eigene Produktivität (vgl. Kap. 4.4 u. 4.5). Der Unterricht nimmt Erfahrungen, Vorkenntnisse und Überlegungen des Lernenden konstruktiv auf und sucht zusammen mit ihm Wege des Entdeckens, um gemeinsam zu gesichertem und verstandenem Wissen zu kommen.
- *den logisch-genetischen Weg*
  Maßgebend für die Genese des Wissens ist die sachlogische Struktur eines Lerngegenstandes. Sie bildet den „roten Faden", an dem sich der Lernprozess entlanghangelt. Beispiel: Vom Bau zur Funktion beim menschlichen Auge.
- *den historisch-genetischen Weg*
  Indem man sich auf die Spur wichtiger Forscher und Entdecker in früheren Zeiten heftet, werden historische Fragestellungen der Wissenschaft wiederholt, ihre Experimente durchgeführt und ihre Lösungsfindung nachvollzogen. Es geht um die Genesis der bahnbrechenden Erkenntnisse einer Wissenschaft, um die Wiederentdeckung von Anfang an. Beispiel: Die Entdeckung des Antibiotikums „Penicillin" durch A. FLEMING.

3.4.3 Beispiele für exemplarisches Vorgehen

Obwohl die Lehrpläne bezüglich der exemplarischen Stoffauswahl bereits eine Vorauswahl getroffen haben, bleibt in der Regel ein Spielraum, um aus einer Reihe von möglichen Beispielen dasjenige mit der besten exemplarischen Schärfe bestimmen zu können. Für die Auswahl sind, neben den bereits aufgeführten Charakteristika des Exempels, weitere didaktische Gesichtspunkte maßgebend, z. B.

- Erfahrungshorizont, Verständnis und Interessenlage des Schülers / der Schülerin und damit Lebensnähe (Objekte sollen möglichst aus dem Erfahrungsraum der Schüler / innen kommen und als Bestandteile der lebendigen Umwelt von Bedeutung sein),
- die Möglichkeit, Naturobjekte zu beschaffen, evtl. in für Partner- oder Gruppenarbeit ausreichender Zahl,
- Vorhandensein von Anschauungsmitteln, z. B. Präparate, Filme, Abbildungen,
- bei schwierigen Vorgängen die Möglichkeit des Vereinfachens, ohne zu fachlich bedenklichen Aussagen zu kommen.

Fließgewässer Bach als Exemplum für ein Ökosystem

Im Folgenden sollen an dem in vielen Lehrplänen enthaltenen Thema „Lebensraum Gewässer" beispielhaft einige Überlegungen zur Auswahl eines Exempels, nämlich des Fließgewässers „Bach", ausgeführt werden.
Der „Bach" zeigt deutlich, dass abiotische Faktoren (Licht, Temperatur, chemische Inhaltsstoffe ...) die Eigenschaften eines Biotops und damit die speziellen Lebens-

bedingungen seiner Bewohner bestimmen. Durch die Tätigkeit des fließenden Wassers (Erosion, Transport, Akkumulation) entsteht eine mosaikartige Standortstruktur, wobei jedes Mosaik je nach morphologischen Verhältnissen (Schnellen, Stillen, Prallhang, Gleithang …) über spezifische Eigenschaften (unterschiedliche Strömungsverhältnisse, unterschiedliche Tiefe) verfügt. Die Pflanzen und Tiere des Baches sind an diese Habitate angepasst und stehen in mannigfachen direkten und indirekten Wechselbeziehungen zueinander, das entscheidende Merkmal für eine Lebensgemeinschaft. Beispielsweise besitzen Insektenlarven Einrichtungen, um mit der Strömung zurechtzukommen und eine Abdrift zu verhindern (Saugnäpfe, Haltefäden, schwere Köcher mit hohem Gewicht …), sowie Sonderbildungen für den Nahrungserwerb (Fangnetze, Filterorgane …). Fließgewässertypische Uferpflanzen, wie Erlen und Weiden, können einen hohen Wasserstand über längere Zeit ertragen, indem sie spezielle Mechanismen zur Sauerstoffversorgung der Wurzeln (z. B. Entstehung von Belüftungsgewebe im Rindenteil des Stammes) ausbilden. Das Fließgewässer „Bach“ ist also „elementar“, da er sich gut eignet, grundlegende Erkenntnisse zu den Begriffen „Biotop“, „Angepasstheit“ und „Lebensgemeinschaft“ zu gewinnen. Er steht auch beispielhaft und stellvertretend für alle Fließgewässer. Möchte man Erkenntnisse zu „Gewässern“ im Allgemeinen erwerben, ist allerdings eine Ergänzung um ein stehendes Gewässer (Teich, See) erforderlich (vgl. die Ausführungen zu „Orientierungswissen“ im nächsten Abschnitt). Da in stehenden Gewässern die Strömung nicht die dominierende Rolle spielt, liegen hier andere Anpassungserscheinungen von Tieren und Pflanzen vor. Am Fließgewässer „Bach“ können weiterhin fachgemäße Denk- und Arbeitsmethoden angewandt werden. Bei einem Unterrichtsgang zu einem geeigneten Bachabschnitt kann man beispielsweise das morphologische Erscheinungsbild kartieren, Pflanzen und Tiere beobachten, Kenn- und Bestimmungsübungen durchführen, chemische Inhaltsstoffe untersuchen, die Gewässergüte anhand von Zeigerorganismen bestimmen u.v.m. Erkenntnisse werden auf induktive und deduktive Weise gewonnen. Beim Herausarbeiten der Abhängigkeiten und Wechselwirkungen lassen sich kausale Erklärungen heranziehen und systemtheoretische Betrachtungen anstellen. Die Thematik „Gewässerverschmutzung“ erzwingt Überlegungen zum Bezug des Menschen zur Sache, insbesondere zum Aspekt der Abhängigkeit und Gefährdung des Menschen sowie seiner Verpflichtungen und Freiheiten.

Die beispielhaft ausgeführten Überlegungen machen deutlich, dass sich an der Thematik „Fließgewässer Bach“ das Zusammenwirken von biotischen und abiotischen Faktoren gut aufzeigen lässt und damit allgemeine Einsichten für die Zusammenhänge in einem Ökosystem erarbeitet werden können (weitere Aspekte zum Thema „Fließgewässer“ siehe Abschnitt 5.3.6 und Abschnitt 8.2.4).

Weitere Beispiele

Wagenschein (1962) spricht davon, „dass das Feld der Biologie ein Tummelplatz des Exemplarischen sein könnte“. Tatsächlich lassen sich an vielen Lebewesen wesentliche allgemeine Erscheinungen oder Denk- und Arbeitsmethoden der Biologie erarbeiten. Doch zeigt nicht jede Art alle Erscheinungen prägnant genug.

Die eine lässt vielleicht das Phänomen der Angepasstheit besonders deutlich erfassen, eine andere ist gut geeignet, um wesentliche Vorgänge bei der Fortpflanzung aufzuzeigen, an einer dritten können stammesgeschichtliche Bezüge gut erschlossen werden. Doch genügt aus der großen Fülle eine beschränkte Anzahl. Der Wiesensalbei kann als Exemplum für Pflanzen mit besonderen Einrichtungen zur Fremdbestäubung oder (und) als Beispiel für die Familie der Lippenblütler dienen. Der Mäusebussard (oder Turmfalke) ist ein gutes Beispiel für Körperbau und Beutefang eines Greifvogels, für die Beziehung zwischen Gestalt und Leistung, für die typischen Kennzeichen der Greifvögel. Das Revierverhalten der Tiere lässt sich am Beispiel der Amsel, der Feldlerche oder des Haushundes zeigen, die Selektion am Beispiel des Industriemelanismus (in den vergangenen Jahrzehnten Zunahme der dunkel gefärbten Birkenspanner in Industriegebieten).
Der Stoffkreislauf kann an den Ökosystemen Wald oder Gewässer erarbeitet werden, die Temperaturregelung im menschlichen Körper ist Exemplum für Regelungsvorgänge usw.
Die exemplarische Vorgehensweise ist auch angezeigt bei Themen der Allgemeinen Biologie, z. B. geschlechtliche Fortpflanzung an der Kirsche, Keimung an der Feuerbohne, vollkommene Verwandlung am Maikäfer, Erbkoordination an der Kröte, mono- / dihybrider Erbgang am Rind usw.
Aus dem Bereich „Umweltgefährdung" kann eine Thematik gewählt werden, die Umweltbelastung, Möglichkeiten der Verringerung und weitere Aspekte deutlich aufzeigt, z. B. „Luftschadstoffe und Auswirkungen auf Mensch, Gewässer, Boden, Wald".
Wird eine einzelne Tier- oder Pflanzenart als Exemplum ausgewählt, so soll die Behandlung weder nach der „Kopf-Schwanz-Methode" erfolgen (d. h. Bau, Lebensweise, Fortpflanzung, Vorkommen etc. werden nacheinander ohne besondere Akzentuierung erarbeitet), noch unter rein allgemein-biologischen Gesichtspunkten vorgenommen werden (d. h. eine Tierart wie z. B. die Fledermaus dient ausschließlich dazu, eine bestimmte Weise der Sinneswahrnehmung im Tierreich zu zeigen). Die Art soll vielmehr unter einem Leitgedanken stehen, der durch den exemplarischen Aspekt vorgegeben ist. Bei schwerpunktmäßiger Berücksichtigung dieses Lernziels kann dann auch auf das Lebensbild Bezug genommen werden. Damit bleibt die ganzheitliche Schau einzelner Organismen erhalten und wird andererseits die eintönige und stets in gleicher Weise ablaufende Monografie vermieden. Man kann von einer „Artmonografie mit allgemein-biologischen Akzenten" sprechen (vgl. STICHMANN 1973). Der Leitgedanke muss nicht in jedem Fall allgemein-biologischer Art sein. Er kann z. B. einen systematischen Akzent beinhalten. Das einzelne Lebewesen steht dann beispielhaft für eine Tier- oder Pflanzengruppe und deren Typusmerkmale, z. B. Karpfen für Fische, Kohlweißling für Insekten, Raps für Kreuzblütler, Kiefer für Nadelhölzer. Die Erarbeitung von Arten unter bestimmten Leitgedanken besitzt vor allem für jüngere Schüler / innen, etwa bis zu den Jahrgangsstufen 6 / 7, große Bedeutung. Der bisherigen Erfahrung nach gilt deren Interesse vornehmlich dem Einzellebewesen. Der Biologieunterricht leistet einen Beitrag zur Erschließung der Umwelt, indem er die Schüler / innen mit den Lebewesen in einer Vielzahl von Arten und Individuen bekannt macht. Eine allzu

einseitige Berücksichtigung allgemeiner Lebensgesetzlichkeiten wäre unanschaulich und würde den Zugang zur Natur eher erschweren.

3.4.4 Orientierungswissen

An einem einzigen Exemplum kann man das Ziel des exemplarischen Vorgehens, das „größere Ganze" zu erfassen, nicht erreichen. „Ein Maß an Fülle muss vorhanden sein, damit Wesentliches als wesentlich erfasst werden kann. Wesentlichkeit und Fülle sind als Qualitätsmaßstäbe der Bildung dialektisch aufeinander bezogen. Sie lassen sich gegeneinander nicht isolieren. Hier liegt eine innere Grenze für das exemplarische Prinzip..." (SCHEUERL 1969). Das Exemplum muss daher um weitere Aspekte ergänzt und erweitert werden. Es stellt gleichsam nur das tragende Gerüst dar, in das zur Vervollständigung noch einige Steine eingesetzt werden müssen. Dieses Erweiterungs- und Ergänzungswissen wird als *Orientierungswissen* bezeichnet (ROTH 1983). Bei seiner Erarbeitung wird nicht mit der gleichen Gründlichkeit und Tiefe vorgegangen wie beim exemplarischen Arbeiten. KOPP (1977) gibt noch eine weitere Begründung für Orientierungswissen: *„Es erscheint aber notwendig, ... über verschiedene Sachbereiche ganz schlicht orientiert zu sein ..."*. Beispielsweise braucht man zur Information über giftige Beeren und Pilze, über Hygienemaßnahmen oder über aktuelle biologierelevante Geschehnisse keine exemplarische Unterrichtseinheit.

Bei der ungeheuren Anzahl von Lebewesen manifestieren sich die grundlegenden Lebenserscheinungen und Prozesse in verschiedenster Weise. Phänomene und Gesetzmäßigkeiten, die an geeigneten Exempla dargestellt werden sollen, erscheinen in vielfältiger Ausprägung. Ein Eindringen in das Verständnis für die Lebenserscheinungen kann diesen Aspekt keinesfalls außer Acht lassen. Manche Gesetzmäßigkeiten, zum Beispiel die Angepasstheit der Lebewesen an ihre Umwelt, müssen an mehreren Arten in verschiedenen Jahrgangsstufen verdeutlicht werden, etwa am Eichhörnchen, am Karpfen, an der Fledermaus, am Mauerpfeffer, an der Seerose. Der Vorgang der Individualentwicklung kann nicht nur am Grasfrosch demonstriert werden, die Entwicklung eines Fisches, eines Vogels, eines Säugers, eines Schmetterlings ist ebenfalls zu erörtern. Von einem einzigen Beispiel aus kann auch nicht ohne Weiteres Allgemeines erschlossen werden. Erst das Vergleichen und Zusammenfassen mehrerer ähnlicher Phänomene führt zur Erkenntnis eines Allgemeinen, ermöglicht es, Gesetzmäßigkeiten oder Begriffe zu erarbeiten. Schließlich kann ein Biologieunterricht, der zur Umwelterschließung des Schülers / der Schülerin beitragen soll, die Formenvielfalt keinesfalls vernachlässigen. Orientierungswissen umfasst also in der Biologie

- eine Ausweitung des exemplarisch erworbenen Wissens auf ähnliche Lebewesen, Vorgänge oder Erscheinungen, die das im Exemplum Erfahrene wiedererkennen, überprüfen, ergänzen oder gewisse Abwandlungen erkennen lassen. Erst auf diese Weise werden allgemeine Aussagen ermöglicht;
- den Erwerb grundlegender Formenkenntnisse, um die Weite und Fülle des Lebendigen erfassen oder zumindest erahnen zu lassen und dabei den Schüler / die

Schülerin mit einer Mindestzahl von Arten seiner/ihrer Umwelt vertraut zu machen. Das Ziel „ausgewählte Arten der heimischen Flora und Fauna kennenlernen" ist nur mit einer orientierenden Ergänzung exemplarischer Fälle zu erreichen;
- Stoffgebiete der speziellen Biologie (z. B. Haustierarten, Tiere fremder Länder) oder der Humanbiologie, die nicht unbedingt einer exemplarischen Aufbereitung, sondern einfach des informierenden Überblickes bedürfen;
- Themen der allgemeinen und angewandten Biologie (z. B. stammesgeschichtliche Entwicklung ausgewählter Organismen, Keimesentwicklung verschiedener Tiere, Fortpflanzungsvorgänge; Teilbereiche des Umweltschutzes), die – im Wechsel mit Sachverhalten, die exemplarisch zu erarbeiten sind – nur orientierend erörtert werden.

3.5 Fächerübergreifender naturwissenschaftlicher Unterricht

3.5.1 Allgemeines

Zielsetzung

In nahezu allen Bundesländern zeichnen sich Bestrebungen ab, den naturwissenschaftlichen Unterricht in den Fächern Biologie, Chemie und Physik durch einen fächerübergreifenden Unterricht z. T. abzulösen oder zu ergänzen. Viele Erscheinungen und Problemstellungen im naturwissenschaftlich-technischen Bereich lassen sich aus der Sicht nur eines Faches nicht hinreichend zufriedenstellend erklären, sondern erfordern die Fähigkeit, in Zusammenhängen zu denken. Dies setzt voraus, dass die einzelnen Fächer aufeinander Bezug nehmen und die verschiedenen Inhalte nicht isoliert voneinander behandelt werden. Kennzeichnend für fächerübergreifenden Unterricht ist die Tatsache, dass ein Thema unter verschiedenen Aspekten betrachtet und ein mehrfacher Perspektivenwechsel vorgenommen wird. Von seiner inhaltlichen Ausrichtung her, hat fächerübergreifender Unterricht verschiedene Merkmale mit projektorientiertem Unterricht gemeinsam.

Synonym für den Terminus „Fächerübergreifender Unterricht" findet man in der Literatur auch die Bezeichnung „Fächerverbindender" oder „Integrierter" (naturwissenschaftlicher) Unterricht. Da speziell der naturwissenschaftliche fächerübergreifende Unterricht stark auf eigentätiges Beobachten und Experimentieren setzt, bezeichnet man, z. B. im Lehrplan von Baden-Württemberg, das dafür ausgewiesene Fach in der Realschule als „Naturwissenschaftliches Arbeiten".

Wesentliches Ziel fächerübergreifenden naturwissenschaftlichen Unterrichts ist der Aufbau gut strukturierten, anschlussfähigen Wissens, das Denken in Zusammenhängen sowie ein umfassendes Natur- und Technikverständnis, das sich am Leitbild einer nachhaltigen Nutzung natürlicher Ressourcen orientiert. In diesem Zusammenhang ist es wichtig, dass die ausgewählten Themen möglichst aus der Lebens- und Umwelt der Schüler/innen stammen und von diesen als bedeutsam und wichtig empfunden werden. Ausgehend von Erfahrungen und Vorstellungen der Schüler/innen aus ihrem Alltag sowie den im Sachunterricht der Grundschule erworbenen Kompetenzen, führt der Unterricht weiter an naturwissenschaftliche Sicht- und Arbeitsweisen heran. Durch eigenes Erleben und Handeln, Beobachten und Beschreiben, Untersuchen und Experimentieren kann somit die Freude am Entdecken und Lernen gefördert und bildungswirksam genutzt werden.

Organisationsformen

Beim fächerübergreifenden Unterricht schlägt die Lehrperson von ihrem Fach aus Brücken zu einem bzw. mehreren anderen Fächern, die inhaltliche Berührungspunkte besitzen. Manche Fachlehrpläne versuchen durch *Querverbindungen* auf entsprechende Themenbezüge zwischen Fächern bzw. Teilbereichen eines Faches hinzuweisen. Unterrichtet eine Lehrkraft selbst die jeweils korrespondierenden Fächer, obliegen dabei zielorientierte Vernetzungen sowie Abstimmungen der eigenen Planung. Betreffen vom Lehrplan gewünschte Querverweise dagegen Fächer, die von mehreren Lehrkräften unterrichtet werden, bedarf es oftmals einer aufwändigen, selbst zu organisierenden Zusammenarbeit der jeweiligen Fachlehrkräfte.
In einigen Schularten verschiedener Bundesländer erleichtern Fächerverbünde ein fächerverbindendes Lernen. Thematisch bzw. methodisch häufig korrespondierende Fächer, wie Biologie, Chemie und Physik, werden hierbei zu einem Fach zusammengefasst, das von einer Lehrkraft unterrichtet wird.

Folgende Organisationsformen fächerübergreifenden Unterrichtens lassen sich abgrenzen:

- Themenverbindung zu anderen Einzelfächern erfolgen mithilfe von Querverweisen (Q).

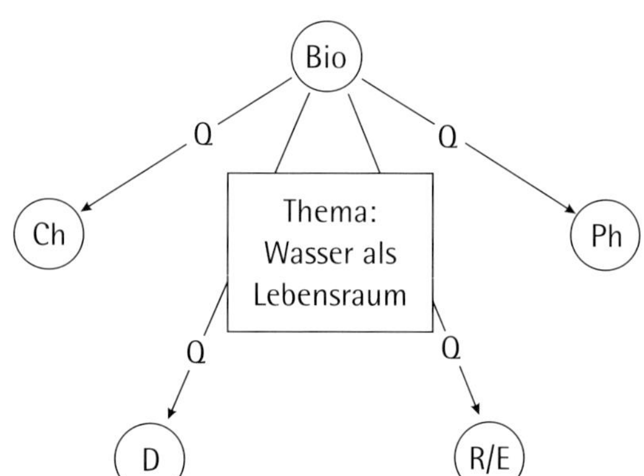

- Zwei oder mehrere Fächer sind zu einem Fächerverbund (hier: Physik/Chemie/Biologie) zusammengefasst. Die Themenverbindung zu anderen Fächern erfolgt wieder mithilfe von Querverweisen (Q).

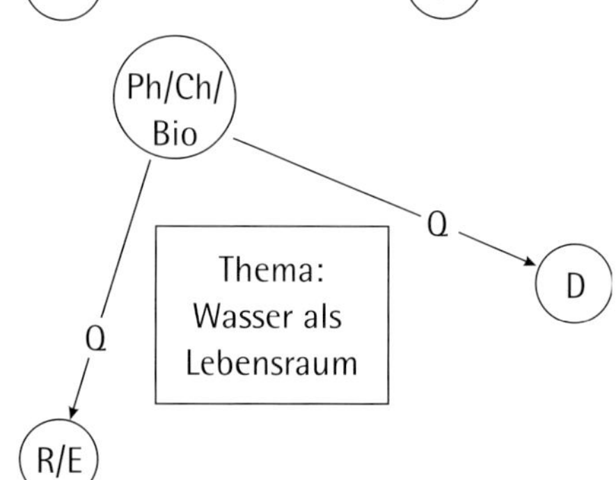

- Eine besondere Form fächerübergreifenden Unterrichts stellen projektorientierte Unterrichtsformen dar. Ausgehend von artikulierten Interessen, planen Schüler/innen eine gemeinsame Aktion, die häufig mehrperspektivisch von verschiedenen fachlichen Aspekten aus zu realisieren ist.

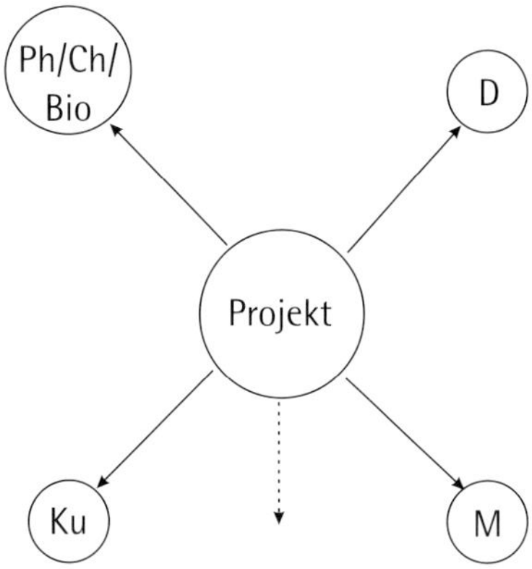

Abb. 3 bis 5: Organisationsformen fächerübergreifenden Unterrichts (Bio = Biologie; Ch = Chemie; D = Deutsch; M = Mathematik; Ku = Kunsterziehung; Q = Querverweise; R/E = Religionslehre/Ethik

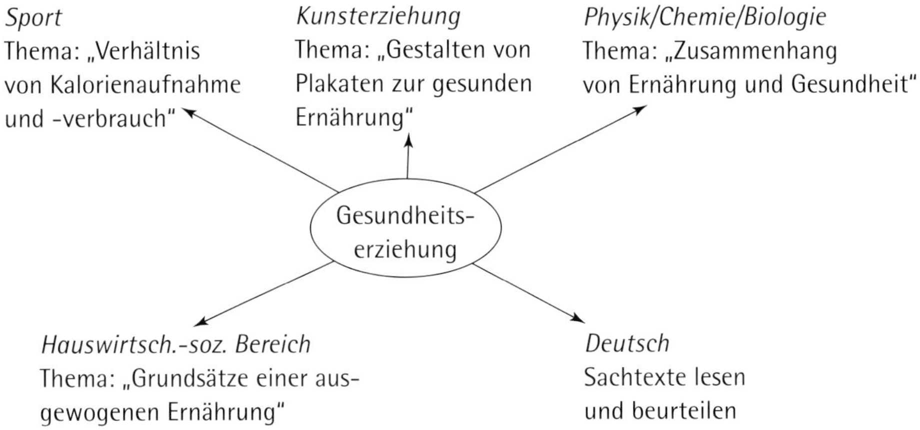

Abb. 6: Gesundheitserziehung als fächerübergreifende Erziehungsaufgabe

Auch fächerübergreifende *Bildungs- und Erziehungsaufgaben* können Gegenstand eines fächerübergreifenden Unterrichts sein. Familiäre, gesellschaftliche und wirtschaftliche Veränderungen bringen zunehmend Herausforderungen mit sich, die nicht eindeutig Unterrichtsfächern zugeordnet werden können. Im Zusammenhang mit biologischen Themen zählen zu derartigen pädagogischen Erziehungsaufgaben insbesondere die Familien- und Sexualerziehung, Gesundheitserziehung, Umwelterziehung sowie Freizeiterziehung.

3.5.2 Grundschule

Die in den Fachlehrplänen für den *Sachunterricht* in der Grundschule ausgewiesenen Lerninhalte und die damit verbundenen *Kompetenzerwartungen* orientieren sich an Erfahrungen von Kindern und Jugendlichen in ihrer von Natur und Umwelt geprägten Lebenswelt. Da diese Erfahrungen keinen singulären Fachbezug haben, sondern zu ihrem Verstehen der Erklärung aus der Sicht verschiedener naturwissenschaftlicher Fächer bedürfen, ergibt sich zwangsläufig, dass grundlegender Unterricht über *Natur und Umwelt* fächerübergreifend und mehrperspektivisch angelegt sein muss. Begünstigt wird dieser unterrichtliche Ansatz durch das Klassenleiterprinzip in der Grundschule, das es ermöglicht, Fragen der Schüler/innen zu Natur und Umwelt und zu ihrem eigenen Körper mit nur einer Lehrkraft ihres Vertrauens zu erörtern.

Allein die Beschäftigung mit dem Thema „Wasser" eröffnet zahlreiche Bezüge zu Gegenständen anderer Fächer: Wasser

- als Leben spendender und Leben erhaltender Stoff (Biologie),
- in verschiedenen Zustandsformen (Physik),
- im Kreislauf in der Natur (Ökologie, Klimatologie),
- als Lebensraum für Pflanzen und Tiere (Ökologie),
- im Dienst von Gesundheit und Hygiene (Humanbiologie),
- im privaten Haushalt und als Grundstoff verschiedener Produkte (Chemie, Ökonomie),
- als Energiequelle (Physik).

Die bei der Behandlung dieses Themas zu erzielenden Kompetenzen lassen Fähigkeiten und Fertigkeiten in allen *Kompetenzbereichen* erwarten: Die Schüler/innen

- kennen verschiedene Eigenschaften und Verwendungsmöglichkeiten des Wassers (Fachwissen),
- erkennen, dass bestimmte Pflanzen und Tiere zweckmäßig an das Leben im Wasser angepasst sind und dass Wasser in der Natur in einem Kreislauf zirkuliert (Erkenntnisgewinnung),
- sind in der Lage, mit Wasser einfache Experimente zu planen, durchzuführen und ihre Ergebnisse zu bewerten (Anwendungs- und Bewertungskompetenz),
- können unter Verwendung der Fachsprache ihr erworbenes Wissen artikulieren (Kommunikationskompetenz),
- sind sich der Bedeutung des Wassers für alle Lebewesen bewusst (Bewertungskompetenz).

Mit der Zentrierung des Fächerkanons um ein Thema wird eine fachliche und methodische Vernetzung erreicht, die es ermöglicht, Lebenserfahrungen aus kindgemäßen, vielfältigen Perspektiven heraus zu thematisieren, zu klären und zu vertiefen. Gemäß dem Prinzip der Ganzheit können die Kinder unterschiedliche fachliche Zugänge zum Thema beschreiten und sachliche Zusammenhänge erfahren.

Wird ein Sachthema in den Mittelpunkt des Unterrichts gestellt, wird das Sachfach zum *Leitfach*, das Thema zum *Leitthema*, um welches sich andere Fächer mit anknüpfenden Themen gruppieren (vgl. Abb. 7).

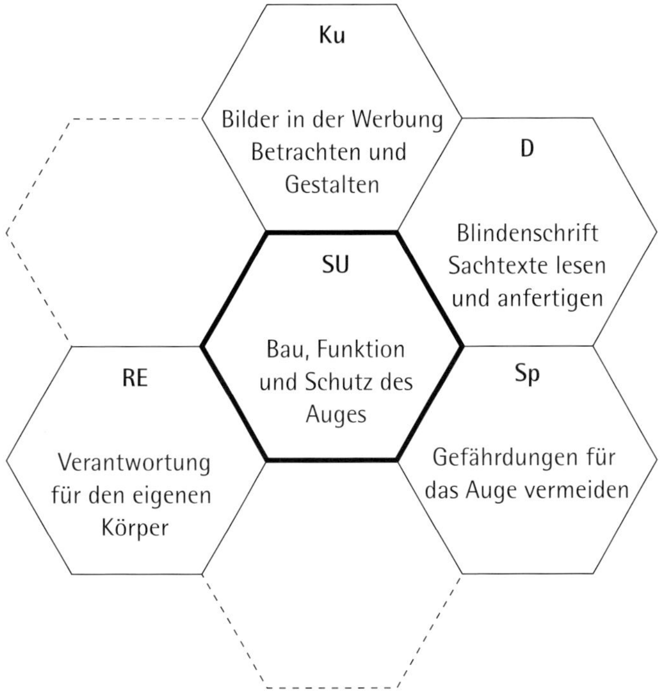

Abb. 7: Sachunterricht als Leitfach

3.5.3 Weiterführende Schulen

Fächerübergreifender naturwissenschaftlicher Unterricht in der Mittelstufe weiterführender Schulen (Mittelschule, Realschule, Gymnasium) knüpft an Vorkenntnisse der Schüler / innen aus der Grundschule an und orientiert sich vornehmlich an naturwissenschaftlichen Phänomenen aus ihrer Lebenswelt. Dieser Ansatz wirkt sich günstig auf die Motivation aus und unterstützt die Lernbereitschaft der Schüler / innen, da ihnen die exemplarisch ausgewählten Gegenstände einsichtig und bedeutsam erscheinen. Die Behandlung eines unterrichtlichen Gegenstandes aus der Sicht mehrerer Fächer erhöht überdies ihren Bedeutungsgehalt und lässt ihn interessanter erscheinen. So eröffnet z. B. die Beschäftigung mit fachlichen Inhalten aus den Lernbereichen *Mensch und Gesundheit* oder *Familien- und Sexualerziehung* zahlreiche Bezüge zu den Fächern Ethik und Religion, da Wertungen z. B. zum Umgang mit Drogen oder mit Sexualität oder zu Chancen und Risiken der Gentechnik der ethisch-moralischen bzw. religiösen Reflexion bedürfen.

Mittelstufe

In der Sekundarstufe I der meisten Bundesländer wird das Fach Biologie im Fächerverbund von *Natur und Technik* unterrichtet. Dieser Verbund basiert schon allein von seinem Grundverständnis her auf den Fächern Physik, Chemie und Biologie, wobei bei der Auswertung von Messdaten auch das Fach Mathematik eine Rolle spielt. Im Fach Natur und Technik wird überdies großer Wert auf *Naturwissen-*

schaftliches Arbeiten gelegt, das es Schülern/innen ermöglicht, sich in eigenaktiver und praxisorientierter Weise naturwissenschaftliches Wissen und Können anzueignen. Dabei gewinnen die unterrichtlichen Gegenstände im Fach Natur und Technik an Bedeutung und Interessantheit, wenn bei ihrer Behandlung auch Unterrichtsgänge zu außerschulischen Lernorten mit einbezogen werden. Abb. 8 zeigt am Beispiel des Themas „Boden", welche Beiträge die Fächer Physik, Chemie und Biologie für eine fächerübergreifende Behandlung dieses Themas leisten können.

Thema	Physik	Chemie	Biologie
Boden – Lebensgrundlage und Lebensraum	Kennenlernen verschiedener Bodenarten; Ausführung der Rollprobe Physikalische Eigenschaften verschiedener Bodenarten: Wasserdurchlässigkeit, Wasserbindung, Filterwirkung	Kalkgehalt verschiedener Bodenarten; qualitatives Abschätzen durch Aufbrausen beim Versetzen mit verd. Salzsäure Säuregrad (pH-Wert) des Bodens: Aufschlämmung und Prüfung mittels Indikator	Schätzen des Humusanteils (Farbe) Bodenfauna: Isolieren und grobes Bestimmen von Bodentieren Kressetest auf belastete Böden

Abb. 8: Mögliche Beiträge der Fächer Physik, Chemie, Biologie zur fächerübergreifenden Behandlung des Themas „Boden" im Unterricht

Indem sich die Schüler/innen mit dem Thema „Boden" aus unterschiedlichen Perspektiven und auch praktisch handelnd auseinandersetzen, erwerben sie sowohl inhaltsbezogene (Fachwissen) als auch prozessbezogene Kompetenzen (Erkenntnisse, Kommunikations- und Bewertungskompetenz). Generell orientiert sich die Inhaltsdimension im fächerübergreifenden naturwissenschaftlichen Unterricht an Basiskonzepten der Fächer Physik, Chemie und Biologie, die für den Bildungsstandard des mittleren Schulabschlusses für wichtig erachtet werden.

Realschule, Gymnasium

Im Mittelpunkt der methodischen Vorgehensweise im fächerübergreifenden Unterricht der Realschule und des Gymnasiums stehen eigenes Beobachten, selbstständiges Experimentieren, das Lesen und Interpretieren naturwissenschaftlicher Texte (auch in englischer Sprache), die Verwendung des Computers zum Dokumentieren und Präsentieren (z. B. mittels PowerPoint®) sowie die Nutzung des Internets zum Wissenserwerb. Insbesondere sollen die Schüler/innen lernen, wie man mit selbst geplanten, einfachen Experimenten eigene Vorstellungen überprüfen kann, wobei sie gehalten sind, die dabei gemachten Beobachtungen in verständlicher Sprache mündlich und schriftlich zu beschreiben. Um auch vermehrt Schülerinnen für naturwissenschaftlich-technischen Unterricht zu ge-

winnen, wird verschiedentlich angeregt, diesen teilweise auch nach Geschlechtern getrennt durchzuführen.
Der Lehrplan „Natur und Technik" in der 5. Jahrgangsstufe in Bayern sieht z.B. vor, dass die Schüler/innen, ausgehend von der Wahrnehmung von Naturphänomenen, dazu angeleitet werden, zielgerichtet zu beobachten und eigenständig Schlussfolgerungen zu ziehen. Sie erkennen dabei Ordnungsprinzipien und erfahren, dass sie durch Ausprobieren und Experimentieren den Lösungen naturwissenschaftlicher Fragestellungen näher kommen. Hierzu wenden sie typische naturwissenschaftliche Arbeitsweisen an:

- Wahrnehmen, Beobachten, Messen: z.B. Einsatz von Thermometer, Stoppuhr, Mikroskop
- Sammeln, Bestimmen, Ordnen: z.B. Herbarium oder Mineraliensammlung anlegen
- Experimentieren: z.B. Versuche planen, aufbauen, durchführen
- Dokumentieren: z.B. Tabellen, Diagramme, Texte erstellen sowie Computer, Fotokamera und Video einsetzen
- Entdecken und Forschen: z.B. Fragestellungen, Problemlösungen suchen, Unbekanntes finden
- Präsentieren: z.B. Ergebnisse vortragen; Ausstellung, Broschüre, Plakat, Internetseite gestalten

Lerninhalte und Themenfindung

Das Programm SINUS der Bund-Länder-Kommission für Bildungsplanung (BLK-Programm SINUS 1998) regt in Modul 6 „Fachübergreifendes und Fächerverbindendes Arbeiten" an, Themen des naturwissenschaftlichen Unterrichts aus einem bestimmten Fach heraus, z.B. aus der Biologie, zu entwickeln, für die sich Bezüge zu anderen Fächern, z.B. zur Chemie, Physik oder Geografie, anbieten.
Ansätze für fächerübergreifendes Arbeiten und Lernen im Sinne einer mehrperspektivischen Sichtweise, horizontaler Vernetzung und ganzheitlichen Betrachtung bieten sich vor allem in den Themenbereichen Licht, Luft, Wasser, Boden und Umwelt im Modul „Naturwissenschaftliches Arbeiten" an. Nachstehend aufgeführte Beispiele aus den genannten Themenbereichen zeigen, an welchen Gegenständen Schülerinnen und Schülern, z.B. einer 5. Jahrgangsstufe, Bezüge der Biologie zur Chemie oder Physik bewusst gemacht werden können:

(1) *Licht*: Mit einem Brennglas (Exkursionslupe) machen Schüler/innen die Erfahrung, dass Licht durch eine Sammellinse gebrochen und in einem Brennpunkt gebündelt wird, was eine beträchtliche Erwärmung zur Folge hat (Entzündungsgefahr!). In einem einfachen Modellversuch zum Thema Auge, bestehend aus einer brennenden Kerze, Sammellinse und einem Blatt Papier als Projektionsschirm, können die Schüler/innen selbst herausfinden, wie ein Gegenstand auf der Netzhaut abgebildet wird. Aus dem genannten Beispiel ist für Schüler/innen überdies ersichtlich, dass Licht eine Form von Energie darstellt, die durch Sonnenkollektoren und Solarzellen (Umwandlung in elektrischen Strom) auch technisch genutzt werden kann.

(2) *Luft*: Am Beispiel des allmählichen Erlöschens einer Kerzenflamme in einem abgedeckten Glaszylinder lässt sich vermuten, dass Luft einen Bestandteil enthält, der zur Aufrechterhaltung der Verbrennung erforderlich ist. Die Verbrennung von Stearin ist ein chemischer Vorgang, bei dem Kohlenstoffdioxid und Wasser entstehen (erkenntlich am Niederschlag von Kondenswasser). Entzündet man die Kerze erneut und taucht sie in das verbliebene Restgas ein, so geht sie sofort aus. Der gleiche Effekt tritt auf, wenn man eine brennende Kerze in einen Zylinder einführt, der zu einem Drittel mit keimenden Erbsen oder Bohnen gefüllt ist. Offensichtlich benötigt auch der Keimungsprozess den gleichen Luftbestandteil, der auch eine Flamme unterhält und den man als Sauerstoff bezeichnet.

(3) *Wasser*: Aus eigener Erfahrung wissen Schüler/innen, dass Pflanzen ohne Wasser zugrunde gehen und dass auch Tiere und Menschen Wasser zum Leben brauchen. Aus der Beobachtung, dass Eiswürfel auf der Wasseroberfläche schwimmen, lässt sich schließen, dass Eis leichter ist als flüssiges Wasser. Im Wasser lebende Tiere haben daher eine Chance, den Winter unter Eis zu überstehen.

Gymnasiale Oberstufe

Im Fachunterricht „Biologie" der Oberstufe des Gymnasiums (Sekundarstufe II) werden die im Biologieunterricht der Mittelstufe erworbenen Kenntnisse und Fähigkeiten vertieft und wissenschaftspropädeutisch fortentwickelt. Ziel des Fachunterrichts ist es, in wichtigen Feldern der Lebenswissenschaften Erkenntnisse zu gewinnen, diese zu kommunizieren und zu bewerten.
Da in biologischen Systemen (Zelle, Organismus) die als Leben in Erscheinung tretende organische Materie an chemische (z. B. Stoffwechsel) und physikalische Vorgänge (z. B. Osmose, Reizleitung) gebunden ist, ergibt sich zwingend, dass die unterrichtliche Behandlung zellbiologischer Inhalte auf der Grundlage der Fächer Biologie, Chemie und Physik, d. h. fächerübergreifend erfolgen muss.
So ist die Einbeziehung von Lehrinhalten aus dem Fach *Biochemie* geradezu unverzichtbar z. B. zum Verständnis

- des molekularen Aufbaus der DNA und von Proteinen,
- des Mechanismus der DNA-Replikation und Proteinbiosynthese,
- der DNA-Analytik beim Menschen, des genetischen Fingerabdrucks,
- der Photosynthese und Dissimilation,
- der Bedeutung von ATP beim Transfer von Energie in der Zelle.

Bezugnahmen auf fachliche Gegenstände der *Physik* sind erforderlich z. B. zum Verständnis

- des Aufbaus des Ruhepotenzials an Biomembranen einer Nervenzelle,
- der Weiterleitung von Aktionspotentialen in Nervenbahnen,
- elektrochemischer Vorgänge an Synapsen,
- der Photosyntheserate in Abhängigkeit von der Lichtqualität.

Die im Biologieunterricht der gymnasialen Oberstufe erworbenen Kompetenzen sind mit *Erwartungen* verbunden, wie sie für Denk- und Arbeitsweisen in den Lebenswissenschaften kennzeichnend sind. So sollen z.B. die Oberstufenschüler/innen (Kollegiaten) befähigt sein,

- den Weg der Erkenntnisgewinnung in den Naturwissenschaften über Hypothesenbildung, Beobachtung, Experiment und Datenerhebung nachvollziehen zu können,
- Wirkungszusammenhänge in Schemata, Diagrammen, Regelkreisen darstellen zu können,
- fachspezifische Arbeitsmethoden anwenden und Experimente planen und durchführen zu können,
- komplexe Zusammenhänge durch Denkmodelle veranschaulichen zu können,
- zur Klärung offener Fragen sich die erforderliche Literatur beschaffen und auswerten zu können.

4 Aspekte des Lehrens und Lernens von Biologie

4.1 Qualitätssicherung durch kompetenzorientierte Bildungsstandards

Seit 1995 wird das deutsche allgemeinbildende Schulsystem internationalen Leistungsvergleichen unterzogen. Die ersten Ergebnisse (TIMSS[9] 1995, PISA[10] 2000) haben die Erwartungen nicht erfüllt[11, 12]. Die Auswertung ergab, dass die Länder mit den besten Ergebnissen in den Vergleichsuntersuchungen durchweg über systematische Verfahren der Qualitätsentwicklung und -sicherung verfügen. Daher hat die Kultusministerkonferenz (KMK) beschlossen, ebenfalls ein System der *Qualitätssicherung* zu schaffen, sowohl auf länderübergreifender als auch auf länderspezifischer Ebene.
Als länderübergreifende Strategie umfasst das Qualitätsmanagement die Entwicklung und Einführung von bundesweit geltenden *Bildungsstandards,* die regelmäßige Überprüfung des *Leistungsstandards* mittels internationaler und nationaler Vergleichsuntersuchungen sowie die Veröffentlichung der Ergebnisse durch *Bildungsberichte.* Länderspezifisch werden die Rahmenlehrpläne und Kerncurricula auf Kompetenzorientierung ausgerichtet, regelmäßige Leistungstests und Lernstandserhebungen durchgeführt und die Schulen zur externen und internen Evaluation verpflichtet.

Bildungsstandards

Unter Bildungsstandards versteht man allgemein normative Vorgaben für die Steuerung von Bildungsprozessen. Standardisieren kann man Inhalte, Lehr- und Lernbedingungen, Leistungen oder Ergebnisse sowie Niveauanforderungen, letztere in Form von Mindest-, Regel- und Maximalstandards.
Die von der KMK bisher vorgelegten Bildungsstandards[13] sind normativ gesetzte *Kompetenzerwartungen.* Sie konzentrieren sich auf Kernbereiche eines Faches und legen fest, welche Kompetenzen Schülerinnen und Schüler bis zu einer bestimmten Jahrgangsstufe erworben haben sollen. Die Bildungsstandards zielen auf systematisches und vernetztes Lernen und folgen so dem Prinzip des kumulativen Kompetenzerwerbs.

---

9 TIMSS – Trends in International Mathematics and Science Study; TIMSS 1995 untersuchte Leistungen in Mathematik und Naturwissenschaften in Sekundarstufe I und II

10 PISA – Programm for International Student Assessment; PISA 2000 untersuchte Basiskompetenzen von Schülerinnen und Schülern im internationalen Vergleich

11 Ergebnisse TIMSS/II 1995: siehe Köller, O; Baumert, J. 2001; Baumert, J./Bos, W./Lehmann R. 2000; Prenzel M. 2004

12 Ergebnisse PISA 2000: siehe Rost, J. et al. 2004

13 KMK 2005

Die Bildungsstandards sind als *Regelstandards* definiert, legen also Kompetenzerwartungen fest, die Schülerinnen und Schüler im jeweiligen Bildungsabschnitt im Durchschnitt, als mittleres Anforderungsniveau, erfüllen.
Bildungsstandards können ihre Wirkung nur dann entfalten, wenn sie Eingang in die alltägliche Praxis der Schulen finden, standardisieren aber nicht die schulischen Lehr- und Lernprozesse. „Sie definieren eine normative Erwartung, auf die hin Schule erziehen und bilden soll. Die Wege dorthin, die genaue Einteilung der Lernprozesse, der Umgang mit personellen Ressourcen sowie die Implementation von Standards und die notwendigen Unterstützungsmaßnahmen der Schulen bleiben den Ländern überlassen." (KMK 2005, S. 11)
Verbindliche Bildungsstandards wurden bisher – für ausgewählte Schulstufen bzw. Abschlüsse – für die Fächer Deutsch und Mathematik, Englisch und Französisch sowie Biologie, Physik und Chemie verabschiedet (vgl. Abb. 9). Bildungsstandards für das Fach Biologie gibt es also derzeit (Stand Jahresbeginn 2016) nur für den Mittleren Schulabschluss.

	Ende der 4. Jahrgangsstufe	**Ende der Sekundarstufe I**		**Ende der gymnasialen Oberstufe**
		Hauptschulabschluss	Mittlerer Schulabschluss	Allgemeine Hochschulreife
Deutsch	■	■	■	■
Mathematik	■	■	■	■
Englisch		■	■	■
Französisch		■	■	■
Biologie			■	□
Chemie			■	□
Physik			■	□
■ Standards liegen vor □ Standards werden voraussichtlich in Kürze vorgelegt				

Abb. 9: KMK Bildungsstandards im allgemeinbildenden Schulsystem nach Fächern, Schulstufe und Abschluss (aus PANT/STANAT 2013, S. 7)

Kompetenzstufenmodell

„Bildungsstandards konkretisieren die Ziele in Form von Kompetenzanforderungen. Sie legen fest über welche Kompetenzen ein Schüler, eine Schülerin verfügen muss, wenn wichtige Ziele der Schule als erreicht gelten sollen. Systematisch geordnet werden diese Anforderungen in Kompetenzmodellen, die Aspekte, Abstufungen und Entwicklungsverläufe von Kompetenzen darstellen." (BMBF 2007, S. 21).

Im Fokus des Konzepts steht der Begriff der Kompetenzen[14]. Die OECD definiert ihn als „die Fähigkeit der Bewältigung komplexer Anforderungen, indem in einem bestimmten Kontext psychosoziale Ressourcen (einschließlich kognitive Fähigkeiten, Einstellungen und Verhaltensweisen) herangezogen und eingesetzt werden." (OECD 2005, S. 6). Kompetenzen sind also kontextabhängig und domainspezifisch[15]. Durch die Kompetenzorientierung liegt der Schwerpunkt naturwissenschaftlichen Unterrichts nicht auf der Vermittlung von Fachwissen allein, sondern zielt auf den Erwerb anwendungsbezogenen Wissens ab, das problembezogene Reorganisation und Neukombination der Wissenselemente mit einschließt. „Dies kann bspw. beim Entwickeln von Experimenten geschehen (Kompetenzbereich Erkenntnisgewinnung), beim adressatengerechten Argumentieren (Kompetenzbereich Kommunikation) oder beim Beurteilen alltags- oder gesellschaftsrelevanter Vorgänge (Kompetenzbereich Bewertung)." Kompetenzen beschreiben Ergebnisse des Lernens, geben aber keine Unterrichtsmethoden oder -strategien vor.

Kompetenzbereiche des Faches Biologie[16]

Im Fach Biologie müssen Schüler/innen für den Mittleren Schulabschluss Kompetenzen erworben haben, die sowohl fachliche Inhalte als auch die Handlungsdimension berücksichtigen (vgl. Abb. 10).

Kompetenzbereiche des Faches Biologie		
Inhaltliche Dimension (Gegenstandsbereiche)	**Fachwissen** - System - Struktur und Funktion - Entwicklung	Lebewesen, biologische Phänomene, Begriffe, Prinzipien, Fakten kennen und den Basiskonzepten zuordnen
Handlungsdimensionen (Prozessbezogene Kompetenzen)	**Erkenntnisgewinnung**	Beobachten, Vergleichen, Experimentieren, Modelle nutzen und Arbeitstechniken anwenden
	Kommunikation	Informationen sach- und fachbezogen erschließen und austauschen
	Bewertung	Biologische Sachverhalte in verschiedenen Kontexten erkennen und bewerten

Abb. 10: Kompetenzbereiche des Faches Biologie

Die *Inhaltsdimension* wird überwiegend durch den Kompetenzbereich „Fachwissen" abgebildet und durch Basiskonzepte weiter aufgegliedert. Für das Fach

14 weitere Definitionen, z. B. Weinert 2001, S. 27 f.; Klieme/Leutner 2006, S. 879; das genaue theoretische Verständnis von Kompetenz ist je nach fachwissenschaftlicher Ausrichtung unterschiedlich (vgl. für einen Überblick Klieme & Hartig 2007)

15 Damit ist gemeint, „dass Kompetenzen immer nur in Bezug auf einen konkreten Handlungsfall sichtbar und damit letztlich auch nur innerhalb einer solchen „Domäne" messbar werden." (Rödler 2011, S. 298)

16 KMK 2004, S. 6 – 12

Biologie handelt es sich um die Basiskonzepte „System", „Struktur und Funktion" sowie „Entwicklung". Damit soll sichergestellt werden, dass Schüler/innen die fachlichen Inhalte strukturieren und systematisieren und so zu einem grundlegenden, vernetzten Wissen gelangen können (vgl. Kap. 4.7).

Die *Handlungsdimension* bezieht sich auf grundlegende Elemente der naturwissenschaftlichen *Erkenntnisgewinnung*, also auf experimentelles und theoretisches Arbeiten, auf *Kommunikation* und auf die Anwendung und *Bewertung* biologischer Sachverhalte in fachlichen und gesellschaftlichen Kontexten.

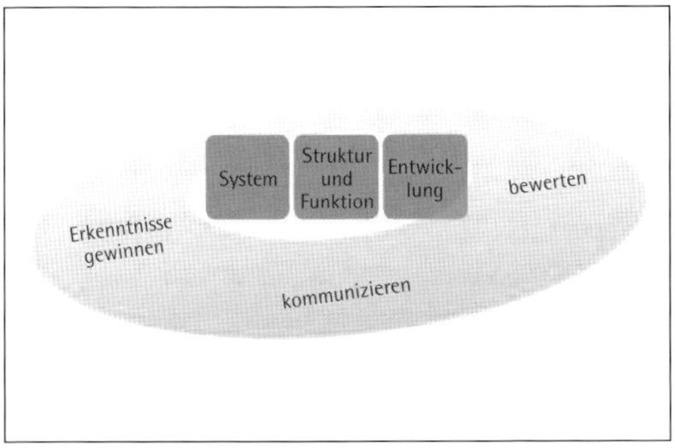

Abb. 11: Grafische Darstellung des Kompetenzstrukturmodells Biologie[18]

Abb. 11 veranschaulicht das Kompetenzstrukturmodell des Unterrichtsfaches Biologie nochmals grafisch: Im Biologieunterricht verschmelzen die inhaltsbezogenen Kompetenzen (innere Felder) mit den prozessbezogenen Kompetenzen (äußerer Ring) zu einer Einheit: Kompetenzen werden immer im handelnden Umgang mit fachlichen Inhalten erworben („Performanceaspekt"[17]).

Kompetenzstufen

Die Bildungsstandards der KMK formulieren für die 4 Kompetenzbereiche des Faches Biologie *Regelstandards*[19]. Diese beschreiben Kompetenzen, die im Durchschnitt von den Lernenden bis zu einem bestimmten Bildungsabschnitt erreicht werden sollen. Sie sind zunächst auf einer allgemeinen Ebene formuliert. (Beispiel siehe Abb. 12), eine Präzisierung auf konkrete Inhalte erfolgt exemplarisch in Aufgabenbeispielen[20]. Da für eine genauere Leistungsbeurteilung Regelstandards nicht ausreichen, werden zusätzlich Anforderungsstufen (Kompetenzstufen) ausgewiesen. Die Zahl der Stufen kann von Fach zu Fach unterschiedlich sein (meist 3, 4 oder 5). Für das Fach Biologie ist derzeit ein 5-Stufen-Modell in Erprobung (siehe Abb. 13).

Fachwissen	
F 1 System	F 1.1 Die Schülerinnen und Schüler verstehen die Zelle als System.
F 2 Struktur und Funktion	F 2.1 Die Schülerinnen und Schüler beschreiben Zellen als strukturelle und funktionelle Grundbaueinheiten von Lebewesen.

17 Der Lernende muss es nicht nur „können", er muss es auch zeigen, dass er es kann.
18 Abbildung aus: Realschule Bayern, Lehrplan Plus, Fach Biologie (URL: http://www.lehrplanplus.bayern.de/fachprofil/realschule/biologie/5)
19 KMK 2004, S. 13-15
20 KNK 2004, S. 18 ff.

Fachwissen	
F 3 Entwicklung	F 3.1 Die Schülerinnen und Schüler erläutern die Bedeutung der Zellteilung für Wachstum, Fortpflanzung und Vermehrung.
Erkenntnisgewinnung	E 1 Die Schülerinnen und Schüler mikroskopieren Zellen und stellen sie in einer Zeichnung dar.
Kommunikation	K 5 Die Schülerinnen und Schüler stellen biologische Systeme sachgerecht, situationsgerecht und adressatengerecht dar.
Bewertung	B 2 Die Schülerinnen und Schüler beurteilen verschiedene Maßnahmen und Verhaltensweisen zur Erhaltung der eigenen Gesundheit und zur sozialen Verantwortung.

Abb. 12: Regelstandards zu den 4 Kompetenzbereichen zum Thema „Zelle" (KMK 2004)

unterer Mindeststandard	Erkennen von Elementen naturwissenschaftlicher Erkenntnisgewinnung
Mindeststandard	Nutzen von Elementen naturwissenschaftlicher Erkenntnisgewinnung
Regelstandard	Anwenden und Begründen von Methoden naturwissenschaftlicher Erkenntnisgewinnung
Regelstandard plus	Erklären und Prüfen von Methoden naturwissenschaftlicher Erkenntnisgewinnung in komplexen Zusammenhängen
Maximalstandard	Reflektieren von Methoden naturwissenschaftlicher Erkenntnisgewinnung in komplexen Zusammenhängen

Abb. 13 Kompetenzstufen im Kompetenzbereich Erkenntnisgewinnung (KMK 2011, S. 39 ff.)

Bildungsmonitoring[21]

Wesentlicher Bestandteil der Gesamtstrategie der KMK ist eine systematische und wissenschaftlich abgesicherte Beobachtung und Überprüfung der Bildungsqualität. Dieses „Bildungsmonitoring" umfasst vier konzeptionell miteinander verbundene Verfahren und Instrumente:

1. *Teilnahme an internationalen Schulleistungsstudien*
   Naturwissenschaftlicher Unterricht wird mittels PISA und TIMSS überprüft.
2. *Überprüfung bzw. Umsetzung von Bildungsstandards in Ländervergleichsstudien*
   Die Testaufgaben werden von einem Team erfahrener Lehrkräfte aus allen Ländern in der Bundesrepublik Deutschland unter Leitung und Beratung des IBQ[22] entwickelt.

21 vgl. KMK 2015
22 IQB: Institut zur Qualitätsentwicklung im Bildungswesen (IQB)

3. *Verfahren zur Qualitätssicherung auf der Ebene der Schulen*
   Hierzu zählen neben länderspezifischen und länderübergreifenden Tests Verfahren zur externen und internen Evaluation der Schulen.

4 *Gemeinsame Bildungsberichterstattung von Bund und Ländern*
   Alle zwei Jahre legt eine wissenschaftlich unabhängige Autorengruppe unter Leitung des DIPF[23] den Bericht „Bildung in Deutschland" vor.

Im Rahmen der Unterrichtsqualitätsforschung wurden *fachspezifische Aspekte* bislang kaum berücksichtigt. Auf der Basis einer explorativen Interviewstudie mit Fachleitern für das Fach Biologie und einer sich anschließenden deskriptiven Videoanalyse einer Unterrichtsstunde von 50 Biologielehrern/innen in NRW zum Thema Blut und Kreislauf untersuchten Wüsten, Schmelzing, Sandmann & Neuhaus (2010), welche *fachspezifischen* Qualitätsmerkmale für einen guten Biologieunterricht relevant sind und welche davon im Unterricht umgesetzt werden. Die Videoanalyse ergab, dass die Umsetzung fachspezifischer Qualitätskriterien im Biologieunterricht nur schwach ausgeprägt ist. So wurden in 44 % der analysierten Unterrichtsstunden keine dreidimensionalen Modelle eingesetzt und in 94 % keine realen Objekte. Auch kamen in 81 % der analysierten Unterrichtszeit keine fachspezifischen Arbeitsweisen und auch keine ausgefallenen Unterrichtsmethoden (z. B. Stationenlernen, Gruppenpuzzle) zur Anwendung.
Als Ergebnis ihrer Studie entwickelten die Autoren ein Modell, in dem – in Anlehnung an die gängige Klassifikation des Lehrerwissens in Fachwissen, Fachdidaktisches Wissen und Pädagogisches Wissen nach Baumert & Kunter (2006) und Shulman (1987) – allgemeine Aspekte der Unterrichtsqualität von fachspezifischen Aspekten abgegrenzt werden. Überdies belegt die Studie, dass in der Lehrerausbildung und im konkreten Unterricht stärker auf den Einsatz fachspezifischer Qualitätsmerkmale zu achten wäre.

4.2 Grundsätzliches zu den Begriffen „Lehren" und „Lernen"

Zahlreiche Unterrichtsbeobachtungen belegen, dass Lehramtsstudierende sowohl in der Ausbildungsphase als auch in der späteren Praxis ihren Unterricht vornehmlich so gestalten, wie sie ihn selbst in der Schule und auch in Lehrveranstaltungen der Universität erfahren haben. Sie neigen dazu, Wissen einfach zu präsentieren, und begünstigen damit ein passives, rezeptives Lernverhalten der Schüler/innen. Auf neuere, wissenschaftlich begründete Lehrverfahren wird kaum zurückgegriffen, obwohl sie solche in fachdidaktischen und erziehungswissenschaftlichen Seminaren kennengelernt haben.
Lehren wird verstanden als „zielgerichtetes Gestalten von Lernumgebungen, das Lernmotivation anregt und unterstützt und damit Lernen wahrscheinlich macht. Hauptaufgabe der Lehrenden ist somit die gezielte Planung, Organisation, Gestaltung und Reflexion von Lehr-Lern-Prozessen" (Prenzel 2003).

23 Deutsches Institut für Internationale Pädagogische Forschung

AEBLI (1985) unterscheidet zwölf Grundformen des Lehrens, die zum großen Teil auch für den Biologieunterricht zutreffen, wie z. B. Erzählen, Vorzeigen, Anschauen und Beobachten, einen Begriff bilden, Problemlösen, Anwenden. Unter den verschiedenen Lehrtheorien wird nach Einschätzung von PRENZEL (2003) der Instruktionstheorie von GLASER (1976) besondere Bedeutung zugemessen. Dieser Theorie zufolge ist erfolgreiches Lehren an folgende Voraussetzungen gebunden:

- Analyse kompetenter Performanz, d. h. eine detaillierte Beschreibung der angestrebten Lehrziele,
- Beschreibung des Ausgangszustands bei den Lernenden, d. h. Ermittlung der
- Lernvoraussetzungen, z. B. des Vorwissens,
- Bestimmung der Mittel, die den angestrebten Kompetenzaufbau unterstützen, d. h. Auswahl geeigneter Lehr-Lernmittel,
- Evaluation der erzielten Lehrergebnisse.

Die Kunst des Lehrens ist ein zentrales Anliegen von Didaktik. Lehren ist ein Angebot zum Lernen. Es verfolgt *Lehrziele*, die beabsichtigen, *Lernen* zu generieren. Lehrziele sind somit aus der Sicht der Schüler / innen *Lernziele*. Ein kaum widersprochenes Lehrprinzip der traditionellen Didaktik besagt, dass Lehren vom Konkreten zum Abstrakten, von der Anschauung zum Begriff führen müsse. Wenn Schüler / innen z. B. den Auftrag erhalten, herauszufinden, in welcher Beziehung Kohlmeise, Blattläuse, Sperber, Gartenrose und Marienkäferlarve zueinander stehen, so müsste die Lösung der Aufgabe zum Begriff „Nahrungskette“ führen.
Im Zusammenhang mit Lehren und Lernen spielen auch Fragen zur *Unterrichtsqualität* eine wichtige Rolle. Auf der Grundlage fachunabhängiger Qualitätskriterien von Unterricht schlägt NEUHAUS (2007) ein fachspezifisches Rahmenmodell zur Unterrichtsqualität des Faches Biologie vor, in dem die Faktoren Lehrperson, Unterricht und Schüler (Voraussetzungen, Ertrag) eine zentrale Rolle spielen. Als Instrument der Unterrichtsqualitätsforschung hält die Autorin neben klassischen Interviews und Fragebögen vor allem Kategoriensysteme zur Analyse von videografiertem Unterricht für geeignet (vgl. auch NEUHAUS & VOGT 2008).
Lehren und Lernen sind zwei dialektisch aufeinander bezogene Prozesse desselben Unterrichtsgeschehens. Lernen im Unterricht heißt u. a. aufpassen, zuhören, Vorstellungen bilden, etwas im Geiste durchspielen, sich vergewissern, ob man etwas richtig verstanden hat. Alle diese Tätigkeiten muss ein Lernender selbst ausführen; sie können nicht von anderen übernommen werden. *Lernen* wird daher definiert als ein „aktiver Prozess des Aufbaus von Wissen und Kompetenz. Er findet in Umgebungen und Kontexten statt und vollzieht sich über ein Generieren und Interpretieren von Bedeutungen. Lernen bedarf der Unterstützung und Anleitung durch professionelle Lehrkräfte“ (TERHART 2000).
Während die insbesondere im angloamerikanischen Raum in den 20er- bis 60er-Jahren vorherrschende *behavioristische Lerntheorie* Lernen als Verhaltensänderung aufgrund von Erfahrungen versteht (Herstellung von Reiz-Reaktions-Verbindungen), setzen *kognitive Theorien* vor allem auf das Verstehen von Begriffen, den Gewinn von Einsichten und den Aufbau kognitiver Strukturen. Lernen in diesem Sinne zielt auf den Erwerb von deklarativem und prozeduralem Wissen.

Deklaratives Wissen ist ein Wissen über Sachverhalte (Faktenwissen), Begriffe und komplexe Zusammenhänge, z. B. über die Regulation des Blutzuckerspiegels. *Prozedurales Wissen* ist ein Wissen darüber, *wie* etwas auszuführen ist. Es kann aus allgemeinen Regeln bestehen, wie man eine Aufgabe bewältigt, z. B. wie man mittels eines dichotomen Schlüssels eine Pflanze bestimmt. Es umfasst auch Wissen zur Ausführung praktischer Tätigkeiten, z. B. wie ein Präparat anzufertigen oder Stärke nachzuweisen ist.
Kognitive Lerntheorien werden vor allem von Aebli, Ausubel, Bruner, Gagné und Piaget vertreten.

4.3 Überwindung konventioneller Lehr- und Lernmethoden[24]

Ungeachtet neuerer Erkenntnisse der pädagogischen Psychologie und der Lehr-Lernforschung, ist naturwissenschaftlicher Unterricht – namentlich in weiterführenden Schulen – heute immer noch stark durch konventionelle Lehr-Lernformen gekennzeichnet, die auf dem Wege der Instruktion mit überwiegend lehrerzentrierten, darbietenden oder fragend-entwickelnden Methoden (Frontalunterricht) Wissen zu vermitteln versuchen (vgl. Kap. 8). Diese Art von Unterricht ist stark inhaltsbezogen, sehr faktenträchtig und auf Stoffvermittlung ausgerichtet. Weinert (1998) bezeichnet ihn als pseudohaft leistungsbezogen und wenig verständnisorientiert, da die Fülle des durchgenommenen Stoffes die Schüler/innen nur unzureichend befähigt, ihr Wissen auch anzuwenden. Überdies sind Schülern die Lerngegenstände zumeist nur auf gedanklich-mentale, d. h. symbolische Weise zugänglich, was ein abstrakt-begriffliches oder eben nur *symbolisches Lernen* zur Folge hat. Symbolisch erworbenes Wissen ist aber – dies belegen einschlägige Untersuchungen – zur Lösung konkreter Aufgaben- bzw. Problemstellungen aus dem täglichen Leben häufig nicht anwendbar. Derartiges Wissen wird als *„träge"* bezeichnet (inert knowledge). Auf dieses Problem machten bereits Anfang dieses Jahrhunderts Reformpädagogen wie Georg Kerschensteiner aufmerksam. Er sprach von der traditionellen Schule als Buchschule, welche an dem Defizit kranke, kaum Bezug zum wirklichen Leben zu haben.
Lernen auf einer symbolischen Ebene ist nach Erkenntnissen der pädagogischen Psychologie auch wenig geeignet, Interesse für einen Lerngegenstand zu wecken, weil dieser zumeist keinen direkten Bezug zur Lebenswirklichkeit der Schüler/innen hat und daher von diesen auch nicht als bedeutsam eingeschätzt wird. Lernen ohne Interesse ist aber kaum gewinnbringend und hat auch keine Bereicherung der Lernenden zur Folge. So sind unseren Schülerinnen und Schülern viele biologische Erscheinungen nur vom Begriff oder Namen her bekannt, ohne dass sie damit konkrete Vorstellungen verbinden können. Dabei bietet gerade der Biologieunterricht viele Gelegenheiten, anstelle auf abstrakt-begrifflicher Ebene Wissen in realitätsnahen Situationen zu erwerben, sei es durch Aufsuchen außerschulischer Lernorte oder durch Beschäftigung mit realer Natur im Klassenzimmer (Mikroskopieren,

24 Aebli 1985, Ausubel 1980/81, Bruner 1974, Gagné 1980, Piaget 1972, Neuhaus & Vogt 2005

Experimentieren, Bestimmen von Pflanzen etc.), was das Lernen bedeutungsvoller machen würde. Lernen von Biologie in realitätsnahen Handlungssituationen wäre nach Ansicht von Prenzel (1997) besonders geeignet, „die Lernmotivation zu steigern und den Bedeutungsgehalt des Lerngegenstands zu erhöhen, insbesondere dann, wenn die Lerninhalte einen Bezug zur Lebenswelt der Schüler/innen haben und die Schüler/innen erkennen, wozu das zu erwerbende Wissen nützlich ist – sei es für sie selbst oder für den forschenden Biologen."

Mandl, Gruber & Renkl (1996) führten in einem Experiment mit Studierenden den Nachweis, dass auch diese das Problem haben, erworbenes universitäres Wissen in einer realen Problemsituation anzuwenden. Sie führen diesen Befund darauf zurück, dass sowohl in den Schulen als auch auf den Universitäten zu wenig problemorientiert gelernt wird. Es fehlen Phasen, so die Autoren, in denen komplexe, realitätsnahe und vor allem auch interessante Probleme gestellt werden, die die Lernenden motivieren, sich bestimmte Kenntnisse anzueignen. Gerade beim problemorientierten Lernen wird Wissen gleich in einem Anwendungskontext erworben.

Erkenntnisse der Lehr-Lernforschung belegen inzwischen hinreichend, dass die Aneignung von Wissen nicht auf dem Wege der darbietenden Instruktion erzwungen werden kann.

Wissen muss vom Lernenden selbst *aktiv* aufgebaut werden. Anstelle der Anhäufung von reproduzierbarem (abfragbarem) Faktenwissen sollte daher die Handlungskompetenz der Lernenden gefördert werden, d.h. ihre Fähigkeit, sich in selbstaktiver Weise Wissen anzueignen und Wissen anzuwenden. Als besonders geeignet für die Anbahnung und Einübung handlungsorientierten, selbsttätigen Lernens erweisen sich situierte und problemorientierte Lernarrangements.

4.4 Motiviertes und interessegeleitetes Lernen

Damit Schüler/innen eine erwünschte Lernhaltung einnehmen und kognitive Prozesse überhaupt stattfinden, müssen sie motiviert sein und ihre Aufmerksamkeit auf das Lernangebot richten.

Motivation ist die Bezeichnung für Beweggründe menschlichen Handelns. Einzelne Beweggründe heißen *Motive* (nicht „Motivationen"). Richten sich Motive auf Sachverhalte, so hat man es mit Interessen zu tun.

Da sich im schulischen Kontext Motivation hauptsächlich auf Lernvorgänge bezieht, so spricht man in der pädagogischen Psychologie auch von *Lern- bzw. Aufgabenmotivation*. Schiefele & Köller (2001) verstehen darunter „den Wunsch bzw. die Absicht, bestimmte Inhalte oder Fertigkeiten zu lernen bzw. bestimmte Aufgaben auszuführen." Ist dieser Wunsch von der Sache her begründet, dann spricht man von *intrinsischer Motivation*. Ein intrinsisch motivierter Schüler bzw. eine intrinsisch motivierte Schülerin zeichnet sich durch Neugier und Interessiertheit am Lerngegenstand aus sowie durch die selbstbestimmte Bereitschaft, über einen bislang unbekannten Sachverhalt etwas lernen zu wollen. Liegt der Antrieb für eine Lernhandlung hingegen in sachfremden, äußeren Anreizen, wie z.B.

Zensuren, Lob, Belohnung, Bestehen einer Prüfung, Vermeidung von Tadel oder negativen Folgen (Gefährdung des Vorrückens), dann hat man es mit *extrinsischer Motivation* zu tun. Die Lernhandlungen haben in diesem Kontext nur instrumentellen Charakter, um die angestrebten äußeren Ziele zu erreichen. Intrinsische und extrinsische Motivation wurden lange Zeit als Gegensatzpaare dargestellt. Die „Selbstbestimmungstheorie der Motivation" von DECI & RYAN (1993) zieht diese Trennungslinie nicht mehr so rigoros. Diesbezügliche Studien belegen inzwischen, dass auch externale Anreize die Lernhandlungen positiv beeinflussen können. WEINERT (1996) spricht sich daher für eine sinnvolle Kombination von intrinsischer und extrinsischer Motivation aus. Gerade dann, wenn intrinsische Motivation fehlt, wird das Vorhandensein von extrinsischer Motivation wichtig.
Lernmotivation soll bei Lernern Lernhandlungen auslösen und sie antreiben. Nach Erkenntnissen der Lehr-Lernforschung „entwickelt sich Lernmotivation in einer aktuellen Situation. Dieses Geschehen erfolgt nicht isoliert von der jeweiligen Umgebung und auch nicht abgetrennt von dem, was vorher war und was der Lernende als Erfahrung in sich trägt. Ob und wie ein Lernender Motivation entwickelt, hängt besonders davon ab, welche Bedeutung er dem Lernen in einer bestimmten Situation zuschreibt" (PRENZEL 1995). Ein besonders förderlicher Einfluss auf Lernmotivation ist feststellbar, wenn ein Lernender von sich aus Lernanforderungen aufgreift und die Möglichkeit erhält, *selbstbestimmt* zu lernen. Wird nämlich ein Lernprozess durch striktes Vorschreiben und Kontrollieren der Lernhandlung zu sehr eingeengt, so kann vorhandene intrinsische Motivation untergraben werden.
Empirischen Belegen aus der Forschungsliteratur und Untersuchungen von PRENZEL (1995) zufolge wird intrinsische Lernmotivation vornehmlich durch folgende Bedingungen unterstützt:

- nachvollziehbare Bedeutung des Lehrstoffs,
- Instruktionsqualität,
- soziale Einbindung,
- Autonomieunterstützung.

Das Tolerieren von Spielräumen für die Wahl eigener Lernwege sowie Unterstützung durch geeignete Materialien und Hilfestellungen begünstigen selbstbestimmtes, motiviertes Lernen.

Lernen mit Interesse

Lernen mit oder ohne Interesse gehört zur Schulwirklichkeit. Man spricht von interessiertem Lernen, wenn Inhalte nicht nur aufgrund intrinsischer Anreize erschlossen werden, sondern aufgrund der subjektiven Bedeutung des Lerngegenstands (PRENZEL 2003).
Was versteht die pädagogische Psychologie unter Interesse? KRAPP (1996) definiert Interesse „als ein relationales Konstrukt, das die besondere Beziehung einer Person zu einem Gegenstand kennzeichnet." Gegenstand des Interesses können ein thematischer Bereich (z. B. ein Schulfach, eine Freizeitbeschäftigung), bestimm-

te Objekte (Mineralien, Briefmarken) oder Tätigkeiten sein. Diese *Person-Gegenstands-Beziehung* zeichnet sich durch eine emotionale und wertbezogene Grundhaltung aus. Sie äußert sich in einer persönlichen Vorliebe, sich mit einer bestimmten Sache freiwillig zu beschäftigen. Interessegeleitetes Lernen bzw. Handeln ist somit selbstbestimmt und wird von positiven emotionalen Erlebnissen begleitet.

Die pädagogische Interessenforschung kann belegen, dass Lernen mit Interesse zu pädagogisch erwünschten Wirkungen führt. Interessiertes Lernen hat zur Folge, dass erworbenes Wissen tiefer verarbeitet und länger behalten wird; es fördert insbesondere das verstehende Lernen. Mit Interesse Lernende sind mit Konzentration und Ausdauer bei der Sache und zeigen Bereitschaft zum Weiterlernen.

Es stellt sich nun die Frage, wovon es abhängt, dass Schüler/innen mit mehr oder weniger Interesse lernen. Auch noch so perfekt inszenierte Lernarrangements bieten keine Garantie, dass sich Interesse entwickelt, da für das Entstehen von Interesse nicht nur gegenstandsbezogene Anreize von Bedeutung sind, sondern auch person-immanente Faktoren, auf die Lernarrangements zunächst keinen Einfluss haben. Für die Genese von Interesse gibt es daher keine einfachen, praktikablen Lösungen, wohl aber Anregungen, wie Entwicklung von Interesse unterstützt werden kann. So geht die pädagogische Interessenforschung davon aus, dass sich Interesse auch durch handelnde Auseinandersetzung mit einem Inhalt, d.h. über *Lernprozesse* entwickeln kann (PRENZEL & LANKES 1995), ein Vorgang, den jeder auch schon einmal an sich selbst beobachten konnte. Aufgabe der Lehrperson wäre es daher, Bedingungen zu schaffen, die zu einer aktiv handelnden Auseinandersetzung der Schüler/innen mit Lerninhalten anregen. PRENZEL & LANKES (1995) halten zur Weckung von Interesse darüber hinaus auch all diejenigen Bedingungen für geeignet, die zur Förderung intrinsischer Lernmotivation beitragen.

Eine durch o.g. motivationale Maßnahmen angeregte interessierte Zuwendung zum Unterrichtsgegenstand ist jedoch nicht gleichzusetzen mit einem lernwirksamen *situativen Interesse*. Damit aus interessierter Zuwendung zum Lerngegenstand, der sog. *catch-Komponente*, ein dauerhaftes, *persönliches Interesse* entsteht, muss noch eine *hold-Komponente* hinzukommen, die darin besteht, dass der Lernende die Auseinandersetzung mit dem Lerngegenstand positiv erlebt und diesen als für sich persönlich bedeutsam einschätzt. Nach Überlegungen von KRAPP (1998) müssen – in Anlehnung an die Selbstbestimmungstheorie von DECI & RYAN (1993) – für einen erfolgversprechenden Verlauf der Interessengenese drei „grundlegende psychologische Bedürfnisse" erfüllt sein: das Bedürfnis nach *Kompetenzerleben*, nach *Selbstbestimmung* und nach *sozialer Eingebundenheit*. Eine modellhafte Darstellung bringt diesen Kausalzusammenhang anschaulich zum Ausdruck (s. Abb. 14 nach KATTMANN 2000).

Empirische Befunde zum Interesse von Schülern und Schülerinnen an Biologie

Untersuchungen über die Interessenentwicklung im Kontext der Schule belegen, dass das *durchschnittliche Interesse* an Inhalten der Schulfächer im Laufe der Schulzeit kontinuierlich absinkt (TODT 1985; HOFFMANN & LEHRKE 1986). Dies gilt auch für das Fach Biologie, wie LÖWE (1987 und 1992a) anhand von Erhebungen an ca. 3500 Schülerinnen und Schülern der Jahrgangsstufen 3 bis 10 an Grund- und

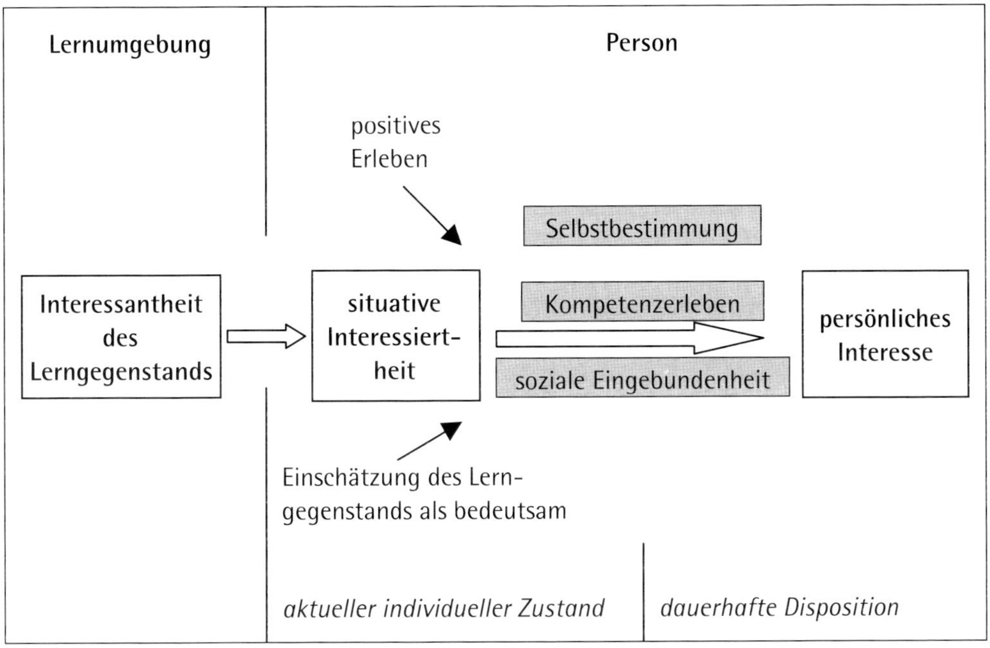

Abb. 14: Modell der Interessengenese (KATTMANN 2000; KRAPP 1998)

Realschulen zeigen konnte (s. Abb. 15). Die Ergebnisse seiner Untersuchungen legen die Vermutung nahe, dass dafür nicht allein das Lebensalter, sondern die Dauer des Schulbesuchs verantwortlich ist. Dafür spricht auch die Tatsache, dass der Interessenverfall besonders deutlich in der Sekundarstufe I zutage tritt (Todt 1995; Baumert 1998).

Trotz des allgemein zu beobachtenden Interessenverfalls ist aber das Interesse am Schulfach Biologie vergleichsweise immer noch hoch: Biologie ist bei Schülerinnen und Schülern ein beliebtes Unterrichtsfach. So gaben in einer Studie von Kögel et al. (2000) 66 % der befragten Schüler/innen an, dass für sie die Anwendbarkeit biologischer Kenntnisse im täglichen Leben eine besondere Rolle spielt. Bei der Interpretation der Befunde über den Verlauf der schulfachbezogenen Interessen ist jedoch Vorsicht geboten. Differenzierende Analysen der Untersuchungsergebnisse lassen nämlich erkennen, dass die Veränderung der Interessen in Abhängigkeit von Alter, Geschlecht und Teilgebiet der Biologie z. T. sehr unterschiedlich verläuft. Als wesentliche Ergebnisse aus diesbezüglichen Untersuchungen sind folgende Befunde festzuhalten:

- Das Interesse an Pflanzen und Tieren ist bei Kindern vom 9. bis 12. Lebensjahr (3. bis 6. Jahrgangsstufe) relativ hoch. Lehrkräfte der Grundschule und der Unterstufe tragen daher für die Anbahnung von Arten- und Formenkenntnissen, die in Bezug auf Umwelt- und Naturschutz eine wichtige Rolle spielen, eine besondere Verantwortung.
- Untersuchungen von Löwe (1992b) zufolge, bleibt das Interesse an tierkundlichen Inhalten von der 3. bis zur 10. Jahrgangsstufe auf einem mittleren Niveau nahezu konstant, wogegen es für pflanzenkundliche Inhalte ab der 5. Jahrgangsstufe deutlich absinkt (s. Abb. 16). Zu ähnlichen Befunden kamen auch Gehlhaar et al. (1999), Hesse (1984) und Finke (1999).
- Generell ist das Interesse von Kindern und Jugendlichen an Tieren größer als an Pflanzen (Gehlhaar et al. 1999, Harvey 1989, Baird et al. 1984). Dies gilt auch für Erwachsene, wie Kellert (1980) in einer umfangreichen Erhebung an 3107 US-Amerikanern feststellen konnte. Als Gründe für ihre Präfe-

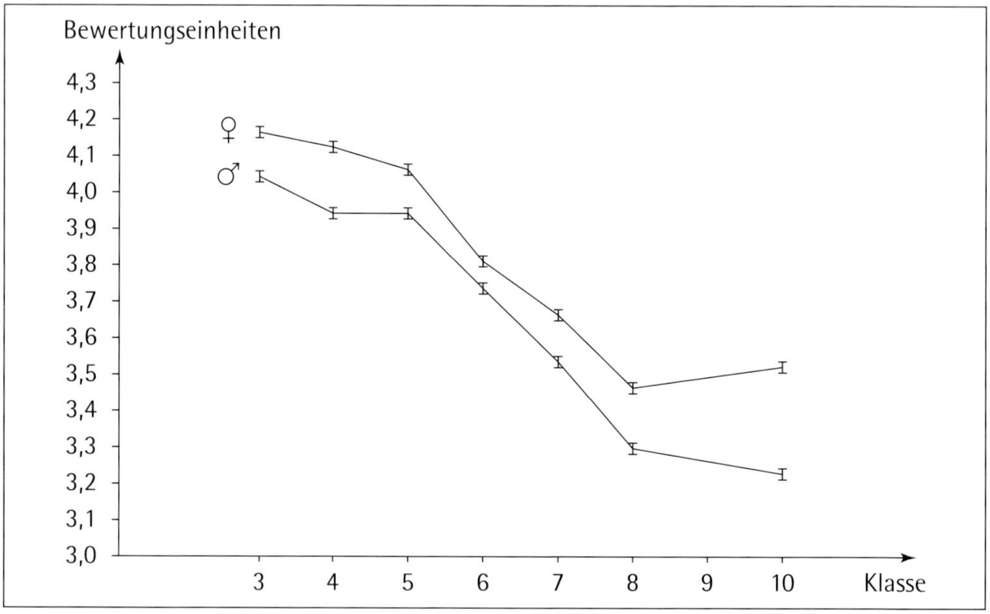

Abb. 15: Abhängigkeit des gesamten Biologieinteresses von Schulalter und Geschlecht. Zu den Mittelwerten ist der dreifache Mittelwertfehler (±3sM) angegeben (nach LÖWE 1987)

renz von Tieren gaben die befragten Personen u. a. an, dass diese Parallelen zum Menschen in ihren Lebensäußerungen zeigen, sich leichter unterscheiden ließen und unterhaltsamer seien (Wandersee 1986).

- Mädchen sind an Pflanzen stärker interessiert als Jungen, wobei sich frühe Erfahrungen mit Pflanzen auch positiv auf die Einstellung gegenüber der Natur im Allgemeinen auswirken (Harvey 1989).
- Für humanbiologische Lerninhalte weisen die Untersuchungen von Löwe (1992b) einen Anstieg des Interesses mit Beginn der Pubertät aus, was entsprechende Studien von Gehlhaar et al. (1998) allerdings in diesem Umfang nicht bestätigen konnten. Finke & Klee (1999) machen daher darauf aufmerksam, dass Humanbiologie bezüglich der Interessenentwicklung ein heterogener Gegenstandsbereich ist, der nach Teilgebieten zu differenzieren sei. So nimmt ihren Untersuchungen zufolge das Interesse am menschlichen Körper und seinen Organen sowie an Gesundheit und Ernährung von der 5. bis zur 11. Jahrgangsstufe eher geringfügig ab (mit einem Tiefpunkt in der 8. Jahrgangsstufe), wogegen das Interesse an der Fortpflanzungsbiologie des Menschen in dem genannten Zeitraum auf relativ hohem Niveau anhält. Dabei zeigen sich Schülerinnen an dieser Thematik deutlich interessierter als Schüler (s. Abb. 17).
- Eine ähnliche Interessenheterogenität wie für die Humanbiologie scheint auch im Themenfeld *Umwelt und Naturschutz* zu bestehen, da die wenigen bislang vorliegenden Untersuchungen z. T. zu widersprüchlichen Ergebnissen kommen. So signalisiert die Erhebung von Löwe (1992b) einen geradezu überdeutlichen Anstieg des Interesses für Umweltfragen, der in der Tendenz auch durch die Untersuchungen von Arbinger et al. (1976) gestützt wird, was jedoch Finke (1998) und Gehlhaar et al. (1999) in ihren Studien nicht bestätigen konnten. Berck & Graf (2010) vermuten, dass die Thematik „Umwelt und Naturschutz" durch die z. T. überstrapazierte Behandlung in verschiedenen Schulfächern in den letzten Jahren etwas an Aktualität und Bedeutungsgehalt eingebüßt haben könnte.

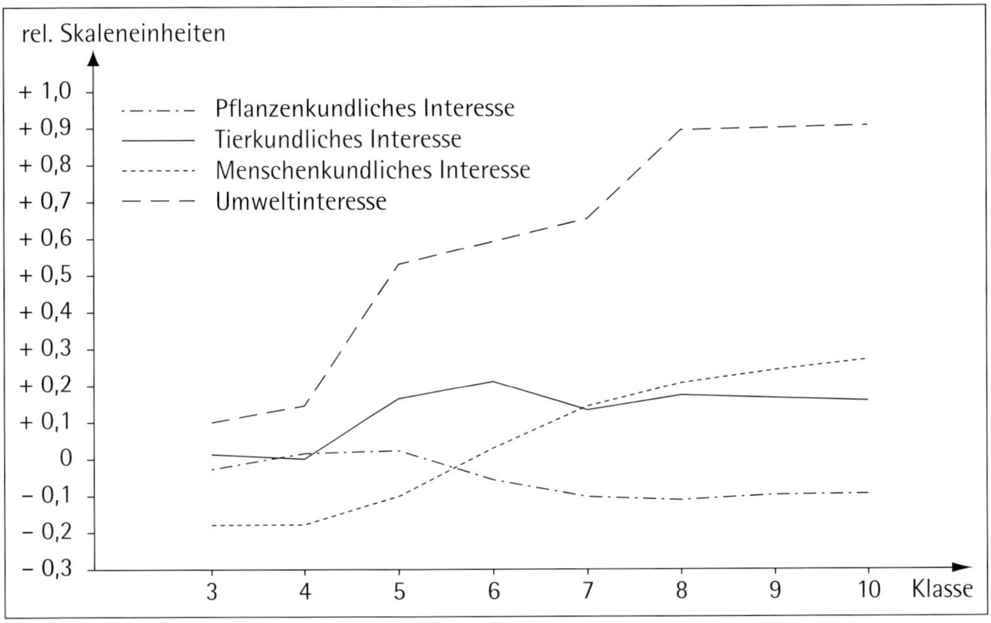

Abb. 16: Altersbereinigter Verlauf der biologischen Teilinteressen nach Klassenstufen (Durchschnittswerte) (nach LÖWE 1987, 1992b)

- TODT & GÖTZ (1998) untersuchten das Interesse Jugendlicher an verschiedenen Aspekten der *Gentechnologie*. Interesse an dieser Thematik zeigt sich bei Jugendlichen erst ab einem Alter von etwa 15 Jahren, wobei der Schwerpunkt vornehmlich auf ethischen und anwendungsbezogenen Aspekten im Bereich Medizin und Umweltschutz liegt. Die Autoren erklären die relativ späte Interessiertheit an diesem aktuellen Gebiet der Biologie mit seiner anspruchsvollen Komplexität und dem erst in diesem Alter einsetzenden Nachdenken über die Anwendungen von Zukunftstechnologien.

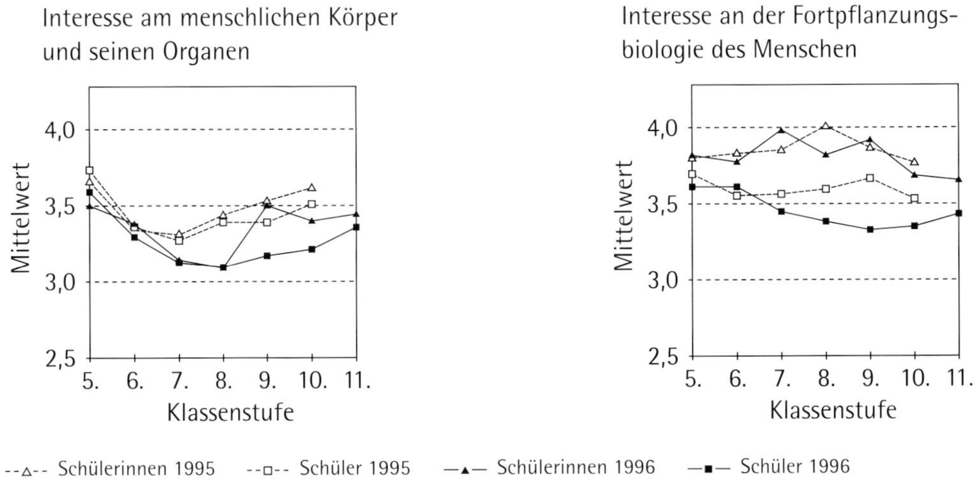

Abb. 17: Interesse an Teilgebieten der Humanbiologie in der Sekundarstufe I (Querschnittsuntersuchung von FINKE & KLEE 1999)

Einfluss von Fachunterricht auf Interesse an Biologie

Der Einfluss von Fachunterricht auf die Genese von Interesse an Biologie und auf Lernleistungen wurde im deutschsprachigen Raum mittels empirischer Studien bereits mehrfach untersucht. Neben der Aufklärung des Einflusses allgemeiner unterrichtlicher Rahmenbedingungen, wie Methoden, Autonomieunterstützung, Berücksichtigung inhaltlicher Kontexte, Lehrgegenstände etc., befassen sich diese Studien vor allem mit der Frage, wie spezielle unterrichtliche Maßnahmen, z. B. originale Begegnung, Aufsuchen außerschulischer Lernorte, Praktizierung fachgemäßer Arbeitsweisen, Einsatz von Medien etc., das Schülerinteresse und die Lernleistungen beeinflussen. Auf diesbezügliche Befunde wird in den entsprechenden Kapiteln eingegangen.

Am Beispiel „Leben am Gewässer" untersuchte Hartinger (1997) an Schülerinnen und Schülern der 3. Jahrgangsstufe den Einfluss selbstbestimmten, handlungsorientierten Lernens auf das Interesse an Pflanzen und Tieren an einem Gewässer. Der Unterricht der Versuchsgruppe (Klasse B) war gekennzeichnet durch einen hohen Anteil von Elementen *offenen Unterrichts*: Mitbestimmung von Zielen und Inhalten des Unterrichts, Wahlfreiheit der Lernwege, Wochenplanarbeit, Freistellung der Zeiteinteilung und der Sozialform. In den entsprechenden Vergleichsklassen (Klasse A und C) kamen die genannten Möglichkeiten offenen Unterrichts nur selten oder überhaupt nicht vor. Der Unterricht zu dem genannten Thema schloss auch Unterrichtsgänge zu einem nahe gelegenen Gewässer ein. Den Schülerinnen und Schülern wurde u. a. die offene Frage gestellt, was sie an dem von ihnen bevorzugten Teich besonders gerne machen. Bezogen auf die Beschäftigung mit Pflanzen und Tieren, zeigte sich in der Vorerhebung kein signifikanter Unterschied zwischen der Klasse mit offenem Unterricht und den Klassen ohne offenen Unterricht, wohl aber in den Nacherhebungen. Hier gab ein deutlich höherer Prozentsatz der Schüler/innen aus der Klasse mit offenem Unterricht an, er wollte sich am liebsten mit Pflanzen und Tieren beschäftigen (s. Abb. 18).
Dass das Interesse an einem Schulfach und seinen Lehrgegenständen auch maßgeblich vom *Lehrverhalten der Lehrperson* beeinflusst wird, kann jeder aus seiner eigenen Schulerfahrung bestätigen.

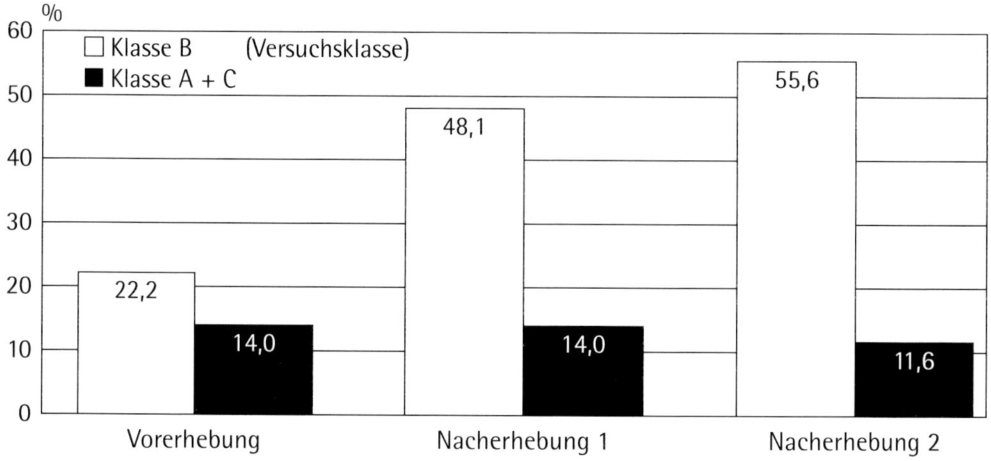

Abb. 18: Prozentsatz der Schüler/innen, die auf eine offene Frage angaben, sie wollten sich an einem Teich am liebsten mit Pflanzen und Tieren beschäftigen. N = 70; Klasse B: offener Unterricht, Klasse A und C: kein offener Unterricht (HARTINGER 1997)

Allerdings liegen zu dieser Beobachtung für das Schulfach Biologie bislang kaum empirische Beweise vor. Löwe (1984) konnte nachweisen, dass zwischen der Interessenlage der Lehrperson an Gegenständen der Biologie und deren Einfluss auf die Interessenänderung bei Grundschülern ein signifikanter Zusammenhang besteht.

Ob es gelingt, Schüler/innen für Phänomene der Biologie zu interessieren, hängt ganz entscheidend davon ab, ob sich die Lehrperson *selbst* für diese interessiert. Schüler/innen haben für die Beziehung ihrer Lehrkraft zu den Lehrgegenständen ihres Unterrichts ein feines Gespür. Wenn Schüler/innen merken, dass ihr Lehrer bzw. ihre Lehrerin einen biologischen Lehrgegenstand mit viel Engagement, großem Eigeninteresse und Begeisterung in den Unterricht einbringt, dann vermag sich diese positive emotionale Gestimmtheit der Lehrkraft auch auf die Schüler/innen zu übertragen. Darüber hinaus ist es wichtig, dass der Unterricht klar strukturiert ist und den Bedürfnissen der Schüler/innen nach Autonomie, Kompetenzerleben und sozialer Eingebundenheit entgegenkommt.

4.5 Konstruktivistisch orientierte Ansätze des Lernens

Konstruktivistisch orientierte Lerntheorien gehen davon aus, dass eine objektive Erfassung der Wirklichkeit nicht möglich ist. Folglich gäbe es auch keine objektive Erkenntnis und somit auch kein objektives Wissen. Dieser Theorie zufolge ist Wissen daher immer nur eine subjektive Konstruktion des Menschen von seiner eigenen, ihm bedeutungsvoll erscheinenden Wirklichkeit. Folglich lässt sich Wissen nicht einfach von Lehrenden auf Lernende übertragen, sondern muss vom Lernenden *selbs*t in einer *Lernsituation* aufgebaut bzw. konstruiert werden. Unter dieser Annahme erhält daher die Gestaltung der Lernsituation ein besonderes Gewicht.

Dieser „radikalen" Auffassung von Wissensaneignung bzw. Lernen steht der sog. „moderate Konstruktivismus" gegenüber, der in Deutschland u.a. von Gerstenmaier & Mandl (1995), Terhart (1999), und Möller (2001) vertreten wird. Der moderate Konstruktivismus setzt auf den aktiven, eigenständigen Aufbau kognitiver Strukturen, ohne objektive Erkenntnis infrage zu stellen. Konstruktivistischen Lerntheorien zufolge ist Lernen immer ein aktiv-konstruktiver, sozialer und selbst gesteuerter Prozess, d.h. der Lernende baut individuell neue Wissensstrukturen auf bereits vorhandenen auf.

Verantwortlich für den Erwerb von überwiegend „trägem Wissen", das in Anwendungssituationen nicht genutzt werden kann, ist nach Auffassung vieler Experten der Lehr- und Lernforschung der traditionell-unterweisende Unterricht. Bei diesem Verfahren der Instruktion werden die einzelnen Unterrichtsschritte systematisch geplant und die Wissensinhalte portionsweise vorgegeben mit der Absicht, dass alle Lernenden dieselben Aufgaben mit demselben Lernerfolg bearbeiten. Diese Art von Unterricht fördert die Passivität der Lernenden, die in der Regel auch mit einem Absinken von intrinsischer Motivation und Interesse verbunden ist. Vertreter des sog. situierten Lernens machen dafür die unzureichende Berücksichtigung der Situationsgebundenheit von Lernen und Wissen verantwortlich. So gehe man im konventionellen Unterricht davon aus, dass Wissen unabhängig von der Lernsituation erworben werden könne und dass die Anwendung von Wissen unabhängig von Situation und Kontext sei. Wird zu erwerbendes Wissen jedoch nicht in möglichst authentische Kontexte[25] eingebettet (z. B. Erwerb formenkundlichen Wissens zur Beurteilung des ökologischen Zustands eines Habitats), so ist die Sinnhaftigkeit des Lerngegenstands für einen Lernenden nicht einsehbar. Bezogen auf den Biologieunterricht wäre es z. B. wenig sinnvoll, die unterschiedlichen Ausprägungen der Mundwerkzeuge oder der Beine von Insekten um ihrer selbst willen zu behandeln, ohne diese mit der spezifischen Lebensweise und ökologischen Bedeutung in Beziehung zu bringen. Kontextbezogenes Lernen spielt auch eine ganz wichtige Rolle für den Erwerb formenkundlichen Wissens, wie STAROSTA & GOLLER (2002) im Rahmen einer fundierten empirischen Untersuchung zeigen konnten.

Situiertes Lernen

Nach dem Konzept des sog. *situierten Lernens* spielt die Situation, in der gelernt werden soll, eine zentrale Rolle. Dabei muss die Lernsituation der Anwendungssituation möglichst ähnlich sein. Nur unter dieser Bedingung lässt sich träges Wissen vermeiden. Dieses Konzept stützt sich auf konstruktivistische Lerntheorien. Ihm liegt die Einsicht zugrunde, dass Wissen nicht unabhängig von einem Kontext erworben werden kann und dass es an die Lernumgebung gebunden ist, in der Lernende ihr Wissen aufbauen. Dabei erweisen sich komplexe, auf Anwendungssituationen bezogene (authentische) sowie problemorientierte Lernumgebungen insofern als besonders nützlich, als das in diesen Lernsituationen erworbenes Wissen gleichsam als Werkzeug für die Lösung neuer Aufgabenstellungen flexibel genutzt werden kann und Lernende so den Wert ihres Wissens unmittelbar erfahren.

In diesem Zusammenhang werden in der empirischen Pädagogik verschiedene Ansätze diskutiert (RESNICK 1989; GERSTEINMAIER & MANDL 1995; PRENZEL 1997), die auch für die Fachdidaktiken als per se anwendungsorientierte Disziplinen von Bedeutung sind. Im Ansatz von Cognitive Apprenticeship (COLLINS, BROWN & NEWMAN 1989) wird vorgeschlagen, die anwendungsorientierten Vermittlungsprinzipien traditioneller Handwerkslehre (coaching, scaffolding, fading) auf den „Umgang mit komplexen Problemen in kognitiven Domänen" (GERSTEINMAIER & MANDL 1995) zu übertragen. Der Ansatz von Anchored Instruction (Cognition and Technology Group at Vanderbilt 1990) beschäftigt sich vornehmlich mit dem Problem trägen Wissens (inert knowledge), das zwar vorhanden, in Problemsituationen aber häufig nicht nutzbar ist (RENKL 1996). Vertreter dieses Ansatzes schlagen daher vor, Lernumgebungen zu schaffen, die authentische Problemstellungen in Form eines narrativen „Ankers" zum Gegenstand haben.

Die hier nur sehr kurz skizzierten, auf einer konstruktivistischen Sichtweise beruhenden Ansätze situierten Lernens haben auch dem naturwissenschaftlichen Unterricht trotz verschiedentlicher Kritik (ANDERSON et al. 1996; TERHART 1999) wichtige Impulse gegeben, die über die Verbesserung des Wissenserwerbs hinausgehen. Was das kontextabhängige Lernen von Naturwissenschaft betrifft, so

25 authentischer Kontext: möglichst realitätsnahe Lernumgebung

konnten z. B. Häussler & Hoffmann (1995) in einschlägigen IPN-Studien zeigen, dass das Interesse von Schülerinnen und Schülern an Gegenständen der Physik deutlich größer ist, wenn diese nicht nur das Kennenlernen von Regeln, Gesetzen und Formeln zum Inhalt haben, sondern wenn die Lerninhalte in Kontexte eingebettet sind, die auf eine praktische Anwendung oder die Erklärung lebensnaher Phänomene fokussieren. Von erheblicher motivationaler Relevanz ist dabei auch die Betonung des Bedeutungsgehalts des Lerngegenstands mit dem Ziel, Lernenden einsichtig zu machen, wozu und für wen das zu erwerbende Wissen gut und nützlich ist. In diesem Zusammenhang ist es vor allem wichtig, Bedeutungsbezüge zur *Lebenswirklichkeit* der Lernenden herzustellen.
Auch sollte die Lernumgebung möglichst *authentisch, mehrperspektivisch* und *anwendungsbezogen* sein. Nur eine mehrperspektivische Lernumgebung ist in der Lage, die Wissenskompartmentalisierung zu überwinden. Darunter versteht man die Verinselung voneinander unabhängiger Wissenselemente, wie sie vielfach auch für die universitäre Lehre kennzeichnend ist. Beobachtungen zeigen, dass Wissen, welches in authentischen Lernumgebungen erworben wurde, besser für die Lösung neuer Aufgabenstellungen geeignet ist als symbolisches Wissen. Schließlich hat situiertes Lernen auch *Eigenaktivität* der Lernenden und Lernen in einem *sozialen Kontext* zur Voraussetzung, eine für erfolgreiches Lernen allgemein geforderte Bedingung, die aber an weiterführenden Schulen immer noch viel zu wenig Berücksichtigung findet.

Instruktionsansätze zum situierten Lernen im Biologieunterricht wurden bislang kaum empirisch untersucht. Abgesehen von einzelnen Arbeiten speziell zum problemorientierten Lernen, herrscht auf diesem Felde noch erheblicher Forschungsbedarf. Erwähnt sei die Arbeit von Kleine & Vogt (2002), die im Sachunterricht der Grundschule am Beispiel des wenig beliebten Themas „Kompost" vergleichend die Auswirkung von unterschiedlichen Lernumgebungen auf die Generierung von situationalem Interesse (Interesse der Schüler/innen am Unterrichtsgegenstand) untersuchten. Sie stellten fest, dass ein betont handlungsorientierter Unterricht mit Merkmalen des situierten Lernens (Eigenaktivität, Lebensbezug, Anwendungsorientiertheit, Lehrkraft als Berater) ein größeres situationales Interesse zur Folge hat als ein betont kognitiv ausgerichteter Unterricht.

Problemorientiertes Lernen[26]

Für das Konzept des situierten Lernens ist der problemorientierte Ansatz zentral. *Problemorientiertes Lernen* enthält daher viele Elemente, die auch dem situierten Lernen zu eigen sind. Ausgangspunkt des Unterrichts sollte eine *mehrperspektivische Problemstellung* sein, die von den Lernenden als interessant empfunden wird und einen Bezug zur *Lebenswirklichkeit* hat. Dabei sollte die Problemstellung möglichst nicht von der Lehrkraft vorgegeben werden, sondern von den Schülerinnen und Schülern in einer Problemfindungsphase selbst erkannt und definiert werden. Auf diese Weise werden kognitive Prozesse angeregt, und es wird eine emotional positive Einstellung erzeugt. Eine mehrperspektivische Problemstellung hat gegenüber der zumeist stark vereinfachten Aufgabenstellung im

26 Literatur z. B. Gräsel 2000, Lankes 2005

herkömmlichen Unterricht den Vorzug, dass diese nicht nur auf einen einzigen Kontext fixiert ist, sondern dass zur Lösung des Problems mehrere Sichtweisen einzunehmen sind, was die Berücksichtigung mehrerer (multipler) Kontexte erforderlich macht. Diese Vorgehensweise trägt dazu bei, die Wissenskompartmentalisierung zu überwinden, indem eine Lösung des Problems von unterschiedlichen Ansätzen aus versucht wird.
Problemorientiertes Lernen setzt auf kooperative Lern- und Arbeitsformen in einer sozialen Gemeinschaft. Problemlösungen aus verschiedenen Perspektiven erfordern nämlich einen sozialen Austausch von Lösungsvorschlägen und von Wissen zwischen Lernenden und Lehrenden, aber auch zwischen den Lernenden untereinander. Kommen problemorientierte Verfahren im Unterricht nur selten zur Anwendung, so erfordert ihre Ausführung eine entsprechende Unterstützung von Seiten der Lehrkraft. Dies können z. B. Anleitungen zur Problemlösung sein oder Beispiele, wie Experten bei der Lösung eines komplexen Problems vorgehen. Eine weitere Möglichkeit wäre die Anwendung eines *Mappingverfahrens*, bei dem versucht wird, das Problem grafisch zu visualisieren.

Ein Unterrichtsbeispiel

Wie Elemente des situierten bzw. problemorientierten Lernens im Biologieunterricht zur Anwendung kommen könnten, sei an einem Beispiel kurz skizziert:
Ein von der Lehrkraft verfasster Arbeitstext konfrontiere die Schüler/innen mit einer fallbasierten Problemstellung aus dem täglichen Leben. Das Problem solle in einer Entscheidung über den Erhalt oder Nichterhalt eines in der Nähe der Schule gelegenen Gewässers bestehen, das einem Bauvorhaben geopfert werden solle, sofern nicht der Nachweis erbracht werden könne, dass es sich hierbei um ein schützenswertes Biotop handle. In Gruppenarbeit wäre nun von den Schülerinnen und Schülern die damit verbundene Problemstellung ausfindig zu machen, wie generell geklärt werden könnte, ob ein zur Disposition stehendes Biotop als schützenswert einzustufen ist oder nicht. Mit möglichst geringer Unterstützung der Lehrkraft hätten die Schüler/innen selbst herauszufinden, dass die Klärung dieser Frage an folgende Bedingungen gebunden ist:
(1) zu wissen, welche Pflanzen und Tiere i. d. R. an einem naturbelassenen Gewässer vorkommen,
(2) zu wissen, welche der an einem Gewässer natürlicherweise vorkommenden Pflanzen und Tiere als gefährdet bzw. als vom Aussterben bedroht gelten und auf der Roten Liste stehen,
(3) zu wissen, welche der an einem naturnahen Gewässer vorkommenden Pflanzen und Tiere die Lebensgrundlage für andere Organismen sind.

Die von den Schülerinnen und Schülern in der Problemfindungsphase definierte Problemstellung wäre in einer anschließenden Diskussion zu artikulieren. Mit der Einbeziehung von Überlegungen zur Pflanzen- und Tiersoziologie (Zusammensetzung der Lebensgemeinschaft), zur Ökologie (Wechselbeziehungen der Lebewesen untereinander), zur Evolutionsbiologie (Angepasstheit der Pflanzen und Tiere an die Bedingungen des Standorts) sowie zum Natur- und Artenschutz wäre überdies gewährleistet, dass die Problemfindung von Anfang an unter einer *komplexen Fragestellung und mehrfachen Perspektiven* stünde, wodurch eine Simplifizierung der Sachstruktur vermieden und der Bedeutungsgehalt des zu lösenden Problems erhöht würde.
Auf einem anschließenden Unterrichtsgang zum Gewässer hätten sodann die Schüler/innen mittels vereinfachter Bestimmungshilfen (Steckbriefkarten, vereinfachte dichotome Schlüssel) kennzeichnende Pflanzen und Tiere namentlich zu identifizieren und im Sinne der Formenkunde *kontextbezogen* näher zu charakterisieren.

Unter Bezug auf die anfangs definierte Problemstellung wäre nun von den Schülerinnen und Schülern eine Entscheidung zu treffen, ob sich unter den von ihnen identifizierten Pflanzen und Tieren auch besonders gefährdete Arten befinden und ob daher das Gewässer ihrer Meinung nach als schützenswert gelten könne. Um zu überprüfen, ob die Schüler/innen auch in der Lage sind, ihr erworbenes *Wissen anzuwenden*, wäre eine entsprechende Anwendungssituation ausfindig zu machen. Diese könnte z. B. darin bestehen, ein anderes Gewässer bezüglich seines ökologischen Zustands von den Schülerinnen und Schülern beurteilen zu lassen.

Entdeckendes Lernen

In enger Beziehung zu den konstruktivistisch orientierten Ansätzen des situierten und problemorientierten Lernens steht der in der Biologiedidaktik häufig verwendete Begriff des „entdeckenden Lernens". Anregungen zum *entdeckenden Lernen* (learning by discovery) gehen vornehmlich auf J. S. Bruner (1981) zurück, der *„als Akt der Entdeckung"* einen Prozess bezeichnet, „in dem etwas Gegebenes neu arrangiert oder transferiert wird." Neber (1975) definiert entdeckendes Lernen folgendermaßen: „Die Lernenden sollen ihr Wissen durch eigene Aktivität aufbauen, Fakten und Zusammenhänge selbstständig suchen und ihre Lernvoraussetzungen zur Erweiterung ihrer Kenntnisse produktiv einsetzen." Ziel des entdeckenden Lernens ist die Förderung des kreativen Handelns und selbstständigen Denkens. Es soll vornehmlich dadurch erreicht werden, dass die Lernenden sich weitgehend selbstständig mit den Sachverhalten des Unterrichts auseinandersetzen, Lerninhalte selbst erschließen und eigenständig Probleme lösen. Diese Lernhandlungen sind auch kennzeichnend für situiertes, problem- und handlungsorientiertes Lernen sowie Bestandteil des von Martin Wagenschein geprägten Begriffs des sog. *„genetischen Lernens"* (vgl. Abschnitt 3.4.2).

HEANEY (1971) berichtet von einer methodenvergleichenden Untersuchung mit Schülerinnen und Schülern, die nachweisen konnte, dass die Methode des gelenkt entdeckenden Lernens (guided discovery) den Methoden des „angeleiteten und rezeptiven Lernens" deutlich überlegen war, und zwar hinsichtlich des Erwerbs von Problemlösefähigkeiten (problem-solving-skills), dem Verstehen und der Wiedergabe biologischen Lernstoffs sowie dem Erwerb praktischer Fertigkeiten (practical laboratory skills). Die von BRUNER (1981) propagierten Vorteile des entdeckenden Lernens, wie Förderung intrinsischer Motivation, Erlernen heuristischer Methoden, Steigerung der Behaltensleistung, konnten bislang empirisch nicht hinreichend abgesichert werden. Als relativ gesichert können jedoch nach HARTINGER (2005) für den Bereich der Grundschule folgende Ergebnisse gelten:

- Formen *gelenkt* entdeckenden Lernens sind bezüglich Wissenserwerb und Transfer erfolgreicher als *selbstständig* entdeckendes Lernen,
- entdeckendes Lernen hat positive Effekte bezüglich mittelfristiger Behaltensleistungen zur Folge.

Handlungsorientiertes Lernen

In der Enzyklopädie der Erziehungswissenschaft wird handlungsorientiertes Lernen bzw. handlungsorientierter Unterricht als ein Konzept bezeichnet, „das den Schülerinnen und Schülern einen handelnden Umgang mit den Lerngegenständen und -inhalten des Unterrichts ermöglichen soll. Die materiellen Tätigkeiten der Schüler/innen bilden dabei den Ausgangspunkt des Lernprozesses, und es sollen

Handlungsprodukte als konkrete Ergebnisse des Lern- und Arbeitsprozesses erstellt werden." Ziel handlungsorientierten Lernens ist die Förderung von Handlungsfähigkeit und Selbstständigkeit (PETERSSEN 2004). In diesem Sinne verstehen auch BERCK & GRAF (2010) handlungsorientiertes Lernen, wobei, bezogen auf den Biologieunterricht, „Naturobjekte neben Experimentieren wichtiges oder zentrales Medium für Handeln sind". Handlungsprodukte können somit Ergebnisse fachgemäßer Arbeitsweisen sein, z. B. die Ausführung eines Experiments. Zentral für handlungsorientierten Unterricht ist, dass dieser sich an den Interessen der Lernenden orientiert, diese in die Planung, Erarbeitung und Auswertung des Unterrichts mit einbezieht sowie sie befähigt, sich selbstständig Wissen anzueignen, Probleme zu lösen, Entscheidungen zu treffen und in Handlungen zu erproben (RUPPERT 2002). Handlungsorientiertes Lernen enthält somit viele Elemente, die auch für situiertes, problemorientiertes und entdeckendes Lernen kennzeichnend sind und die insbesondere im Projektunterricht zum Tragen kommen.

4.6 Berücksichtigung von Schülervorstellungen: Die didaktische Rekonstruktion

Begriffe, Überblick

Untersuchungen über Schülervorstellungen zu naturwissenschaftlichen Phänomenen belegen, dass Schüler/innen bereits vor dem Unterricht über z. T. tief in Alltagsvorstellungen verankerte Erklärungsmuster verfügen. Die Untersuchungen zeigen auch, dass es dem naturwissenschaftlichen Unterricht häufig nicht gelingt, die Schüler/innen von ihren Vorstellungen zu naturwissenschaftlichen Sichtweisen zu führen. Die vorunterrichtlichen Vorstellungen der Schüler/innen spielen jedoch im Zusammenhang mit dem Modell der *didaktischen Rekonstruktion* eine wichtige Rolle für die Gestaltung von Lernumgebungen im Biologieunterricht. Einerseits müssen sie als Lernhemmnis angesehen werden, da ihre Interpretationen nicht mit denen der Lehrkraft übereinstimmen, andererseits müssen sie aber als wichtige Grundlage für die Umsetzung des Modells der didaktischen Rekonstruktion berücksichtigt werden, die das Ziel hat, Schüler/innen von ihren subjektiven Vorstellungen zu wissenschaftlich anerkannten Konzepten zu führen. Vorstellungen der Schüler/innen, die nicht im Einklang mit fachwissenschaftlichen Erklärungen von Phänomenen und mit Definitionen von Begriffen stehen, werden in der Literatur häufig als *„misconceptions"* oder *„Fehlvorstellungen"* bezeichnet. Anstelle des Terminus „misconceptions" wird heute in der angloamerikanischen Literatur die Bezeichnung *„alternative conceptions"* bevorzugt, da „alternativen Konzepten" zugestanden wird, dass sie in bestimmten Kontexten durchaus erklärungsmächtig sind und außerdem Ausgangspunkt der Einführung in wissenschaftliche Konzepte darstellen können.

Dass Schüler/innen biologische Erscheinungen nach eigenen Vorstellungen interpretieren, ist Biologielehrkräften aus dem Unterricht bekannt. So glauben viele Schüler/innen, Pflanzen würden sich allein von Stoffen ernähren, die sie aus dem Boden aufnehmen. Manche Schüler/innen sind sogar der Meinung, Pflanzen seien gar keine Lebewesen, da an ihnen nicht die „typischen" Kennzeichen eines Lebewesens erkennbar wären.

Inzwischen liegen nicht nur im Fach Physik, sondern auch in der Biologie eine Reihe empirischer Befunde über Schülervorstellungen von biologischen Phänomenen vor, von denen auszugsweise hier einige zitiert seien.
Bayrhuber & Stolte (1997) gingen der Frage nach, welche Konzepte Schüler/innen einer 11. Jahrgangsstufe Gymnasium von Bakterien haben. Manche Schüler/innen vertreten die Auffassung, dass Bakterien kleine Tiere seien. Einige Schüler/innen nehmen an, Fieber erzeugende Bakterien würden durch die Hitze abgetötet. Im Zusammenhang mit der Nutzung von Bakterien in biotechnischen Verfahren werden gelegentlich auch falsche Begriffe geprägt, wie z.B. „Schimmelpilzbakterien" oder „Hefebakterien". Baalmann (1997) zitiert im Bericht seiner Studie über Schülervorstellungen zur Evolution die Antwort eines Schülers der 12. Jahrgangsstufe Grundkurs auf die Frage, wie wohl der lange Hals der Giraffe entstanden sein könnte: „Nachdem die Giraffen gemerkt haben, dass oben an den Bäumen essbare Blätter sind, hat sich in den Chromosomen dann irgendwann diese Information verankert, so dass der Hals von Generation zu Generation gewachsen ist." Dass selbst Lehramtsstudierende nicht vor Fehlvorstellungen gefeit sind, belegt eine Studie von Jäkel (1997). Auf die Frage, woher der Zucker in der Möhre käme, antworteten 36% der Studierenden, „dieser werde über die Wurzel bzw. über die Blätter aufgenommen und dort gelagert."

Es stellt sich nun die Frage, wie mit Schülervorstellungen, die nicht mit fachwissenschaftlichen Vorstellungen übereinstimmen, umgegangen werden sollte. Duit (1995) schlägt vor, die Schüler/innen zunächst mit den Phänomenen, um die es geht, bekannt zu machen und ihnen die Möglichkeit zu geben, ihre Vorstellungen zur Deutung der Phänomene zu entwickeln und miteinander auszutauschen. Dann seien die Schüler/innen in die wissenschaftliche Sichtweise einzuführen und in einen *kognitiven Konflikt* zu bringen. Der kognitive Konflikt ist im naturwissenschaftlichen Unterricht eine wirkungsvolles Mittel, um Schüler/innen an ihren Vorstellungen zweifeln zu lassen. Dabei können die Alltagsvorstellungen der Schüler/innen durchaus produktiv genutzt werden, indem man sie anregt, über die „Logik" ihres Fehlers nachzudenken und ihre Fehlvorstellungen zu korrigieren (Lernen aus Fehlern). Ziel dieser Vorgehensweise ist letztlich, einen Wechsel der Schülervorstellungen zu wissenschaftlichen Vorstellungen herbeizuführen, also auf einen *Konzeptwechsel* (*conceptual change*) hinzuarbeiten.
Wissenschaftliche Konzepte haben gegenüber Alltagsvorstellungen zwei wesentliche Vorteile:

(1) Sie zeichnen sich durch größere Allgemeinheit (Erklärungsmächtigkeit) aus.
(2) Sie haben eine größere Genauigkeit.

Damit dieser Konzeptwechsel gelingt, müssen folgende Bedingungen erfüllt sein (Duit 1996):

- Die Schüler/innen dürfen mit den alten Vorstellungen nicht länger zufrieden sein.
- Die neu angebotene wissenschaftliche Vorstellung muss verständlich sein.
- Den Schülerinnen und Schülern muss die wissenschaftliche Vorstellung plausibel erscheinen, d.h. sie müssen diese für potenziell richtig halten und sie muss für die Lösung von Problemen relevant sein.

Gelingt dieser Lernprozess nicht, so kommt es zu einer *Kompartmentalisierung des Wissens*, wobei zwar das wissenschaftliche Konzept akzeptiert, die Alltagsvorstellung aber trotzdem beibehalten wird. Kompartmentalisierung heißt, dass Wissen über eine bestimmte Domäne aus verschiedenen, separat gehaltenen und nicht miteinander verknüpften Teilen zusammengesetzt ist. Diese Art von Wissen ist in der Regel nicht anwendbar, weil Theorie und Erfahrungen nicht in Einklang gebracht werden und Lernende bei der Auseinandersetzung mit naturwissenschaftlichen Problemen eher auf ihre Alltagsvorstellungen als auf wissenschaftliche Konzepte zurückgreifen (Mandl, Gruber & Renkl 1993). Bayrhuber (1997) sieht im Ansatz des *„authentischen Lernens"* (situierten Lernens) eine Möglichkeit, eine solche Wissenskompartmentalisierung zu überwinden.
Der Terminus *„Konzeptwechsel"* legt nahe, dass die vorunterrichtlichen Vorstellungen der Schüler/innen gegen wissenschaftliche Vorstellungen ausgetauscht werden müssen. Sie seien als „falsche" Vorstellungen (misconceptions) auszumerzen und durch richtige, wissenschaftliche zu ersetzen. Es hat sich jedoch herausgestellt, dass die alten Vorstellungen in der Regel auch nach dem Unterricht noch vorhanden sind und nach wie vor in bestimmten Kontexten angewendet werden. Bei vielen vorunterrichtlichen Alltagsvorstellungen handelt es sich nämlich um Vorstellungen, die sich in Alltagskontexten bestens bewährt haben und dort weiterhin ausreichende Orientierung bieten. Jung (1986) schlägt deshalb vor, die Schüler/innen davon zu überzeugen, dass in bestimmten Kontexten wissenschaftliche Vorstellungen fruchtbarer sind als Alltagsvorstellungen.

Das Modell der didaktischen Rekonstruktion

Die Klärung und didaktische Aufbereitung fachlicher Inhalte ist ein wichtiger Teil der Unterrichtsplanung. In der Mehrzahl der Fälle wird diese Planungsarbeit, namentlich an weiterführenden Schulen, aus der Perspektive der Fachwissenschaft vorgenommen. Vorstellungen, Erklärungsmuster und Interessen der Schüler/innen finden in der Regel dabei wenig Berücksichtigung. Sie werden häufig erst in Betracht gezogen, wenn die fachliche Klärung und der Planungsprozess bereits abgeschlossen sind. Nach dem Modell der *didaktischen Rekonstruktion* (Kattmann, Duit, Gropengiesser & Komorek 1997) wird nun versucht, fachwissenschaftliche Konzepte mit Vorstellungen der Schüler/innen in Beziehung zu bringen und daraus ein Unterrichtskonzept zu entwickeln. Das Modell verfolgt die Absicht, bereits vorhandene Erklärungsmuster der Schüler/innen so in die didaktische Strukturierung des Unterrichts zu integrieren, dass sie konstruktiv genutzt werden können und Lernwege zu wissenschaftlichen Sichtweisen eröffnen. Didaktische Rekonstruktion ist daher nicht gleichzusetzen mit didaktischer Reduktion, Elementarisierung und didaktischer Transformation, die eine Reduzierung des Stoffumfangs sowie eine Vereinfachung und Anpassung der wissenschaftlichen Aussagen an das Verständnisniveau der Schüler/innen zum Ziel haben.
Gegenstände der Fachwissenschaften können niemals so in den Unterricht übernommen werden, wie sie von den Fachwissenschaften vorgegeben werden. Sie müssen vielmehr in *pädagogischer Zielsetzung* für den Unterricht erst neu auf-

bereitet, d.h. *rekonstruiert* und zur Lebenswirklichkeit der Schüler/innen in Beziehung gebracht werden. Die zitierten Autoren stellen das Beziehungsgefüge von fachlicher Klärung, Erfassen der Schülervorstellungen und didaktischer Strukturierung modellhaft in einem *fachdidaktischen Triplett* dar (Abb. 19).
Das Modell der didaktischen Rekonstruktion sieht seine theoriebezogene Legitimation u.a. in Überlegungen von WOLFGANG KLAFKI (1969) zur didaktischen Analyse, die das Ziel hat, den Bildungsgehalt der Lehrgegenstände zu klären. Was die methodische Vorgehensweise betrifft, so handelt es sich nach Aussage der Autoren bei der fachlichen Klärung um eine *hermeneutisch-analytische*, bei der Erfassung der Schülervorstellungen um eine empirische und bei der didaktischen Strukturierung um eine *konstruktive* Untersuchungsaufgabe.
Da die didaktische Strukturierung der fachlichen Inhalte auf der Grundlage dieses Modells mit einigem Aufwand verbunden ist (gründliche fachliche Klärung mit der Methode der qualitativen Inhaltsanalyse, Erhebung von Schülervorstellungen mittels Fragebögen und Interviews), spielt das Modell vorerst nur für fachdidaktische Forschungs- und Entwicklungsarbeiten eine Rolle und weniger für die Planung einzelner Unterrichtsstunden.

Inzwischen liegen mehrere Forschungsarbeiten für die Gebiete Evolution, Genetik, Mikrobiologie, Zellbiologie vor sowie eine Arbeit von GROPENGIESSER (1997) über die Einbeziehung von Schülervorstellungen zur Strukturierung des Themas „Sehen".

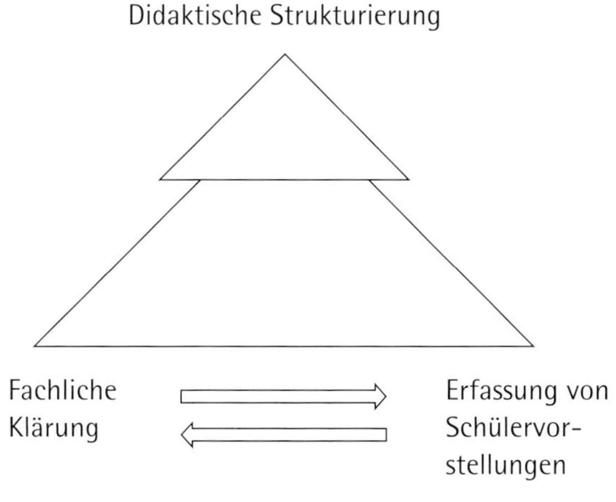

Abb. 19: Fachdidaktisches Triplett im Modell der didaktischen Rekonstruktion aus KATTMANN, DUIT, GROPENGIESSER & KOMOREK (1997)

4.7 Basiswissen und Begriffe – eine Voraussetzung für kumulatives Lernen

Gemäß der Expertise, ausgefertigt für die BLK-Projektgruppe „Innovationen im Bildungswesen" (1997), ist der „unmittelbare Kontext schulischen Lernens zunächst die Schule selbst mit ihren Erwartungen und Regeln. Schüler/innen lernen

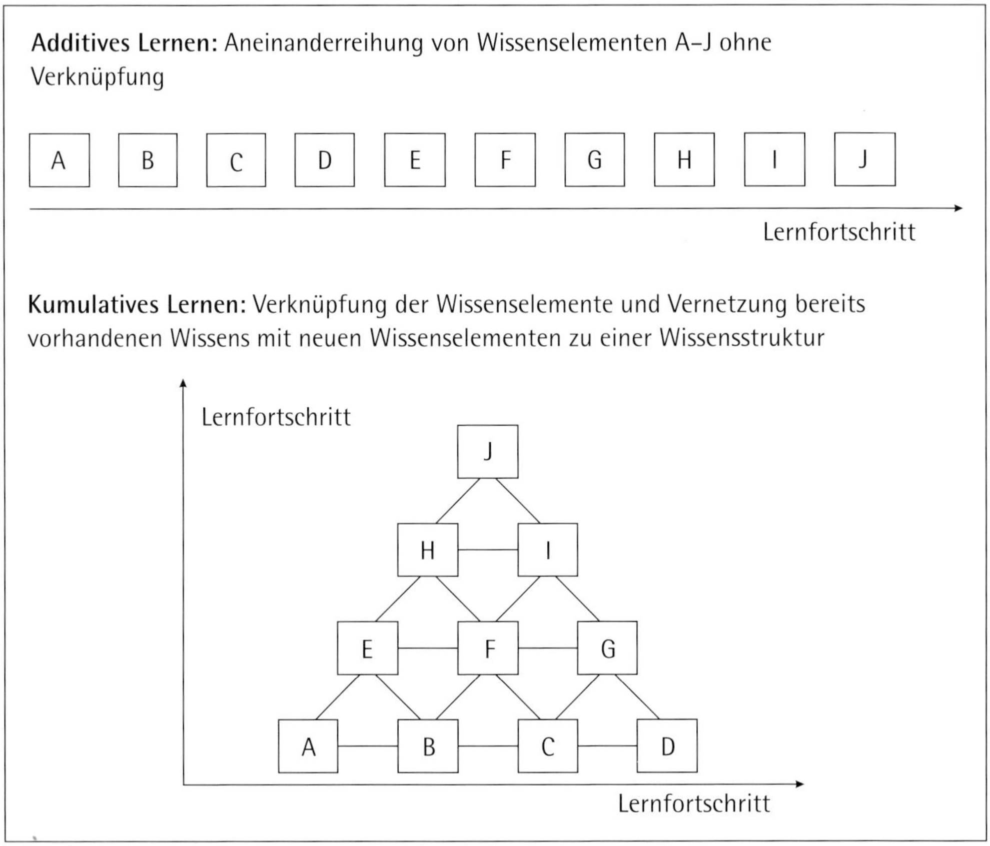

Abb. 20: Modellhafter Vergleich additiven und kumulativen Lernens

in der Schule und für die Schule." Da der Bildungsauftrag der Schule selbstverständlich über diesen Kontext hinausgeht und das Ziel hat, Schülerinnen und Schülern zu jenen Kulturtechniken zu verhelfen, welche sie zur Orientierung in einer von der Wissenschaft geprägten Lebenswelt benötigen, ist schulisches Lernen daher primär nicht auf direkte Anwendung, sondern auf *Anschlussfähigkeit* für nachfolgendes Lernen angelegt. Die dafür geeignete Lernform ist das *kumulative Lernen*. Darunter versteht man einen Lernprozess, bei dem neu erworbenes Wissen mit bereits vorhandenen Wissenselementen verknüpft und vernetzt wird, was den Aufbau einer umfassenderen, über das Dazugelernte hinausreichenden („intelligenten") *Wissensstruktur* (Wissensgebäude, bestehend aus einzelnen Wissensbausteinen) begünstigt.

Langfristig entwickelt sich dadurch ein verbessertes Verständnis von Sachverhalten, die bereits in der Vorstellungswelt der Lernenden existieren. Durch diese Art des Lernens werden die Schüler/innen eher in die Lage versetzt, anspruchsvolle Aufgaben und Probleme zu lösen, was ihnen zu Erfolgserlebnissen verhilft und ihre Motivation steigert, weil der Wert und die Anwendbarkeit des vorher Gelernten für sie sichtbar wird.

Da kumulatives Lernen den Aufbau und die Differenzierung (Ausschärfung bislang unklarer Begriffe) von Wissensstrukturen zum Ziel hat, sei es daher nach Harms & Bünder (1999) für die Unterrichtspraxis von besonderer Bedeutung, „Unterrichtsabläufe und Lernumgebungen zu gestalten, die Aufbau- und Differenzierungsprozesse auslösen." Dies erfordere allerdings „eine inhaltliche Strukturierung des Unterrichts, d.h. ein Stiften von Ordnung zwischen den Lerninhalten." Bleiben im Gegensatz zum kumulativen Lernen die Wissenselemente unverbunden, so kommt es lediglich zu einer unstrukturierten, zusammenhanglosen Wissensanhäufung; der Lernvorgang verläuft *additiv*. Ein solches Wissen ist inselartig, mehr oder weniger zufällig und in keinen größeren Zusammenhang eingebettet. Es bleibt inkohärent und träge und in der Regel auch nicht anschlussfähig. Abb. 20 soll in modellhaft vereinfachter Form den Unterschied zwischen additivem und kumulativem Lernen veranschaulichen.

Vernetzung der Lerninhalte

Eine bislang noch nicht zufriedenstellend erfüllte Voraussetzung für kumulatives Lernen im Biologieunterricht ist die sinnstiftende Vernetzung der Lerninhalte untereinander (vgl. Wadouh, Sandmann & Neuhaus 2009). Damit für Schüler/innen der „rote Faden" biologischer Einsichten und Zusammenhänge sichtbar wird, sind *vertikale Verknüpfungen* (Verknüpfungen biologischer Lerninhalte untereinander) zwischen früheren, aktuellen und zukünftigen Inhalten erforderlich. Dies würde jedoch eine entsprechende Sequenzierung der Inhalte in den Lehrplänen voraussetzen, die sich an basalen Konzepten der systematischen und allgemeinen Biologie zu orientieren hätte – eine Forderung, die bei der Erstellung von Lehrplänen bislang noch wenig berücksichtigt wurde. „Die einzelnen Sachgebiete werden häufig als relativ in sich geschlossene Einheiten unterrichtet, die kaum aufeinander aufbauen und deshalb ein systematisches Wiederholen und Vernetzen der Inhalte auch nicht erfordern. Aus Schülersicht fehlt die rationale Klammer, die das Fach zusammenhält" (BLK-Expertise 1997). So überprüfen z.B. Leistungstests in der Regel den neu erarbeiteten Stoff und nicht dessen Verknüpfung mit dem früher durchgenommenen.

Ungelöst ist aber auch die *horizontale Vernetzung* der Lerninhalte (Vernetzung zwischen den Fächern). So hat die Biologielehrkraft kaum die Möglichkeit, auf chemisches oder physikalisches Vorwissen der Schüler/innen im Unterricht zurückzugreifen, sondern ist gezwungen, selbst entsprechende Inhalte einzuführen. Eine Überarbeitung der Lehrpläne im Hinblick auf einen fächerübergreifen Unterricht ist daher dringend angezeigt. Ansatzweise wurde diese Forderung nach horizontaler Vernetzung geeigneter Lerninhalte des naturwissenschaftlichen Unterrichts in Lehrplänen mehrerer Bundesländer bereits berücksichtigt (s. Kap. 3.5).

Grund- oder Basiswissen

Für kumulatives Lernen ist die Qualität des Vorwissens sehr entscheidend, das sich in der Regel aus einigen Sachkenntnissen, Präkonzepten und Alltagsvorstellungen zusammensetzt. Dieses Wissen ist jedoch nur dann von Nutzen, wenn es sich für aufbauende und differenzierende Verknüpfungen mit neuen Wissenselementen als geeignet, d.h. als anschlussfähig erweist. Man könnte diese Art von Wissen auch als *Grund- oder Basiswissen* bezeichnen.

Die Expertise für die BLK-Projektgruppe (1997) vermerkt, dass „tendenziell von den Lehrkräften in der Schule die Bedeutung des Vorwissens unterschätzt und Umfang und Qualität des verfügbaren Wissens von Schülerinnen und Schülern überschätzt werden. Die in unseren Schulen vorherrschende Praxis der Leistungsüberprüfung durch Klassenarbeiten, die überwiegend kürzlich behandelte Stoffe berücksichtigen, ist wahrscheinlich für diese Fehleinschätzung mitverantwortlich."

Grund- oder Basiswissen muss, neben seiner Eignung für kumulatives Lernen, insbesondere dasjenige Wissen umfassen, das für das *Verstehen anderer Sachverhalte* unentbehrlich ist und über das Schüler/innen während ihrer ganzen Schulzeit verfügen müssten. Um dieses Ziel zu erreichen, muss daher den Schülerinnen und Schülern die besondere Bedeutung dieses Wissens bewusst gemacht werden, indem die Lehrkraft immer wieder auf dieses zurückgreift, es erforderlichenfalls reaktiviert und auch für Prüfungszwecke heranzieht. Basiswissen hat somit, neben seiner Bedeutung für kumulatives Lernen, eine wichtige didaktische Funktion. So dürfte es unstrittig sein, dass z.B. grundlegende Kenntnisse von der Biologie der Zelle eine unverzichtbare Voraussetzung für das Verstehen anderer biologischer Erscheinungen und Vorgänge sind, wie z.B. Wachstum, Entwicklung, geschlechtliche Fortpflanzung, Befruchtung, Mutation, Umsetzung von Merkmalsanlagen in Merkmale (vgl. Kap. 10.1).

Was als Basiswissen zu gelten hat, hängt von den jeweiligen Lehrplänen der einzelnen Schularten ab. Bislang gibt es nur ansatzweise Vorschläge für sogenannte *Grundwissenskataloge*. Diese sind jedoch häufig viel zu umfangreich und nicht kritisch genug auf unverzichtbares, anschlussfähiges Wissen beschränkt, was unbedingt erforderlich wäre, soll es die genannten Bedingungen erfüllen und keine unrealistischen Erwartungen an die Schüler/innen stellen. Letztlich muss jede Lehrkraft aufgrund ihrer Sachkompetenz selbst entscheiden, was sie für Grundwissen im vorhin genannten Sinne hält. Dabei gilt es, kritisch zu prüfen, ob die im Lehrplan ausgewiesenen „Grundbegriffe" tatsächlich das Kriterium von Basiswissen erfüllen.

Lernen von Begriffen

Wichtiger Bestandteil von Basiswissen ist die Kenntnis und Beherrschung von Begriffen, die für biologisches Basiswissen von grundlegender Bedeutung sind. Wissenschaftliche Aussagen werden häufig in Begriffen zum Ausdruck gebracht. Begriffe werden als „Abstraktionen von Ereignissen" verstanden. Huber (1970, zit. in Berck & Graf 2010) definieren Begriffe als „unanschauliche kognitive Strukturen, in denen die für einen Gegenstand oder mehrere Gegenstände wesentlichen Merkmale zusammengefasst werden." Ein Begriff ist somit ein kognitives Konstrukt, über das ein Begriffsbenutzer verfügen muss, um eine genaue Vorstellung von seinem ereignis- bzw. gegenstandsbezogenen Inhalt zu haben. Begriffe setzen

daher klare und eindeutige Definitionen voraus. Geschieht dies nicht, so werden Begriffe entweder nicht richtig verstanden oder missverständlich interpretiert. So versteht man z.B. unter dem nicht ganz einfachen Begriff „ökologische Nische" nicht etwa ein noch nicht besetztes Habitat als vielmehr ein „Beziehungsgefüge" zwischen einer Art und den für diese relevanten abiotischen und biotischen Umweltfaktoren, das sich im Verlauf der Evolution herausgebildet hat (vgl. Kap. 10.4). Die durch einen Begriff zum Ausdruck gebrachten Merkmale oder Eigenschaften eines Gegenstands, die sog. Attribute, bilden zusammen dessen *Denotation* (Berck & Graf 2010): So umfasst z.B. die Denotation des Begriffs „Keimung" die Attribute Keimungsbedingungen (Wasser, Wärme, Sauerstoff, evtl. Licht oder Dunkelheit), Quellung, Mobilisierung der Reservestoffe, Keimungsverlauf (Streckung der Keimwurzel, des Sprosses). Der einem Begriff zugeordnete Namen hat die wissenschaftliche Bezeichnung *„Terminus"*.
In der Biologie und auch im Biologieunterricht werden einem bestimmten Terminus bisweilen unterschiedliche Denotationen zugeordnet, was bei Schülerinnen und Schülern Verwirrung stiftet. Dies gilt z.B. für die Begriffe Atmung und Samen. Da unter dem Terminus „Atmung" alle Prozesse zusammengefasst sind, die mit der Aufnahme, dem Transport und der Einbeziehung von Sauerstoff zusammenhängen, sollte man zur Bezeichnung der Einzelprozesse eine differenziertere Begriffsnamengebung verwenden, z.B. für die Aufnahme von Sauerstoff respiratorische oder äußere Atmung und für die oxidativen Stoffwechselprozesse in der Zelle Zellatmung oder innere Atmung. Ebenso sollte man den Begriff „Samen" ausschließlich für denjenigen Teil einer pflanzlichen Frucht verwenden, welcher der Fortpflanzung dient und der sich aus Keimling (Embryo), Nährgewebe und Samenschale zusammensetzt. Männliche Geschlechtszellen bezeichnet man eindeutiger mit dem Terminus Spermien (Einzahl: Spermium), der zwar auf griechisch auch Samen bedeutet, sich aber zumindest im Wortbild deutlich von der Bezeichnung Samen unterscheidet und somit kaum zu einer Verwechslung mit pflanzlichem Samen führen dürfte. Berck & Graf (2010) empfehlen, deutsche Begriffsnamen in solchen Fällen zu vermeiden, wo es leicht zu Verwechslungen und Fehldeutungen kommen kann. Generell ist dem Fachterminus der Vorzug zu geben, wenn es für diesen entweder keine befriedigende deutsche Bezeichnung gibt, wie z.B. für die Begriffe Fotosynthese und Enzym, oder wenn dieser bereits umgangssprachlich und in den öffentlichen Medien benutzt wird.
Um Schülerinnen und Schülern die zumeist aus griechischen, lateinischen oder englischen Wortelementen gebildeten Fachtermini erklärbarer und damit leichter erlernbar zu machen, empfiehlt es sich, im Schulheft einen Katalog biologischer Begriffe anzulegen und ihre fremdsprachlichen Bezeichnungen mittels eines Lexikons für biologische Begriffe ins Deutsche zu übersetzen, z.B. Chlorophyll = Blattgrün; griech. chloros – grüngelb; griech. phyllon – Blatt. Assimilation = Überführung körperfremder in körpereigene Stoffe; latein. assimilatio – Angleichung.

Begriffsforschung und empirische Befunde zum Begriffslernen

Theoriebezogene Überlegungen grundsätzlicher Art zur Bedeutung und Verwendung von Begriffen sowie zur Begriffsforschung und Methodik des Begriffslernens finden sich in einschlägigen Abhandlungen von Schaefer (1992), Schmidt (1992), Kattmann (1992c), Berck & Graf (1992) und Berck & Graf (2010). Graf & Berck (1990) untersuchten das Schülerverständnis biologischer Begriffe sowie den Umfang der von Schülerinnen und Schülern in einer Unterrichtsstunde erlernbaren Begriffe. Am Beispiel der Unterrichtseinheiten Ernährung/Verdauung und Fotosynthese fanden sie heraus, dass Schüler/innen einer 5. und 6. Jahrgangsstufe zum Thema Ernährung/Verdauung im Durchschnitt 1.0 und zum Thema Fotosynthese 2,5 Begriffe lernen, wobei die Streuung allerdings sehr groß ist.

UIHLEIN (1998) führte mit gleicher Zielsetzung eine Studie an einer integrierten Gesamtschule (7. und 10. Jgst.), einem Gymnasium (10. Jgst.), im Vorkurs eines Abendgymnasiums und am Hessenkolleg durch. Die Schüler/innen der genannten Schularten hatten am Beispiel der Unterrichtseinheiten Auge, Ohr und Infektionskrankheiten im Schnitt etwa einen Begriff pro Unterrichtsstunde gelernt, und zwar unabhängig von Alter und Schulart.

Entsprechende Untersuchungen in München ergaben allerdings, dass in einer Unterrichtsstunde durchaus auch mehrere Begriffe gelernt, verstanden und behalten werden können (Brennich 1993). Wie viele Begriffe letztlich in einer Unterrichtsstunde gelernt werden, dürfte maßgeblich von der Komplexität und dem Abstraktionsgrad eines Begriffes abhängen.

4.8 Verfahren zur Konsolidierung von Basiswissen

Biologisches Basiswissen findet seinen Niederschlag in Begriffen, wie z. B. Osmose, Hormon, Energieumsatz, Immunreaktion usw., und in Grundaussagen über Erscheinungen, Vorgänge und Eigenschaften, wie z. B. Verlauf der Keimung, biologische Regelung, vegetative Vermehrung, Ursache der herbstlichen Laubfärbung, Mechanismus der Verbreitung von Samen und Früchten usw. Zur Sicherung von Basiswissen bieten sich im Unterricht verschiedene Verfahren an.

Anlage eines Grundwissenskatalogs

Sofern Basiswissen nicht schon in den Lehrplänen als solches explizit ausgewiesen wird, sollten sich die Lehrkräfte jeder Schule in Fachschaftssitzungen auf entsprechendes Wissen einigen. In gemeinsamer Absprache wären so für alle Lerninhalte die für Basiswissen relevanten Begriffe und Grundaussagen zu erfassen und mit einer möglichst knappen, für den Schüler/die Schülerin verständlichen Definition bzw. Erläuterung zu versehen. Dies dürfte allerdings für bestimmte Begriffe, die für komplexe Sachverhalte stehen, wie z. B. Fotosynthese oder Zellatmung, nicht immer ganz einfach sein.

Bei der Behandlung der Lerninhalte im Unterricht müssen die nun anfallenden Begriffe und Grundaussagen den Schülerinnen und Schülern als wichtiges, unverzichtbares Grundwissen deutlich gemacht werden. Zu Sicherungs-, Übungs- und Wiederholungszwecken empfiehlt es sich, diese in Form eines separaten Katalogs entweder im Schulheft oder besser in einem speziellen, nach Jahrgangsstufen gegliederten *Grundwissensordner* anzulegen. Den Schülerinnen und Schülern muss bewusst sein, dass die im Grundwissensordner aufgeführten Begriffe und

Erläuterungen jederzeit auch für Prüfungszwecke herangezogen werden können. Die Festlegung des Basiswissens innerhalb der Fachschaft hätte nebenbei den positiven Effekt, dass sich alle Kollegen/innen zur gewissenhaften Behandlung der Inhalte verpflichtet fühlen müssten.

In welcher Form Eintragungen in den Grundwissenskatalog abgefasst sein könnten, sei – differenziert nach Schularten und Jahrgangsstufen – an einigen Beispielen dargestellt.

Grundschule

2. Jahrgangsstufe. – Begriff *Gesunde Ernährung*: ballaststoff- und vitaminreiche Nahrung mit einem hohen Anteil an Vollkornprodukten, Gemüse, Obst und wenig Fett, verteilt auf fünf Mahlzeiten pro Tag.
3. Jahrgangsstufe. – Begriff *Atmung*: Aufnahme frischer Luft in die Lunge und Abgabe verbrauchter Luft durch Hebung und Senkung des Zwerchfells (Bauchatmung) oder des Brustkorbs (Brustatmung).

Mittelschule, Realschule

5. Jahrgangsstufe. – Begriff *Blüte*: Fortpflanzungsorgan einer Blütenpflanze, bestehend aus Blütenboden, Kelch-, Kron-, Staubblättern und Stempel; Begriff *Fruchtknoten*: Teil des Stempels, der in seinem Inneren die Samenanlagen enthält.
7. Jahrgangsstufe. – Begriff *Fotosynthese*: Bildung von Traubenzucker (Glukose) aus Wasser und Kohlenstoffdioxid der Luft mithilfe des Sonnenlichts in allen grünen Teilen einer Pflanze und Abgabe von Sauerstoff.
8. Jahrgangsstufe. – Begriff *Verdauung*: Spaltung der Nährstoffe (Kohlenhydrate, Proteine, Fette) durch Enzyme; Überführung der Spaltprodukte in eine Form, die von der Darmwand aufgenommen und ins Blut überführt werden kann.

Gymnasium

9. Jahrgangsstufe. – Grundaussage: *Osmose in biologischen Systemen:* Diffusion von Wassermolekülen (Lösungsmittelmolekülen) durch selektiv durchlässige Membranen zum Zwecke des Konzentrationsausgleichs
12. Jahrgangsstufe. – Begriff *Genetischer Code:* Zuordnung der 64 möglichen Nukleotidtripletts in der m-RNA zu den 20 in Proteinen vorkommenden Aminosäuren.

Anwendung von Mapping-Verfahren

Zur Gewinnung eines schnellen, umfassenden Überblicks über Aspekte, die mit einer zentralen Thematik oder einem zentralen Begriff (Konzept) in einem Zusammenhang stehen, gewinnen die sog. *Mapping-Verfahren* sowohl bei Schulungen in der freien Wirtschaft als auch im Unterricht allgemeinbildender Schulen immer mehr an Bedeutung. Diese Verfahren kommen dem konstruktivistischen Ansatz vom Lernen insofern entgegen, als die Lernenden die Möglichkeit haben, ihr eigenes Verständnis von Zusammenhängen zu entwickeln. Darüber hinaus begünstigen sie das kumulative Lernen, indem sie zur Reaktivierung bereits vorhandenen Wissens anregen und zur sinnstiftenden Vernetzung mit neu hinzukommendem Wissen auffordern. Damit tragen sie zum Aufbau einer komplexeren Wissensstruktur bei und beugen so trägem Wissen vor. Überdies bieten sie den Lernenden eine Möglichkeit zur Selbstkontrolle und unterstützen das soziale Lernen. So können z. B. die Schüler/innen in Gruppenarbeit Begriffsnetze erstellen und sich diese wechselseitig präsentieren und zur Diskussion stellen. Mapping-Verfahren erweisen sich auch als hilfreich zur Ermittlung von Vorwissen, zur Hypothesenbildung oder einfach auch nur zur Stoffsammlung.

Entwickeln von Erschließungsfeldern

Ein einfaches Verfahren, um Beziehungen zwischen einem zentralen Begriff (Konzept) und Einzelphänomenen visuell darzustellen, besteht im Entwickeln von sog. *Erschließungsfeldern* (Freiman 2001). Bei diesem Verfahren werden alle Begriffe und Aussagen, die mit dem zentralen Begriff etwas zu tun haben, ohne Einhaltung eines bestimmten Ordnungsprinzips fächerartig mit diesem verbunden. Das Entwickeln von Erschließungsfeldern ist daher in besonderer Weise geeignet, das isolierte Betrachten der Einzelphänomene zu überwinden und den Blick für ein einheitliches Ganzes zu weiten. Es beugt damit der im Biologieunterricht vorherrschenden Wissenskompartmentalisierung vor und leistet einen Beitrag zum mehrperspektivischen Lernen.
Das Erstellen von Erschließungsfeldern bietet sich insbesondere für den Einstieg in ein neues Unterrichtsthema an, da so schnell sichtbar wird, welche Vorstellungen Schüler/innen mit einem fachlichen Konzept verbinden. Wie so ein Erschließungsfeld für das Konzept „Blüte" aussehen könnte, zeigt Abb. 21.

Mind-Mapping

Sehr nahe verwandt mit Erschließungsfeldern ist das sog. Mind-Mapping, ein Verfahren, das die Charakterisierung bzw. differenzierte Aufgliederung einer zentralen Thematik bzw. eines fachlichen Konzepts zum Ziel hat. *Mind-Maps,* die man auch als „Gedankenlandkarten" bezeichnen könnte, basieren auf sog.

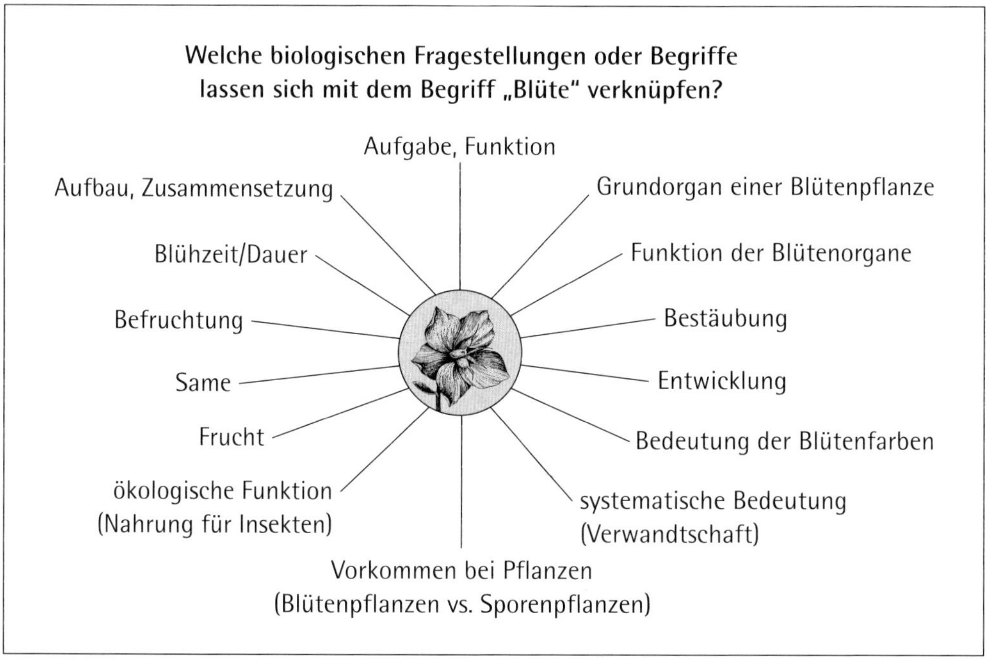

Abb. 21: Erschließungsfeld für das Konzept „Blüte"

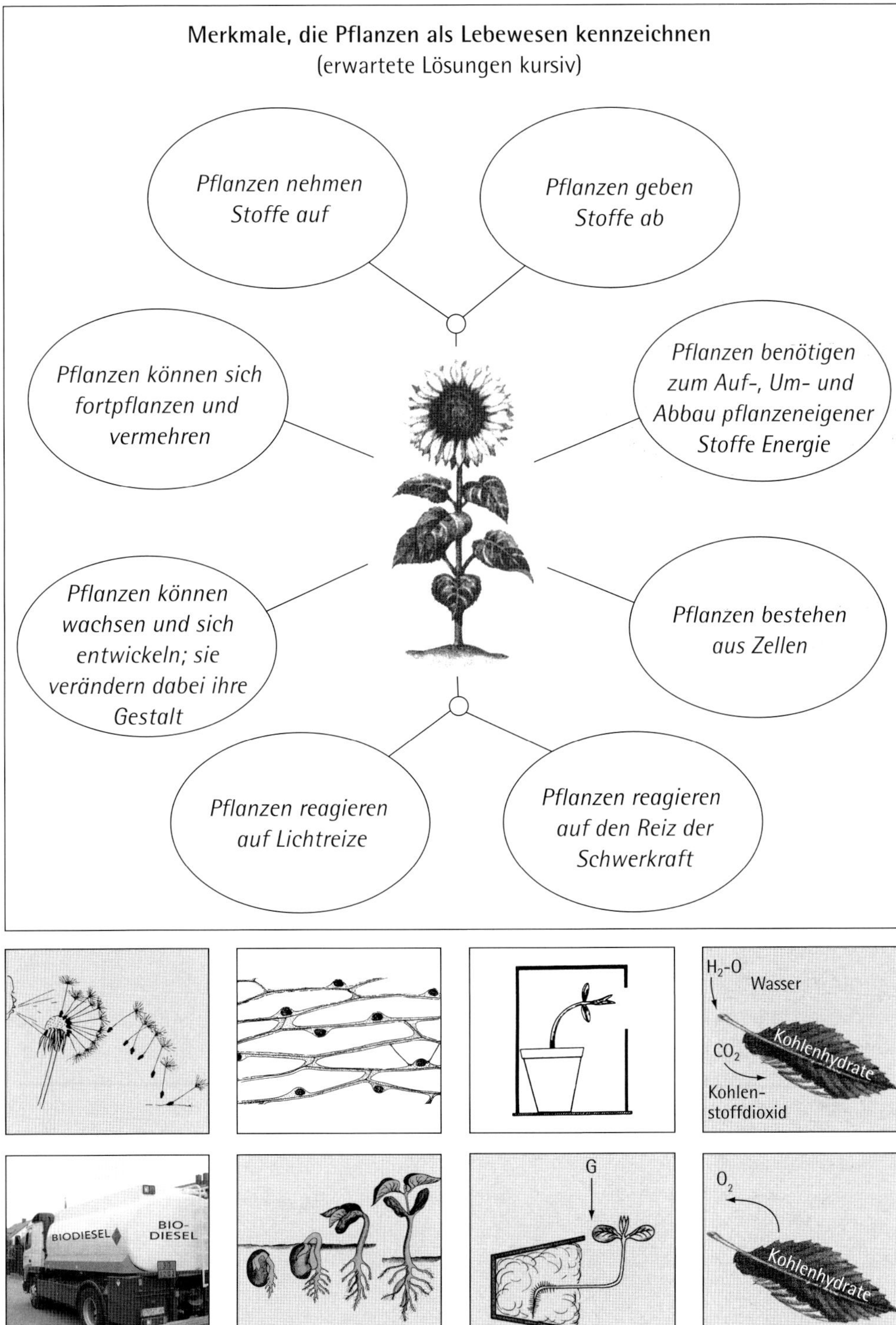

Abb. 22: Beispiel für die Erstellung einer Mind-Map

Schlüsselworten. Diese sind mit dem zentralen Thema assoziiert und sollen dazu anregen, nach weiteren Assoziationen zu suchen.

Im Mittelpunkt einer Mind-Map steht ein einprägsames Bild oder Symbol, das ein zentrales Thema bzw. Konzept repräsentiert, z. B. eine Sonnenblume, stellvertretend für das Konzept „Pflanzliches Lebewesen". Diesem Konzept sind nun mittels Linien Begriffe bzw. Aussagen zuzuordnen, sog. Schlüsselworte, die das Konzept „Pflanzliches Leben" näher charakterisieren. Diese Schlüsselworte können nun ihrerseits durch untergeordnete Begriffe näher beschrieben werden, sodass als Ergebnis eine hierarchisch geordnete, verästelte „Gedankenlandkarte", ähnlich einem verzweigten Baum oder Wurzelwerk, entsteht.

Abb. 22 zeigt ein Beispiel für eine verzweigte Mind-Map, die mit einer Aufforderung an die Schüler/innen zu verbinden wäre, diese Map vergrößert in ihr Heft zu übertragen und in die leeren Schlüsselwortfelder (im oberen Teil der Abb.) diejenigen Merkmale einzutragen, welche die Sonnenblume als ein Lebewesen kennzeichnen. Die angefügten Abbildungen (in den Kästchen unten) sollen dabei den Schülerinnen und Schülern lediglich helfen, die gesuchten Merkmale leichter zu finden.

Concept-Mapping

Haben Erschließungsfelder und Mind-Mapping das Ziel, einen Begriff oder eine Thematik in relativ übersichtlicher Weise aufzudifferenzieren, so verfolgen *Concept-Maps* den Anspruch, auch *Beziehungen zwischen den Begriffen* visuell darzustellen, wobei als Ergebnis ein komplexes Gefüge oder *Begriffsnetz* entsteht. In diesem Netz bilden die Begriffe die Knoten, die Knotenverbindungen (Netzmaschen) die Beziehungen oder *Relationen* zwischen den Knoten. Sie repräsentieren eine Aussage zwischen den Begriffen.

Im deutschsprachigen Raum beschäftigt sich vor allem Graf (1989) mit der Anwendung von Mapping- Verfahren im Biologieunterricht. Lumer, Picard & Hesse (1998) haben die Erarbeitung eines Begriffsnetzes mit Kollegstufenschülern zum Thema „Proteinbiosynthese" erprobt und dabei entdeckt, dass die Kollegiaten mit der Zuordnung von Begriffen und der Verbalisierung von Relationen Schwierigkeiten haben.

Das Erstellen von Begriffsnetzen unterstützt in besonderer Weise das kumulative Lernen, da hierbei Begriffe auch miteinander in Beziehung gebracht werden können und die Schüler/innen gehalten sind, gleichsam eine „kognitive Landkarte" ihres Begriffsverständnisses zu entwickeln (Mössel 2001).

Concept-Mapping kann in jeder Artikulationsphase des Unterrichts eingesetzt werden. Berck & Graf (2010) zitieren in diesem Zusammenhang eine empirische Studie von Novak (1990a, b), wonach dieser den Nachweis erbringen konnte, dass Lehrkräfte, die „vor dem Unterricht zu einem Thema ein Begriffsnetz entwerfen, mit größerem Lernerfolg unterrichten. Überdies erkennt man mit dieser Methode, über welche Wissensstruktur die Schüler/innen verfügen und mit welchen Begriffen die Schüler/innen besondere Schwierigkeiten haben."

Abb. 23 zeigt ein Beispiel einer Concept-Map für einige Aspekte des Begriffs „Blutzellen". Die zur Erstellung des Begriffsnetzes vorgesehenen Begriffe werden den Schülerinnen und Schülern in willkürlicher Reihenfolge vorgegeben mit der Aufforderung, diese sinnvoll miteinander in Beziehung zu bringen und durch Pfeile zu verbinden. Im angeführten Beispiel sind das die Begriffe:

Lymphozyten	Hämoglobin	Bakterien	Antigene	Blutzellen	Sauerstoff
Blut-gerinnung	Granulozyten	rote Blut-körperchen	Antikörper	Blut-plättchen	weiße Blut-körperchen

Die Pfeile symbolisieren dabei eine ganz bestimmte Beziehung, welche die Schüler/innen entweder auf oder neben die Pfeile schreiben sollen, wie *dazu gehören, enthalten, bewirken, bilden, bindet, vernichten, verkettet, regen an.*

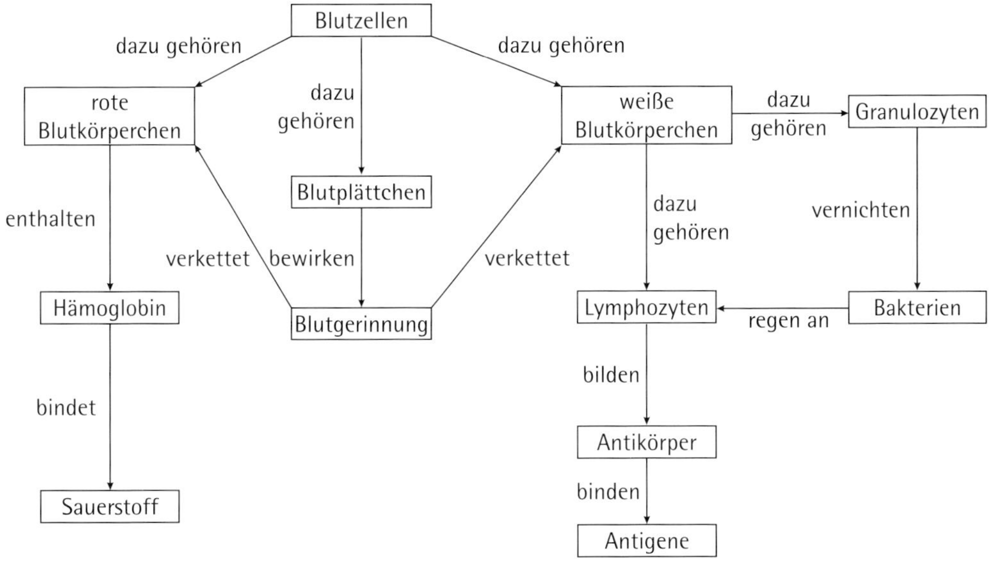

Abb. 23 Beispiel für eine Concept-Map

Stellung von Aufgaben zur Überprüfung des Grundwissens

Grundwissen kann in vielen Varianten in Form von Aufgaben eingeübt oder überprüft werden. Grundsätzlich sollten Fragen zum Grundwissen immer auch Bestandteil von Stegreifaufgaben und Klassenarbeiten (Schulaufgaben) sein. Zur Konsolidierung von Grundwissen werden u. a. auch noch Abfragekärtchen, Richtig-oder-falsch-Aufgaben, Lernplakate und ein Klassenquiz über Grundwissen am Ende des Schuljahres vorgeschlagen (vgl. Behm 001). Abfragekärtchen präsentieren auf der Vorderseite einen Begriff, z. B.

Befruchtung

und auf der Rückseite die Definition bzw. Erläuterung des Begriffs:

Verschmelzung von männlicher und weiblicher Keimzelle

Abfragekärtchen können auch spielerisch eingesetzt werden (z.B. in einer Vertretungsstunde), indem sich jeweils zwei Schüler/innen gegenseitig abfragen.
Von besonderem Reiz sind *Richtig-oder-falsch-Aufgaben*, da sie bei Schülerinnen und Schülern kognitive Konflikte auslösen können und eine Begründung der Antwort erfordern. Beispiele für diesen Aufgabentyp sind die in den Kästen aufgeführten Behauptungen.

Sind nachstehende Behauptungen richtig oder falsch? – Begründe deine Antwort!

1. Der Mensch atmet Sauerstoff ein und Kohlenstoffdioxid aus.
2. Bakterien haben keine Zellkerne.
3. Ein austreibender Keimling ernährt sich autotroph.
4. Samen sind zur Befruchtung da.
5. Keimende Samen brauchen Luft zum Atmen.
6. Bienen befruchten Blüten.
7. Die Zellwände der Pilze bestehen aus dem gleichen Stoff wie die Panzer der Insekten.
8. Pflanzen leben von Stoffen, die sie aus dem Boden aufnehmen.
9. Pflanzliche Embryonen können für lange Zeit ihr Wachstum einstellen.
10. Grüne Pflanzen benötigen keinen Sauerstoff.

Stelle falsche Aussagen zum Thema „Blut" richtig!

1. Rote Blutkörperchen haben wie alle Zellen einen Zellkern. Sie transportieren Sauerstoff, aber kein Kohlenstoffdioxid.
2. Bei einem längeren Aufenthalt im Hochgebirge nimmt die Zahl der roten Blutkörperchen wegen des geringeren Sauerstoffgehalts der Luft ab.
3. Für den Wärmetransport im Körper sind die Blutzellen zuständig.
4. Kohlenmonoxid ist deshalb so giftig, weil es die roten Blutkörperchen zerstört.
5. Bei einer Blinddarmentzündung steigt die Zahl der roten und weißen Blutkörperchen sprunghaft an.
6. Über das Blut werden, wie im Nervensystem, Signale übertragen. Die Überträgerstoffe heißen Enzyme.
7. Bei einer Passivimpfung werden weiße Blutkörperchen übertragen, um den Körper vor bereits eingedrungenen Krankheitserregern zu schützen.

4.9 Förderung des Lernens durch Öffnung des Unterrichts

Etwa seit Beginn der 70er-Jahre gibt es erste Ansätze, den Forderungen der pädagogischen Psychologie nach Kompetenzerleben, Selbstbestimmung und sozialer Eingebundenheit durch „Öffnung des Unterrichts" versuchsweise entgegenzukommen. Der Begriff „offener Unterricht" geht auf den aus den USA stammenden Terminus „open education" zurück, der sich konzeptionell an die englische Primarstufenreform anlehnt. Für diese Form des Unterrichts ist eine „Lern- und Leistungskultur kennzeichnend, welche die individuellen Lern- und Entwicklungsprozesse der Schüler/innen in den Mittelpunkt stellt" (HANKE 2005). Die Realisierung dieses Ansatzes im Unterricht erfordert seitens der Lehrperson eine hohe Professionalität, nämlich offen zu sein für die Konzepte und Lernwege der Lernenden, um diese verstehen und konstruktiv fördern zu können.
Was versteht man unter „offenem Unterricht"? WALLRABENSTEIN (2001) definiert offenen Unterricht als einen „Sammelbegriff für unterschiedliche Reformansätze in vielfältigen Formen inhaltlicher, methodischer und organisatorischer Öffnung mit dem Ziel eines veränderten Umgangs mit dem Kind auf der Grundlage eines veränderten Lernbegriffs."

Der Aspekt *inhaltliche Öffnung* berücksichtigt aktuelle Themen der Gegenwart im Unterricht, die aus dem unmittelbaren Lebensumfeld der Schüler/innen stammen und für welche die Schüler/innen ein besonderes Interesse zeigen. Dazu gehören auch Angebote von Lerninhalten, aus denen die Schüler/innen frei wählen können. Für den Biologieunterricht könnten das z.B. Themen aus den Gebieten Ökologie/Umwelt, Humanbiologie/Gesundheit, Biotechnologie/Gentechnik sein.

Der Aspekt *methodisch-organisatorische Öffnung* stellt das selbstbestimmte Lernen in den Mittelpunkt des Unterrichts, wobei die Schüler/innen auch an der Unterrichtsplanung beteiligt sein sollten. Das ist die bislang am häufigsten praktizierte Form von Unterrichtsöffnung und betrifft vornehmlich folgende Elemente des Unterrichtsgeschehens:

- *Lernorganisation und Methoden*: Kennzeichnend sind Unterrichtsformen wie Freiarbeit, Wochenplanunterricht, Stationenlernen (Lernzirkel), Projektarbeit. Bei der *Freiarbeit* können sich Schüler/innen aus einem begrenzten Angebot einem Thema zuwenden, das sie interessiert, und dieses eigenverantwortlich bearbeiten. Im *Wochenplanunterricht* erhalten die Schüler/innen einen schriftlichen Aufgabenplan für eine Woche, den sie in dafür eigens ausgewiesenen Unterrichtsstunden allein oder in Gruppen bearbeiten. Beim *Stationenlernen* wird ein Unterrichtsthema in Teilthemen zerlegt und aufgabenbezogen einzelnen Stationen zugeordnet, die von Schülerinnen und Schülern einzeln, mit Partner oder in Gruppen aufzusuchen sind. Die gestellten Aufgaben sind mittels bereitgestellter Materialien und Lernhilfen von den Schülerinnen und Schülern selbstständig zu bearbeiten. Auf offene Unterrichtsformen, auch auf Projektunterricht, wird an anderer Stelle ausführlicher eingegangen (s. Abschnitt 8.2.4).

- *Lerntätigkeiten und Sozialform*: Die Schüler/innen arbeiten eigenaktiv handelnd einzeln, als Partner oder in Kleingruppen an unterschiedlichen Aufgabenstellungen, eignen sich relevantes Wissen an und dokumentieren ihre Lernergebnisse.
- *Lernatmosphäre*: Diese ist geprägt von Offenheit und gegenseitigem Vertrauen in getroffene Vereinbarungen bezüglich wechselseitiger Hilfestellung, Begrenzung der Lautstärke, Bereitschaft zum Aufräumen und dgl.
- *Materielle Lernumwelt*: Individuelle Gestaltung und Aufteilung des Klassenzimmers zum Beispiel in verschiedene Lernbereiche, wie Lese-, Schreib-, Experimentier-, Gesprächsecke. In diesen Arbeitsecken werden alle erforderlichen Materialien bereitgestellt, welche die Schüler/innen für die Bearbeitung ihrer Aufgaben benötigen. Für biologische Aufgaben und Tätigkeiten sind das z.B. Naturobjekte, Lupen, eventuell Binokulare, Pflanzen- und Tierführer, Lexika, weitere Medien und dgl.

Die *institutionelle Öffnung* verfolgt die Absicht, Lehrkräften mehr Eigenständigkeit und Verantwortung für die Erfüllung ihrer Aufgaben zuzubilligen, ihre Kooperation zu verstärken sowie außerschulische Personen und Institutionen in den Unterricht mit einzubeziehen, zum Beispiel Experten für Gesundheitsfragen. Diese Öffnung findet ihre Fortsetzung im Aufsuchen außerschulischer Lernorte, in der Durchführung von Schulveranstaltungen und im Engagement für gesellschaftlich relevante Ziele, z.B. Umweltaktionen, wobei auch hier außerschulische Fachleute oder Organisationen zu Rate gezogen werden. Aufgrund der besonderen Bedeutung der institutionellen Öffnung für die Optimierung von Lernprozessen ist sie Bestandteil der aktuellen Bildungsreformen.

Was die Bewertung offenen Unterrichts betrifft, so liegen im deutschsprachigen Raum außer einzelnen Fallstudien und Erfahrungsberichten bislang nur wenige aussagefähige Untersuchungen vor. Das liegt nicht zuletzt daran, dass die Indikatoren für offenen Unterricht uneinheitlich gewichtet werden, was eine verallgemeinernde Interpretation der Ergebnisse erschwert. Zur Stationenarbeit und zum Projektunterricht wurden zwei umfangreiche wissenschaftliche Arbeiten durchgeführt (vgl. Kap. 8.2.4 sowie Bieberbach 2000, Erhart 2005).

5 Lernorte für Biologie

5.1 Allgemeines

Lernen findet immer an einem Ort statt. Aus der Sicht der Lernortpädagogik sollte Lernen möglichst lebensnah organisiert werden. In einem erfahrungsoffenen Schulleben sollte daher auch die von Schülerinnen und Schülern erlebte Um- und Mitwelt ausreichend Berücksichtigung finden. Im Prinzip sind alle Orte Lernorte, wenn an ihnen Kenntnisse erworben, Fertigkeiten erlernt sowie Fähigkeiten und Einstellungen entwickelt werden.
Die Schule ist lediglich *ein* Lernort – wenngleich auch ein sehr wichtiger – im Netzwerk der vielen anderen möglichen Lernorte außerhalb der Schule. Ihre Aufgabe ist es, auch Beziehungen zu anderen Lernorten anzubahnen, das Aufsuchen außerschulischer Lernorte vorzubereiten und die dort gemachten Lernerfahrungen zu verarbeiten. Die Nutzung vielseitiger Lernorte im Unterrichtsgeschehen hat das Ziel, die Schule gegenüber der realen Welt zu öffnen und so ein lebensweltbezogenes Lernen zu ermöglichen, das Schüler/innen im Kontext der Sache als wichtig und bedeutsam erscheint.

5.2 Lernort Schulhaus

Biologieunterricht findet an Grundschulen überwiegend im Klassenzimmer, an weiterführenden Schulen teils im Klassenzimmer, teils in Fachräumen statt. Die Gestaltung von *Fach- und Übungsräumen* für das Unterrichtsfach Biologie muss vielseitigen Ansprüchen Rechnung tragen. Fachräume müssen insbesondere geeignet sein für

- selbsttätiges Lernen in Kleingruppen,
- die Ausführung fachgemäßer Arbeitsweisen der Biologie: Beobachten, Untersuchen, Mikroskopieren, Experimentieren,
- die Bereitstellung erforderlicher Arbeitsmittel und Lernhilfen, einschließlich eines PCs mit Internetanschluss,
- die Verfügbarkeit von Literatur: Pflanzen- und Tierführer, Lexika, Experimentieranleitungen,
- Demonstrationsversuche und die Präsentation visueller Medien,
- die Durchführung von Langzeitbeobachtungen an Pflanzen und Tieren,
- den Betrieb von Aquarien und Vivarien.

Als ungeeignet für die Erfüllung der genannten Ansprüche erweisen sich die in Realschulen und Gymnasien weitverbreiteten Hörsäle mit ansteigenden Sitzreihen, die dazu verleiten, den Unterrichtsstil der Universität auf die allgemeinbildende Schule zu übertragen. Der darin stattfindende Hörsaalunterricht begünstigt das passive, reproduzierende Lernen und verhindert geradezu das selbsttätige, soziale

Lernen in Kleingruppen und die Ausführung praktischer Tätigkeiten. Erwünscht wären hingegen Fachräume mit teils beweglichen Tischen in der Mitte und teils stationären Arbeitstischen an den Seiten mit Anschlüssen für Strom, Wasser und Gas sowie den erforderlichen Sicherheitseinrichtungen. Außerdem sollten die Fachräume mit einer kleinen Schülerbibliothek und einigen PCs mit Internetanschluss ausgestattet sein.

Die in biologischen Sammlungen vorrätigen Naturobjekte, Präparate, Modelle, Poster etc. können gut zur Gestaltung einer unter einem Leitthema stehenden Ausstellung in Vitrinen des Schulhauses herangezogen werden. Auf diese Weise werden sie Schülerinnen und Schülern auch außerhalb des Unterrichts zugänglich gemacht und können so dazu beitragen, die Aufmerksamkeit der Schüler/innen auf biologische Erscheinungen zu lenken.

Die Allgegenwärtigkeit von Natur wird Schülerinnen und Schülern am deutlichsten durch eine wechselnde Ausstellung von Pflanzen im Klassenzimmer oder an einer ruhigen Stelle im Flur des Schulhauses bewusst gemacht. Den Erfahrungen des Verfassers zufolge ist die Gestaltung eines sog. *Pflanzentisches* durch interessierte Schüler/innen in besonderer Weise geeignet, Interesse für Pflanzen und für die Biologie im Allgemeinen zu wecken. Die mit frischem Wasser versorgten Pflanzen sind mit Kärtchen namentlich zu benennen, wobei es sich empfiehlt, auch den Namen der Familie und den Standort anzugeben. Ferner sind die Pflanzen im Sinne der Formenkunde kurz zu charakterisieren, z. B. bezüglich einiger weniger spezifischer Erkennungsmerkmale und allgemein Wissenswertem, wie z. B. Herkunft des Namens, Verwendung für Heilzwecke, Nahrungsquelle für bestimmte Insekten und dergleichen.

5.3 Lernorte außerhalb des Schulgebäudes

Um erfahrungsoffenes Schulleben zu fördern, ist die Lernortpädagogik bestrebt, als Alternative zum Lernort „Schule" auch Lernorte außerhalb des Schulgebäudes in Lern- und Bildungsprozesse mit einzubeziehen, welche die Bedürfnisse und Interessen der Lernenden berücksichtigen sowie den fachlichen Ansprüchen Rechnung tragen. Außerschulische Lernorte helfen, den formalisierten Umgang der Schule mit den Lernenden aufzubrechen zugunsten von mehr Lebensnähe, konkreter Praxis und Ganzheitlichkeit. Darüber hinaus geben sie Anlass zu einem Lernen in anderen Lern-, Sozial- und Interaktionsformen als im Klassenzimmer und bieten Gelegenheit für eigenaktives, schülerzentriertes Lernen (vgl. Keck & Feige 2005). Generell gewinnen Lernprozesse an Bedeutung, wenn sie erlebnisorientiert und mit Primärerfahrungen verbunden sind. So empfiehlt auch Konrad Lorenz für den Erwerb eines besseren Naturverständnisses und Umweltbewusstseins „einen möglichst engen Kontakt mit der lebendigen Natur (und zwar in möglichst frühem Alter), um Wertempfindungen für das Schöne und das Gute zu wecken, die durch den weit verbreiteten Szientismus und ein technomorphes Denken allzu oft unterdrückt werden" (Lorenz & Wuketits 1983).

Unterricht an außerschulischen Lernorten sind nach Esser (1980) „alle Unternehmungen des biologischen Arbeitsunterrichts, die gezielt und planmäßig die originale Begegnung mit der biologischen Umwelt suchen." Damit Lernorte den an sie gestellten Ansprüchen genügen, müssen sie bestimmte Struktur- und Qualitätsmerkmale aufweisen. Bezogen auf das Fach Biologie müssen sie

- für ausgewählte biologische Lerninhalte repräsentativ und exemplarisch sein,
- für den selbsttätigen Erwerb von Kenntnissen und Fertigkeiten zugänglich und geeignet sein,
- ohne umständlichen organisatorischen Aufwand erreichbar sein,
- zu Beobachtungen, zum Erkunden und Untersuchen sowie zum problemorientierten Nachdenken herausfordern.

Zu außerschulischen Lernorten in einem weitgefassten Sinne kann man demnach auch diejenigen Lernorte zählen, die zwar noch auf dem Schulgelände liegen, zum Lernen von Biologie aber ein Verlassen des Klassenzimmers erforderlich machen. Dazu zählen z. B. einzelne Schulbiotope, Beobachtungsgelegenheiten für Vögel, eventuell ein Bienenstand und der Schulgarten.
Außerschulische Lernorte im eigentlichen Sinne sind Lebensräume wie Wald, Gewässer, Hecke, Wiese, Ruderalflächen sowie vom Menschen geschaffene Einrichtungen, wie Parkanlagen, zoologische und botanische Gärten, Naturkundemuseen, Lehrpfade, Umweltzentren, ferner Bauernhöfe, Molkereien, Fischzuchtanstalten, Brauereien, Imkereien, Kläranlagen und dergleichen.

5.3.1 Unterrichtsgang, Lehrwanderung, Studienfahrt

Der *Unterrichtsgang* ist eine Form der biologischen Exkursion, die sowohl von der zur Verfügung stehenden Zeit als auch von den Zielen her begrenzt ist. Unterrichtsgänge sind in der Regel ein- bis zweistündig, sie beschränken sich meist auf die Umgebung der Schule und auf einen bestimmten Themenschwerpunkt. Sie sind als Bestandteil des laufenden Biologieunterrichts zu betrachten.
Die *Lehrwanderung* ist halb- oder ganztägig. Diese Unterrichtsveranstaltung kann dem Kennenlernen eines oder mehrerer Lebensräume dienen. Sie kann mit Führungen oder Besichtigungen verknüpft sein, z. B. Gärtnereien, Baumschulen, Fischzuchtanstalten, Kläranlagen, Naturschutzgebiete.
Die *Studienfahrt* führt zu entfernteren Zielen und dauert einige Tage. Sie dient meist nicht allein biologischen, sondern auch sozialkundlichen oder geografischen Zwecken. Als Ziele kommen bei vorwiegend biologischem Aspekt Natur- oder Nationalparks, charakteristische Lebensräume, wie die Bergwelt, die Küste, Fluss- oder Seenlandschaften, infrage. Schullandheimaufenthalte bieten gute Möglichkeiten für ein- oder mehrtägige Exkursionen.
Biologische Exkursionen können als Unterrichtsgänge (im engeren Sinne des Wortes) gestaltet sein und durch ein kleineres oder größeres Gebiet mit verschiedenen Biotopen führen. Wegen der positiven Effekte wird diese Unterrichtsform von Biologiedidaktikern und Biologielehrkräften befürwortet, doch klafft zwischen didaktischen Forderungen und alltäglicher Schulwirklichkeit eine große Lücke.

Viele Lehrkräfte sind zwar persönlich von der Bedeutung und Notwendigkeit des Biologieunterrichts in der freien Natur überzeugt, sie fühlen sich jedoch durch äußere Umstände gehindert, tatsächlich Unterrichtsgänge bzw. Freilandarbeit in genügendem Umfang durchzuführen. Als Gründe werden Zeitnot, lange Anmarschwege, disziplinäre Schwierigkeiten und Ablenkung im Freien genannt. Zu diesen organisatorischen Problemen treten fachliche Schwierigkeiten. Auch die biologisch ausgebildete Fachlehrkraft ist häufig mit der heimischen Flora und Fauna nicht genügend vertraut. Sie befürchtet Schülerfragen, die sie nicht beantworten kann. Unbekannte Tiere oder Pflanzen zu bestimmen, kostet Zeit und muss geübt werden.
Was den Zeitfaktor betrifft, so sei darauf hingewiesen, dass es auch in Großstädten schulnahe Biotope gibt, die eine Fülle von sinnvollen Beobachtungen und Untersuchungen ohne lange Anmarschwege und hohen Zeitaufwand erlauben, etwa Flächen auf dem Schulgelände, Straßen- und Wegraine, Vorgärten, Parkanlagen, Ruderalstandorte usw. Disziplinären Schwierigkeiten kann in bestimmtem Umfang durch gute Vorbereitung der Lehrkraft – klare Aufgabenstellung, Fördern von Schüleraktivitäten – und entsprechende Nachbereitung im Unterricht begegnet werden. Formenkenntnisse sind ein Problem der Lehreraus- und -fortbildung sowie des Selbststudiums. Möglichkeiten zur Weiterbildung bieten heute u. a. Umweltzentren, Naturschutzakademien und nicht zuletzt der Verband Biologie, Biowissenschaften und Biomedizin in Deutschland.

5.3.2 Lernen an Orten außerhalb der Schule – pädagogisch-didaktische Begründungen und empirische Befunde

Im Zusammenhang mit der *Ökologie- und Naturschutzbewegung* sowie der *Umweltbildung* gewinnt heute biologische Unterweisung außerhalb des Schulgebäudes zunehmend an Bedeutung. Diese methodische Richtung hat sich zum Ziel gesetzt, die Menschen stärker an die Natur heranzuführen, durch direkten Kontakt mit den Organismen Freude und Interesse an der Natur zu wecken sowie eine verantwortungsvolle Haltung gegenüber Lebewesen einzunehmen. Mit dem Wunsch nach Naturnähe und dem Einbeziehen der affektiven neben der kognitiven Dimension geht die Forderung einher, alle Sinne anzusprechen, die Natur nicht nur mit dem Auge, sondern auch über andere Sinneskanäle wahrzunehmen. Durch *multisensorische Naturerfahrung* sollen Jugendliche wie Erwachsene Natur nicht nur kennenlernen, sondern auch erleben und so eine positive Einstellung gegenüber Lebewesen entwickeln.
Dieser methodische Ansatz ist nichts absolut Neues. Biologieunterricht außerhalb des Schulgebäudes gehörte auch früher zu den Forderungen bekannter Methodiker. Schon im 17. Jahrhundert forderte COMENIUS in seiner Didactica magna (1657), „die Menschen müssen so viel wie möglich ihre Weisheit nicht aus Büchern schöpfen, sondern aus Himmel und Erde, aus Eichen und Buchen, d. h. sie müssen die Dinge selbst kennen und erforschen und nicht nur fremde Beobachtungen und Zeugnisse darüber." Später regte KERSCHENSTEINER insbesondere das Arbeiten im Schulgarten an, CORNEL SCHMITT erhob im Zusammenhang mit

den Erziehungszielen „Natur- und Heimatliebe" das biologische Arbeiten im Freien zu einem wichtigen Prinzip unter dem Motto „Heraus aus der Schulstube!". SALZMANN, JUNGE und SCHMEIL setzten sich dafür ein, den Unterricht nicht nur im Klassenzimmer, sondern auch draußen in der freien Natur abzuhalten (vgl. Kap. 3.1).
In den USA trat eine ähnliche Bewegung schon vor längerer Zeit unter der Bezeichnung „Outdoor Biology" in den Vordergrund. Umfangreiche Programme für naturnahes Unterrichten im Freien wurden entwickelt, z. B. das OBIS-Projekt (Outdoor Biology Instructional Strategies 1981) mit vielen Anleitungen zu Aktivitäten im Freien.

Überlegungen zum situierten Lernen sowie methodisch-didaktische und pädagogische Aspekte sprechen dafür, dem Lernen von Biologie außerhalb des Schulgebäudes mehr Zeit und Aufmerksamkeit zu widmen. Im Wesentlichen sind es folgende Gründe, weshalb Biologielehrer/innen den Schritt über die Türschwelle des Klassenzimmers ins Freiland wagen sollten:

- Unterricht außerhalb des Schulgebäudes überwindet das begrifflich-symbolische Lernen aus Büchern und Medien, verhilft zu mehr Lebensnähe und damit zu Primärerfahrungen. Darauf beruhendes Wissen prägt sich stärker ein als verbal und medial vermitteltes Wissen aus zweiter Hand (Sekundärerfahrungen), da es in ein assoziatives Umfeld eingebettet ist, wodurch sich sein Bedeutungsgehalt erhöht (vgl. PFLIGERSDORFFER 1988; STAROSTA 1991). Die originale Begegnung an Ort und Stelle spricht alle Sinne an und lässt Natur erleben (mehrkanaliges Lernen). So wird nicht nur die kognitive, sondern auch die affektive Ebene stärker in die Lernerfahrung mit einbezogen, wodurch eine emotionale Beziehung zur Natur aufgebaut wird. Das kann Wertvorstellungen positiv beeinflussen und eine verantwortungsbewusste Haltung fördern.

In diesem Zusammenhang sei auf die beachtenswerte theoretische Auseinandersetzung von BERCK & GRAF (2010) mit dem Begriff „Naturerleben" hingewiesen, der diesen aus der Perspektive der „evolutionären Ästhetik", der „persönlichen Erfahrung" und der „Ideologisierung" kritisch hinterfragt. Zu Recht weisen BERCK & GRAF darauf hin, dass Biologieunterricht nicht beim „Naturerleben" stehen bleiben dürfe, sondern dass es vielmehr seine Aufgabe sei, biologisches Wissen zu vermitteln. Allerdings ist dieses Ziel leichter zu erreichen, wenn „Wissen über Lebewesen mit ästhetischen und emotionalen Bezügen verknüpft wird."

- Das Erleben von Natur im Freiland erhöht die Motivation und das Interesse für die Biologie im Allgemeinen und führt bei ökologischen Themen zu besseren Lernerfolgen als entsprechender Unterricht zum selben Thema im Klassenraum, wobei vom Lernen im Freiland insbesondere leistungsschwächere Schüler/innen profitieren (STAROSTA 1991).
- Schüler/innen lernen Lebewesen in ihrer natürlichen Umgebung kennen und können so leichter wirklichkeitsgetreue Vorstellungen entwickeln über ihr Vorkommen, ihre Lebensräume und ihre Anpassung an bestimmte Standorte. Sie erfahren, dass Lebewesen niemals isoliert, sondern immer mit anderen Arten vergesellschaftet vorkommen. So können ökologische Zusammenhänge besser

erkannt werden als durch medialen Unterricht im Klassenzimmer. Darüber hinaus erhalten sie einen Eindruck von der Vielfalt der Arten (Biodiversität) und können die eine oder andere Art an ähnlichen Standorten leichter wiedererkennen.

- Das Kennenlernen heimischer Pflanzen und Tiere setzt Biologieunterricht im Freiland geradezu voraus. Pflanzen und Tiere, die man auch mit Namen ansprechen kann, werden bewusster wahrgenommen und mehr wertgeschätzt als namentlich unbekannte Arten. Da Arten- und Formenkenntnisse im Kontext ökologischer und umwelterzieherischer Lernziele eine wichtige Rolle spielen, kann schon deshalb auf Unterrichtsgänge ins Freiland nicht verzichtet werden.
- Die Ausführung praktischer Tätigkeiten (Sammeln, Vergleichen, Ordnen, Beobachten, Untersuchen, Bestimmen) und einfacher ökologischer Feldarbeitstechniken, wie Licht- und Temperaturmessungen sowie Wasser- und Bodenuntersuchungen, findet in einem authentischen Lernumfeld statt, was den Forderungen nach situiertem Lernen entgegenkommt und den Erwerb von bedeutungshaltigem, anwendbarem Wissen begünstigt.
- Unterrichtsgänge ins Freiland unterstützen durch Anschauung die Erarbeitung bestimmter biologischer Lerninhalte, wie z.B. Zusammensetzung von Lebensgemeinschaften, Verbreitungseinrichtungen bei Samen und Früchten, Entwicklung von Pflanzen in Abhängigkeit von der Jahreszeit (phänologische Beobachtungen) usw.
- Der Gang ins Freiland führt Teilnehmern auch die Einwirkung des Menschen auf seine Umwelt deutlich vor Augen und konfrontiert sie mit Problemen des Umweltschutzes. Dabei können Einwirkungen des Menschen auf Ökosysteme aufgezeigt werden, etwa am Beispiel forstlicher und landwirtschaftlicher Monokulturen, begradigter und verschmutzter Wasserläufe, vom Erholungsbetrieb belasteter Biotope usw. In diesem Zusammenhang bietet sich die Gelegenheit, Schüler/innen auch zum richtigen Verhalten in der Natur anzuleiten: kein mutwilliges Abreißen von Pflanzen, kein Hinterlassen von Abfällen, ruhiges Betrachten und Verweilen.
- Lernen von Biologie an außerschulischen Orten bedingt einen Wechsel der üblichen Lehr-Sozialformen. So tritt an Stelle des häufig vorherrschenden lehrerzentrierten, fragend-entwickelnden Unterrichts eine schülerzentrierte, handlungsorientierte Lernumgebung, in der die Jugendlichen in Kleingruppen eigenaktiv handelnd sich weitestgehend selbstständig relevantes Wissen aneignen. Das schafft Gelegenheiten zu sozialen Kontakten, fördert das soziale Lernen und das Gemeinschaftserleben. Ein auf Eigenaktivität ausgerichteter Unterricht misst sich nicht nur an den erzielten Lerngewinnen, sondern vor allem auch an Prozessen des Tätigseins und der Bereitschaft der Schüler/innen, sich mit Aufgaben und Problemstellungen auseinanderzusetzen (vgl. Erhart 1991).
- Durch Lernerfahrungen im Freiland erhalten die Teilnehmer Anregungen, sich auch in ihrer Freizeit mit Pflanzen und Tieren zu beschäftigen (z.B. Vögel beobachten), wodurch sich eine positive Einstellung zur Natur entwickeln kann.

Empirische Befunde

Zum Biologieunterricht außerhalb des Schulgebäudes, insbesondere im Freiland, liegen einige empirische Untersuchungen vor:

Scherf (1986) konnte in einer empirischen Untersuchung, in die 228 Schüler/innen von vierten Grundschulklassen in München einbezogen waren, Folgendes feststellen: Schüler/innen, bei denen der formenkundliche Unterricht mit Unterrichtsgang durchgeführt worden war, erwarben umfangreichere pflanzliche Formenkenntnisse als Schüler/innen, die an formenkundlichem Unterricht nur im Klassenzimmer teilgenommen hatten – bei etwa gleichem Zeitaufwand für die rein unterrichtlichen Maßnahmen.

Zu ähnlichen Ergebnissen kam auch Starosta (1991) in seiner Untersuchung zur „Methodik des gelenkt entdeckenden Lernens in der freien Natur" am Beispiel „Lebensgemeinschaft Gewässer". Auch diese Studie belegte, dass durch Freilandunterricht die leistungsstarken Schüler/innen zwar den größten Wissenszuwachs erzielten, doch vermochten auch die leistungsschwachen Schüler/innen ihr biologisches Wissen beträchtlich zu steigern. So erreichte die leistungsschwache Teilstichprobe der Versuchsgruppe „Freiland" den gleichen Kenntnisstand wie die leistungsstarke Teilstichprobe der Versuchsgruppe „Klassenzimmer", und hinsichtlich des Wissenszuwachses übertrafen die schwachen Schüler/innen der Freilandgruppe die schwachen Schüler/innen der Klassenzimmergruppe fast um das Doppelte: Freilandunterricht ist somit für jeden Lerntyp effizienter, doch kommt er betont den leistungsschwachen Schülerinnen und Schülern zugute (vgl. auch Abschnitt 8.2.4 und Bieberbach 2002). Trotz der hier zitierten positiven Befunde dürfen die außerschulischen unterrichtlichen Wirkungen nicht überschätzt werden, da ihnen nicht selten ein gewisser Neuigkeitseffekt innewohnt, der Schüler/innen vorübergehend stärker zu motivieren vermag. So berichtet z. B. Dieckmann (2003) von einer Studie, bei der 382 Kollegiaten aus 20 Biologie-Leistungskursen über ihre ökologische Freilandarbeit in der Biologischen Station „Heiliges Meer" (Westfalen-Lippe) befragt und getestet wurden. Den Ergebnissen zufolge, fördert das praktische Arbeiten im Freiland zwar das Verständnis für ökologische Zusammenhänge, erweitert aber nicht zwangsläufig auch das ökologische Basiswissen. Insgesamt wurde das Lernen am außerschulischen Lernort „Heiliges Meer" von den Kollegiaten positiv bewertet, wobei ihnen labortechnische Arbeiten und Mikroskopieren mehr zusagten als Erkundungen im Freiland.

5.3.3 Zur Methodik des Lernens an außerschulischen Lernorten

Lernen am originalen Objekt

Lernen an außerschulischen Lernorten soll Schülerinnen und Schülern zu bedeutungsvollen Erfahrungen verhelfen, die im Klassenraum nicht möglich sind. Favorisiert werden im außerschulischen Unterricht selbst gesteuerte Lernprozesse in einer offenen, authentischen Lernumgebung, die das Lernen am *originalen Objekt* zum Ziel hat (vgl. Pfligersdorffer 1988; Hartinger 1997). Man spricht von *selbst gesteuertem Lernen,* wenn möglichst viele Steuerungskomponenten des Lernens beim Schüler/bei der Schülerin liegen. Im Wesentlichen betrifft es die Frage nach dem Inhalt, nach der Wahl der Methode und des zeitlichen Rahmens sowie die Beurteilung der erbrachten Leistungen. In welchem Umfang selbst gesteuertes Lernen möglich ist, hängt maßgeblich von den Zielsetzungen des Unterrichtsganges und den Erkundungsmöglichkeiten am Lernort ab. In der Praxis wird sich das Verhältnis von Selbst- zu Fremdsteuerung an diesen Bedingungen zu orientieren haben (vgl. Erhart 2005).

Die im außerschulischen Unterricht angezeigten Lernformen sind das entdeckende und das problemlösende Lernen. Dazu müssen die in der Natur anzutreffenden

Phänomene von der Lehrkraft in Fragen gefasst werden, damit sie für die Schüler/innen zu lebendigen Problemen werden, deren Bearbeitung Schülerinnen und Schülern lohnenswert erscheint (vgl. Aebli 1985).

Vorbereitung des Unterrichtsganges

Unterricht an einem außerschulischen Lernort bedarf der sorgfältigen Vorbereitung. Insbesondere ist vorab zu klären, welche Möglichkeiten der ins Auge gefasste Lernort zum Erreichen der angestrebten Unterrichtsziele bietet. Generell sollte das Aufsuchen eines außerschulischen Lernortes in eine Unterrichtseinheit eingebettet sein und unter einem *Leitgedanken* stehen. Lernprozesse außerhalb des Schulgebäudes sind erfolgreicher, wenn die Schüler/innen bereits im Klassenraum in das Thema eingeführt und mit den erforderlichen Arbeitstechniken vertraut gemacht werden, die es dann am Lernort anzuwenden und zu vertiefen gilt. Dabei ist der Unterricht im Klassenraum mit dem Unterricht außerhalb des Schulgebäudes so abzustimmen, dass beide Teile der Unterrichtseinheit sich gegenseitig ergänzen. Anknüpfend an das Vorwissen der Schüler/innen, sind im Sinne offenen Unterrichts mit ihnen Inhalte und Fragen zu erörtern, die den Schülerinnen und Schülern bedeutsam und erkundenswert erscheinen und die am Lernort einer Lösung zugeführt werden sollen. Im Mittelpunkt der Vorbereitungsphase sollte daher die Frage stehen: „Was wollen wir erkunden und wie wollen wir dabei vorgehen?". Darüber hinaus ist zu entscheiden, welche Lernform zur Anwendung kommen soll und wie der Lernprozess am vorteilhaftesten zu organisieren ist. Sollen die draußen anzutreffenden Phänomene von den Schülerinnen und Schülern entdeckend und problemlösend bearbeitet werden, so müssen diese von der Lehrperson in geeignete Aufgaben- und Problemstellungen gefasst werden. Schon allein diese Aufgabe macht eine Vorerkundung des Lernortes durch die Lehrperson unverzichtbar. In diesem Zusammenhang ist auch zu klären, welche Hilfsmittel die Schüler/innen benötigen, um die gestellten Aufgaben bearbeiten zu können, wie z. B. Bestimmungskarten, Bestimmungsschlüssel, Pflanzen- und Tierführer, Kescher, Becherlupen, Gläser, Schreibunterlagen und dgl. Nicht zuletzt sind auch verschiedene organisatorische Punkte zu erledigen und abzuklären, wie z. B. Absprache mit der Schulleitung und den Kollegen, Erkundung möglicher Gefahren am Lernort, Unterrichtung der Schüler/innen über angemessenes Verhalten (schonender Umgang mit Pflanzen und Tieren) sowie über die erforderliche Ausrüstung und mögliche Gefahren (z. B. Zeckenbiss), Erlaubnis zum Betreten privaten Grundbesitzes und dgl.

Organisation der Lernprozesse vor Ort

Abb. 24: Forschende Schüler an einem Schulteich

Je nachdem, für welchen *didaktischen Ort* ein Unterrichtsgang geplant ist und mit welcher didaktischen Zielsetzung das Lernen am außerschulischen Lernort erfolgen soll (z. B. Gewinnung eines oberflächlichen Eindrucks oder ausführliche Beschäftigung mit Naturobjekten, Selbststeuerung versus Fremdsteuerung), werden die zu organisierenden Lernprozesse unterschiedlich anzulegen sein.
Dient ein Unterrichtsgang lediglich der *Motivation* und dem Einstieg in eine Unterrichtseinheit, so wird das freie, ungebundene Erkunden eines nahe gelegenen Lernortes ohne Arbeitsaufträge die angemessene Aktionsform sein. In diesem Fall sammeln die Schüler/innen lediglich zufällig gewonnene Eindrücke und lassen sie in Fragen und Aufgabenstellungen einfließen, die zum Unterrichtsthema hinführen.
Ist hingegen das Aufsuchen eines außerschulischen Lernortes Bestandteil der *Erarbeitungsphase*, so wird das gezielte Erkunden und Bearbeiten vorher vereinbarter Frage- und Aufgabenstellungen wichtigstes Ziel des Unterrichtsganges sein. Dabei erweist sich erfahrungsgemäß das *gelenkte entdeckende Lernen* mit klaren Aufgabenstellungen, welche die Schüler/innen auf *biologisch Wesentliches* hinlenken, als die effektivste und gewinnbringendste Form der Naturerkundung. Diese Einschätzung wird auch von anderen Experten geteilt, die sich mit dem Lernen an außerschulischen Orten beschäftigen (vgl. Burk & Claussen 1981; Bieberbach 2000).

Unterricht außerhalb des Schulgebäudes ist auch ein willkommener Anlass, die vorherrschende lehrerzentrierte Lehr-Sozialform zugunsten einer schülerzentrierten Lern-Sozialform zu ändern. Auf keinen Fall sollte man sich auf lange Führungen durch Experten einlassen (Förster, Imker, Museumsleiter usw.), die in darbietender Form gern ihr umfangreiches Wissen „an den Mann bringen" wollen und dabei nicht selten die Schüler/innen langweilen. Hingegen sind Experten dann sehr willkommen, wenn sie die Schüler/innen bei der Bearbeitung und Lösung ihrer Aufgaben beratend unterstützen.
Bewährt hat sich in der Praxis die Kooperation auf Partnerebene oder in Kleingruppen von drei, maximal vier Schülern. In größeren Gruppen kommt es schnell zu einer Hierarchiebildung, wobei weniger interessierte Schüler/innen dazu neigen, sich von anderen Gruppenmitgliedern bedienen zu lassen.
Ob die Gruppenarbeit *arbeitsgleich* oder *arbeitsteilig* durchgeführt werden soll, hängt davon ab, in welcher Breite und mit welcher Intensität sich die Schüler/innen mit dem Lernortthema beschäftigen sollen. Arbeitsgleiche Gruppenarbeit gewährleistet, dass am Ende eines Unterrichtsganges alle Schüler/innen die gleiche Lernerfahrung gemacht haben und damit ein für alle Schüler/innen geltendes Lernziel Verbindlichkeit hat. Für diese Lernform bietet sich an außerschulischen Lernorten das Arbeiten an mehreren Stationen an, wobei die Schüler/innen an den einzelnen Stationen mit den dort bereitgestellten Materialien unterschiedliche Aufgaben zu bearbeiten haben (vgl. Abschnitt 8.2.4).

Nachbereitung

In der sich anschließenden *Auswertungsphase* tragen die Schüler/innen ihre Erkundungsergebnisse vor und präsentieren mitgebrachte Naturobjekte. Eingefangene Kleintiere, z.B. aus einem Gewässer oder aus dem Waldboden, müssen anschließend wieder an ihrem Fundort ausgesetzt werden. Die Auswertung der Ergebnisse erfolgt zweckmäßigerweise direkt am Lernort, kann aber auch im Klassenzimmer erfolgen und hier nahtlos in den folgenden Unterricht eingefügt werden. Soweit es die Bestimmungen des Naturschutzes erlauben, können gesammelte Naturobjekte (Pflanzen, Früchte, Tierspuren etc.) sowie angefertigte Zeichnungen oder Fotos in Form einer Ausstellung im Klassenzimmer oder im Schulhaus präsentiert werden.

5.3.4 Das Schulgelände

Auch das Schulgelände bzw. die Außenanlagen einer Schule lassen sich in vielseitiger Weise für den Biologieunterricht nutzen, sofern diese nicht ausschließlich asphaltiert oder von einem Zierrasen bedeckt und mit ausländischen Gehölzen bepflanzt sind. Ohne die Erholungsflächen für die Schüler/innen in den Pausen besonders einzuschränken, bieten die Außenanlagen verschiedene Möglichkeiten für die Anlage naturnaher Kleinbiotope zur Beobachtung von Pflanzen und Kleintieren sowie für die Anpflanzung einheimischer Gehölze.

Bäume, Sträucher, Kletterpflanzen

Was die Bepflanzung mit Gehölzen betrifft, so sollte einheimischen Arten der Vorzug gegeben werden und ihre Auswahl sich möglichst an Themen des Biologieunterrichts orientieren, wie z.B. „Entwicklung von der Blüte zur Frucht" am Beispiel der Kirsche, „Mechanismen der Verbreitung von Samen und Früchten", „Kennenlernen heimischer Sträucher und Bäume", „Ökologische Bedeutung heimischer Heckengehölze" usw.

Viele heimische Laubgehölze dienen Bienen als Nahrungsquelle (Holunder, Hartriegel, Heckenkirsche u.a.) und sind Futterpflanzen für Raupen von Schmetterlingen. Auch bieten sie Schutz und Nistgelegenheiten für verschiedene heimische Vogelarten. So lassen sich schon auf dem Schulgelände ökologische Einsichten anbahnen, die bei der Behandlung der Lebensgemeinschaft Hecke von Bedeutung sind. Sofern eine Schule über einen geräumigen Außenbereich verfügt, sollten im Hintergrund des Schulgeländes auch Vertreter heimischer Nadelgehölze anzutreffen sein, wie Fichte, Weißtanne, Waldkiefer, Lärche, Eibe (giftig!) und Wacholder. Ein aus systematischer und evolutionsbiologischer Sicht interessanter ausländischer Vertreter aus der Ordnung der Nacktsamer ist der aus China stammende Ginkgobaum.

Die Begrünung von Mauern, Zäunen, Hauswänden im Schulgelände mit heimischen Kletterpflanzen (Lianen) bietet gute Möglichkeiten, die Mechanismen des Rankens, Windens und Kletterns zum Licht strebender Pflanzen kennenzulernen: *Wurzelkletterer* (Efeu) bilden dafür spezielle Haftwurzeln an ihren Zweigen aus, *Rankenpflanzen* wandeln Sprossachsen (Wein) oder Blätter (Erbse, Wicke, Waldrebe) zu Ranken um, *Schlingpflanzen* (Bohne, Hopfen, Winde) suchen Halt an benachbarten Stützen durch Windebewegungen.

Hochbeete

Für Schulen, denen kein geräumiges Freigelände oder ein Schulgarten zur Verfügung steht, bietet sich als Ersatz für Gartenbeete das Anlegen von Hochbeeten an, die selbst auf kleinsten Flächen, z.B. im Rahmen eines Projekts, von Schülerinnen und Schülern erstellt werden können. Hochbeete sind, im Gegensatz zu Hügelbeeten, allseitig eingerahmt, z.B. von Natursteinen, Rundhölzern oder Brettern. Zunächst wird eine etwa 30 cm tiefe Grube ausgehoben und deren Boden mit einem engmaschigen Drahtgeflecht abgedeckt, das das Eindringen von Wühlmäusen verhindert. Anschließend wird der Hohlraum von unten nach oben mit ca. 30 cm dicken Schichten aus dürren Ästen, Holzhäcksel oder Laub sowie mit Kompost und feiner Komposterde aufgefüllt.

Mit der Errichtung eines Hochbeetes erhalten Schüler/innen einen sehr praxisnahen Einblick in eine ökologisch sinnvolle Gartenbewirtschaftung, da für diese Kulturform Gartenabfälle verwendet werden und der einsetzende Verrottungsprozess die Erde mit biogenen Mineralstoffen anreichert, was eine künstliche Düngung überflüssig macht. Zudem erlaubt die beim Verrottungsprozess entstehende Wärme ein frühzeitigeres Säen und Pflanzen als auf dem kühleren Flachbeet, wobei die Pflanzen auch noch schneller wachsen.

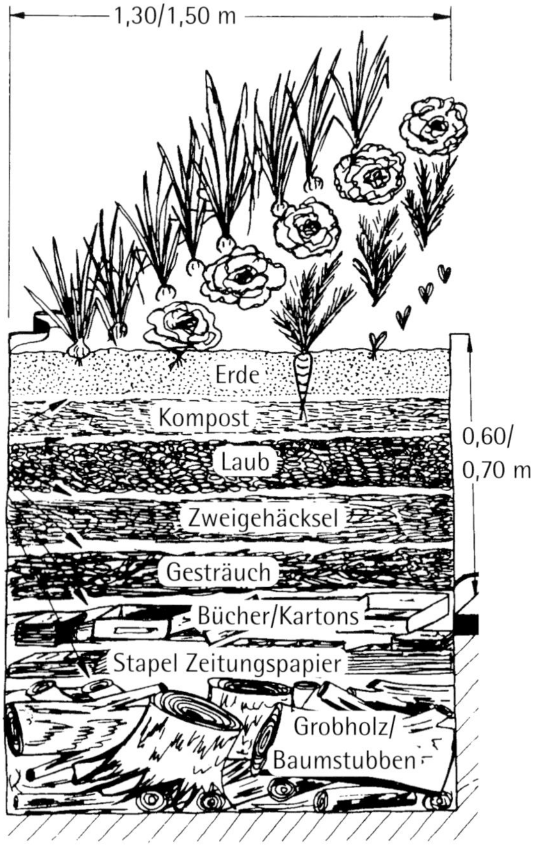

Abb. 25: Schichtung eines Hochbeetes (aus AUERNHEIMER 1991)

Am Beispiel des Hochbeetes lassen sich mit Schülerinnen und Schülern gut die Vorzüge von Mischkulturen gegenüber Monokulturen erarbeiten. Es ist für Schüler/innen eine reizvolle Aufgabe, unter Zuhilfenahme entsprechender Informationen über „gute und schlechte Nachbarn" einen Pflanzplan für eine ihnen sinnvoll erscheinende Mischkultur zu erstellen. Diesbezügliche Anregungen sind der Gartenliteratur von AUERNHEIMER (1991) und LOHMANN (1990) zu entnehmen.

Trockenmauern, Lesesteinhaufen

Ein interessanter Kleinbiotop besonderer Art ist eine aus Natursteinen errichtete, unverfugte Mauer oder schlicht nur ein aus aufgelesenen Steinen gebildeter Haufen. Hierbei handelt es sich um ein Trockenbiotop, den Schüler/innen z.B. im Rahmen eines Projekts an einem sonnigen Platz im Schulgelände selbst einrichten können und der in eindrucksvoller Weise demonstriert, wie bestimmte Pflanzenarten mit einem Minimum an Substrat und Wasser auskommen. Die an solche Wachstumsbedingungen angepassten Pflanzen sind i. d. R. Vertreter der Felsspaltenflora, die sich in der Natur in Ritzen oder auf Felsbändern angesiedelt haben.

Zum Bau einer *Trockenmauer* sollten möglichst Natursteine aus der Umgebung der Schule herangezogen werden, wobei zum besseren Halt der Steine die Spalten mit ihrem Verwitterungsmaterial aufgefüllt werden können. Handelt es sich um eine Kalksteinmauer, so kann die stärker der Sonne zugewandte Seite mit typischen Vertretern dieser Mauerritzengesellschaft bepflanzt werden, z. B. mit Weißem Mauerpfeffer, Zimbelkraut, Hungerblümchen, Traubensteinbrech. Für die mehr beschattete Seite eignen sich in Spalten wachsende Farne, wie Mauerraute und Brauner Streifenfarn, ferner Schöllkraut, Gelber Lerchensporn und andere kalkliebende Pflanzen. Auf der Mauerkrone finden Vertreter nährstoffarmer Pionierflächen ihr Auskommen, wie Ackerschmalwand, Fingersteinbrech, Scharfer und Milder Mauerpfeffer und Dachhauswurz. Pflanzen der Felsspaltengesellschaft sind daher besonders gut geeignet, um vielfältige Formen des Angepasstseins an trockene Extremstandorte kennenzulernen, wie Schmalblättrigkeit, Horstbildung, Blattsukkulenz oder Derbblättrigkeit.

Abb. 26: Profil einer Trockenmauer (nach FOCHTMANN, Unterricht Biologie 135, 1988)

Trockenmauern und Lesesteinhaufen sind aber auch ein gern angenommenes Habitat für viele Kleintiere, die dort Schutz und Unterschlupf für die Überwinterung suchen. Typische Felsritzenbewohner sind Spinnen, Asseln, Ohrwürmer, Schnecken, aber auch solitär lebende Wildbienen und andere Hautflügler. Zauneidechsen, Erdkröten und Laufkäfer betätigen sich als Schädlingsvertilger.

Beobachtung von Vögeln und Beiträge zum Vogelschutz

Im Schulgelände können bis zu 30 Vogelarten vorkommen, die als sog. Kulturfolger gern die Nähe des Menschen aufsuchen. Häufig anzutreffen sind Amsel, Grünfink, Mönchsgrasmücke, Buchfink, Rotkehlchen, Hausrotschwanz, Zilp-Zalp, Kohl- und Blaumeise, Haustaube und Haussperling. Einige Vogelarten lassen sich gut beobachten (Amsel, Sperling, Haustaube), andere verraten ihre Anwesenheit durch Gesang (Mönchsgrasmücke, Grünfink, Zilp-Zalp).
Was die *Winterfütterung* von Vögeln betrifft, so ist diese aus biologischer Sicht kein Beitrag zum Artenschutz, da sie die natürliche Auslese behindert und einige wenige ungefährdete Arten gegenüber selteneren mit den gleichen Lebensansprüchen, wie z. B. Trauerschnäpper oder Zaunkönig – die nicht am Futterhäuschen erscheinen – begünstigt. Die Fütterung von Vögeln am Futterhäuschen wird jedoch aus *pädagogischen Gründen* im Allgemeinen toleriert, da sie eine gute Möglichkeit darstellt, Vögel zu beobachten, Körner von Weichfressern zu unterscheiden und heimische Standvogelarten kennenzulernen. Sie sollte jedoch nur bei strengem Frost und bei geschlossener Schneedecke vorgenommen werden. Da Futterhäuschen Gefahr laufen, bei milder Witterung durch Salmonellen verunreinigt zu werden, empfiehlt sich eher das Aufhängen von Futterglocken, Futterknödeln und Meisenringen, die auch von Schülerinnen und Schülern selbst angefertigt werden können. Im Gegensatz zur Winterfütterung ist die Bereitstellung und Wartung von Nistkästen für höhlenbrütende Vögel, wie z. B. Blau-, Kohl- und Tannenmeise, Kleiber, Gartenrotschwanz, Trauerschnäpper, Mauersegler, ein sinnvoller Beitrag zum Artenschutz, da natürliche Nistgelegenheiten, etwa in Astlöchern alter, morscher Bäume, zunehmend seltener werden. In Schulen, wo Werkunterricht erteilt wird, können solche Nisthilfen unter fachkundiger Anleitung auch von Schülerinnen und Schülern selbst hergestellt und im Schulgelände ausgebracht werden.

Schutz bedrohter Nutzinsekten

Insekten haben im Kreislauf der Stoffe, als Glieder von Nahrungsketten und als Bestäuber von Blütenpflanzen, eine wichtige ökologische Funktion. Da in den hoch entwickelten Industriestaaten durch intensive landwirtschaftliche Nutzung und Ausweitung der Siedlungsflächen die natürlichen Lebensräume zunehmend verloren gehen, stellt sich die Frage, was im Rahmen des Tier- und Artenschutzes unternommen werden könnte, um besonders gefährdeten, aber ökologisch sehr wichtigen Insektengruppen ein Überleben zu sichern. Zu diesen gehören vor allem solche Vertreter, die im Rahmen der biologischen Schädlingsbekämpfung oder als Bestäuber von Blüten eine große Rolle spielen und die daher aus der Sicht des

Menschen auch als nützlich bezeichnet werden. Selbst auf einem so naturfernen Areal wie einem Schulgelände gibt es verschiedene Möglichkeiten, diesen sog. „Nützlingen" Nist- und Unterschlupfgelegenheiten anzubieten.
Schon ein einfacher *Totholzhaufen* aus dürren Ästen und Heckenschnittgut wird von verschiedenen Holz bewohnenden Insekten gern angenommen. Typische Totholzbewohner (Xylobionten) sind Wildbienen (z. B. die blaue Holzbiene), Falten- und Holzwespen (bohren bis zu 50 cm tiefe Gänge), Bockkäfer, Kurzflügler, Ohrwürmer, Fliegen- und Mückenlarven. Springschwänze bauen zusammen mit Bakterien und Pilzen das vermoderte Holz zu Humus ab. So könnte Schülerinnen und Schülern schon im Schulgelände nahegebracht werden, warum naturnahe ökologische Waldwirtschaft tote umgestürzte Bäume nicht mehr aus dem Wald entfernt, zumal diese auch als Keimbett für Baumsämlinge dienen und so zur natürlichen Waldverjüngung beitragen.
Im Gelände nahezu jeder Schule gibt es geeignete Plätze, wo Schüler/innen auch künstliche Nisthilfen für solitär lebende Hautflügler, wie Wildbienen, harmlose Falten- und Grabwespen, aber auch für Staaten bildende Hummeln bereitstellen könnten. Wo Honigbienen fehlen, gehören *Wildbienen* zu den wichtigsten Bestäubern unserer Obstbäume und einiger Ackerfutterpflanzen, wie z. B. Rotklee und Luzerne. Als Hohlraumbewohner bevorzugen Wildbienen zum Anlegen ihrer Brutkammern in der Natur Fraßgänge anderer Insekten in totem Holz, Hohlräume in Pflanzenstängeln, Mauerfugen, Bohrlöcher in Wegböschungen und auf Sandwegen. Derartige Nistplätze können durch andere Angebote leicht ersetzt werden. So könnten Schüler/innen, z. B. im Rahmen eines Projektes „Wildbienenschutz", verschiedene künstliche Nisthilfen anfertigen und diese an einer geschützten, trockenen, sonnigen Stelle im Schulgelände ausbringen. Folgende Nisthilfen werden von Wildbienen gern angenommen:

- Leere, mit Schilf- oder Bambusstängeln angefüllte Konservendosen, die waagerecht aufgehängt werden. Schmuggelt man zwischen die Pflanzenstängel Glasröhrchen von 5 bis 10 mm Innendurchmesser, so werden oft auch diese mit Brutkammern belegt (vgl. Abb. 27).
- Lochziegelsteine, in deren Hohlräume einzelne hohle Pflanzenstängel eingeführt werden.
- Aus Hartholz angefertigte Bruthölzer, in die 3–10 cm tiefe Löcher von 3–10 mm Durchmesser gebohrt werden.
- Eine aus Weidenruten geflochtene und mit Lehm beworfene Nistwand, in die ebenfalls Löcher unterschiedlichen Durchmessers gebohrt werden.

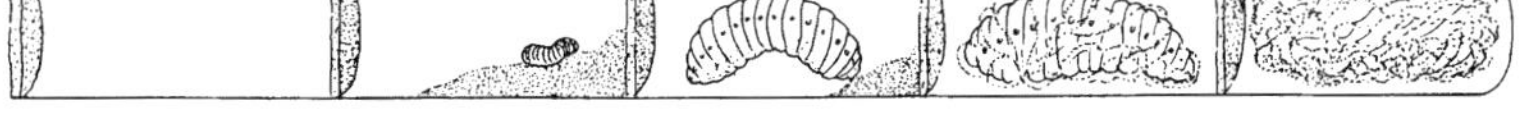

Abb. 27: Brutkammern einer Wildbiene

Nisthilfen für Hummeln

Hummeln kann man als Ersatz zum Bau ihrer Nester im einfachsten Fall einen mit wenig trockenem Gras und Moos angefüllten Blumentopf anbieten, der umgedreht in den Boden eingegraben wird und dessen Wasserabzugsloch etwa 2 cm groß sein sollte. Darüber stülpt man einen zweiten Blumentopf, dessen Loch verschlossen wird und aus dem seitlich ein Stück herausgebrochen wurde, um einen Zugang zum eingegrabenen Blumentopf zu schaffen. Besser bewährt haben sich in der Praxis käufliche Nisthilfen, es sind im Handel verschiedene Modelle erhältlich (vgl. SANDROCK 1992, HALLMEN 1990).

Einzelbiotope

Außer den beschriebenen Möglichkeiten, sich mit Pflanzen und Tieren im Schulgelände zu beschäftigen, können in den Außenanlagen einer Schule im Prinzip auch alle Elemente eines Biotopschulgartens angelegt werden, wie sie im folgenden Kapitel „Schulgarten" z. T. ausführlicher beschrieben werden.

5.3.5 Der Schulgarten[27]

Historisches

Schulgärten gibt es schon seit langer Zeit. Die Anfänge schulgärtnerischer Betätigung sind bei uns in den Klosterschulen des Mittelalters zu suchen, wo die Schüler/innen durch erfahrene Ordensleute im Obst- und Gemüseanbau unterrichtet wurden. COMENIUS (1592–1670), der führende Pädagoge seiner Zeit, verlangte in seiner Didactica Magna, „dass bei der Schule sich auch ein Garten befinden soll ..." AUGUST HERMANN FRANCKE legte 1695 in seiner Erziehungsanstalt in Halle den ersten Schularbeitsgarten, einen Nutzgarten, in Deutschland an. Wichtige Anstöße brachte u. a die internationale Gartenbauausstellung 1896 in Dresden, wo ein biologischer Schulgarten (Lehrgarten) gezeigt wurde. Einen besonderen Aufschwung nahm die Schulgartenbewegung in Deutschland durch GEORG KERSCHENSTEINER (1854–1932). Er verknüpfte mit der Idee der Arbeitsschule die Forderung nach praktischer biologischer Arbeit in Schulgärten. So wurden in den 20er- und 30er-Jahren an sehr vielen Schulen Arbeitsschulgärten errichtet; sie sollten vor allem dem Gartenbauunterricht dienen, also praktische Fertigkeiten vermitteln.
In der Nachkriegszeit nach 1945 wurden in der Bundesrepublik viele Schulgärten aufgegeben. 1979 hatten nur noch ca. fünf bis zehn Prozent aller Schulen einen Schulgarten. In der ehemaligen DDR spielte der Schulgarten vor allem unter dem Aspekt des Nutzgartens stets eine große Rolle. Für die Klassenstufen 1 bis 4 war Schulgartenunterricht verpflichtendes Lehrfach.
Seit den 80er-Jahren wurde auch in der Bundesrepublik die Bedeutung des Schulgartens wieder stärker in den Vordergrund gerückt, eine große Zahl von Schul-

27 Literatur z. B. Birkenbeil et al. (Hrsg.) 1999, Winkel et al. (Hrsg.) 1997, Kleber & Kleber 1994, Auernheimer 1991, Teutloff 1991

gärten wurde neu angelegt; dabei wird ihre Rolle im Dienst der Umweltbildung besonders betont.

Didaktische und pädagogische Funktion von Schulgärten

In der Schulgartenliteratur wird häufig auf eine Einteilung der Schulgärten nach ihrer Funktion hingewiesen, wie sie in der heutigen Schulpraxis kaum eine Rolle spielen dürfte. Im Einzelnen werden zumeist folgende Schulgartentypen genannt: Lehr- oder Demonstrationsgarten, Versuchsgarten, Arbeitsgarten, Nutzgarten, Liefergarten, Duft- und Tastgarten, ökologischer Biotopgarten.
Von den genannten Schulgartentypen wird heute, angesichts der Bedeutung ökologischer und umweltlicher Themen, im Unterricht dem nach ökologischen Gesichtspunkten gestalteten Biotopgarten der Vorzug gegeben. In einem *ökologischen Biotopgarten* können überdies auch Elemente aller anderen Schulgartentypen integriert sein, womit dieser Gartentyp auch Ansprüchen an andere Funktionen genügt.
Die Einbeziehung eines Schulgartens in den Unterricht kommt Forderungen nach einem lebensnahen, handlungsorientierten Unterricht insofern entgegen, als Schüler/innen

- Natur mit allen Sinnen erfahren, erkunden und entdecken,
- zum kreativen Umgang mit Pflanzen angeleitet und zum anwendungsbezogenen Handeln motiviert werden,
- phänologische Rhythmen wahrnehmen und ökologische Zusammenhänge erkennen,
- Pflanzen und Tiere kennen und wertschätzen lernen,
- Verantwortung für die von ihnen gestalteten Teile des Schulgartens übernehmen,
- Gemeinschaft erleben und Teamarbeit als sinnvoll und nützlich erfahren.

Gestaltungselemente eines ökologischen Biotopgartens

Ein ökologischer Biotopgarten verfolgt das Ziel, natürliche Lebensräume im kleinen Maßstab nachzubilden. Wenngleich diese wegen ihrer flächenmäßigen Begrenztheit der realen Natur bestenfalls nahe kommen, so vermitteln sie Schülerinnen und Schülern dennoch eine Vorstellung von einer lebensraumtypischen Flora und Fauna. Überdies sind unterschiedliche, naturnahe Lebensräume in enger Nachbarschaft im Freiland kaum anzutreffen. Ein naturnaher Biotopgarten im Schulgelände erspart daher auch zeitaufwändige Unterrichtsgänge ins Freiland und lädt dazu ein, den Unterricht öfter als sonst ins Freie zu verlagern.

Unter Berücksichtigung der Verhältnisse an den Schulen können in einem Biotopgarten folgende Kleinbiotope angelegt werden:

- Ein ca. 1,50 m tiefer Tümpel mit Ufer-, Schwimmblatt- und Unterwasserpflanzen. Durch natürliche Zuwanderung kommt es schnell auch zur Entwicklung einer artenreichen Kleintierfauna, bestehend aus Amphibien, Libellen, Wasser-

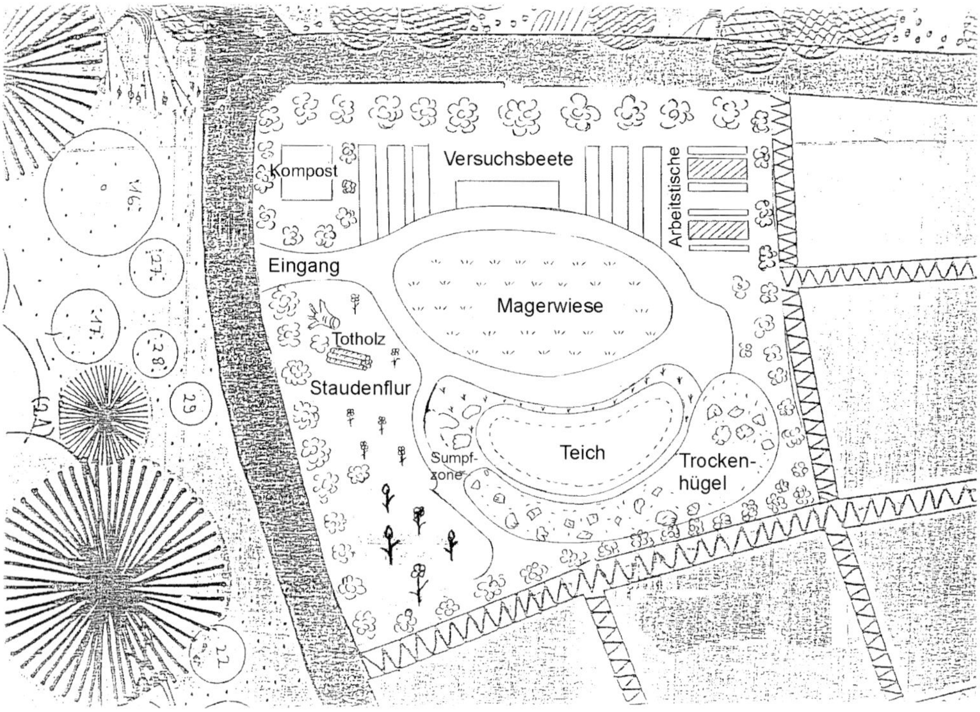

Abb. 28: Vorschlag für einen ökologischen Schulgarten

wanzen, Wasserkäfern, Zweiflüglern, Haften, Haarflüglern, Milben, Kleinkrebsen, Schnecken, Egeln, Süßwasserpolypen u. a. Abzuraten ist vom Aussetzen von Fischen, da diese sich von Amphibienlaich und Insektenlarven ernähren und somit die Kleintierfauna beträchtlich dezimieren. Ein Tümpel liefert auch das nötige Material für Mikroskopierübungen mit mikroskopisch kleinen Lebewesen: Algen, tierische Einzeller, Rädertierchen, Kleinkrebse (Wasserflöhe, Hüpferlinge, Muschelkrebse), Süßwasserpolypen u. a.

- Eine an den Tümpel angrenzende, aus einer etwa einen halben Meter dicken Torfschicht bestehende „Sumpfzone" mit typischen Zeigerpflanzen des Nieder- und Hochmoores, wie Rausch-, Krähen-, Moosbeere, Besen-, Rosmarin-, Glockenheide, Fettkraut, Sonnentau, Wollgras u. a.
- Ein Trockenhügel, errichtet aus Aushubmaterial des Tümpels und etwa kopfgroßen Steinen. Empfehlenswert sind Kalksteine, deren Zwischenräume mit Quetschkalksand aufgefüllt werden. Ein kalkhaltiger (basischer) Untergrund begünstigt das Gedeihen einer artenreichen, xerophilen Flora (Küchenschelle, Adonisröschen, Aurikel, Steinkraut, Perlgras, Federgras und viele andere), wie sie z. B. auch im Jura oder in den Kalkalpen anzutreffen ist.
- Eine Magerwiese mit möglichst kalkhaltigem, nährstoffarmem Untergrund, bewachsen mit einheimischen Wiesenkräutern, wie sie für Kalkmagerrasengesellschaften charakteristisch sind: horstbildende Gräser (Aufrechte Trespe,

Zittergras), Karthäusernelke, Nickendes Leimkraut, Wiesensalbei, Aufrechter Ziest und viele andere.
- Eine Staudenflur mit Frühblühern (Schlüsselblume, Leberblümchen, Buschwindröschen, Lerchensporn) und ausdauernden Stauden des Waldrandes sowie des lichten Mischwaldes. Ausgelegtes Totholz, z. B. ein morscher Baumstumpf oder Baumstamm mit Holz zersetzenden Porlingen, vermittelt auf anschauliche Weise eine Vorstellung vom Kreislauf der Stoffe in der Natur.
- Eine Umgrenzung des Gartens mit heimischen Heckengehölzen: Hasel, Holunder, Hartriegel, Heckenkirsche, Kornelkirsche, Gemeiner und Wolliger Schneeball, Weiß- und Schlehdorn, Pfaffenhütchen.
- Versuchsbeete zur Anzucht von Nutzpflanzen (Gemüse, Kartoffeln, Heil- und Gewürzkräuter, Getreide) und Schnittblumen sowie zur Ausführung von Langzeitversuchen.
- Ein Komposthaufen veranschaulicht, wie organische Abfälle sinnvoll wiederverwendet werden können (Stoffkreislauf).

Die zur Anlage eines Schulgartens erwünschten Pflanzen dürfen nicht der Natur entnommen werden, sondern sind über den Wildkräuterhandel zu beziehen. Zum Betrachten und Untersuchen von Naturobjekten mit Binokularen oder Mikroskopen sollte im Schulgarten eine von einer Pergola überdachte, mit Tischen und Bänken ausgestattete *Arbeitsfläche* vorhanden sein (Grünes Klassenzimmer!). Zur Begrünung der Pergola und Beschattung der Arbeitsfläche bieten sich einheimische Lianengewächse an, wie Hopfen, Waldrebe, Efeu, Wilder Wein, Windenknöterich, Zaunwinde und Zaunrübe. Auch sollte ein Geräteschuppen in der Nähe sein, damit die Gartengeräte nicht durch das Schulhaus transportiert werden müssen.

Unterrichtsrelevante Themen der Schulgartenbiologie

Damit ein Schulgarten die an ihn gestellten Erwartungen erfüllen kann, muss sich sein Konzept an den Bedürfnissen der jeweiligen Schulart orientieren. Von großem Nutzen ist ein Biotopschulgarten insbesondere für die Erarbeitung biologischer Lerninhalte der Unter- und Mittelstufe (Sekundarstufe I). In diesen Klassenstufen werden im Allgemeinen folgende Themen behandelt:

- Lebensgemeinschaft Gewässer: Im Vordergrund steht das Kennenlernen typischer Pflanzen und Kleintiere eines stehenden Gewässers sowie deren Angepasstsein an das Leben am und im Wasser. Zum Bestimmen eignen sich nach Erfahrungen des Verfassers am besten Steckbriefe, bestehend aus einer farbigen Abbildung und einer kurzen Beschreibung, die auf eindeutige Erkennungsmerkmale und allgemein Wissenswertes hinweist. In der Oberstufe können zum Bestimmen der Kleintierfauna auch vereinfachte dichotome Schlüssel eingesetzt werden.
- Angepasstheit von Pflanzen an unterschiedliche Standorte: Im Rahmen dieses Themas sollen Schüler/innen erfahren, wie Pflanzen durch Abwandlung ihrer Grundorgane an unterschiedliche Standorte angepasst sind (vgl. Kap. 10.4).

- Beziehungen zwischen Blüten und Insekten: Durch Beobachten von Insekten auf der Magerwiese, dem Trockenhügel und der Staudenflur sollen Schüler/innen herausfinden, welcher Blütentyp von welcher Insektengruppe bevorzugt aufgesucht wird und welche Bedeutung die Farben und Düfte der Blüten haben könnten. Durch Skizzieren der Blüte sollen Schüler/innen den Typus einer Bienenblüte (Glockenblume, Hornklee), Hummelblüte (Wiesensalbei, Rotklee), Schmetterlingsblüte (Bunte Kronwicke, Natternkopf u. a.), Fliegen- und Käferblüte (Wiesenkerbel, Margerite) kennenlernen.
- Nutzpflanzen: Dieses Thema eignet sich besonders gut, die Bedeutung der Pflanzen für den Menschen mit Fragen der Allgemeinen Biologie zu verknüpfen. Auf Beeten (auch Hoch- und Hügelbeeten) können Getreidearten, Gemüsepflanzen, Heil- und Gewürzkräuter, Öl-, Färbe- und Gespinstpflanzen herangezogen und untersucht werden. Der Schulgarten ist auch der einzige Ort, wo Schüler/innen die Möglichkeit haben, die heimischen Getreidearten Weizen, Roggen, Hafer und Gerste und zugleich auch historisch bedeutsame Arten, wie Einkorn, Emmer und Dinkel, an einer Stelle kennenzulernen.
- Vegetative Vermehrung von Samenpflanzen: Die Beschäftigung mit diesem Thema soll Schülerinnen und Schülern zeigen, dass viele Samenpflanzen sich außer auf geschlechtliche Weise auch vegetativ vermehren können, z. B. durch Wurzelknollen (Dahlien), durch Stecklinge (Fuchsie, Thymian), Wurzelschnittlinge (Primeln), Ausläufer (Erdbeere, Kriechender Hahnenfuß, Weißklee), Brutknospen (Scharbockskraut), Brutzwiebeln und Brutknollen (Tulpen, Gladiolen).
- Keimung, Entwicklung, Wachstum: Am Beispiel der Feuerbohne und des Weizens lässt sich der Verlauf der Keimung und Entwicklung gut beobachten. Getreidepflanzen zeigen in der Phase des Schossens ein besonders starkes Streckungswachstum, das man durch Anbringen von Tuschestrichen im Bereich der Knoten deutlich sichtbar machen kann.
- Boden: Das Thema Boden bietet vielseitige Möglichkeiten für Untersuchungen und Experimente zur Bodenkunde und Bodenbiologie: Sedimentationsprobe, Rollprobe zur Bestimmung der Bodenart; Ermittlung des Kalkgehalts, pH-Werts, Humusanteils, der Wasserdurchlässigkeit; Versuch zur Filterwirkung; Bestimmen von Bodentieren; einfache Versuche mit Regenwürmern, Schnecken und Asseln; Untersuchen der Stickstoff bindenden Wurzelknöllchen an Leguminosen, z. B. der Lupine (Gründüngung): durch Leghämoglobin rosa gefärbte Schnittflächen weisen auf eine starke Stickstoffbindung hin.
- Fruchttypen und Mechanismen der Ausbreitung von Früchten und Samen: Die verschiedenartigen Pflanzen eines Biotopgartens liefern Anschauungsbeispiele für die Einführung in die Biologie der Früchte und die Mechanismen ihrer Ausbreitung (Karpobiologie), z. B. durch Wind (Löwenzahn, Ahorn), durch Tiere (Klette, Holunder, Schöllkraut), durch Wasser (Seerose) oder durch Selbstverbreitung (Springkraut).

Außer den hier nur sehr kurz skizzierten Themen, gibt es noch eine Reihe anderer biologischer Sachthemen, für die sich die Nutzung eines Schulgartens zum Zwecke der Veranschaulichung und des Experimentierens anbietet, etwa zur

Einführung in die Pflanzensystematik, zur Durchführung von Experimenten der klassischen Genetik, zur Beobachtung der Metamorphose bei Froschlurchen, zur Durchführung von Farb- und Duftdressurversuchen mit Bienen und dergleichen mehr. Ausführlichere Darlegungen über Anlage und Nutzung eines Schulgartens finden sich in der einschlägigen Literatur zur Schulgartenbiologie.

5.3.6 Naturnahe und vom Menschen geschaffene Lebensräume

Zu den naturnahen Lebensräumen zählen in Mitteleuropa u. a. Misch- und Auwälder, Feucht- und Magerwiesen, Heckenbiotope, fließende und stehende Gewässer, Küstensäume, Nieder- und Hochmoore, während Futterwiesen, Äcker etc. als allein vom Menschen geschaffene Lebensräume anzusehen sind. Diese Lebensräume bzw. ihre Lebensgemeinschaften hinsichtlich ihrer unterrichtlichen Nutzung im Einzelnen beschreiben zu wollen, würde über den Rahmen dieses Buches weit hinausgehen. Die Darstellung muss sich daher zwangsläufig auf eine exemplarische, kurz gefasste Beschreibung unterrichtsrelevanter Inhalte und Methoden beschränken.

Wald

Das Thema „Lebensgemeinschaft Wald" ist ein Lerninhalt des Biologieunterrichts in allen Schularten. Soweit bei seiner Behandlung auch abiotische Faktoren berücksichtigt werden sollen, kann man auch vom „Ökosystem Wald" sprechen. Von schulbiologischer Bedeutung sind im Rahmen mehrerer Unterrichtsgänge oder eines mehrtägigen Aufenthalts in einem Schullandheim i. d. R. folgende Lerninhalte:

- *Waldtypen, Schichtenaufbau, abiotische Ökofaktoren*
  Nach einer Einführung in dieses Teilthema könnte ein sich anschließender Unterrichtsgang zu einem Wald mit folgenden Frage- bzw. Aufgabenstellungen verknüpft sein:
  - Um welchen Waldtyp handelt es sich: Laub-, Misch-, Nadel- oder Auwald?
  - Zeigt der Wald Merkmale der Naturnähe: Schichtenaufbau (insbes. am Waldrand und an Lichtungen), natürliche Verjüngung, Bäume unterschiedlicher Dicke und Höhe, Totholz. Oder haben wir es mit einem eintönigen Forst (z. B. Fichten-Monokultur) zu tun?
  - Messung der Lichtstärke an einem sonnigen Tag mittels Luxmeter: im Freien, am Waldrand, in der Strauch- und Krautschicht.
  - Vergleichende Messung der Temperatur und Luftfeuchtigkeit an einem sonnigen Tag innerhalb und außerhalb des Waldes.

Die Ergebnisse sind auf einem vorbereiteten Protokollblatt zu notieren (s. Abb. 29).

- *Pflanzen des Waldes*
  Im Rahmen des Themas „Wald" sollen die Schüler/innen vor allem kennzeichnende Laub- und Nadelgehölze dieser Lebensgemeinschaft kennenlernen.

Gemessene Lichtstärken mittels Luxmeter

Messort: Zeitpunkt: Grad der Bewölkung:

Standort	gemessene Werte in Lux			Mittel	% Angabe
Freiland (≙ Baumkronen)					100
Waldrand					
Wald in 2 m Höhe (Strauchschicht)					
Wald in 1 m Höhe (unter der Strauchschicht)					
Zwischen der Krautschicht					

Gemessene Temperaturen mittels Luft- und Bodenthermometer

Standort	Luft-temperatur	Bodentemperatur	
		Oberfläche	2 cm Tiefe
Freiland			
Wald			

(bei genügend Zeit)

Gemessene relative Luftfeuchtigkeit mittels Hygrometer

Standort		Relative Luftfeuchtigkeit
Freiland		
Wald	70 cm	
	unter der Krautschicht	

Ergebnis der Messungen:

Anpassungsmerkmale der Pflanzen

Abb. 29: Beispiel für ein Protokollblatt zur Erfassung abiotischer Parameter

Günstigste Stellen für diese Aufgabe sind der Waldrand und Lichtungen mit natürlicher Verjüngung.
Die häufig anzutreffenden heimischen Laubgehölze lassen sich durch die Form der Blätter und das Muster ihrer Adern identifizieren. Für ihre Bestimmung eignen sich nach Erfahrungen des Autors Fotokopien der Unterseiten von originalen Blättern, die man zweckmäßigerweise in einem Bestimmungsheft zusammenfasst. Über die Bestimmung des Artnamens hinaus, können die Schüler/innen auch noch weitere Angaben machen, z.B. über die Struktur und Farbe der Borke, die Wuchsform und – soweit zugänglich – auch über Form und Farbe der Früchte.
Die wenigen Nadelgehölzarten lassen sich eindeutiger mittels eines vereinfachten dichotomen Schlüssels bestimmen (s. Abb. 30). Es empfiehlt sich, die artspezifischen Merkmale auf einem Protokollblatt notieren zu lassen, z.B. Zahl der Nadeln pro Ansatzstelle, Länge der Nadeln, Unterschiede zwischen Nadeloberseite und Nadelunterseite.

- *Tiere des Waldes*
  Größere Tiere des Waldes, wie Reh, Fuchs, Dachs, Eichhörnchen, dürften auf einem Unterrichtsgang mit einer Schulklasse kaum zu beobachten sein. Waldvögel hingegen lassen sich im Frühjahr und Sommer über ihre Stimmen identifizieren.
  Andere Tiere, obschon anwesend, aber nicht sichtbar, verraten sich durch verschiedene Spuren, die sie hinterlassen. Es ist überaus reizvoll und spannend, anhand entdeckter Spuren auf die Anwesenheit bestimmter Tiere zu schließen. Das *Suchen und Interpretieren von Tierspuren* ist daher eine aus didaktischer Sicht empfehlenswerte Möglichkeit, auch Tiere des Waldes zum Gegenstand eines Unterrichtsganges zu machen. Nachdem die Schüler/innen bereits im Klassenzimmer anhand von Naturobjekten und Abbildungen in das Thema eingeführt worden sind, erhalten sie am Erkundungsort den Auftrag, in Kleingruppen ein überschaubares Waldstück nach Tierspuren abzusuchen. Regelmäßig anzutreffen sind in nahezu jedem Waldstück:

  - F*raßspuren*, z.B. benagte bzw. zerhackte Fichtenzapfen von Eichhörnchen, Waldmaus bzw. Buntspecht (Fressplätze des Eichhörnchens auf Baumstümpfen, Spechtschmieden) (s. Abb. 31); Rupfplätze des Habichts, Sperbers, Marders, Iltis; Hackspuren des Schwarzspechts; Verbiss- und Schälspuren des Rotwilds und dgl. (Ohnesorge et al. 1995);
  - *Körperspuren*, z.B. Skelettteile, Federn, Eierschalen, leere Schneckenhäuser und dgl.;
  - *Wohnbauten*, z.B. Spechthöhlen, Rehbetten, Bodennester, Ameisenhaufen, Gespinste, Erdlöcher von Fuchs, Dachs, Wiesel, Waldmaus; Gallen und dgl.
  - *Losungen und Gewölle*, z.B. von Reh, Hirsch, Wildschwein, Fuchs, Habicht, Sperber, Eulenvögeln (Tierspuren s. Bang & Dahlström 2005).

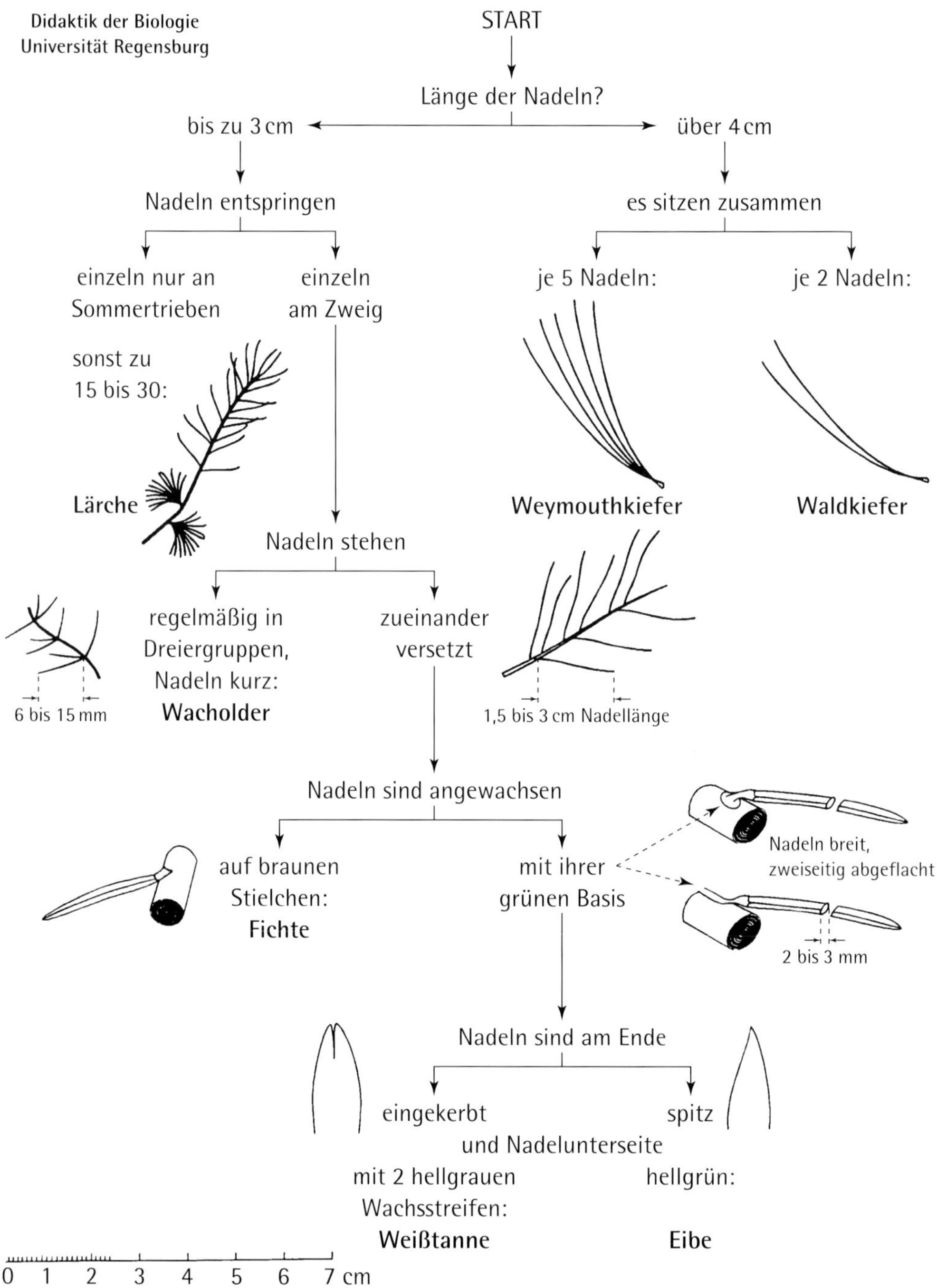

Abb. 30: Vereinfachter dichotomer Schlüssel zur Bestimmung heimischer Nadelgehölze (nach STAROSTA UND ROTH)

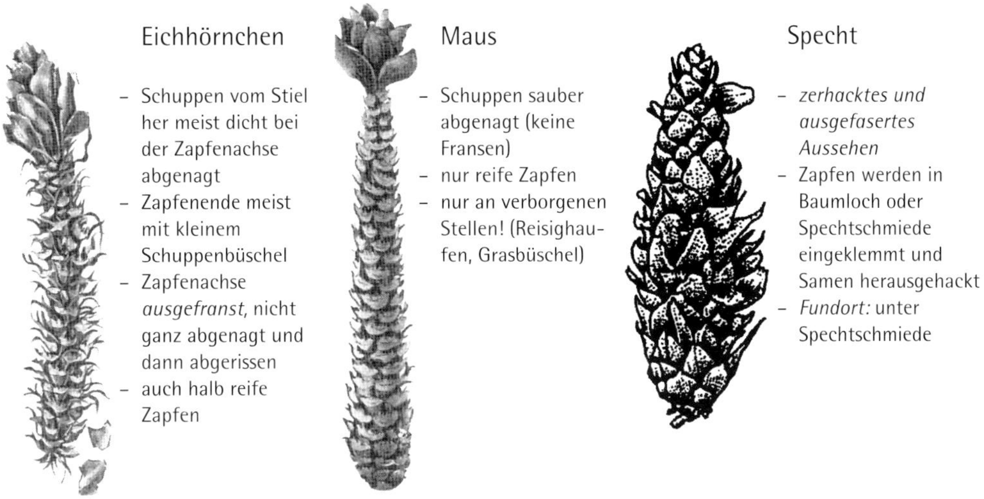

Abb. 31: Abbildung benagter bzw. zerhackter Fichtenzapfen von Eichhörnchen, Waldmaus, Buntspecht

- *Kleintiere im Waldboden und im Totholz*
  Kleintiere spielen als Zerkleinerer und Zersetzer (Destruenten) im Kreislauf der Stoffe eines Ökosystems eine wichtige Rolle. Sie finden sich, bezogen auf das Ökosystem Wald, vornehmlich in der Streuschicht des Waldbodens und im Totholz (z. B. in morschen Baumstümpfen). Zu den im Allgemeinen anzutreffenden Vertretern dieser Tiergruppe zählen Asseln, Springschwänze, Ohrwürmer, Spinnen, Milben, Pseudoskorpione, Steinläufer, Schnurfüßer, Erdläufer, Käfer- und Mückenlarven, Nacktschnecken und andere. Gemeinhin werden diese, im Verborgenen lebenden Tiere aus Unkenntnis ihrer ökologischen Funktion häufig als „Ungeziefer" abqualifiziert. Die ökologische Bedeutung dieser Tiere Schülerinnen und Schülern im Zusammenhang mit der Lebensgemeinschaft Wald einsichtig zu machen, ist daher eine wichtige biologiedidaktische Aufgabe. Nachtaktive, räuberisch lebende Kleintiere der Waldstreu (z. B. Laufkäfer, Spinnen) fängt man mit geeigneten Fallen ein (Barberfallen). Das sind im einfachsten Fall Marmeladengläser oder Joghurtbecher, die, mit ein wenig Hackfleisch oder Käse als Lockstoff versehen, ebenerdig über Nacht in den Waldboden eingegraben werden (vgl. Kap. 10.5).

- *Waldschäden*
  Die Beschäftigung mit dem Thema Wald schließt auch die Frage nach den Einflüssen der Umwelt auf diese Lebensgemeinschaft mit ein. Von Bedeutung sind in diesem Zusammenhang das Erkennen von Waldschäden und die Kenntnis ihrer möglichen Ursachen. Die seit etwa 1975 großflächig auftretenden Schäden zeigten sich zuerst an der Weißtanne, später auch an Fichten, Kiefern, Buchen und Eichen. Typische Schadenssymptome an Fichte und Buche sind auf einem Unterrichtsgang zu einem Wald häufig schon mit bloßem Auge zu erkennen:

- an *Fichte*: Nadelvergilbung und Nadelverlust (Kronenverlichtung), schlaff herabhängende, entnadelte Seitenzweige (Lamettasyndrom), sog. Angsttriebe auf der Oberseite von Zweigen, zahlreiche kleine Fruchtzapfen mit nicht mehr keimfähigen Samen an stark geschädigten Fichten (Notfruktifikation), Abnahme der Jahresringbreite (beobachtbar an gefällten Fichten);
- an *Buche*: Blattvergilbung, eingerollte Blattränder, vorzeitiger Laubfall.

Ausgestattet mit Beobachtungsbögen, kann Schülerinnen und Schülern die Aufgabe erteilt werden, aus einer bestimmten Entfernung vom Waldrand Schadenssymptome ausfindig zu machen, den Grad der Schädigung von „ohne Schädigung" (Stufe 0) bis zu „abgestorben" (Stufe 4) zu schätzen und zu protokollieren sowie den Gesamtzustand des Waldes von „gesund" bis „stark geschädigt" zu beurteilen.

Wiese

Die Lebensgemeinschaft „Wiese" ist bereits ein Thema des Heimat- und Sachunterrichts in der Grundschule. Es spielt dann später nochmals in erweiterter Form in der Unterstufe der Sekundarstufe I sowie des Gymnasiums eine Rolle. Maßgebliche Inhalte dieses Themas lassen sich auf verschiedene Weise auch auf einem Unterrichtsgang zu einer Wiese entweder direkt erarbeiten oder vertiefen. Zu diesen Inhalten gehören: Vielfalt der Pflanzen und Tiere, Freude an der Schönheit einer Wiese, Kenntnis einiger charakteristischer Tiere und Pflanzen einschließlich einiger Heil- und Gewürzkräuter, jahreszeitlicher Wechsel des Erscheinungsbildes, Kenntnis verschiedener Wiesentypen einschließlich einiger Zeigerpflanzen, Anpassungen der Pflanzen an den Mahdrhythmus, Beziehungen in der Lebensgemeinschaft Wiese, insbesondere zwischen insektenblütigen Pflanzen und ihren Bestäubern.

Geeignete Hilfen zum Kennenlernen einiger Pflanzen der Wiese sind farbig gestaltete Steckbriefe oder auch Pflanzenführer, sofern die Schüler/innen bei deren Gebrauch entsprechend unterstützt werden, z. B. durch Nennen der Seitenzahlen, auf denen die zu entdeckenden Pflanzen abgebildet sind. Man kann aber auch den umgekehrten Weg gehen, nämlich zuerst die Namen einiger auf der Wiese vorkommender Pflanzen nennen, mit dem Auftrag, sich deren Aussehen im Pflanzenführer einzuprägen und sie anschließend auf der Wiese zu suchen.

Zur Veranschaulichung des Begriffs „*Vielfalt*" empfiehlt es sich, von Schülerinnen und Schülern eine Bestimmung der ungefähren Anzahl der Pflanzenarten in einem abgegrenzten Areal vornehmen zu lassen, z. B. in einem mit einer Schnur oder mit Holzleisten abgesteckten Quadrat. Die Ergebnisse sind vielsagend, wenn eine solche Auszählung vergleichend an einer Fett- und Magerwiese vorgenommen wird.

Auch bestimmte Formen der *Anpassungen an den Mahdrhythmus* lassen sich auf einem Unterrichtsgang zeigen: Scharfer Hahnenfuß, Wiesenkerbel und Gräser ersetzen ihre abgemähten Sprosse durch Nebensprosse, die aus bodennahen Knospen bzw. Knoten hervorgehen. Löwenzahn, Schlüsselblume und Gänseblümchen wachsen aus den eng dem Boden anliegenden Blattrosetten wieder nach. Weißklee und Kriechender Hahnenfuß bilden Ausläufer, die von der Mahd nicht erfasst werden. Andere Wiesenpflanzen, wie z. B. Wiesenschaumkraut und Günsel säen sich schon vor der ersten Mahd aus und sichern so ihren Fortbestand. Für das Kennenlernen von *Tieren der Wiese* sind insbesondere die *Beziehungen zwischen insektenblütigen Pflanzen und ihren Bestäubern* zentral. Viele Vertreter aus der Klasse der Insekten ernähren sich direkt von Blättern, wie z. B. Heuschrecken, Schmetterlings- und Käferlarven. Blattläuse, verschiedene Wanzenarten und Schaumzikaden (Kuckucksspeichel!) saugen den Saft aus den Siebröhren der Wiesenkräuter. Eine hohe Diversität herrscht bei Formen und Farben der Blüten und den Nektar und Pollen sammelnden Insekten. Bereits vom Wegrand aus lässt sich feststellen, welcher Blütentyp von welcher Insektengruppe bevorzugt aufgesucht wird. Hautflügler, wie Bienen und Hummeln, suchen nach Nektar und Pollen hauptsächlich in Blüten der Lippenblüten- und Glockenblumengewächse. Der auf einem Hebelmechanismus der Staubblätter beruhende Bestäubungsvorgang beim Wiesensalbei lässt sich gut im Freiland beobachten, sobald sich eine Hummel auf der Blüte niederlässt (Auslösen auch durch Grashalm oder Nadel möglich). Die langrüsseligen Schmetterlinge suchen bevorzugt Blüten mit langen, engen Röhren auf, wie z. B. Knautien, Disteln, Nelken- und Korbblütengewächse. Auf den scheibenförmigen Blütenständen von Doldengewächsen (Wiesenkerbel, Bärenklau, Wilde Möhre) tummeln sich vorzugsweise Schwebfliegen, Weich- und Bockkäfer sowie Schmeißfliegen.

Gewässer[28]

Der Lebensraum „Wasser" ist ein zentrales und beliebtes Thema der Freiland-Biologie in allen Schularten. Bestimmte Inhalte dieses Themas können bei entsprechender Vorbereitung in forschend-entdeckender Weise im Freiland von Schülerinnen und Schülern erarbeitet werden. Dazu gehören kennzeichnende Pflanzen- und Tierarten, Angepasstheit von Pflanzen und Tieren an das Leben an oder im Wasser, Nahrungsbeziehungen in einem Gewässer, biotische und abiotische Wassergütefaktoren.

Die *Ermittlung der Namen typischer Pflanzen eines Gewässers* erfolgt in der Grundschule und Unterstufe am einfachsten und sichersten mittels farbig gestalteter Steckbriefe.

Das *Kennenlernen kennzeichnender Tiere* beschränkt sich in der Regel auf wirbellose Kleintiere. Diese werden zunächst mit Keschern eingefangen, dann in eine mit wenig Wasser angefüllte große Plastikschale entlassen und anschließend mit einem Löffelchen oder einer Pasteurpipette in eine Becherlupe oder ein Schälchen überführt, wo sie unter dem Binokular betrachtet und bestimmt werden können. Auch das Bestimmen von Kleintieren erfolgt am sichersten über Steckbriefe, auf deren Vorderseite das Tier nach Möglichkeit farbig abgebildet ist und eine als Strecke gekennzeichnete Linie mit Millimeterangabe auf die tatsächliche Größe hinweist (s. Abb. 32). Auf der Rückseite des Steckbriefes ist das betreffende Tier kurz beschrie-

28 vgl. auch Abschnitt 3.4.3 Exemplarische Vorgehensweise und 8.2.4 Offene Unterrichtsformen

ben bezüglich typischer Kennzeichen, Vorkommen, Lebensweise und anderweitig Bemerkenswertem. In der Mittel- und Oberstufe können zur Identifizierung von Kleintieren auch vereinfachte dichotome Schlüssel eingesetzt werden, z.B. der Bestimmungsschlüssel von WELLINGHORST (1993) „Wirbellose Tiere des Süßwassers".

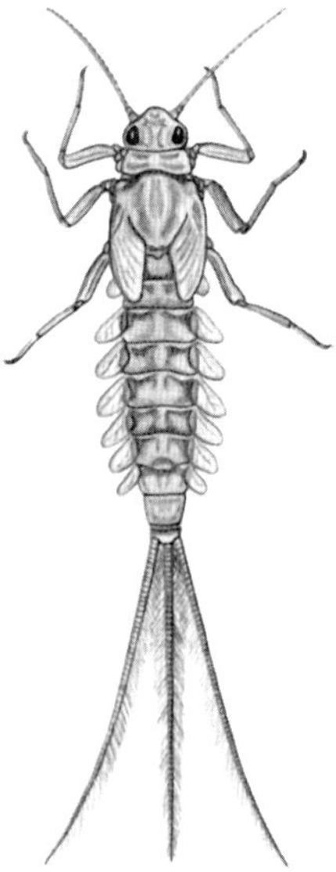

Eintagsfliegenlarve

Typische Kennzeichen:
6–12 mm lang, bräunlich;
meist drei Schwanzfäden;
an beiden Seiten des Hinterleibs dünnhäutige Kiemenblättchen (Tracheenkiemen).

Vorkommen:
fließende und stehende Gewässer

Bemerkenswertes:
Schwanzfäden dienen dem Rudern im Wasser; ernähren sich von Detritus und Algen; erwachsene Tiere haben 2 Flügelpaare; da ihre Mundwerkzeuge verkümmert sind, können sie keine Nahrung aufnehmen und leben daher nur 2 bis 3 Tage (Name!)

Abb. 32: Vorder- und Rückseite eines Steckbriefes einer Eintagsfliegenlarve (Abb. aus ENGELHARDT 2015)

Am Beispiel der See- oder Teichrose lassen sich exemplarisch Merkmale des *Angepasstseins von Pflanzen an das Leben im Wasser* zeigen: langstielige Schwimmblätter mit einer Wasser abstoßenden Kutikula und Spaltöffnungen auf der Blattoberseite sowie ein mit großen Interzellularen ausgestattetes Durchlüftungsgewebe (Aerenchym).
Viele in einem Gewässer vorkommenden *Kleintiere* zeigen leicht erkennbare Merkmale, die auf eine Anpassung an das Leben im Wasser hinweisen: büschelartige Außenkiemen bei Larven von Frosch- und Schwanzlurchen, mit Schwimmborsten besetzte Fußglieder bei Rückenschwimmern und Ruderwanzen, Atemröhren bei Stabwanzen usw.
Rückschlüsse auf die *Güte eines Gewässers* lassen sich sowohl aus dem Vorkommen bestimmter *Zeigerorganismen* als auch aus der Ermittlung abiotischer Wassergütefaktoren ziehen. So weisen z.B. Bachröhrenwürmer, Zuck- und Schlammfliegenlarven auf stark verschmutztes Wasser (polysaprob) hin. Spitzschlammschnecken und Eintagsfliegenlarven sind Indikatoren für mäßig verschmutztes Wasser (mesosaprob). Strudelwürmer, Stein- und Köcherfliegenlarven indizieren sauberes Wasser (oligosaprob). Aus der Häufigkeit der gefundenen Zeigerorganismen und deren Bewertungszahlen lässt sich über den *Saprobienindex* näherungsweise die Gewässergüte errechnen.

Neben der Ermittlung von Bioindikatoren spielt bei ökologischen Gewässeruntersuchungen vor allem die Bestimmung der *abiotischen Wassergütefaktoren* eine wichtige Rolle. Von Bedeutung sind in diesem Kontext Sichttiefe, Wassertemperatur, pH-Wert, der Gehalt an Sauerstoff, Phosphat, Nitrat / Nitrit, Ammonium und Sulfat sowie die Gesamthärte und der biochemische Sauerstoffbedarf (BSB). Für Wasseranalysen im Freiland eignen sich colorimetrische Bestimmungsverfahren mit entsprechenden Reagenzien (z. B. käufliche Analysenkoffer), deren Ergebnisse schulbiologischen Ansprüchen hinreichend genügen und die zusammen mit den biotischen Befunden eine Schätzung der Gewässergüte zulassen.

5.3.7 Botanische und zoologische Gärten[29]

Botanische und zoologische Gärten eröffnen vielfältige Möglichkeiten der „originalen Begegnung" mit Pflanzen und Tieren. Den Lernenden treten in diesen Einrichtungen die Organismen in vom Menschen gestalteter Umgebung, in Ersatzlebensräumen entgegen. Sie können aber Primärerfahrungen gewinnen, auch von Pflanzen und Tieren, denen sie sonst nur in Medien begegnen. Artenreichtum und Artenvielfalt der Lebewesen, biologische Diversität, werden deutlich vor Augen geführt. So beherbergen etwa die botanischen Gärten Deutschlands das 20fache der Artenzahl unserer heimischen Flora auf engem Raum (Rauer 2000, zit. nach Fischbeck 2001). Diese und andere Vorteile machen sich Zoos und botanische Gärten in ihren Bildungsangeboten zunutze. Sie bedeuten heute für Schule und Unterricht wesentlich mehr als nur ein bequemes Ziel von Wandertagen und Ausflügen; sie wurden vielmehr zu Bildungseinrichtungen, deren Möglichkeiten auch für die Erwachsenenbildung in steigendem Maße anerkannt und genutzt werden. In vielen *botanischen Gärten* entstanden in letzter Zeit pädagogische Zentren. Sie halten Vorschläge und Materialien für Unterrichtsthemen bereit, die mithilfe der Möglichkeiten des Gartens von Schulklassen bearbeitet werden können. Neuere gartenpädagogische Konzepte umfassen die Gestaltung der ganzen Anlage, Führungen für Jugendliche wie für Erwachsene, geeignete Beschilderung etc. im Hinblick auf alle Altersstufen.
Inhaltliche Schwerpunkte von Unterrichtsgängen in einen botanischen Garten können zum Beispiel sein:

- Formenkundliche und systematische Kenntnisse, Biodiversität
  Themen: Der Wald u. seine Laubbäume / Nadelbäume; Pflanzen des Regenwaldes; Farne und Moose usw.)
- Angepasstsein von Pflanzen an bestimmte Standorte oder Klimazonen, dabei Bezug zu Ökologie und / oder Evolution
  Themen: Pflanzen an Trockenstandorten, an tropisch feuchten Standorten, im Hochgebirge etc. Sonderfall: tierfangende Arten

29 Literatur z. B. Beyer 2003a,b; Beyer & Wehnelt 2002, Jerg 1998, Killermann 1999, Mair & Ellenrieder 1990, Fischbeck-Eysholdt 2001, Unterricht Biologie, H. 156, 1990, PdN Biologie, H. 4, 1993

- Heil- und Gewürzpflanzen
  Themen: Heimische u. fremdländische Arznei- und/oder Gewürzpflanzen; Pflanzen in der Kosmetik- und Parfümindustrie etc.
- Nutzpflanzen verschiedener Regionen der Erde in Verbindung mit dem Gedanken der nachhaltigen Nutzung, Verbindung von Ökologie und Ökonomie
  Themen: Tropische Nutzpflanzen – tropische Früchte; Getreide: von Wildgräsern zu Hochleistungssorten etc.
- Naturschutz und geschützte Pflanzen[30]

Für die Schüler/innen bringen solche Unterrichtsveranstaltungen durch die Begegnung mit lebenden Pflanzen zusätzliche Erfahrungen. Insbesondere erscheint das sorgfältige Betrachten ausgewählter Phänomene lerneffektiv und auch bedeutsam für den emotionalen Bereich. Es geht nicht um Führungen im herkömmlichen Sinne. Entdeckendes, handelndes Lernen der Schülerinnen und Schüler steht im Vordergrund. Die Informationsfülle ist zu beschränken, das Prinzip des Exemplarischen zu berücksichtigen, damit nicht die Vielzahl von Arten und Erscheinungen verwirrt und nur vage Eindrücke hinterlässt.

Noch mehr Interesse besteht bei Schülerinnen und Schülern naturgemäß für die *Zooschulen*. Diese Einrichtungen gibt es heute in fast allen zoologischen Gärten. Obwohl sehr unterschiedlich organisiert und ausgestattet, verfügen sie doch meist über einen Unterrichtsraum und pädagogisch geschulte Mitarbeiter. Zoopädagogik ist heute ein feststehender Begriff. Zooschulen wollen das große zoologische Bildungspotenzial eines Tierparks für den Biologieunterricht nutzbar machen. Es gibt keine Schulart und kaum eine Jahrgangsstufe, in der nicht einige zoologische Lernziele im Tierpark umsetzbar wären. Viele Beobachtungen an heimischen Tieren, die im Freiland mit einer Klasse nicht durchführbar sind, bilden im Zoo kein Problem. Ähnliches gilt für fremdländische Tierarten, die nur aus dem Fernsehen oder aus Bildern bekannt sind. Die Tiere sind in der Regel nicht scheu und daran gewöhnt, von Menschen beobachtet zu werden. Ein Erfahren von Phänomenen direkt über die Sinne ist gegeben, geruhsames Verweilen möglich.
Aus der Fülle möglicher Unterrichtsthemen seien hier beispielhaft genannt:[31]

Grundschule:
Einheimische Tiere des Waldes: Wildschwein, Luchs, Rot- und Damhirsch usw. – Wir lernen Tiere fremder Länder kennen

Mittelstufe:
Angepasstheit der Vögel an Wasser, Luft, Land: Pinguin, Storch, Strauß – Vom Wildtier zum Haustier: Urwildpferd, Hauspferd; Rückzüchtung von Ur und Tarpan

---

30 Die genannten Themen nach Jerg 1994 u. 1998, erprobt im Botanischen Garten München

31 Diese Themen werden neben anderen in der Münchner Tierparkschule Hellabrunn angeboten u. sind praktisch erprobt; das gilt auch für das beigefügte Arbeitsblatt mit Beobachtungsanleitungen, s. Literatur u. Mskr. Beyer

Oberstufe:
Das Sozialverhalten der Primaten: Halbaffen, Affen, Menschenaffen; Verhaltensbeobachtungen bei Mantelpavianen
Zoos können auch globale Artenschutz- bzw. Umweltfragen Schülern wie Erwachsenen nahebringen, etwa beim Thema „Bedrohte Tierarten und Zerstörung natürlicher Ökosysteme".
Zoos und andere außerschulische Lernorte bieten mehr Freiheiten für das *methodische Vorgehen* als der Unterrichtsraum in der Schule; die ganze Situation ist offener. Aufmerksames Beobachten steht beim Zoobesuch im Vordergrund. Beobachten von Tieren bedeutet auch flexibles Eingehen auf sich spontan bietende Situationen, also situatives Unterrichten. Durch gezielte Hinweise oder Aufgabenstellungen, durch Gruppenarbeit etc., werden die Schüler vom planlosen Umhergehen und bloßem Hinschauen abgehalten und zur aktiven Auseinandersetzung mit den Tierarten aufgefordert. Es geht hier, wie im botanischen Garten, um entdeckendes Lernen im eigentlichen Sinne, um Handlungsorientierung usw. Neben dem visuellen Bereich, können im Zoo auch andere Sinneseindrücke erfahren werden. Hören, Riechen und Tasten, z. B. im Streichelzoo, erweitern den Erfahrungshorizont. Natur erleben mit verschiedenen Sinnen (= multisensorisches Vorgehen), das ist heute eine der pädagogischen Forderungen nicht nur für die Grundschule – hier kann sie verwirklicht werden.
Für *Projektarbeit* bietet ein Zoo ebenfalls sehr gute Voraussetzungen. In Verbindung mit erlebnisorientiertem Lernen liegen hier Schwerpunkte beim Erwerb von Methoden- und Sozialkompetenz.[32]
Der Einsatz von *Arbeitsblättern* in botanischen und zoologischen Gärten oder in Museen wird nicht von allen Pädagogen bejaht. Die Gegner argumentieren mit Blickverengung und Gängelung der Schüler; problematisch wären sie besonders dann, wenn nicht mehr das lebende Tier Ziel der Aufmerksamkeit ist, sondern das Blatt, das evtl. mithilfe der Gehegebeschilderung ausgefüllt wird. Die Befürworter stellen die gezielte Auseinandersetzung mit ausgewählten Objekten, das selbstständige Arbeiten, das Konzentrieren auf Wesentliches in den Vordergrund. Außerdem können mithilfe der Arbeitsblätter die Themen in der Schule wieder aufgefrischt und nachbereitet werden. Arbeitsblätter sollten auf jeden Fall so gestaltet sein, dass sie echte Hilfen für gezieltes Beobachten darstellen, den Blick auf Wesentliches lenken und Platz für spontane Beobachtungen bieten. Es ist in erster Linie eine Frage der Qualität solcher Arbeitsunterlagen, wieweit sie nutzbringend den Besuch außerschulischer Lernorte unterstützen können (vgl. Abb. 33).
Heute sind statt der Gehegebeschilderung zur Information der Zoobesucher auch multimediale Infosäulen mit computergestützten Programmen im Gespräch. Durch Anklicken kann man Wissenswertes über die Arten erfahren, naturgemäß viel mehr als auf den üblichen Schildern.

In München-Hellabrunn wurde ein solches Programm im Rahmen einer wissenschaftlichen Arbeit (STANGL 1999) praktisch erprobt. Es war interaktiv gestaltet, forderte zum Beobachten der Tiere, hier der Elefanten, auf; es sollte u. a. die Wahrnehmungsfähigkeit fördern. Die Software wurde nach Auswertung

32 vgl. Abschnitt 8.2.3 und z. B. Beyer 2003b

Beobachtungen zum Körperpflegeverhalten der Primaten

Information: Bei Primaten lassen sich drei unterschiedliche Formen der Körperpflege unterscheiden: die **gegenseitige Körperpflege**, genannt „Allogrooming", die **eigene Pflege des Körpers** nennt man „Autogrooming", sowie die **gleichzeitig gegenseitige Körperpflege**. Bei der Körperpflege werden die Hände, die Zunge, die Zähne sowie die Lippen eingesetzt. Halbaffen beschränken sich bei der Fellpflege auf den Einsatz ihrer Zunge und der Zähne, Affen und Menschenaffen dagegen bedienen sich überwiegend ihrer Hände.

1. Beschreibe zunächst möglichst genau die Durchführung der Fellpflege der Primatenart, die du jetzt beobachtest.

___

___

___

___

2. Welche Art von Körperpflegeverhalten zeigen die von dir beobachteten Tiere? Zähle die Häufigkeit der jeweiligen Art, und trage sie in die folgende Tabelle mit Zählstrichen ein.

a) Gegenseitige Körperpflege (Allogrooming)	
b) Eigene Körperpflege (Autogrooming)	
c) Gleichzeitig gegenseitige Körperpflege	

3. Welche Körperpartien werden vorwiegend bei der **eigenen Körperpflege** berücksichtigt? Zähle mithilfe der folgenden Tabelle die Häufigkeit!

Hände		Leiste	
Arme		Schwanz	
Brust		Beine	
Bauch		Füße	

4. Welche Körperteile werden bei der **gegenseitigen Körperpflege** bevorzugt?

Gesicht		Achselhöhlen	
Nacken		Rücken	
Anal-Genital-Bereich		Seiten	
Schenkelunterseite		Armunterseite	

Abb. 33: Beispiel für mögliche Verhaltensbeobachtungen an Affen (nach BEYER)

zahlreicher Schülerfragen schwerpunktmäßig für die Altersgruppe 8–12-Jährige entwickelt und dann im Zoo am Tiergehege empirisch evaluiert. Es zeigte sich, dass dieses Programm insbesondere von Schülerinnen und Schülern intensiv genutzt und sehr zustimmend aufgenommen wurde. Programminhalte, bei denen das eigene Wissen getestet werden konnte, wurden besonders gerne aufgerufen. Solche Infosäulen können also durchaus in Zoos zur weitergehenden Information Verwendung finden, wobei die Programme stets zur direkten Beobachtung der Tiere hinlenken sollten.

In Zusammenhang mit der Möglichkeit, Tiere an außerschulischen Lernorten zu beobachten, wird hier auch auf die Lehrbienenstände hingewiesen. Sie wurden von Imkerverbänden an vielen Orten eingerichtet und bieten Gelegenheit zur näheren Begegnung mit Bienen.

Eine wissenschaftliche Untersuchung zur Effizienz dieses Lernortes (Hampl 2000), durchgeführt an 249 Realschülerinnen und Realschülern der 7. Jahrgangsstufen, zeigte, dass nach Unterricht am Lehrbienenstand deutlich höhere Lernzuwächse erzielt wurden als bei Vergleichsgruppen im Klassenzimmer; dies gilt besonders für durchschnittlich bis weniger begabte Schüler/innen. In gleicher Weise wurde auch der affektive Bereich positiv beeinflusst: Das Interesse an der Biologie erhöhte sich, negative Vorstellungen über Bienen wurden nachhaltiger abgebaut als beim Unterricht im Klassenzimmer, die allgemeine Einstellung gegenüber Insekten erfuhr eine Verbesserung usw. Besonders positiv beurteilten die Schüler, dass sie sich an diesem außerschulischen Lernort aktiv in das Unterrichtsgeschehen einbringen konnten, also handlungsorientiert lernten.

5.3.8 Umweltzentren[33]

Begriff, Aufgaben

Als Umweltzentren werden verschiedene neuere außerschulische Institutionen bezeichnet, die vor allem die Auseinandersetzung mit Umweltfragen fördern wollen. Es handelt sich um Einrichtungen mit verschiedenen Bezeichnungen, getragen vom Staat, von Kommunen, Stiftungen oder gemeinnützigen Vereinen, zum Beispiel: Informationszentren in National- und Naturparks, Naturschutzzentren, Ökologiestationen, Jugendwaldheime, Freilandlabors, Jugendherbergen. Schwerpunkte ihrer Arbeit liegen in der Regel im Erziehungs- und Informationsbereich. Sie wenden sich dabei an Jugendliche wie an Erwachsene, an Touristen und Einheimische. Die Betreuung von Schulklassen spielt immer eine wesentliche Rolle. Zu den zentralen Aufgaben dieser Zentren gehört es, die Besucher mit der Natur der näheren Umgebung vertraut zu machen, mit charakteristischen Ökosystemen sowie mit ihrer möglichen Gefährdung und mit der Notwendigkeit des Schutzes besonderer Biotope. Darüber hinaus werden überregionale Umweltbelastungen mit ihren Auswirkungen auf lokale Gegebenheiten erörtert. Es geht also primär um die Themenkreise Ökologie, Biodiversität, Natur- und Umweltschutz. Weitere Themen sind, je nach örtlichen Gegebenheiten, Probleme der Land- und Forstwirtschaft, des Verkehrs, der Umwelttechnik, Verbindung naturkundlicher mit kulturhistorischen Daten, Natur- und Kulturlandschaft etc. Übergeordnetes Ziel ist immer die Förderung der Umweltbildung unter Betonung regionaler Probleme.

33 Literatur z. B. Eulefeld & Winkel 1986, Killermann 1993, Kochanek et al. 1996, Bogner 1997, Grimm 2003

Dabei steht heute das Leitbild einer „nachhaltigen Entwicklung" im Vordergrund (vgl. Kap. 10.5).
Viele Zentren verfügen über einen Ausstellungs- und Unterrichtsraum, eine Bibliothek und einen allgemeinen Informationsstand. Dazu kommt evtl. ein „Aktions- oder Erlebnisraum", wo Besucher Naturgegenstände selbst untersuchen und Entdeckungen machen sollen. Hier werden neben dem Sehen auch andere Sinne angesprochen, z. B. Hören (Vogelstimmen etc.) oder Tasten (einzelne Objekte anfassen, „begreifen" können – „touch and feel tables"). Häufig sind in den Ausstellungsräumen Interaktionsmöglichkeiten vorhanden, d. h. Informationen werden durch Drücken von Knöpfen, Öffnen von „Fenstern", Nutzung von Computerprogrammen etc. vermittelt.
Vorträge, Informationsblätter und Exkursionen werden angeboten, auf Lehrpfade und typische Ökosysteme wird hingewiesen. Zentrum und umgebende Natur müssen in Zusammenhang gesehen werden. Was der Ausstellungsraum zeigt, soll zu Beobachtungen in der Natur anregen. Häufig sind einem Umweltzentrum Außenanlagen mit charakteristischen Biotopen angeschlossen, die unter didaktischen Gesichtspunkten gestaltet wurden, zum Beispiel Feuchtbiotope, Trockenrasen, Wiese, Buschland, Wald. Sie bieten Schülern, Studenten und Lehrkräften Gelegenheit zum Beobachten und Arbeiten im Freien.
Sind mehrere unterschiedliche Biotope in unmittelbarer Nähe vorhanden und steht in Zusammenhang damit ökologische Feldarbeit im Vordergrund, so spricht man auch von *Freilandlabors* (vgl. Zimmerli 1980).
Umweltzentren sind hervorragend geeignet, den schulischen Biologieunterricht zu ergänzen und dem Interesse Erwachsener an der Natur Rechnung zu tragen. Sie helfen, umweltbezogene Kenntnisse zu vertiefen und originale Naturbegegnung zu fördern. Mitarbeiter der Zentren kennen die örtlichen Gegebenheiten und sind in der Lage, den jeweiligen Bedürfnissen entsprechend, Exkursionen zu betreuen oder Hilfestellung bei freilandbiologischen Aktivitäten zu leisten. Sie sollten allerdings mit modernen didaktischen Prinzipien vertraut sein, um möglichst effektiv wirken zu können.

Solche Einrichtungen entstanden zuerst in den USA als „environmental education centers" bzw. „nature centers" etc. Sie wurden in Nationalparks und anderen Schutzgebieten gegründet und verfügen jeweils über größere eigene „education"- Abteilungen, die alle Besucher und insbesondere Jugendliche betreuen. „Rangers" oder „instructors" und Hilfspersonal übernehmen diese Aufgaben, es besteht enge Zusammenarbeit mit Schulen. Tausende von Jugendlichen suchen im Rahmen von ein- oder mehrtägigen Veranstaltungen die Parks mit ihren Zentren auf. Auch private Naturschutzorganisationen betreiben solche Institutionen und ermöglichen freilandbiologische Aktivitäten. Eigene Programme für diese Art von Freilandarbeit in Verbindung mit Umweltbildung wurden entwickelt, Naturerfahrungsspiele sind dabei von Bedeutung.
Auch in England haben ähnliche Einrichtungen eine längere Tradition. Die „field-study-centers" mit eigenem Personal bieten Schulen und Erwachsenengruppen die Möglichkeit, biologisch-ökologisch im Freien zu arbeiten und dabei mit Themen des Umweltschutzes vertraut zu werden.

Didaktische Konzepte

Umweltzentren ermöglichen, wie andere außerschulische Lernorte, Alternativen zu den konventionellen Vorgehensweisen in der Schule. Neue Konzepte zur Umwelterziehung lassen sich erproben. Man ist im außerschulischen Bereich entspannter und freier als im schulischen Alltag; auch fächerübergreifendes Vorgehen ist leichter möglich.

Heute liegt allerdings bei vielen Umweltbildungseinrichtungen (nach GRIMM 2003 bei 60–70 %) der Schwerpunkt des Angebots auf Veranstaltungen wie Referaten, Präsentationen, Führungen mit Vortrag, bei denen konventionelle, lehrerzentrierte Vorgehensweisen und die Vermittlung von Faktenwissen, das Belehren, im Vordergrund stehen. Es handelt sich dabei um ein primär an Instruktion, an fachlichem *Wissen und Verständnis* orientiertes Konzept.

Daneben gewinnen aber Konzepte an Bedeutung, die problem- und handlungsorientierte Methoden bevorzugen. Solche moderneren Konzepte zielen darauf ab, Schüler und andere Besucher anzuregen, selbst aktiv zu sein, sich mit den Objekten und Fragestellungen selbstständig und handelnd auseinanderzusetzen. Dieses Vorgehen entspricht offeneren Lehr- und Lernformen bzw. konstruktivistischen Ansätzen.

Schon die Ausstellungs- und Erlebnisräume können durch Bereitstellung von Präparaten und geschickte Präsentation von ökologischen Beziehungen oder von Umweltproblemen zur aktiven Beschäftigung auffordern. Von besonderer Bedeutung für die Besucher ist aber die originale Begegnung mit der Natur draußen, mit Pflanzen und Tieren im Schaugelände, an Lehrpfaden, im Freiland. Hier sollen sie angeregt werden, Natur wahrzunehmen, sollen beobachten, bestimmen, kennenlernen.

Ein besonderer *Vorteil der Umweltzentren* ist die authentische Lernumgebung. Die Besucher lernen nicht nur Lebewesen konkret kennen, sondern sie können sich mit ökologischen Fragen, mit aktuellen Naturschutzproblemen oder mit der Idee der nachhaltigen Entwicklung an Ort und Stelle aktiv auseinandersetzen. Situationsorientierung ist gegeben und damit situiertes Lernen ermöglicht; Handlungswissen lässt sich vermitteln, d. h. der Besucher erfährt, was er selbst konkret tun kann und was die Allgemeinheit leisten soll.

Mit dem Beobachten geht das Erleben von Natur Hand in Hand. Damit wird der *affektive Bereich* angesprochen. Manche Konzepte von Umweltzentren zielen vor allem auf diese emotionale Dimension. Das Konzept „Wissen" soll durch das Konzept „Wahrnehmen und Erleben" ergänzt werden. Wahrnehmen der Natur und Beobachten mit allen Sinnen wird vorgeschlagen; Naturerfahrungsspiele gehören in diesen Rahmen (s. Abschnitt 8.2.3). Letztlich soll dieses Vorgehen für die Natur aufschließen, für Belange der Umwelt sensibilisieren und zur *ethischen Reflexion* führen, etwa über Notwendigkeit und Sinn des Schutzes von Lebewesen und Ökosystemen.

Die Umweltzentren sollten eine Kombination dieser verschiedenen Vorgehensweisen und damit ein mehrdimensionales oder ganzheitliches Konzept anstreben, um ihre Ziele bestmöglich zu erreichen (zu Konzepten der Umweltbildung s. Abschnitt 10.5.4).

5.3.9 Naturkundemuseen

Naturkundemuseen haben sich in jüngster Zeit stark gewandelt. Aus wissenschaftlichen Sammlungen, aus Orten der Zurschaustellung einer fast irritierenden Fülle von Objekten wurden Einrichtungen, die der Erziehung und Bildung einen hohen Stellenwert einräumen. Das moderne Naturkundemuseum stellt exemplarisch ausgewählte Themen dar, präsentiert Objekte möglichst in ihren Lebens- und Funktionszusammenhängen, z. B. in Dioramen, fordert den Besucher zum Nachdenken, zum Dialog mit dem Ausstellungsstück auf. Für die schulische Arbeit bieten Museen den Vorteil der realen Objekte. Es sind Orte der originalen Begegnung und zugleich Orte der Anschauung wie des Nachdenkens. Eine große Anzahl biologischer Themen kann verdeutlicht werden, etwa die Vielfalt von Arten, Arten in ihrem Lebensraum, Zusammenhänge zwischen Bau, Funktion und Lebensweise, Gegebenheiten der Evolution usw.

Die Exponate sollen dem Besucher etwas sagen. Sie können ihm Informationen vermitteln, die er sonst nur aus zweiter Hand durch Medien erhält. Erfolgreiche Auseinandersetzung mit dem Objekt hängt aber ab von einem gewissen Vorwissen und insbesondere von gezielten Fragen. Diese werden entweder von der Lehrkraft bzw. vom Museumsführer formuliert oder didaktischen Handreichungen (Arbeitsblättern) entnommen. Der Ausstellungsbesucher soll sich möglichst nicht passiv verhalten, sondern vielmehr zum Beobachten und Nachdenken angeregt werden.

Wie die meisten Naturinformationszentren, bieten auch moderne naturkundliche Museen, manchmal in speziellen Räumen (z. B. Erlebnisraum), Interaktionsmöglichkeiten für die Besucher an, also Präsentationen von Objekten oder Vorgängen durch Knopfdruck, Richtig-Falsch-Aufgaben, Lernspiele mit Punktevergabe, Computeranimationen, Möglichkeiten, Naturlaute zu hören, selbst Experimente durchzuführen usw. Solche Aktivitäten bieten durchaus den Reiz des Neuen, des tätigen Wissenserwerbs. Erfahrungen zeigen allerdings, dass Jugendliche vor allem auf das richtige Hantieren mit den technischen Vorgaben oder bei Spielen mit Punktevergabe fast nur auf die Zahl der gewonnenen Punkte achten und weniger auf die zu vermittelnden biologischen Inhalte (vgl. Mair, O. Mskr. 2004). Vorsicht ist also geboten. „Spielerische Naturkunde" hat durchaus ihren Platz im modernen Museum, darf aber nicht überbewertet werden.

Heute stellen naturkundliche Museen meist didaktische Handreichungen für Schulklassen zur Verfügung. Sie bieten den Lehrkräften Hilfen für den Museumsbesuch, sollten zur genauen Beobachtung von Exponaten anregen und erläuternde Hinweise und Skizzen sowie u. a. Aufgaben enthalten, die mithilfe ausgestellter Objekte selbstständig von den Schülern zu lösen sind. Arbeitsblätter sollten nur wenig Schreibarbeit erfordern – im Mittelpunkt steht immer das ausgestellte Objekt, nicht das Blatt.

Wilde (2003) untersuchte in einem Naturkundemuseum (Lindenhof b. Bayreuth, zugleich Umweltzentrum) an 366 Gymnasiasten der 5. Jahrgangsstufe die affektive Wirkung und den kognitiven Lernerfolg eines eintägigen Besuches. Dabei wurden insbesondere der Erfolg fremdgesteuerten (= lehrerzentrierten) und selbstgesteuerten Vorgehens sowie eine Mischform miteinander verglichen. Grundthema des besuchten Museumsteils ist die Beeinflussung der Natur durch den Menschen, dargestellt in Diora-

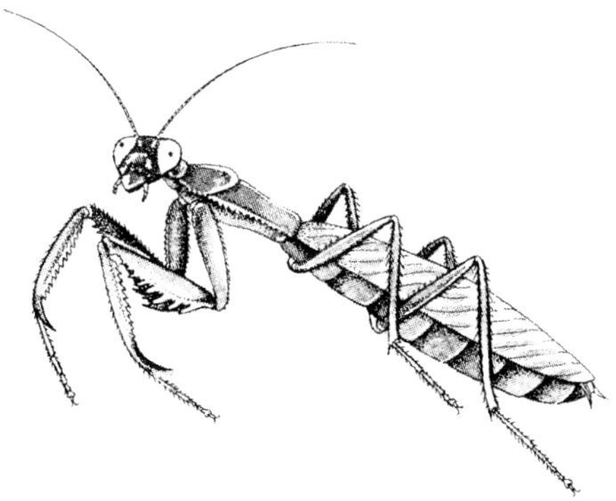

Ein Besuch im Haus der Natur

Insekten

Wenn du die Insektenabteilung im 4. Stock genau betrachtest, kannst du die folgenden Aufgaben lösen.

1. Manche Körperteile dieser Insekten sind falsch gezeichnet. Streiche sie durch!

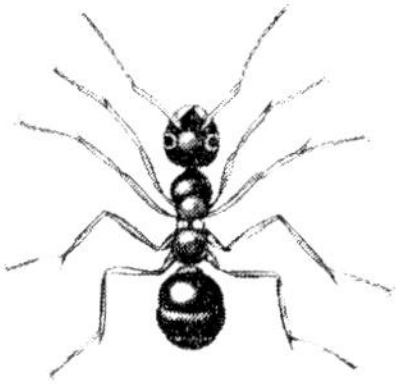

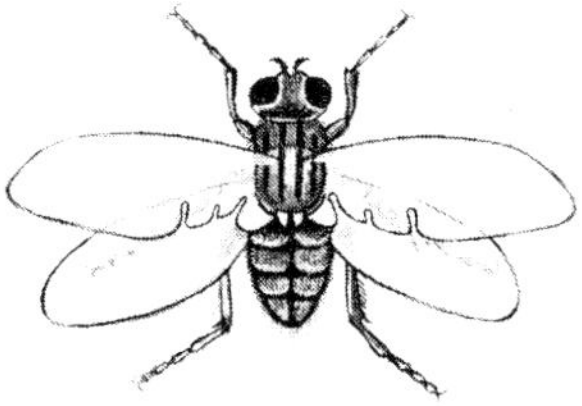

2. Die Männchen der Laubheuschrecken haben ihr „Musikinstrument" immer mit. Kreuze an, womit sie zirpen:

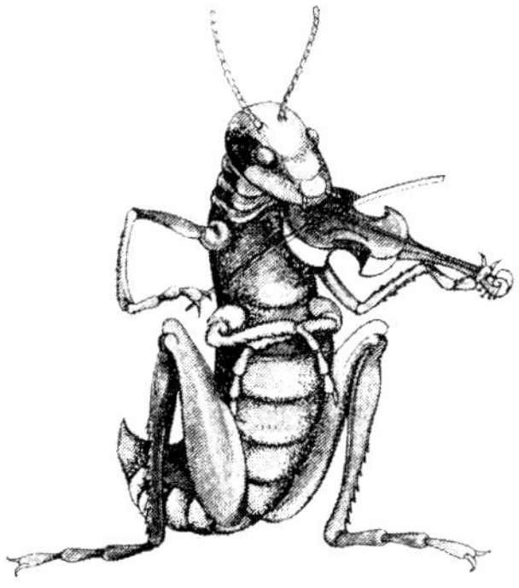

- ❑ durch Aneinanderreiben der Schrillleisten der Flügel
- ❑ durch Aneinanderreiben der Fühler
- ❑ durch Streichen der Hinterbeine über eine Blattoberfläche

Abb. 34: Beispiel für eine Arbeitsanleitung des Museums „Haus der Natur" (Salzburg)

men und Schaukästen etc. Der Museumsbesuch erwies sich im affektiven und kognitiven Bereich als erfolgreich. Auf der affektiven Ebene zeigten sich die Schülereinschätzungen zum Museumsbesuch insgesamt als sehr positiv, auch nach 40 Tagen; die drei Versuchsgruppen unterschieden sich kaum voneinander. Im kognitiven Bereich schnitten die Schüler der selbstgesteuert arbeitenden Gruppe bei offenen Tests besser ab als die anderen; beim Multiple-Choice-Test zeigte die Mischform-Gruppe die relativ besten Resultate; nach 40 Tagen verschwanden die Unterschiede der verschiedenen Gruppen weitgehend. Wilde folgert u.a.: „Die Tatsache, ob man den Unterricht (im Museum) durchführt, spielt eine entscheidendere Rolle als die, wie man ihn gestaltet." (S. 207) (vgl. auch WILDE & KLAUTKE 2003)

5.3.10 Bildungseinrichtungen für alle Altersgruppen, Schülerlabors

Umweltzentren, Naturkundemuseen, botanische und zoologische Gärten sollen – wie schon aus den bisherigen Ausführungen zu ersehen – nicht nur Schülern sondern allen Altersstufen als Bildungsstätten dienen. In den letzten Jahrzehnten hat mit wachsendem Umweltbewusstsein das Interesse der Menschen an Ökologie, Natur- und Umweltschutz, an Tieren und Pflanzen zugenommen. Dieser Aufgeschlossenheit steht oft weitgehende fachliche Unkenntnis gegenüber; zum Beispiel herrscht ein auffallendes Informationsdefizit über den Zusammenhang von Freizeitgestaltung und Umweltzerstörung. Fachliche Kenntnisse sind aber für alle Bevölkerungsschichten Voraussetzung für ökologisch verantwortungsvolles Verhalten; hier können die genannten Einrichtungen eine Bildungsaufgabe auch für Erwachsene erfüllen. In diesem Zusammenhang sind heute National- und Naturparks von besonderer Bedeutung; sie werden alljährlich von Hunderttausenden aufgesucht und bieten so die Möglichkeit vielen Besuchern in Informationszentren, durch Lehrpfade, Exkursionen und weitere Angebote biologisch-ökologisches Wissen zu vermitteln.

Bildungseinrichtungen für alle Altersstufen müssen berücksichtigen, dass – im Gegensatz zu Schulklassen – die Vorbildung der Besucher sehr unterschiedlich ist. Erfahrungen zeigen, dass viele Erwachsene nicht so gerne aktiv mitmachen und oft einer besonderen Motivation bedürfen, um sich mit einer Sache gründlich auseinander zu setzen. Die Themen und Angebote müssen deshalb von sich aus motivieren und aktivieren. Sie sollen ein freiwilliges Bildungsbedürfnis fördern. Das methodische Vorgehen kann sich an den Konzepten orientieren, wie sie hier und in den Kapiteln zur Umweltbildung (10.5.3 und 10.5.4) dargestellt sind – unter besonderer Berücksichtigung der Zusammensetzung und Vorbildung der jeweiligen Zielgruppen.

In den USA arbeiten zahlreiche Erwachsene, oft Ältere, als Freiwillige (volunteers) nach spezifischer Ausbildung in vielen Bildungsprogrammen der genannten Einrichtungen mit. Deren Angebote können deshalb sehr vielfältig sein.

Schülerlabors

Neben Museen und den genannten außerschulischen Institutionen öffnen in jüngster Zeit auch Forschungseinrichtungen, Universitäten, größere Unternehmen etc. ihre Tore für Jugendliche. In sog. *Schülerlaboren* bieten sie Schulklassen mit ihren Lehrkräften Gelegenheit zum Kontakt mit der naturwissenschaftlichen

Forschung. Schülerinnen und Schüler können dort erfahren, wie Forschung abläuft, sie können selbst Experimente durchführen und sich etwa mit Themen der modernen Biotechnologie auseinandersetzen. Ziel dieser Einrichtungen ist es, Einblicke in Forschung zu vermitteln, Interesse zu wecken und für Nachwuchs zu werben. Entsprechende Konzepte werden z. Z. erarbeitet (z. B. am IPN). Diese Besuche sollen jedoch keineswegs konsequente schulische Arbeit ersetzen, sondern sie sinnvoll ergänzen (vgl. auch S. 316 Genlabore). Die Zahl der Schülerlabore hat in den letzten Jahren ständig zugenommen; für 2007 wurden über 200 solcher Einrichtungen in Deutschland genannt (vgl. HAUPT 2007).

GLOWINSKI (2008) untersuchte empirisch den Einfluss der Aufenthalte in Schülerlaboren auf das Interesse der Lernenden an molekularbiologischen Themen und den Zusammenhang zwischen diesem Interesse und dem Grad der thematischen Einbindung des Schülerlaboraufenthalts in den Fachunterricht. Die Studie belegt, dass der Grad der thematischen Einbindung in den Unterricht in einem signifikanten Zusammenhang mit dem Interesse an allen Aspekten der Schülerlabore steht.

6 Fachgemäße Arbeitsweisen[34]

Unter dem Begriff „Arbeitsweisen" werden in einem weiten Sinne alle Denk- und Arbeitsmethoden verstanden, mit deren Hilfe man zu Erkenntnissen in einem Wissensgebiet gelangt[35]. Die Denkmethoden der Biologie sind in diesem Buch an anderer Stelle erläutert (vgl. Kap. 2.2). Arbeitsweisen im engeren Sinn sind die fachgemäßen bzw. fachtypischen Arbeitsmethoden des Schulfaches Biologie.[36] Hierzu zählen die Formen der Erkundung sowie das Halten und Pflegen von Lebewesen. Das Vergleichen wird hier nicht als eigene fachgemäße Arbeitsweise aufgeführt, sondern dem Betrachten bzw. Beobachten zugeordnet.
Man unterscheidet vier Erkundungsformen: Beobachten, Betrachten, Untersuchen und Experimentieren. Die folgende Abbildung veranschaulicht die Beziehungen zwischen diesen Erkundungsformen.

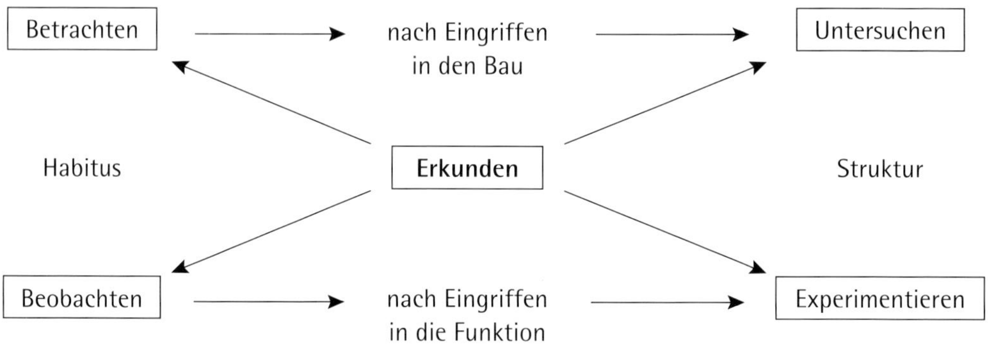

Abb. 35: Schema der Beziehungen zwischen den Erkundungsformen (nach UHLIG 1962, verändert)

Das Vermitteln und ständige Üben der fachgemäßen Arbeitsweisen ist im Biologieunterricht aus folgenden Gründen erforderlich:

- Sie sind Voraussetzung für das Gewinnen *biologischer Erkenntnisse* und damit Bestandteil der biologischen Wissenschaft. Ein Unterricht, der sich an der Biologie als Wissenschaft orientiert, muss auch deren Methoden einbeziehen und zumindest einen Einblick vermitteln, wie biologische Kenntnisse gewonnen werden.
- Ihr Einsatz bedeutet zumeist *Bezug zum Naturobjekt*, entspricht also dem Prinzip der originalen Begegnung. Damit verbunden ist Anschaulichkeit. Wirklichkeitsgetreue Vorstellungen können gewonnen werden anstelle bloß verbaler oder über Medien vermittelter Sachverhalte. Seit der Zeit SALZMANNS wurden

34 Literatur z. B. Hiering 1983, Löwe 1990, Eschenhagen Kattmann & Rodi 2003 und 2008
35 „Biologische Arbeitsweisen" werden begrifflich nicht eindeutig gebraucht, z. T. sehr umfassend (vgl. oben) oder enger nur für die praktischen Arbeitsverfahren, vgl. obige Literatur
36 vgl. Killermann 1990

die Anschaulichkeit und der Objektbezug immer wieder in den Mittelpunkt didaktischer Forderungen gerückt.
- Üben der Arbeitsweisen bedeutet handelnden Umgang des Lernenden mit den Unterrichtsgegenständen und damit *Selbsttätigkeit* bzw. *Handlungsorientierung*. Beim aktiven Erkunden der Lebewesen lernt der Schüler / die Schülerin, sich mit den Objekten und Erscheinungen der Natur selbstständig und kritisch auseinanderzusetzen, und erwirbt eine Vielzahl von Fähigkeiten, die seine / ihre Handlungskompetenz fördern.
- Der selbstständige Umgang mit den Objekten fördert ferner die Neugierde und das Interesse; daraus kann *intrinsische Motivation* entstehen. Natur kann erlebt und damit die emotionale Komponente einbezogen werden.

Für einzelne Teilfragen und jeweils begrenzte Schülerzahlen wurde die Bedeutung der Veranschaulichung und des Einsatzes verschiedener Arbeitsweisen von verschiedenen Seiten empirisch durch Untersuchungen in Schulklassen belegt, vgl. Löwe (1983), Starosta (1990), Füller (1992).
Wellnitz & Mayer (2012) halten das Beobachten, Vergleichen und Experimentieren für charakteristische Methoden naturwissenschaftlicher Erkenntnisgewinnung. Auf der Grundlage wissenschaftstheoretischer und didaktischer Theorien und an Hand einer differenzierten Kompetenzstruktur – aufgeschlüsselt nach Fragestellung, Hypothesenbildung, Untersuchungsdesign und Datenauswertung – legen sie dar, welche Bedingungen bei der Ausführung dieser Arbeitsweisen erfüllt sein müssten, um dem Anspruch auf Erkenntnisgewinnung zu genügen.

In aktuellen Bildungskonzepten und für alle Schularten hat die Methodenkompetenz einen sehr hohen Stellenwert. Deshalb kommt den Arbeitsmethoden ein ebenso hoher Stellenwert zu wie den Lerninhalten.

6.1 Beobachten und Betrachten

6.1.1 Allgemeines, Begriff

Das bloße Hinsehen vermittelt nur einen oberflächlichen Eindruck eines Objektes oder Vorganges. Der Spaziergänger wird zwar in einem Park verschiedenartige Bäume wahrnehmen, aber kaum in der Lage sein, anschließend ihre typischen Merkmale – z. B. Form des Stammes, der Blätter, Art der Rinde usw. – wiederzugeben.
Beobachten bzw. Betrachten ist mehr als bloßes Wahrnehmen. Es ist ein aufmerksames, bewusstes Erfassen von Erscheinungen, eine aktive Auseinandersetzung mit dem Gegenstand oder Vorgang. Es macht seine Eigenart deutlich, lässt Einzelheiten erkennen. Von der Definition her kann zwischen dem *Betrachten ruhender Objekte* und dem *Beobachten von Vorgängen* unterschieden werden.
Der Prozess des Beobachtens bzw. Betrachtens schließt verschiedene *Wahrnehmungs- und Denkvorgänge* ein. „Alles Beobachten ist nicht nur ein Wahrnehmen, sondern auch ein Urteilen und Schließen" (Kerschensteiner 1963). Damit dieses Zusammenspiel von Wahrnehmen und Denken gelingt, muss konzentriert mit ausreichend Zeit gearbeitet werden können. Um zu Anschauung und Erkenntnis zu gelangen, bedarf es schließlich der *Versprachlichung*. „Nur durch die Sprache

können wir von Gegenständen und Erscheinungen der Natur, dem konkret Gegebenen, zur Abstraktion, d.h. von der Anschauung zu Begriff und Urteil gelangen" (GRUPE 1977). Beobachten und Betrachten sind daher immer mit Beschreiben und Benennen verbunden.

Eine wertvolle Hilfe zum sorgfältigen Beobachten und Betrachten ist das *Zeichnen*. Es zwingt zum genauen Hinsehen, zur Erfassung der Gestalt und der Maßverhältnisse. Beim Zeichnen muss das Wesentliche eines Objekts erfasst werden. Eine große Herausforderung für die Schüler/innen ist die Transformation von dreidimensionalen Gegenständen auf die ebene Fläche. In dieser Hinsicht ist das Zeichnen auch eine Arbeitstechnik zum Üben der Denkfähigkeit. Beobachten und Betrachten sind grundlegende Arbeitsweisen. Sie sind Basis für die weiteren Erkundungsformen des Untersuchens und Experimentierens und auch für den Einsatz visueller Medien unentbehrlich.

Beobachten und Betrachten bedürfen der *Anleitung* und *Übung*, damit die Schüler/innen mit dieser Arbeitsform vertraut werden. Dies gilt insbesondere für unser Zeitalter der Medienflut. Heute wird jeder durch Fernsehen, Funk, Film, Zeitschriften, Computer und andere Medien mit optischen und akustischen Eindrücken überschüttet. In rascher Folge wechseln die Bilder; das Außergewöhnliche, das Sensationelle zieht den Blick auf sich. Deshalb ist es nicht leicht, die Schüler/innen zum ruhigen Betrachten von Naturobjekten zu führen, die zum Alltäglichen unseres Lebens gehören und oft nichts Besonderes an sich haben. Es bedarf des ganzen erzieherischen Einsatzes, um zum genauen Beobachten, zum Verweilen am einzelnen Objekt anzuregen. Hierbei sind Beobachtungsaufträge hilfreich, vor allem wenn sie nicht pauschal formuliert, sondern differenziert auf Merkmale ausgerichtet sind, die biologisch Wesentliches aussagen. Beobachten darf sich auch nicht allein auf das Wahrnehmen mit dem Auge beschränken. Der Mensch hat für das Wahrnehmen mehrere Sinneskanäle, er kann nicht nur sehen, sondern auch hören, riechen, schmecken, tasten. Nach Möglichkeit sollten diese weiteren Sinnesempfindungen mit einbezogen werden. Vor allem für Freilandarbeiten wird ein „Beobachten mit allen Sinnen" vorgeschlagen: Die Schüler/innen achten auf Vogellaute, nehmen den Modergeruch vom Waldboden wahr, ertasten die Rauheit einer Borke usw. Gerade durch das Betätigen aller Sinne lässt sich Natur intensiver erleben, wird der emotionale Bereich mit angesprochen. Aufgeschlossenheit und Liebe zur Natur können so gefördert werden.

6.1.2 Betrachten – Sammeln

Beim Betrachten ruhender Objekte geht es vor allem um das Erkennen und Beschreiben der Gestalt eines Lebewesens oder seiner Teile. Die Schüler/innen sollen mit der Form und dem Aussehen vertraut werden, sie sollen lernen, das Wesentliche zu erfassen und zu beschreiben, z.B. besondere morphologische Merkmale eines Greifvogels, des Maulwurfs, eines Insekts, eines Pflanzen- und Fleischfressergebisses, Bestandteile einer Blüte, Bau eines Blattes, einer Frucht, eines Samens.

Als lebende Objekte werden im Schulzimmer hierfür vor allem Pflanzen verfügbar sein. Bei tierkundlichen Themen müssen häufig Stopfpräparate, Einschlusspräparate, Modelle und gelegentlich auch Bildtafeln, Abbildungen, Dias an die Stelle des lebendigen Objektes treten. Das sollte aber nicht zu einem Übergewicht an Medienbiologie führen.
Dem Betrachten geht, vor allem in der Unter- und Mittelstufe, das Sammeln oder Zusammentragen von Objekten voraus, z. B. Laubblätter, Samen und Früchte, Fraßstücke von Tieren. Es ist eine grundlegende Arbeitsweise für jüngere Schüler/innen und kommt ihrem Tätigkeitsdrang entgegen. Die Lehrkraft sollte besonders in den Grundschulklassen immer wieder Anregungen dazu geben, um die natürliche Freude der Schüler/innen dieses Alters am Sammeln und Ordnen zu nutzen und zugleich zum genauen Betrachten zu erziehen.
Verbunden mit dem Sammeln und Betrachten ist das Benennen, schließlich das Vergleichen und Ordnen (z. B. nach Größe, Farbe, besonderen Merkmalen).
Bei der Objektbetrachtung kann auch der Tastsinn mit herangezogen werden. Die Schüler/innen ertasten die Rauheit eines Ulmenblattes, die weiche Fahne einer Eulenfeder, die Oberfläche der Borke eines Baumes mit verbundenen Augen, die unterschiedliche Struktur von Blättern krautiger Pflanzen an feuchten und trockenen Standorten usw.
Bei Grundschülerinnen und -schülern kann gelegentlich mit dem Ertasten ein Erraten von Objekten – in einem Sack oder einer Schachtel („Fühlbox") – verbunden sein. Auf diese Weise kann spielerisch motiviert werden.

6.1.3 Beobachten von Vorgängen

Das Beobachten ist umfassender als das Betrachten und beschreibt Veränderungen in Raum und Zeit. Beobachtungen erfordern Ruhe und Ausdauer. Es gibt hierzu eine Fülle von Möglichkeiten in der freien Natur, im Zoo, im Klassenzimmer. Wenn die Schüler/innen in der Lage sind, diese Arbeitsweise selbstständig auszuführen, bieten sich Beobachtungen auch als vor- und nachbereitende Hausaufgabe an.
Im Folgenden werden einige Beobachtungen zu Entwicklungsvorgängen beispielhaft herausgegriffen. Wachstum und Entwicklung sind Grundphänomene des Lebendigen, das Beobachten solcher Vorgänge lässt das Werden in der Natur miterleben, verknüpft Biologie und Alltag, führt zur Freilandbiologie.

Entwicklungsvorgänge bei Tieren

Seit jeher wird in den Lehrplänen vorgeschlagen, die Entwicklung und Metamorphose von Kaulquappen im Schulaquarium oder die Entwicklung von Raupen in Insektarien zu beobachten. Die Bundesartenschutzverordnung 1980 lässt die Entnahme von Laich oder Kaulquappen der meisten Lurche nicht mehr zu[37]. Auch die Raupen aller Tagfalter, mit Ausnahme des Kohlweißlings und des Rapsweißlings, sind besonders geschützt und dürfen nicht mehr im Klassenzimmer gehalten

37 Es ist die Genehmigung der unteren Naturschutzbehörde einzuholen. Sie wird in der Regel für Lehrzwecke erteilt.

werden. Deshalb wird für verschiedene Schülerjahrgangsstufen vorgeschlagen, die Entwicklung von Mehlkäferlarven („Mehlwürmer") zu Mehlkäfern im Unterricht zu verfolgen. Diese Tiere sind z. B. als Tierfutter in Zoohandlungen erhältlich; sie sind leicht in größerer Anzahl zu halten und zu züchten, sodass für Gruppenarbeit genügend Exemplare zur Verfügung stehen.

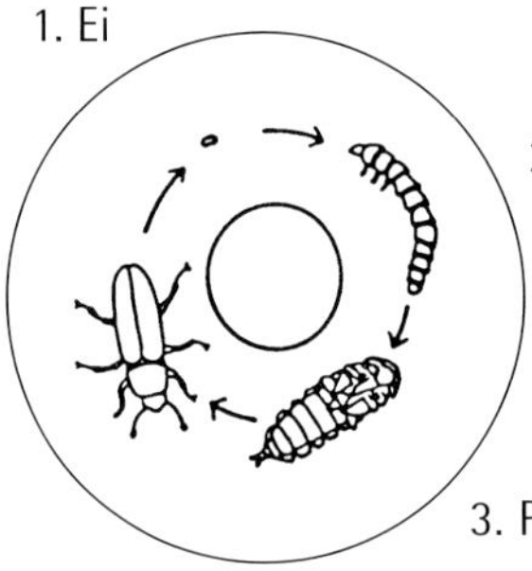

Einmachglas mit Kleie 20 Mehlkäferlarven Warm und etwas feucht halten					
Datum					
Zahl der lebenden Larven					
Zahl der Puppen					
Zahl der Käfer					

Abb. 36: Die Entwicklung des Mehlkäfers

Entwicklungsvorgänge bei Pflanzen – phänologische Beobachtungen

Zu den traditionellen Beobachtungsaufgaben zählen Keimung und Entwicklung von Bohnensamen, von Getreidekörnern, das Austreiben von Barbarazweigen usw. Hier soll auf die Bedeutung phänologischer Beobachtungen hingewiesen werden. Darunter versteht man das Beobachten des Eintretens bestimmter Ereignisse oder Entwicklungsphasen im Jahreslauf. Solche Freilandbeobachtungen vermitteln den Kontakt zur Natur, führen zum Naturerleben. Es gibt hierzu verschiedene Möglichkeiten:

- Beobachten einzelner Pflanzen im Freien und Festhalten ihrer Entwicklung im Laufe einiger Wochen. Beispiel: Eine einzelne Rosskastanie oder Rotbuche, Linde usw. wird vom Ende der Knospenruhe bis zur Blüte beobachtet – mit Protokoll und Skizzen einzelner Knospen. Feststellen des Wachstums von Getreidehalmen bis zum Stäuben (Messen der Höhe); Erstellen einer Wachstumskurve;
- Anlegen eines Frühjahrskalenders, in dem besonders kennzeichnende Entwicklungsereignisse festgehalten werden (hierzu auch das Eintreffen und der erste Gesang von Vögeln);
- Bei Schulen mit größerem Einzugsgebiet vergleichendes Feststellen des Eintretens bestimmter Phasen in der Pflanzenentwicklung, z. B. Aufblühen, Blattentfaltung beim Flieder, bei der Rosskastanie, bei der Schlehe usw. Die Entwicklungsphasen der Pflanzen im Frühjahr sind in größeren Städten dem umgebenden Land meist um einige Tage voraus;
- Beobachten von Tag- und Nachtrhythmus und der Bewegung nach dem Sonnenstand.

Weitere Beobachtungsmöglichkeiten

Nahrungsaufnahme

Art der Nahrungsaufnahme bei Vögeln, Säugern, Raupen, Süßwasserpolypen usw. Z. B.: Wie frisst der Goldhamster? Was frisst ein Fink, eine Amsel, eine Kohlmeise? Wie kommen sie zu ihrer Nahrung? Speisekarte und Nahrungssuche anderer Vögel. Wie bearbeiten Grünfink und Kohlmeise die Körner am Futterplatz?

Fortbewegung

z. B.: Wie bewegt sich ein Käfer, eine Schnecke, ein Regenwurm? Wie fliegt der Mauersegler, der Turmfalke, die Lerche, der Sperling? Beobachte den Flügelschlag!

Brutpflege-Revierverhalten

z. B.: Wie lange brüten Schwalben, Sperlinge? Wie füttern sie ihre Jungen, wie verhalten sich die Jungen bei der Fütterung, wann piepsen sie? Wie verhält sich ein Grünfink am Futterplatz gegen seinesgleichen und gegen andere Vögel? Wie verhält sich ein Hund bei der Begegnung mit anderen Hunden?

Bestäubungs- und Reifungsvorgänge bei Pflanzen

z. B.: Welche Insekten besuchen die Taubnessel, den Wiesenkerbel, die Schlüsselblume, den Phlox, die Linde? Beobachte das Verhalten eines Insekts auf einer ausgewählten Blüte, wie geht die Bestäubung vor sich? Stelle an der Tulpe die Veränderungen des Fruchtknotens nach der Bestäubung fest! Notiere die Veränderungen einer Kirschblüte während und nach der Blütezeit!

6.1.4 Methodische Hinweise

In Bezug auf die Zeitdauer der Beobachtung unterscheidet man zwischen Kurzzeit- und Langzeitbeobachtung. *Kurzzeitbeobachtungen*, etwa zur Nahrungsaufnahme, zur Fortbewegung von Tieren oder zu einzelnen tierischen Verhaltensweisen, werden im Rahmen einer Unterrichtsstunde durchgeführt. Viele biologische Vorgänge erstrecken sich aber über längere Zeiträume, z. B. Wachstum und Entwicklung. Dann muss zur methodisch aufwändigeren Form der *Langzeitbeobachtung* gegriffen werden. Sie erstreckt sich über die Dauer einer Unterrichtsstunde hinaus oft über einige Tage, ja Wochen. Dabei ist es wichtig, das Interesse der Schüler/innen längerfristig wach zu halten, die Aufmerksamkeit, z. B. durch tägliche Beobachtungsaufgaben, immer wieder auf den Vorgang zu lenken. Außerdem ist eine geeignete Form des schriftlichen Festhaltens des Beobachteten, z. B. durch text- und bildgestützte Protokolle, erforderlich. Hilfreich sind hierbei Sofortbildkameras und die modernen Digitalkameras, da die Bilder ohne lange Entwicklungszeit zur Verfügung stehen.

Weiterhin kann man zwischen *entdeckendem* und *bestätigendem* Beobachten unterscheiden. Die Gewinnung neuer Erkenntnisse ist nur durch entdeckendes Beobachten möglich, wobei der Schüler/die Schülerin möglichst selbstständig arbeitet. Das bestätigende Beobachten, bei dessen Beginn die Erkenntnis des beobachteten Sachverhalts bereits vorliegt, dient in erster Linie als zusätzliche Anschauungshilfe. Beim Beschreiben oder Darstellen von Beobachtungen muss fachlich exakt zwischen Beobachtung und Interpretation unterschieden werden. „Was wir beobachten" und „Wie wir es deuten bzw. erklären" entspricht verschiedenen geistigen Tätigkeiten (vgl. BAY & RODI 1978, S. 45). Im Hinblick auf das Ziel des Biologieunterrichts, das Wahrnehmungs-, Denk- und Urteilsvermögen zu schulen, sollte zumindest in mittleren und höheren Jahrgangsstufen auf diese Unterscheidung geachtet werden.

Beobachtungsaufgaben bieten sich an:

- als vorbereitende Aufträge zur *Hinführung* auf ein Thema; in dieser Form sollen sie zugleich die Schüler/innen außerhalb der Unterrichtszeit zum selbstständigen Kontakt mit der Natur führen. Die Besprechung der Beobachtungen bildet eine Einstiegsmöglichkeit und zugleich eine Motivation für die neue Thematik.
- während der *Erarbeitung* eines Unterrichtsthemas; Beobachtungen helfen bei der Problemlösung.
- zur *Erweiterung* eines Themas am Ende einer Unterrichtseinheit, z. B. im Sinne des Orientierungswissens: Zusammenstellen ähnlicher Lebewesen oder Erscheinungen in der Umgebung der Schule, ggf. wieder als häusliche Aufträge.

In vielen Fällen ist eine schriftliche Fixierung der Aufträge im Heft zu empfehlen. Auf möglichst klare und eng begrenzte Aufgabenstellung ist zu achten. Kurze Merksätze oder Daten legen das Ergebnis fest. Zahlreiche auf diese Weise gesammelte Fakten regen zu weiteren Beobachtungen an.
Das Anlegen von Schemata, Arbeitsblättern oder vorbereiteten Tabellen, in denen der Beobachtungsauftrag festgelegt ist, erleichtert besonders jüngeren Schülerinnen und Schülern die Durchführung solcher Aufgaben und erzieht zum genauen Hinsehen. Allmählich sollten die Schüler/innen allerdings dazu kommen, auch selbstständig Naturbeobachtungen anzustellen und dabei Wesentliches zu erfassen.

Name des Vogels	Grünfink	Kohlmeise
Größe vgl. Sperling, Amsel, Taube	wie Sperling	kleiner als Sperling
Farbe	gelblich-grün	oben grau-grün, unten gelb ...
Schnabelform	dick, kräftig (Kegelschnabel)	kurz
besonders auffallende Merkmale (Verhalten)	lässt andere nicht ans Futter	sehr lebhaft, turnt herum
Art der Nahrungsaufnahme	zerkleinert die Körner im Schnabel	hämmert Körner auf, pickt Löcher hinein

Abb. 37: Beispiel für Beobachtungstabelle: Vögel am Futterhäuschen

6.1.5 Vergleichendes Beobachten und Betrachten

Begriff, Bedeutung und Eigenart

Beim *Vergleichen*[38] werden mindestens zwei Objekte oder Vorgänge (real oder in unserer Vorstellung) einander gegenübergestellt und zueinander in Beziehung gesetzt. Dabei sind einerseits Unterschiede, andererseits Gemeinsamkeiten oder Ähnlichkeiten festzustellen. Das Vergleichen ist unentbehrlich für die biologische Erkenntnisgewinnung. Viele Teilgebiete sind ohne vergleichendes und ordnendes Vorgehen nicht denkbar, z.B. Systematik, Evolution, vergleichende Anatomie. Auch im täglichen Leben wie in der Sprache spielt das Vergleichen, bewusst oder unbewusst, vom Kindesalter an eine große Rolle. Obwohl das Verfahren des Vergleichens auch beim Untersuchen und Experimentieren möglich ist, spielt der Vergleich im Biologieunterricht hauptsächlich bei den Arbeitsweisen des Beobachtens und Betrachtens eine Rolle.
Die folgenden Gesichtspunkte sollen die hohe Bedeutung des vergleichenden Arbeitens verdeutlichen:

- Der Schüler/die Schülerin wird mit einer für die Biologie typischen Arbeitsweise vertraut.
- Die Exemplarität, der Modellcharakter eines Phänomens, wird nur im Vergleich mit ähnlichen Objekten oder Erscheinungen deutlich.
- Der Vergleich ermöglicht es, allgemeine Aussagen oder abstrakte Begriffe zu erschließen, z.B. biologische Gesetzmäßigkeiten, verwandtschaftliche Gruppierungen, morphologische Typen.
- Hat der Schüler/die Schülerin nur ein einzelnes Objekt vor sich, so kann er/sie kennzeichnende Merkmale leicht übersehen. Erst das Vergleichen mit dem Andersartigen oder Ähnlichen lässt das Wesentliche deutlicher hervortreten.
- Die Beobachtungsimpulse kommen beim Vergleich von den Objekten selbst, während bei Einzelobjekten meist eine Anleitung in Form von Beobachtungsaufgaben erforderlich ist.
- Das Beobachtungsvermögen wird geschult, ebenso die sprachliche Ausdrucksfähigkeit. Über das bloße Aufnehmen durch die Sinnesorgane hinaus, erfordert das Vergleichen kritisches Prüfen und übt die Fähigkeit, zu abstrahieren.
- Das vergleichende Untersuchen von Objekten und Vorgängen fördert Aufmerksamkeit und Interesse.
- Der Vergleich bringt Abwechslung in das unterrichtliche Geschehen. Er führt weg von der Gefahr der eintönigen monografischen Behandlung von Pflanzen und Tieren, er regt zum selbstständigen Denken und Handeln an.

Rüther & Stephan-Brameyer (1984) konnten in einer Untersuchung mit 203 Schülerinnen und Schülern der 5. Jahrgangsstufe von Hauptschulen in Köln empirisch zeigen, dass die vergleichende Beobachtung biologischer Phänomene vorteilhafter für den Lernerfolg ist als die monografische Beobachtung bzw. Betrachtung von Einzelerscheinungen. Sie folgern daraus, dass die für die Bewältigung der Lernaufga-

38 Literatur z.B. Hamann 2003, Hamann & Bayrhuber 2003, Stephan-Brameyer 1985

be „Beobachtung biologischer Phänomene" notwendigen internen kognitiven Operationen demnach durch die wahrnehmungs- und erkenntnisfördernden Funktionen des Vergleichs unterstützt werden. Die Beobachtungen wurden an Filmausschnitten und an Realobjekten durchgeführt (z. B. vergleichende Betrachtung von Fichten- und Tannenzweig – Betrachtung eines Fichtenzweiges). Zur Generalisierbarkeit dieser Aussagen müssten weitere Untersuchungen ähnlichen Inhalts durchgeführt werden.

Vergleichsmöglichkeiten, Beispiele

1. *Vergleich von Arten und systematischen Gruppen*

a) Zur Erarbeitung kennzeichnender Artmerkmale oder allgemein- bzw. angewandt-biologischer Aspekte (Anpassung, Ernährungs- und Fortpflanzungsweise, Domestikationsgrad usw.), z. B.:

Haushund – Wolf (Haustier – Wildtier)
Feldhase – Kaninchen (Feld-, Höhlenbewohner)
Mauerpfeffer – Sumpfdotterblume (Pflanzen an trockenen und feuchten
Standorten) Apfel – Kirsche (Blütenbau, Ausbildung der Früchte)

b) Zur Erarbeitung von Bauplänen und systematischen Begriffen, entweder unter Heranziehung von Arten gleicher systematischer Gruppen, z. B.:

Taubnessel, Salbei, Günsel – Familie der Lippenblütler

oder von Arten verschiedener systematischer Gruppen, z. B.:

Delfin – Kabeljau (Säugetier – Fisch)
Molch – Eidechse (Lurch – Kriechtier)
Salbei, Taubnessel – Esparsette, Bohne (Lippen-, Schmetterlingsblütler)
Tulpe, Narzisse – Hahnenfuß, Hederich (Ein-, Zweikeimblättrige).

2. *Vergleich von Organen, Organsystemen und ihrer Funktionsweise*
Verdauungstrakt eines Pflanzen- und Fleischfressers; Linsen-, Facettenauge;
Haut-, Lungen-, Kiemen-, Tracheenatmung;
Nahrungsspeicher verschiedener Pflanzen, z. B.: Knolle, Wurzelstock, Zwiebel.

3. *Vergleich von Entwicklungsabläufen und Entwicklungsstadien,* z. B. bei Amphibien, Insekten, *von Fortpflanzungsvorgängen,* z. B. Wind- und Insektenbestäubung bei Pflanzen, (un)geschlechtliche Fortpflanzung im Pflanzen- und Tierreich; Generationswechsel.

4. *Vergleich von Ökosystemen (ökologische Vergleiche)*
Z. B.: Wald – offene Flur; Nadelwald – Laubwald – Mischwald;
trockener Hang – feuchter Wiesengrund;
eutrophes – oligotrophes Gewässer.

Diese und andere Möglichkeiten des Vergleichens können Inhalt eines eigenen unterrichtlichen Vorhabens im Rahmen einer Stunde oder einer ganzen Lehreinheit sein. Das Vergleichen kann aber auch, wie andere Arbeitsweisen, kurzzeitig an geeigneter Stelle in den Unterrichtsverlauf einbezogen sein.

6.2 Untersuchen

6.2.1 Begriff, Bedeutung, Beispiele[39]

Beim *Untersuchen* wird, über das Beobachten bzw. Betrachten hinaus, in das Objekt eingegriffen, Hilfsmittel finden Verwendung. Ein Naturobjekt wird zerlegt,

39 Literatur z.B.Knutzen 1993, Wilmes 1993

zerschnitten, mit Chemikalien versetzt. Pinzette, Messer, Schere, Präpariernadel, optische und andere Geräte (Lupe, Mikroskop, Thermometer) werden benötigt. Das Untersuchen dient dem genaueren Kennenlernen von Strukturen und Organen. Bei ökologischen Untersuchungen werden einzelne Umweltfaktoren, meist mithilfe von Messgeräten, erfasst; den Beziehungen in einem Ökosystem wird nachgegangen.

Beispiele für Untersuchungsobjekte:

- Pflanzen und Pflanzenteile, insbesondere Blüten, Früchte und Samen (Apfel, Erbse, Getreidekorn), Rindenstücke (z. B. mit Borkenkäferfraß)
- Tote Insekten. An der Stubenfliege oder der Honigbiene (vom Imker!) können die Schüler/innen den Bau eines Insektes kennenlernen; einzelne Teile, wie das Bein der Honigbiene mit den Sammeleinrichtungen, werden genauer untersucht.
- Wirbeltiere und ihre Organe. Das Präparieren oder Sezieren ganzer Wirbeltiere erscheint aus erzieherischen Gründen problematisch. Infrage kommt hierfür allenfalls das Präparieren eines Fisches. Geeigneter sind einzelne Organe von Schlachttieren, z. B. das Schweineherz oder der Augapfel eines Rindes.

Bei Untersuchungen an toten Tieren ist auf die emotionale Einstellung der Kinder stets Rücksicht zu nehmen.

Ökologische Untersuchungen im Freiland umfassen z. B.:

- Aufnehmen eines Pflanzenbestandes
  Zur Bestandsaufnahme wird z. B. eine Böschung (ca. 15 m^2) oder ein kleiner Waldbereich (ca. 200 m^2) abgegrenzt und die vorkommenden Pflanzenarten – je nach Jahrgangsstufe und Kenntnissen mehr oder minder vollständig – bestimmt und notiert. Im Wald erfolgt die Aufnahme nach Schichten getrennt. Vergleiche mit anderen Standorten sind möglich (feuchte / trockene Wiese; Fichten- / Laubmischwald).
- Feststellen abiotischer Faktoren
  bei terrestrischen Ökosystemen:
  Messen der Lufttemperatur an sonnigen Tagen in geringer Höhe (70 cm) über dem Boden vergleichend in verschiedenen Biotopen, z. B. Wald – offene Flur; Messen der Bodentemperatur, z. B. der Bodenoberfläche, in 2 cm, 5 cm Tiefe; Messen der Luftfeuchtigkeit in verschiedenen Biotopen;
  Messen des Lichteinfalls an verschiedenen Stellen im Wald (vgl. Abb. 29, Abschnitt 5.3.6);
  Feststellen des Kalkgehaltes im Boden (Aufbrausen mit 10 %iger Salzsäure) und des Säuregrades (pH-Teststreifen oder pH-Messgerät);
  Feststellen des Anteils an groben und feinen Bestandteilen und damit der Bodenart (Schlämmanalyse des Bodens in Reagenzgläsern oder im Schlämmzylinder).
  Erforderliche Geräte: Schleuderthermometer, Bodenthermometer, Hygrometer, Luxmeter, pH-Teststreifen oder pH-Meter, Schlämmzylinder, Reagenzgläser usw.

bei aquatischen Ökosystemen:
Feststellen der Gewässergüte;
Messen des Sauerstoffgehalts / des biologischen Sauerstoffbedarfs (BSB); Nachweis von Mineralstoffen: Nitrat, Nitrit, Phosphat, Gesamthärte;

- Aufdecken von Beziehungen in einem Ökosystem, etwa: Verteilung der Pflanzen am Waldboden und Lichteinfall, Frühjahrs- und Sommeraspekt der Krautschicht des Waldes in Abhängigkeit vom Lichteinfall, Frühjahrs- und Sommeraspekt einer Wiese (Beziehung zum Schnitt).
- Durchführen von Untersuchungen zu Vorgängen im Waldboden (Ackerboden), z. B. Bodentiere fangen. Anzahl und Formen feststellen (mithilfe von eingegrabenen Bechern bzw. Berlesetrichter); vermodernde Schichten untersuchen (sehen, riechen, tasten); Laub verschiedener Zersetzungsstadien vergleichen; Beziehung zum Stoffkreislauf (vgl. Kap. 10.2).

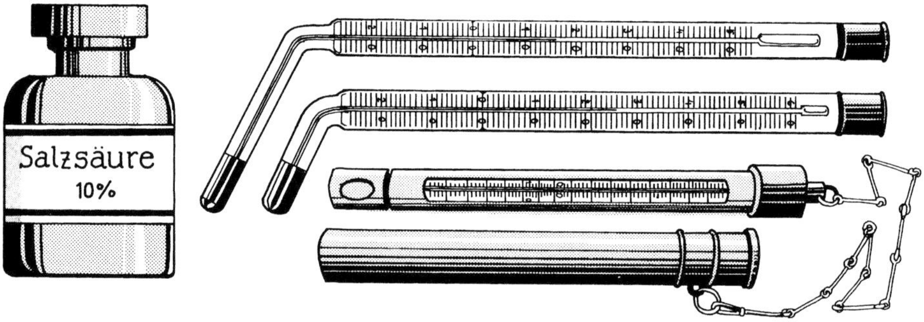

Abb. 38: Für standortkundliche Untersuchungen: Schleuderthermometer, Bodenthermometer (zur Messung in verschiedener Bodentiefe)

Für Beobachtungen und Untersuchungen zur Umweltbelastung kommen infrage z. B.

- Verschmutzungsgrad von Wasserläufen ober- und unterhalb von Ortschaften (Trübung vergleichen), Verpilzung, Sauerstoffgehalt, weitere chemische Nachweise
- Staubniederschlagsmessungen mittels Haftfolien
- Schäden an Nadelhölzern (Vergilbungen, Kronenverlichtung)
- Lärmmessungen mit dem Schallpegelmessgerät

6.2.2 Kenn- und Bestimmungsübungen

Kenn- und Bestimmungsübungen basieren auf den Arbeitsweisen des Beobachtens, Vergleichens und Untersuchens und dienen dazu, Formen- und Artenkenntnisse zu sichern und zu erweitern (siehe Kapitel 10.3). Daneben haben sie aber auch formale Funktion, indem sie zum genauen Hinsehen und zum sorgfältigen Arbeiten erziehen. Kenn- und Bestimmungsübungen erfolgen in der Regel an den originalen Lebewesen und sind daher gut geeignet, Freude und Interesse an der Natur zu wecken und zu fördern.

Ziel von Kennübungen ist das Einprägen der Gestalt mit den kennzeichnenden Merkmalen und des dazugehörigen Namens durch wiederholtes Bewusstmachen. Geeignet sind hierzu alle Präsentationsformen von Lebewesen, im Original oder als Abbilder. Kennübungen können durchgeführt werden im Verlauf einer Unterrichtsstunde, auf Unterrichtsgängen, auf Ausstellungen in der Schule oder an außerschulischen Lernorten oder im Rahmen der 5-Minuten-Biologie[40]. Zu empfehlen ist das Anlegen eines Heftchens, in dem Pflanzen und Tiere eingetragen werden. Zusatzinformationen über das jeweilige Lebewesen, z. B. zur Geschichte (Biber), zu Nutzanwendungen (z. B. Heilpflanzen, Kräuter) oder sonstigen Auffälligkeiten, verstärken den Behaltenseffekt.
Bestimmungsübungen sind fachlich anspruchsvoller und zeitaufwändiger. Für sie muss in der Regel eine eigene Übungseinheit vorgesehen werden. Bestimmungsübungen benötigen spezielle Hilfen in Form von selbst gefertigten oder käuflichen Bestimmungshilfen[41] (vgl. Kapitel 10.3). Bestimmungshilfen mit dichotomen Bestimmungsschlüsseln sind für die Grundschule und die Mittelstufe weniger geeignet, da – abgesehen von wenigen einfachen Bestimmungsgängen – die Fachsprache zu den Bestimmungsmerkmalen sehr umfangreich ist, der Bau von Pflanzen und Tieren ziemlich genau bekannt sein muss und durch das Fehlen von Bildern ein erhebliches Abstraktionsvermögen vorausgesetzt wird. Besser geeignet sind für diese Schularten die bebilderten Bestimmungsbücher, wobei es besonders für die Grundschule ratsam ist, Bestimmungshilfen mit einer begrenzten, auf den Fundort zugeschnittenen Anzahl von Objekten selbst zu fertigen.

6.2.3 Arbeiten mit Lupe und Mikroskop[42]

Wichtige optische Hilfsmittel sind Lupe und Mikroskop. *Handlupen* (6–10fache Vergrößerung) sind sehr einfach zu handhaben und können schon in der Grundschule eingesetzt werden. Die Schüler/innen betrachten damit z. B. Blütenteile, Keimlinge in Samen, kleine Tiere. Die fachgerechte Verwendung einer Lupe sollte genau geübt werden. Die Schüler/innen halten die Lupe meist zu weit vom Auge weg, so wie man eine Leselupe einsetzt. Die Handlupe gehört aber möglichst nahe ans Auge. Zur Beobachtung von Kleinstlebewesen eignen sich *Becherlupen* aus unzerbrechlichem Kunststoff. Im abnehmbaren Deckel ist eine Lupe mit 2–4facher Vergrößerung eingearbeitet. Luftlöcher im Deckel versorgen die Tiere mit Sauerstoff. Am Boden dieser Lupen ist meist noch ein Größenmaßstab eingelassen. Die nächste Stufe sind *Stereomikroskope*, die auch mit der Bezeichnung Stereolupe, Binokularlupe oder Präpariermikroskop im Handel sind. Sie vergrößern in der Regel 10–40fach bei meist kontinuierlichem Vergrößerungswechsel und arbeiten

---

40 Die 5-Minuten-Biologie steht am Anfang einer Unterrichtsstunde und hat i. d. R. keinen Bezug zum folgenden Stundenthema. Ziel ist zumeist die Erweiterung der Formenkenntnisse.

41 Empfehlenswerte Bestimmungsbücher: z. B. Bellmann 2009; Engelhardt 2015; Fiedler 2015; Chinery 2016; Hecker 2016; Mitchell & Wilkinson 2015; Spohn 2011; Spohn, Golte-Bechtle & Spohn 2015; Schauer & Caspari 2015

42 Praktische Hinweise zur Mikroskopie z. B. in: Bay & Rodi 1983, Baur 2015, Knoll 1987, Jungbauer 1990, Kremer 2012; zahlreiche Anleitungen auch in www.bildungsserver.de\Elixier (Stand 2016)

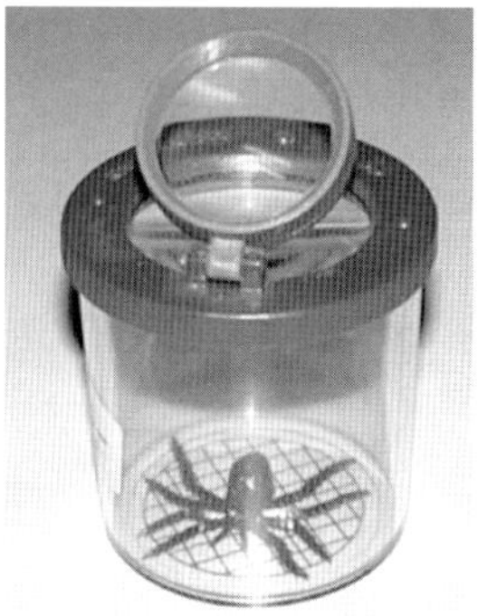
Abb. 39: Becherlupe

mit Auflicht. Da das Bild dreidimensional, seitenrichtig und aufrecht ist, eine große Tiefenschärfe besitzt und der Arbeitsabstand zwischen Objekt und Objektiv 5–10 cm beträgt, ist für die Bedienung dieses Geräts keine lange Einarbeitungszeit erforderlich. Sogar einige Zentimeter große Objekte, wie z.B. kleinere Tiere oder eine Blüte als Ganzes, lassen sich ohne vorbereitenden Präparieraufwand untersuchen, und die Schüler/innen finden sich im optischen Abbild aufgrund der „überschaubaren" Vergrößerung schnell zurecht.

Der Umgang mit *mono- oder binokulären Mikroskopen* ist anspruchsvoller und bedarf, vor allem beim erstmaligen Einsatz, einer gewissen Einarbeitungszeit. Trotzdem sollte jeder Schüler/jede Schülerin im Laufe seiner/ihrer Schulzeit Einblicke in die mikroskopische Dimension erhalten und im Biologieunterricht z.B. die Vielfalt der Organismen in einem Wassertropfen erleben und den zelligen Aufbau eines Blattes, eines Stängels, der menschlichen Haut erkennen. Der Aufbau der Lebewesen aus Zellen ist eine der elementaren Einsichten, die auf jeden Fall am lebenden Objekt erfahren werden soll. Zur Ausrüstung jeder modernen Schule gehört deshalb eine genügende Anzahl von Mikroskopen.

Für *Schülermikroskope* genügt eine 200–400fache Vergrößerung. Die Vergrößerung eines Mikroskops ergibt sich aus der Multiplikation der Objektiv- und Okularvergrößerung. Beim Kauf der Geräte ist zu berücksichtigen, dass nicht allein eine starke Vergrößerung die Güte und Verwendbarkeit eines Mikroskops bedingt. Entscheidend für die Qualität des mikroskopischen Bildes ist vor allem das sog. Auflösungsvermögen, d.h. die Leistung des Linsensystems, nahe beisammen liegende Punkte oder Strukturen noch getrennt abzubilden, sie „aufzulösen".[43]

Eine Ansteckleuchte sorgt für die Beleuchtung der Präparate von unten (Hellfeld-Durchlicht-Mikroskopie). Mit einer Blende kann der Lichteinfall variiert werden, um die Objekte kontrastreich erscheinen zu lassen. Zur Aufnahme der Präparate dienen Objektträger, das sind kleine rechteckige Glasplatten. Zum Schutz der Objektive werden auf die Objekte dünne Glasplättchen, die Deckgläschen, gelegt. Die zu untersuchenden *Objekte* sollten selbst hergestellt werden. Für das häufig verwendete Durchlichtmikroskop müssen sie, damit sie vom Licht der Mikroskopbeleuchtung durchdrungen werden, sehr dünn sein. Man erreicht das, indem man die Objekte zerzupft, ggf. Häutchen abzieht oder sie sehr dünn schneidet. Lebensfrische Präparate werden auf dem Objektträger auf einen Wassertropfen gelegt, dann kommt das Deckgläschen darüber. Eine Alternative bieten käufliche Fertigpräparate. Sie ersparen einerseits die zeitaufwändige Fertigung und präsentieren die Objekte, unterstützt durch eine adäquate Färbetechnik, klar und deutlich. Das ist vor allem bei den ersten Versuchen der Schüler/innen am Mikroskop von Vorteil. Auch für Objekte, deren Herstellung Erfahrung und Geschick erfordert oder mit

43 Die auf dem Objektiv aufgeprägte sog. numerische Apertur gibt einen Hinweis auf die Größe dieses Auflösungsvermögens.

schulischen Mitteln schwierig ist (z. B. tierische Gewebe), sind Fertigpräparate angebracht. Andererseits fehlt aber die Unmittelbarkeit des selbst hergestellten Objekts. Beim Präparat, das die Lehrkraft oder der Schüler / die Schülerin eigenhändig zurechtmacht, ist der Bezug zu einem lebenden Organismus ganz offensichtlich gegeben. Da mikroskopische Präparate häufig mit dem Ausgangsobjekt nur noch wenig Ähnlichkeit haben und die Abstraktionsfähigkeit der Schüler / innen stark fordern, sind Fertigpräparate nur zu verstehen und zu interpretieren, wenn man erfahren hat, auf welche Weise und mit welchen Methoden sie entstanden sind.

Präparate, die leicht hergestellt werden können, sind z. B.:

- Oberhaut der Zwiebelschuppen: Zwiebel zerschneiden, mit Pinzette die Oberhaut einer Schuppe (innen an der konkaven Seite) abziehen; zu erkennen sind Zellwand, Zellkern, Zellplasma, Vakuolen; durch Jod-Jod-Kali-Lösung nehmen Zellkerne eine bräunliche Färbung an und werden besser sichtbar
- Oberhaut (Epidermis) einkeimblättriger Pflanzen, z. B. der Schwertlilie (Iris sp.), evtl. auch der Tulpe: Blatt einschneiden, Haut einfach abziehen – Oberhautzellen und Schließzellen mit Spaltöffnungen
- Moosblättchen vom Sternmoos (Mnium sp.) oder Drehmoos (Funaria hygrometrica): sehr dünne Blättchen, Chlorophyllkörner in den Zellen
- Blättchen der Wasserpest (Elodea canadensis oder densa): Chlorophyllkörner, Plasmaströmung
- Stärkekörner aus Kartoffelknollen: Knolle durchschneiden und etwas abschaben – zahlreiche freie Stärkekörner und Körner im Zellverband; bei stärkerer Vergrößerung Schichtung des einzelnen Kornes erkennbar
- Zellen (Epithelzellen) aus der Mundschleimhaut des Menschen: Einfach von der Innenseite der Wange vorsichtig schaben – zahlreiche Zellen mit deutlich erkennbarem Kern (leichtes Anfärben mit Methylenblau)
- Leberzellen von Rind oder Schwein
- Einzellige tierische Lebewesen aus *Heuaufgüssen*. Dazu wird zu Leitungs- oder besser Tümpelwasser in einem Glas eine Handvoll Heu oder Stroh zugegeben und offen stehen gelassen. Um mehrere Arten von Protozoen zu erhalten, werden andere Gläser mit verschiedenen Pflanzenteilen, z. B. Mohrrübenscheiben (evtl. Pantoffeltierchen), Petersilie, Blumenkohl (evtl. Glockentierchen), angefaulte Salatblätter (evtl. Trompetentierchen oder Pantoffeltierchen) oder Wasserpflanzen, besetzt. Nach zwei bis vier Wochen sind überall Protozoenkolonien vorhanden. Amöben findet man im Bodensatz älterer Heuaufgüsse, an faulenden Schilfstängeln oder Moosrasen. Es sind immer mehrere Kulturen anzusetzen, um mit größerer Wahrscheinlichkeit die gewünschten Einzeller zu erhalten.
- Einfachste pflanzliche Lebewesen, ein- und mehrzellige Algen: Grüner Überzug von Bäumen und Steinen – meist einzellige kugelige Grünalgen und Blaualgen an den Oberflächen von Tümpeln in Watten von schleimiger Beschaffenheit – Schraubenalgen (Spirogyra); braune Überzüge auf Steinen im Wasser oder an Schilfstängeln – Kieselalgen (Diatomeen)
- Hahnenfuß (z. B. Ranunculus repens): Stängelquerschnitt – Leitbündel
- Tradescantien: Stängelquerschnitt oder einfach Saft aus dem Stängel pressen: Raphiden (= Kristallnadeln aus Kalziumoxalat)

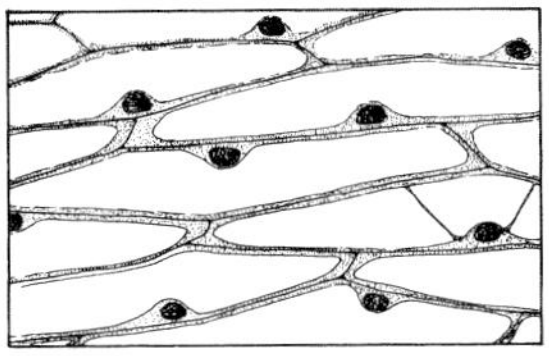

Abb. 40: Zellen der Haut (Epidermis) einer Zwiebel

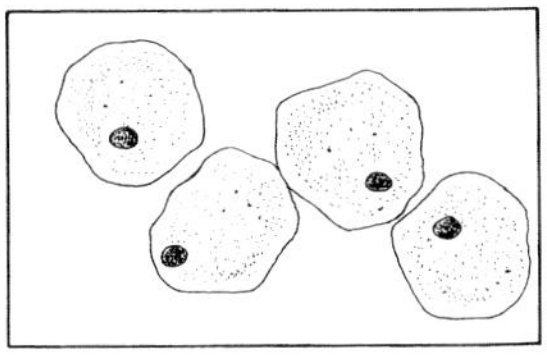

Abb. 41: Zellen der menschlichen Mundschleimhaut

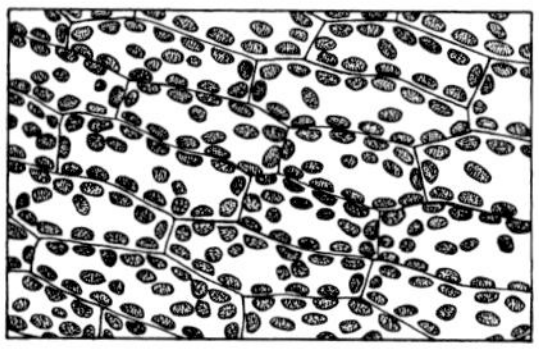

Abb. 42: Zellen eines Moosblättchens mit Chloroplasten (Funaria hygrometrica = Drehmoos)

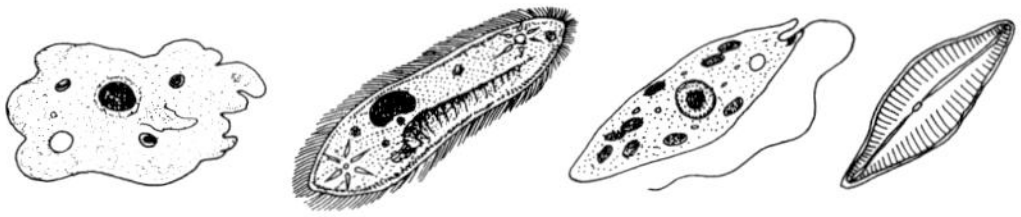

Abb. 43: Einzeller: Amöbe, Pantoffeltierchen, Augentierchen, Kieselalge

Mikroskopieren ist zeitaufwändig, die Lehrkraft muss sich auch vergewissern, ob alle Schüler/innen das Richtige sehen (Ideal ist natürlich ein gesonderter Mikroskopierkurs im Rahmen des Wahlunterrichts.). Bei größeren Klassen ist die Kombination von mikroskopischen Schülerübungen und Videomikroskopie zu überlegen.

RIEGER (1995) hat in einer vergleichenden empirischen Untersuchung am Thema „Zellen und ihre Bestandteile" mit insgesamt 619 Hauptschülerinnen und -schülern im Raum Oberbayern die Effizienz der Arbeit mit Schülermikroskopen und mit Videofilm getestet. Dabei brachte der Unterricht mit Mikroskopieren einen signifikant höheren Behaltenserfolg als das Videoverfahren. Über 75 % der Schüler/innen bevorzugten in freier Wahl das Mikroskopieren und nannten dabei insbesondere die Selbsttätigkeit als Wahlmotiv (vgl. auch KILLERMANN & RIEGER 1996).

6.3 Experimentieren[44]

6.3.1 Begriff

Beim Experimentieren wird, wie beim Untersuchen, gezielt in das Objekt eingegriffen. Während man aber bei der Untersuchung meist die statischen Elemente manipuliert, geht es beim Experiment um dynamische Abläufe, um Vorgänge. Außerdem verändert der Experimentator die Bedingungen, unter denen das Objekt existiert. Im Regelfall isoliert und variiert er einen Faktor – bei Konstanthaltung der übrigen – und untersucht damit seine Wirksamkeit auf den Vorgang. Die bestimmenden Kennzeichen des Experiments sind also
a) die Beobachtung unter *künstlich hergestellten Umständen*,
b) die *Isolation* und
c) die *Variation eines Parameters*.

In der Wissenschaft werden Experimente bei der induktiven Erkenntnissuche (vgl. Kap. 2.2) eingesetzt. Sie haben die Aufgabe, Hypothesen zu bestätigen oder zu widerlegen. Vereinfacht sieht dabei die Vorgehensweise folgendermaßen aus: Aus Hypothesen werden Einzelfälle abgeleitet und durch Experimente überprüft. Weiterhin erfolgt ein Vergleich mit anderen, durch die Hypothese erfassten und experimentell untersuchten Fälle. Hierbei spielt die Reproduzierbarkeit der Experimente eine entscheidende Rolle. Die Hypothese gilt als bestätigt und erhält ggf.

44 Literatur z. B. Baumann 2014, Füller 1992, Gentürk (2009), Greinstetter 2008, Klautke 1990, 1997, Kopeszki 2013, Löwe 1983, Moisl 1988, Probst 1983

den Rang einer Theorie, wenn die Ergebnisse aller Experimente die Hypothese stützen oder wenn kein einziges Experiment die Hypothese zu Fall bringen konnte. In der Schulpraxis wird synonym zu „Experiment" der Begriff „Versuch" gebraucht. Neben sprachlichen Gründen soll damit ausgedrückt werden, dass kein Experiment im wissenschaftlichen Sinn durchgeführt werden soll. Schulversuche sind meist einfach gehalten, der Ablauf von der Hypothesenbildung bis zur Erkenntnisformulierung verkürzt; dafür stehen Kriterien wie Durchschaubarkeit, Klarheit der Ergebnisse, angemessener Zeitbedarf, geringer Aufwand usw. stark im Vordergrund. Ungünstig ist es, den Begriff „Versuch" auch auf die „Untersuchung" auszuweiten, da die beiden Arbeitsweisen doch grundverschieden sind.

6.3.2 Didaktische Bedeutung

Das Experimentieren ist eine sehr anspruchsvolle fachgemäße Arbeitsweise. Sie basiert auf anderen allgemeinen und fachgemäßen Arbeitsweisen. Der experimentierende Schüler muss beurteilen, schlussfolgern, verallgemeinern, beobachten, vergleichen, beschreiben, protokollieren, zeichnen usw. Es überrascht daher nicht, dass das Experiment im Biologieunterricht in vielerlei Hinsicht von Bedeutung ist:

- Das biologische Schulexperiment gibt Einblick in die Methoden der wissenschaftlichen Erkenntnisgewinnung, es zeigt den Weg zu allgemeinen Gesetzmäßigkeiten auf (Induktion).
- Der Schüler / die Schülerin gewinnt durch das Experimentieren vertiefte Kenntnisse von biologischen Erscheinungen und Zusammenhängen; sein / ihr Wahrnehmungs-, Denk- und Urteilsvermögen werden geschult; dies gilt in besonderem Maße für das entdeckende Experiment.
- Experimentieren bringt den direkten Objektbezug und damit Anschaulichkeit.
- Es regt die Schüleraktivität an, besonders der Schülerversuch fördert die Selbsttätigkeit.
- Experimentieren steigert die Lerneffektivität. Das zeigen die vielen positiven Erfahrungen im Unterricht; auch gibt es zahlreiche Untersuchungen, die diese Annahmen empirisch belegen (z. B. FÜLLER 1992).
- Durch Anschaulichkeit, Selbsttätigkeit usw. werden erfahrungsgemäß auch die biologische Fragehaltung und das Interesse für biologische Themen gefördert (vgl. LÖWE 1983).
- Schülerexperimente werden meist in Gruppen- oder Partnerarbeit durchgeführt. Da die Zusammenarbeit der Schüler / innen bei der Planung und Durchführung eine wichtige Rolle spielen, kann hierbei die Bedeutung von Teamarbeit einsichtig gemacht und Teamfähigkeit geübt werden.
- Experimentieren fördert den Erwerb technischer Fertigkeiten, die über das Experimentieren hinaus Alltagsbedeutung besitzen.

In diesem Zusammenhang wird betont:

- Experimentieren ist nur dann für den Unterricht effektiv, wenn es sinnvoll in das didaktische Konzept von Unterrichtseinheiten und Unterrichtsstunden eingebaut ist.

- Experimente, bei denen Aufbau und Durchführung von der Lehrkraft wie in einem Kochrezept vorgegeben werden, sind wenig hilfreich. Eine bloß manuelle Betriebsamkeit ohne gedankliche Beteiligung geht am Wesen des Experimentierens vorbei (alternatives Vorgehen vgl. etwa NEUHAUS, SANDMANN & SCHUBERT 2007).
- Experimentieren ist bei einer Reihe von Themen das adäquate Verfahren, um bestimmte Fragen zu lösen. Bei anderen Themen stellen Beobachten, Untersuchen, Modellbilden, Medieneinsatz usw. die methodisch angemessenen Arbeitsweisen dar. Deshalb wird ein Methodenpluralismus, der sich der jeweils sinnvollsten Verfahren bedient, befürwortet. Auch im Hinblick auf das Lernverhalten der Schüler/innen – mehr abstrakt-verbal, visuell oder praktisch orientierte Typen – ist ein Wechsel in den Methoden bzw. Arbeitsweisen stets notwendig.

FÜLLER setzte sich in einer größeren empirischen Arbeit mit der Effizienz biologischer Schulexperimente auseinander. Er bezog 605 Gymnasialschüler/innen der 5. und 7. Jahrgangsstufen in eine Quer- und Längsschnittuntersuchung (letztere über 3 Schuljahre hinweg) ein. Er konnte dabei zeigen, dass Unterricht mit Experimenten höheren kognitiven Erfolg bringt als Unterricht ohne Experimente. Dabei ergab der Unterricht mit Demonstrationsexperimenten mehr Lernzuwachs als der mit Schülerexperimenten. Im affektiven Bereich zeigten die Gruppen mit Schülerexperimenten eine Verbesserung der Einstellung zum Biologieunterricht und größeres Interesse an der Botanik, während Demonstrationsexperimente weder in der Einstellung zum Biologieunterricht noch beim Interesse zu einer Verbesserung führten (vgl. FÜLLER 1992 und KILLERMANN 1998).
Ein bestimmtes unterrichtliches Vorgehen kann also durchaus unterschiedliche Ergebnisse im kognitiven und affektiven Bereich erbringen. Weitere empirische Untersuchungen zur Effizienz der Arbeitsweisen, hier besonders zum Experimentieren, erscheinen notwendig, z. B. für andere Schularten oder andere Jahrgangsstufen.

6.3.3 Formen des biologischen Schulexperiments

In der Schule muss, wie in der wissenschaftlichen Biologie, zwischen *qualitativen* und *quantitativen* Experimenten unterschieden werden. In vielen Fällen wird für den Unterricht das qualitative, leichter durchführbare Experiment genügen. Es erlaubt Aussagen, ob ein Faktor überhaupt einen Einfluss auf den Vorgang hat, und lässt Ja/Nein-Antworten zu, z. B.: Benötigt der Same Wasser zur Keimung? Hat das Licht Einfluss auf pflanzliches Wachstum? Wirkt Zigarettenrauch schädigend auf Kressekeimlinge? Quantitative Experimente sind erheblich exakter und zielen auf zahlenmäßig fassbare Ergebnisse, z. B.: Wie viel CO_2 enthält die Ausatemluft? Wie viel Wasser verdunstet eine Pflanze in einer bestimmten Zeit unter gegebenen Umweltbedingungen? Diese Experimente erfordern meist kompliziertere Geräte und einen höheren messtechnischen Aufwand. Sie werden in der Regel auf mittlere und höhere Jahrgangsstufen beschränkt sein.
Bei der Frage, welche Personen das Experiment durchführen, muss zwischen Schüler- und Lehrerexperimenten unterschieden werden. Das *Schülerexperiment* wird von den Schülerinnen und Schülern allein oder in Gruppen durchgeführt. Es ist hinsichtlich der Motivation, der manuellen und geistigen Selbsttätigkeit sowie der Erziehung zu Arbeitstugenden (Genauigkeit, Ausdauer, Material schonendes Arbeiten) besonders wertvoll.

Nicht jeder Versuch wird jedoch von den Schülerinnen und Schülern selbst durchgeführt werden können. In einer Reihe von Fällen tritt an seine Stelle das *Lehrer- oder Demonstrationsexperiment*; es ist notwendig bei:

- geringer Ausstattung an Experimentiergeräten und Materialien,
- Einsatz kostspieliger Apparaturen,
- hohem Arbeits- oder Zeitaufwand,
- für die Schülerhand zu gefährlichen Materialien (z. B. bestimmte Chemikalien oder starke elektrische Ströme).

Das Demonstrationsexperiment der Lehrkraft, an dem die Schüler/innen durch gedankliches Planen und Auswerten aktiv und intensiv beteiligt sind, kann im kognitiven Erfolg sehr effektiv sein (Füller 1992). In höheren Jahrgangsstufen ist es durchaus möglich, dass auch Schüler/innen – allein oder als „Assistenten" der Lehrkraft – ein Demonstrationsexperiment durchführen.
Bei der Klassifizierung der Experimente kann weiterhin unterschieden werden, ob sie mit *realen* Materialien durchgeführt werden oder auf einer *virtuellen* Ebene ablaufen. Zu Letzterem rechnet man das Gedankenexperiment und Experimente mit virtuellen Modellen. Schon Kerschensteiner (1963) weist dem Gedankenexperiment, das dem eigentlichen Versuch als gedankliche Vorwegnahme vorausgeht, einen hohen Stellenwert zu. Virtuelle Modelle haben in Form von Computersimulationsprogrammen erst in jüngerer Zeit Einzug in die Schule gehalten (vgl. Abschnitt 7.10.3).
Von der Zeitdauer her, kann, ähnlich wie bei der Arbeitsweise „Beobachten", zwischen *Kurzzeit-* und *Langzeitexperimenten* unterschieden werden. Erstere lassen sich in den Rahmen einer Unterrichtsstunde einfügen, Letztere erstrecken sich über einige Tage oder Wochen. Viele biologische Vorgänge verlaufen sehr langsam, häufig sind längere Beobachtungszeiten notwendig. Bei solchen Langzeitexperimenten muss die Lehrkraft versuchen, die ursprünglich vorhandene Aufmerksamkeit weiter aufrechtzuerhalten, den Blick wiederholt auf die Versuchsanordnung zu lenken. Regelmäßiges Notieren des Versuchsablaufes, ggf. wiederholtes Messen, Wägen und entsprechendes Protokollieren im Schülerheft tragen dazu bei.
Zu vielen biologischen Schulexperimenten gibt es heute brauchbares Filmmaterial. Der Einsatz solcher Filme oder anderer Medien als Experiment-Ersatz ist aber nur in folgenden Fällen zu bejahen:

- zu hoher Zeitaufwand für den Versuch
- zu großer Material- und Gerätebedarf, schwierige Durchführung
- Versuche mit Tieren, z. B. verhaltenskundlicher Art (auch im Unterrichtsfilm keine Versuche, die Tieren Schmerz zufügen!)
- zur Wiederholung eines schon durchgeführten Lehrer- oder Schülerexperiments.

Unter methodischen Gesichtspunkten sollte der Film nur an die Stelle der manuellen Versuchsdurchführung treten, die übrigen Phasen eines biologischen Schulexperimentes sollten im Unterricht beibehalten werden. Dasselbe gilt für die Darstellung von Versuchen anhand von Bildern/Dias oder anderen Medien.

Einteilung	Experimente		
nach der Genauigkeit der Ergebnisse	qualitativ		quantitativ
nach der auszuführenden Person	Lehrer	Demonstration (Lehrer/innen + Schüler/innen)	Schüler/innen
nach der Abstraktionsebene	mit realen Objekten	mit realen (Funktions-) Modellen	mit virtuellen Modellen
nach dem Zeitbedarf	kurze Zeitspanne		längerer Zeitraum
nach der didaktischen Funktion	einführend	klärend	bestätigend

Abb. 44: Einteilung der Experimente nach verschiedenen Gesichtspunkten

6.3.4 Didaktische Funktion des Experiments

Das Experiment kann mit unterschiedlicher didaktischer Intention eingesetzt werden und findet dann an jeweils anderer Stelle (didaktischer Ort) im Verlauf des Unterrichts statt. Man unterscheidet:

- *das einführende Experiment*

Es steht am Anfang einer Unterrichtseinheit oder -stunde und dient als motivierender Einstieg. Einführende Experimente beinhalten oftmals das Moment der Überraschung oder der Provokation und fordern Neugierde, Erstaunen oder Widerspruch heraus. Meist handelt es sich um ein Demonstrationsexperiment der Lehrkraft.

Z. B. kann ein Versuch über die Wasserkapazität eines Mooses (feuchtes und trockenes Moospolster wiegen) zu Überlegungen über die Rolle der Moose im Wasserhaushalt anregen; Versuche zur CO_2-Ausscheidung in der Atemluft (Luft in Baryt- oder Kalkwasser leiten) führen in das Kapitel „Atmung und ihre Aufgaben" ein; der Versuch zur Trockenresistenz des Mauerpfeffers (blühende Pflanze längere Zeit nicht gießen) steht am Anfang einer Unterrichtsstunde über Trockenanpassung dieser Pflanze.

- *das klärende Experiment*

Es ist als schulische Abwandlung des Forschungsexperiments der zentrale Experimenttyp. Er dient der Lösung aufgeworfener Fragen oder Probleme und versucht, gemäß der induktiven Erkenntnissuche, die Vermutungen zur Problemlösung zu bestätigen oder zu widerlegen. Der didaktische Ort ist die Phase der Problemlösung (siehe Abschnitt 9.2.1).

Da der Lehrkraft die Ergebnisse vor der Durchführung bekannt sind, könnte man einwenden, dass nur nachvollziehend experimentiert werden kann, es eigentlich nichts Neues zu „klären" gibt. Aus Schülersicht sieht die Sache aber anders aus.

Sie sollen in der Schule keine neuen Gesetze im Sinne der Naturwissenschaft entdecken, für sie sind aber die der Fachwissenschaft bekannten gesetzmäßigen Zusammenhänge neue „Entdeckungen". Die Lehrkraft muss sich zurückhalten und dem Schüler bzw. der Schülerin bei der Versuchsplanung und -durchführung entsprechende Gestaltungsfreiheiten lassen. Auch falsche Lösungsansätze gehören in diesem Fall zur Problemlösung.

- *das bestätigende Experiment*

Es hat dieselbe didaktische Funktion wie das bestätigende Beobachten: Die auf andere Weise gewonnene Erkenntnis liegt bereits vor und wird nochmals auf experimentelle Weise überprüft. Das bestätigende Experiment dient als zusätzliche Anschauungshilfe und als Maßnahme zur Sicherung, Übung und Wiederholung des Gelernten. Der didaktische Ort liegt zeitlich nach der Problemlösung.

Beispiel: Die Entstehung von Stärke und Sauerstoff bei der Fotosynthese wurde mittels Film und Lehrbuch erarbeitet. Die Erkenntnisse werden dann anhand des bekannten Experiments zur Sauerstoffentstehung bei der Wasserpest bestätigt.

6.3.5 Methodischer Aufbau des biologischen Schulexperiments – Beispiel

Ein biologisches Schulexperiment soll besonders folgende Forderungen erfüllen:

- klare Frage- oder Problemstellung,
- einfacher, gut überschaubarer Aufbau der Versuchsanordnung,
- eindeutige, leicht beobachtbare Ergebnisse.

Ein Experiment ist eine Frage an die Natur. Es muss aus einer Fragehaltung, aus einer Problemstellung heraus erwachsen. Dabei ist das sachliche Problem dem Jugendlichen häufig nicht als solches von vornherein erkennbar. Die Lehrkraft muss den Schüler/die Schülerin erst darauf hinführen, um dann eine klare Fragestellung zu formulieren. Zur Frage- oder Problemstellung kommt das kritische Überlegen des möglichen Versuchsablaufes oder das Gedankenexperiment, evtl. mit Vermutungen zum Ergebnis. Daraus resultieren Erwägungen zum Versuchsaufbau. Klare, eindeutige Aussagen sollen ermöglicht werden. Der Versuch wird dann durchgeführt, sein Verlauf überwacht und notiert. Schließlich wird das Ergebnis festgestellt. Anschließend muss es bewertet („Kann das richtig sein?") und interpretiert werden. Evtl. prüft man auch den Aussagebereich und die Übertragbarkeit, schließt, soweit möglich, auf eine allgemeine Gesetzmäßigkeit.

Ein biologisches Schulexperiment umfasst also folgende Phasen:

1. Frage- oder Problemstellung (mit motivierender Hinführung)
2. Gedankenexperiment, Planung und Versuchsaufbau
3. Versuchsdurchführung (evtl. Verlaufsprotokoll)
4. Registrieren des beobachtbaren Ergebnisses
5. Auswertung bzw. Interpretation des Ergebnisses, Möglichkeit des Transfers.

Unterrichtlich bedeutsam ist das Protokollieren der einzelnen Phasen bzw. des Versuchsablaufes im Biologieheft. Der Versuchsaufbau soll möglichst durch anschauliche Skizzen dargestellt werden. Ein späteres gedankliches Nachvollziehen des Experiments durch den Schüler/die Schülerin ist dadurch möglich. Bei der Ergebnisgewinnung ist streng zu unterscheiden zwischen Fakten, die beobachtet werden können, und ihrer Auswertung bzw. Interpretation.

Zur Verdeutlichung der einzelnen Phasen wird hier ein Versuch zur Wärmeisolierung durch Fett vorgestellt (Abb. 45).

Lernziel: „Einsicht, dass die Fettschicht bei Säugetieren (beim Wal ...) einen Kälteschutz darstellt."

zu 1. Aufgabe der Fettschicht bei einzelnen Säugetieren? Schützt sie gegen Abkühlung? Wie kann man das in Erfahrung bringen?

zu 2. Warmes Wasser (im Reagenzglas) von etwa Körpertemperatur soll in kaltem Wasser abgekühlt werden – einmal mit und einmal ohne Schutz durch Fettschicht. Wie wird das ablaufen? Sinkt die Temperatur gleich oder unterschiedlich schnell? Wie baut man den Versuch am günstigsten auf?

zu 3. Durchführung (vgl. Abb. 45): Bestreichen eines Reagenzglases mit Schweinefett, Eintauchen in Bechergläser mit Leitungs- oder Eiswasser, Einfüllen von Wasser (ca. 37° C) in dieses und ein anderes Glas (ohne Fett), Messen und Notieren der Wassertemperatur nach 1, 2, 5 Minuten.

zu 4. Im Reagenzglas mit Fettschicht sinkt die Wassertemperatur wesentlich langsamer als in dem ungeschützten Glas.

zu 5. Fett schützt gegen Abkühlung. – Welche Tiere benötigen bzw. besitzen eine dicke Fettschicht? (Säuger im Wasser, Landtiere mit Winterspeck). Weitere Möglichkeiten des Kälteschutzes.

Reagenzglas mit Wasser 37° C
(RG = Reagenzglas)

in Leitungswasser	*RG ohne Fett*	*RG mit Fett*
nach 1 Minute	23°	28°
nach 2 Minuten	21°	26,5°
nach 5 Minuten	18,5°	24°
in Eiswasser		
nach 1 Minute	13°	26°
nach 2 Minuten	8°	23°
nach 5 Minuten	4°	19°

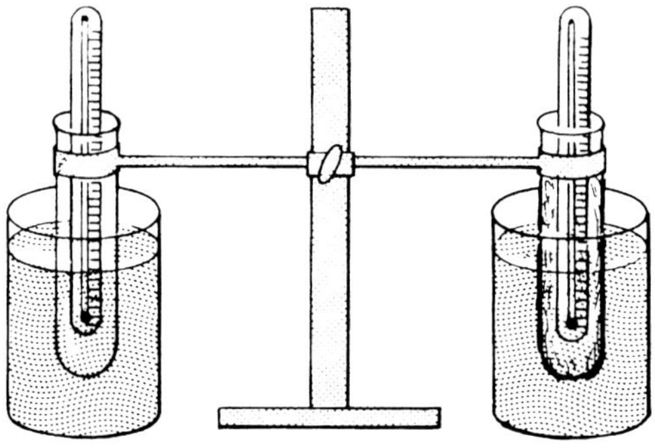

Abb. 45: Versuch zur Wärmeisolierung durch Fett (man verwende größere Reagenzgläser!)

6.3.6 Auswahl der Experimente

Tierversuche sind problematisch. Oberstes Gebot ist, dass das Tier nicht leiden muss. Eingriffe in den tierischen Körper sind deshalb abzulehnen, auch wenn z.B. bei Wirbellosen noch keine sicheren Hinweise auf einen Schmerzsinn gefunden werden konnten. Die Versuchung, das Schulexperiment auch bei anderen Tierarten zu Hause fortzusetzen, ist zu groß, als dass unter erzieherischen Aspekten eine solche Anregung verantwortet werden könnte. Zu leicht wird letztlich als Folge des experimentellen Arbeitens tierisches Leben an sich gering geachtet. Befürwortet werden z.B. Nahrungswahlversuche bei verschiedenen Tieren (z.B. Nacktschnecken) oder Versuche und Beobachtungen, bei denen natürliche Umweltbedingungen, wie Licht oder Temperatur, geändert und die tierischen Reaktionen getestet werden. Hierfür eignen sich zum Beispiel Regenwürmer, Asseln, Käfer. An Terrarien- und Aquarienbewohnern sind einfache Versuche zum Verhalten möglich.
In höheren Jahrgangsstufen können Experimente mit der Taufliege Drosophila (verschiedene Stämme kreuzen) zur Vererbungslehre durchgeführt werden. In der Regel werden Experimente zum Verhalten der Tiere im Film veranschaulicht.
Pflanzliche Organismen bieten sich für Experimente besonders an. Infrage kommen z.B. Versuche zur Quellung und Keimung, zur Fotosynthese und Transpiration, zum Foto- und Geotropismus, Versuche mit Nährlösungen in Hydrokulturen, Züchten von Bakterienkolonien in Petrischalen, ökologische Versuche.
Auch zur *Humanbiologie* gibt es eine Reihe von einfachen Experimenten, vor allem auch Kurzzeitversuche, die in den Rahmen einer Stunde passen. Solche Versuche betreffen z.B.

- die Funktion der Sinnesorgane, z.B. Pupillen- und Lidschlussreflex, Richtungshören, Gleichgewichtssinn, Tastempfindlichkeit bestimmter Hautstellen, Relativität des Temperaturempfindens ...,
- Versuche über die Wirkung von Verdauungssäften, z.B. zur Verdauung im Mund,
- Versuche zur Zusammensetzung der ein- und ausgeatmeten Luft (CO_2-Nachweis) oder zur Größe der Lungenkapazität,
- Versuche zum Ultrakurzzeitgedächtnis des Menschen u.v.m.

Schließlich können Experimente auch mit Funktionsmodellen durchgeführt werden, etwa mit einem Modell zur Zwerchfellatmung oder der Pfefferschen Zelle. Dabei sind die Schüler/innen aber auf die Begrenztheit der Aussagekraft solcher *Modellversuche* hinzuweisen. Für die tägliche Unterrichtspraxis empfiehlt es sich, fertige Versuchsschränke mit Zubehör und Karteien oder Schülerübungskästen anzuschaffen. Jeder Versuch ist vor dem Unterricht von der Lehrkraft selbst durchzuführen, auch die beste Anleitung ersetzt nicht die eigene Erfahrung und schützt nicht vor unliebsamen Überraschungen. Gelegentlich kann man gegenüber der Beschreibung vereinfachen. Ein Experiment mit geringem Geräteaufwand ist schon wegen seiner besseren Überschaubarkeit jedem komplizierten Versuchsaufbau vorzuziehen.

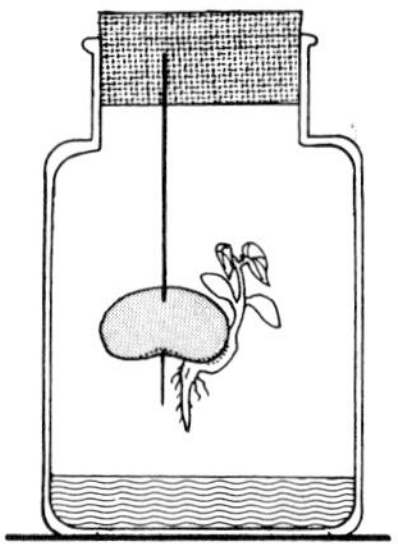

Abb. 46: Keimungsversuch: Der Bohnensamen treibt in der „feuchten Kammer" aus. Das Wachstum von Spross und Wurzel kann gut beobachtet werden. Wenn man zusätzlich angekeimten Bohnensamen „verkehrt" herum aufsteckt, lässt sich auch der Geotropismus beobachten.

Abb. 47: Versuch zur Lichtwendigkeit der Sprosse

Im Hinblick auf Unfallgefahren müssen Verbandkasten und Feuerlöschgerät vorhanden sein. Sicherheitsrichtlinien zum naturwissenschaftlichen Unterricht sind zu beachten.[45]

6.4 Halten und Pflegen

6.4.1 Bedeutung

Das Halten und Pflegen von Tieren und Pflanzen gehört zu den typischen Arbeitsweisen des Biologieunterrichtes, es gilt als ein wichtiges didaktisches Prinzip dieses Faches. Folgendes kann zur Bedeutung angeführt werden:

- Der wünschenswerte, unmittelbare Kontakt mit den Lebewesen wird ermöglicht; die Schüler/innen werden mit den Lebewesen näher vertraut, lernen sie besser kennen und werden zu eigenen Beobachtungen und Untersuchungen motiviert. Diese Tätigkeiten führen weg vom verbalen Vermitteln von Lernstoff hin zu einem am Lebewesen orientierten Biologieunterricht.
- Halten und Pflegen von Pflanzen und Tieren im Rahmen der Schule kann heute, da im häuslichen Lebensbereich für viele Schüler/innen nur noch wenig Gelegenheit zum tätigen Umgang mit Lebewesen besteht, zumindest in geringem Umfang eine ausgleichende Funktion übernehmen und den Schülerinnen und Schülern persönliche Erfahrungen mit Lebewesen vermitteln.
- Der Kontakt mit den lebenden Organismen bildet auch im Hinblick auf affektive Ziele eine wertvolle Bereicherung des Biologieunterrichtes. Vor allem jüngere Schüler/innen können emotional angesprochen werden, das Halten und Pflegen kann zu echten Naturerlebnissen führen.

45 vgl. z.B. Richtlinie zur Sicherheit im Unterricht (RiSU) – Beschluss der KMK v. 9. Sept. 1994 in der Fassung vom 26. Februar 2016

- Auch erzieherische Werte, z. B. Erziehung zur Ausdauer und zu verantwortlichem Handeln, werden bei den Pflegemaßnahmen zum Tragen kommen. Insbesondere erfahren Schüler/innen, dass Pflanzen und besonders Tiere ständiger Pflege bedürfen und nicht einfach, je nach Laune, beiseite gestellt werden können. Zugleich lernen sie praktische Regeln der Pflanzenpflege bzw. Tierhaltung kennen, die sie dann auch zu Hause anwenden können.
- Schließlich kann der Umgang mit Tieren, auch mit weniger beliebten Arten (z. B. Spinnen, Mehlkäfer), zu einer Erhöhung des Interesses sowie zum Abbau von Ekel und Furcht bzw. zum Aufbau und zur Festigung positiver Einstellungen führen.

Die zuletzt genannte Annahme wird durch die Ergebnisse einer empirischen Untersuchung an 371 Hauptschülerinnen und -schülern der 6. Jahrgangsstufen im Münchner Raum gestützt.
Die Teilnehmer der Versuchsgruppe hatten hierbei die Möglichkeit, lebendige Gliedertiere (Regenwurm, Hausspinne, Mehlkäfer) zu beobachten, anzufassen, im Klassenzimmer zu halten und kleine Verhaltensexperimente mit ihnen durchzuführen. Sie zeigten nach der Unterrichtseinheit eine wesentlich positivere Einstellung zu den Tieren als die anderen Schüler/innen (Kontrollgruppe), die im Unterricht nur Diapositive und Fertigpräparate betrachten konnten. Zum Abbau von negativen Emotionen wie Furcht und Ekel vor solchen Tieren scheint die Interaktion mit den Lebewesen unter Einbeziehung fachgemäßer Arbeitsweisen notwendig zu sein.
Ungeachtet ihrer Einstellung, war bei der Mehrzahl der in die Untersuchung einbezogenen Schüler/innen das Interesse am Umgang mit lebenden Wirbellosen sehr hoch (BAUHARDT 1990).

6.4.2 Möglichkeiten

Möglichkeiten zum Halten und Pflegen bieten im Schulbereich der Schulgarten, Pflanzen im Schulzimmer, Tiere in Käfigen und Vivarien. In den Anfangsjahrgängen wird es sich um zeitlich begrenzte Pflegeaufgaben handeln, später können einzelne Schüler/innen oder Schülergruppen auch für längere Dauer Aufgaben dieser Art übernehmen, z. B. Füttern, Reinhalten von Käfigen, Gießen, Umpflanzen, Düngen. Auch der Werkunterricht kann einen Beitrag leisten, indem Insektarien, Nistkästen oder Blumenständer hergestellt werden. Bei der Auswahl der Pflanzen und Tiere, die gehalten werden sollen, sind stets die Artenschutzbestimmungen zu beachten. Nähere Hinweise zum Halten und Pflegen von Tieren und Pflanzen im Schulgebäude und zu ihrem unterrichtlichen Einsatz finden sich in Kapitel 7.2 „Lebende Organismen".

7 Arbeitsmittel – Originale und Medien

7.1 Begriffe

Der Begriff Arbeitsmittel bzw. Unterrichtsmittel[46] umfasst alle Lehr- und Lernmittel, einschließlich der Naturobjekte, die im Unterrichtsablauf verwendet werden können. Für das Fach Biologie unterscheidet man Arbeitsmittel, die primäre Informationsträger darstellen, z. B. lebende Organismen oder Präparate von Realobjekten, und Arbeitsmittel, die sekundäre Informationen liefern, z. B. Filme, Diapositive, Modelle, Lehrbücher, Arbeitsblätter, Computerprogramme usw. Solche Arbeitsmittel werden auch als Medien bezeichnet.

Der Begriff *Medien* wird nicht einheitlich gebraucht. Definiert man Medium als „Träger von Information", kommt man zu einem sehr weiten Medienbegriff, der auch Lehrer/innen und Schüler/innen einschließt. In diesem Buch wird einer engeren Definition der Vorzug gegeben, die nur diejenigen Arbeitsmittel zu den Medien rechnet, die Sekundärerfahrungen liefern, also nicht die lebenden und toten Naturobjekte und auch nicht Lehrende und Lernende. „Didaktische Medien" sind speziell zur Unterstützung von Lehr- und Lernprozessen vorgesehen.

Seit ungefähr 1970 hat die Bezeichnung *„Neue Medien"* Einzug in die Medienlandschaft gehalten. Auch für diesen Begriff gibt es kein einheitliches Verständnis. Er wird häufig verwendet für Medien, die zwar weiterentwickelte oder neue Techniken vorweisen, aber letztlich doch auf traditionellen Medien basieren. Beispielsweise hat bei der Tonaufzeichnung die Audio-CD (CD = Compact Disc) den Weg von der Schallplatte über Tonband und Tonkassette genommen; die Aufzeichnung bewegter Bilder verlief vom Filmstreifen über Videoband und Bildplatte zur Video-CD und DVD (Digital Video Disc). Die Verbesserungen hatten höheren Bedienkomfort, erweiterte und neue Funktionen und eine Verringerung der Gerätegröße zur Folge.

„Neue Medien" im engeren Sinn sind aber eigentlich Medien, die genuin Neues aufweisen können. Hierzu zählen Systeme, die bisher nicht vorhandene Informations- und Kommunikationsmöglichkeiten bieten. Von aktueller Bedeutung sind hier externe, global arbeitende Datennetze wie das Internet, aber auch interne Netze in Betrieben oder Schulen („Intranet") sowie die Verkoppelung von Einzelmedien zu Multimediasystemen. Da die „neue" Kommunikation über computerlesbare, also digitalisierte Daten abläuft, spielt der Computer bei den neuen Medien eine zentrale Rolle.

Im Zusammenhang mit „Neuen Medien" wird stets das Schlagwort *„Multimedia"* gebraucht. Auch für diesen Begriff gibt es eine verwirrende Vielfalt an Definitionen. Versucht man, die Aspekte systematisch anzuordnen, kommt man zu folgenden fünf Kennzeichen:

46 Die Begriffe Arbeitsmittel und Unterrichtsmittel werden synonym verwendet.

1. Integration mehrerer Medien auf einer technischen Plattform, in der Regel dem Computer (z. B. PC und DVD-Player)
2. Verknüpfung multipler Kodierungssysteme (z. B. Bild und Text)
3. Verknüpfung multipler Sinnesmodalitäten (visuell, auditiv, haptisch, motorisch)
4. Interaktive Nutzung (Der Benutzer hat interaktiven Zugriff, d. h. er kann den Ablauf über ein Bediengerät oder eine Bedieneroberfläche beeinflussen.)
5. Digitalisierung (Für die Integration auf dem Computer müssen die einzelnen Medien in digitaler Form vorliegen.)

Da die Verknüpfung von Text, Standbild, Sprache und Musik lernpsychologisch als vorteilhaft eingestuft wird, ist der Stellenwert der Multimedien als Arbeitsmittel für den Unterricht aktuell sehr hoch.
Audiovisuelle Medien (AV-Medien) im weiteren Sinne sind jene Unterrichtsmittel, die auf akustische, optische oder kombinierte Weise einen Lerninhalt vermitteln (vgl. auch Köck & Ott 2002). Exakter muss zwischen auditiven (z. B. Audio-CD), visuellen (z. B. Bilder / Dias) und audiovisuellen Medien (z. B. Videofilme) unterschieden werden.
Für den Biologieunterricht steht ein reichhaltiges Angebot an didaktischen Medien[47] zur Verfügung. Für ihre Einsatzmöglichkeiten sind die jeweiligen spezifischen didaktischen Eigenschaften maßgebend, die nachfolgend ausgeführt werden. Der Einsatz der verschiedenen Medien ist sowohl untereinander als auch im Verhältnis zu den primären Informationsträgern abzustimmen. Im Fach Biologie als „Lebenslehre" ist bei der Auswahl der Arbeitsmittel den lebenden Organismen der Vorzug zu geben, sofern sie verfügbar und für die jeweilige didaktische Absicht brauchbar sind.

7.2 Lebende Organismen[48]

Didaktische Charakteristika

Lebende Pflanzen, lebende Tiere und der Mensch sind die Grundlage der biologischen Erkenntnisgewinnung. Auch für den Biologieunterricht spielt die Begegnung mit den originalen Naturobjekten, meist verkürzt „originale Begegnung" genannt, eine zentrale Rolle. Naturobjekte besitzen als Arbeitsmittel spezifische didaktische Charakteristika. Ein Kontakt mit den Lebewesen ist in aller Regel mit einer emotionalen Reaktion verbunden: Sie sprechen direkt an, fordern Zuwendung oder Abwehr heraus. Diese Verknüpfung von Kognition und Emotion ist eine gute Grundlage, um die Schüler / innen zur Achtung vor dem Lebendigen und zu verantwortungsbewusster Haltung zu erziehen. Lebewesen sind, im Gegensatz zu den Medien, nicht didaktisch bearbeitet und bieten daher meist ein breites Feld an Informationen und eine Fülle von Eindrücken. Sie sprechen verschiedene Sinneskanäle gleichzeitig an: den Gesichtssinn, den Gehörsinn, zum Teil auch

47 Literatur z. B. Eschenhagen, Kattmann & Rodi 2003 und 2008, Merkert 1992
48 Literatur z. B. Bretschneider 1994, Jacobi 2004

den Geruchssinn und Tastsinn. Die Begegnung mit den Naturobjekten hat für Schüler/innen motivierenden Charakter und eröffnet zahlreiche Möglichkeiten der selbsttätigen Auseinandersetzung mit ihnen. Bei den facheigenen Arbeitsweisen steht, speziell bei den Tieren, das Beobachten und das Halten und Pflegen im Vordergrund, aber auch Betrachten, Untersuchen und Experimentieren bieten sich an. Lebewesen können in ihrem Lebensraum aufgesucht oder kurzzeitig ins Klassenzimmer geholt werden. Längerfristige Haltung ist im Schulbereich in den Außenanlagen oder in den Klassenzimmern möglich (vgl. auch Abschnitt 5.3.4).

Pflanzen

Zimmerpflanzen stehen zu jeder Jahreszeit zur Verfügung. Sie sollten für den Unterrichtsraum unter didaktischen Gesichtspunkten ausgewählt werden, also charakteristische Merkmale deutlich zeigen und Beobachtungen, Untersuchungen oder Experimente gut ermöglichen. Blumenschalen und -kästen stellen kleine biologische Beete in der Schule dar, die entsprechend genutzt werden können. Günstige Arbeitsmöglichkeiten bieten fahrbare Ansatztische mit Erdbehältern. Der Idealfall, ein größeres Beet in einem heizbaren Raum, in dem während des ganzen Jahres Pflanzen beobachtet und Experimente durchgeführt werden können, wird wohl nur an wenigen Schulen zu verwirklichen sein. In den genannten Behältern lässt sich das Keimen von Samen, das Austreiben von Zwiebeln, das Wachstum, die Bildung von Ablegern beobachten. Einfache Versuche zeigen die Reaktionen auf Licht, den Wasserbedarf, die Auswirkung von Mineralsalzgaben. Pflegeaufgaben sind regelmäßiges Gießen, Säubern, Umpflanzen, Vermehren.
Als günstige Zimmerpflanzen (Topfpflanzen) für biologische Fachräume gelten u. a. Buntnessel, Brutblatt, Geranie, Fleißiges Lieschen, Grünlilie, Tradescantie (Ampelpflanze), Sansevieria (Bogenhanf), Aloe, Kakteenarten usw.

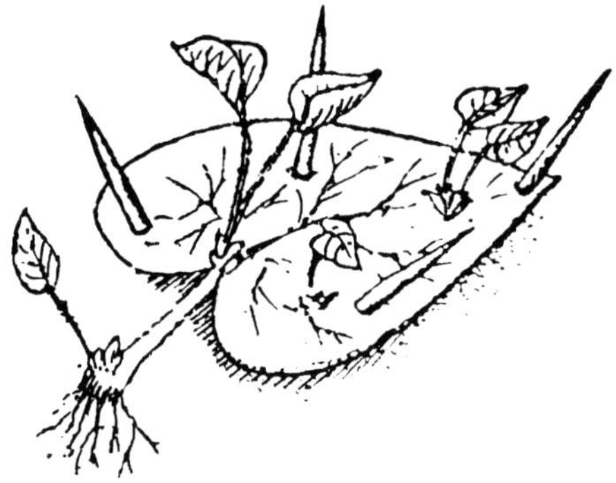

Abb. 48: Blattstecklinge bei der Begonie (Blatt mit Zahnstochern auf feuchter Erde festgesteckt) – aus dem Blatt entwickeln sich einige Pflänzchen

Verwendungsmöglichkeiten, mögliche Beobachtungen:

- An schnellwüchsigen Arten, wie Buntnessel, Geranie, Tradescantie, Fleißiges Lieschen, lässt sich das Wachstum gut verfolgen.

- Vegetatives Vermehren aus Ablegern, Stecklingen, Brutkörpern etc. gelingt z.B. bei: Grünlilie, Aloe, Sansevieria, Tradescantie, Begonie (Blattstecklinge), Brutblatt (kleine Brutkörper in den Kerben der Blattränder).
- Trockenanpassung zeigen z.B. Sansevieria, Kakteenarten, Aloe;
- Stammsukkulenz ist deutlich erkennbar bei Kakteen, Blattsukkulenz bei Aloe, Hauswurz;
- An Blättern der Geranie oder Zimmerlinde lassen sich Fotosyntheseversuche durchführen (Stärkebildung), ebenso an Wasserpflanzen, wie Wasserpest oder Tausendblatt (Freisetzung von Sauerstoff).
- Für das Beobachten des Keimens und Wachsens kommen Bohnen, Erbsen, Gartenkresse, Kapuzinerkresse infrage; junge Bohnenpflanzen oder Kapuzinerkresse zeigen deutliche Lichtwendigkeit (Fototropismus), an Bohnensamen kann die Erdwendigkeit (Geotropismus) nachgewiesen werden.
- Das Austreiben kann bei Hyazinthenzwiebeln oder bei anderen Zwiebelpflanzen gut beobachtet werden.

Pflanzen aus der freien Natur werden am besten in Plastikbeuteln gesammelt und bleiben so ein bis zwei Tage frisch. Keinesfalls dürfen seltenere oder gar geschützte Arten mit in die Schule gebracht werden. Je nach dem geplanten Einsatz, werden die Pflanzen in der Schule ausgestellt oder an die Schüler/innen zum Untersuchen verteilt. Während der Vegetationszeit sollte im Biologie- bzw. Klassenunterrichtsraum immer eine Reihe von Arten ausgestellt sein (Pflanzentisch). Eine gute Beschriftung, die nicht nur den Namen, sondern auch kurze Hinweise zum Vorkommen oder zu sonstigen Besonderheiten enthält, lenkt immer wieder die Aufmerksamkeit auf diese Pflanzen.

Tiere

Stärker als Pflanzen fordern Tiere im Unterricht Aufmerksamkeit und Interesse heraus. Ihre Haltung und Beobachtung bringt unmittelbaren Kontakt mit Lebewesen; ihre tägliche Pflege, das Versorgen mit Nahrung, das Sauberhalten des Behälters sind für Jugendliche dankbare Aufgaben. Eine emotionale Zuneigung vor allem jüngerer Schüler/innen zum Tier kann gefördert werden.
Die Lehrkraft muss sich bei der Haltung von Tieren darüber im Klaren sein, welche Ziele sie im Einzelnen verfolgt. Kommt es nur auf den Kontakt mit Lebewesen an, auf das pflegende Tun, oder sollen die Tiere in den Unterricht mit einbezogen werden? Welche Lernziele können konkret mithilfe der Tiere erreicht werden? Was kann an dieser oder jener Art besonders günstig beobachtet werden? Grundsätzlich sollten die Tiere, die gehalten werden, leicht beschaffbar, leicht pflegbar, robust und im biologischen Sinne ertragreich sein.

Käfighaltung

Hierfür eignen sich Kleinsäuger, z. B. Meerschweinchen, Goldhamster, weiße Mäuse oder Mongolische Rennmäuse.[49] Vögel gehören nicht für längere Zeit in Unterrichtsräume, da sie selten still sind. Vorzuziehen ist die extensive Vogelhaltung im Schulgelände durch Anbringung von Nistkästen und Anlage von Bade- und Futterplätzen. Es besteht so die Möglichkeit, tierisches Verhalten beobachten zu können, z. B. die Art der Nahrungsaufnahme, das Sozialverhalten oder das Brutverhalten, das auf besonderes Interesse stoßen wird (vgl. Abschnitt 5.3.4).
Kleinsäuger im Käfig lenken die Schüler/innen während des Unterrichts weniger ab, vor allem, wenn die Käfige nicht direkt im Blickfeld der Klasse stehen. Auch sie bieten Möglichkeiten der Einbeziehung in den Unterricht. An Meerschweinchen, Rennmäusen oder an Goldhamstern lassen sich vor allem Beobachtungen zum Verhalten der Tiere anstellen. Auch Gestaltmerkmale können gut erfasst werden, z. B. der Körperbau, die Nagezähne usw.

Größere Säuger, z. B. Katze oder Hund, in den Unterricht mitzubringen, ist nur in Ausnahmefällen zu empfehlen. Diese Tiere motivieren Kinder zwar sehr stark, bringen aber zugleich viele Unsicherheitsmomente und Möglichkeiten der Ablenkung mit sich. Außerdem ist es in der Praxis schwierig, die Tiere bis zum Ende der Stunde oder der vormittäglichen Schulzeit ordentlich unterzubringen. Gelegentlich kann ein Igel zur kurzzeitigen Beobachtung in der Klasse dienen, vor längerer Haltung ist wegen des starken Ungezieferbefalls zu warnen.

Aquarien

Ihre didaktische Bedeutung ist unbestritten, sofern sie nicht ausschließlich als „Schauaquarien" genutzt werden. Als lebendiges, aber überschaubares System bieten richtig ausgestattete Aquarien eine Fülle von Beobachtungsmöglichkeiten, sowohl zu den eingesetzten Tieren und Pflanzen als auch zu grundlegenden ökologischen Zusammenhängen.
Beobachtet werden kann die Fortbewegungsweise der Tiere, der Nahrungserwerb und die Nahrungsaufnahme, das Ablaichen, bei bestimmten Formen das Luftholen, die Entwicklung von Jugendstadien zu adulten Tieren usw. Der Einfluss z. B. von Licht, Wassertemperatur, Sauerstoffgehalt, räumlicher Gliederung des Beckens zeigt die Abhängigkeiten und Wechselwirkungen zwischen Lebewesen und Umwelt. Auch das Wachstum der größeren Wasserpflanzen oder der Grün- und Braunalgen lässt sich verfolgen. Die Becken liefern zugleich Protozoen als Material für mikroskopische Untersuchungen.
Zur Einrichtung und laufenden Pflege können Schülergruppen mit herangezogen werden. Füttern der Fische, Reinigen der Becken und Nachfüllen von Wasser sind Aufgaben, die ohne weiteres Schülern übertragen werden können. Lebend- und Trockenfutter für Fische und andere Tiere ist in allen Zoogeschäften vorrätig oder kann selbst aus Tümpeln mit dem Kescher besorgt werden. Auch diese Aufgabe

---

49 Aufgrund von Sicherheitsbestimmungen dürfen nur Tiere gehalten werden, die frei von Krankheiten (z. B. Ornithosen) sind (vgl. Richtlinie zur Sicherheit im Unterricht (RiSU) – Beschluss der KMK v. 9. Sept. 1994 in der Fassung vom 26. Februar 2016).

könnten Arbeitsgemeinschaften übernehmen. An der kontinuierlichen Pflege eines Aquariums können viele Schüler/innen beteiligt werden; dadurch kommt die didaktisch wertvolle Arbeitsweise des Haltens und Pflegens von Lebewesen (vgl. Kap. 6.4) besonders zum Tragen.
Warmwasseraquarien sind für das Halten tropischer oder subtropischer Fische geeignet. Sie sind deshalb so beliebt, weil die Tiere meist attraktive Farben und Formen besitzen. Die Wassertemperatur muss sich nach den eingesetzten Fischen richten; manche fühlen sich zwischen 19° C und 23° C wohl (z. B. Guppys, Schwertträger, Kardinalfisch, Prachtbarbe), andere brauchen höhere Temperaturen (z. B. Salmler, Buntbarsche).
Kaltwasseraquarien kommen ohne Beheizung aus, dafür muss an heißen Sommertagen für eine Absenkung der Wassertemperatur gesorgt werden. Neben heimischen Fischarten (z. B. Elritzen, Bitterlinge, Stichlinge) können auch Tiere aus anderen Tierstämmen eingesetzt werden, z. B. Schnecken, Muscheln, Insektenlarven (Köcherfliegen, Mücken), Schwimmkäfer (z. B. Gelbrandkäfer), Wasserflöhe, Süßwasserpolypen (z. B. Chlorohydra viridissima) usw. Dabei ist zu beachten, dass nicht alle Tiere miteinander auskommen, z. B. fressen Gelbrand- und Libellenlarven kleine Fische oder Kaulquappen. Bei der Auswahl und Beschaffung der Tiere sind die Artenschutzbestimmungen stets zu beachten. Leider lassen sich die meisten einheimischen Wasserpflanzen nur schwer im Aquarium halten. Man sollte daher auf kaltwasserresistente exotische Arten ausweichen (z. B. Vallisneria spec., Sagittaria spec.).
Haltung und Pflege von *Seewasseraquarien* erfordern Spezialwissen, ziehen einen hohen Pflegeaufwand nach sich und sind kostspielig.

Terrarien

Trockenterrarien dienen der Haltung von Kriechtieren, also von Eidechsen, Blindschleichen, Schildkröten (z. B. Griechische Landschildkröte). Die Bundesartenschutzverordnung verbietet das Fangen von Reptilien, sodass allenfalls Kriechtiere aus Tierhandlungen gehalten werden könnten (für das Fangen und Halten heimischer Tiere in Schulen ist eine Sondergenehmigung erforderlich). Da Terrarien an sich unterrichtlich nicht sehr ergiebig sind – die Tiere bewegen sich wenig, leben gerne versteckt – und auch die Beschaffung des erforderlichen Lebendfutters aufwendig ist, erscheint ihre Einrichtung für den Unterricht entbehrlich.
Aquaterrarien sind Terrarien mit größeren Wasserbehältern, die sich besonders für die Haltung von Lurchen, z. B. Fröschen, Kröten, Molchen, zur Beobachtung von Fortpflanzung und Entwicklung eignen. Auch für Amphibien und ihre Jugendstadien gelten Schutzbestimmungen.

Insektarien

Als Insektarien können käufliche Behälter oder einfache Holzkistchen mit Drahtgitter dienen. Aquarienbehälter oder Weckgläser, die mit einem Gitter überdeckt sind, erfüllen in vielen Fällen ebenfalls den erwünschten Zweck. Der Boden des Insektariums wird mit Sand oder Erde bedeckt, zusätzlich wird ein kleines Wassergefäß fest angebracht, in das Futterpflanzen für Raupen oder Käfer gesteckt werden können. Verschiedene Insektenarten können hier kurzzeitig gehalten werden. Besonders lohnend erscheint die Aufzucht von Raupen bis zur Verpuppung. Dabei ist jedoch zu beachten, dass entsprechend der Artenschutzverordnung nur nicht geschützte Raupen, z. B. des Kohlweißlings, des Rapsweißlings oder des Eichenseidenspinners, Verwendung finden dürfen. Für Beobachtungen zur Entwicklung mit vollständiger Verwandlung bieten sich Mehlkäfer an (vgl. Abschnitt 6.1.3). Grillen oder Heuschrecken sind ebenfalls dankbare Beobachtungsobjekte. Stabheuschrecken zeigen die Erscheinung der Tarnung durch Nachahmung (Mimese). Hält man Marienkäfer zusammen mit von Blattläusen befallenen Pflanzen, können die Marienkäfer ihren Nutzen als Blattlausvertilger unter Beweis stellen.

BAUHARDT (1990) konnte empirisch den Nachweis erbringen, dass ein Unterricht mit der Möglichkeit zur Interaktion mit lebenden Gliedertieren die Angst- und Ekelgefühle der Schüler/innen deutlich vermindert und ihre Einstellung gegenüber diesen Tieren im Vergleich mit einer Kontrollgruppe signifikant verbessert.

Abb. 49: Insektarium für Stabheuschrecken

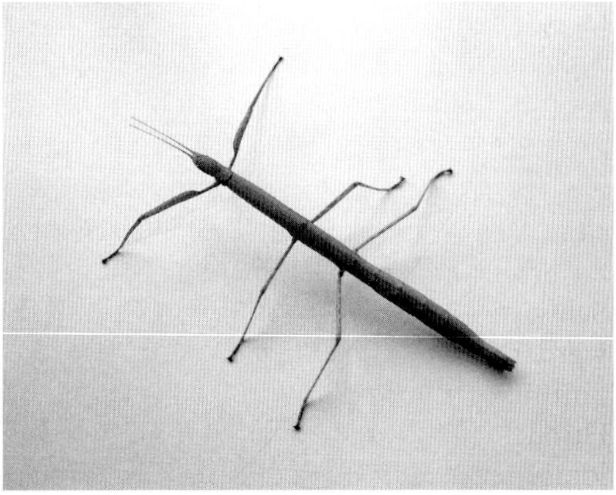

Abb. 50: Stabheuschrecke

Anmerkung

Die Pflege der Vivarien und ihr Einsatz im Unterricht erfordert mehr Mühe und Zeitaufwand als der Unterricht allein mit Kreide und Lehrbuch. Andererseits bieten sie so viele Möglichkeiten der direkten Begegnung mit den Lebewesen, wecken und fördern das Interesse in so hohem Maße, dass kein Biologieunterricht auf diese Hilfe verzichten sollte. Der Fachlehrkraft, die nicht aus Liebhaberei schon mit Vivarien zu tun hatte und der keine Hilfskräfte zur Verfügung stehen, wird vorgeschlagen, zumindest einige Wasserbecken vorübergehend mit Tieren zu beschicken und Insektarien zu verwenden.

Der menschliche Körper

Für die *Humanbiologie* ist natürlich von Vorteil, dass das Naturobjekt, der menschliche Körper, nicht eigens beschafft werden muss. Geeignete Beobachtungen, Untersuchungen und Experimente am eigenen Körper[50] gewährleisten hohe Anschaulichkeit und verstärken das Bewusstsein für den eigenen Körper. Dies kann die Bereitschaft zu einer gesunden Lebensführung positiv beeinflussen.

Einige Beispiele für Beobachtungen, Untersuchungen, Experimente:
- Ertasten der Lage wichtiger Organe, z. B. Knochen, Sehnen, Muskeln, Gelenke
- Fühlen des Herzschlags an verschiedenen Stellen, Messen von Puls und Blutdruck
- Messen der Körpertemperatur an verschiedenen Stellen (Haut, Mund)
- Zahlreiche einfache und sichere Versuche zur Funktion der Sinnesorgane, zur Verdauung usw. (vgl. Abschnitt 6.3.6)

7.3 Präparate von Lebewesen – die biologische Sammlung

7.3.1 Bedeutung

Oft ist das lebende Objekt, insbesondere das Tier, nicht verfügbar. In diesen Fällen muss man auf das tote Naturobjekt, das Präparat oder das Modell, zurückgreifen. Hinzu kommt, dass das frei lebende Tier häufig genauere Studien morphologischer Art gar nicht zulässt, weil es sich rasch bewegt, weil es flieht oder weil es durch sein Verhalten die Aufmerksamkeit von wesentlichen Einzelheiten ablenkt. Das Präparat schafft als totes Objekt emotionalen Abstand und ist stets verfügbar. Es hat gegenüber der Abbildung den Vorteil der Echtheit und der Dreidimensionalität. Ein Präparat ist nicht in jedem Falle für unterrichtliche Zwecke schlechter zu bewerten als das lebende Objekt. Am Stopfpräparat einer Ente können z. B. Schwimmhäute, Bau des Schnabels, Stellung der Hinterextremitäten besser erfasst werden als am lebenden Objekt, das ohnehin nur große Aufregung im Klassenzimmer verursachen würde. Das Raubtiergebiss lässt sich besser am präparierten Hunde- oder Katzenschädel studieren als am Original. Die Gegenstände der biologischen Sammlung bilden also eine notwendige Ergänzung der Beobachtung und des manuellen Umgangs mit lebendigen Organismen. Sie können allerdings nur dem Erfassen der Formen, also morphologischen und anatomischen Studien dienen, sind aber für diese Zwecke unentbehrlich. Nach den unterrichtlichen Einsatzmöglichkeiten kann zwischen einer Arbeits- und einer Lehr- oder Schausammlung unterschieden werden.

50 Es ist unbedingt darauf zu achten, dass alle Beobachtungen, Untersuchungen und Experimente frei von Peinlichkeiten sind und alle Hygienemaßnahmen beachtet werden.

7.3.2 Arbeitssammlung

Die Arbeitssammlung enthält billig und leicht zu beschaffende Gegenstände in jeweils größerer Stückzahl, die an jeden Schüler oder zumindest an mehrere Schülergruppen ausgegeben werden können.
Für die Arbeitssammlung kann eine ganze Reihe von Objekten von der Lehrkraft oder von den Schülerinnen bzw. Schülern selbst zusammengetragen werden. Von Vorteil ist, dass dieser
Teil der Sammlung in der Gegend des Schulortes gewonnen wird und damit zugleich einen Einblick in das vorhandene Arteninventar gibt.

Für die Arbeitssammlung kommen aus dem Pflanzenreich infrage:
- Früchte (Zapfen, Hülsen, Schoten, Kapseln, Nüsse, Getreidekörner)
- Samen, z. B. mit verschiedenen Verbreitungseinrichtungen (von Ahorn, Klette, Nadelbäumen, Löwenzahn, Pappeln)
- Stammquerschnitte wichtiger Holzarten, Holzstücke mit Borke, Fraßstücke (z. B. Zapfen vom Eichhörnchen oder Specht bearbeitet, vgl. Abb. 31)
- gepresste Blätter, Blüten, getrocknete Flechten und Moose; Pflanzenstängel, Blätter und Wurzeln in Spiritus (für mikroskopische Schnitte); Bodenproben.

Aus dem Tierreich sind für die Arbeitssammlung geeignet:
- Schädel von Säugern oder Vögeln
- Hörner und Geweihe, Fellstücke jagdbarer Tiere
- Zähne und Knochen verschiedener Säugetiere
- Flaum-, Deck- und Schwungfedern von Vögeln, Gewölle, Vogelnester (im Herbst abnehmen, auf Ungeziefer achten)
- Insekten (Larven, adulte Tiere) und Fraßspuren häufiger Schädlinge, z. B. des Borkenkäfers
- Schalen von Muscheln und Schneckenhäuser, Bienenwaben usw.

7.3.3 Lehr- und Schausammlung

Die Gegenstände der Lehrsammlung dienen der gemeinsamen Arbeit im Klassenunterricht und zu Ausstellungszwecken. Dazu gehören:
Stopfpräparate. Sie sind für das Erfassen der besonderen Form- und Gestaltmerkmale tierischer Lebewesen unentbehrlich. Die ausgestopften Tiere sind von allen Gegenständen der Sammlung der Wirklichkeit am nächsten. Zu bevorzugen sind bekannte, einheimische Arten, die Beziehungen zwischen Gestalt, Ernährung und Lebensweise deutlich erkennen lassen. Für die Schulsammlung eignen sich z. B. Maulwurf, Igel, Marder, Feldmaus, Amsel, Kohlmeise, Saatkrähe, Stockente.
Flüssigkeitspräparate. Kleinere Tiere, z. B. Lurche, Reptilien, Würmer, Stachelhäuter, oder Entwicklungsstadien von Tieren werden in konservierenden Flüssigkeiten (Spiritus, Formalin) aufbewahrt. Flüssigkeitspräparate sind zerbrechlich und werden heute, so weit wie möglich, durch Einschlusspräparate ersetzt.

Einschlusspräparate (Bioplastiken). Hier sind die Objekte in durchsichtige, unzerbrechliche Blöcke aus Kunststoff eingegossen. Sie können Schülern in die Hand gegeben werden.
Skelette oder Skelettteile, z. B. Schädel, Gelenke, Fuß- und Schnabeltypen. Als ganze Skelette sollten charakteristische Vertreter der Wirbeltierklassen in der Sammlung sein. Für Homologievergleiche eignen sich Maulwurf- und Fledermausskelett. Die Beziehungen zwischen Gebisstyp und Ernährungsweise lassen sich z. B. an Schädeln von Raubtieren, Paarzehern, Nagern und Insektenfressern verdeutlichen. Das menschliche Skelett wird als Kunststoffskelett angeschafft. Besonders für Ausstellungszwecke lohnt die Anschaffung einiger *Biologien,* das sind Kästchen, in denen z. B. ein Insekt in seinen verschiedenen Entwicklungsstadien oder ein Ausschnitt aus einem Lebensraum mit charakteristischen Tieren und Pflanzen gezeigt wird. Auch eine kleine *Insektensammlung,* die sauber genadelte Tiere in Kästchen oder in Kunststoffblöcken enthält, wird gebraucht. Zur Ergänzung der mikroskopischen Präparate, die im Unterricht selbst angefertigt werden, wird eine Sammlung von *Fertigpräparaten* empfohlen.
Modelle (vgl. auch Abschnitt 7.4). Wünschenswert sind *Strukturmodelle,* z. B. anatomische Modelle, wie Auge, Ohr, Herz, Embryonalentwicklung, Torso; Blütenmodelle von Kreuz-, Schmetterlings-, Lippenblütlern (z. B. Salbei), Gräsern. Dazu treten *Funktionsmodelle,* die z. B. Bestäubungsmechanismen, Flügelbewegung, Funktionsweise von Spaltöffnungen, Funktion des Kehlkopfes, des Zwerchfelles zeigen. Schließlich gibt es auch Modelle zur Veranschaulichung biochemischer Sachverhalte, z. B. zum Aufbau der DNA.
Zur biologischen Sammlung zählen ferner:

- Lehrtafeln
- Filme, Videokassetten, Dias, Computersoftware, Transparente, Poster, Spiele
- Messgeräte (u. a. Thermometer, pH-Meter, Luxmeter, Leitfähigkeitsmesser, empfindliche Spannungs- und Strommessgeräte)
- Optische Geräte, z. B. Mikroskope, Stereomikroskope, Projektionsgeräte
- Geräte zur Durchführung von Versuchen verschiedenster Art einschließlich Glasmaterial
- Chemikalien.

Anmerkung zur Verwendung

Die Objekte der biologischen Sammlung müssen in ihrer Funktion als Arbeitsmittel stets in den Biologieunterricht einbezogen werden. Geeignete Gegenstände sollten auch regelmäßig in Schaukästen gezeigt werden, damit die Schüler/innen Objekte kennenlernen, die im Unterricht nur kurz zum Einsatz kommen. Sie fördern wirklichkeitsnahe Vorstellungen, tragen zur Artenkenntnis bei und unterstützen das orientierende Arbeiten.

7.4 Modelle

7.4.1 Begriff, Modelltypen[51]

Modelle sind vereinfachende Repräsentanten (Abbilder) von realen Objekten oder Systemen (vgl. STEINBUCH 1977, HALBACH 1974). Sie entsprechen in den wesentlichen Eigenschaften dem Original, sind aber anschaulicher, weil bei der Modellbildung einzelne Merkmale eines komplexeren Systems hervorgehoben bzw. eliminiert werden.
Ein Modell unterscheidet sich (nach HALBACH 1974) vom Original durch folgende Eigenschaften (gilt nur für materielle Modelle):

- Abstraktion (Informationsreduktion durch Hervorheben wesentlicher und Weglassen nebensächlicher Eigenschaften)
- andere Dimension (meist Vergrößerung)
- anderes Material (z. B. Kunststoff)

Modelle sollen durch die strukturelle Reduktion und das Bemühen um Anschaulichkeit zum besseren Verständnis des Originals beitragen. Sie dienen sowohl der Gewinnung als auch der Vermittlung von Erkenntnissen. Bei der *Erkenntnisgewinnung* (Schwerpunkt Forschung) hat das Modell Hypothesencharakter; es soll helfen, unbekannte Sachverhalte aufzuklären und Voraussagen zu ermöglichen. Bei der *Erkenntnisvermittlung* (Lehre) verwendet man das Modell, um bekannte Sachverhalte zu erklären oder zu veranschaulichen.
Je nachdem, ob die didaktischen Modelle in Form real existierender Gegenstände vorliegen oder in der Vorstellung konstruiert werden, unterscheidet man *materielle* Modelle (Anschauungsmodelle) und *ideelle* Modelle (Denkmodelle). Materielle Modelle können wiederum eingeteilt werden in Strukturmodelle und Funktionsmodelle.
Strukturmodelle veranschaulichen morphologische oder anatomische Merkmale (z. B. Skelette, Blattquerschnitt); manche sind zerlegbar, um auch Einblicke in den inneren Bau zu ermöglichen (z. B. Torso, Auge, Ohr, Insektenkörper, Blütenmodell).
Funktionsmodelle verdeutlichen das Prinzip von Vorgängen, z. B. Osmose (Pfeffersche Zelle), Zwerchfellatmung, Stimmbandfunktion, Katzenkralle. Damit die korrekte Funktionsweise garantiert ist, wird häufig realitätsfremdes Material verwendet und die anatomischen und morphologischen Einzelheiten stimmen mit der Realität oft nur in groben Zügen überein. Beispielsweise ist beim Lungenfunktionsmodell (vgl. Abb. 54) die Brustwand aus transparentem Kunststoff, ein sich verzweigendes Glasrohr stellt die Luftröhre und die Bronchien dar, das Zwerchfell besteht aus einem dehnbaren Gummituch, die Lungenflügel werden mit zwei Luftballons nachgebildet. Manche Funktionsmodelle sind auf zweidimensionale Abbildungen reduziert (z. B. Funktion der Gehörknöchelchen). Die Computersimulation ist ebenfalls ein Funktionsmodell, gehört aber zu den ideellen Modellen (vgl. Abschnitt 7.10.3).

51 Literatur z. B. Halbach 1974, Jungbauer 1992, Killermann & Stöhr 1980, Litsche 1985, Steinbuch 1977, Viehbahn 1976

Denkmodelle werden im naturwissenschaftlichen Unterricht häufiger gebraucht, als man sich vielleicht bewusst ist. Sie werden entweder in der Vorstellung konstruiert (z. B. Bildung von Hypothesen) oder in irgendeiner Form „materialisiert", wobei die Spanne von einfachen Schemata bis zu gegenständlichen Objekten (Kunststoffmodell der DNA oder Molekülbaukasten) reicht. Bei Letzteren ist die Ähnlichkeit zu den eigentlichen materiellen Modellen (Anschauungsmodellen) sehr groß.
Im Biologieunterricht finden Verwendung:

- Symbolische Modelle, z. B. chemische Formeln und Gleichungen
- Modellvorstellungen, z. B. zum Aufbau der DNA oder zum Ablauf tierischer Verhaltensweisen
- Elektronische Modelle, dargestellt durch Schaltkreise, z. B. zu Vorgängen im Nervensystem
- Kybernetische Modelle zur Darstellung von Regelungsvorgängen (Regelkreise)
- Mathematische Modelle zur Simulation von Zahlenverhältnissen, etwa in Zusammenhang mit der Evolution, bei Räuber-Beute-Beziehungen oder bei systemaren Zusammenhängen in einer Computersimulation
- Black-Box-Modelle.

Materielle und ideelle Modelle bilden eigentlich keinen Gegensatz, da bei der Modellierung eines materiellen Modells immer ein Denkmodell vorausgegangen ist. Materielle Modelle sind, genau genommen, eine Ableitung der Denkmodelle.

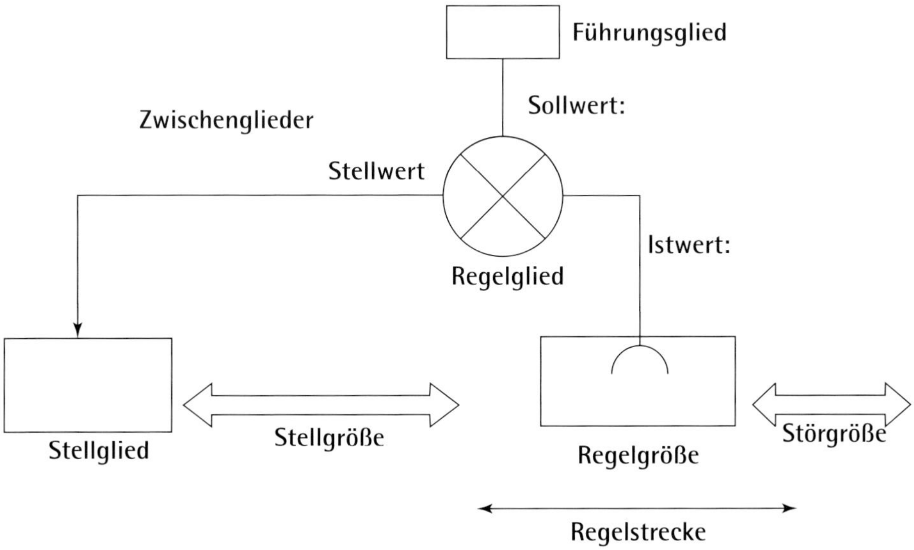

Abb. 51: Allgemeines Regelkreisschema

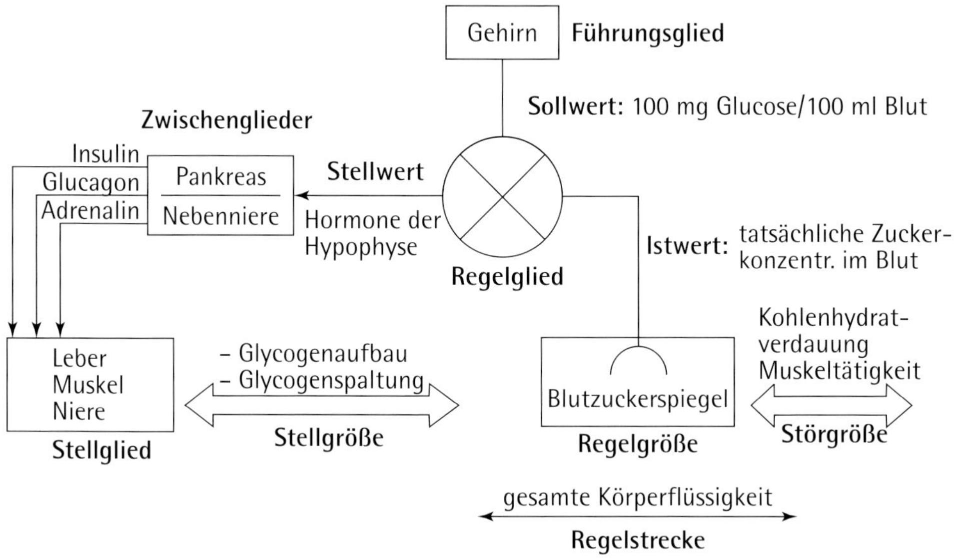

Abb. 52: Regelkreisschema der Blutzuckerregulation (vereinfacht)

7.4.2 Einsatz von Modellen im Unterricht – unterrichtspraktische Anmerkungen

Der Einsatz von Modellen bringt verschiedene Vorteile, z. B.:

- Strukturen und Prozesse können anschaulich dargestellt werden; insbesondere werden Einblicke und Vorstellungen vermittelt, die am biologischen Objekt schwer zu gewinnen sind.
- Das Verständnis biologischer Sachverhalte wird erleichtert. Modelle dienen der didaktischen Vereinfachung; sie bilden Verständnis- und Merkhilfen.
- Durch den Vergleich zwischen Modell und Naturobjekt wird der Blick für den Gegenstand selbst geschärft.
- Es wird Abwechslung ins unterrichtliche Geschehen gebracht, Arbeiten mit Modellen erhöht die Motivation.

Beim *Modelleinsatz* ist zwischen der Verwendung von fertigen Modellen und dem Erstellen eigener Modelle, der Modellbildung, zu unterscheiden. Selbst entwickelte Modelle können, zusätzlich zu den oben genannten Vorteilen, die Erkenntnisgewinnung unterstützen. Beispielsweise kann durch den Bau eines Funktionsmodells zur Brustatmung ein Funktionsprinzip erkannt oder durch die Erstellung eines Blütenmodells oder Blütendiagramms, das über den Vergleich mehrerer Blütenpflanzen einer Pflanzenfamilie (z. B. der Kreuzblütler) gewonnen wurde, ein allgemeingültiger Bauplan entdeckt werden. Zur Modellbildung sind auch Regelkreise und Funktionsschaltbilder geeignet. Für höhere Jahrgangsstufen gibt es Computerprogramme (sog. Modellbildungswerkzeuge), mit denen grafische oder mathematische Modelle entworfen werden können (siehe Abschnitt 7.10.4).

Die Black-Box-Methode (vgl. WINDE 1977) ist ein Sonderfall der Modellbildung. Dabei wird ein System als schwarzer Kasten, die Black-Box, dargestellt. Das System in der Black-Box nimmt bestimmte Eingaben (Inputs) auf; diese werden in Abhängigkeit von der inneren Struktur des Systems verarbeitet; am Ausgang erscheinen die beobachtbaren Produkte, Reaktionen oder Verhaltensweisen – die Outputs. Zwischen Inputs und Outputs herrschen erkennbare Gesetzmäßigkeiten im Sinne von „Wenn-dann"-Beziehungen. Eine Aussage über die innere Struktur des Systems und den Ablauf der Vorgänge ist zunächst nicht möglich. Durch die Black-Box-Methode wird nur veranschaulicht, was in einem System ein- und ausgeht. Erst in einem zweiten Schritt können dann Vorstellungen (Denkmodelle) über die innere Struktur entwickelt werden.
Diese Methode kann im Unterricht der Vereinfachung und pragmatischen Bewältigung schwieriger Sachverhalte dienen. Vorteilhaft ist, dass komplizierte Systeme stark reduziert dargestellt werden können, ohne falsche Vorstellungen zu vermitteln (z. B. kann die Summengleichung der Fotosynthese eher zu falschen Vorstellungen führen als eine Black-Box-Darstellung) (vgl. Abb. 53).

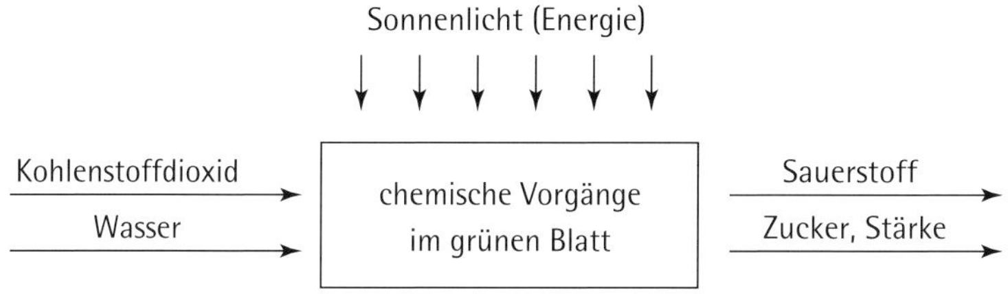

Abb. 53: Black-Box-Modell zur Fotosynthese

Auch die Black-Box sollte nicht von vornherein den Schüler/innen fertig vor Augen gestellt werden, sie ist vielmehr langsam zu entwickeln; sowohl bei der Darstellung als auch bei der Aufklärung der Vorgänge kann problemlösendes Denken geschult werden.
Bei der Arbeit mit Modellen muss der Bezug zum Original hergestellt werden. Bereits zu Beginn des Modelleinsatzes sollten Original und Modell gegenübergestellt und Entsprechungen der jeweiligen Begriffe vorgenommen werden (vgl. Abb. 54). Die am Modell gewonnenen Kenntnisse und Erkenntnisse müssen wieder auf die Realität übertragen werden.
In der Regel ergibt sich folgende methodische Abfolge:

1. Ausgangspunkt: das Original
2. Vergleich/Zuordnung Original – Modell
3. Gewinnen von Erkenntnissen und Einsichten am Modell
4. Übertragung der Erkenntnisse/Einsichten auf das Original

Ein Modell muss vom Schüler/von der Schülerin stets als solches erkannt und verstanden werden.

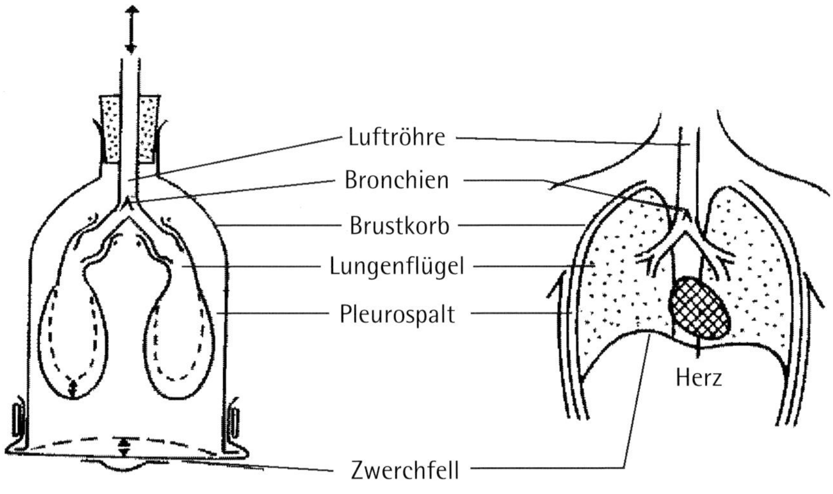

Abb. 54: Modell der Zwerchfellatmung nach DONDERS (aus WENK & TROMMER 1978)

Vor allem bei der intensiven Verwendung von Denkmodellen besteht die Gefahr, dass die Schüler/innen das Modell für die Realität halten, z. B. bei der Modellvorstellung der Doppelhelix-Struktur der DNA. Wenn der Unterricht hier unpräzise ist, dann werden Elektronen als real und Chromosomen als Modellvorstellungen eingeschätzt. Beim Modelleinsatz sollte auch auf die Unzulänglichkeit der Modelle im Vergleich zur Natur und zur Wirklichkeit hingewiesen werden (Modellbewertung). Es sollte klar werden, dass Modelle zwar zur Gewinnung von Kenntnissen notwendig sind, aber nicht alle Merkmale der Wirklichkeit abbilden.

7.5 Bilder

Während lebende Organismen, Präparate und die meisten materiellen Modelle dreidimensional sind, verfügt das Bild nur über zwei Dimensionen. Es stellt daher erhöhte Anforderungen an die Abstraktionsfähigkeit des Lernenden, was besonders bei Lernanfängern zu beachten ist. Das Standbild lässt sich methodisch flexibel einsetzen. Im Gegensatz zu den in stetiger Veränderung befindlichen Medien (Film, Video, Fernsehen) ist es möglich, so lange bei der Betrachtung zu verweilen, wie dies aus didaktischen Gründen notwendig ist. Es erlaubt das genaue Wahrnehmen vor allem der Einzelheiten. Das Standbild kann zum Vergleich oder zur Bestätigung spontan wieder hervorgeholt werden, bei Video- oder Filmausschnitten ist dies technisch aufwendiger.

7.5.1 Digitale Bilder

Digitale Bilder weisen gegenüber traditionellen Bildern (Papierbild, Dia) einige Vorteile auf. Sie verfügen über eine hohe Bildqualität, sind komfortabel auf elektronischen Speichermedien zu archivieren und lassen vielfältige Bearbeitungs-

möglichkeiten zu (ausschneiden, kopieren, Farbänderungen, Fernübertragung, Ausdruck auf Papier etc.). Beim Fotografieren mit einer Digitalkamera kann man das Bild noch am Aufnahmeort begutachten. Wird das digitale Bild mit einem lichtstarken Großbildprojektor präsentiert, so fördert es wie das Dia Konzentration und Aufmerksamkeit durch seine Leuchtkraft und trägt damit zur Vertiefung des Eindrucks bei.
Für den Unterricht ist die Digitalkamera in ihrer Funktion als „Sofortbildkamera" hervorzuheben. Mit ihrer Hilfe kann man auf einfache und schnelle Weise Teil- und Endergebnisse eines Arbeitsprozesses bildlich festhalten, z.B. bei Langzeitbeobachtungen und -experimenten. Im Freiland lassen sich Naturobjekte, die man nicht entnehmen sollte, dokumentieren.

7.5.2 Diapositive

Auch wenn die digitale Fotografie die Diapositive verdrängt, sind Dias für den Biologieunterricht nach wie vor wertvoll. Zum einen verfügen viele Schulen über wertvolle Diasammlungen, zum Teil mit Unikaten, die sich nur mit hohem Zeit- und Kostenaufwand digitalisieren lassen. Zum anderen sind für den Biologieunterricht die sog. Objektdias interessant: Kleine Naturobjekte, z.B. Insektenflügel, Grasblüten, werden in Dia-Rähmchen eingelegt und projiziert. Für Kleinlebewesen gibt es schmale Küvetten, die anstelle des Dias in den Diaprojektor eingeschoben werden („Mikroaquarium", z.B. mit Wasserflöhen).

7.5.3 Didaktische Hinweise zu digitalen Bildern und Dias

Bilder und Dias sind vor allem dann einzusetzen, wenn Naturobjekte oder Präparate nicht zur Verfügung stehen. Das ist häufig der Fall, wenn eine Reihe zusätzlicher Lebewesen zum orientierenden Ausweiten einer Thematik gezeigt oder Kennübungen durchgeführt werden sollen. Bilder sind an allen didaktischen Orten im Unterricht einsetzbar. Ist kein Naturobjekt zu beschaffen, können Bilder schon am Anfang des Unterrichts eingeplant werden und zu ersten Beobachtungen anregen. Vor einem Unterrichtsgang vermitteln sie einen Eindruck von den zu erwartenden Lebewesen. Bilder sind natürlich für die Stufe der Erarbeitung gut geeignet. Sie erlauben – neben dem Naturobjekt oder Präparat – als Ergänzung eine eingehende Auswertung. Die Tafelskizze tritt noch hinzu, um das, was als besonders typisch erkannt wurde, herauszuheben oder zu verdeutlichen. Wertvoll sind Bilder auch für die Phase des Transfers (Übertragen, Anwenden) sowie für die Zusammenfassung und Sicherung von Teilergebnissen. Sie schulen dann allgemeine Denkfähigkeiten, wie z.B. Wiedererkennen, Vergleichen, Ergänzen, Schlussfolgern, Beurteilen, Bewerten. Bei der Vermittlung von Formenkenntnissen können Bilder vorbereitend vor Unterrichtsgängen oder bei der Nachbereitung verwendet werden.
Das Bild ist ein Arbeitsmittel. Die Schüler/innen müssen selbst Wesentliches erkennen, Besonderheiten erfassen, Zusammenhänge, z.B. zwischen Gestalt und Umwelt, herstellen, vergleichen und das Beobachtete sprachlich ausdrücken. Dazu

brauchen sie Zeit, jedes Bild muss in Ruhe betrachtet und ausgewertet werden können. „Erst spricht das Bild! Dann sprechen die Schüler! Erst dann spricht der Lehrer!" (Buehl 1965).
Eine Bilderreihe bzw. Diareihe fasst mehrere Einzelbilder mit einer bestimmten didaktischen Absicht zusammen. Eine solche Bildfolge kann beispielsweise einen gezielten Überblick über einen thematischen Bereich geben (z.B. einheimische Froschlurche). Sie kann aber auch, ähnlich wie ein Film, einen Vorgang veranschaulichen, mit dem Unterschied, dass die Bildfolge zeitlich steuerbar ist und dadurch die einzelnen Phasen in ihren Details erkennbar bleiben.

7.5.4 Biologische Lehrtafeln

Die Lehrtafel zählt zu den ältesten Arbeitsmitteln im Biologieunterricht. Sie ist relativ groß, farbig sowie schnell und einfach einzusetzen. Bei der bildlichen Darstellung steht, soweit möglich, die Realitätsnähe im Vordergrund. Lehrtafeln enthalten meist eine größere Zahl an Einzeldarstellungen und sind nach bestimmten Gesichtspunkten (z.B. Anatomie, Lebensweise, Entwicklung, Systematik) zusammengestellt. Tiere werden meist bei einer typischen Tätigkeit unter Betonung besonderer körperlicher Merkmale gezeigt. Daneben sind Ausschnitte, wie Extremitäten, Skelett, Schädel, naturgetreu oder teilweise schematisch dargestellt. Botanische Lehrtafeln zeigen nicht nur den leicht schematisierten Habitus einer Pflanze, sondern auch Schnitte durch Blüte, Frucht, Wurzel oder andere Einzelheiten. Humanbiologische Wandtafeln greifen Organsysteme heraus, stellen sie unter bestimmten Gesichtspunkten dar oder geben Überblicke, z.B. über Zusammensetzung der Nahrung. Bei vielen von Lehrmittelverlagen angebotenen Lehrtafeln ist die Fülle an Details für den unterrichtlichen Einsatz problematisch. Sie führt dazu, dass das einzelne Teilbild häufig zu klein ist und die Schüler/innen durch das Nicht-Benötigte abgelenkt werden. Es gibt aber im Handel durchaus geeignete Lehrtafeln mit wenigen Teilbildern.
Die Lehrtafel kann im Unterricht als Ergänzung zur Tafelskizze dienen. Sie steht während der ganzen Unterrichtszeit als unterstützendes Medium zur Verfügung. Die Skizze stellt beispielsweise erarbeitete Fakten in schematisierter Form dar, die Bildtafel veranschaulicht zusätzlich schwierigere Sachverhalte und gibt einen Gesamtüberblick über die Gestalt eines Tieres oder einer Pflanze. Beim Fehlen eines Naturobjektes oder eines Präparates kann auch einmal die Lehrtafel in Verbindung mit der Abbildung im Lehrbuch optischer Mittelpunkt der unterrichtlichen Behandlung sein. In einem solchen Falle ist jedoch zunächst dem Dia oder dem Film als Veranschaulichungsmöglichkeit der Vorzug zu geben, da diese Medien dem Naturobjekt näherstehen. Die Bildtafel wird erst im Stadium der weiteren Erarbeitung eingesetzt. Sie eignet sich auch gut zur Lernerfolgskontrolle.

7.5.5 Videomikroskopie

Bei der Videomikroskopie wird das mikroskopische Bild mithilfe einer eingebauten oder auf dem Mikroskop aufgesetzten Digitalkamera erfasst und mit einem

Großbildmonitor oder – projektor präsentiert. Auch ist das Aufzeichnen mithilfe einer digitalen Videokamera möglich. Die Videomikroskopie ist ein Behelf, wenn nicht genügend Mikroskope für alle Schüler/innen vorhanden sind[52]. In großen Klassen ist sie oft die einzig mögliche Form, um in die mikroskopische Dimension einzuführen.

Das projizierte Mikrobild erlaubt gemeinsames, gleichzeitiges Beobachten und Arbeiten. Die Lehrkraft ist in der Lage zu überprüfen, ob alle das Wesentliche erfassen konnten und kann auf Einzelheiten aufmerksam machen. Gegenüber dem Bild besteht der Vorteil größerer Unmittelbarkeit, da es sich um echte Naturobjekte handelt und der Lehrer/die Lehrerin sogar vor aller Augen einzelne Präparate herstellen kann. Durch diese didaktischen Vorteile empfiehlt sich auch ein kombiniertes Arbeiten mit Mikroskopen und Projektion.

7.6 Bild und Text

7.6.1 Tafel

Tafel und Kreide sind aus der Schule nicht wegzudenken. Die „Kreidebiologie", d.h. ein Unterricht allein mithilfe der Wandtafel, gilt allerdings mit Recht als Inbegriff veralteter Lehrmethoden. Richtig eingesetzt, ist die Tafel für einen modernen Unterricht nach wie vor sehr wertvoll. Man braucht keine Verdunklung, keinen elektrischen Strom und, abgesehen von aufwendigeren Skizzen, keine lange Vorbereitung. Die Wandtafel kann flexibel eingesetzt und damit dem Stand des Unterrichts angepasst werden. Die Schüler/innen sollen nach Möglichkeit an der Erstellung des Tafelbildes mitwirken.

Merkmale eines guten Tafelbildes sind eine saubere und sorgfältige Ausführung, eine sinnvolle Anordnung von Schrift und Zeichnung und eine gleichmäßige Ausnutzung der Tafelfläche. Die Tafelarbeit ist methodisch am wertvollsten, wenn das Tafelbild schrittweise entwickelt wird. Der Lernende kann dann die Struktur einer Unterrichtsstunde mitverfolgen, da er das Thema bzw. die Problemfrage, die Lösungswege sowie die Zwischen- und Endergebnisse jederzeit vor Augen hat. Einfache Skizzen, Schemata, Symbole und Pfeilzuordnungen unterstützen die Anschaulichkeit. Dies gilt auch für die geschickte Verwendung von Farbkreide. Mit ihrer Hilfe lässt sich z.B. Wichtiges hervorheben und Zusammengehöriges kennzeichnen. Moderne Wandtafeln sind meistens magnethaftend und können eingesetzt werden wie ein Ansteckbrett oder eine Klettenwand: Mithilfe von Magneten können schnell und sicher Einzelblätter, Wortkarten oder Modelle aus Karton angeheftet werden. Im Handel ist auch spezielle Magnetfolie erhältlich, aus der sich beliebige Elemente fertigen lassen. Magnethaftende Elemente und Beschriftungen können natürlich beliebig miteinander kombiniert werden.

Die Tafel hat informierende und sichernde Funktion und kann hierfür im Biologieunterricht an jedem didaktischen Ort im Unterrichtsablauf eingesetzt werden (Hinführung, Hypothesenbildung, Erarbeitung, Zwischen- und Endergebnisse,

52 vgl. auch Killermann & Rieger 1996

Transfer, Wiederholung). Für die Beschriftung gilt: Orthografische Richtigkeit ist überfachliches Prinzip! Für die Mindestschriftgröße gibt es eine Faustregel: Schrifthöhe an der Tafel in cm gleich ca. 80 % des maximalen Betrachtungsabstandes in Meter. Hat z. B. der Klassenraum eine Tiefe von 8 m, beträgt die Schrifthöhe mindestens 6 cm. Oft gibt es im Unterrichtsraum neben der klappbaren oder verschiebbaren Haupttafel, die an der Vorderseite des Unterrichtsraums angebracht ist, starre Seitentafeln. Sie eignen sich für Tafelbilder, die längere Zeit erhalten bleiben sollen, z. B. aufwendigere Lehrer- oder Schülerzeichnungen oder Protokolle von Langzeitbeobachtungen.

Whiteboard

Ein interaktives Whiteboard ist eine weiße Tafel, auf die ein Kurzdistanz-Beamer den Bildschirm eines angeschlossenen Computers projiziert. Der angeschlossene Computer kann in der Art eines Touchscreens bedient werden. Handschriftliche Notizen (auch Zahlen und Formelsymbole) werden per Schriftenerkennung in digitalen Text umgewandelt. Die zugehörige Software bietet die Möglichkeit, geometrische Formen, Tafelhintergründe (z. B. Notenlinien, Rechenkaros) oder sonstige digitale Objekte (Bilder, Filme, Flashdateien) einzufügen und zu bedienen. Aber auch Texte oder Screenshots von Internetseiten o. Ä. können ins Tafelbild integriert werden. Sämtliche Objekte können verschoben, gedreht oder vergrößert / verkleinert werden. Das Tafelbild kann abgespeichert, ausgedruckt oder z. B. per E-Mail versendet werden.
Im Vergleich zu den klassischen interaktiven Präsentationen (z. B. PowerPoint®) kann mit Whiteboards dynamischer gearbeitet werden. Das Tafelbild lässt sich jederzeit manuell verändern. Auf Nachfragen kann direkt reagiert, Informationen können spontan herangeholt werden. Durch das Zusammenspiel von Tafelbild, Gesten und Sprache ist die Präsentation erheblich näher am Publikum.
Das Whiteboard ist primär ein Instrument für den lehrerzentrierten Unterricht. Sie bietet zwar einige Funktionen mehr als die klassische Wandtafel, ist aber teuer, technisch aufwändig und zieht Folgekosten nach sich (z. B. Energiekosten). Erfahrungen haben gezeigt, dass der anfängliche motivierende Effekt schnell abnimmt. Ein Verbund aus Dokumentenkamera und Wandtafel ist in vielen Fällen flexibler und preiswerter.

Skizze, Schema, Symbol, grafische Darstellung

Die *Skizze* gibt das Erscheinungsbild des Originals mehr oder weniger stark vereinfacht wieder. Dabei kommt es nicht auf Wirklichkeitstreue an. Die Skizze zeigt nur die typische Grundgestalt des betreffenden Objekts, nicht aber seine individuellen Einzelheiten. Sie verhilft zur Klarheit über Form- und Lagebeziehungen und macht das Typische und Charakteristische deutlich, indem alle Nebensächlichkeiten weggelassen werden. Neben der Darstellung von einzelnen unabhängigen Objekten erlaubt die Skizze auch zeitlich Getrenntes, z. B. Entwicklungsstadien, nacheinander zu erarbeiten und nebeneinander darzustellen; sie ermöglicht Vergleiche verschiedener Art. Wenn die Skizze während des Unterrichts schrittweise

erstellt wird, fesselt sie die Aufmerksamkeit mehr als jedes fertige Bild. Bei Skizzen, die wegen umfangreicheren Zeichenaufwandes bereits vor Unterrichtsbeginn erstellt worden sind, sollten zumindest Ergänzungsmöglichkeiten vorgesehen werden, z.B. Vervollständigen von Linien, Hinzufügen von Farben und Beschriftungen. Eine Hilfe zur schnellen Erstellung von Skizzen bietet die Projektion von Formen oder Umrissen von der Transparentfolie auf die Tafel.
Das *Schema* hat einen höheren Abstraktionsgrad als die Skizze. Es verzichtet in der Regel vollständig auf das Erscheinungsbild und stellt dafür die charakteristischen Merkmale in den Vordergrund. Neben der Vereinfachung wirkt das Schema zusätzlich verallgemeinernd. Es stellt beispielsweise einen Bauplan oder einen Funktionsablauf dar. Ein Schema ist meist zeichnerisch einfacher auszuführen als eine Skizze. Das *Symbol* verzichtet sowohl auf das Erscheinungsbild als auch auf die Merkmalsabbildung. Es handelt sich um eine einfache Grafik, einen grafischen Stellvertreter des Objekts. Es wird eingesetzt, wenn es vor allem auf eine schnelle Identifikation oder auf die Beziehungen zwischen Objekten ankommt.
Grafische Darstellungen in Form von Säulen-, Kreis- oder Liniendiagrammen sind nur dann für die Tafel geeignet, wenn sie sehr einfach aufgebaut sind (z.B. Zusammensetzung der Atemluft als Kreisdiagramm oder einfache Kurven zur Veranschaulichung der Abhängigkeit des Wachstums von der Temperatur).

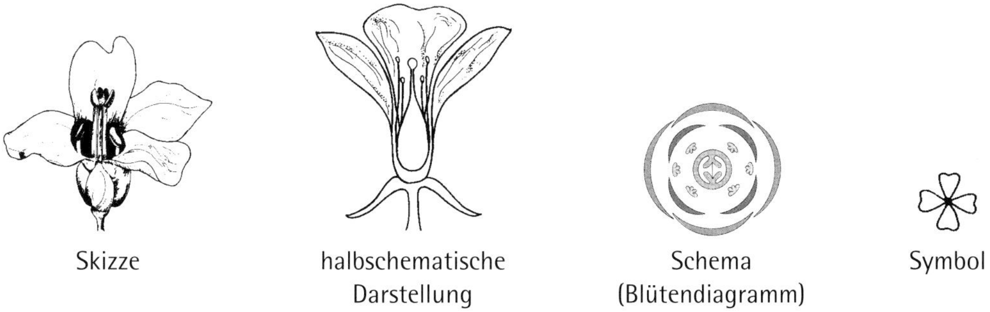

Abb. 55: Die 4 Zeichnungen zu einem Kreuzblütler unterscheiden sich im Abstraktionsgrad.

7.6.2 Dokumentenkamera, Tageslichtprojektor[53]

Die Dokumentenkamera hat den Tageslichtprojektor aufgrund zahlreicher Vorteile weitgehend ersetzt. Sie kann jede Art von Vorlagen (Bücher, Fotos, dreidimensionale Gegenstände, Bewegungen) aufnehmen und liefert ein hochauflösendes Bild für Großbildprojektoren (Beamer), Großbildmonitore und interaktive Whiteboards. Es müssen keine umweltbelastenden Folien und Marker verwendet werden, da man einfach das Papier unter die Optik legen und wie üblich schreiben und zeichnen kann. Vorhandene Transparentfolien können weiter verwendet werden (weißes Blatt Papier unterlegen). Auch kleinere Experimente lassen sich für alle

53 Literatur z.B. Storrer & Arendt 1984: Viele Vorschläge lassen sich auf die Arbeit mit der Dokumentenkamera übertragen

sichtbar publizieren. Vorteilhaft ist auch die Möglichkeit, Objekte oder Vorgänge zu speichern, weiterzuleiten und z. B. bearbeitete Arbeitsblätter auszudrucken. Es gibt Dokumentenkameras mit leistungsfähigem Zoom, die dann wie ein einfaches Auflichtmikroskop arbeiten. Der Nachteil von Dokumentenkameras: Zum Betrieb ist ein Computer erforderlich.
Für den Biologieunterricht ist der Tageslichtprojektor aufgrund seiner Funktionsweise als Durchlichtprojektion nach wie vor wertvoll. Schnell und einfach kann z. B. die Sauerstoffausscheidung aus der Sprossachse der Wasserpest, oder die Fluchtreaktion von Kellerasseln gezeigt werden. Legt man kleine Objekte auf die Glasfläche, entstehen *Schattenrisse*. Blattformen, einzelne Skelettteile und der Umriss lebender Kleintiere können so demonstriert werden.
Dokumentenkamera und Tageslichtprojektor sind kein Tafelersatz. Zwar hat die Tafel im Vergleich einige Nachteile (Lehrkraft muss beim Schreiben der Klasse den Rücken zuwenden und verdeckt das Geschriebene, keine Wiederverwendung der Tafelarbeit), trotzdem ist die Tafel für die *Gesamtdarstellung* des Unterrichtsverlaufs das Hauptmedium.

7.6.3 Schulbuch, Schülerheft, Arbeitsblätter

Ein bewährtes Arbeitsmittel mit langer Tradition ist das Schulbuch. Es hat auch heute noch den Rang des Leitmediums, vor allem daran erkennbar, dass die Zulassung für den Unterricht der Kontrolle durch die zuständigen Ministerien unterliegt. Schulbücher werden von den Verlagen auf der Grundlage von Lehrplänen entwickelt, meist im Verbund mit Schülerband, Arbeitsheft und Lehrerband. Durch die Bindung an den Lehrplan ist gewährleistet, dass sich die dort festgeschriebenen Bildungs- und Erziehungsziele auch in den Schulbüchern niederschlagen. Den hohen Stellenwert beweist auch der nach wie vor geltende Grundsatz, dass jeder Schüler / jede Schülerin wenigstens in den Hauptfächern ein Schulbuch besitzen soll.
Neben dieser gesellschaftspolitischen Funktion hat das Schulbuch eine breite Palette an didaktischen Funktionen. Es ist teils schulisches Arbeitsmittel, teils Selbstbildungsmittel. Es soll als Arbeitsbuch, Lehrbuch, Anschauungshilfe, Merkhilfe, Übungsbuch und Nachschlagewerk dienen. Es ist präziser auf das Leistungsniveau der Schüler / innen abgestimmt als irgend ein anderes Medium, da für jede Schulart, für jedes einzelne Fach und in der Regel für jede Jahrgangsstufe ein eigenes Buch entwickelt wird. Bei Modellen, Filmen, Dias oder Computerprogrammen finden sich als Adressatenbereich günstigstenfalls Schulstufen. Welche Bandbreite an Anforderungen ein Schulbuch erfüllen muss, zeigen am besten die detaillierten Kriterienlisten, die von den zuständigen Ministerien bei der Zulassung des Schulbuchs als Lernmittel verwendet werden.[54]

54 vgl. z. B. Kriterien zur Begutachtung von Lernmitteln des Bayerischen Staatsministeriums für Unterricht und Kultus (Stand November 2010)

Für das Unterrichtsfach Biologie kann man diese allgemeinen Anforderungen weiter konkretisieren:[55]

- Jahrgangsstufengemäße Sachtexte, die auch zum Wiederholen und Nachschlagen geeignet sind,
- Reichhaltiges Anschauungsmaterial in Form von Abbildungen, Schemata und Skizzen,
- Zahlreiche Anregungen zum Einsatz der fachgemäßen Arbeitsweisen, z B. Beobachtungsaufgaben, Versuchsanleitungen, Vorschläge zum praktischen Arbeiten im Freiland,
- Zusammenfassung der grundlegenden Begriffe und Erkenntnisse,
- Angaben zur Anwendung des Gelernten sowie zur Lernzielkontrolle
- Wünschenswert ist auch ein über die verpflichtende Sachinformation hinausgehender Zusatzlesestoff, der anregt und das Interesse fördert.

Das Schulbuch sollte an jedem didaktischen Ort im Unterricht einsetzbar sein, ohne zu gängeln, d.h. ohne die Lehrkraft an eine bestimmte Reihenfolge zu binden. Bei neueren Schulbüchern hat sich hierzu eine Strukturierung in Form unabhängiger „Bausteine" durchgesetzt, die an erwünschter Stelle im Unterrichtsverlauf eingesetzt werden können. In Abb. 56 ist ein Beispiel für eine solche Modularisierung dargestellt.

Schülerheft

Es dient zur Sicherung des Gelernten anhand einer knappen Zusammenfassung der im Unterricht erarbeiteten Sachverhalte. Sie erfolgt in der Hauptsache durch die Übernahme von einfachen Skizzen und Schemata, die während des Unterrichts an der Tafel entstanden sind, und anhand kurzer, prägnanter Merksätze oder Stichwörter, die die wesentlichen Fragen und Ergebnisse der Unterrichtsstunde widerspiegeln. Bei schwierigeren Abbildungen können vorgefertigte Umrisse eingeklebt oder Umriss-Stempel verwendet werden. Das Schülerheft kann auch zur Protokollierung von Langzeitbeobachtungen oder Langzeitversuchen dienen. In den unteren und mittleren Jahrgangsstufen kann die Heftgestaltung auch mit Bildern oder Zeitungsausschnitten ergänzt werden. Der Zeitaufwand ist beim Schülerheft natürlich höher als bei vorgefertigten Arbeitsblättern. Deshalb wird im Unterricht meist nur ein Rohentwurf des Eintrags vorgenommen und die Endausfertigung in häuslicher Arbeit geleistet. In der Anfertigung des Hefteintrags liegen aber erhebliche Vorteile, was individuelle Gestaltung, Kreativität und die Schulung allgemeiner Arbeitsweisen angeht. Die Schüler/innen müssen Größe, Form, Farbe und Anordnung der einzelnen Teile selbst bestimmen; sie müssen Tabellen korrekt einrichten und Grafiken richtig bemaßen. Auch die Schriftpflege kommt hier voll zur Geltung. Ein kurzer Hinweis auf entsprechende Seiten im Schulbuch fördert die Verknüpfung beider Arbeitsmittel. Neben dem Schülerheft

55 Zur Beurteilung von Schulbüchern für Biologie vgl. GRAF 1989a, OEHMIG 1990, WEBER 1992

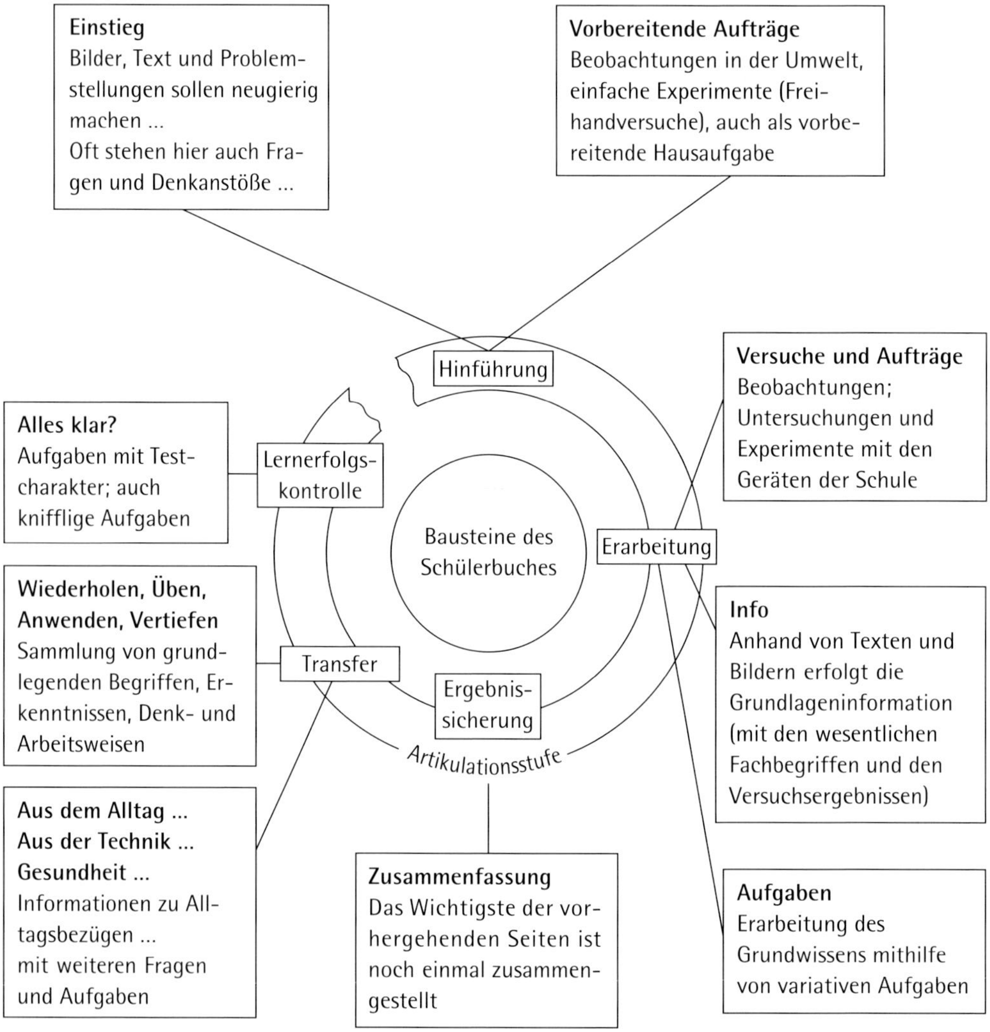

Abb. 56: Bausteine eines Schülerbuches. Darstellung der Struktur des Schülerbuches „Natur und Technik". Physik, Chemie, Biologie, Mittelschule Bayern, Jahrgangsstufe 5, Cornelsen-Verlag, Berlin, 2004.

wird vorgeschlagen, noch ein Pflanzen- oder Tierheftchen zu führen (vgl. hierzu Abschnitt 6.2.2).

Arbeitsblätter

Hauptzweck ist, wie beim Schülerheft, die Sicherung des Gelernten. Für das Arbeitsblatt typisch ist aber der hohe Anteil an vorgefertigten Abbildungen und Texten. Die Schüler/innen müssen in der Regel Skizzen vervollständigen und beschriften, Lückentexte ergänzen, Diagramme fertigstellen, Zahlenmaterial eintragen ...

Die didaktische Funktion von Arbeitsblättern geht aber über die Sicherung hinaus und umfasst zusätzlich Information, Übung und Lernerfolgskontrolle. Abbildungen und Sachtexte können als Informationsmaterial dienen, themenspezifische Aufgaben zur Übung und zur Überprüfung des Lernerfolgs integriert werden. Arbeitsblätter lassen sich mit dem Kopierer schnell und in großen Mengen anfertigen.
Die Sicherung mittels Arbeitsblättern spart im Vergleich zum Eintrag im Schülerheft erheblich an Zeit und vermindert den Korrekturaufwand. Andererseits wird aber die Verwendung der allgemeinen Arbeitsweisen stark reduziert auf Ankreuzen, Unterstreichen, Einsetzen von Einzelwörtern ... Die Frage ist nicht: Hefteintrag oder Arbeitsblätter? Sinnvoll ist die Kombination der beiden Medien, damit einerseits zeitökonomisch gearbeitet werden kann, aber andrerseits Individualität und Kreativität sowie die Schulung der wichtigen Arbeitstechniken nicht zu kurz kommen.

7.7 Film / Video[56]

Die digitale Film- / Videotechnik hat auch in den Schulen Filmprojektoren und Videorekorder weitgehend abgelöst. Digitale Geräte sind in der Regel einfacher zu bedienen und verfügen über bessere Bild- und Tonqualität. Die digitalen Medien sind, da platzsparend, gut archivierbar und lassen sich mittels geeigneter Software bearbeiten (z. B. Ausschneiden von Bildern und Sequenzen). Die Präsentation vor der Klasse kann komfortabel per Großbildmonitor oder lichtstarkem Projektor (Beamer) erfolgen.
Als digitaler Datenträger dient in der Hauptsache die DVD. Sie bekommt aber zunehmend Konkurrenz durch die Online-Datenübertragung: Per Internet und Webbrowser kommen die Videos direkt ins Klassenzimmer.

7.7.1 Didaktische Bedeutung

Während Standbilder eine längere Betrachtung wichtiger Details erlauben, ist der *Film* ist das geeignete Arbeitsmittel, um *Abläufe* zu veranschaulichen. Durch das Element der Bewegung kommt er unter den optischen Anschauungshilfen der lebendigen Wirklichkeit am nächsten. Er kann Vorgänge veranschaulichen, die auf andere Weise von Schüler / innen nicht beobachtet werden können z. B. Brutpflege, Entwicklung von Insekten, Zellteilung usw. Der Film ist außerdem ein Medium, das *emotional* stark ansprechen kann, vor allem wenn dramaturgische Mittel wie die Identifikation mit handelnden Personen oder eine subjektive Kameraführung zum Einsatz kommen. So kann auf mediale Weise Natur erlebt und können Werteinstellungen aufgebaut und verändert werden.
Auch die besonderen technischen Möglichkeiten des Films kommen didaktischen Wünschen entgegen. Die *Großaufnahme* macht kleine Lebewesen oder Ausschnit-

56 Literatur z. B. Rolletschek 2001, Schmid 1988, Teutloff 1994

te von Organismen deutlich sichtbar. *Zeitlupe* und *Zeitraffer* beschleunigen bzw. verlangsamen Abläufe (z.B. Vogelflug, Keimung). Röntgenaufnahmen zeigen Vorgänge, die das freie Auge nie erfassen kann (z.B. Herzschlag). Der *Trickfilm*, bei dem Schemazeichnungen in Bewegung gesetzt werden, macht komplexe Abläufe durch eine didaktische Reduktion auf wesentliche Elemente transparent. Kamerabewegungen (Schwenk, Mitziehen) können Zusammenhänge verdeutlichen.
Der *Stummfilm* wendet sich nur an den visuellen Sinneskanal. Er wird selten eingesetzt und kann gerade deshalb starken Aufforderungscharakter für genaues Zusehen haben, beispielsweise bei selbsterklärenden Phasen während eines Versuchsablaufs. Der *Tonfilm* bezieht den auditiven Sinneskanal mit ein. Der Ton ist für den Biologieunterricht zunächst einmal von Vorteil, da Lautäußerungen von Tieren oder andere Naturgeräusche einen wesentlichen Teil des Gesamteindruckes bilden. Den Hauptanteil am Ton hat aber in der Regel der Kommentar eines Sprechers. Der Kommentar beschränkt sich entweder auf das in der Bildfolge Gezeigte oder fügt zusätzliche Informationen hinzu. Diese Zusatzinformationen sind hilfreich, wenn sie Zusammenhänge z.B. zwischen Sprüngen in der Handlungssequenz herstellen. Sie können aber Schüler/innen schnell überfordern, wenn Bild und Ton gleichzeitig unterschiedliche Informationen geben. Ein guter Tonfilm-Kommentar gibt kurz gefasste Erläuterungen zu den Bildern, rückt dabei Wesentliches in den Vordergrund und lässt Zeit zum eigenen Beobachten und Überlegen.

7.7.2 Anmerkungen zum Einsatz im Unterricht

Zeitpunkt und Art des Filmeinsatzes im Unterrichtsverlauf sind abhängig vom Inhalt und dem didaktischen Ziel. Filmeinsatz im Biologieunterricht bedeutet keinesfalls „Kinostunde" Jeder Film ist vielmehr in den Unterrichtsablauf einzupassen. Hierbei ist auch auf die Länge des Films zu achten. Vorteilhaft sind „Kurzfilme" (maximal ca. 5 Minuten) mit begrenzter Thematik.
Ein Film für die *Phase der Hinführung* sollte so gestaltet sein, dass er das Thema für die Schüler/innen interessant macht und die Fragehaltung anregt. Manchmal müssen als Einstieg in eine Thematik Arten oder Vorgänge gezeigt werden, die in der freien Natur oder im Unterrichtsraum nicht zu beobachten sind. Zu vermeiden sind in dieser Phase Filme, die bereits Kenntnisse voraussetzen und zu lange Filmvorführungen, da sie die Fragehaltung lähmen.
Auf der *Stufe der Erarbeitung* kommt meist ein umfangreicherer Tonfilm zum Einsatz. Man sollte einen solchen Film in Abschnitte zerlegen, ggf. nur einen oder wenige Abschnitte bearbeiten und den Film durch einen geschickten Medienverbund z.B. mit Bildern, Grafiken und Tafelskizze ergänzen.
Zur *Zusammenfassung und Sicherung* der Unterrichtsergebnisse sind Filme, die ganze Lebensbilder oder eine geschlossene Thematik zeigen, zu empfehlen. Eine anspruchsvolle aber effektive Methode der Sicherung besteht im Vorführen des Films ohne Ton, wobei dann die Schüler/innen die Erklärung übernehmen.
Der Film kann auch, im Sinne des *orientierenden Arbeitens*, der *Ausweitung* einer exemplarischen Thematik und dem *Vermitteln von Formenkenntnissen* dienen.

Hierfür sind besonders Filme geeignet, die mehrere Arten nebeneinander vorstellen, z. B. die Bewohner eines Lebensraumes oder einer Landschaft.
Filme mit konkreten Anwendungsaspekten sind für die *Phase der Übertragung und Anwendung* des Gelernten wertvoll. Konkrete Fallbeispiele (z. B. zu den Themen Rauchen, Drogen, Umwelt schädigendes Verhalten) sind als Anregung für eine anschließende kontroverse Diskussion nützlich.

Als Beispiel für einen typischen Medienverbund sei hier das didaktische Medium „Vom Einzeller zum Vielzeller" (im Vertrieb vom FWU, Art.-Nr.: 5511151) genannt. Es kann als DVD oder als Online-Medium erworben werden. Der Verbund besteht aus einem Hauptfilm (20 Minuten), 7 Filmsequenzen (2–5 Minuten), 10 Bilder und Grafiken, 6 Arbeitsblätter und einem 3D-Modell. Das Begleitmaterial enthält auch didaktische Hinweise zum unterrichtlichen Einsatz inklusive Bezug zu Lehrplänen und Bildungsstandards.

Abb. 57: FWU-Hauptkatalog Didaktische Medien 2016. FWU Institut für Film und Bild in Wissenschaft und Unterricht. Grünwald 2015, S. 24

7.8 Schulfernsehen[57]

In den Anfängen des Schulfernsehens (Start ab 1964) wurden hauptsächlich Programme entwickelt, die den Lehrer ersetzen sollen (Direct-Teaching). In der weiteren Entwicklung verlagerte sich der Schwerpunkt auf Sendungen, die als zusätzliche Bereicherung oder Ergänzung des Lernprozesses dienen (Enrichment- und Supplementary-Modelle) und solche, die als notwendiger Bestandteil, im Verbund mit anderen Medien, sinnvoll in den Unterricht integriert werden (Kontext-Modell).
Aktuell (Stand 2016) bieten in Deutschland folgende Sendeanstalten Schulfernsehen an, wobei zu Gunsten eines breiten Angebots Produktionen untereinander ausgetauscht werden:

- SWR und WDR bieten unter „Planet Schule" Sendungen zu allen Schulfächern an
- Der Bayerische Rundfunk strahlt Schulfernsehsendungen sowohl über das Bayerische Fernsehen als auch über ARD-alpha aus.

Ein besonderer Vorteil des Schulfernsehens gegenüber dem Schulfilm ist die Aktualität, auf die es besonders bei Themen aus dem Bereich des Umweltschutzes, der Gesundheitserziehung oder der Gentechnik ankommt. Eine Schulfernsehsendung bedarf wie ein Unterrichtsfilm der Vor- und Nachbereitung (vgl. Abschnitt

57 Literatur z. B. Wisniewski 1994

7.7.2). Um optimal mit ihr arbeiten zu können, müssen die Schüler / innen zudem besondere Hilfestellungen z. B. in Form von Arbeitsaufträgen, vor allem zum Beobachten, erhalten. Will man verhindern, dass der Schüler / die Schülerin beim Fernsehen zum passiven Rezipienten degradiert wird, ist es günstig, Schulfernsehsendungen in Verbindung mit verschiedenen unterrichtlichen Sozialformen und einzelnen fachgemäßen Arbeitsweisen handlungsorientiert einzusetzen. Gruppenunterricht, Partnerarbeit oder Rollenspiele in Verbindung mit einer Schulfernsehsendung können kreative Prozesse anregen, durch die eigenständige und einsichtige Problemlösungen (z. B. Verhaltensweisen einem Kranken gegenüber) gefunden werden. Die durch den Fernsehfilm ausgelöste Schüleraktivierung wirkt sich dabei besonders vorteilhaft auf sprachlich gehemmte Kinder aus.
Das Schulfernsehen darf fachgemäße Arbeitsweisen zwar keinesfalls ersetzen, doch kann es Anregungen etwa zum selbstständigen Mikroskopieren, Untersuchen oder Experimentieren geben.
Schulfernsehen und Computer ergänzen sich durch die für sie medientypischen Eigenschaften sehr wirkungsvoll, wobei vor allem der Computersimulation (siehe Abschnitt 7.10.3) große Bedeutung zukommt. So kann man beispielsweise im Anschluss an einen Film über die Ökologie eines Sees oder den Aufbau einer Kläranlage die dort ablaufenden physikalisch-chemischen und biologischen Prozesse simulieren.
Sendungen biologischen Inhalts, die die häuslichen Fernsehprogramme als Unterhaltungsfilme ausstrahlen, können ebenfalls in das unterrichtliche Gespräch mit einbezogen werden. Falsche Vorstellungen, die z. B. durch Vermenschlichen von Tieren entstehen, sind zu korrigieren (vgl. auch Rolletschek 2001).

7.9 Tonträger

Tonträger (CD und Audio-Dateien) sind im Biologieunterricht die spezifischen Arbeitsmittel zur Wiedergabe von Tierstimmen. Neben den Naturlauten kann man mit ihrer Hilfe auch für den Menschen nicht unmittelbar wahrnehmbare Schwingungen oder Geräusche, wie Herztätigkeit, Orientierungsrufe der Fledermäuse, Rufe der Delphine usw. in hörbare akustische Signale umsetzen. Bei der Darbietung von Tierstimmen im Unterricht ist es vorteilhaft, den akustischen Eindruck mit einem optischen – einem Stopfpräparat oder einem Bild – zu verknüpfen.
Des Weiteren können Tonträger als alternative Arbeitsmittel in verschiedenen Phasen des Unterrichts dienen: Mit einem kurzes Hörspiel wird eine Problemsituation aufbereitet, Experten (Förster, Arzt, Wissenschaftler …) erklären Sachverhalte, mit dem Mikrofon holen Schüler / innen Meinungen von Laien oder Fachleuten ein. Die auditiven Medien haben eine spezielle Wirkung: Nur-Hören aktiviert stark die eigene Vorstellungswelt.

7.10 Computergestützte Medien[58]

Besondere Eigenschaften sind „Interaktivität" und „Individualisierung". Ein Medium ist interaktiv, wenn es dem Benutzer ermöglicht, auf den Ablauf einzuwirken und auf entsprechende Aktionen und Reaktionen angemessen zu reagieren. Das Ausmaß an Interaktivität kann allerdings sehr unterschiedlich sein. Hohe Interaktivität bieten Computerprogramme, die z. B. eine Laborsituation simulieren und dem Anwender bei der Bedienung der Geräte Freiheit lassen.
Das Merkmal der Individualisierung verlangt, dass sich das Medium auf die individuellen Bedürfnisse des Anwenders abstimmen lässt, z. B. auf das Anspruchsniveau und den Umfang der Aufgaben, auf die Intensität und die Dauer des Lernens, auf den Grad der Hilfestellung usw.
Computergestützte Medien stehen entweder auf CD oder online über elektronische Netze zur Verfügung. Da es eine Vielzahl unterschiedlicher Arten gibt, die sich vor allem in Bezug auf Einsatzform und methodische Vorgehensweise unterscheiden, werden nachfolgend die für den Biologieunterricht relevanten Typen kurz charakterisiert.

7.10.1 Informationsprogramme

Es handelt sich um Glossare, kleinere oder größere Lexika oder umfangreiche Enzyklopädien, die auf CD vertrieben werden. Informationsprogramme ermöglichen im Gegensatz zur Buchform Interaktionsmöglichkeiten des Benutzers. Man sucht sich per Index oder Suchwort die gewünschte Thematik und erhält die Informationen in Form von Texten und Abbildungen. Oft sind zusätzliche Animationen, Filmsequenzen und Toneinspielungen vorhanden. Die Informationen sind in der Regel per Hyperlinks miteinander verknüpft. Die Programme auf CD wurden inzwischen weitgehend durch Online-Medien verdrängt. Beispiele zu Online-Informationsquellen und didaktische Hinweise finden sich im Abschnitt 7.10.6 „Das Internet als Informationsmedium".

7.10.2 Lernprogramme

Übungsprogramme

Sie dienen dem Wiederholen und Vertiefen bekannter Lerninhalte und dem Trainieren von Fertigkeiten. Einfache Übungsprogramme sind nach folgendem Schema aufgebaut: Aufgabenstellung – Erfassen der Antwort des Lernenden – Beurteilen der Antwort mit Rückmeldung – Stellen der nächsten Aufgabe. Ausgefeiltere Programme enthalten Komponenten zur Leistungsdiagnostik, geben kontextbezogene Hilfen und Rückmeldungen, steuern Art, Dauer und Intensität des Übens. Für den Biologieunterricht gibt es Übungsprogramme zu zahlreichen Tieren und Pflanzen

58 Literatur z. B. Arnold 2000, Hiering 1988,1990b, Mandl & Gruber & Renkl 1994, Niegemann 1995, Rottländer 2000, Wedekind 1990

(Basiswissen, Festigung der Formen- und Artenkenntnis) – oft als „Wissensquiz“ aufbereitet – Vogelstimmen-Trainer, Grundwissen Zell-Lehre, Genetik u.v.m.

Tutorielle Programme

Sie sollen die Lehrkraft (= Tutor) ersetzen. Schwerpunkt ist die Stoffvermittlung. Ein tutorielles Programm ist dadurch gekennzeichnet, dass es je nach Lernerfolg des Lernenden individuell reagiert. Die Grundstruktur besteht darin, dass das Programm dem Lernenden Informationen über einen Sachverhalt anbietet und anschließend Fragen zum Verständnis stellt. Die Antworten werden bewertet und über ihre Richtigkeit eine Rückmeldung gegeben. Gegebenenfalls werden Informationen wiederholt oder als zusätzliche Hilfe neue Informationen gegeben. Manchmal erfolgt auch eine „Buchführung“ über den Lernerfolg.
Viele tutorielle Lernprogramme sind mit spielerischen Lernformen angereichert oder stellen diese stark in den Vordergrund. Dadurch entsteht ein Edutainment-Charakter, der vor allem bei der Freizeitgestaltung gut ankommt.
Es gibt eine Vielzahl an Online-Lernprogrammen zu: Aufbau und Funktion der Zelle; Populationsökologie; Genetik; Evolution, Bodenschutz und Pflanzenschutz, Bestimmung heimischer Pflanzen und Tiere, Meeresbiologie, Anatomie und Physiologie des Menschen, zum Teil mit 3D-Darstellungen; Ernährungslehre; biologische Grundphänomene (Diffusion, Osmose, Fotosynthese) u.v.m.

7.10.3 Simulationen

In Wissenschaft und Technik ist Simulation ein Sammelbegriff für die Darstellung oder Nachbildung eines beliebigen Systems oder Prozesses durch ein anderes System bzw. durch einen anderen Prozess; letztere stellen somit das Modell des Originalsystems oder -prozesses dar. Mit diesem Modell kann experimentiert werden. Eine Computersimulation ist besonders dann von Bedeutung, wenn mit ihrer Hilfe das Verhalten von Objekten erfasst wird, deren Untersuchung in der Realität zu komplex, zu zeitaufwendig, zu teuer oder zu gefährlich wäre. Der zu simulierende Prozess muss sich allerdings algorithmisieren lassen, d. h. er muss durch Rechenvorgänge, die eine häufig wiederkehrende Gesetzmäßigkeit aufweisen, darstellbar sein. Simulationen am Computer bieten eine Reihe von Vorteilen: Sie sind beliebig oft wiederholbar; dabei lassen sich bestimmte Variablen verändern und die sich ergebenden Auswirkungen beobachten und analysieren. Eine Simulation kann auch, im Unterschied zur Realität, angehalten werden, um Parameter zu überprüfen oder zu verändern oder Zwischenergebnisse zu überprüfen. Ein weiterer didaktischer Vorteil ergibt sich in Verbindung mit den grafischen Möglichkeiten des Computers: Simulationen mit biologischen Inhalten sind in der Regel abstrakt. Am Bildschirm oder auf dem Ausdruck können Verlauf und Ergebnis dynamisch veranschaulicht werden, d. h. die Grafik entsteht Schritt für Schritt vor den Augen des Benutzers. Als Möglichkeiten bieten sich Tabellen, Kurven, Diagramme, aber auch realitätsnahe Bilddarstellungen an. Abläufe und Konsequenzen auch komplexer biologischer Sachverhalte lassen sich auf diese Weise schülergerecht darstellen.

Beispiele für Simulationsprogramme (geeignet für S I und S II): Fotosynthese, Atmungskette, Energiestoffwechsel, Erbvorgänge mit verschiedenen Merkmalen, Evolutionsvorgänge, Darstellung von ökologischen Vorgängen, z. B. Räuber-Beute-Modelle, Entwicklung von Modellvorstellungen (DNA-RNA-Aufbau und Funktion, Enzym-Substrat-Beziehung, Gen-Regulation, Instinkt-Hierarchie, hydrodynamische Hörtheorie); Erregungsleitung und -Übertragung, Weltmodelle …

7.10.4 Modellbildungssysteme

Modellbildungssysteme sind Computerprogramme, die den Aufbau von Modellen und die Durchführung von (offenen) Simulationen mit diesen Modellen auf dem Computer ermöglichen. Die Erstellung von Modellen erfolgt am Bildschirm in der Regel durch das Anordnen und Verknüpfen grafischer Elemente. Die notwendige Umsetzung in Formeln und Gleichungen übernimmt das Programm im Hintergrund. Die Funktion des Modells kann ebenfalls am Computer erprobt werden. Im Unterschied zu geschlossenen Computersimulationen, bei denen Lernende zwar verschiedene Parameter verändern und so mit diesen Modellen experimentieren können, verlangen Modellbildungssysteme die selbstständige Entwicklung eigener Modelle. Das Lernen mit Modellen wird damit um den Prozess der Modellbildung erweitert.
Im Biologieunterricht gibt es zahlreiche Anlässe für die Nutzung von Modellbildungssystemen. Vor allem können die Darstellung und Nachbildung dynamischer Systeme (z. B. Wachstumsprozesse, Räuber-Beute-Beziehungen oder Konkurrenz um knappe Ressourcen) mit diesem Werkzeug gut bewältigt werden.

Beispiel: Modellbildungssystem „Dynamische Systeme" (DYNASYS). Das Programm hat eine deutsche Benutzerführung, die Eingabe der Parameter erfolgt grafisch. DYNASYS arbeitet mit verschiedenen mathematischen Simulationsverfahren. Modelle zur Biologie: Räuber und Beute, Wachstumsmodelle, Aquarium, Kläranlage.
(https://www.hupfeld-software.de/pmwiki/pmwiki.php?n=Main.Dynasys)

7.10.5 Messdatenerfassung und -verarbeitung[59]

Der Computer ist ein hilfreiches Werkzeug, wenn bei Experimenten große Mengen an Messdaten oder Signale in schneller Folge anfallen, die Daten quantitativ ausgewertet und in Form von Tabellen oder Grafiken dargestellt werden sollen. Neben dem Computer benötigt man zur Messwerterfassung Messgeräte mit Messfühler (Sensor) und Datenausgang, der entweder analoge oder digitale Signale abgibt. Da ein Computer nur digitale Signale verarbeiten kann, müssen analoge Signale mithilfe eines AD-(analog-digital)Wandlers umgewandelt werden. Bei Anschaffung von Messgeräten (z. B. Luxmeter, Geräte zur Messung von Leitfähigkeit, Temperatur, Luftfeuchte, pH-Wert, Sauerstoffgehalt) sollte auf das Vorhandensein eines passenden Datenausgangs geachtet werden.

59 Literatur z. B. Röpke 1990

Zur Weiterleitung der Daten in den Computer ist weiterhin eine Schnittstelle (Interface) erforderlich. Ein spezielles Computerprogramm steuert die Schnittstelle(n) und verarbeitet die anfallenden Messdaten. Meist kann man mit diesen Programmen die Daten zusätzlich auswerten, tabellarisch oder grafisch darstellen und in einer schulinternen Datenbank festhalten. Wenn das Messprogramm das passende Datenformat liefert, kann man hierfür auch allgemeine Anwenderprogramme, z. B. Tabellenkalkulationsprogramme, verwenden.

Versuchsbeispiele (zum Teil für Sekundarstufe II):
Messung von Blutdruck, Reaktionszeit, Ermüdungskurve, Nervenaktivitäten; Erstellung eines einfachen EKGs; Lärmmessung, Erproben der Wirkung von Lärmschutz; thermometrische Bestimmung der Wärmeentwicklung keimender Pflanzen; gravimetrische Bestimmung des transpirationsbedingten Wasserverlustes von Pflanzen; Messung der Temperatur- und pH-Abhängigkeit von Lebenserscheinungen; Erfassung der Tag- und Nachtaktivität bei Tieren.

7.10.6 Lernen mit dem Internet[60]

Begriffe, Überblick

In rasanter Geschwindigkeit hat sich das Internet in unserer Gesellschaft als bedeutendes Informations- und Kommunikationsmedium etabliert. Auch ein Großteil der Schulen ist inzwischen an das Internet angeschlossen, da es für Schulverwaltung und Unterricht ein Bündel an Vorteilen bietet. Im Folgenden sollen die wesentlichen Aspekte für den Biologieunterricht kurz dargestellt werden.

Das Internet als Informationsmedium

Neun von zehn Gymnasialschülern nutzen das Internet für Hausaufgaben und zur Unterrichtsvorbereitung.[61] Auch wenn die Zahl hoch erscheint, so zeigt sie doch, dass das Internet bei Schülern für schulische Zwecke eine erhebliche Rolle spielt. Dabei ist das Internet als schulische Informationsquelle ambivalent. Einerseits hält es eine unerschöpflich scheinende Quelle an Informationen bereit. Zu fast allen Themenbereichen im Fach Biologie können, ohne zeitaufwändige Wege in Bibliotheken, biologische Basisinformationen gefunden und für die eigene Arbeit nutzbar gemacht werden. Viele Dokumente sind mit Bildmaterial und Grafiken angereichert und können am eigenen Rechner abgespeichert werden. Andrerseits sind aber die Schwierigkeiten bei der Informationsbeschaffung unübersehbar: Die enorme Informationsmenge kann Schüler/innen vor erhebliche Probleme stellen. Zudem müssen zum Auffinden des Gesuchten völlig neue Strategien erlernt werden. Hat man etwas gefunden, ist die Glaubhaftigkeit und Vertrauenswürdigkeit der Informationen schwer einzuschätzen. In vielen Fällen ist die Identität und

60 Literatur z. B. Rausch 2000, Schickor 2001
61 Ergebnis einer repräsentativen Umfrage im Auftrag des Digitalverbands Bitkom, 2015
Bitkom Research hat in Zusammenarbeit mit dem Meinungsforschungsinstitut Aris im Auftrag des Bitkom in einer repräsentativen Studie bundesweit 512 Schüler im Alter von 14 bis 19 Jahren an weiterführenden Schulen befragt.
https://www.bitkom.org/Presse/Presseinformation/Internet-ist-wichtige-Informationsquelle-fuer-Schueler.html

Seriosität des Autors unbekannt. Zur richtigen Einschätzung muss also bereits ein hoher Kenntnisstand vorhanden sein. Zu biologischen Sachverhalten finden sich wenige hochwertige Informationen, aber eine Unmenge an Material von schlechter Qualität und nicht selten stoßen Kinder und Jugendliche bei den Recherchen auf pornografische, politisch radikale und menschenverachtende Inhalte.

Beispiele für Online-Informationsquellen zu biologischen Themen:

- freie Enzyklopädie „Wikipedia". Ihre Inhalte werden von Freiwilligen erstellt, verbessert und verbreitet (https://www.wikipedia.de/)
- Lexikon der Biologie: Spektrum der Wissenschaft, Heidelberg. Informationen zu zahlreichen Themengebieten der Biologie unter Berücksichtigung der aktuellen Forschungsergebnisse (http://www.spektrum.de/lexikon/biologie/)
- Botanik Online. Ursprünglich als Internet-Variante eines Lehrbuchs von Prof. Sengbusch entstanden, wird Botanik-Online als ein wissensorientiertes Lernangebot heute durch Beiträge eines Multiautoren-Netzwerks, in das verschiedene Experten Ergebnisse ihrer Forschung integrieren, erweitert. (https://www.e-teaching.org/praxis/referenzbeispiele/botanikonline)
- Biologie-Lexikon von Michael Koops, Hamburg. Enthält Definitionen aus vielen Teilbereichen der Biologie; Bestandteil ist auch ein „Hausaufgabenforum", in dem Schüler, Studenten und alle anderen Interessierten sich bei allen Fragen zur Biologie gegenseitig helfen können. (http://www.biologie-lexikon.de/)

Zu den Herausforderungen an das Suchen („Surfen", „Browsing", „Googeln") im nicht hierarchisch verwalteten Datenbestand des Internet zählen vor allem der Umgang mit den Suchmaschinen und das Arbeiten mit Hypertexten. Beim Eingeben von Suchbegriffen in eine *Suchmaschine* erhält man schnell Tausende von Treffern. Das Spezifizieren der Suche anhand festgelegter Suchalgorithmen ist eine knifflige Arbeit, die auch eine klare Vorstellung über die eigene Fragestellung voraussetzt. Lernende sind damit schnell überfordert. Zeit und Geduld reichen oft nicht für das ausgiebige Selektieren der Treffer. Erschwerend kommt hinzu, dass die Kriterien, nach denen Suchmaschinen ihre Rangfolge bilden, selten transparent sind.
Hypertexte enthalten eine im Vergleich zu traditionellen Texten völlig neue Anordnung der Inhalte. Ein Hypertext ist ähnlich wie ein traditioneller Text aus einzelnen Abschnitten aufgebaut. Diese Informationseinheiten sind über elektronische Verknüpfungen, die „Links" miteinander verbunden. Ein Link ist besonders gekennzeichnet (unterstrichen, farblich hervorgehoben oder mit Symbol versehen). Im Gegensatz zu traditionellen Texten, die meist linear-hierarchisch strukturiert sind, gibt es beim Hypertext keine fest vorgegebene Lesereihenfolge. Der Leser kann nach eigener Wahl in einem netzartigen Raum von Informationen umherspringen. Dies hat zur Folge, dass die im traditionellen Text gebräuchlichen festen Relationen zwischen verschiedenen Abschnitten nicht mehr anwendbar sind. Ein Link darf also nicht für das Verständnis eines anderen Links vorausgesetzt werden. Ein solch umfangreiches Netzwerk an Informationselementen ist selbst für einen erfahrenen Nutzer schwer überschaubar. Auf dem Bildschirm ist kein Ge-

samtüberblick über die Struktur der Informationen vorhanden; man sieht nur eine einzelne Verknüpfung mit den Links zu anderen Dokumenten. Man weiß nicht, an welcher Stelle des Netzwerks man sich befindet, welche Links es sonst noch gibt, welche Informationen überhaupt zur Verfügung stehen. Häufige Folge ist, vor allem beim Lernanfänger, eine Desorientierung (Schlagwort: „Lost in hyperspace") und eine kognitive Überlastung aufgrund der ungewohnten, ständig neu zu treffenden Entscheidungen bezüglich der Navigation.
Um das Internet im Unterricht als Informationsquelle zu nutzen, bedarf es gezielter unterrichtlicher Maßnahmen. So sollte der Umgang mit Suchmaschinen schrittweise gelernt werden. Der Lernweg verläuft von der Verwendung der Indizes in (Schul-) Büchern über die Arbeit mit digitalen Katalogen in Büchereien zur Suche in einem begrenzten elektronischen Datenbestand. Dieser Datenbestand sollte zur Übung von der Lehrkraft manuell für eine begrenzte Thematik zusammengestellt werden. Wagt man sich dann ins Internet, sind vertrauenswürdige Adressen (z. B. Deutscher Bildungsserver, Bildungsserver der Bundesländer, Web-Präsentationen anderer Schulen) erste Wahl.
Suchmaschinen sind zunächst einmal für alle Arten von Informationen offen. Daher muss der Internetzugang in Schulen durch Filtersysteme und technische Kontrollen abgesichert werden, um z. B. jugendgefährdende Inhalte aussperren.

Das Internet als Kommunikationsmedium

Zu den unterrichtlich bedeutsamen Diensten zählen elektronische Post (E-Mail) und Nachrichtenversand (z. B. Skype®).
E-Mails sind, nicht nur bei Schüler/innen, wegen ihrer Kürze, der geringen formalen Ansprüche und der Mischform aus mündlichen und schriftlichen Elementen beliebt. *Skype®* ist ein kostenloser Instant-Message-Dienst, mit dem sich sowohl Einzel- als auch Gruppentelefonate über das Internet führen lassen. Dabei ist es möglich, sich gegenseitig über ein Live-Video zu sehen. Auch kleine Dateien können verschickt werden. Über ein Skype®-Konto können Menschen aus aller Welt miteinander kommunizieren.
Diese Kommunikationsinstrumente eignen sich hervorragend, um die Verbindung der Schule mit der „Außenwelt" zu intensivieren. Im Biologieunterricht können Informationen von Experten eingeholt sowie Informationen und Unterrichtsergebnisse mit Schüler/innen in aller Welt ausgetauscht werden. Pilot-Projekte, bei denen Schulklassen in unterschiedlichen Ländern zeitgleich dasselbe Thema erarbeiteten, konnten überzeugende Ergebnisse hinsichtlich Motivation, inhaltlicher Gestaltung und kultureller Bereicherung vorweisen. Auch im „kleineren Kreis" – innerhalb der Schule oder im Schulverband – können verteilte Lerngruppen einander helfen und Arbeitsfortschritte oder Ergebnisse austauschen.

Das Internet als Präsentationsmedium

Über das World-Wide-Web (WWW) bietet das Internet die Möglichkeit, Arbeitsergebnisse über die Klasse und die Schule hinaus in attraktiver multimedialer Form weltweit zu präsentieren. Hierfür steht relativ einfach zu bedienende Software zur Verfügung. Vorteilhaft für den Unterricht ist ein WEB-Auftritt wegen der starken Motivation der Schüler/innen, wegen des hohen Anspruchs an fachliche Korrektheit und gefällige Präsentation und wegen der gemeinschaftlichen Anstrengungen der gesamten Klasse.

7.11 Unterrichtliche Effektivität des Medieneinsatzes

Über die Notwendigkeit des Einsatzes von Medien im Biologieunterricht herrscht allgemeiner Konsens. Medien werden deshalb auch laufend produziert, zum Teil unter hohem Aufwand von Verlagen oder öffentlichen Institutionen. Zu ihrer unterrichtlichen Effektivität und ihrem bestmöglichen Einsatz liegt eine Reihe von Arbeiten aus dem angloamerikanischen Raum vor; deren Ergebnisse sind jedoch unterschiedlich und nicht immer ohne Weiteres auf den Biologieunterricht im deutschen Sprachraum übertragbar. Auch in der Bundesrepublik gibt es zahlreiche Untersuchungen, von denen hier einige wenige vorgestellt werden sollen.

7.11.1 Empirische Untersuchungen

In umfangreichen empirischen Untersuchungen verglich SCHMID (SCHMID & KILLERMANN 1984, SCHMID 1988) an 886 Schüler/innen der gymnasialen Unter- und Mittelstufe den kognitiven Lernerfolg von Klassen, die mit Filmeinsatz unterrichtet worden waren, gegenüber Klassen, deren Unterricht ohne dieses Medium geführt wurde. Verwendung fanden Super-8-Filme (Arbeitsstreifen) zu physiologischen und genetischen Themen, z. B. Mitose, Verdauung, Uniformitätsregel, Hören usw.
Die Filmklassen erzielten einen signifikant höheren Lernzuwachs als die Kontrollklassen, wenn der Film als Arbeitsgrundlage eingesetzt, d. h. voll in die Unterrichtsstunde integriert wurde und von den Schülerinnen und Schülern eine aktive Auseinandersetzung mit den Inhalten verlangt war („lernprozessorientierter Filmeinsatz"). Bei Verwendung des Films im Sinne bloßer optischer Präsentation zur zusammenfassenden Visualisierung des behandelten Stoffes unterschied sich der kognitive Lernzuwachs von Film- und Nichtfilmgruppen nicht. Ein Einfluss des Alters der Schüler/innen oder des Geschlechtes konnte nicht festgestellt werden. An einer Thematik wenig interessierte Schüler/innen wurden durch Filmeinsatz stärker gefördert als die entsprechenden Mitglieder der Nichtfilmgruppe.
Eine in Zusammenhang mit dieser Untersuchung durchgeführte Schülerbefragung an 314 Schülerinnen und Schülern der gymnasialen Unter-, Mittel- und Oberstufe charakterisierte den Film als sehr geschätztes Unterrichtsmedium, das auch bei weniger beliebten Themen Interesse weckt, Hilfen zum besseren Verständnis bietet und wesentlich zur Anschaulichkeit beiträgt.

In einer empirischen Untersuchung mit 1019 Realschülerinnen und -schülern der 7. und 8. Jahrgangsstufen verglich WISNIEWSKI (1994)[62] einen fernsehunterstützten Unterricht mit einem „konventionellen" (ohne Einsatz von Fernsehsendungen). Dabei wurden sowohl die kognitive Effizienz als auch die emotionale Wirkung der beiden Unterrichtsverfahren untersucht.
Verwendet wurden zwei Produktionen des Bayerischen Rundfunks zum Thema AIDS. Der eine Film stellt anhand eines konkreten Falles – sehr emotional gestaltet – das Leben und die mitmenschlichen Probleme eines HIV-positiven Schülers im Adressatenalter dar. Der andere Beitrag zeigt am Beispiel eines auch im Film auftretenden AIDS-Kranken vor allem die medizinisch-biologischen Fragen des

62 Dissertation am Institut für die Didaktik der Biologie, Universität München 1994

Leidens auf. Der Unterricht fand unter den üblichen Schulbedingungen statt, die Filme wurden voll in den Stundenverlauf integriert, die Tests als normale Lernzielkontrollen durchgeführt.
Im kognitiven Bereich zeigte sich unmittelbar nach Unterrichtsende kein signifikanter Unterschied zwischen den beiden Vergleichsgruppen. Eine Woche nach dem Testunterricht ist der fernsehunterstützte Unterricht dem „konventionellen" jedoch deutlich überlegen. Einzelanalysen ergaben zudem, dass Schüler/innen mit guten Biologienoten durch den Fernsehunterricht mehr gefördert werden als solche mit schlechten Noten. Schüler/innen mit allgemein schwachem Leistungsstand - bezogen auf alle Unterrichtsfächer - erzielen dagegen mit dem konventionellen Unterricht bessere Ergebnisse.
Im emotionalen Bereich förderte der fernsehunterstützte Unterricht stärker den Abbau von Vorurteilen als der konventionelle Unterricht. Aufgrund des Fernsehunterrichtes geänderte Meinungen bleiben dauerhafter erhalten als solche, die durch den konventionellen Unterricht modifiziert wurden.

Rolletschek (2001) kam in einer empirischen Untersuchung zum Ergebnis, dass der Wissenszuwachs im Biologieunterricht mittels didaktisch gut aufbereiteter Fernsehsendungen zu den Themen „Ratten" und „Spinnen" signifikant höher ist als bei Kontrollgruppen ohne dieses Medium. Der kognitive Lernerfolg verstärkte sich noch zusätzlich, wenn die Sendungen mit gezielten Anleitungen im Unterricht eingesetzt wurden, im Vergleich zum Einsatz zu Hause. Einen hohen Stellenwert für langfristiges Behalten hatten dabei vergrößerte Realaufnahmen. Es stellte sich auch heraus, dass sich sachliche Fehler in einer Fernsehsendung leicht und dauerhaft einprägen. Die Kinder zeigten nach der Sendung über Spinnen außerdem ein signifikant größeres, lange anhaltendes Interesse an diesen Tieren und dauerhaft abnehmende Ekelgefühle. An der Erhebung nahmen 500 Schüler/innen aus 19 verschiedenen 3. und 4. Klassen in ganz Bayern teil (vgl. auch Rolletschek 2004).

Kognitive und affektive Aspekte des Einsatzes von Computerprogrammen im Biologieunterricht der Realschule waren Gegenstand einer empirischen Untersuchung von Pondorf (1998) an 100 Schülerinnen und Schülern der 10. Jahrgangsstufe. Mit einem Simulationsprogramm zum Thema „Mendelsche Vererbungsregeln" konnte ein kognitiver Lernzuwachs bei den programmspezifischen Inhalten nachgewiesen werden. Die Schüler/innen äußerten hohe Erwartungen an den erstmaligen Einsatz des Computers, wobei Jungen höhere Werte zeigten als Mädchen. Als besondere Vorteile der computergestützten Erarbeitung wurden „Veranschaulichung", „Abwechslung im Unterrichtsgeschehen" und „Selbsttätigkeit" genannt. Mit dem Argument der Veranschaulichung von Zusammenhängen wurde damit eine spezifische Eigenschaft der Computersimulation bestätigt. Es zeigte sich zudem, dass „Computer", „Mikroskop" und „Film" auf einer Beliebtheitsskala von sieben typischen Medien des Biologieunterrichts die ersten drei Plätze einnahmen.

Krüger (2001) untersuchte die Qualität computergestützten Biologieunterrichts anhand eines Vergleichs zweier konkurrierender Computerlernprogramme zum Thema Gentechnik. Lernprogramm 1 besaß eine linear verzweigte Abarbeitungsstruktur mit begleitenden Rückmeldungen zum Arbeitsfortschritt, Programm 2 eine Hypertextstruktur, die ein freies Navigieren erlaubt, aber keine Rückmeldefunktion besitzt. Die empirische Untersuchung erfolgte mit 260 Schülerinnen und Schülern der Jahrgangsstufen 11–13. Es zeigte sich, dass mit beiden Programmen gute Lern- und Behaltenserfolge zu verzeichnen waren, allerdings fanden zwei Drittel der Schüler/innen Programm 1 besser.

Maierhofer (2001) ging der Fragestellung nach, inwieweit systemisches Denken durch computergestützten Unterricht gefördert werden kann. Als Themenbereich wurde „Ökosystem See" gewählt, da es sich hierbei um ein komplexes dynamisches System handelt und mit dem Computerprogramm „Der See" (vgl. Abschnitt 7.10.3) ein für didaktische Zwecke entwickeltes Simulationsprogramm zur Verfügung stand. Die empirische Untersuchung erfolgte mit 62 Schülerinnen und Schülern der 12. Jgst. aus vier Gymnasien im Raum München. Es konnte nachgewiesen werden, dass der computergestützte Unterricht die Fähigkeit, vernetzte Strukturen in komplexen dynamischen Systemen zu erkennen, verbessert hat und damit vernetztes Denken optimiert wurde. Es hat sich weiter gezeigt, dass die Erstellung von

Wirkungsdiagrammen, bei denen wesentliche Systemgrößen erkannt und durch Relationen vernetzt werden müssen, ein wirksames Mittel ist, um den Zugang zu komplexen dynamischen Systemen zu ermöglichen. Insbesondere schwächere Schüler/innen konnten davon deutlich profitieren.

7.11.2 Didaktische Spezifika der Medien – Kritische Würdigung ihres Einsatzes

Unterrichtsmedien sind, im Gegensatz zu Realobjekten, didaktisch bearbeitet. Sie rücken wesentliche Aspekte in den Vordergrund, indem sie diese, z. B. durch Weglassen nebensächlicher Details, hervorheben, sie vereinfachen Sachverhalte oder trennen sie von einem Gesamtkomplex ab. Sie können Objekte und Abläufe erschließen, die der unmittelbaren Beobachtung nur schwer zugänglich sind oder nur in längeren Zeiträumen beobachtet werden können. So zeigen Filme beispielsweise viel mehr, als man selbst entdecken kann, etwa die Brutpflege des Spechtes oder physiologische Vorgänge im Körper, sie stellen länger dauernde Abläufe zeitlich komprimiert dar, z. B. den Lebenskreislauf eines Vogels in fünfzehn Minuten. Wie einige der genannten empirischen Untersuchungen zeigten, scheint zweikanalige, audiovisuell angebotene Information offensichtlich der einkanaligen, überwiegend verbalen Informationsvermittlung im Klassenzimmer überlegen zu sein, und zwar sowohl im Bereich kognitiver wie auch affektiver Lernziele.
Darüber hinaus entspricht der Medieneinsatz einem modernen Trend. Medien sind schnell verfügbar, man arbeitet zeitsparend mit Folien und Arbeitsblättern, mit Dias oder kurzen Filmstreifen. Foliensätze mit einprägsamen biologischen Skizzen oder ganze Medienpakete bieten gut geplante Unterrichtseinheiten, die leicht wiederholbar sind. Es spricht also vieles für einen didaktisch reflektierten Medieneinsatz, wobei zu beachten ist, dass jeweils mehrere Medien zur Verfügung stehen, die sich in ihrer spezifischen Eignung unterscheiden.
Der Medieneinsatz birgt aber auch Gefahren. Man tendiert bei der Arbeit mit Medien dazu, vor allem reproduzierbares Fachwissen zu vermitteln und kognitive Ziele anzusprechen. Es ist sehr fraglich, ob Ziele wie Naturverbundenheit und verantwortungsbewusste Haltung allein durch diese Art des Unterrichts erreicht werden können, ob sich „Medienbiologie“ unter diesem Aspekt bewährt. Es ist auch eine Frage, ob zu viele Naturfilme nicht sogar von der wirklichen Natur entfremden, in der alles viel langsamer vor sich geht, schwieriger zu beobachten ist und damit langweiliger erscheint. Andererseits darf nicht vergessen werden, dass Filme wie auch andere bildhafte Darstellungen und Texte starken Einfluss auf Gefühle, Einstellungen und Werthaltungen haben können.
Mit der didaktischen Aufbereitung der Medien werden gegenüber der Realität Veränderungen vorgenommen. Diese Änderungen müssen ins Bewusstsein gerückt, wirklichkeitsgetreue Vorstellungen von den Lebewesen angestrebt werden.
Unterrichtsmedien haben durchaus eigenständige Funktionen, sie besitzen spezifische Vor- und Nachteile. Je nach Unterrichtsthema und methodischer Absicht wird man ihren Einsatz einplanen, sei es in eigenständiger oder ergänzender Funktion. Ein guter Biologieunterricht benötigt beides: Original und Abbild.

8 Unterrichts- und Sozialformen[63]

Die Begriffe *Unterrichtsformen*, Lehrformen etc. werden nicht einheitlich gebraucht. Sie umfassen einerseits den organisatorischen Rahmen, in dem sich Lehren und Lernen abspielt. Andererseits bezeichnen sie die Beziehungsstrukturen zwischen Lehrenden und Lernenden und damit alle den Unterricht gestaltenden und prägenden Äußerungen und Handlungen von Lehrenden und Lernenden (vgl. Hage 1995). Sie lassen erkennen, ob die aktivere Rolle im Unterricht mehr bei der Lehrkraft oder bei den Schülerinnen und Schülern liegt, ob es sich schwerpunktmäßig um instruierenden, vom Lehrer gesteuerten Unterricht handelt, oder ob die Schüler/innen stärker selbsttätig den Lernvorgang gestalten. Im Rahmen der Unterrichtsformen wird häufig der Begriff *Sozialformen* gebraucht. Darunter versteht man den Sozialverband, in dem gerade gelehrt bzw. gelernt wird, also Klassenunterricht, Einzel-, Partner- und Gruppenarbeit. Im Folgenden werden diese Unterrichts- und Sozialformen im Hinblick auf den Biologieunterricht näher erläutert, wobei die im Kapitel 4 dargestellten Aspekte des Lehrens und Lernens zu berücksichtigen sind.

8.1 Lehrerzentrierte Unterrichtsformen

Lehrerzentrierte Unterrichtsformen sind die traditionelle Form des Lernens in der Schule. Auch im Schulfach Biologie ist heute der sog. Frontalunterricht, besonders an weiterführenden Schulen, durchaus anzutreffen. Er ist lehrergesteuert; die Lehrkraft steht der Klasse als Gesamtheit gegenüber, sie hat den Unterricht genau geplant, alles vorbereitet, trägt vor, fragt, überprüft usw. An alle Schüler/innen werden die gleichen Anforderungen gestellt, sie sollen mitdenken, mitlernen, mitarbeiten, sind Konsumenten. Über- bzw. Unterforderung kann sich einstellen. Frontalunterricht bedeutet Instruktion durch die Lehrkraft, er zielt auf Informationsvermittlung, auf Belehren der Schüler/innen. Wissen soll gleichsam wie ein materieller Gegenstand von der Lehrkraft auf den Schüler/die Schülerin übertragen werden. Häufig handelt es sich um umfangreiches Faktenwissen, das abstrakt-begrifflich vermittelt wird, ohne direkten Bezug zur Lebenswirklichkeit der Schüler/innen.

Manche Nachteile des Frontalunterrichtes lassen sich abmildern durch problemorientiertes Vorgehen, durch Einbetten der Lerninhalte in lebensnahe Kontexte, durch ihre Vernetzung im Sinne des kumulativen Lernens, durch Eingehen auf Fragen und Interessen der Schüler/innen. So kann diese Unterrichtsform zum Erwerb von Fachwissen einen Beitrag leisten. Sie hat im Sinne einer erwünschten Methodenvielfalt durchaus ihre Berechtigung. Frontalunterricht sollte jedoch keinesfalls die vorherrschende, dominante Unterrichtsform sein. Gegen diese Vorge-

63 Literatur z.B. Erhart 2005, Eschenhagen, Kattmann & Rodi 2003 und 2008, Graf 2004, Hage u.a. 1985, Köck & Ott 2002, Meyer 2003, Stöcker 1984

hensweise sprechen viele Erfahrungen von Pädagogen, Ergebnisse internationaler Tests und vor allem Aussagen der neueren Lehr- und Lernforschung (vgl. Kap. 4). Je nach den Formen der Interaktion zwischen Lehrkraft und Schüler/innen, können folgende Möglichkeiten (= Aktionsformen) unterschieden werden:

8.1.1 Lehrervortrag – darbietende Form

Die Lehrkraft ist vorwiegend allein tätig, berichtet, schildert, erzählt. Diese Unterrichtsform entspricht rein äußerlich mehr oder minder der Hochschulvorlesung. Die Schüler/innen hören zu, sollen mitdenken, sind in einer rein rezeptiven Haltung. Ihre Selbsttätigkeit wird nicht gefordert. Sie werden leicht „abschalten", wenn der Vortragende den geistigen Kontakt mit der Klasse verliert und „über die Köpfe hinweg spricht". Immerhin kann die Schülerin/der Schüler bei dieser Unterrichtsform das aufmerksame Zuhören, das Mitdenken lernen. Rein verbale Kenntnisse, Daten und Fakten, werden rasch vermittelt; sehr fraglich ist, ob so erworbenes Wissen Interesse für den Gegenstand weckt und auch in anderen Situationen angewendet werden kann. Die darbietende Form entspricht nicht modernen psychologischen Erkenntnissen über die Lernprozesse, die das Selbstlernen, das Selbstkonstruieren, die Eigentätigkeit der Schüler/innen in den Vordergrund stellen. Sie sollte im Biologieunterricht nur in bestimmten Fällen Anwendung finden und dann in der Regel lediglich kürzere Phasen im Rahmen einer Unterrichtsstunde oder Unterrichtseinheit umfassen.
Diese Lehrform wird gewählt zum Beispiel bei einer *Erzählung* zur Hinführung auf ein Thema (etwa ein Erlebnis mit Tieren), bei einer *Schilderung* oder *Beschreibung*, die von Schülerinnen und Schülern mangels Anschauung oder Vorkenntnissen nicht gegeben werden kann (z. B. ein Thema aus der Evolution). Auch wenn ein Teilziel infolge ungenügenden Vorwissens der Schüler/innen nicht anders erreichbar scheint, wird kurzzeitig die darbietende Form des Unterrichts eingeschaltet werden, z. B. „Herkunft einzelner Haustiere oder Kulturpflanzen", „Versuche Mendels". Schließlich kann diese Unterrichtsform als sachlicher Bericht beim informierenden oder orientierenden Arbeiten eingesetzt werden. In Abschlussjahrgängen bzw. in der gymnasialen Oberstufe wird sie im Hinblick auf die in vielen Berufen nötige Fähigkeit, einem Sachvortrag folgen und Wesentliches entnehmen zu können, gelegentlich praktiziert werden. Auch der *Vortrag* durch schulfremde *Experten*, z. B. Arzt, Forstwirt, Naturschutzbeauftragter, Drogenberater, ist in diesem Zusammenhang zu erwähnen. Doch sollte sich ein Vortrag, durch wen auch immer, nie über ganze Stunden erstrecken; er ist zwischen andere Formen des Lehrens und Lernens einzuschalten.

8.1.2 Gelenktes Unterrichtsgespräch – fragend-entwickelnde Form

Die Lehrkraft legt vor der Stunde den Unterrichtsverlauf mehr oder minder genau fest. In einem Wechselgespräch mit den Schülerinnen und Schülern, in einem Frage- und Antwortspiel, werden die erwünschten Lerninhalte erarbeitet, Beobachtungen oder Demonstrationsversuche ausgewertet. Geschickte Fragestellung

soll die Schüler/innen dazu führen, dass sie selbst auf Begriffe stoßen, Probleme lösen, Erkenntnisse gewinnen (sokratische Lehrform).
Diese Art von Unterrichtsgespräch ist an unseren Schulen, auch im Fach Biologie, eine herkömmliche Lehrform. Der Lehrkraft, die ihr Thema beherrscht, fällt es nicht schwer, auf diese Weise vorzugehen. Sie kann die selbst gesteckten, fachlichen Ziele in der Regel gut erreichen. Die Schüler/innen sind in das Unterrichtsgeschehen einbezogen, erscheinen nicht ausschließlich aufnehmend-passiv, es kann zu einer lebhaften Mitarbeit kommen.
Auf verschiedene Gefahren bei dieser Lehrform ist zu achten. So werden sich leistungsstarke und redegewandte Schüler/innen viel melden, werden Lob erhalten und gerade dadurch schwächere oder stillere Schüler/innen in den Hintergrund drängen und demotivieren. Ferner verhindern zu viele kurze Fragen und entsprechende Antworten, oft in halben Sätzen oder einzelnen Wörtern, echtes Mitdenken und Überlegen der Schüler/innen, das Entwickeln konkreter Vorstellungen. Ist die Lehrkraft schließlich zu stark auf ihren Stundenentwurf festgelegt, so wird sie unter Umständen Schülerfragen, die nicht in ihr Konzept passen, beiseite schieben und damit das freie Denken hemmen.
Im Rahmen eines Unterrichtsgespräches ist jedoch auch eine *offenere, freiere Unterrichtsvariante* möglich. Die Lehrkraft regt durch Formulierung eines Themas oder einer umfassenden Frage die Schüler/innen zu größerer Eigenaktivität in der Klasse an. Statt eines Wechselgespräches sollen sich die Schüler/innen nacheinander äußern und miteinander sprechen, sollen ihre eigenen Erfahrungen und Gedankengänge zum Thema vorbringen oder einen Fragenkomplex weitgehend selbstständig einer Lösung zuführen (Kreisgespräch, Kettengespräch). Die Lehrkraft lenkt das Gespräch sehr zurückhaltend, sie führt allenfalls durch geeignete Impulse oder kurze Hinweise auf die Ziele der Unterrichtsstunde hin. Diese Unterrichtsform verlagert den Schwerpunkt vom stark instruierenden Tätigsein der Lehrkraft hin zu einem mehr schülerzentrierten Vorgehen, es handelt sich um eine Abwandlung des fragend-entwickelnden Verfahrens. Der Sitzkreis, heute vor allem in der Grundschule praktiziert, bietet dafür günstige äußere Voraussetzungen. In höheren Jahrgangsstufen, etwa des Gymnasiums, sollte die Fähigkeit zur Diskussion einer Thematik dadurch gefördert werden.
In der Biologie sind Themen für die letztgenannte Unterrichtsform geeignet, von denen angenommen werden kann, dass die Schüler/innen schon ein gewisses Vorwissen besitzen oder bestimmte Vorstellungen dazu entwickelt haben. Die Vorkenntnisse können aus eigener Erfahrung, aus früheren Unterrichtsstunden oder aus Medien stammen. Der mögliche Erfahrungshorizont der Schüler/innen sollte jeweils berücksichtigt werden.

8.1.3 Allgemeine Anmerkung

Die Unterrichtsformen des Frontalunterrichts gehen (soweit sie praktiziert werden) im Schulalltag ineinander über, werden in verschiedener Weise modifiziert, vom stark lehrerzentrierten hin zu einem etwas mehr schülerorientierten Vorgehen. Im Laufe einer Unterrichtseinheit wird die Lehrkraft die Lehrformen je nach den

sachlichen und methodischen Erfordernissen in der Klasse einsetzen, wechseln und abwandeln. Zu warnen ist vor jeder Einseitigkeit, insbesondere vor zu langen Lehrermonologen und vor einem ständigen, gedankenlosen Anwenden des fragend-entwickelnden Verfahrens. Heute sollten im Zusammenhang mit neueren Lehr-/Lerntheorien schülerzentrierte Unterrichtsformen, die stärker auf Selbsttätigkeit der Schüler/innen und neben der Fachkompetenz auf Methoden- und Sozialkompetenz abzielen, im Vordergrund stehen (vgl. Kap. 4).
Schließlich ist neben dem Vermitteln neuer Informationen im Sinne eines schülerorientierten Unterrichts das Augenmerk besonders auf das Einprägen, Üben und Anwenden gewonnener Kenntnisse und Einsichten zu richten.

8.2 Schülerzentrierte Unterrichtsformen

8.2.1 Einzelarbeit

Bei Einzelarbeit ist jeder Schüler/jede Schülerin allein mit der Bewältigung eines von der Lehrkraft vorgegebenen Arbeitsauftrages beschäftigt. Seine/ihre Eigenaktivität ist gefordert, er/sie muss eigenverantwortlich handeln, sein/ihr individuelles Lern- und Arbeitstempo kann Berücksichtigung finden. Fasst man das Gewinnen von Wissen im Sinne moderner Lerntheorien als einen aktiven Konstruktionsprozess des Lernenden auf, dann gewinnt diese Arbeitsform zusätzlich an Bedeutung, auch wenn die soziale Komponente des Lernens nicht zum Tragen kommt. Einzelarbeit im Schulfach Biologie ist durchaus erwünscht. Dabei kann es sich um Beschäftigen mit Naturobjekten handeln, also um den Einsatz fachgemäßer Arbeitsweisen – soweit genügend Material zur Verfügung steht. Arbeiten mit Lupe oder Mikroskop sind möglich usw. Dazu kommen das selbstständige Anfertigen biologischer Skizzen, Übertragen eines Tafelbildes ins Heft, Auswerten schriftlicher Unterlagen, wie Texte, Diagramme, sonstige Daten, Ausfüllen von Arbeitsblättern, Bearbeiten spezieller Arbeitsaufträge, Nachbereiten von Schulfilmen, selbstständige Hefteinträge, Erstellen von Zusammenfassungen etc. Einzelarbeit kann für kürzere Zeitabschnitte in jede Unterrichtsphase integriert werden und den Stundenverlauf dadurch methodisch gliedern. Im Rahmen der Freiarbeit oder anderer Formen des offenen Unterrichts kann Einzelarbeit auch umfassenderen Themen gelten, freier gestaltet sein und längere Zeit in Anspruch nehmen (vgl. Abschnitt 8.2.4). Reflexion über eigenes Lernen, das Bewusstmachen von Lernvorgängen (= Metakognition), kann ebenfalls angestoßen und gefördert werden. Das selbstständig erarbeitete Schülerreferat ist in mittleren und höheren Jahrgangsstufen eine wichtige und unverzichtbare Form der Einzelarbeit. Dies gilt insbesondere für die gymnasiale Oberstufe.
Einzelarbeit mit gedruckten Programmen, der sog. programmierte Unterricht, spielte in den 70er- und 80er-Jahren eine gewisse Rolle, im Fach Biologie kam er kaum zum Tragen. Er kann heute als überholt gelten. An seine Stelle tritt als eine moderne Sonderform die computerbasierte Einzelarbeit, also die Nutzung von *Computerprogrammen*. Darauf wird in einem eigenen Kapitel näher eingegangen (vgl. Kap. 7.10).

8.2.2 Partner- und Gruppenarbeit[64]

Bei der *Partnerarbeit* wirken zwei Schüler/innen, die Bank- oder Tischnachbarn, zusammen und lösen Aufgaben gemeinsam. Auch diese Sozialform fördert die Selbsttätigkeit und Selbstständigkeit. Sie erlaubt individuelles Arbeitstempo, ermöglicht Kooperation der Lernenden und hilft mit, soziale Verhaltensweisen zu entwickeln. Partnerarbeit kann eine Vorstufe zur Gruppenarbeit sein.
Einzelne biologische Arbeitstechniken, wie Umgang mit Pinzette, Lupe und evtl. Mikroskop, können geübt und darüber hinaus allgemeine fachgemäße Arbeitsweisen, Beobachten, Untersuchen, praktiziert werden. Voraussetzung ist das Vorhandensein von genügend Naturobjekten und Arbeitsmaterialien. Besonders bei pflanzenkundlichen Themen wird das gelegentlich möglich sein (z. B. Obstblüten, Getreideähren, Zweige von Nadelbäumen usw.). Weitere Aufträge für Partnerarbeit sind denen für Gruppenarbeit ähnlich, gemeinsames Mikroskopieren, Arbeiten am Computer, Auswerten schriftlicher Unterlagen zählen dazu. Dabei sollten die Aufgaben zeitlich begrenzt sein und nur kleinere Teilziele des Unterrichtsstoffes umfassen. So kann Partnerarbeit in jede Phase einer Unterrichtsstunde eingeschoben werden. Partnerarbeit wird in der Regel themengleich sein; es können jedoch auch zwei oder drei verschiedene Themen an einzelne Partnergruppen vergeben werden.
Bei der *Gruppenarbeit* wird ein Thema oder eine Aufgabe von jeweils einigen Schülerinnen und Schülern gemeinsam bearbeitet. Die Gruppen umfassen in der Regel 3–5 Schüler/innen. Die Lehrkraft legt die Aufgaben fest, formuliert die Lernziele, organisiert die Gruppeneinteilung und stellt Materialien zur Verfügung. Sie schafft damit die Voraussetzungen für selbsttätiges Arbeiten der Schüler/innen, nimmt während der Gruppenarbeit die eigenen Aktivitäten zurück und beschränkt sich auf Beraten und Kontrolle. Gruppenarbeit ist demzufolge schülerzentriert; jeder Einzelne ist gefordert, aktiv mitzuarbeiten und sich mit den anderen auszutauschen. Gruppenarbeit ist deshalb nur dann sinnvoll, wenn eine Aufgabenstellung vorliegt, die gemeinsames Arbeiten fordert und fördert.
Die vorgesehenen Lerninhalte sollen problem- und handlungsorientiert erarbeitet werden; entdeckendes Lernen ist gefragt, gegenseitiges Helfen und Anregen erwünscht. Dabei kann das individuelle Arbeitstempo besser als im Klassenunterricht berücksichtigt werden, Leistungsbereitschaft, Motivation und Interesse für das Fach werden auf diese Weise gefördert, soziale Verhaltensweisen, die für das spätere Berufsleben mit dem Zwang zur Teamarbeit von Bedeutung sind, geübt. So kann Gruppenarbeit kognitive, affektive, motorische und soziale Fähigkeiten weiterentwickeln.
Gruppenarbeit kann *arbeitsgleich* gestaltet werden, das heißt jede Gruppe bearbeitet dasselbe Thema. Bei *arbeitsteiliger* Gruppenarbeit beschäftigt sich jede Gruppe mit einem anderen Teilthema; das erfordert eine Präsentation der einzelnen Ergebnisse im Klassenverband. Eine Kombination beider Formen ist möglich.

64 Literatur z. B. Erhart 1992, Gudjons 2003

Um Schüler für die zukünftige Arbeitswelt hinreichend zu qualifizieren, verlangen die von der Kultusministerkonferenz verabschiedeten *Bildungsstandards* auch eine Schulung der *Kommunikationskompetenz* in verschiedenen Sozialformen. Eine Möglichkeit dazu ist der *Gruppenunterricht*. Damit dieser erfolgreich ist, müssen bestimmte Basiselemente des *kooperativen Lernens* erfüllt sein: positive Abhängigkeit, individuelle Verantwortung, begünstigende (face-to-face) Interaktion, Sozial- und Teamkompetenzen sowie Reflexion des Gruppenprozesses.

Um bisherige Erfahrungen mit Gruppenunterricht zu erkunden, stellten Sennebogen & Neuhaus (2012) Lehrkräften und Schülern einer Realschule folgende Fragen:

1. Welche Lernpräferenzen haben Schüler?
2. Welche Lehr- und Lernpräferenzen haben Lehrkräfte?
3. Wie häufig wird Gruppenarbeit im Unterricht eingesetzt?
4. Welche Vor- und Nachteile nehmen Lehrkräfte und Schüler bei der Gruppenarbeit wahr?
5. Inwieweit berücksichtigt die Gruppenarbeit im realen Unterricht die Basiselemente des Kooperativen Lernens?

Die Erhebung ergab, dass sowohl Lehrkräfte als auch Schüler als Lernform in allen Jahrgangsstufen hoch signifikant ($p \leq 0{,}001$) das kooperative Lernen gegenüber dem kompetitiven und individuellen Lernen bevorzugen.
Obwohl Lehrkräfte und Schüler Gruppenunterricht schätzen, macht dieser jedoch nur 6–7 % des Schulunterrichts aus. Offensichtlich halten negative Begleiterscheinungen dieser Lernform, wie Zeitaufwand, Vorbereitung, Trittbrettfahren, Unruhe etc. viele Lehrkräfte von dieser Unterrichtsform ab.
Am häufigsten kritisieren Lehrkräfte und Schüler, dass sich einzelne Schüler bei Gruppenarbeit ihrer Aufgabe entziehen. Die Autoren führen dieses Verhalten auf mangelnde positive Abhängigkeit zurück. Diese entsteht, wenn sich der Erfolg des Einen auf den Erfolg der Anderen auswirkt. Um positive Abhängigkeit zu verstärken, schlagen die Autoren u. a. vor, wie beim Gruppenpuzzle Inhalte zunächst in Expertengruppen arbeitsteilig erarbeiten und dann in der Stammgruppe zusammenfügen zu lassen. Generell müssten Aufgaben so gestellt werden, dass alle Schüler zu ihrer Erfüllung einen Teil beitragen.
Stationenarbeit ist eine moderne Vorgehensweise, in der Regel mit Schülergruppen; sie wird bei den offenen Unterrichtsformen näher erläutert (vgl. Abschnitt 8.2.4).
Das Fach Biologie eröffnet gute Möglichkeiten für die Gruppenarbeit. Die Schüler/innen können sich mit Naturobjekten auseinandersetzen und biologische Arbeitsweisen praktizieren. So wird auch das Entwickeln von Methodenkompetenz gefördert. Biologische Gruppenarbeit ist im Unterrichtsraum wie an außerschulischen Lernorten möglich. Neben der Beschäftigung mit Naturobjekten, kann Gruppenarbeit in Biologie das Auswerten oder Erstellen von Texten, Abbildungen, Statistiken und grafischen Darstellungen, Anfertigen von Zeichnungen usw. zum Inhalt haben. Nach Einsatz von Filmen oder Videoclips ist ebenfalls Gruppenarbeit möglich. Die Fähigkeit zur Gewinnung von Informationen aus verschiedenen

Unterlagen soll gefördert werden. Gruppenarbeit kann, wie Partnerarbeit, eng begrenzten Teilzielen gelten und dann für kürzere Zeit in den Stundenverlauf einbezogen werden und so zum erwünschten Methodenwechsel beitragen. Diese Sozialform kann aber auch ganze Unterrichtsstunden umfassen oder in freien biologischen Arbeitsgemeinschaften die vorherrschende Organisationsform sein. Im Folgenden werden einige Themenbeispiele für Gruppenarbeit genannt.

Für die Grundschule:
- Untersuchen einer Blüte und ihrer Teile (z. B. Kirschblüte)
- Zerlegen einer Frucht, Kennenlernen ihres Aufbaus (z. B. Apfel); Untersuchen eines Bohnensamens
- Kennübungen an Pflanzen und Pflanzenteilen oder an Tieren mithilfe von Abbildungen bzw. Naturführern; z. B. Laubblätter, Blüten, Früchte, Nadelbäume; Insekten oder ihre Larven
- Anfertigen von „Steckbriefen" ausgewählter Pflanzen und Tiere
- Säen von Getreidekörnern, Bohnen, Erbsen; Feststellen der Vorgänge beim Quellen, Keimen und Wachsen, Messen der Gewichtszunahme beim Quellen

Für die Jahrgangsstufen 5–10
- Betrachten, Zerlegen und Zeichnen von Blüten; Untersuchen von Blütenteilen mit Lupe
- Untersuchen einzelner Arten unter ökologischen Aspekten, z. B. Pflanzen trockener und feuchter Standorte
- Kenn- und Bestimmungsübungen mithilfe von Abbildungen, Naturführern
- Ableiten von systematischen Gruppen des Pflanzen- oder Tierreiches durch Vergleichen, z. B. Lippenblütler, Säugetiere, Wirbeltiere
- Untersuchen und Vergleichen verschiedener Vogelfedern, Gebisstypen etc.: Beziehungen zwischen Gestalt und Funktion
- Durchführen einfacher Schülerexperimente
- Mikroskopische Untersuchungen
- Mapping-Verfahren
- Auswerten von Texten, Tabellen oder sonstigen Mediendarstellungen zu Themen des Umweltschutzes, der Gesundheitsvorsorge, der Genussmittel und Drogen

Für die gymnasiale Oberstufe
- Untersuchungen mit dem Mikroskop, z. B. zur Zytologie
- Durchführen von Experimenten, z. B. zur Stoffwechselphysiologie oder Molekulargenetik
- Interpretieren und Erstellen von Statistiken, Diagrammen, Kurven und sonstigem Datenmaterial
- Auswerten von Filmen, z. B. zum Lernverhalten von Tieren
- Kennenlernen und Bestimmen von Bodenlebewesen (Berlese-Trichter) Arbeit mit Computerprogrammen, z. B. zur Gewässerökologie
- Zusammentragen und Interpretieren von Daten zu einem Projekt, z. B. zu Gesundheitsfragen, Drogen, ökologischer Untersuchung eines Gewässers etc. (vgl. Abschnitt 8.2.4 Projektunterricht)

Sonderaufgaben für interessierte Gruppen oder einzelne Schüler/innen in allen Schulstufen sind Pflege und Betreuung lebender Tiere oder Pflanzen, Aufbau und Betreuung biologischer Ausstellungen in der Schule. An außerschulischen Lernorten, insbesondere in der freien Natur, ergeben sich zahlreiche Möglichkeiten, Schüler/innen in Gruppen arbeiten zu lassen. Dabei ist wieder arbeitsteiliges oder arbeitsgleiches Vorgehen möglich (vgl. Kap. 5.3).

Bei ökologischen Standortuntersuchungen kann eine Gruppe die häufigsten Pflanzen eines Biotops sammeln und später bestimmen, eine andere misst die Temperaturen der Luft und des Bodens in un-

terschiedlicher Tiefe oder vergleicht die entsprechenden Werte im Wald und im freien Feld, eine dritte misst Luftfeuchtigkeit und untersucht den Boden auf Kalkgehalt (mit HCl), Humussubstanzen und aufschlämmbaren Teilchen.
Im Wald oder am Waldrand kann eine Gruppe die Kräuter, eine andere Bäume und Sträucher feststellen; eine dritte kartiert die Verteilung des Lichtes am Boden, achtet auf die unterschiedliche Dichte der Krautschicht und stellt Messungen mit dem Luxmeter an usw. (vgl. Arbeitsblatt Abb. 29, Kap. 5.3.6)
Bei einem sorgfältig geplanten und wissenschaftlich begleiteten Projektunterricht mit Grundschülerinnen und -schülern wurde allerdings festgestellt, dass es nicht vorteilhaft ist, wenn Schülergruppen im Gelände arbeitsteilig nur Teilbereiche, zum Beispiel eines Biotops, erfassen (vgl. BIEBERBACH 2000, S. 93). Einerseits wollte jeder gerne das Thema Tiere bearbeiten, andererseits erfolgte ein nur ungenügender Austausch der Gruppenergebnisse. So erschien ein umfassender Wissenserwerb über Tiere, Pflanzen und ökologische Gegebenheiten des untersuchten Lebensraumes besser gewährleistet, wenn jede Gruppe alle Fragestellungen an verschiedenen Stellen des Biotops bearbeitete.

Um in allen Stufen erfolgreich arbeiten zu können, müssen die Schüler/innen von der Grundschule an zum richtigen Verhalten in der Gruppe angeleitet werden. Sie müssen erfahren, dass Gruppenunterricht echtes Arbeiten bedeutet, dass Ergebnisse verlangt werden, die mündlich oder schriftlich zu formulieren sind. Der kurze *Schülervortrag*, der die Ergebnisse der Gruppe darlegt, sollte von den unteren Jahrgangsstufen an geübt werden, um den Einzelnen allmählich zu befähigen, seine Überlegungen und Ergebnisse anderen geordnet mitzuteilen. Richtig durchgeführt und in den Unterricht eingeplant, kann Gruppenarbeit zur Erlangung von Fach-, Methoden- und Sozialkompetenz einen wichtigen Beitrag leisten.
Eine besondere Form der Gruppenarbeit ist das sog. *Gruppenpuzzle*. Dabei wird ein Thema zunächst in Teilbereiche gegliedert, die dann arbeitsteilig von Schülergruppen („Stammgruppen") bearbeitet werden; Selbststudium der Schüler und Klären offener Fragen innerhalb der Gruppe sind besonders wichtig. In einem weiteren Schritt werden neue Gruppen gebildet („Expertengruppen"), in denen reihum jeder, jetzt als „Experte", die Ergebnisse seiner ursprünglichen Gruppe vorträgt, damit zum Lehrenden wird und von den anderen Experten lernt; so erarbeiten die Schüler letztlich das gesamte Thema selbst. Der Lehrer wird selbstverständlich den einzelnen Gruppen beratend und helfend zur Seite stehen. Zur Überprüfung des Gelernten ist ein abschließendes kurzes Klassengespräch vorteilhaft.

8.2.3 Spielerische Lernformen[65]

Spiele werden meist um ihrer selbst willen ausgeführt, sie sind in der Regel nicht von Zwängen bestimmt, sind zweckfrei. Trotzdem lernt ein Kind durch Spielen, es erprobt Verhaltensweisen, die es einmal im täglichen Leben anwenden kann; Spiele tragen zu seiner Persönlichkeitsentwicklung bei. Ganz allgemein haben Spiele einen aktivierenden Einfluss auf die spielenden Personen und damit hohen Motivationscharakter.
An diese Funktionen denkt man, wenn bestimmte Spielformen auch im Unterricht eingesetzt werden. Sie sollen die übliche Alltagsroutine auflockern, sollen die

65 Literatur z. B. Berck & GRAF 2010; Bögeholz 1999; Cornell 2011, 1999b; Graf 2004; Janssen & Trommer 1991; Joller 2008; OBIS 1981; Wengler 1994

Schüler/innen zum Denken und Handeln anregen. Spiele in der Schule verlaufen schülerzentriert, die Schüler/innen agieren weitgehend selbstständig, sie sind häufig emotional beteiligt. Spiele im Unterricht sollen auch im kognitiven Bereich etwas bewirken. Schon erarbeitetes Wissen kann geübt, wiederholt oder auf reale Situationen angewendet werden. Auch neue Fakten können vermittelt werden. So sind Spiele im Fachunterricht in der Regel nicht zweckfrei; sie sind aber frei von üblichen Lernzwängen. Man spricht deshalb auch von Unterrichtsformen bzw. Lernformen mit stärkeren oder schwächeren spielerischen Komponenten. Sie bilden auf jeden Fall eine wertvolle Ergänzung anderer unterrichtlicher Vorgehensweisen. Für den Biologieunterricht sind folgende spielerische Lernformen von Bedeutung:

Rollenspiel

Das Rollenspiel versucht, mögliche Lebenssituationen nachzuvollziehen, dabei Informationen zu sammeln und unterschiedliche Einstellungen zu ein und demselben Problem bewusst zu machen. Rollenspiel fordert den Schüler/die Schülerin oder eine Schülergruppe auf, sich mit einer bestimmten Rolle zu identifizieren und entsprechend zu argumentieren. Dabei wird die Ausgangssituation, das Problem oder der Konflikt in etwa festgelegt, alles andere bleibt denjenigen, die eine Rolle übernommen haben, überlassen. Rollenspiel spricht nicht nur den kognitiven Bereich, sondern auch die Emotionen an, es ist meist stark motivierend. Rollenspiel kann in der Einstiegsphase einer Stunde als Motivationshilfe dienen, man kann es in der Erarbeitungsphase als Möglichkeit zur Beschaffung von Informationen und zur Veranschaulichung unterschiedlicher Argumente benutzen; am Ende einer Unterrichtseinheit bietet es die Möglichkeit der Anwendung des erworbenen Wissens bzw. der Übertragung auf lebensnahe Situationen. Träges Wissen kann auf diese Weise vermieden werden.
Im Schulfach Biologie bieten sich für das Rollenspiel vor allem kontroverse Themen zu Natur- und Umweltschutz, zu Gesundheit, Drogen, Alkohol usw. an, ebenso zu modernen Problemen der Gentechnik und darüber hinaus zu ethischen Fragen im Bereich der Biologie. In Unterklassen kann beispielsweise aber auch die Frage, ob ein Haustier gehalten werden soll, im Rollenspiel erörtert werden.
In der Schlussbewertung eines Rollenspiels geht es einerseits um die Beherrschung des fachlichen Gehalts und um die Schlüssigkeit der Argumente, andererseits um die Art des Agierens (klar, eindeutig, tolerant, Eingehen auf Gegenseite usw.).

Naturerfahrungsspiele

Naturerfahrungsspiele entstanden in den 70er- und 80er-Jahren zunächst in den USA im Rahmen der Umwelterziehung und der „Outdoor Biology". Verschiedene Programme wurden entwickelt, (z.B. OBIS, Outdoor Biology Instructional Strategies 1981). Besonders bekannt wurden die Schriften des Umweltpädagogen J. Cornell (z.B. 1979, 1991). In Anlehnung an solche Vorbilder fanden auch in Deutschland entsprechende Ideen und Vorschläge Eingang in Konzepte zur Umweltbildung und Freilandbiologie, insbesondere in solche, welche die emotionale und ästhetische Komponente, das Erleben von Natur, betonten (vgl. z. B. KUHN et al. 1986; JANSSEN & TROMMER 1988). Umweltzentren, Schullandheime und ähnliche Einrichtungen übernahmen Naturerfahrungsspiele in ihre Programme. Auch in Schulen werden sie gelegentlich in Zusammenhang mit Unterrichtsgängen, Projekten oder dem Besuch von Schullandheimen praktiziert. Naturerfahrungsspiele wollen dazu beitragen, Natur intensiv und handelnd zu erleben, Pflanzen und Tiere mit allen Sinnen (multisensorisch) wahrzunehmen und kennenzulernen; sie wollen Emotionen ansprechen, den Einzelnen für die Vielfalt von Arten und Erscheinungen sowie für die Schönheit der Natur aufschließen. Damit sollen Jugendliche für die Belange der Umwelt, für Schutz und Pflege der Natur sensibilisiert, ihre Einstellung soll im positiven Sinne beeinflusst werden.

Beispiele für Naturerfahrungsspiele:
Wahrnehmungsspiele: Einem Baum begegnen, Gehen ohne zu sehen (blinde Karawane), Geräuschelandkarte erstellen;
Such- und Bewegungsspiele: Verstecken und Entdecken von Früchten, Wildspuren etc.; Räuber-Beute-Beziehungen (etwa „Fledermaus" mit Augenbinde sucht per Ruf und Echo „Nachtfalter");
Ökorallyes: Suchen von Pflanzen, Tieren oder Naturgegenständen in einem Lebensraum;
Darstellungs- bzw. Imitationsspiele: Tiere, Pflanzen oder ein Biotop werden imitiert und müssen erraten werden („Wer bin ich?"); oder Geheimtiergeschichte vorlesen, das Tier dann erraten usw. *Meditativ-nachdenkliche Spiele*: Sie regen zum stillen Nachdenken, zur ruhigen Betrachtung der Natur an, etwa „Baumfantasie".
Gestaltende Spiele: Schüler/innen malen oder basteln Gegenstände aus der Natur oder Fantasielebewesen mit bestimmten Eigenschaften (z. B. Pflanze, die von Weidetieren nicht gefressen wird) usw.

Praktische Erfahrungen mit Schülerinnen und Schülern zeigen, dass sich Jugendliche besonders bis zum Alter von 12–13 Jahren sehr gerne an solchen Spielen beteiligen, auch Erwachsene lassen sich begeistern. Das Echo der Schüler/innen ist im Allgemeinen positiv. Die Spiele bringen Abwechslung in den Alltag, stärken das Sozialverhalten, man sollte bei entsprechenden Gelegenheiten nicht auf sie verzichten. Andererseits darf man ihre Wirkung auf die Einstellung zur Natur, auf die Zunahme der Wahrnehmungsfähigkeit und des Wissens auch nicht überschätzen (vgl. hierzu Untersuchung WENGLER 1994).

Planspiele

Planspiele sind bei der Vorbereitung wirtschaftlicher Entscheidungen, bei Strategien zur Werbung, beim Militär usw. von großer Bedeutung. Im Unterricht setzen sich die Schüler/innen im Planspiel mit Problemen auseinander, die reale Situationen simulieren. Sie suchen, meist in Gruppen, nach Lösungswegen oder Handlungsstrategien. Unterschiedliche Möglichkeiten werden durchgesprochen und hinsichtlich ihrer Erfolgsaussichten bewertet. Typische Themen für Planspiele im Fach Biologie kommen aus den Bereichen Ökologie, Umwelt und Gesundheit, Landwirtschaft usw., etwa Verhinderung der Ausbreitung einer bislang unbekannten viralen Erkrankung, Einrichtung eines Natur- oder Nationalparks, Neugestaltung der Müllentsorgung einer Gemeinde usw. Fächerübergreifendes Arbeiten ist dabei meist notwendig.

Abb. 58: Beispiel für ein Naturerfahrungsspiel: „Blinde Karawane" (WENGLER 1994)

Weitere Spielmöglichkeiten

Als weitere Möglichkeiten spielerischer Lernformen für das Schulfach Biologie kommen in Frage: *Memory* mit Abbildungen von Pflanzen und Tieren oder sonstigen Naturgegenständen, *Dominospiel* mit ähnlichen Inhalten, *Brettspiele* mit Themen aus der Biologie, *Kreuzworträtsel* und andere Rätselformen, Suche nach bestimmten biologischen Begriffen; Puzzles; Naturbingo. Der Findigkeit der Lehrkraft sind hier keine Grenzen gesetzt. Spiele dieser und ähnlicher Art sind besonders für Freiarbeit geeignet.

8.2.4 Offene Unterrichtsformen (Lernen an Stationen, Freiarbeit, Projektunterricht)

Offene Unterrichtsformen können Chance und Alternative sein, um den unterschiedlichen Lernvoraussetzungen und -bedürfnissen der Schüler/innen gerechter zu werden. Bis vor einiger Zeit wurden sie fast ausschließlich von Praktikern in der Grundschule aufgenommen und in verschiedenen Ausprägungen praktiziert. Aufgrund neuerer lernpsychologischer Aussagen sowie der Verankerung in amtlichen Lehrplänen stoßen seit einigen Jahren nun auch in den Sekundarstufen diese Möglichkeiten auf zunehmende Beachtung und werden als wichtige Unterrichtsformen angesehen und realisiert. Wie schon im Kap. 4.9 erläutert, geht es beim offenen Unterricht um eine Öffnung der Inhalte, der Methoden und auch der Organisation. Bei den Methoden stehen selbstbestimmtes Lernen, Arbeiten und

Probleme lösen der Schüler/innen im Vordergrund. Im Folgenden werden einige Formen des offenen Unterrichts näher charakterisiert.

Lernen an Stationen[66]

Seit den 80er-Jahren findet das Lernen an Stationen in Deutschland stärkere Verbreitung, es wird stetig weiterentwickelt und gewinnt zunehmend an Bedeutung. Heute werden von der Schule Unterrichtskonzepte gefordert, die das Individuum beim Lernprozess unterstützen, Selbstständigkeit und Teamfähigkeit fördern. Nach der Lerntheorie des Konstruktivismus bedeutet Lernen nicht, Wissen einfach zu übernehmen, sondern auf Grundlage vorhandener Erfahrungen selbst Vorstellungen und Begriffe zu bilden (vgl. Kap. 4). Solchen Forderungen entspricht das Lernen an Stationen. Im Zentrum steht, wie in allen offenen Unterrichtsformen, die Wissensaneignung, nicht die Wissensvermittlung. Bei dieser Unterrichtsform werden mehrere Begriffe synonym gebraucht: „Lernzirkel", „Stationentraining" und die heute am häufigsten gebrauchten Begriffe „Stationenarbeit" und „Lernen an Stationen". Wesentliche Merkmale des Lernens an Stationen wurden bereits von den Reformpädagogen, z. B. Peterssen, Gaudig und Freinet, in die Praxis umgesetzt. Dabei sollte eine anregende Lernumgebung mithilfe von Arbeitsmaterialien verschiedene Sinne ansprechen und den Schülerinnen und Schülern ein selbstbestimmtes Arbeiten ermöglichen. Die übliche Sitzordnung wird aufgegeben und ortsfeste Stationen mit verschiedenen Materialien zur selbstständigen Bearbeitung werden entwickelt.

Kennzeichen

- Der Lerninhalt wird in Teilthemen an verschiedenen Stationen aufgeteilt, die üblicherweise nicht aufeinander aufbauen, sodass die Reihenfolge der Bearbeitung nicht festgelegt ist.
- Dort finden die Schüler/innen schriftliche Arbeitsaufträge und Lernmaterialien, die zur handelnden Auseinandersetzung anregen und mit denen sie die Aufgaben selbstständig lösen können.
- Die Lernmaterialien, im Fach Biologie bevorzugt Naturobjekte, brauchen nur jeweils einmal vorhanden zu sein; das ist bei Präparaten oder Geräten vorteilhaft.
- Bei der Gestaltung der Stationen werden verschiedene Arbeitsweisen, die Benutzung unterschiedlicher Sinne, unterschiedliche Interessen und Fähigkeiten der Schüler/innen berücksichtigt.
- Die Schüler/innen bearbeiten das Lernangebot an den verschiedenen Stationen, und zwar einzeln, mit Partner oder in Gruppen.
- Möglichkeiten zur Selbstkontrolle der Schüler/innen sind vorgegeben (z. B. Arbeitskarten); der Lernprozess erfolgt weitgehend selbst gesteuert.
- Neben Stationen, die für alle Schüler/innen verpflichtend sind, können wahlweise zu bearbeitende Stationen treten.

---

66 Literatur z. B. Altenburg 2003, Bauer 2002, Beuren 2000, Erhart 2005, Hagstedt 1998, Hegele 1999, Kammermeyer 1999, Kammermeyer & Schlierf 1999, Graf 2004

Diese Kennzeichen sind jedoch nicht für jede Form der Stationenarbeit zwingend. Unterschiedliche Varianten des Lernens an Stationen sind möglich, beispielsweise nach dem Umfang der zugestandenen Freiräume. So kann etwa die Reihenfolge der Stationen frei oder festgelegt, die Bearbeitungszeit der einzelnen Stationen auf einige Minuten begrenzt oder weitgehend ohne Einschränkung sein. Material kann von den Schülerinnen und Schülern zum Platz geholt werden oder muss fest an der Station verbleiben usw. Diese Offenheit der Organisationsform ist ein großer Vorteil, da das Lernen an die jeweilige Situation optimal angepasst werden kann. Die Arbeitsaufträge an den einzelnen Stationen sollten unterschiedliche biologische Arbeitsweisen erfordern, etwa Beobachten, Untersuchen, Experimentieren, Vergleichen usw. Eine *Sonderform* des Lernens an Stationen ist beim Besuch von Museen, zoologischen oder botanischen Gärten gegeben, wo die Schüler/innen an ausgewählten Stellen (Dioramen, Biotope, Gehege etc.) bestimmte Themen selbstständig in unterschiedlichen Sozialformen bearbeiten.

Ziele

Das Lernen an Stationen ist der Öffnung des Unterrichts verpflichtet, indem die Schüler/innen innerhalb eines thematischen Rahmens einen gewissen Einfluss auf die Inhalte ihres Lernens nehmen können, schon in der Planungsphase mit einbezogen werden und ihre eigenen Fragestellungen das Lernen mitbestimmen. So soll das Lernen an Stationen zur Entfaltung von Interessen an biologischen Sachverhalten wie auch zur Lernfreude und -bereitschaft beitragen.
Die Schüler/innen sollen die Fähigkeit erwerben, biologisches Wissen selbstständig, eigenverantwortlich und lehrerunabhängig, meist durch originale Begegnung mit Naturobjekten, aufzubauen, und auf diese Weise ihre *Fachkompetenz* erweitern. Selbstständiges Praktizieren biologischer Arbeitsweisen soll die *Methodenkompetenz* fördern. Insgesamt soll die Passivität des Schülers/der Schülerin überwunden, seine/ihre Konzentrationsfähigkeit und Arbeitsdisziplin, und damit seine/ihre *Handlungskompetenz* verbessert werden. Durch die gemeinsame Arbeit und die Notwendigkeit, sich gegenseitig zu helfen, wird eine Steigerung der *Sozialkompetenz*, besonders der Kooperationsfähigkeit erreicht. Auch schwächere Schüler/innen können so zu Erfolgserlebnissen gelangen (vgl. ERHART 2005).

Durchführung

In einem Einführungsgespräch wird das Lernen an Stationen besprochen. Nach der Informationsphase kann ein kurzer Überblick über Standort und Inhalt der Stationen gegeben und die Form der Ergebnissicherung, z. B. Eintrag ins Heft, Ausfüllen von Arbeitskarten etc., erläutert werden. Bei der Durchführung wählen die Schüler/innen die Stationen vorwiegend frei im Hinblick auf die Reihenfolge, bearbeiten selbstständig und in selbst bestimmtem Tempo die Aufgaben, markieren die Station auf dem Laufzettel und notieren die Ergebnisse. Bei offenen Aufgabenstellungen ohne Selbstkontrolle werden die Ergebnisse in der Klasse diskutiert. Daneben sollten die Schüler/innen in der Reflexionsphase über ihren eigenen Lernprozess im Sinne der Entwicklung ihrer metakognitiven Fähigkeiten

nachdenken. So soll das Wissen über das eigene Wissen und seine Lücken, über die eigene Lernbereitschaft und die eigene Lernsteuerung gefördert werden.
Der Schwerpunkt der *Arbeit der Lehrkraft* besteht in der Vorauswahl des Stoffes und der Gestaltung der Lernstationen. Während des Arbeitens an Stationen kann die Lehrkraft gezielte Beobachtungen einzelner Schüler/innen hinsichtlich ihres Arbeits- und Sozialverhalten, vornehmen. Brauchen Schüler/innen Unterstützung, so steht sie als Helfer und Berater zur Verfügung. Eine weitere Aufgabe der Lehrerin/des Lehrers ist die Gestaltung der Reflexionsphase, die für die Leistungsentwicklung der Schüler/innen von Bedeutung ist.

Neuere Forschungsergebnisse

Zu den Auswirkungen des Lernens an Stationen auf die Schüler/innen liegen kaum Ergebnisse aus empirischen Untersuchungen vor. Ein Grund dafür könnte in der Vielzahl der Variationsmöglichkeiten liegen, weil das Lernen an Stationen keine klar festgelegte Unterrichtsform darstellt.

Für den Biologieunterricht entwickelte ERHART (2005) im Rahmen des Lernens an Stationen ein Methodenkonzept, das durch eine gezielte Gestaltung der Lernumgebung (Angebot an verpflichtenden und fakultativen „Lerninseln" bzw. Stationen mit strukturierten Arbeitskarten etc.) die Fähigkeit zur Selbststeuerung der eigenen Lernprozesse fördern soll. Eine empirische Untersuchung in 10 Hauptschulklassen mit insgesamt 200 Schülerinnen und Schülern der 5. Jahrgangsstufe (schriftliche Befragungen von Schülerinnen und Schülern, Lehrkräften und Eltern; Beobachtungen in qualitativer und quantitativer Form; halb standardisierte Einzel- und Gruppeninterviews) klärte die Effizienz dieses Konzepts hinsichtlich der Praktikabilität für den Biologieunterricht sowie einer Qualifizierung der Schüler/innen in ihrer Fach-, Methoden-, Sozial- und Selbstkompetenz. Um Quantität und Qualität der kognitiven Lernfortschritte beim selbst gesteuerten Lernen beurteilen zu können, wurden an jeder Schule frontal unterrichtete Kontrollklassen parallel geführt, denen die gleichen Lerninhalte mit den gleichen Medien und Arbeitsweisen in ca. derselben Unterrichtszeit, allerdings lehrergesteuert, vermittelt wurden (Thema „Vögel").
Interessenvergleiche zeigen auf, dass nur bei Schülerinnen und Schülern, die nach dem Konzept selbst gesteuert lernen, sowohl das Interesse am fachlichen Thema als auch das Interesse allgemein am Biologieunterricht signifikant zunimmt. Insbesondere bei den Mädchen beeinflusst diese Lernmethode die Interessenentwicklung im Fach Biologie hochsignifikant positiv.
Entgegen der Meinung vieler Pädagogen bedeutet selbst gesteuertes Lernen für kognitive Lernfortschritte auf keinen Fall Nachteile gegenüber einer lehrergesteuerten Unterweisung: Die frontal unterrichteten Klassen schneiden immer schlechter ab. Vor allem die leistungsschwächeren Schüler/innen erreichen beim getesteten Lernkonzept (mit tutorieller Unterstützung im Rahmen der Kleingruppen) einen signifikant höheren Lernzuwachs sowie eine signifikant bessere Behaltensleistung. Unterrichtsfremde Aktivitäten treten beim selbst gesteuerten Lernen deutlich weniger häufig auf. Die Beobachtungen zeigen des Weiteren, dass die konzeptimmanenten Chancen zum eigenverantwortlichen Ausüben fachgemäßer Arbeitsweisen reichlich genutzt werden. Auch belegen sie für die beobachteten Schüler/innen eine im Gegensatz zum herkömmlichen Unterricht höhere Einstiegsmotivation, eine meist bis zum Schluss anhaltende deutliche Lernmotivation sowie eine höhere Lernbereitschaft bzgl. der Beschäftigung mit biologischen Inhalten.

Themen für das Lernen an Stationen

Im Biologieunterricht bieten sich viele Themen an, die zahlreiche Arbeitsmöglichkeiten offerieren, z. B. menschliches Skelett, Nahrungsstoffe, Getreidearten, Vögel,

Insekten, Boden und Bodentiere, Stoffkreislauf. Es ist zu beachten, dass vor allem Themen geeignet sind, die keinen systematischen Aufbau benötigen.
Als praktisches Beispiel wird hier ein Überblick über einige Stationen („Lerninseln") zum Thema Vögel wiedergegeben (ERHART 2005, Abb. 59).

Freiarbeit[67]

Die Freiarbeit gilt als „Erbstück" aus der Epoche der Reformpädagogik. Dabei wird auf das selbstverantwortliche Lernen im „Jena-Plan" von PETERSEN, auf den der Begriff „Freiarbeit" oder „Freie Arbeit" zurückgeht, verwiesen oder auch auf MONTESSORI. Die Montessori-Pädagogik stellte die Freiarbeit als Möglichkeit für das Kind dar, aus eigener Initiative in einer auf seine Bedürfnisse abgestimmten Umgebung seinen Lerngegenstand frei wählen zu dürfen.
Nach ihrer Wiederentdeckung am Anfang der 70er-Jahre fand die Freiarbeit zunächst meist nur Eingang in den Grundschulbereich alternativer Privatschulen, bevor sie allmählich auch in staatlichen Richtlinien für die Regelschulen empfohlen wurde. Die Freiarbeit kann zusammen mit den anderen, dem konstruktivistischen Lernprozess verbundenen Unterrichtsformen, wie Lernen an Stationen und Projektunterricht, in das Konzept „Öffnung von Unterricht und Schule" eingeordnet werden. Freiarbeit kann an weiterführenden Schulen auch im Rahmen freiwilliger biologischer Arbeitsgemeinschaften praktiziert werden.

Kennzeichen

- Die Freiarbeit besitzt insofern freie Anteile, als die Schüler/innen ihr Lernen selbst planen und eigenverantwortlich durchführen. Die freie Entscheidung zu einer Tätigkeit ist das Wesentliche. Die Schüler/innen wählen aus einem Angebot von Lernmöglichkeiten inhaltliche Schwerpunkte und Arbeitsmaterial. Innerhalb der festgelegten Bearbeitungszeit lernt jeder Schüler/jede Schülerin nach eigenem Arbeitstempo, bestimmt die Bearbeitungsfolge und auch die jeweilige Sozialform.
- Die Freiarbeit ist aber auch schulische Arbeit, in der die Schüler/innen sich an bestimmte Regeln halten müssen, beispielsweise die, mit dem Material verantwortungsvoll umzugehen, begonnene Arbeiten auch zu Ende zu führen oder Arbeitsprozesse sorgfältig zu dokumentieren, damit Kontrollmöglichkeiten über die geleistete Arbeit bestehen. Die Fachgrenzen sind häufig aufgehoben.
- Freiarbeit kann dem selbsttätigen Erschließen neuer Inhalte dienen oder dem Üben, Wiederholen und Anwenden schon bekannter Sachverhalte.
- Die Freiarbeit kann wie ein Unterrichtsfach eingerichtet und im Stundenplan als solches ausgewiesen werden. Die vorgesehenen Stunden, z. B. fünf in der Woche, werden aus dem Pool der traditionellen Unterrichtsfächer herausgelöst. Dies ist in Grundschulen und auf der Sekundarstufe I, in denen der Klassenlehrer/die Klassenlehrerin den Großteil des Unterrichts übernimmt, leicht möglich.

67 Literatur z. B. Bairlein & Kuyten 1993, Claussen 1995, Erhart 2005, Kleber 1995, Sehrbrock 1995, Traub 2000, Zimmermann 1994

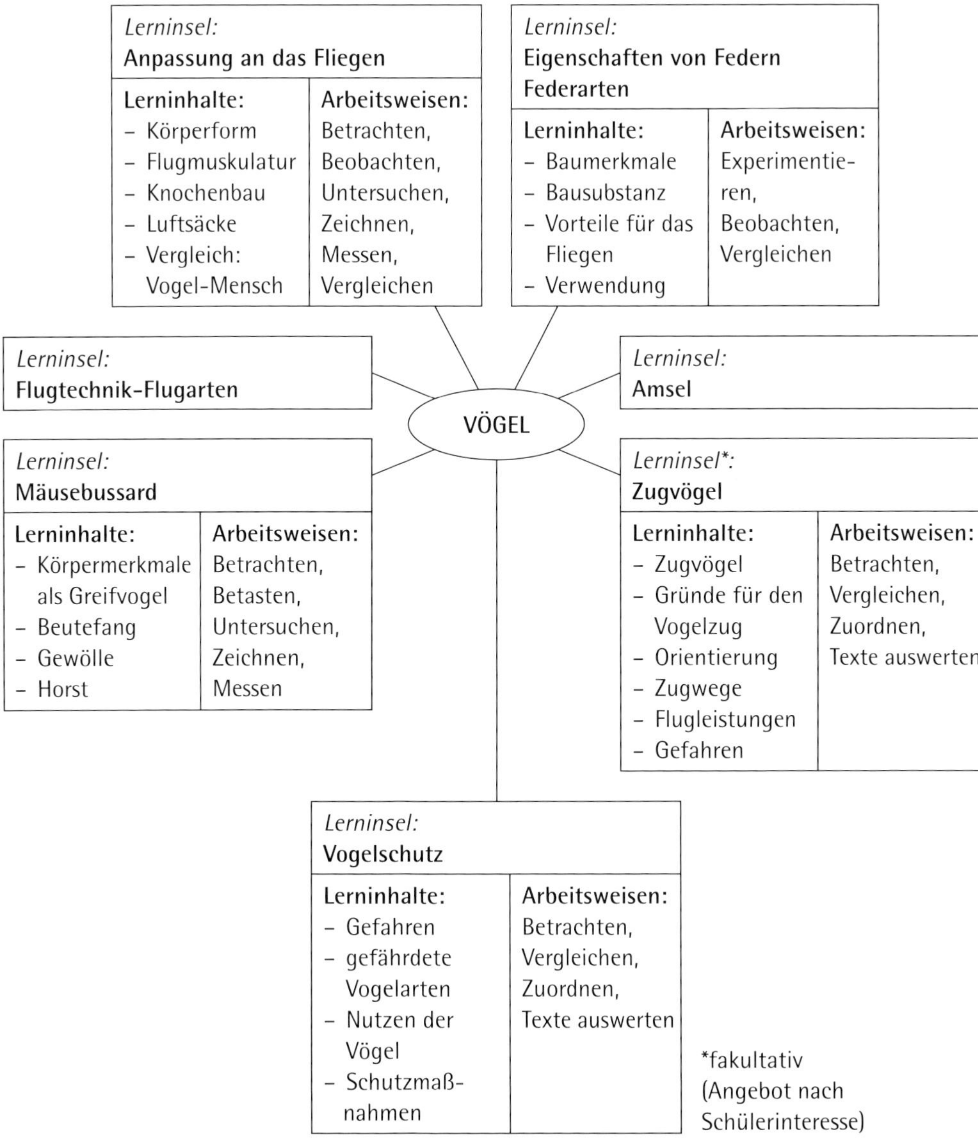

Abb. 59: Beispiel für Stationenarbeit zum Thema Vögel (veränd. nach ERHART 2005). Bei jeder Lerninsel liegen Materialien, Arbeitskarten mit Informationen und Anregungen für selbstständiges Arbeiten sowie Möglichkeiten zur Selbstkontrolle vor. Weitere mögliche Lerninseln (Stationen) zu diesem Thema: Vogelarten – Rotkehlchen – Waldkauz – Vögel bestimmen – Vogelnester – Vogelstimmen – Vögel im Winter – Vom Ei zum Küken – Urvogel.

- Als didaktisches Prinzip kann die Freiarbeit in allen Fächern und allen Schularten eingesetzt werden, ohne gesondert angesprochen zu sein. Im Fach Biologie kann das z.B. bedeuten, dass Kenn- und Bestimmungsübungen beim Thema „Lebensraum Wiese" in freier Arbeit ausgeführt werden.

- Die Lehrkraft stellt jeweils Lern- und Übungsmaterial zur Verfügung, im biologischen Bereich möglichst viele Naturobjekte; sie hat während der Freiarbeit vor allem beratende, helfende und fördernde Funktion.

Ziele

In der Freiarbeit ergeben sich Handlungsspielräume für eigene Entscheidungen der Schüler/innen, wodurch sie zur *Selbstverantwortung* und zum *selbstständigen, konzentrierten Arbeiten* angeregt bzw. erzogen werden sollen. So kann der Schüler/die Schülerin individuell arbeiten, indem er/sie z. B. ein Buch liest, einen Versuch durchführt, sich mit einem Lernspiel beschäftigt oder eine biologische Skizze anfertigt. Durch die Möglichkeit der freien Wahl und damit der Ausrichtung der Arbeit an eigenen Fähigkeiten und Interessen können die *intrinsische Motivation* und die Lernfreude verstärkt werden. Ein wesentlicher Aspekt der Freiarbeit liegt in der *Differenzierung* unter Berücksichtigung der individuellen Fähigkeiten und Bedürfnisse der Schüler/innen, um den Einzelnen allseitig zu fördern und Schwächen zu beheben. Das mögliche kooperative Arbeiten in Partner- oder Gruppenarbeit unterstützt das *soziale Verhalten*. Die Lernprozesse der Schüler/innen können von der Lehrkraft, die keine führende Position einnimmt, intensiv beobachtet werden. Die Freiarbeit bietet für Lehrer/innen und Schüler/innen auch die Chance, in einem entspannteren Lernklima gemeinsam zu arbeiten und sich besser kennenzulernen. Die unterrichtsorganisatorische Maßnahme der Freiarbeit ist als Einstieg in selbstbestimmtes, selbstverantwortetes und kooperatives Lernen geeignet und stellt so eine gute Vorübung für den noch anspruchsvolleren Projektunterricht dar, in den die Freiarbeit fest integriert wird.

Materialien

Die Lehrkraft muss die erforderlichen Grundvoraussetzungen schaffen, um eine effektive Freiarbeit zu ermöglichen. Dazu gehört ein vielfältiges Angebot an Lern-, Übungs- und Ideenmaterial. Konkret können dies Naturobjekte aus der biologischen Sammlung, Lernkarteien und Lernspiele, Nachschlagewerke, Bücher, Arbeitsblätter, Modelle, Materialien für einfache biologische Experimente, Messinstrumente u. a. sein. Die Materialien sollten verschiedene Sinne ansprechen, um den unterschiedlichen Lerntypen gerecht zu werden. Sie sollten den Schüler/die Schülerin mit seinem/ihrem Bedürfnis nach Aktivität und Anschaulichkeit berücksichtigen und damit die zielgerichtete Eigenaktivität herausfordern. Interessen von Mädchen und Jungen sind gleichermaßen zu berücksichtigen. Eine Über- oder Unterforderung kann weitgehend vermieden werden, wenn Lernmaterial mit unterschiedlichem Anforderungsniveau zur Verfügung steht. Das Material sollte von den Schülerinnen und Schülern selbstständig, ohne Erklärungen der Lehrkraft benutzt werden können. Daneben muss stets die Möglichkeit der Selbstkontrolle gegeben sein, sodass die Schüler/innen eigenständig Ergebnisse überprüfen können.

Das folgende *Beispiel* zeigt die praktische Realisation von Freiarbeit in einer 4. Jahrgangsstufe am Thema „Libelle". Ein kleines Arbeitsheftchen enthält Aufgaben zu Körperbau, Entwicklung, Lebensraum und Gefährdung von Libellen. Die Schüler/innen sollen möglichst ohne Hilfe der Lehrkraft mit eigenem Arbeitstempo arbeiten können. Die Arbeitsaufgaben sind nach Umfang und Schwierigkeit differenziert. Die Materialien sind vielgestaltig. Es sind sowohl originale Objekte (Präparate von Libellen, Libellenlarven, Exuvien) als auch zahlreiche Medien (Bilder mit Erläuterungen, Modelle, Bildpuzzles, Fühlbox, Tonkassette) vorhanden. Damit werden mehrere Sinne angesprochen (Sehen, Hören, Tasten). Kindgemäße Aufgaben, wie Puzzles und Rätsel, sorgen für Lernspaß. Freiarbeitsmaterialien müssen Möglichkeiten zur Selbstkontrolle enthalten. In diesem Beispiel werden Lösungswörter und ein eigener Lösungsteil verwendet (Abb. 60).

Projektunterricht[68]

Die Methode des Projektunterrichts, die seit 100 Jahren mit der Kritik an traditionellen Unterrichtsformen einhergeht, gewinnt seit Mitte der 70er-Jahre zunehmend an Bedeutung. Alle Lehrpläne fordern nachdrücklich den Projektunterricht oder zumindest den projektorientierten Unterricht. Jedoch wird manchmal aufgrund des teilweise unklar definierten und oberflächlich verwendeten Projektgedankens über eine Verwässerung des Begriffs bei gleichzeitiger Reduzierung seiner an sich höchst anspruchsvollen Konzeption geklagt. Projektunterricht sollte keine Spaßveranstaltung in Form von Projektwochen kurz vor den Sommerferien sein, sondern ernsthafte Arbeit. Der Projektunterricht stellt von allen Formen des offenen Unterrichts die höchsten Anforderungen an die Schüler/innen und konzentriert sich auf die Erreichung von Fachkompetenz, Methodenkompetenz und Sozialkompetenz.

Geschichte

Um etwa 1900 entwickelten Woodward und Richards in den USA die Grundformen der Projektmethode an Schulen, wie sie heute bekannt ist. Als Methode des „praktischen Problemlösens" ist sie durch Schülerorientierung, Wirklichkeitsorientierung und Produktorientierung gekennzeichnet. Das Dilemma des „trägen Wissens" sollte durch die Projektmethode überwunden werden. Der amerikanische Philosoph und Pädagoge J. Dewey (1859–1952), der als der wichtigste Theoretiker der Projektidee und als großer Vertreter des Pragmatismus gilt, versuchte, seine Konzeption von Unterricht, orientiert an der Lebenspraxis und am Wissenserwerb – nicht an der Wissensvermittlung – umzusetzen. So sollten Schüler/innen und Lehrkräfte gemeinsam an einem Problem arbeiten, wobei sie Denken und Tun eng verknüpften. DEWEYS Vorstellungen des Wissenserwerbs beeinflussten in wesentlichen Zügen die neueren Lerntheorien, insbesondere die des Konstruktivismus.

In der Zeit der Reformpädagogik wurde die Trennung von „Schule und übriger Welt" kritisiert und eine Pädagogik „vom Kind aus" mit neuen Lehr- und Lernformen gefordert. So praktizierten die Reformpädagogen, z. B. Gaudig, Kerschensteiner und Peterssen wesentliche Merkmale projektartigen Lernens. 1933 wurden diese Ansätze beendet.

Die Innovationszeit in den 70er-Jahren machte den Projektgedanken wieder populär. In den 80er- und 90er-Jahren wurden auch Konzepte für den Fachbereich Biologie entwickelt (z. B. Bayrhuber u. a. 1994, Hedewig 1993, Eschenhagen 1990, Jüdes & Frey 1993). Doch trotz des großen Umfangs an didaktischer

68 Literatur z. B. Apel & Knoll 2001, Bastian & Gudjons 2003, 1994, Bayrhuber et al. 1994, Bieberbach 2000, Bunk 1990, Erhart 2005, Frey 2002, Hackl 1994, Hänsel 1997, Hedewig 1993, Jüdes & Frey 1993, Starosta & Kirchhöfer 1994

Freiarbeitsthema „Libellen"

(4. Jgst.)

Ertasten der Körperform mit einer Fühlbox

Wichtige Informationen sind in einem Bildordner enthalten

Im Puzzle sind die Lebensräume der Libelle versteckt

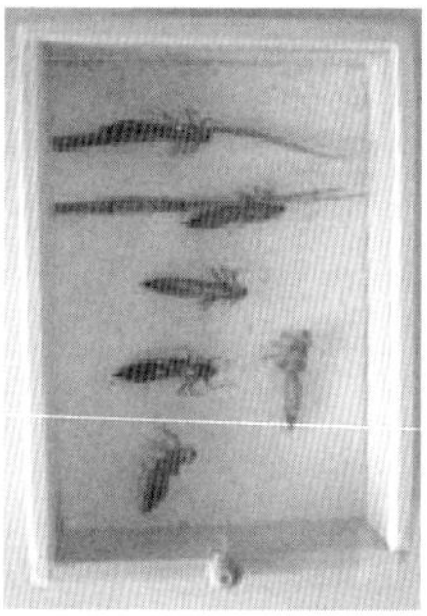

Stadien des Schlüpfvorganges und Exuvien

Der Körper der Libellen

Aufgabe 1:

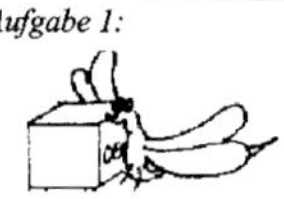

In diesem Fühlkasten befindet sich ein Modell einer Libelle. Versuche durch Betasten der Libelle folgende Fragen zu beantworten!

- Welche Form hat der Körper der Libelle?

- Wie viele Fühler, Flügel und Beine hat eine Libelle? Trage ein!

	Anzahl
Fühler	
Flügel	
Beine	

- Wo befinden sich Fühler, Flügel und Beine ungefähr am Körper? Kreuze an!

	Lage		
	vorne	in der Mitte	hinten
Fühler			
Flügel			
Beine			

Beispielseite aus dem Aufgabenheftchen

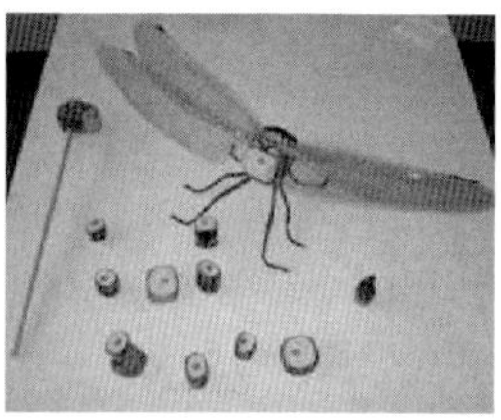

Holzmodell einer Libelle: Zerlegt ...

... und zusammengebaut

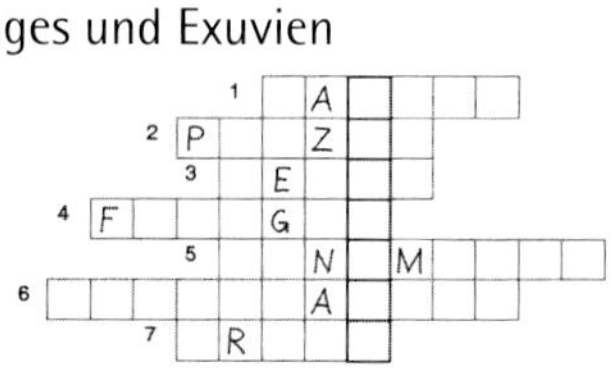

Aufgabe zur Selbstkontrolle

Kleines Hörspiel: Libellen beklagen sich über die Zerstörung ihrer Lebensräume

Abb. 60: Beispiel für Freiarbeit (zusammengestellt nach: Ch. WEBER, schriftliche Hausarbeit zur Zulassung zum Ersten Staatsexamen für das Lehramt an Grundschulen, Universität Passau, Biologiedidaktik 2004)

und unterrichtspraktischer Literatur zum Thema Projektunterricht fehlt nach wie vor eine klare Übereinstimmung darüber, was unter Projektlernen zu verstehen ist und welche Bezeichnungen dafür verwendet werden. Vorhaben, Arbeitsvorhaben, Projekt und Projektunterricht werden meist identisch gebraucht. Projektartiges und projektorientiertes Lernen folgt nicht in allen Komponenten voll der Projektmethode.

Kennzeichen

Trotz aller Unterschiede zwischen den verschiedenen Konzeptionen tauchen in den meisten Beschreibungen einige Kennzeichen auf, die für unverzichtbar gehalten werden und die den Projektunterricht charakterisieren. Dies sind im Einzelnen:

- Das Thema wird aus dem Erfahrungs- und Interessenbereich der Schüler/innen ausgewählt.
- Es ist häufig fächerübergreifend angelegt.
- An der Planung und Zielbestimmung für das angestrebte Ergebnis (Produkt) sind die Schüler/innen beteiligt.
- Der Projektunterricht erstreckt sich in der Regel über einen längeren Zeitraum; er findet großteils außerhalb des üblichen 45-Minutentaktes statt.
- Die Schüler/innen lernen häufig in authentischen Situationen an außerschulischen Lernorten – das ist für das Fach Biologie von besonderer Bedeutung.
- Experten werden, soweit dies möglich ist, in den Projektunterricht mit einbezogen.
- Im handelnden, entdeckenden Umgang mit dem Lerngegenstand werden kognitive, affektive, psychomotorische und soziale Fähigkeiten angesprochen. Für ein Projekt mit biologischem Schwerpunkt bedeutet das auch Praktizieren der fachgemäßen Arbeitsweisen.
- Während des Projektunterrichts arbeiten die Schüler/innen möglichst selbstständig und selbstbestimmt.
- Sie sind in unterschiedlichen Sozialformen, meist schülerzentriert, tätig, unterbrochen von kürzeren Phasen eines lehrerzentrierten Vorgehens.
- Der Fortschritt der Projektarbeit wird wiederholt kontrolliert.
- Das Ergebnis bzw. Produkt der Projektarbeit wird in der Öffentlichkeit (z.B. Eltern, andere Klassen) vorgestellt.

Aus dieser Charakterisierung dürfte deutlich geworden sein, dass Projektunterricht mehr ist als eine der üblichen Unterrichtsformen. Alle Aspekte des Unterrichts werden von der Entscheidung für ein Projekt nachhaltig beeinflusst.

Ziele

An erster Stelle wird häufig das Schaffen von *Lebensnähe und praktischer Erfahrung* angeführt, d.h. die Kluft zwischen dem Lernen in der Schule und dem Leben außerhalb der Schule soll überbrückt werden. Diese Forderungen nach lebensnahem Projektunterricht haben in jüngster Zeit großes wissenschaftliches Interesse gefunden. Besonders deutlich manifestiert sich dies in Begriffen wie „Authentizität" und „situiertes Lernen". Dies entspricht auch bekannten Wünschen

der Biologiedidaktik nach originaler Begegnung, nach Primärerfahrungen in der freien Natur (vgl. Kap. 5).
Ein damit eng verbundenes weiteres Ziel von Projektunterricht ist die Entwicklung von *Selbstständigkeit im Denken und Handeln* und die Ermöglichung von *Selbstbestimmung*. Das eigene Lernen soll aktiv gestaltet werden; angemessene, selbst gesetzte Ziele helfen, ein positives Bewusstsein eigener Tüchtigkeit zu entwickeln. Innerhalb des Projektunterrichts steht das selbstgesteuerte Lernen und Tun an zentraler Stelle. Zum selbstständigen Tun zählt im biologischen Bereich das Beobachten, Sammeln, Untersuchen, Bestimmen, ggf. Experimentieren usw., das bedeutet eine Förderung der *Methodenkompetenz*.
Auch zielt der Projektunterricht auf umfassendes Wissen in einem Themenbereich. Obwohl er eine Alternative zum Regelunterricht darstellt, sollte er durchaus auf kognitive Lernziele bezogen sein und im Dienste einer effektiven Umsetzung übergeordneter Lehrplaninhalte stehen. Die Schüler/innen sollen sich eingehend mit einem Thema auseinandersetzen und zum Beispiel bei einem Ökosystem auf diese Weise zu einem tieferen Verständnis von Zusammenhängen und Vernetzungen gelangen. Ihre *Fachkompetenz* wird so gefördert.
Außerdem soll die *Sozialkompetenz* verstärkt werden. Während des Projektunterrichtes arbeiten die Schüler/innen häufig selbstständig in Gruppen. Dabei ist jede Schülerin/jeder Schüler gefordert, aktiv an der Lösung der gestellten Aufgabe im individuellen Tempo und nach ihren/seinen Fähigkeiten mitzuarbeiten. Das ermöglicht ihnen, Gemeinschaftserfahrungen zu machen und Gruppenbewusstsein zu entwickeln.
Als Möglichkeit der *Förderung von Interessen* kommen in erster Linie offene Lernformen wie der Projektunterricht infrage. Vor allem konstruktivistische Lerntheorien postulieren schülerzentriertes Lernen auch im Hinblick auf Interessenförderung, wobei davon ausgegangen wird, dass das Interesse eine wesentliche Bedingung des Lernprozesses darstellt (vgl. Kap. 4.4).
Abschluss des Projektunterrichts ist meist die *Herstellung eines Produkts*, sei es z.B. die Gestaltung einer Ausstellung, eines Projektberichtes oder Zeitungsartikels, der die Arbeitsergebnisse festhält und mit dem sich die Schüler/innen identifizieren können. Zum Abschluss gehört aber auch, festzustellen, ob und was tatsächlich von den Schülerinnen und Schülern gelernt wurde.

Forschungsergebnisse

Bieberbach (2000) untersuchte die kurz- und langfristigen Auswirkungen von Projektunterricht hinsichtlich des Wissens, des Interesses und der Einstellung der Schüler/innen. Daneben sollten mögliche Einflussfaktoren nachgewiesen und die Beurteilung des Projektunterrichts u.a. aus der Sicht der Schüler/innen erfasst werden. Der Projektunterricht zum Thema „Lebensraum Bach" wurde in acht Grundschulklassen der 3. Jahrgangsstufe durchgeführt (n=176) und erstreckte sich jeweils über 14 Tage. Das Untersuchungsdesign bestand aus einem erweiterten dreistufigen Testverfahren, in dem die Daten vor dem Projektunterricht, unmittelbar danach und nach einem Jahr gewonnen wurden.
Das während des Projektunterrichts von den Schülerinnen und Schülern erarbeitete biologische Wissen lag unmittelbar nach Abschluss des Projektunterrichts auf einem hohen Niveau, wurde jedoch nicht in allen Teilbereichen langfristig behalten. Die Tierkenntnisse blieben signifikant länger im Gedächtnis als

die Pflanzenkenntnisse. Ein Vergleich zwischen den Geschlechtern zeigte nur bei den Formenkenntnissen von Pflanzen signifikante Unterschiede zugunsten der Mädchen.
Die Vermutung, dass der Projektunterricht das Interesse an biologischen Sachverhalten langfristig fördert, konnte bestätigt werden. Das schon zu Beginn sehr hohe Interesse stieg während des Projektunterrichts signifikant an, wobei es nachweislich gelang, auch bei wenig interessierten Schülerinnen und Schülern Interesse für das Thema zu wecken; das Interesse blieb selbst nach einem Jahr noch auf diesem hohen Niveau.
Hinsichtlich der Einstellungswerte gegenüber dem Bach waren die Resultate ähnlich. Die während des Projektunterrichts signifikant gestiegene schützende Einstellung blieb langfristig erhalten. Daneben fand auch ein deutlicher Abbau von Vorbehalten gegenüber Wirbellosen statt.
Der Projektunterricht wurde von den Schülerinnen und Schülern äußerst positiv beurteilt. Aus ihrer Sicht sprachen in erster Linie folgende drei Argumente für den Projektunterricht: die authentische Situation am Bach, die Möglichkeit einer handlungsorientierten Auseinandersetzung mit dem Lerngegenstand und die mehr selbstbestimmte Arbeit während des Projektverlaufs (vgl. auch BIEBERBACH & KILLERMANN 2005).

Projektunterricht und Schulalltag – Themen für das Fach Biologie

Trotz der Tatsache, dass dem Projektunterricht so viele Vorteile zugeschrieben werden, hat er nach wie vor einen geringen Anteil am gesamten Unterricht. Die Gründe für dieses offensichtliche Missverhältnis können darin liegen, dass Projektunterricht vor allem an weiterführenden Schulen mit vielen organisatorischen Schwierigkeiten zu kämpfen hat. Insbesondere der 45-Minuten-Rhythmus des Fachunterrichts macht die zeitliche Gestaltung nicht leicht. Nachdem in der handelnden Auseinandersetzung mit dem Lerngegenstand (im inflationär zitierten „learning by doing"), wie sie die Projektidee impliziert, nicht nur kognitive, sondern auch soziale, affektive und motorische Fähigkeiten angesprochen werden, erfordert das in der konkreten Durchführung mehr Zeit, als dem Unterrichtsstoff im Normalfall zugestanden werden kann.
Bedenkt man jedoch die positiven Auswirkungen des Projektunterrichts im Hinblick auf Wissen, Interesse, Einstellung und Motivation, so sollte diese Unterrichtsform fester Bestandteil des Biologieunterrichts werden, sei es im Rahmen einer Projektwoche, eines Projekttages oder als projektähnliches kleineres Vorhaben. Gerade der Biologieunterricht umfasst viele Themen, die eine hohe Affinität zur Bearbeitung in Form eines Projektes besitzen, man denke etwa an die Themenkreise Ökologie, Umwelt, Gesundheitserziehung, Drogen usw.

Mögliche Projektthemen im Biologieunterricht:

- Gestaltung und Betreuung von Einrichtungen – im Schulgebäude: Aquarium, Insektarium, biologische Ausstellung – im Schulgelände: Schulgarten, Teich, Lehrpfad, naturnaher Biotop, Kompostieren
- Untersuchung eines Lebensraumes außerhalb des Schulbereiches: Stadtpark, Wald, Wiese, Bach etc. (Ökologie, Umweltbelastungen), Erstellen phänologischer Karten
- Untersuchen, Betreuen, Schutz eines Biotops (Patenschaften) etc.: Hecke, Trockenmauer, Parkbaum

- Beteiligen an Artenschutzmaßnahmen, auch für Insekten (ggf. Kooperation mit Behörden, Vereinen)
- Aufgaben der Gesundheitserziehung, z. B. gesunde Ernährung, Drogen, Alkohol
- Einblick in biologische Arbeitsfelder, z. B. Bauernhof (ökologische und konventionelle Bewirtschaftung), Möglichkeiten grüner Gentechnik
- Biologische Forschung und Ethik

Als praktisches Beispiel wird ein kleiner Ausschnitt aus dem Projektthema *„Lebensraum Bach"* der Arbeit von BIEBERBACH (2000) wiedergegeben, nämlich die Zusammenstellung der inhaltlichen Aspekte und ein Arbeitsblatt für die Schüler/innen. Nach der Intention des Projektunterrichtes sollten sich die einzelnen Teilbereiche auch an den Interessen und Fragen der Schüler/innen orientieren (s. Abb. 61 und 62).

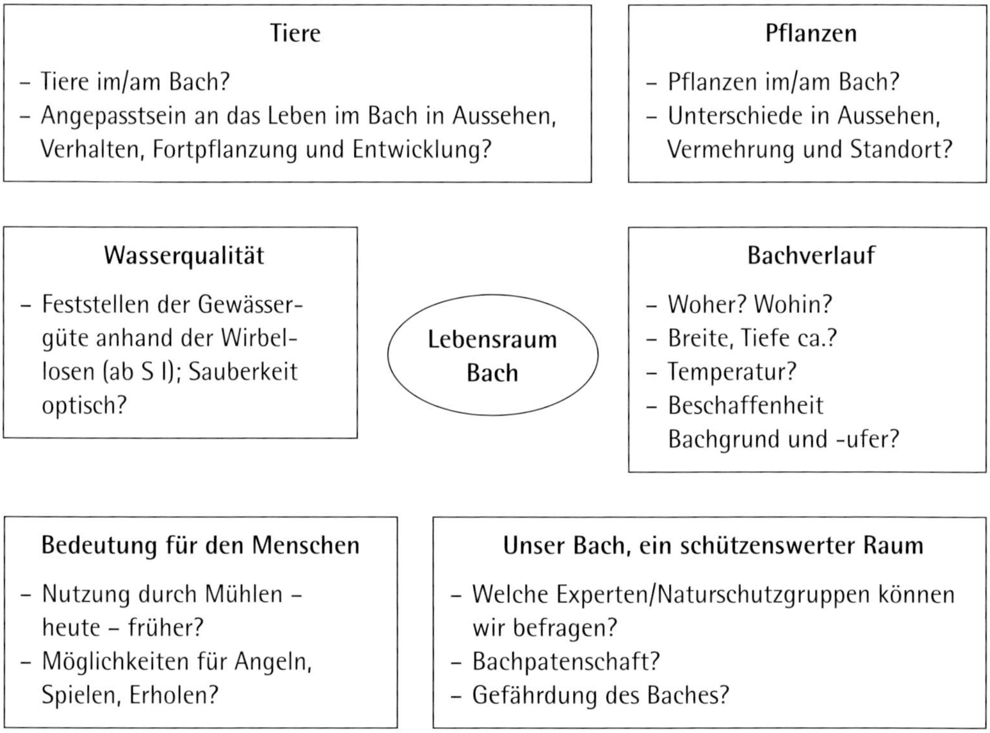

Abb. 61: Beispiel für ein Projekt (3.–6. Jahrgangsstufe) – wesentliche Inhalte

Kartierung eines Bachabschnittes

1. **Krautige Pflanzen am und im Bach:**

Bach-Ehrenpreis

2. **Bäume und Sträucher am Bach:**

Schwarzerle

3. **Wirbellose Tiere im Bach:**

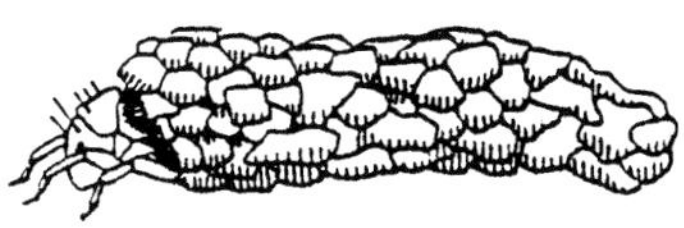

Köcherfliegenlarve

⇒ **annähernde Bestimmung der Wasserqualität:** ☐ = ____________________

4. **Bachbett:** (Wie beschaffen? Abschnitt skizzieren!)

5. **Fließgeschwindigkeit:** (maximal, minimal)

6. **Wassertemperatur:** ____________________

7. **Lufttemperatur:** ____________________

8. **Breite u. Tiefe des Baches:** (versch. Stellen)

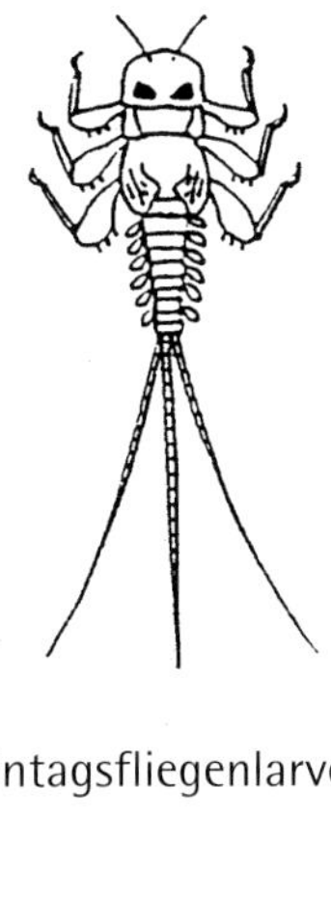

Eintagsfliegenlarve

Abb. 62: Arbeitsanleitung zur Projektarbeit am Bach

9 Didaktische Aufbereitung des Biologieunterrichts (Unterrichtsplanung[69])

Abb. 63: Kriterien eines kompetenzorientierten Biologieunterrichts (Quelle[70])

9.1 Kompetenzorientierter Biologieunterricht

Mit der Einführung der Bildungsstandards und der Kompetenzorientierung (s. Kap 4.1) ist das Unterrichten anspruchsvoller geworden. Zwar behalten viele Elemente des traditionellen lernzielorientierten Unterrichts weiterhin Gültigkeit, aber an den aktuellen Schlagworten „fächerspezifisches Kompetenzmodell", „Kompetenzstufen", „Lernstandsdiagnose", „Aufgabenkultur" usw. sieht man, dass zusätzliche Anforderungen gestellt werden. Kurz zusammengefasst bestehen die hauptsächlichen Neuerungen aus

a) der *zwangsweisen* Verknüpfung von Wissenserwerb / Wissensanwendung mit Handlungserwerb / Methodenanwendung (SUWELACK 2010)
b) der an Kompetenzstufen orientierten Analyse der individuellen Lernstände und Lösungsstrategien der Schüler / innen.
c) Im Mittelpunkt steht nicht die Anreicherung von Wissen, sondern die Weiterentwicklung von fachlichen und überfachlichen Kompetenzen.

Weitere Kennzeichen kompetenzorientierten Unterrichtens wie z. B. kumulativer Wissenserwerb, Handlungsorientierung, Innere Differenzierung, Schaffung möglichst realitätsnaher Lernsituationen, Kontextorientierung, Reflexion des Lernfortschritts usw. waren auch bisher Merkmale eines guten lernzielorientierten Biologieunterrichts.

69 Literatur z. B. Meyer 2003a,b; Peterßen 2015; Wiater 1991
70 Biologieunterricht in Baden-Württemberg, Präsentation; Landesinstitut für Schulentwicklung Stuttgart (ZPG) Biologie 2011

Eine Übersicht über die unterrichtlichen Prozesse zeigt das Lehr-Lern-Modell von Leisen (vgl. Abb. 64). Es trennt zwischen Lehr- und Lernprozessen und weist ihnen jeweils spezifische Aufgaben zu. „Die Lehrkraft steuert, moderiert und fördert die Lernprozesse". Die Lernvorgänge der Schüler/innen stehen im Mittelpunkt. Leisen führt hierzu aus[71]:

„Lerner treten mit Vorwissen, Vorerfahrungen und mit einem Bestand an Kompetenzen in die Lernumgebung des Unterrichts ein und verlassen diese Lernumgebung mit mehr Wissen, mehr Können und ausgeprägteren Kompetenzen. Das Lernen findet in einer Folge von Lernschritten in der Zeit statt. Die Lernschritte können fach-, themen- und kompetenzspezifisch sein. Jedoch findet in jeder Lerneinheit an passender Stelle eine Arbeit an den Lernmaterialien statt, denn Lerner bearbeiten Aufgabenstellungen, werten Informationen aus, setzen sich mit den fachlichen Inhalten auseinander und entwickeln dabei Kompetenzen. Meistens entsteht dabei ein Lernprodukt materieller Art (z.B. Tabelle, Mindmap, Text, Skizze, Bild, Diagramm, Experiment, ...) oder auch immaterieller (geistiger) Art in Form von Erkenntnissen. Dieser Lernschritt ist der zentrale, alle vorgängigen führen hin, alle nachfolgenden bauen darauf auf. Die erstellten Lernprodukte werden oft im Plenum diskutiert und verhandelt. Ein Lernschritt, in dem vernetzt und transferiert wird, schließt die Lernsequenz häufig ab."

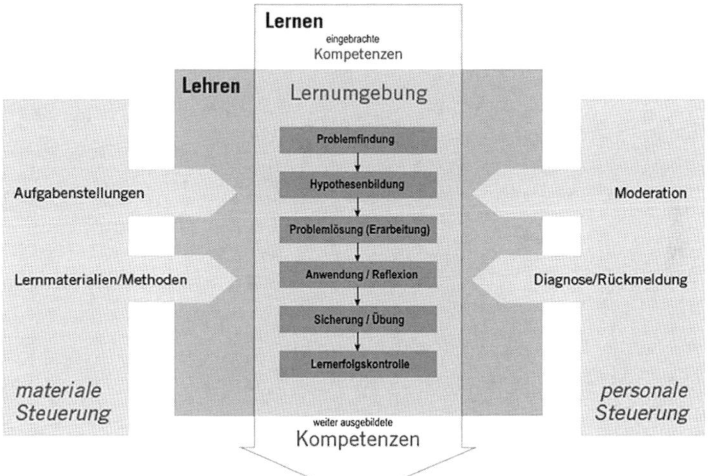

Abb. 64 Lehr-Lern-Modell (nach Leisen 2011, Artikulationsstufen geändert)

9.2 Überlegungen zur Grundkonzeption des Unterrichts

Für die Planung von Unterricht gibt es zahlreiche unterschiedliche Vorgehensweisen. Einen allgemeingültigen, für jede Schulart, jede Jahrgangsstufe und jedes Thema gültigen Weg kann es nicht geben, da die personenbezogenen und organi-

71 LEISEN bietet zum Lehr-Lern-Modell eine spezielle WEB-Seite an: http://www.lehr-lern-modell.de/

satorischen Lernbedingungen zu unterschiedlich sind. Trotzdem soll hier versucht werden, als Orientierungshilfe eine auf den kompetenzorientierten Biologieunterricht zugeschnittene Vorgehensweise zu beschreiben.

Der Vorschlag zur Unterrichtsplanung ist in verschiedene Schritte gegliedert (vgl. Abb. 65). Damit ist aber keinesfalls eine getrennte Bearbeitung oder eine bestimmte Reihenfolge impliziert. Die Vorgehensweise ist rekursiv: Alle Elemente stehen in Wechselwirkung und müssen bei der Planung ständig aufeinander abgestimmt werden. Beispielsweise sind Überlegungen zum Lernarrangement immer auf fachliche Inhalte bezogen, umgekehrt muss die Auswahl der Inhalte die methodische Realisierung im Blick haben; bei der Sachanalyse sind didaktische Überlegungen mitbestimmend, Ziele und Inhalte sind miteinander verzahnt, die Befindlichkeit der Schüler/innen bzw. der Lerngruppe wirkt sich auf alle Bereiche der Planung aus. Die Gliederung in getrennte Einheiten ist lediglich für die schriftliche Darstellung der Unterrichtsplanung vorteilhaft.

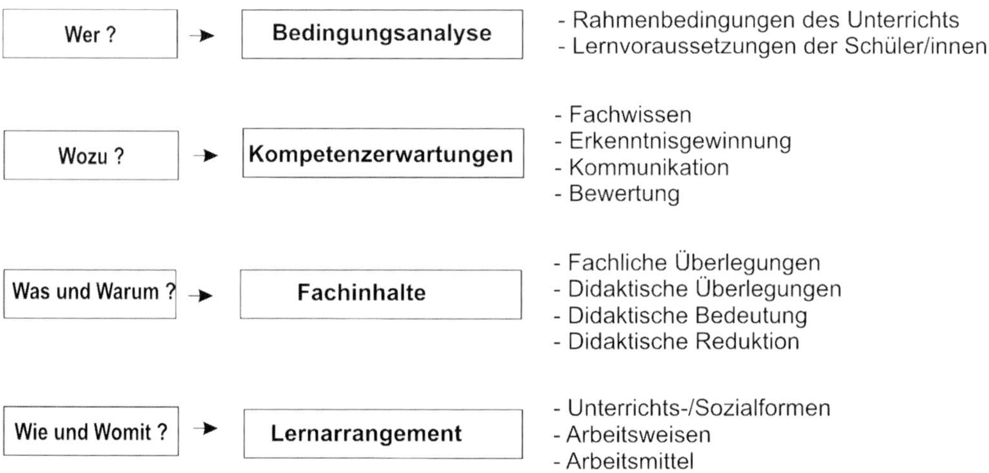

Abb. 65 Elemente der Vorüberlegungen

9.2.1 Bedingungsanalyse (Situationsanalyse)

Permanenter Bezugspunkt für alle Überlegungen zur Unterrichtsplanung sind die Schüler/innen. Eine Analyse der Lernvoraussetzungen, die möglichst jeden einzelnen Lernenden in den Blick nimmt, ist Vorbedingung für erfolgreichen Unterricht. Zu den Lernvoraussetzungen zählen die bereits erworbenen fachlichen und überfachlichen Kompetenzen, die kognitive Leistungsfähigkeit, der sachstrukturelle Entwicklungsstand, der Grad der Beherrschung von Arbeitsweisen, die sprachliche Entwicklung, das Arbeitstempo, die kommunikativen und sozialen Verhaltensweisen, das Vorwissen (letzteres ist , zusammen mit den vorfachlichen Vorstellungen und Erfahrungen der Schüler/innen, ein wichtiger Ausgangspunkt für den Wechsel zu wissenschaftlichen Vorstellungen; vgl. Kap. 4.6 Konzeptwechsel). Neben den im Handeln sichtbaren Kompetenzen gibt es weitere Komponenten, die den Kompetenzerwerb beeinflussen (vgl. Abb. 66 „Eisbergmodell"). Hierzu zählen z. B. Interesse und Motivation (zu Begriff und Bedeutung von Interesse und Lernmotivation siehe Kap. 4.5), Lernwille, Einstellungen, Verantwortungsbewusstsein ... Hilfen für die Konkretisierung der Ausgangssituation sind Kompetenzraster und kommentierte Sitz- und Gruppenpläne.

Mit „Rahmenbedingungen" des Unterrichts ist z. B. Raum- und Materialausstattung, Stundenkontingent, zeitliche Position der Unterrichtsstunde usw. gemeint.

Richter (2007) stellt sich die Gesamtheit der Kompetenzen als einen Eisberg vor. Sichtbar sind nur die Kompetenzen, die durch Handeln gezeigt werden können. Sie lassen sich im Unterricht entwickeln und diagnostizieren. Andere Einflussfaktoren liegen unter der Wasseroberfläche und sind nicht operationalisierbar.

Abb. 66 Eisbergmodell

9.2.2 Beschreibung der Kompetenzerwartungen

Die Formulierung der erwarteten Kompetenzen orientiert sich an den Bildungsplänen und Lehrplänen des jeweiligen Unterrichtsfaches. Für den Biologieunterricht sind die 4 Kompetenzbereiche „Fachwissen", „Erkenntnisgewinnung", „Kommunikation" und „Bewertung" maßgebend (vgl. Kap. 4.1); das Fachwissen wird noch weiter aufgeschlüsselt in die Basiskonzepte (Struktur und Funktion, System, Entwicklung). Für die Kompetenzanreicherung ist eine durchdachte Verknüpfung von fachlichen Inhalten mit prozessorientierten Komponenten unabdingbar: Weder soll der Unterricht vorwiegend auf Wissenszuwachs angelegt sein und die Handlungskomponente vernachlässigen, noch soll er ausschließlich auf Handeln ausgerichtet sein und den Wissenszuwachs außer Acht lassen.

Natürlich lassen sich in einer Unterrichtstunde nicht alle Kompetenzbereiche abdecken; das ist in der Regel nur über eine oder mehrere sinnverbundene Unterrichtseinheiten möglich.

Ein wesentlicher Bestandteil kompetenzorientierten Unterrichts ist die Individualisierung, verbunden mit einer Lernstandsdiagnose. Hierzu müssen die einzelnen Teilkompetenzen in Niveaustufen untergliedert werden, z. B. I) Mindeststandard, II) Regelstandard, III) Maximalstandard. Außerdem sollen die Kompetenzerwartungen *operationalisiert* formuliert werden (z. B. mittels der Verben *darstellen, ausführen erklären* ...) damit ggf. eine Überprüfung durch Beobachtung oder Testaufgaben möglich ist.

Beispiel für die Beschreibung von Kompetenzerwartungen

Die Beschreibung bezieht sich auf die Thematik „Wasserhaushalt der Pflanzen" mit Bezug zur Unterrichtsstunde „Der Weg des Wassers in der Pflanze" in Kap. 9.3. Als Darstellungsform wird eine *Kompetenzmatrix* verwendet (s. Abb. 67).

Kompetenzbereich Anforderungsstufe	Fachwissen (hier: Struktur und Funktion)	Erkenntnisgewinnung	Kommunikation	Bewertung
	Schüler/innen erklären:			
I Mindeststandard	Vereinfache Erkenntnis: Die Pflanze saugt das Wasser über die Wurzel an und bringt es über „Röhren" nach oben.	Biologische Arbeitsweisen unter Anleitung ausführen	Einfache Sachverhalte unter Anleitung darstellen	Angeben einfacher Bezüge: Bedeutung des Wassers für Lebewesen
II Regelstandard	Regel-Erkenntnis: Der Transport erfolgt gegen die Schwerkraft mittels Leitbündel; der Sog wird durch die Transpiration erzeugt	Eine eigene Problemlösungsstrategie finden und selbstständig ausführen	Sachverhalte fachsprachlich und strukturiert darstellen	Herstellen von Zusammenhängen: Struktur und Funktion als Angepasstheit von Lebewesen erkennen
III Maximalstandard	Erweiterte Erkenntnis: Wie II; zusätzlich: Es gibt verschiedene Anordnungen der Leitbündel; der Druck wird durch Kapillarwirkung verstärkt	Unter verschiedenen Problemlösungsstrategien auswählen und nach Abwägung die geeignetste selbstständig und sicher ausführen	Darstellungsformen sach- und adressatengerecht auswählen, anwenden und reflektieren	Wie II, zusätzlich: Wiedererkennen des Prinzips der Angepasstheit an weiteren Kontexten

Abb. 67 Kompetenzmatrix zur Thematik „Wassertransport in Landpflanzen"

Möglich ist weiterhin die Formulierung von *überfachlichen Teilkompetenzen,* z. B. im sozialen Bereich: Schüler/innen
I) beteiligen sich nach Aufforderung an Problem- und Aufgabenlösungen
II) übernehmen selbstständig die Bearbeitung von Aufgaben und Problemen
III) bringen eigene Beiträge zur Bearbeitung von Aufgaben und Problemen und stimmen sie mit den anderen Beiträgen ab.

9.2.3 Reflexion des Fachwissens

Fachliche Überlegungen

Überlegungen zu den fachlichen Inhalten werden auch häufig mit „Sachanalyse" bezeichnet. Dieser Begriff verführt aber leicht dazu, nur die Sache in den Blick zu nehmen und sie, in reduzierter Form, auf den Unterricht abzubilden. Die fachlichen Überlegungen sollten aber *zielgruppenbezogen* erfolgen, d.h. die fachlichen Inhalte werden in Beziehung zu den Lernenden gesetzt. Dies ist eine wesentliche Voraussetzung für die didaktische Rekonstruktion, die ja das Ziel hat, Schüler/innen von ihren subjektiven Vorstellungen zu wissenschaftlich anerkannten Konzepten zu führen (vgl. Kap 4.6).

Die fachlichen Überlegungen haben mehrere Funktionen. Sie verschaffen einen fachkundigen Überblick über die Thematik, um konkrete Lerninhalte gezielt auswählen und erweiterte Fragestellungen beantworten zu können. Sie gewährleisten Sachrichtigkeit und vermeiden falsche Aussagen sowie ungerechtfertigte Verallgemeinerungen und Vereinfachungen. Sie erhellen die fachliche Struktur der Thematik, d.h. sie klären die fachlichen Sachzusammenhänge, bestimmen die erforderlichen Fachbegriffe, arbeiten das Basiswissen (vgl. Kap. 4.7) heraus. Wie bereits angemerkt, geht es nicht nur darum, mithilfe von geeigneten Quellen einen komprimierten Auszug an Sachinformationen zu fertigen. Sinn der fachlichen Überlegungen ist eine Verzahnung der Reflexion von Sache und Didaktik. Beispielsweise sind mit dem Bezug zu den Lernenden bei der Auswahl der Inhalte bereits implizit Entscheidungen über die didaktische Reduktion enthalten; Umfang und Anspruchsniveau der Thematik hängen sowohl vom Leistungsniveau und Interesse der Schüler/innen als auch von ihrer didaktischen Bedeutung ab.

Zur fachlichen Information sollten grundlegende Fachbücher oder Fachzeitschriften herangezogen werden. Ungeeignet ist das Schulbuch der jeweiligen Lerngruppe, da es zu stark didaktisch reduziert ist und die Auswahl der Lerninhalte bereits vorweggenommen wurde.

Didaktische Überlegungen: didaktische Bedeutung und didaktische Reduktion

Die hier vorgestellten Überlegungen enthalten Elemente der „didaktischen Analyse" nach Klafki (1964a), sind aber nicht deckungsgleich, zum Teil werden sie anders angeordnet oder ergänzt. Beispielsweise verwendet Klafki nicht den Begriff der „didaktischen Reduktion" und ordnet auch die fachlichen Überlegungen der didaktischen Analyse zu.

a) Didaktische Bedeutung des Themas

Hier gilt die erste Frage der *exemplarischen Bedeutung*. Exemplarische Inhalte weisen über sich hinaus, stehen für ein „größeres Ganzes". Die Charakteristika der exemplarischen Stoffauswahl und der exemplarischen Vorgehensweise sind in Kap. 3.4 ausgeführt.

Zur didaktischen Bedeutung gehört weiterhin die *Gegenwarts- und die Zukunftsbedeutung* des Themas. Inhalte sind besonders wertvoll, wenn der bzw. die Lernende einen Bezug „hier und jetzt" hat bzw. einen solchen Bezug herstellen kann. Andererseits sollen die Schüler/innen aber auch durch die Vermittlung zukunftsfähiger Lerninhalte und zukunftsfähiger Kompetenzen auf eine nahe oder fernere Zukunft vorbereitet werden.

b) Didaktische Reduktion (Didaktische Vereinfachung)[72]

Der Sachverhalt kann durch sektorale oder strukturelle Reduktion vereinfacht werden. In der Praxis gehen oft beide Formen ineinander über. Meist wird ein sektoral reduziertes Stoffgebiet strukturell weiter vereinfacht.
Bei der *sektoralen Reduktion* wird der Lernstoff auf einen Ausschnitt (Sektor) des Wissensgebietes begrenzt. Diese Art der Reduktion lässt sich sowohl auf große Stoffgebiete (z. B. beim Thema „Blut" vorrangig zelluläre Bestandteile) als auch auf Einzelaspekte („Nahrungskette" statt „Nahrungsnetz") anwenden.
Bei der *strukturellen Reduktion* werden Kompliziertheit und Umfang eines Sachverhalts reduziert, nicht aber die inhaltliche Kernaussage. Die Vereinfachung kann sich auf inhaltliche Aussagen, auf fachgemäße Arbeitsweisen und auf die sprachliche Darstellung erstrecken. Trotz des Bemühens um Verständlichkeit muss die sachliche Richtigkeit gewährleistet sein.

Die *inhaltliche Vereinfachung* kann durch Weglassen wissenschaftlicher Einzeldaten erfolgen, z. B. durch das Vereinfachen der komplizierten Fotosynthesevorgänge mit Licht- und Dunkelreaktionen für verschiedene Schulstufen bis hin zur Wortgleichung (statt chemischer Reaktionsgleichung, vgl. Kapitel 10.2.3 bzw. Abb. 68) oder zur Black-Box-Darstellung (vgl. Abschnitt 7.4.2, Abb. 53). Nützlich sind auch Schemata, z. B. Baupläne, Organsysteme, Zellen (vgl. Abb. 69), da sich der Grad der Detaillierung gut an das gewünschte Anforderungsniveau anpassen lässt. Es handelt sich dabei um *Vereinfachung in der optischen Darstellung*. Für die didaktische Reduktion prädestiniert sind die Modelle, da sie als „vereinfachende Repräsentanten (Abbilder) von realen Objekten oder Systemen" definiert werden (vgl. Kap. 7.4). Zur Vereinfachung abstrakter Sachverhalte eignen sich vor allem Denkmodelle.

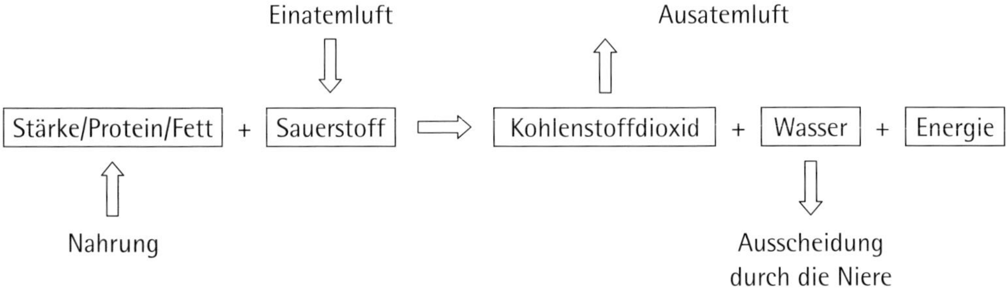

Abb. 68: Beispiel für eine Wortgleichung zur Dissimilation

Die *Vereinfachung fachgemäßer Arbeitsweisen* kann beispielsweise durch Beschränkung auf deutlich erkennbare, prägnante Objekte und Vorgänge und durch gezielte Beobachtungsaufträge erfolgen. Beim Untersuchen und Experimentieren werden leicht verständliche Vorgänge bevorzugt, der technische Aufwand begrenzt und der Versuchsablauf vereinfacht. Anstatt quantitativer Experimente haben qualitative Experimente Vorrang (vgl. Kap. 6.3.3).

72 Vgl. Kath & Kahlke 1985, Killermann & Stöhr 1980, Weber 1976

Bei der *sprachlichen Darstellung* biologischer Sachverhalte besteht eine Schwierigkeit darin, dass die biologischen Fachbegriffe den Lernenden meist fremd und unverständlich erscheinen. Eine *naturwissenschaftliche Fachsprache* hat aber nur dann einen wissenschaftlichen Nutzen, wenn sie bestimmte Merkmale aufweist. Hierzu zählen Eindeutigkeit, Intersubjektivität (Unabhängigkeit von persönlichen Einstellungen) und Situationsunabhängigkeit (Anwendbarkeit in allen möglichen Situationen).[73] Fachbegriffe, die diese Eigenschaften aufweisen, basieren häufig auf griechischen oder lateinischen Wortwurzeln. Ersetzt man nun die vermeintlich schwierigen Fachausdrücke durch Begriffe aus der Alltagssprache, so wird in vielen Fällen die Sprache nicht immer einfacher. Zum einen sind in der Alltagssprache die Wörter meist mehrdeutig und nur aus dem Kontext heraus exakt verständlich, zum anderen gibt es in der Alltagssprache oft keine Bezeichnung für ein bestimmtes naturwissenschaftliches Phänomen (z.B. Fotosynthese). Im Biologieunterricht kommt man also an einer fachbezogenen Ausdrucksweise nicht vorbei, sollte aber alle Möglichkeiten der Vereinfachung ausschöpfen: Anstelle mancher Fremdwörter können, sofern es sie gibt, deutsche Fachbegriffe Verwendung finden, z.B. Netzauge, Fäulnispflanzen, Pilzfäden. Erst in höheren Jahrgangsstufen sollte man dann zu den biologischen Fachausdrücken Facettenauge, Saprophyten, Pilzhyphen übergehen. Ist man gezwungen, ein Fremdwort zu benutzen, sollte die Wortbedeutung anhand der Wortwurzeln erklärt werden, sofern dies das Verständnis unterstützt.

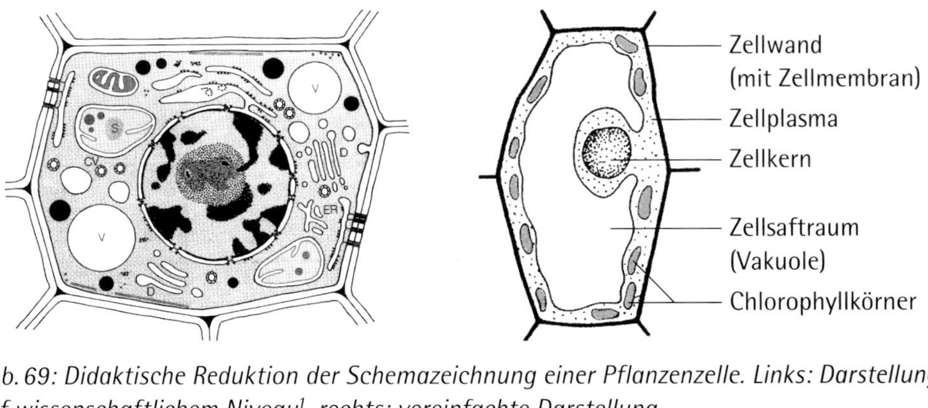

Abb. 69: Didaktische Reduktion der Schemazeichnung einer Pflanzenzelle. Links: Darstellung auf wissenschaftlichem Niveau[1], rechts: vereinfachte Darstellung

Beispiele:
Fotosynthese: griech. phos = Licht, synthesis = Zusammenstellung
Chromosom: griech. chroma = Farbe, soma = Körper
Mutation: lat. mutatio = Veränderung

Alle Fachbegriffe, ob Fremdwort oder deutsche Bezeichnung, sollten nach Möglichkeit bildhaft veranschaulicht werden.

73 vgl. Eschenhagen, Kattmann & Rodi 2003 und 2008
74 aus: Strasburger 2002

9.2.4 Lernarrangement

Hierbei geht es um die Frage, wie und womit sich nun die zielgruppenbezogenen Ziele und Inhalte unterrichtlich umsetzen lassen. Häufig wird hierzu der Begriff „Methode" verwendet. Lernarrangement meint aber mehr. Im Sinne von „Gestalten" sollen alle für den Lernprozess relevanten Lerngegenstände aufeinander abgestimmt werden, vor allem die beteiligten Personen (Lehrkraft / Lernende) und die Unterrichtsverfahren. Kennzeichen eines Arrangements ist außerdem ein gewisses Maß an Flexibilität, um angemessen auf die vielen Unwägbarkeiten im Lernprozess reagieren zu können. Elemente des Lernarrangements sind z. B.:

- *Lernorte* (innerhalb oder außerhalb der Schule; sie sind in Kap. 5 ausführlich dargestellt)
- *Unterrichts- und Sozialformen* (lehrerzentrierte oder schülerzentrierte Formen; sie sind in Kap. 8 eingehend charakterisiert)
- *Arbeitsweisen* (Die fachgemäßen biologischen Arbeitsweisen sind in Kap. 6 ausgeführt.)
- *Arbeitsmittel* (Die didaktischen Charakteristika sind in Kapitel 7 ausführlich dargestellt.)
- Möglichkeiten der *Motivation* der Lernenden (s. Kap. 4.4)
- Maßnahmen der *Individualisierung und Differenzierung*
  Bei der sog. *inneren Differenzierung* wird die Klasse in zwei bis drei Teilgruppen unterteilt, um den Lernprozess auf Unterschiede hinsichtlich Begabung, Interesse, kognitive Leistungsfähigkeit, Beherrschung von Arbeitsweisen und Arbeitstechniken, Lern- und Arbeitstempo, Sozialverhalten usw. abstimmen zu können.
- Formen der *Sicherung* der Lernergebnisse (s. Kap. 9.3.1)
- Möglichkeiten der *Lernerfolgskontrolle* (s. Kap. 9.3.1)

Kompetenzorientierte Aufgaben

Der kompetenzorientierte Unterricht erfordert eine anspruchsvolle Aufgabenkultur. Man benötigt sowohl Lernaufgaben als auch Leistungsaufgaben. *Lernaufgaben* sind ein zentrales Lernmittel bei Erwerb und Weiterentwicklung von Kompetenzen. Die Aufgaben sollen eigenständiges, entdeckendes und forschendes Lernen ermöglichen, wobei auch Fehler im Lernprozess zugelassen sind und eigene Lösungswege beschritten werden können.

Einige Kennzeichen guter Lernaufgaben:

- Sie fordern zur aktiven Auseinandersetzung auf.
- Sie sind sowohl inhalts-, als auch prozessbezogen.
- Sie sind individualisierend durch unterschiedliche Anspruchsniveaus und ermöglichen Erfolgserlebnisse.
- Sie knüpfen an Vorwissen an und bauen das zu erwerbende Wissen kumulativ (vernetzt) auf und sind in sinnhafte Kontexte eingebunden.
- Sie enthalten offene Fragestellungen, welche den Schülern Gelegenheit zur Entwicklung eigener Hypothesen und Lösungswege geben.

Leistungsaufgaben dienen der Kompetenzstandsermittlung und sind ein unverzichtbares Hilfsmittel zur Lernstandsdiagnose.

9.3 Planung von Unterrichtsstunden

9.3.1 Aufbau (Artikulation) einer Unterrichtsstunde[75]

Vorbemerkung

Keine Unterrichtsstunde gleicht der anderen. Der Aufbau einer Stunde, die sog. Artikulation des Unterrichts, soll nicht dem Zufall oder der spontanen Intuition der Lehrkraft überlassen bleiben. Für einen erfolgreichen Unterricht ist eine wohlüberlegte Abfolge methodischer Schritte erforderlich.

Das ist keine neue Erkenntnis. Seit Herbart (1776–1841) und seiner Schule wurden zahlreiche Vorschläge für einen sinnvollen Stundenaufbau gemacht. Herbart entwickelte vier methodische Schritte zum Erkenntniserwerb, die sog. Formalstufen, die unabhängig vom Lehrgut für alle Fächer gelten sollten und großen Einfluss auf die Unterrichtsmethode ausübten.[76] Dieser erkenntnistheoretisch orientierten Formalstufentheorie stellte Roth 1970 sein lernpsychologisch begründetes Stufenmodell gegenüber (Roth 1973). Es unterscheidet drei unterschiedliche Lernarten[77] und sechs Stadien des Lernprozesses[78]. In der aktuellen Unterrichtspraxis wird häufig ein Artikulationsschema verwendet, das auf dem Konzept von Tausch & Tausch (1973) beruht. Es ist speziell auf eine Unterrichtsstunde von 45 Minuten zugeschnitten und unterteilt sie in fünf Phasen: (1) den Unterrichtsbeginn, (2) das Stadium intuitiver altersgemäßer Problemlösung, (3) die fachgerechte Untersuchung und Erarbeitung, (4) die fachliche Abstraktion, Ordnung und Zusammenfassung und (5) ein Endabschnitt, in dem gewonnene Einsichten und Erkenntnisse verwertet werden. Ein für alle Fächer gültiges formales Schema ist schon wegen der unterschiedlichen Sachstruktur der Gegenstände nicht möglich. Es können aber grundlegende Gliederungselemente des Unterrichtsablaufes aufgezeigt werden, die zumindest für ein einzelnes Fach oder für eine Gruppe nahe verwandter Fächer im Großen und Ganzen Gültigkeit besitzen. Man bezeichnet einen solchen Aufbau des Unterrichts in Unterrichtsphasen oder -stufen, die einen gegliederten Ablauf von Lernprozessen garantieren sollen, auch als *Artikulation*, ein entsprechendes Stundenschema als *Artikulationsmodell* oder Stufenmodell.

Ein Schema für den Stundenablauf in einem Unterrichtsfach darf keinesfalls als starres methodisches Gerüst verstanden werden. Infolge der unterschiedlichen sachlichen, didaktischen und lernpsychologischen Voraussetzungen, können einzelne Unterrichtsstufen verkürzt oder ausgeweitet auftreten oder ganz entfallen.

75 Literatur z. B. Heimann, Otto & Schulz 1976, Kopp 1977, Meyer 2003, Roth 1983, Stöcker 1984
76 Ursprünglich hießen die Stufen: Klarheit, Assoziation, System und Methode; vgl. Herbart 1983
77 Unbewusstes Lernen, bewusstes Lernen und angestoßenes Lernen; vgl. Roth 1978
78 Stufe der Motivation – Stufe der Schwierigkeiten – Stufe der Lösung – Stufe des „Tuns und Ausführens" – Stufe des Behaltens und Einübens – Stufe des Bereitstellens, der Übertragung und der Integration des Gelernten; vgl. Roth 1983

Eine Biologiestunde, die neue Sachverhalte erarbeitet, wird anders verlaufen als eine Übungsstunde. Oft sind die einzelnen Phasen auf mehr als eine Unterrichtsstunde verteilt, beispielsweise wenn Langzeitbeobachtungen oder -experimente oder ein Unterrichtsgang eingebaut sind.
Eine gute Unterrichtsplanung legt zwar eine bestimmte Vorgehensweise fest, ist aber flexibel genug, um auf Abweichungen angemessen reagieren zu können. Zu vermeiden ist auf jeden Fall ein zum Ritual erstarrter Unterrichtsablauf, da er unterrichtliche Prinzipien wie Schülerorientierung und Motivierung ad absurdum führt. Unter Bezug auf die oben genannten Einschränkungen soll im Folgenden ein Artikulationsmodell vorgestellt werden (s. Abb. 70), das in Anlehnung an das Konzept von Tausch & Tausch für den Biologieunterricht modifiziert wurde und auf dem problemlösenden Lernen (vgl. Kap. 4.5) basiert.

Artikulationsstufen einer problemorientierten Unterrichtsstunde

1. Problemfindung

„Problemfindung" ist kein Synonym zu „Problemstellung". Problemfindung meint, dass die Schüler/innen das Problem *selbst* entdecken und nicht vorgegeben bekommen. Oft sind dazu unterstützende Hilfen der Lehrkraft erforderlich, eine *„Hinführung"* zum Problem, die darauf abzielt, Interesse und Neugierde für den Unterrichtsgegenstand zu wecken, sachbezogene Motivation zu ermöglichen und die Fragehaltung zu aktivieren. Die Hilfen sollen aber nicht so heftig werden, dass es letztlich doch einer Problem*stellung* gleichkommt.
Ist das Problem gefunden, sollte es unter aktiver Beteiligung der Schüler/innen sprachlich fixiert und der gesamten Klasse, z. B. durch Tafelanschrift, bekannt gemacht werden. Die Formulierung in Form einer Problemfrage (z. B. „Wie kommt das Wasser in die Blätter?") unterstützt das problemorientierte Denken besser als allgemeine Zielangaben (z. B. „Wir untersuchen die Wasserleitung im Stängel" oder gar „Der Wasserhaushalt der Pflanzen"). Der Unterricht sollte nicht fortschreiten, bis nicht sichergestellt ist, dass alle Schüler/innen das Problem erfasst haben.

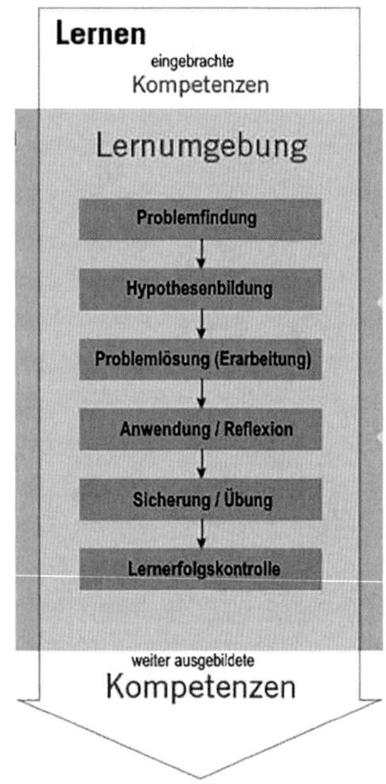

Abb. 70: Artikulationsmodell

Was die Hinführung zum Problem angeht, so gibt es in den Publikationen zur Unterrichtspraxis zahlreiche Anregungen zur Gestaltung der Einstiegs- bzw. Hinführungsphase im Fach Biologie (Berck 1992, Clausnitzer 1983, Graf 1995). Zu den bewährten Maßnahmen im Biologieunterricht zählen:

- der *stumme Impuls*, wobei die Lehrkraft z. B. ein Naturobjekt, eine Abbildung, eine Tonaufnahme (z. B. von Tierstimmen an einem Gewässer) etc. präsentiert, ohne diese erklärend zu kommentieren, sondern die Reaktion der Schüler/innen abwartet.

- die *Demonstration von Naturobjekten*, bei deren Betrachten eine Problemstellung erkennbar ist, z. B.
  - blaue und rote Blüten einer Pflanze des Lungenkrauts, Vergissmeinnichts, Veilchens, der Frühlingsplatterbse,
  - Querschnitt eines Baumstammes mit deutlich erkennbaren Jahresringen,
  - Blüten der Schlüsselblume mit langem und kurzem Griffel.
- das *einführende Experiment*, das eine Frage aufwirft, die in der anschließenden Erarbeitungsphase zu klären ist, z. B.
  - Erlöschen einer in einem Glaszylinder brennenden Kerze nach Einleitung von Atemluft,
  - Änderung der Pulsschlagfrequenz nach körperlicher Anstrengung (Kniebeugen, schneller Lauf),
  - Auftreten eines süßen Geschmacks beim Kauen von Weißbrot.
- Problemfindung durch *Provokation*: Herausforderung des Widerspruchs der Schüler/innen durch eine provozierende Darstellung, Handlung oder Behauptung, z. B.
  - Präsentation eines Frühstücks aus Schokoriegel, Kartoffelchips, Coca Cola → Gesunde Ernährung?
  - Präsentation einer Abbildung einer Wirtshausstube mit Stopfpräparaten geschützter Vögel: Auerhahn, Steinadler, Birkhahn etc. → Ein großer Tierliebhaber?
  - Präsentation einer mit einer Margeritenblüte gefälschten Löwenzahnpflanze → Eine seltene Pflanze?
- Problemfindung durch *Erzählung oder Bericht* aus Buch, Zeitschrift, Rundfunk, Fernsehen …
- Aufwerfen einer Frage durch *Demonstration von Gegensätzen*, z. B.
  - gesunder Fichtenzweig mit grünen Nadeln und 5 bis 7 Nadeljahrgängen versus kranker Zweig mit gelblichen Nadeln und 1 bis 2 Jahrgängen,
  - Löwenzahnpflanze von einem trockenen, sonnigen Standort mit kleinen, derben, flach rosettenartig angeordneten Blättern versus Pflanze von einem feuchten, schattigen Standort mit großen, zarten, strahlig aufstrebenden Blättern,
  - makellos glänzender Apfel aus einem Supermarkt versus fleckiger Apfel aus einem Bauerngarten. → Erklärung? Folgerungen?
- ein kurzer *Unterrichtsgang* ins nahe Umfeld der Schule (Schulbiotop, Park, Freiland) zum Zweck des freien Erkundens ohne Arbeitsaufträge: Schüler/innen über Beobachtungen und Eindrücke berichten lassen, die sie interessieren.

2. Hypothesenbildung (Vermutungen)

Die anschließende Hypothesenbildung[79] ist eine Schlüsselstelle im Unterrichtsverlauf, da sie das weitere Vorgehen entscheidend mitbestimmt. Die Schüler/in-

79 eine weniger akademisch anmutende Bezeichnung lautet „Schülervermutungen"

nen bringen Lösungsvorschläge zur Problemfrage auf dem aktuellen Stand ihrer individuellen Kompetenzen ein. Dieses Vorwissen hat auch *diagnostische Bedeutung*. Da es in der Regel auf den vorwissenschaftlichen Alltagsvorstellungen der Schüler/innen basiert, ist seine Kenntnis für einen erfolgreichen Konzeptwechsel (vgl. Kap. 4.6) unentbehrlich. Die Lehrkraft kann an den Vorschlägen erkennen, welche Schüler/innen sich auf den geplanten Niveaustufen der Teilkompetenzen befinden (vgl. Abb. 67) und den weiteren Unterrichtsverlauf mit den Mitteln der *inneren Differenzierung* anpassen.

3. Problemlösung (Erarbeitung)

Diese Stufe nimmt in der Regel die meiste Unterrichtszeit in Anspruch. Im Mittelpunkt steht eine Abfolge von *Lernaufgaben*, die in einen unterrichtlichen Kontext eingebunden sind, unterschiedliche Anforderungsstufen berücksichtigen und die von den Schüler/innen mittels geeigneter Arbeitsmittel und Arbeitsweisen möglichst eigenständig bearbeitet werden. Bei der Wahl der jeweiligen Sozialform ist eine gute Balance zwischen individueller Förderung (Einzelarbeit), Teamarbeit (Partner, Gruppen)] und gemeinsamem Unterricht anzustreben. Die Stufe der Problemlösung ist die entscheidende Phase im Unterricht, wodurch eine durchdachte Verknüpfung von inhaltsbezogenen und prozessbezogenen Komponenten, also von Wissen und Handeln, Kompetenzen neu erworben oder weiter ausgebaut werden können.
Als Ergebnis einer Lernaufgabe sollte ein *Lernprodukt* entstanden sein, z. B. ein Experiment, eine Skizze, eine Mindmap, ein Diagramm, eine Tabelle oder ein Ergebnistext. Lernprodukte bieten auch Gelegenheit zur Diagnose und zur Metakognition.

4. Anwendung/Reflexion

a) Anwendung/Transfer

Die Stufe der Anwendung wird auch als „Transfer" bezeichnet. „Transfer" stammt vom lateinischen Verbum „transferre" = „übertragen" ab und meint die Übertragung oder Anwendung erworbener Strukturen oder Verhaltensweisen auf neue, ähnliche Situationen. Das kann in unveränderter oder auch abgewandelter Form geschehen, und zwar jeweils entweder am gleichen Gegenstand wie in der Lernsituation oder an einem neuen Gegenstand. Gagné (1980) unterscheidet deshalb zwischen lateralem und vertikalem Transfer. Unter *lateralem Transfer* versteht er die Übertragung des Gelernten auf ähnliche Situationen des gleichen Komplexitätsniveaus, wenn beispielsweise neu gelernte Merkmale der Angepasstheit eines Lebewesens auf nicht behandelte Arten angewandt werden sollen. Beim *vertikalen Transfer* wird das Gelernte (einzelne Gesetzmäßigkeiten oder Arbeitsmethoden) zur Bewältigung höherer, komplexerer Situationen benötigt, z. B. wenn mithilfe der Kenntnis einzelner biotischer und abiotischer Ökofaktoren die grundlegenden Abhängigkeiten und Wechselwirkungen in einem Ökosystem erschlossen werden. Bedingung „für vertikalen Transfer ist das Beherrschen der untergeordneten Regeln" (Gagné 1980).

Nach Roth (1983) können übertragen werden:

- die allgemeinen Prinzipien, in die der bzw. die Lernende Einsicht gewonnen hat,
- die Arbeits- und Denkmethoden, die er / sie erlernt hat,
- die Einstellungen, die sich im Lernenden verfestigt haben.

Nicht immer einfach ist die Suche nach geeigneten *Anwendungssituationen*. Sie sollten realitätsnah sein und die Schüler / innen kognitiv aktivieren, also nicht nur den Charakter von Routineaufgaben haben. Inhalte, die in einem Lernkontext erarbeitet wurden, sollten aus dem Kontext herausgelöst (dekontextualisiert) und in einen neuen Kontext transferiert werden.

b) Reflexion / Metareflexion

Bei der Bearbeitung der Lernmaterialien und beim Erstellen des Lernproduktes werden neue Vorstellungen gebildet und neue Methoden erprobt, alte werden erweitert oder präzisiert. Die individuellen neuen Vorstellungen bzw. die methodischen Vorgehensweisen werden überprüft und mit denen anderer Schüler / innen abgeglichen und verhandelt: Die Lerngruppe verständigt sich auf gemeinsame Erkenntnisse.

Bei biologischen Themen ist oft eine Wertung erforderlich, vor allem dann, wenn bei den Kriterien zur exemplarischen Stoffauswahl der Bezug des Menschen zur Sache eine Rolle gespielt hat (vgl. Kap. 3.4.1 Exemplarische Stoffauswahl). Leitfragen für die Wertung könnten z. B. sein: Müssen alte Vorstellungen korrigiert werden? – Ergeben sich veränderte Einstellungen oder Werthaltungen? – Erfordert die neue Erkenntnis Verhaltensänderungen? Eine Wertung muss nicht in jeder einzelnen Unterrichtsstunde erfolgen, sondern kann auch am Ende einer Lernsequenz, wenn die Bedeutung einer größeren Thematik deutlich geworden ist, vorgenommen werden.

Unter *Metareflexio*n versteht man die Reflexion des Lernfortschritts. Das Wissen um die eigenen Stärken und Schwächen im Lernprozess entwickelt und stärkt das Kompetenzbewusstsein und damit das Selbstvertrauen der Schüler / innen.

5. Sicherung des Lernerfolgs

Ziel der Sicherung ist, den Kompetenzzuwachs über längere Zeit zu erhalten. Mündlich oder schriftlich prägen sich die Schüler / innen die wesentlichen Kenntnisse, Erkenntnisse sowie erworbene Fähigkeiten und Fertigkeiten ein. Es gibt verschiedene Möglichkeiten der Sicherung: Zusammenfassung der Ergebnisse, Wiederholung, Übung, Anwendung. Im Gegensatz zur Leistungskontrolle findet keine Bewertung statt.

Eine effektive Art der Sicherung besteht im *Wiederholen* und *Üben*. Die Automatisierung motorischer und psychischer Funktionen entlastet das Denken. Sie „legt die Aufmerksamkeit für umfassendere Zusammenhänge frei“, und zwar „bei der Lösung angewandter Probleme und beim Weiterschreiten zu komplexeren Operationen“ (Aebli 1985). Kompetenzorientierter Unterricht erfordert intelligent gestaltete Übungsphasen, auch mit innerer Differenzierung, die sich nicht nur auf das Fachwissen stützen.

Neuere Ergebnisse der Neurophysiologie bestätigen ebenfalls die Bedeutung des Übens: Das Gehirn reagiert auf Stimulierung durch Aktivitäten zuerst mit der Bildung eines recht aufwendigen Netzwerks. Mit zunehmender Übung konsolidieren sich die Verknüpfungen, und die Netzwerke werden kleiner, indem sie sich sparsamer verschalten. Die Netzwerke werden also optimiert, nicht zuletzt auch im Sinne des geringeren Verbrauchs von Energie.

6. Lernerfolgskontrolle

Die Lernerfolgskontrolle (Lernstandsdiagnose) kann mündlich, schriftlich durch Überprüfung praktischen Handels erfolgen. Sie findet permanent im Verlauf des Unterrichts statt, z.B. durch permanente Beobachtung des Lernverhaltens der Schüler/innen, oder wird punktuell durchgeführt, z.B. bei der mündlichen oder schriftlichen Zusammenfassung von Ergebnissen oder bei Kontroll- und Testaufgaben (Leistungsmessung/Lernstandsermittlung). Es werden auch Schülerarbeiten herangezogen, die aus der Auseinandersetzung mit einer Aufgabenstellung im Unterricht entstanden sind, z.B. in Portfolios oder Lerntagebüchern. In Fach Biologie in bestimmten Jahrgangsstufen und festgelegten Zeitabständen eine externe Überprüfung durch nationale Vergleichsarbeiten (z.B. Kermit[80]) und internationale Leistungstests (PISA, TIMSS).
Lernerfolgskontrolle soll sich nicht allein auf Fachwissen beschränken. Im Sinne des Kompetenzerwerbs gehört ein Einordnen des Gelernten in größere Zusammenhänge und ein Übertragen auf andere Erscheinungen oder Problemstellungen dazu (vgl. auch die Aufgabenbeispiele zur Überprüfung des Grundwissens in Kap. 4.8). Im Hinblick auf die Formen des Wissenserwerbs und der Wissensverarbeitung werden auch unterschiedliche Qualitäten bei Lernerfolgskontrolle und Leistungsmessung unterschieden. Sie sollen einen Maßstab abgeben, in welchem Umfang und in welcher Weise das Wissen in den Besitz und in die Verfügbarkeit des Lernenden übergegangen ist:

- *Reproduktion* meint die Wiedergabe von Sachverhalten vorwiegend aufgrund gedächtnismäßiger Verankerung.
- *Reorganisation* bedeutet die selbstständige Verarbeitung und Anordnung des Stoffes (z.B. Erklären der Unterschiede zwischen wind- und insektenblütigen Pflanzen; Erläutern des Blutkreislaufes anhand einer Schemazeichnung).
- *Transfer* verlangt die Übertragung/Anwendung bekannter Sachverhalte auf neue, ähnliche Fragestellungen (siehe oben Punkt 4a Transfer).
- *Problemlösendes Denken* erfordert die Lösung von Aufgaben mit neuartiger Struktur oder Benutzen neuer Wege zur Lösung bekannter Fragestellungen (z.B. Bedeutung des Jahresrhythmus der Herbstzeitlosen für das Überleben der Pflanze in der Wiese ableiten; ökologische Bedeutung des Revierverhaltens erschließen; ein Experiment zur Deutung eines Sachverhaltes selbst planen).

Die vier Anforderungsbereiche sind nicht eindeutig gegeneinander abgrenzbar, z.B. überschneiden sich vertikaler Transfer und problemlösendes Denken.

80 Kermit: Abkürzung für Kompetenzen ermitteln

Diagnosekompetenz der Lehrkraft

Für die Lehrkraft ist mit dem kompetenzorientierten Unterricht neben den Schlüsselkomponenten „Klassenführungskompetenz", „didaktisch-methodische Kompetenz" und „fachwissenschaftliche Kompetenz" die „d*iagnostische Kompetenz*„ in den Fokus gerückt. Bei der diagnostischen Kompetenz handelt es sich „um ein Bündel von Fähigkeiten, um den Kenntnisstand, die Lernfortschritte und die Leistungsprobleme der einzelnen Schüler sowie die Schwierigkeiten verschiedener Lernaufgaben im Unterricht fortlaufend beurteilen zu können, sodass das didaktische Handeln auf diagnostischen Einsichten aufgebaut werden kann" (WEINERT 2000). Bei der Unterrichtsvorbereitung (z. B. Reflexion der Kompetenzerwartungen in verschiedenen Anforderungsstufen), bei der permanenten Lernerfolgskontrolle während des Unterrichts und bei der Erstellung und Bewertung von Lern- und Leistungsaufgaben verlangt der kompetenzorientierte Unterricht erhebliche Diagnosefähigkeiten.

Diagnosekompetenz hat in der bisherigen Lehrerausbildung und -fortbildung aber einen eher geringen Stellenwert. Daher besteht dringender Nachholbedarf.

9.3.2 Unterrichtspraktisches Beispiel

a) Planung der Lernsequenz

Eine Lernsequenz fasst mehrere Einzelstunden zu einer Einheit zusammen und bringt damit biologische Einzelaspekte in einen sinnhaften Kontext. Für die Reihenfolge der einzelnen Teilthemen ist in der Regel die sachlogische Struktur maßgeblich. Beispielsweise kommt der Bau eines menschlichen Organs vor seiner Funktion; erst dann werden, auf dem Verständnis von Bau und Funktion aufbauend, Anwendungsaspekte der Gesundheitserziehung erarbeitet.[81] In bestimmten Fällen kann aber eine abweichende Anordnung durchaus Vorzüge besitzen. Beim nachfolgenden Beispiel „Wasserhaushalt der Pflanzen" wäre die sachlogische Abfolge 1) Wasseraufnahme, 2) Wasserleitung 3) Wasserabgabe (Transpiration). Da aber die Wasseraufnahme als Einstiegsstunde für die Schüler/innen nicht so attraktiv ist wie die beiden anderen Teilthemen (u. a. gibt es kaum einfache Versuche zur Funktion der Wurzel), wird entsprechend umgestellt.

Kurzdarstellung der Lernsequenz „Wasserhaushalt der Pflanzen" (Jg. 5–7):

1. Unterrichtsstunde (45 Minuten): Der Weg des Wassers in der Pflanze. Zu dieser Stunde wird anschließend eine genauere Verlaufsplanung vorgestellt.
2. Unterrichtsstunde (45 Minuten): Wasserabgabe durch die Blätter
   - Hinführung: Verdunstungsversuch (vgl. Kap. 10.2.3, Abb. 78)
   - Problemlösung: Nachweis des Wasserdampfes mit Kobaltpapier – Betrachten der Spaltöffnungen (Mikroskop; Dias); Versuch zur Kapillarwirkung der Leitbahnen (vgl. Abb. 73) bzw. zum Wasserpotenzialgefälle

81 Weitere Vorschläge für Lernsequenzen aus verschiedenen Themenbereichen: zu „Zellenlehre" und „Bakterien" vgl. Kap. 10.1.3; zu „Pflanzenernährung" vgl. Kap. 10.2.3

Der Weg des Wassers in der Pflanze

Zeit	*Artikulationsstufe*	Methode *Sozialform*	*fachgemäße Arbeitsweise, Arbeitsmittel*	Lerninhalte
	HINFÜHRUNG	KG	Einführendes Experiment	Weißblühende Pflanzen werden 1–2 Stunden vor Unterrichtsbeginn in ein kleines Gefäß mit Farblösung (Methylenblau oder Tinte) gestellt. Die Blütenblätter färben sich blau.
	PROBLEM-FINDUNG	KG	Tafel	<u>Wie gelangt die Farbe in die Blütenblätter?</u>
	Schülervermutungen	KG	Tafel	z.B. ... Die Pflanze saugt die Farblösung an; der Stängel ist hohl; Vorschläge zur Problemlösung
	PROBLEMLÖSUNG (Erarbeitung)			
	1. Lernaufgabe			***1. Welchen Weg nimmt die Farblösung?***
		GA	Experiment	Anleitung Potometer-Versuch, Teil 1 (s. Abb. 72)
	Erkenntnis	GA	Versuchsprotokoll der Gruppe	Auswertung der Protokolle
	Teilsicherung		Tafel	Die Flüssigkeit wird durch den Stängel zu den Blättern gesaugt.
	2. Lernaufgabe	PA	Untersuchung	***2. Wie sieht das Innere des Stängels aus?*** a) Anleitung Potometer-Versuch, Teil 2 (s. Abb. 72)
			Lupe oder Stereomikroskop	b) Anfertigen eines Stängelquerschnitts (mit Hilfe der Lehrkraft oder geschickter Schüler/innen); c) Zeichnen der mit Lupe oder Stereomikroskop zu erkennenden Grobstrukturen
	Erkenntnis	KG	Zeichnungen der Schüler	Auswertung der Zeichnungen; Anfertigen einer Tafelskizze unter Beteiligung der Schüler
	Teilsicherung	KG	Tafel	Der Stängel enthält spezielle Leitungsbahnen.
	TRANSFER	EA	Bilder	a) zurück zum Ausgangsproblem: Beantworten der Problemfrage b) Erkennen von Leitbündeln auf Bildern c) Wiedererkennen der Angepasstheit durch Vergleich/Rückgriff auf frühere Lerneinheiten Eintrag im persönlichen Lerntagebuch. Erfolg/Schwierigkeit bei Erkenntnis, Versuchsdurchführung, Teamarbeit ...
	schriftliche FIXIERUNG	EA	Schülerheft/ Arbeitsblatt	Übertragen des Tafelinhalts; Formulieren von Merksätzen
	LERNERFOLGS-KONTROLLE	KG	schriftliche Hausaufgabe	Richtig-/Falsch-Aussagen bearbeiten; kurze Sachniederschrift als Gesamtzusammenfassung

Abkürzungen zu den Sozialformen:
KG = Klassengespräch; EA = Einzelarbeit; PA = Partnerarbeit; GA = Gruppenarbeit

Anmerkung:
Die Problemlösung erfolgt differenziert nach 3 Leistungsgruppen. Schwächere Gruppen erhalten Hilfestellung beim Experimentieren und Untersuchen sowie bei der Formulierung der Erkenntnis (z. B. mittels Leitfragen).

Abb. 71: Beispiel für eine Verlaufsplanung

3. Unterrichtsstunde: Wasseraufnahme durch die Wurzel; Zusammenfassung der Teilthemen
   - Hinführung: Wurzelfilz von Kressepflänzchen
   - Problemlösung: Betrachten des Aufbaus einer Wurzel (u. a. der Wurzelhaare) mit Lupe / Mikroskop; zusammenfassende Übersicht des Wegs des Wassers in der Pflanze (s. Tafelbild in Abb. 74)

b) Verlaufsplanung einer Unterrichtsstunde (siehe Abb. 71)

Die Darstellung des Unterrichtsverlaufs erfolgt in Tabellenform. Sie ist damit übersichtlich und Platz sparend. Mit einem geeigneten Raster lassen sich bei den Artikulationsstufen auch die Arbeitsweisen, Arbeitsmittel und Sozialformen unterbringen.

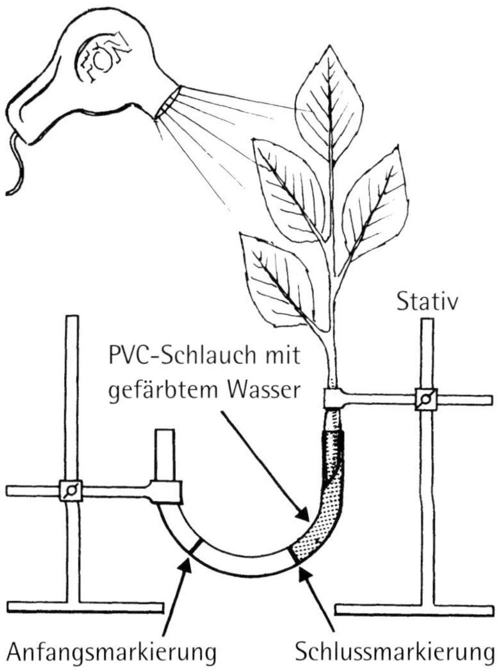

Abb. 72: Potometer-Versuch:
1) Schneide unmittelbar vor Versuchsbeginn einen Zweig unter Wasser schräg an und passe das Ende luftdicht (!) in den Schlauch ein. Fülle gefärbtes Wasser (z. B. mit Methylenblau) luftblasenfrei ein. Markiere den Anfang der Wassersäule. Stelle den Zweig 10 Min. in die Sonne. Beföhnen erhöht die Transpirationsrate. Markiere dann den neuen Wasserstand.
2) Schäle die Rinde vorsichtig ab (die blau gefärbten Leitbahnen werden sichtbar; ein Querschnitt zeigt die Anordnung der Leitgefäße.)

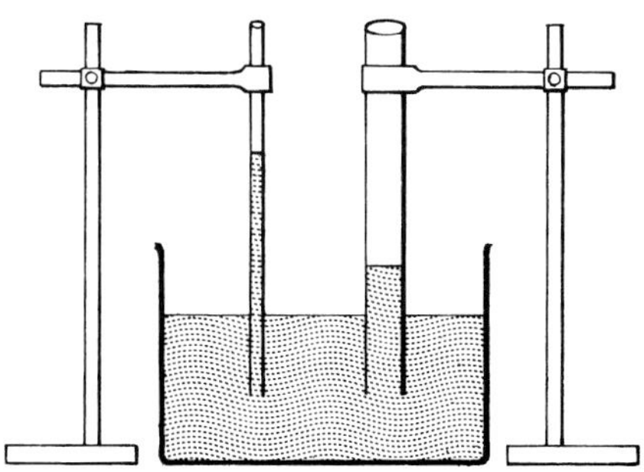

Abb. 73: Versuch zur Kapillarwirkung der Leitbahnen: Glasrohre mit unterschiedlichem Durchmesser in gefärbtes Wasser stellen. Bei sehr dünnen Röhrchen steigt die Wassersäule deutlich über den Wasserspiegel.

Der Weg des Wassers in der Pflanze

1. Blätter verdunsten das Wasser (= Transpiration), z. B. 1 Sonnenblume 1 l/Tag
1 Birke 100 l/Tag
Wasserabgabe durch kleine Poren auf der Blattunterseite (die Spaltöffnungen)

2. Wurzeln nehmen das Wasser auf, vor allem die feinen Wurzelhaare oder Saugwurzeln

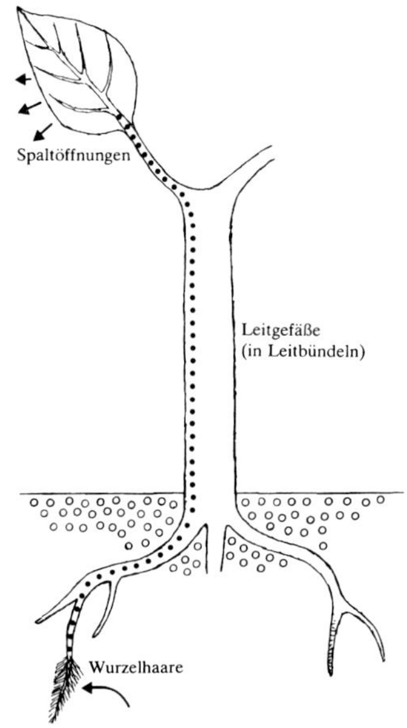

3. Wasser steigt in Leitgefäßen nach oben; es wird durch die Verdunstung in den Blättern hochgesogen; der Wurzeldruck hilft, bes. im Frühjahr, mit.

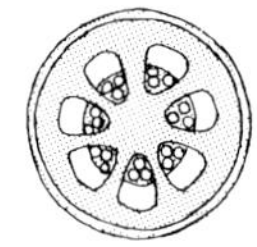

Stängelquerschnitt mit Leitbündeln

Abb. 74: Gemeinsames Tafelbild und Hefteintrag zur Lernsequenz „Wasserhaushalt der Pflanzen"

10 Zeitgemäße Inhalte und Themenkreise des Biologieunterrichts

Im Folgenden werden einige wichtige Themenkreise des Biologieunterrichtes vorgestellt. Die einzelnen Kapitel enthalten zunächst eine knappe Fachinformation als Grundlage für die weiteren Überlegungen. Dann folgt eine Erörterung der didaktischen Bedeutung der jeweiligen Thematik; es geht um die Frage, welchen Beitrag zum Erreichen der Ziele des Biologieunterrichtes gerade diese Inhalte leisten können, warum sie wichtig sind. Schließlich werden einige Hinweise zum Unterricht gegeben, z. B. Schwerpunkte des Lehrstoffes in einzelnen Schulstufen, Vorschläge zur praktischen Umsetzung usw.
Nicht jeder Themenkreis kann in gleicher Ausführlichkeit behandelt werden. Einigen besonders aktuellen Inhalten, wie Ökologie und Umweltbildung, Arten- und Formenkenntnisse, Genetik, Gentechnik und ethische Fragen, Humanbiologie, Gesundheits- und Sexualerziehung, wird etwas mehr Raum gegeben. Andere, ebenfalls bedeutsame Themen, erfahren (im Hinblick auf den begrenzten Umfang dieser Didaktik) eine kürzer gefasste Darstellung.

10.1 Zellen – Bau und Funktion[82]

10.1.1 Grundlegende Sachverhalte

Alle Lebewesen bestehen aus Zellen. Zellen sind die elementaren Struktur- und Funktionseinheiten, also die Grundbausteine lebender Systeme. In ihnen laufen die für alle Organismen charakteristischen Lebenserscheinungen ab. Zellen entstehen nur aus Zellen.
Die Größe der Zellen schwankt im Allgemeinen zwischen 1 / 100 und 1 / 10 mm; Zellen der Bakterien sind kleiner, etwa 1 / 1000 mm groß. Extrem große Zellen sind Fasern heimischer Brennnesselgewächse mit einer Länge von 5–7,5 cm oder auch tierische Eizellen, z. B. bei Vögeln, deren Eidotter einer einzigen Zelle entspricht (Straußenei 10 cm Durchmesser); Nervenzellen mit Axon können bis über 1 m lang werden.
Die Erforschung der Zellen ist wegen ihrer geringen Größe mit der Entwicklung optischer und anderer Hilfsmittel eng verbunden. Grundstrukturen und größere Bauelemente lassen sich mit dem Lichtmikroskop erkennen. Kleinste Bestandteile und Strukturen wurden erst mithilfe des Elektronenmikroskops entdeckt. Neben die mikroskopischen treten heute auch chemische und physikalische Methoden zur Erforschung der Zellen, z. B. Untersuchen mit radioaktiven Substanzen (Tracern), Ultrazentrifugieren (zum Isolieren kleinster Partikel), Verwenden chromatografischer Verfahren. Die Anlage von Zellkulturen in Nährmedien erleichtert viele

82 Literatur z. B. Linder 2010, Lüttge, Kluge & Bauer 2002, Masuch 1993, Plattner & Hentschel 2002

Untersuchungen und ist von besonderer Bedeutung für pharmazeutisch-medizinische Zwecke, zumal auf diesem Wege auch Tierversuche eingeschränkt werden können.
Ein historischer Überblick über Entdeckung und Erforschung der Zellen einschließlich der Einzeller mit den Bakterien ist ein dankbares Thema für den Biologieunterricht und dazu geeignet, Interesse zu fördern, aber auch Achtung vor den Leistungen der Forscher sowie Verständnis für Wege und Irrwege naturwissenschaftlicher Entdeckungen zu wecken.
Man unterscheidet zwei Grundtypen von Zellen, nämlich *Protocyte und Eucyte.* Die Zellen der Bakterien und der Cyanobakterien (= Blaualgen) sowie der erdgeschichtlich sehr alten Gruppe der Archäbakterien sind kleiner und einfacher gebaut als die Zellen aller übrigen Organismen. Sie besitzen insbesondere keinen echten, von einer Membran umgebenen Zellkern (Nukleus), sondern nur vielfach gewundene DNA-haltige Fäden (= Kernäquivalent oder Nukleoid) ohne Membran. Man nennt diesen Zelltyp Protocyte und bezeichnet die Lebewesen mit solch einfachen Zellen als Prokaryoten. Alle anderen Lebewesen, also Einzeller, Pflanzen und Tiere, haben einen komplexer gebauten Zelltyp, die Eucyte (mit Zellkern und zahlreichen verschiedenartigen Organellen), sie werden als Eukaryoten zusammengefasst.
Die Zellen der Eukaryoten können sehr unterschiedlich gestaltet sein, sie haben aber bestimmte Strukturen und Funktionen gemeinsam. Wichtige Bestandteile sind das Zytoplasma (Zellplasma) und der Zellkern. Der Zellkern enthält mit den Chromosomen bzw. deren DNA die Träger der genetischen Information. Von ihm gehen Signale aus, die das Geschehen in der Zelle steuern. Eine selektiv durchlässige Membran umschließt das Zellplasma. Bei pflanzlichen Zellen kommt eine deutlich erkennbare Zellwand hinzu. Als weitere Organellen treten bei pflanzlichen Zellen Plastiden auf. Durch Chlorophyll grün gefärbte Plastiden, die Chloroplasten oder Blattgrünkörner, dienen der Fotosynthese. In den Mitochondrien, das sind stäbchenförmige Gebilde in tierischen und pflanzlichen Zellen, laufen Energie liefernde Vorgänge ab („Zellatmung"). Zellkern, Plastiden und Mitochondrien sind von Doppelmembranen umhüllt. Ausgewachsene Pflanzenzellen haben große, flüssigkeitsgefüllte Hohlräume, die häufig zu einer zentralen Vakuole zusammenlaufen. Ihr Inhalt besteht aus einer wässrigen Lösung mit Reservestoffen und Stoffwechselschlacken.
Im Elektronenmikroskop werden weitere Zellstrukturen und Partikel sichtbar, z. B.: Dictyosomen. Sie haben Sekretfunktion und werden in ihrer Gesamtheit Golgi-Körper genannt; Lysosomen enthalten Enzyme, die Stoffe abbauen; beide genannten Organellen verfügen über einfache Membranen; Ribosomen, zahlreiche kleine Körnchen ohne Membran, sind für die Proteinsynthese zuständig; das endoplasmatische Reticulum ist ein Membransystem, das Kanäle bildet und der Abgrenzung von Zellräumen sowie dem Stofftransport dient. Neben den genannten kommen noch weitere Zelleinschlüsse und Strukturen vor (siehe Abschnitt 6.2.3, Abb. 40–43 und Abschnitt 10.1.3, Abb. 75).
Die Zelle ist also ein hochkompliziertes System, das durch Membranen in zahlreiche Reaktionsräume untergliedert ist, in denen enzymgesteuert verschiedenste

Stoffwechselprozesse, ja alle Lebenserscheinungen, ablaufen. Die Leistungen der Lebewesen beruhen auf den Funktionen ihrer Zellen und auf deren Zusammenwirken. Gleichartige Zellen sind im Organismus zu Geweben zusammengeschlossen, die dann ihrerseits Organe aufbauen.
In *einzelligen Lebewesen* stellt eine einzelne Zelle einen selbstständigen Organismus dar. Diese Zelle vermag alle Funktionen zu erfüllen, die bei vielzelligen Lebewesen auf verschieden gestaltete Zellen oder Zellkomplexe verteilt sind. Einzeller haben große Bedeutung für den Haushalt der Natur; insbesondere verdienen Prokaryoten, also Bakterien, als Destruenten im Stoffkreislauf und als Krankheitserreger besondere Beachtung.

10.1.2 Didaktische Bedeutung

- Seit ihrer Entdeckung durch ROBERT HOOKE (1667) hat die Beschäftigung mit Zellen zunehmend an wissenschaftlicher Bedeutung gewonnen; die SCHLEIDEN/SCHWANNSCHE-Zelltheorie (1838/39: „Alle Tiere und Pflanzen sind aus Zellen aufgebaut.") ist eine der grundlegenden Aussagen der Biologie. Moderne Forschung in wichtigen biologischen Teilbereichen, wie Physiologie, Entwicklungsbiologie, Neurobiologie, Genetik usw., setzt sich mit dem Geschehen in Zellen auseinander.
- Diese große fachliche Bedeutung der Zellbiologie muss auch der Biologieunterricht berücksichtigen. Der Aufbau der Lebewesen aus Zellen sowie deren wichtigste Funktionen zählen zu den elementaren Einsichten der Biologie, die den Schülerinnen und Schülern auf jeden Fall vermittelt werden sollen. Kenntnisse über Zellen sind zudem Voraussetzung für das Verständnis vieler anderer biologischer Vorgänge und Erscheinungen, zum Beispiel Wachstum, Stoffwechsel, Fortpflanzung, Weitergabe genetischer Information usw.; sie zählen zum unentbehrlichen Basiswissen im Schulfach Biologie (vgl. Kap. 4.7).
- Kenntnisse über Zellen ermöglichen eine Verknüpfung mit lebensweltlichen Fragen, etwa Produktion und Speicherung von Kohlenhydraten (Stärkekörner) in Zellen und menschliche Ernährung, Aufbrechen pflanzlicher Zellwände beim Zubereiten von Nahrungsmitteln (z.B. Kochen), Entwicklung menschlichen Lebens, Immunsystem des Menschen usw. Die Beschäftigung mit moderner Gentechnik setzt Kenntnisse über Informationsspeicherung und -weitergabe in Zellen voraus. Ethische Fragen schließen sich an (vgl. Kap. 10.7).
- Grundlegendes Wissen über einzellige Organismen, insbesondere über Bakterien, ist Voraussetzung für das Verständnis weiterer lebensnaher Fragen, etwa Infektionskrankheiten und Gesundheitsvorsorge, Herstellen mancher Nahrungsmittel (z.B. Milchprodukte), Erzeugung von Silofutter, Bedeutung der Bakterien in Stoffkreisläufen etc.
- Diese Einbettung fachlicher Gegebenheiten in lebensnahe Kontexte kann das Interesse am Thema Zellen und insgesamt am Schulfach Biologie fördern und dazu beitragen, die Lernbereitschaft zu erhöhen und sog. träges Wissen zu vermeiden.

- Die Auseinandersetzung mit Zellen und einzelligen Lebewesen erfordert Umgang mit dem Mikroskop und damit das Praktizieren einer grundlegenden Arbeitsmethode der Biologie. Das Erfassen der zellulären Dimension durch eigenes Beobachten und Untersuchen bedeutet auch selbsttätiges Arbeiten, bedeutet handelnden Umgang mit biologischen Objekten. Ein solches Vorgehen ist stark motivierend, es fördert die Methodenkompetenz und ebenfalls das Interesse an der Biologie (vgl. KILLERMANN & RIEGER 1996).

10.1.3 Hinweise zum Unterricht

In diesen Themenkreis ist eine anschauliche Einführung mithilfe des Mikroskops erforderlich. Vorzuziehen ist das Schülermikroskop, ersatzweise kann mit der Videomikroskopie gearbeitet werden (s. Kap. 6.2 u. 7.5.3). Schon in der *Grundschule* (4. Jahrgangsstufe) lässt sich an einem einfachen Präparat, z. B. dem Häutchen einer Zwiebelschuppe oder der Oberhaut des Blattes einer Schwertlilie, der Aufbau eines Lebewesens aus lauter kleinen Bausteinen, den Zellen, veranschaulichen (Thema: „Die kleinsten Bausteine einer Pflanze"). Meist wird der Zellbegriff erst in *höheren Jahrgangsstufen* erschlossen. Zur Einführung sind pflanzliche Zellen besser geeignet als tierische, da sie infolge ihrer festen Zellwände deutlichere Konturen erkennen lassen. Bei einer entsprechenden Unterrichtseinheit sollen die Jugendlichen zunächst mit dem Schülermikroskop zum Beispiel Zellen des Zwiebelhäutchens und eines Moosblättchens sowie deren deutlich sichtbare Bestandteile kennenlernen, also Zellwand, Zellkern, Zellplasma, Chloroplasten (Blattgrünkörner), Vakuole (Zellsaftraum). Die Zellen werden beschrieben, gezeichnet und ihre Bestandteile benannt; durch selbstständiges Nachlesen oder im Unterrichtsgespräch erarbeiten die Schüler/innen deren Funktionen. Die Rolle des Zellkerns als Träger der Erbinformation wird besonders herausgestellt. Zusätzliche Präparate, die selbst erstellt werden können (z. B. Mundschleimhaut) oder als Fertigpräparate zur Verfügung stehen, dienen der Erschließung weiterer Lerninhalte, etwa Bau tierischer Zellen und Vergleich dieser mit pflanzlichen Zellen, Stoffwechselvorgänge in Zellen, Stärkeeinlagerungen (Bezug zu Ernährungsfragen).
Sollten nur wenige Mikroskope vorhanden sein, so kann Stationenarbeit das Mikroskopieren ermöglichen. Der zusätzliche Einsatz von Videomikroskopie oder Film ist zu erwägen, etwa um die Vielfalt von Zellen und Geweben zu veranschaulichen. Wichtig ist u. a. die Vermittlung der Einsicht, dass in Zellen ständig lebenswichtige Prozesse ablaufen und dass Kenntnisse über Zellen bei Problemen des täglichen Lebens Anwendung finden.

Die Unterrichtseinheit „*Einführung in die Zellenlehre*" kann inhaltlich folgendermaßen gegliedert sein (vgl. auch RIEGER 1995 u. Abschnitt 6.2.3):

1. Aufbau der pflanzlichen Zelle, mit dem Mikroskop erkennbare Bestandteile und ihre Funktion: Zellwand, Zellplasma, Zellkern, Chloroplasten, Zellsaftraum; Vorgang der Plasmolyse, evtl. auch Plasmaströmung;
   Objekte: Häutchen der Küchenzwiebel (Allium cepa); Moosblättchen (Sternmoos Mnium sp.), Drehmoos (Funaria hygrometrica) od. Blättchen der Wasserpest (Elodea canadensis).

2. Bau der tierischen bzw. menschlichen Zelle, Vergleich mit der pflanzlichen: keine feste Zellwand, nur Zellmembran, keine Chloroplasten, keine Vakuolen, bei Einzellern pulsierendes Bläschen Objekte: Epithelzellen der menschlichen Mundschleimhaut, Zellen von Rind- oder Schweineleber, Fertigpräparate tierischer Zellen oder tierischer Einzeller (Amöbe, Pantoffeltierchen).
3. In Zellen laufen Stoffwechselprozesse ab – Zellen produzieren und lagern Stoffe verschiedener Art ein:
Bedeutung für die menschliche Ernährung (Zucker, Stärke etc.), pflanzliche Zellwände und Nahrungszubereitung, tierische Zellen und Ernährung – lebenspraktische Kontexte
Objekte: Kartoffelknolle – Speichergewebe mit Stärkekörnern in den Zellen; zum Vergleich: Stärke von Mais, Weizen etc.; Nachweis der Stärke (evtl. in Chloroplasten) durch Jodreaktion; (evtl. Stängelquerschnitt der Tradescantien: Einlagerung von Oxalatkristallen = Raphiden).
4. Zelliger Aufbau aller Lebewesen, verschiedene Ausbildung der Zellen je nach Funktion, Zusammenlagerung zu Geweben und Organen, Bedeutung der Zellen;
Objekte: Präparate pflanzlicher und tierischer Zellen, z.B. Stängelquerschnitt von Hahnenfuss, Holunder, Brennnessel; Oberhaut von Iris mit Spaltöffnungen, Fertigpräparate von tierischem oder menschlichem Gewebe, weiße und rote Blutkörperchen.
5. Zellbestandteile unter dem Elektronenmikroskop und ihre Funktion (in höheren Jahrgangsstufen)
Auf diese zuletzt genannten ultramikroskopischen Strukturen und deren funktionelle Zusammenhänge kann in den Jahrgangsstufen 8–10 kurz eingegangen werden. Ein genaueres Kennenlernen einschließlich physiologischer und genetischer Betrachtungen bleibt der gymnasialen Oberstufe vorbehalten.

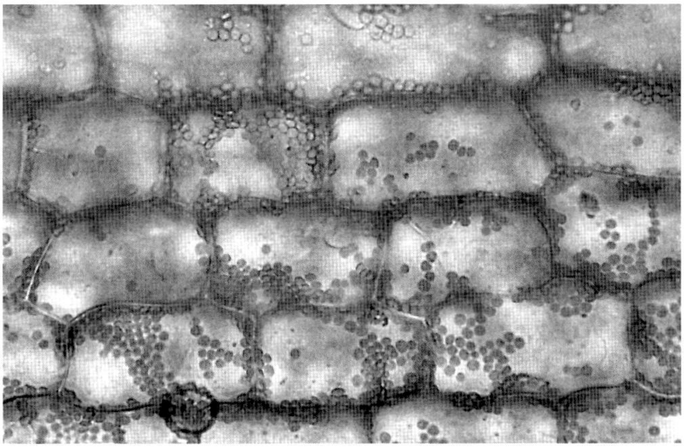

Abb. 75: Mikroskopisches Bild eines Blättchens der Wasserpest (ca. 100fache Vergrößerung). Die Chloroplasten in den Zellen sind gut zu erkennen (aus: Schulbuch Natur und Technik, Mittelschule Bayern, Jgst. 6, Berlin, Cornelsen-Verlag)

Die Vorgänge der *Zellteilung* bilden ein eigenes Kapitel. Die Erarbeitung erfolgt in Zusammenhang mit den Themen Wachstum, Entwicklung, Vererbung und moderne Gentechnik. Ein weiterer Themenbereich sind die *einzelligen Lebewesen*. Die Schüler/innen lernen zunächst tierische Einzeller im Wassertropfen mithilfe des Mikroskops kennen. Dazu setzt man zwei bis vier Wochen vor Bedarf Heuaufgüsse an (vgl. Abschnitt 6.2.3). Ein wichtiges Unterrichtsziel ist es, einen lebendigen Eindruck von der großen Vielfalt der Lebewesen im mikroskopischen Bereich zu gewinnen. Ferner sollen die Schüler/innen Bau und Lebensäußerungen eines Einzellers, wie Fortbewegung, Nahrungsaufnahme, Teilung bzw. Fortpflanzung, etwa am Beispiel des Pantoffeltierchens oder der Amöbe kennenlernen. Damit ist die Einsicht verbunden, dass Einzeller voll ausgebildete Lebewesen sind, die alle Lebensfunktionen, wie sie von den Mehrzellern bekannt sind, aufweisen. Unter den tierischen Einzellern finden sich auch weitverbreitete Krankheitserreger, nämlich Erreger der Schlafkrankheit, der Malaria, der Amöbenruhr etc. Andererseits spielen Wimpertierchen für den Verdauungsprozess im Rinderpansen oder beim Stoffabbau in Klärwerken eine Rolle. Hierzu bieten sich Fütterungsversuche und reizphysiologische Versuche von Pantoffeltierchen an. Mit diesen Beispielen ist wieder ein lebenspraktischer Kontext gegeben, der im Unterricht keinesfalls vernachlässigt werden sollte.

Schließlich beschäftigen sich die Schüler/innen auch mit pflanzlichen Einzellern. Sie werden aus Tümpelwasser, aus Aquarien oder aus den grünen Belägen feuchter Mauern und Baumstämmen besorgt. Dass die Grenzen zwischen Tier- und Pflanzenreich bei den Einzellern fließend sind, kann am Beispiel von Euglena (Augentierchen) demonstriert werden.

Als einzellige Organismen, deren Zellen sehr klein und einfach gebaut sind (Protocyten, ca. 0,001–0,005 mm groß), lernen die Schüler/innen auch die *Bakterien* kennen. Zunächst geht es um ihre Größe, ihren Bau, Vermehrung, Vorkommen und Widerstandsfähigkeit. Bakterienkolonien können in Petrischalen mit Nähragar-Platten angesetzt werden; es müssen aber auf jeden Fall nicht pathogene Stämme in Reinkultur Verwendung finden, zum Beispiel Bacillus megaterium (Riesenbazillus, s. Abb. 76). Auch beim Untersuchen des Zahnbelags lassen sich zahlreiche Bakterien feststellen. Bei diesen Mikroorganismen wird man jedoch eher auf Dauerpräparate und andere Medien zurückgreifen.

Im Vordergrund der unterrichtlichen Beschäftigung mit Bakterien steht ihre große Bedeutung für den Haushalt der Natur wie für den Menschen. Bakterien zersetzen organische Substanzen, sind deshalb unentbehrlich als Destruenten für den Kreislauf der Stoffe; sie wirken in gleicher Weise in Klärwerken. Sie zersetzen aber auch unsere Nahrungsmittel. In Wurzelknöllchen von Schmetterlingsblütlern (Erbse, Klee, Luzerne usw.) vorkommende Bakterien der Gattung Rhizobium vermögen Luftstickstoff zu binden und in eine für die Pflanzen verwertbare Form zu überführen (= „Gründüngung"). Milchsäurebakterien werden vom Menschen für die Herstellung von Nahrungsmitteln, insbes. von Milchprodukten, gebraucht usw. Manche Bakterienstämme sind Erreger von Krankheiten, zum Beispiel Tuberkulose, Tetanus, Cholera, Lungenentzündung, Pest usw. Maßnahmen zur Gesundheitsvorsorge beruhen u. a. auf Kenntnissen über diese Mikroorganismen. In jüngster Zeit gewinnen Bakterien sehr große Bedeutung in der Gentechnik. Ein genaueres Eingehen auf diesen Themenkomplex erfolgt in Zusammenhang mit der Genetik in den obersten Jahrgangsstufen (vgl. Kap. 10.7).

Die Unterrichtseinheit „Bakterien, Einführung" kann inhaltlich folgendermaßen gegliedert sein:

1. Vorkommen, Allgegenwart, Vermehrung
   Züchten von Kolonien nicht pathogener Stämme in Petrischalen auf Nähragar[83] (bei Zimmertemperatur! bei Körpertemperatur gedeihen auch pathogene Keime); Untersuchen des Zahnbelags, der Kahmhaut von Heuaufgüssen, evtl. Fertigpräparate; Stehenlassen von Milch (Säurenachweis) usw.
2. Bau der Bakterienzelle, Unterschiede zur Zelle höherer Lebewesen; Formen von Bakterien, z.B. Kokken, Stäbchen, Schraubenbakterien; Verwenden von Fertigpräparaten und anderen Medien.
3. Bedeutung der Bakterien
   Als Zersetzer im Stoffkreislauf der Natur, in Klärwerken, bei Nahrungsmitteln; Stickstoffgewinnung im Boden, Bedeutung bei Lebensmittelherstellung; als Krankheitserreger, hygienische Maßnahmen, Wirkung von Antibiotika; in der Gentechnik.

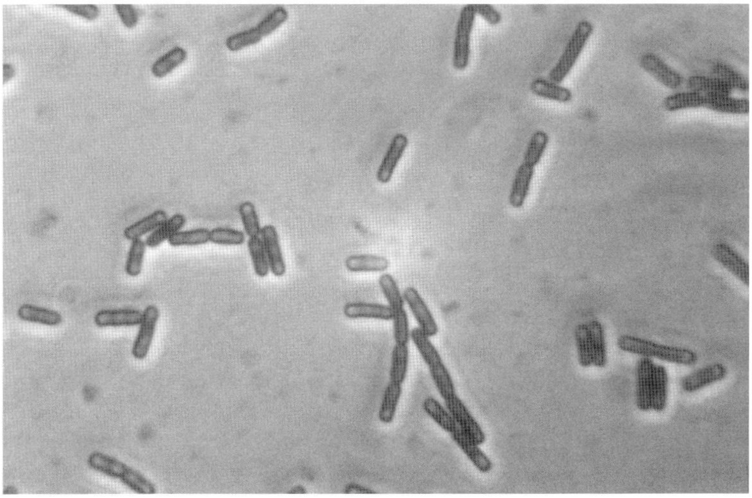

Abb. 76: Bakterien unter dem Mikroskop (Bacillus megaterium, angefärbt, ca. 400fache Vergrößerung)

Ein eigenes Thema des Biologieunterrichts stellen die Viren dar. Sie können im Anschluss an das Kapitel Bakterien oder in Zusammenhang mit molekularbiologischen Themen erarbeitet werden.

10.2 Stoffwechselvorgänge

Alle Lebewesen tauschen mit ihrer Umgebung Stoffe aus. Sie nehmen Materie in fester, flüssiger oder gasförmiger Form auf, transportieren die Stoffe in ihrem Körper, bauen sie chemisch in oft verwickelten Reaktionsabläufen um, bauen sie ab und scheiden die Abbauprodukte wieder aus. Der Stoffwechsel liefert die Bausteine für den Auf- und Umbau des Organismus (Baustoffwechsel) sowie die

83 Beim Arbeiten mit Bakterien- und Pilzkulturen unbedingt beachten: Richtlinien zur Sicherheit im Unterricht (RiSU) – Beschluss der KMK vom 9. Sept. 1994 in der Fassung vom 26.2.2016.

für ihn nötige Energie (Betriebsstoffwechsel). Es geht also um zwei grundlegende Funktionen: – Aufbau der körpereigenen Makromoleküle durch Umwandlung von aufgenommenen Molekülen; – Gewinnung chemischer Energie bei Pflanzen aus Sonnenenergie, bei Pflanzen und Tieren durch Abbau energiereicher Stoffe. Lebende Systeme stehen in einem ständigen, kontrollierten Austausch von Stoffen und Energie mit der Umgebung. Sie sind offene Systeme, befinden sich annähernd in einem Fließgleichgewicht, das aktiv aufrechterhalten werden muss und durch ständigen Zerfall und Wiederaufbau gekennzeichnet ist. Eine wesentliche Rolle spielen bei allen Vorgängen die Enzyme, das sind Eiweißstoffe, die den Ablauf der Reaktionen beschleunigen und dadurch oft erst ermöglichen (Biokatalysatoren); sie werden vom Organismus selbst synthetisiert.
Das Wissen um Stoffwechselvorgänge ist in letzter Zeit stark angewachsen. Viele Lebensvorgänge, die bis vor kurzem nur beschrieben werden konnten, lassen sich heute als chemische und physikalische Reaktionen erklären. Wichtige Ergebnisse wurden mithilfe radioaktiv markierter Substanzen (Tracer) erzielt. Es gibt unzählige Stoffwechselreaktionen. Im Unterricht wird man sich auf einige wesentliche Wege des Stoffwechsels beschränken, insbesondere auf solche, die für das Verständnis grundlegender Vorgänge in der Natur von Bedeutung sind und auch lebenspraktische Bezüge aufweisen.

10.2.1 Grundlegende Sachverhalte[84]

Zum Stoffwechsel der Pflanzen

Ein zentrales Thema, das in verschiedenen Jahrgangsstufen der Schule immer wiederkehrt, bildet der Stoffwechsel der Pflanzen, insbesondere die Fotosynthese der grünen Pflanzen. Das Blattgrün in den Chloroplasten absorbiert Strahlungsenergie der Sonne und baut damit aus einfachen anorganischen Molekülen, Kohlenstoffdioxid und Wasser, energiereiche organische Moleküle, zum Beispiel Zucker oder Stärke, auf. Man spricht auch von *Assimilation*. Dabei wird Wasser gespalten und Sauerstoff freigesetzt. Chemische Energie wird so durch „Einfangen" von Sonnenenergie gewonnen. Fast die gesamte organische Substanz auf der Erde und damit auch die Materie und Energie für den Stoffwechsel der Lebewesen stammt aus dieser Reaktion. Stark vereinfacht, lässt sich die Fotosynthese in einer Summengleichung folgendermaßen darstellen:

$$6\,CO_2 + 6\,H_2O \xrightarrow[\text{Chlorophyll}]{\text{Sonnenenergie}} C_6H_{12}O_6 + 6\,O_2$$

In Wirklichkeit handelt es sich um Reaktionsketten mit zahlreichen Zwischenprodukten. Der primär entstehende Traubenzucker wird in andere Kohlenhydrate, in Fette, Eiweiße und weitere organische Substanzen umgewandelt. Lebewesen, die auf diese oder ähnliche Weise organische, energiereiche Stoffe aus anorganischen,

84 Literatur z.B. Campbell 2003, Linder 2005, Lüttge, Kluge & Bauer 2002, Nultsch 2001, Penzlin 1994, Wehner & Gehring 1995

energiearmen Substanzen aufbauen können, nennt man *autotroph*; das sind vor allem die grünen Pflanzen und eine Reihe von Mikroorganismen. Pilze, Parasiten und alle Tiere sind auf organische, energiereiche Stoffe angewiesen und werden als *heterotroph* bezeichnet.

Ein Teil der von den Pflanzen gebildeten oder von Tieren aufgenommenen organischen Moleküle wird zum Auf- und Umbau der Zellen gebraucht. Ein anderer Teil wird unter Energiegewinnung in den Zellen wieder abgebaut (Dissimilation). Dabei ist anzumerken, dass der Anteil des von den Pflanzen fixierten Kohlenstoffs (Aufbau von Biomasse) größer ist als der Anteil des Veratmeten. Der Stoffabbau erfolgt unter Sauerstoffaufnahme (= aerob), man spricht auch von Zellatmung oder biologischer Oxidation. Dabei werden über zahlreiche Reaktionsketten, bei denen Enzyme eine wesentliche Rolle spielen, letztlich wieder CO_2 und H_2O gebildet. Stoffabbau unter Energiegewinnung ohne Sauerstoffaufnahme (= anaerob) bezeichnet man als *Gärung*, z. B. alkoholische Gärung, Milchsäuregärung. Gärungen erlauben auch Einblick in Stoffwechselvorgänge von Mikroorganismen.

Der *Wasserhaushalt* ist ein weiteres Thema der Schulbiologie aus dem Bereich des pflanzlichen Stoffwechsels. Er umfasst Wasseraufnahme, -transport und -abgabe (Transpiration). Mit dem Wasser werden auch lebenswichtige Ionen, zum Beispiel Kalium, Calcium, Nitrat etc., aus der Erde aufgenommen und transportiert. Unterrichtlich besteht ein enger Zusammenhang sowohl mit morphologischen Fragen (Bau der Wurzel, des Stängels usw.) wie auch mit der Ökologie (z. B. Standort und Wasserversorgung).

Beide genannten pflanzenphysiologischen Teilgebiete lassen sich in lebensnahe Kontexte einbetten, ob es nun um Fragen der Bewässerung von Kulturen oder Erzeugung von Nahrungsmitteln für die menschliche Bevölkerung geht. Geografische Phänomene, wie die Ausbildung von charakteristischen Pflanzenformationen in verschiedenen Klimabereichen, werden verständlich usw. Schließlich hängt mit dem Stoffwechsel der Pflanzen der *Kreislauf der Stoffe* in der Natur und damit auch der Sauerstoff- und Kohlenstoffdioxidgehalt der Atmosphäre eng zusammen, eine für uns Menschen existenzielle Thematik. Die Vorgänge waren lange Zeit so ausgeglichen, dass die Zusammensetzung der Atmosphäre in etwa konstant blieb. Aktuell beträgt der Kohlenstoffdioxidgehalt der Atmosphäre 0,0399[85] Volumenprozent, das ist (mit dem in den Meeren gelösten CO_2) die Kohlenstoffquelle für den Aufbau der gesamten Biomasse unserer Erde. Die permanent steigende Anreicherung von CO_2 in der Atmosphäre gibt Anlass zur Sorge (globale Erwärmung, vgl. Kap. 10.5).

Zum Stoffwechsel der Tiere

Die Nahrung tierischer Organismen besteht aus Kohlenhydraten, Fetten, Eiweißen, anorganischen Bestandteilen, Vitaminen und Wasser. Diese Stoffe bilden die Grundlage für den Aufbau des tierischen Körpers und für seinen Energiebedarf. Meist können die organischen Substanzen nicht unmittelbar in der aufgenom-

85 Messung der US-Behörde für Meeres- und Klimaforschung auf dem Monut Loa in Hawaii im März 2015 (399 ppm)

menen Form verwertet werden. Sie werden deshalb in einem Verdauungsprozess in einfache Bestandteile zerlegt, die Fette in Fettsäuren und Glyzerin, Eiweiß in Aminosäuren, Kohlenhydrate in einfache Zucker (Monosaccharide). Der Verdauungsprozess erfolgt meist extrazellulär in einem Hohlraumsystem des Körpers, dem Darmtrakt, in den Drüsenzellen Verdauungssäfte entleeren. Daneben gibt es bei Einzellern, Schwämmen, Hohltieren, Strudelwürmern, Stachelhäutern etc. auch die intrazelluläre Verdauung, d.h. die Nahrungspartikel werden innerhalb der Zellen zerlegt.
Die Tiere sind in ihrer Nahrungswahl und -aufnahme mehr oder weniger spezialisiert. Von besonderem Interesse im Biologieunterricht ist die Unterscheidung von Pflanzen- und Fleischfressern (Herbivore, Carnivore) bei Wirbeltieren, weil sich deutliche Beziehungen zwischen Nahrungswahl, Körpergestalt und Organausbildung aufzeigen lassen (vgl. Kap. 10.4).

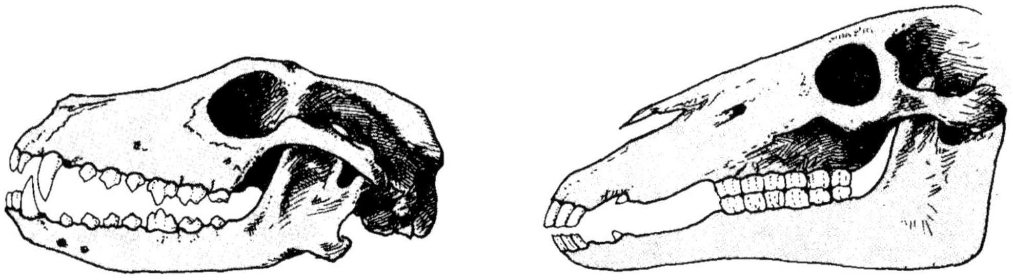

Fleischfressergebiss (Hund) Pflanzenfressergebiss (Pferd)

Abb. 77: Fleisch- und Pflanzenfressergebiss

Nach der Aufnahme der Nahrung erfolgt ihre Verdauung und Resorption durch die Darmwand ins Kreislaufsystem des Körpers. Die Körperflüssigkeit sorgt für die Verteilung der resorbierten Stoffe und für ihren Transport zu den Zellen, sie befördert auch die abgebauten Stoffe. Diese werden schließlich mit der Harnflüssigkeit, im Schweiß oder durch Atmung ausgeschieden (Exkretion). Die Atmungstypen Haut-, Lungen-, Kiemen-, Tracheenatmung zeigen verschiedene Möglichkeiten des Gaswechsels bzw. der äußeren Atmung. Der eigentliche Verbrauch des Sauerstoffs erfolgt in den Zellen unter Energiegewinnung (Zellatmung oder innere Atmung). Die Vorgänge der Verdauung wie auch andere Themen des Stoffwechsels werden in der Regel beim menschlichen Körper genauer erarbeitet (vgl. Kap. 10.6). Lebenspraktische Bezüge ergeben sich zur Gesundheitserziehung, aber auch zur Heim- und Nutztierhaltung etc.

10.2.2 Didaktische Bedeutung

Themen zum Stoffwechsel müssen im Biologieunterricht aller Schularten gebührend berücksichtigt werden. Hierzu gibt es eine ganze Reihe wichtiger Gesichtspunkte:

- Die Aufnahme in die Lehrpläne ist schon allein deshalb erforderlich, weil der Stoffwechsel ein Grundphänomen lebender Systeme darstellt, weil die Existenz der Organismen untrennbar mit Stoffwechselvorgängen verknüpft ist. Ein Einblick in ihre Eigenschaften ist ohne Kenntnisse vom Stoff- und Energiewechsel nicht möglich. Die Thematik ist allerdings sehr umfangreich, eine Beschränkung auf einige zentrale Phänomene erscheint notwendig.
- Themen des Stoffwechsels stehen mit Alltagsproblemen in engem Zusammenhang. Sie zeigen die Bedeutung biologischen Wissens für lebensnahe Fragen, etwa Bewässern, Düngen, Anbau von Nahrungs- und Genussmitteln, Ernährung von Haus- und Heimtieren, Kampf gegen den Hunger in der Welt usw. Es ist wichtig, sich nicht nur auf die Darstellung physiologischer Prozesse zu beschränken, sondern die genannten lebensnahen Bezüge stets in den Vordergrund zu rücken, um den Schülerinnen und Schülern im Sinne des situierten Lernens die Anwendbarkeit biologischen Wissens aufzuzeigen und damit auch ihr Interesse zu fördern.
- Im Bereich des pflanzlichen Stoffwechsels ist es notwendig, gängige Alltagsvorstellungen sowie vorunterrichtlich geprägte Konzepte der Schüler/innen (auch alternative Konzepte genannt) – zum Beispiel „Pflanzen ernähren sich nur aus dem Boden"; „nur Mensch und Tier atmen" – durch fachlich einwandfreie Vorstellungen zu ergänzen bzw. zu ersetzen. Es geht um einen Konzeptwechsel, bei dem die vorhandenen Vorstellungen nicht völlig beiseite geschoben, sondern in die wissenschaftliche Erklärung mit einbezogen werden (vgl. Kap. 4.6). Die Pflanzenernährung, insbesondere die Fotosynthese, ist ein klassisches Beispiel für einen Konzeptwechsel. Ohne diesen Wechsel bleiben der Kreislauf des Kohlenstoffs und des Sauerstoffs und, damit verbunden, die Funktion der grünen Pflanzen für das Leben auf der Erde unverstanden.
- Kenntnisse vom Stoffwechsel sind unverzichtbar für das Verständnis anderer wichtiger Themen der Biologie, etwa aus den Bereichen Zellbiologie, Entwicklungsbiologie, Ökologie. Darüber hinaus bestehen auch Verknüpfungen mit Fragen der Geografie, der Land- und Forstwirtschaft, der Umweltbelastungen; das sind alles realitätsnahe Kontexte.
- Das Erarbeiten von Stoffwechselvorgängen bietet viele Möglichkeiten für das Praktizieren biologischer Arbeitsweisen. Ob es um Fotosynthese, um Wasserhaushalt der Pflanzen oder um Ernährungsfragen bei Tier und Mensch geht, in jedem Bereich gibt es eine Auswahl von einfachen biologischen Untersuchungen und Unterrichtsexperimenten. Ihr Einsatz ermöglicht die Schulung des naturwissenschaftlichen Denkens, insbesondere des induktiven Verfahrens, ermöglicht selbstständiges problemorientiertes Vorgehen im Unterricht. Moderne schülerzentrierte Unterrichtsformen, wie Gruppenarbeit, Stationenlernen etc., bieten sich an.
- Themen des Stoffwechsels können auch als gutes Beispiel für didaktische Reduktion dienen (vgl. Abschnitt 9.1.3). Komplexe Vorgänge und Reaktionen müssen von der Lehrkraft entsprechend dem Auffassungsvermögen und den Vorkenntnissen der Schüler/innen vereinfacht werden. Da manche Vorgänge wiederholt in verschiedenen Jahrgangsstufen behandelt werden, sind unterschiedliche Grade der Vereinfachung anzuwenden.

10.2.3 Hinweise zum Unterricht

In der *Grundschule* wird zum Kapitel „Pflanzlicher Stoffwechsel" – soweit möglich – anhand von Versuchen mit Topf- oder Gartenpflanzen erarbeitet, dass die einzelne Pflanze Wasser, Licht, Mineralsalze aus dem Boden und Substanzen aus der Luft benötigt. (Unterrichtsthema: Was benötigt eine Pflanze zum Wachsen und Gedeihen?) Es muss von der Anschauung am konkreten Objekt ausgegangen werden. Man sät beispielsweise Getreidekörner oder Kressesamen in Schalen und verfolgt das Keimen und Wachsen unter verschiedenen Bedingungen: mit/ohne Wasser, in Sand, in Gartenerde, mit/ohne Licht. In Zusammenhang mit dem Thema „Der Wald und seine Bedeutung" kann auch die Sauerstoffabgabe durch grüne Pflanzen kurz angesprochen werden.

In den *Jahrgangsstufen 5–10* wird in Zusammenhang mit den Aufgaben der Teile einer Blütenpflanze der *Wasserhaushalt* der Landpflanzen erschlossen. Es geht dabei um Wasseraufnahme, Wasserleitung und Wasserabgabe (Transpiration). Zu diesem Themenkreis gibt es eine Reihe einfacher Versuche, die auch von Schülergruppen durchgeführt werden können, z.B.: Verdunstungsmenge eines beblätterten Zweiges (vgl. Abb. 78), Wasserleitung in einem Stängel mit weißer Blüte (Wasser gefärbt), Nachweis der Transpiration auf der Blattunterseite durch Kobaltpapier usw. (siehe hierzu auch Kap. 9.3.2).

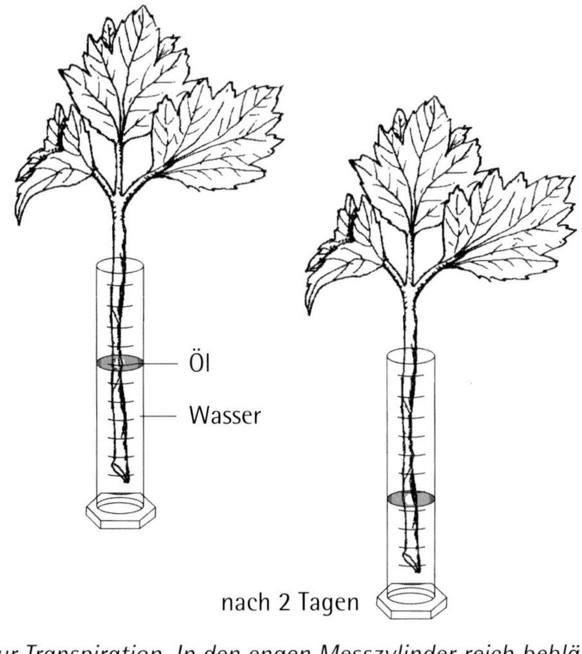

Abb. 78: Versuch zur Transpiration. In den engen Messzylinder reich beblätterten Zweig stellen, Wasser zugeben und mit Paraffinöl überschichten. Pflanze an einen hellen, warmen Platz stellen und die durch Transpiration verbrauchte Wassermenge notieren.

Die Grundorgane einer Pflanze können auch Ausgangspunkt für das Thema *„Pflanzenernährung"* sein. Dieses Thema kann angesichts seiner großen Bedeutung in verschiedenen Jahrgangsstufen behandelt werden. Dabei steht der Vorgang der Fotosynthese im Vordergrund, doch wird man zunächst auf die schon genannten Alltagsvorstellungen eingehen: „Alle Nährstoffe für Pflanzen kommen aus dem Boden." Die Bedeutung des Wassers, der Mineralsalze bzw. Düngemittel für das Pflanzenwachstum wird erörtert. Dann erfolgt der Schritt hin zur Fotosynthese. Einen guten Zugang zu ihrem Verständnis findet man über die historische Dimension, also über den Weg der Entdeckung, zum Beispiel Versuche und Aussagen von VAN HELMONT, PRIESTLEY und INGENHOUSZ. Besonders wichtig bei diesem Thema erscheint aber der Zugang über Schulversuche, etwa Experimente zur Sauerstoffentwicklung und Stärkebildung durch grüne Pflanzen (vgl. Abb. 79 und Abb. 80).

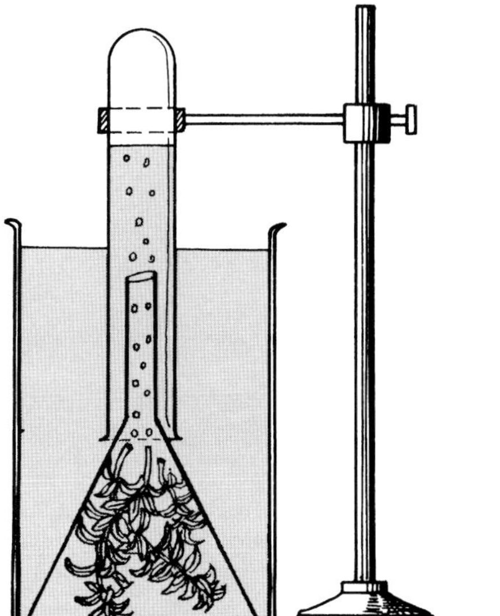

Abb. 79: Nachweis der Sauerstoffentwicklung bei der Fotosynthese (Gasblasenversuch)

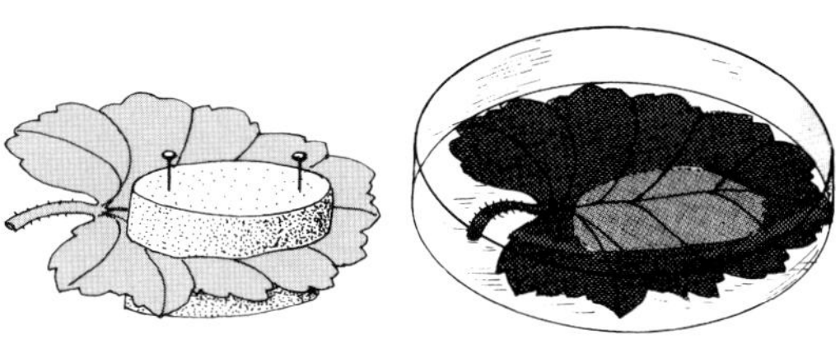

Abb. 80: Stärkenachweis bei der Fotosynthese. Blatt einer Geranie wird mit Korkscheibe zum Teil abgedeckt. Pflanze bleibt über Nacht im Dunkeln (stärkefrei!) und wird dann einige Zeit dem hellen Licht ausgesetzt. Dann Blatt abschneiden und Blattgrün mit erwärmtem Alkohol entfernen. Jodlösung (Stärkenachweis) zugeben: Nur an den belichteten Stellen tritt Blaufärbung auf.

Kohlenstoffdioxid + Wasser —(Sonnenlicht / Blattgrün)⇒ Traubenzucker + Sauerstoff

Traubenzucker ⇓ Stärke

In den unteren Jahrgangsstufen wird die Fotosynthese zunächst in Form der Wortgleichung wiedergegeben, auch die Black-Box-Darstellung (vgl. Kap. 7.2.4, Abb. 53) kann Verwendung finden.

In höheren Jahrgangsstufen und soweit chemische Vorkenntnisse vorhanden sind, kann die Formelsprache, etwa in Form der Summengleichung, Verwendung finden (vgl. oben). Der stark vereinfachende Charakter der gegebenen Erklärungen ist hervorzuheben und zumindest ein Einblick in die Kompliziertheit der Abläufe zu vermitteln. Als weiteres Unterrichtsziel wird die überragende Bedeutung dieses Vorganges für alle Organismen erarbeitet. Die Doppelfunktion der grünen Pflanzen für die anderen Lebewesen – Bereitstellen von Nahrung und damit von Energie sowie Liefern von Sauerstoff – wird in den Mittelpunkt gerückt, ebenso ihre Stellung als Primärproduzenten am Anfang von Nahrungsketten. Zugleich wird die Thematik mit den schon genannten lebenspraktischen Bezügen verknüpft, etwa pflanzliche Nahrungsmittel und ihre Entstehung, Holz und Kohle als Produkt der Fotosynthese usw.
Autotrophe und heterotrophe Ernährungsweise kann anhand konkreter Beispiele – Pilze (als Zersetzer), Mistel, Kleeseide, Schuppenwurz (als Halb- und Vollschmarotzer) – vergleichend erarbeitet werden. Auf die Tatsache, dass Pflanzen wie Menschen und Tiere atmen und dadurch Energie gewinnen, sollte zumindest in knapper Form eingegangen werden. In diesem Zusammenhang geht es wieder um einen notwendigen Konzeptwechsel. Schließlich sollte in Verbindung mit Gärungsvorgängen (alkoholische Gärung) die Bedeutung des Stoffwechsels der Mikroorganismen erläutert werden (vgl. unten Stoffkreislauf).

Eine Unterrichtseinheit „*Stoffwechsel grüner Pflanzen*" könnte folgendermaßen gegliedert sein:

1. Aufnahme von Mineralsalzen aus dem Boden, Bedeutung des Wassers (Wiederholung). Kohlenstoff und Wasser als wichtige Bestandteile des pflanzlichen Körpers (durch Erhitzen von Pflanzenteilen im Reagenzglas feststellbar)
2. Historischer Weg der Entdeckung der Fotosynthese. – Einführende Experimente (Nachweis der Sauerstoffentwicklung in grünen Pflanzen, Stärkenachweis im Blatt). Wortgleichung, evtl. Black-Box-Darstellung
3. Bau des Blattes, Chlorophyllkörner (Chloroplasten) als Organelle der Fotosynthese, Spaltöffnungen zum Gasaustausch (mikroskopische Übung, ggf. Videomikroskopie)
4. Bedeutung der Fotosynthese für alle Lebewesen, praktische Bedeutung für den Menschen
5. Auch Pflanzen atmen und benötigen dafür Sauerstoff
6. Stoffkreislauf, insbes. Kreislauf des Kohlenstoffs.

Themen zum *Stoffwechsel der Tiere* werden anhand weniger ausgewählter Arten behandelt. Bei den Säugern bieten sich dafür besonders die Haustiere an.
In der *Grundschule* geht es um den Nahrungsbedarf einzelner Tiere, insbesondere in Zusammenhang mit der Haltung von Haus- und Pflegetieren (Meerschweinchen, Hund, Katze, Kaninchen). In den *Jahrgangsstufen 5–10* werden die Schüler/innen mit verschiedenen Formen der Ernährung der Tiere (Pflanzen-, Fleisch-, Allesfresser) und mit Beziehungen zwischen Ernährung, Körperbau und Verhaltensweisen bekannt gemacht. Am Rind lernen sie zum Beispiel die Besonderheiten pflanzlicher Ernährung und zugleich einen Wiederkäuer kennen; andere Arten dienen als Exempla für Fleisch- und Allesfresser.
Bei Vögeln können Insekten- und Körnerfresser oder Greifvögel einander gegenübergestellt und typische äußere Gestaltmerkmale (Schnabelform, s. Abb. 81) sowie unterschiedliche Ausbildung des Verdauungstraktes und des Verhaltens

Abb. 81: Verschiedene Schnabelformen

studiert werden. Bei Säugern und Vögeln ist eine enge Verknüpfung mit dem Themenkreis „Nutztiere und Ernährung des Menschen" gegeben.
Das Thema Fische oder Lurche bietet Anlass, auf verschiedene Formen der (äußeren) Atmung einzugehen. Die Schüler/innen lernen schließlich die innere Atmung oder Zellatmung bei Tier, Mensch und Pflanze als grundlegenden Vorgang zur Energiegewinnung zumindest in groben Zügen kennen.
Eine genauere Erörterung einzelner Themen des Stoffwechsels, zum Beispiel Ernährung, Kreislauf, Stoffauf- und -abbau, Atmung und Exkretion erfolgt im Rahmen der Humanbiologie. Die hier gewonnenen Kenntnisse können ggf. auf die Tierwelt übertragen werden.
Die Erarbeitung von Stoffkreisläufen ermöglicht eine zusammenfassende Betrachtung physiologischer und ökologischer Gegebenheiten. Sie haben integrativen Charakter und zeigen die Abhängigkeiten von Pflanze, Tier und Mensch im Na-

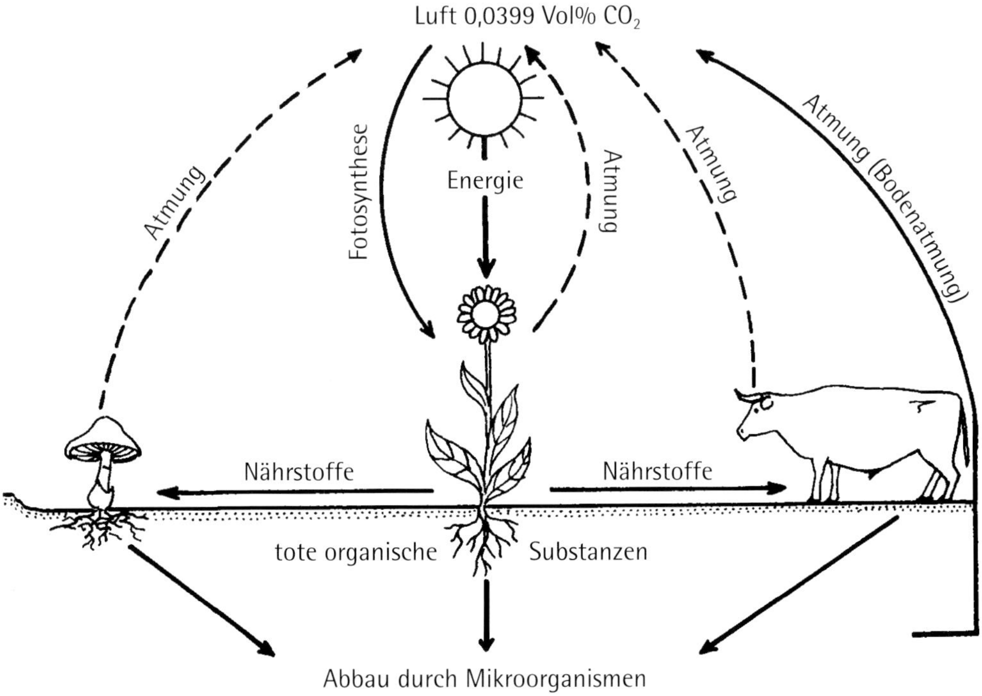

Abb. 82: Der Kreislauf des Kohlenstoffs

turganzen. Auch die Mikroorganismen und deren Bedeutung für Abbauvorgänge müssen einbezogen werden. Beziehungen zu realitätsnahen Themen, wie Sicherung der Welternährung oder Schutz der natürlichen Lebensgrundlagen, werden offensichtlich.
In der *gymnasialen Oberstufe* spielen Themen der Stoffwechselphysiologie eine wichtige Rolle. Chemische und physikalische Grundlagen der Vorgänge werden jetzt genauer dargestellt und die Energieumsetzungen sowie Mikroorganismen mit einbezogen. Es geht etwa um Fotosynthese, Chemosynthese oder Wege des Stoffabbaus (aerob und anaerob) unter Energiegewinnung in den Zellen. Das sind Stoffwechselwege, die bei vielen Organismen nahezu identisch verlaufen. An wenigen Beispielen wird auch die Komplexität der Vorgänge mit ihren zahlreichen Teilreaktionen und ihrer Abhängigkeit von Biokatalysatoren aufgezeigt. Ein wesentlicher Aspekt dabei ist aber, darauf zu achten, dass nicht durch das Auswendiglernen von Teilreaktionen, etwa beim Zitronensäurezyklus, die Bedeutung dieser Prozesse für den Einzelorganismus wie für das Leben auf der Erde verloren geht. Verbindungen zur Ökologie und zur Umweltsicherung sind stets aufzuzeigen. Die Einbettung der Themen in lebenspraktische Kontexte, Verknüpfungen mit Fragen der Land- und Forstwirtschaft, der Ernährung der Weltbevölkerung etc. sind selbstverständlich auch in dieser Schulstufe von ausschlaggebender Bedeutung.

10.3 Arten- und Formenkenntnisse[86]

Vielfalt der Formen

Die Vielfalt der Formen ist wohl das faszinierendste Phänomen des Lebendigen, das Naturforscher wie Kunstschaffende zu allen Zeiten beeindruckte. Der Begriff „Form" wird in der Biologie synonym für Gestalt gebraucht. Man spricht von Körperform, Wuchsform, Blattform usw. Entsprechend versteht man unter *Formenvielfalt* die *organismische Vielfalt*, die *nicht* gleichzusetzen ist mit Artenvielfalt. Die Vielfalt der Formen tritt in der belebten Natur auf ganz unterschiedlichen Ebenen in Erscheinung, z. B. in der Vielfalt der Arten, der Ausprägung des Angepasstseins, der Entwicklung usw.

Die Vielfalt der Arten ordnen

Bisher ist es Biologen noch nicht gelungen, die überaus große Vielfalt der auf der Erde vorkommenden Arten auch nur annähernd zu erfassen. Der schwedische Naturforscher Carl Von Linné beschrieb in seinem Werk *Systema Naturae* (1735) 4236 Tiere und 8500 Pflanzen. Heute sind Biologen rund 1,8 Millionen Tierarten (der Großteil davon sind Gliedertiere) und ca. 0,5 Millionen Pflanzenarten bekannt. Man geht jedoch davon aus, dass die Zahl der Arten wesentlich

86 Literatur z. B. Crisci et al. 1993, Entrich 1997, Eschenhagen 1985, Gebhard 1995, Hamann 2003, Harvey 1989, Hedewig 1995, Hiering 2003, Janssen 1988, Killermann 1998, Killermann & Scherf 1986, Mayer 1992, Mayer & Horn 1993, Norton 1992, Osche 1975, Probst 1995, Sturm 1982, Trommer 1991, Wilson 1992

höher ist. Für Mitteleuropa werden ca. 50000 Tierarten und etwa 3000 Arten von Gefäßpflanzen (Blütenpflanzen und Farne) angegeben. Es ist auch einem Fachbiologen nicht möglich, einen großen Teil aller Lebewesen zu kennen und richtig anzusprechen.

Bei genauerem Betrachten und Vergleichen der unübersehbar erscheinenden Fülle und Zahl der Organismen fällt auf, dass zahlreiche Tiere und Pflanzen gleiche oder ähnliche Erscheinungsformen zeigen, gleiche Bauelemente und Bauprinzipien aufweisen. Die vergleichende Betrachtung führt zur Zusammenfassung ähnlicher Lebewesen in Artengruppen (Taxa), die sich in wesentlichen Strukturen und Eigenschaften gleichen. Zur Gruppenbildung können dabei verschiedene Kriterien herangezogen werden. *Aristoteles* unterschied bei den Tieren die großen Gruppen der Bluttiere (etwa Wirbeltiere) und der Blutlosen (Wirbellose). Für die Neuzeit nahm erstmals CARL VON LINNÉ eine Einteilung der damals bekannten Tier- und Pflanzenarten in ein System vor. Dazu bediente er sich der sog. *binären Nomenklatur*, wobei jede beschriebene Tier- und Pflanzenart einen wissenschaftlichen, meist lateinischen Doppelnamen (Binom) erhielt. Dieser besteht aus dem großgeschriebenen Gattungsnamen und dem kleingeschriebenen Artnamen, z. B. Panthera leo = Löwe oder Trifolium repens = Weißklee. Zum vollständigen wissenschaftlichen Namen gehört auch noch der erste Buchstabe des Namens des Autors, der die Art erstmals entdeckt und beschrieben hat, z. B. Lamium album L. = Weiße Taubnessel; das L. steht hier für Linné. Hauptaufgabe des Linné'schen Systems war die rasche Bestimmung einer Tier- bzw. Pflanzenart anhand leicht erkennbarer Merkmale. So wurden z. B. Blütenpflanzen nach der Zahl der Staubblätter und Stempel geordnet, was die Begründung eines *künstlichen Systems* zur Folge hatte. Eine völlig neue theoretische Grundlage für das Einordnen der Organismen in ein System lieferte die *Evolutionstheorie von* CHARLES DARWIN (1859), welche die mehr oder weniger großen Übereinstimmungen von Merkmalen bei verschiedenen Organismengruppen (Taxa) durch deren *stammesgeschichtliche Verwandtschaft* erklärte. Damit fiel der *Systematik*, einer Teildisziplin der Biologie, die Aufgabe zu, die in der Natur als *Produkt der Evolution* bereits vorgegebene Ordnung zu erfassen und diese zur Grundlage eines *natürlichen, phylogenetischen Systems* zu machen, das die stammesgeschichtliche Verwandtschaft der Arten sowie höherer Organismengruppen (Gattungen, Familien, Ordnungen) zum Ausdruck bringt. Abb. 83 zeigt ein Beispiel der Einordnung einer tierischen und pflanzlichen Art in das phylogenetische System.

Der biologische Artbegriff

Grundeinheit der Systematik ist die *Art* oder *Spezies*. Sie wurde zunächst morphologisch definiert als die Gesamtheit aller Individuen, die in ihren wesentlich erscheinenden Merkmalen untereinander übereinstimmen. Heute sieht man die Art primär als eine Gemeinschaft miteinander fortpflanzungsfähiger Individuen bzw. Populationen, die einen gemeinsamen Genpool besitzen. Der bekannte Evolutionsbiologe ERNST MAYR definiert den „biologischen Artbegriff", die sog. *Biospezies*, folgendermaßen: Eine Biospezies ist eine Gruppe sich tatsächlich

oder potenziell kreuzender natürlicher Populationen, die von anderen derartigen Gruppen reproduktiv isoliert sind (in GLAUBRECHT 2004).
Verwandte Arten mit ähnlichen Merkmalen werden zu Gattungen zusammengefasst, mehrere ähnliche Gattungen zu einer Familie. Weitere höhere systematische Kategorien sind die Ordnung, die Klasse, der Stamm und die Abteilung (s. Abb. 83). Dazu kommen nach Bedarf noch Zwischenkategorien. Unter fortschreitender Abstraktion können für jede dieser Einheiten Baupläne mit typischen Merkmalen erstellt werden; in höheren Kategorien wird der Bauplan zum reinen Schema.

Systematische Kategorie	Tierreich		Pflanzenreich	
Abteilung	Eumetazoa	echte Vielzeller	Spermatophyta	Samenpflanzen
Unterabteilung	Bilateria	bilateral symmetr. Tiere	Angiospermae	Bedecktsamige
Stamm	Chordata	Chordatiere	(nicht gebräuchlich)	
Unterstamm	Vertebrata	Wirbeltiere		
Klasse	Mammalia	Säugetiere	Dicotyledoneae	Zweikeimblättrige
Ordnung	Carnivora	Beutegreifer	Fabales (Leguminosae)	Hülsenfrüchtler
Familie	Felidae	Katzen	Fabaceae	Schmetterlingsblütengewächse
Gattung	Panthera	Großkatzen	Trifolium	Klee
Art	Panthera leo	Löwe	Trifolium repens	Weißklee

Abb. 83: Einordnung der Arten „Löwe" und „Weißklee" in das phylogenetische System

Arten- und Formenkenntnis

Die Begriffe „Artenkenntnis" und „Formenkenntnis" werden in der Biologie häufig synonym gebraucht. Im strengeren Sinne versteht man unter *Artenkenntnis* die Kenntnis des (wissenschaftlichen) Namens einer Art und ihrer Einordnung in das natürliche System. *Formenkenntnis* hingegen umfasst die Kenntnis des Namens einer einzelnen Art *oder/und* – falls dieser nur schwer ermittelbar ist oder in deutscher Sprache überhaupt nicht existiert (wie z. B. bei vielen Insekten) – ersatzweise auch die Kenntnis des Namens einer höheren systematischen Kategorie, z. B. den einer Gattung, Familie oder Ordnung. Darüber hinaus gehören zu Formenkenntnissen auch Kenntnisse über das Erscheinungsbild (Habitus), die Lebensäußerungen und Lebensweise sowie über ökologische, kulturelle und gesellschaftliche Beziehungen (z. B. Nutzen, Ästhetik, Bedeutung im Brauchtum

etc.), in denen Lebewesen betrachtet werden können (MAYER & HORN 1993). Der Begriff „Formenkenntnis" ist somit umfassender als der Begriff „Artenkenntnis", da er sich sowohl auf die Kenntnis einzelner Arten als auch auf höhere systematische Kategorien bezieht und überdies ein vielseitigeres, mehrperspektivisches und lebensnäheres Kennenlernen von Pflanzen und Tieren zum Ziel hat. Aus diesem Grunde sollte man in der Schulbiologie der Formenkenntnis den Vorzug vor der Artenkenntnis geben. Wir wären z.B. geneigt, einer Schülerin/einem Schüler bereits eine gute Formenkenntnis zu bescheinigen, wenn dieser eine Pflanze als Hahnenfuß und ein Insekt als Rüsselkäfer bzw. Eintagsfliege erkennt, wobei er im ersten Fall lediglich eine Gattung, im zweiten eine Familie und im dritten „nur" eine Ordnung benannt hat. Für schulbiologische Zwecke reicht es daher in der Regel aus, bei sehr artenreichen und wenig bekannten systematischen Gruppen (z.B. Insekten) nur den Namen der Familie (z.B. Feldheuschrecke, Bockkäfer, Bläuling) oder der Ordnung (z.B. Libelle, Köcherfliege, Wanze) zu kennen.
In der Geobotanik wird häufig der Begriff *Sippenkenntnis* gebraucht, wobei unter Sippe eine natürliche, durch gemeinsame verwandtschaftliche Beziehungen abgegrenzte Gruppe von Organismen beliebiger Ranghöhe (Gattung, Familie, Ordnung) verstanden wird.

Didaktische Bedeutung der Arten- und Formenkenntnis

Die große Vielfalt der Lebensformen (biodiversity) wird von E. O. WILSON (1992) als das größte Wunder unseres Planeten bezeichnet. Ihre Bedeutung wird zurzeit vorrangig auf drei Ebenen diskutiert: auf der Ebene der Gene, der Artenvielfalt und der ökologischen Vielfalt. Nur dank der Ausprägung des Lebendigen in unzähligen Erscheinungsformen konnte sich Leben über Jahrmillionen auf der Erde erhalten. Die Formenvielfalt (Diversität) ist damit als ein Grundphänomen des Lebendigen anzusehen. Grundkenntnisse von der Vielfalt der Arten sind zum einen eine wichtige Voraussetzung, um die Entwicklung des Lebens auf der Erde zu verstehen (evolutionsbiologischer Aspekt), zum anderen geradezu unabdingbar, um eine Vorstellung von den wechselseitigen Abhängigkeiten der Organismen untereinander zu erhalten (kein Lebewesen existiert ganz für sich allein) und Veränderungen in der Umwelt wahrzunehmen (ökologischer Aspekt). Die enge Beziehung zwischen Organismen und ihrer Umwelt wird in ihrer Angepasstheit deutlich, die sich in den unterschiedlichsten Erscheinungsformen ausdrückt.
Das Kennenlernen der Namen pflanzlicher und tierischer Formen sowie ihrer Einordnung in ein phylogenetisches System hat in der Biologie und im Biologieunterricht eine lange Tradition. Mit dem Namen einer Pflanze oder eines Tieres verbinden sich für den Kenner immer zugleich auch Vorstellungen vom Erscheinungsbild, von den Lebensäußerungen, den abiotischen Standortfaktoren sowie von der Vergesellschaftung mit anderen Lebewesen. Arten- und Formenkenntnisse stehen damit stets in einer engen Beziehung zu Gegenständen der Allgemeinen Biologie. Biologieunterricht ist geradezu darauf angewiesen, die Grundphänomene des Lebendigen an konkreten Einzelorganismen mit ihren artspezifischen und individuellen Ausprägungen darzulegen (vgl. ESCHENHAGEN 1985; KILLERMANN

& Scherf 1986). Insbesondere im Vergleich verschiedener Arten erschließen sich die allgemeinbiologisch relevanten Gesetzmäßigkeiten, die sich an einem Einzelorganismus nicht gewinnen lassen.
Außer aus den bereits genannten Gründen sind Arten- bzw. Formenkenntnisse erforderlich, um die Vielfalt der Organismen in Ordnungs- und Denkkategorien überschaubar zu machen und wissenschaftlich begründet in einem System zu strukturieren. Durch die Beschäftigung mit Arten im Unterricht lernen Schüler/innen wissenschaftliche Verfahren der Erkenntnisgewinnung kennen, wie sie für die Systematik charakteristisch sind. So können z.B. die Schüler/innen durch Vergleich morphologischer Merkmale von Pflanzen aufgrund von Ähnlichkeiten auf Verwandtschaftsbeziehungen schließen, die Pflanzen in Gruppen (Sippen) einteilen und diese unter Anwendung der generalisierenden Induktion systematischen Kategorien zuordnen. Auf diese Weise erhalten sie eine Vorstellung von der Entstehung und Bedeutung der Taxa (Gruppen verwandter Individuen) sowie des phylogenetischen Systems.
Auch im Zusammenhang mit der Umweltproblematik und dem zunehmenden Artenverlust spielen formenkundliche Kenntnisse eine wichtige Rolle. Sie sind damit von erheblicher gesellschaftlicher Relevanz. Aus berechtigten Gründen betrachten daher Biologen und Naturschützer Formenkenntnisse als eine unverzichtbare Voraussetzung für wirksamen Arten-, Natur- und Umweltschutz. Diese Forderung deckt sich auch mit Ergebnissen einer Studie, die J. Mayer 1992 mit Biologen, Erziehungswissenschaftlern, Vertretern außerschulischer Bildung und Schülerinnen und Schülern durchführte. Auf die Frage: „Wie lässt sich die Vermittlung von formenkundlichen Inhalten begründen?", antworteten die befragten Personen am häufigsten: „Sie tragen zu einem aufgeklärten Naturverständnis bei, zum Aufbau einer emotionalen Beziehung zur Natur und ihrer Wertschätzung, zur Bewältigung von Umweltproblemen und zum Schutz bedrohter Lebewesen."
Sichtet man die einschlägige Literatur, in der speziell die Bedeutung von Arten- und Formenkenntnissen pädagogisch begründet wird, so finden sich mehrheitlich die folgenden Argumente:

Arten- und Formenkenntnisse

- kommen dem Bedürfnis von Kindern und Jugendlichen entgegen, sich in ihrer Umwelt zu orientieren und alle sie umgebenden Dinge mit Namen benennen zu wollen; dazu gehören auch Pflanzen und Tiere: pädagogischer Aspekt;
- vermitteln Vorstellungen von der biologischen Vielfalt (Biodiversität) als Ergebnis eines Evolutionsprozesses: evolutionsbiologischer Aspekt;
- schaffen einen Zugang zu Phänomenen der Allgemeinen Biologie: Erscheinungen der Allgemeinen Biologie werden stets an bestimmten Pflanzen- und Tierarten erforscht und im Unterricht dargelegt: allgemeinbiologischer Aspekt;
- erschließen die Vielfalt der belebten Natur, sodass diese Teil der Lebenswelt der Menschen wird: lebensweltlicher Aspekt;
- unterstützen das bewusste Wahrnehmen von Pflanzen und Tieren über verschiedene Sinneskanäle (was man kennt, nimmt man bewusst wahr) und för-

dern so den Aufbau einer emotionalen Beziehung zur belebten Natur sowie die Anbahnung einer schützenden Einstellung;
- befähigen zur Wahrnehmung von Veränderungen in der Umwelt (environmental monitoring; vgl. CRISCI et al. 1993) und sind damit eine wichtige Voraussetzung für nachhaltigen Arten- und Naturschutz sowie für den Erhalt einer gesunden Umwelt: pädagogisch-umwelterzieherischer Aspekt;
- ermöglichen das Verstehen ökologischer Zusammenhänge, gewähren Einblick in wechselseitige Abhängigkeiten von Pflanzen und Tieren in Ökosystemen sowie in deren Einbindung in Nahrungsketten und Stoffkreisläufe: ökologischer Aspekt.

Empirische Befunde zum formenkundlichen Wissensstand und Interesse

Obgleich aus fachlicher, ökopädagogischer und umwelterzieherischer Sicht die Kenntnis von Arten und Formen für sehr wichtig gehalten wird, sind nur wenige Menschen in der Lage, einen größeren Teil unserer heimischen Pflanzen und Tiere mit Namen anzusprechen und etwas Bemerkenswertes über sie auszusagen.

Diesbezügliche Studien belegen übereinstimmend, dass Tiere, denen Jugendliche im Alltag begegnen, einen höheren Bekanntheitsgrad haben als Pflanzen; allerdings trifft das in der Regel nur auf einige auffällige Säugetiere zu, wogegen häufig anzutreffende Singvögel und Insekten kaum bekannt sind. Einer Erhebung von LÖWE (1992a und b) zufolge, nimmt das *formenkundliche Wissen* im Laufe der Schulzeit nur geringfügig zu. KELLERT (1985) berichtet von einer in Connecticut (USA) durchgeführten Studie, dass Kinder im Alter zwischen 6 und 9 Jahren nur eine affektiv-emotionale Beziehung zu wild lebenden Tieren haben. Erst im Alter zwischen 10 und 13 Jahren erzielen Jugendliche einen größeren Zuwachs an formenkundlichem Wissen.

Noch bescheidener als die Formenkenntnis der Tiere ist die der Pflanzen. Alle einschlägigen Untersuchungen belegen, dass Mädchen im Schnitt Pflanzen besser kennen als Jungen. Gestützt werden diese Befunde auch durch Studien des Instituts für Didaktik der Biologie in München, wo die Kenntnis von Pflanzen an mehr als 1 000 Schülerinnen und Schülern im Alter zwischen 6 und 15 Jahren untersucht wurde. Bei allen mit originalen Pflanzen durchgeführten Tests hatten die Mädchen in allen Altersgruppen signifikant bessere Pflanzenkenntnisse als Jungen (KILLERMANN 1998). HESSE (1983) stellte in einer Untersuchung fest, dass selbst Lehramtsstudienanfänger des Faches Biologie nur geringe pflanzliche Formenkenntnisse haben: So konnten nur 33 % der Studierenden eine Rotbuche identifizieren, 31 % den Schwarzen Holunder und gar nur 11 % die durchaus häufige Hainbuche.

Nicht besonders groß ist auch das formenkundliche Wissen über kennzeichnende Merkmale taxonomischer Gruppen und die richtige Einordnung in das natürliche System der Pflanzen und Tiere. In den Untersuchungen von TROWBRIDGE und MINTZES (1985 und 1988) klassifizierten mehr als 20 % der College-Studenten Wale als Fische und Schildkröten als Amphibien.

Zum *Interesse an Pflanzen und Tieren* liegen sowohl auf nationaler als auch internationaler Ebene inzwischen mehrere Studien vor. Befragungen von Kindern und Jugendlichen in Deutschland, in England, in den USA und in Israel ergaben übereinstimmend, dass diese die Beschäftigung mit Tieren gegenüber Pflanzen deutlich bevorzugen. Dies gilt auch für Erwachsene, wie KELLERT (1980) in einer umfassenden Erhebung an 3 107 US-Amerikanern feststellen konnte. Als Gründe für ihre Präferenz von Tieren gaben die befragten Personen u. a. an, dass diese Parallelen zum Menschen in ihren Lebensäußerungen zeigen, sich leichter als Pflanzen unterscheiden ließen und unterhaltsamer seien.

Was das Interesse an Pflanzen betrifft, so ist dieses bei Mädchen stärker ausgeprägt als bei Jungen, wobei einer Untersuchung von HARVEY (1989) an 8- bis 11-jährigen Kindern (N = 845) zufolge, sich frühe Erfahrungen mit Pflanzen auch positiv auf die Einstellung gegenüber der Natur im Allgemeinen auswirken.

Eine umfassende Untersuchung zum Interesse an Tier- und Pflanzenarten, zu seiner Entstehung sowie seines Einflusses auf Handeln im Natur- und Umweltschutz haben K.-H. BERCK und R. KLEE (1992) durchgeführt. Aus den Ergebnissen einer Analyse zur Genese von Interesse an Tier- und Pflanzenarten ziehen die Autoren den Schluss, dass „eigene Naturbegegnungen und Erlebnisse" den stärksten Anregungsfaktor für das Interesse an Arten darstellen. Dieses ist jedoch stark altersabhängig. Ihre Untersuchungen belegen jedoch auch, dass Biologieunterricht bislang nur geringen Einfluss auf die Entstehung von Arteninteresse ausüben konnte.
Nach TODT (1985 und 1995) wird von Kindern die Beschäftigung mit Pflanzen und Tieren, insbesondere in der Phase ihrer Universalinteressen zwischen dem 6. und 10. Lebensjahr, als besonders befriedigend empfunden. In dieser Phase sind die Interessen von Kindern noch nicht durch andere „Reizfelder" (Interessenangebote) besetzt, wie das bei älteren Jugendlichen oft der Fall ist.

Ansätze zur Förderung formenkundlichen Interesses und Wissens[87]

Zur Frage, wie Interesse an Pflanzen und Tieren geweckt und formenkundliches Wissen von nachhaltiger Dauer erworben werden könnte, gibt es bislang nur wenige Untersuchungen. TODT (1995) und LÖWE (1992 c) konnten zeigen, dass das Interesse an Pflanzen und Tieren in der 5. Jahrgangsstufe einen gewissen Höhepunkt erreicht und anschließend wieder abnimmt. Lehrkräfte der Grundschule und Unterstufe sollten sich dessen bewusst sein und die altersbedingte Bereitschaft der Kinder, sich interessiert mit Pflanzen und Tieren zu beschäftigen, zur Anbahnung von Formenkenntnissen nutzen.
Als mögliche Ursachen für die formenkundlichen Defizite werden nach dem heutigen Kenntnisstand vornehmlich 3 Tatbestände verantwortlich gemacht:

(1) Unzureichende Naturbegegnung im Alltag; darauf weisen die Ergebnisse einer Analyse von BERCK & KLEE (1992) hin.
(2) Mangelndes Interesse am Kennenlernen von Pflanzen und Tieren. BERCK & GRAF (2010) machen dafür u. a. die Vielzahl von Erlebnisräumen verantwortlich, zwischen denen Kinder und Jugendliche heute wählen können. Überdies erfahren Jugendliche durch Beschäftigung mit Pflanzen und Tieren in der Gruppe Gleichaltriger keine besondere Anerkennung.
(3) Didaktik des formenkundlichen Unterrichts. Dieser wird – namentlich an weiterführenden Schulen – vielfach immer noch so betrieben, wie ihn die Studierenden an der Universität in den sog. Bestimmungsübungen kennengelernt haben, wo es hauptsächlich darauf ankommt, den Namen einer Pflanze / eines Tieres herauszufinden und die taxonomische Einordnung in das natürliche System zu ermitteln.

KILLERMANN & SCHERF (1986) sowie BERCK & GRAF (2010) schlagen zur Anregung des Interesses an Pflanzen und Tieren und zum Erwerb von Formenkenntnissen im Rahmen des Unterrichts folgende Maßnahmen vor:

87 Literatur z. B. Baird et al. 1984, Bell 1981, Etschenberg 1983, Gebauer 1994, Gelhaar et al. 1999, Gerhardt-Diercksen 1995, Harvey 1989, Hedewig 1995, Hesse 1984, Löwe 1992a,b,c; Mayer 1992, Ryman 1984, Scherf 1986, Tamir 1985, Trowbridge & Mintzes 1985, Wandersee 1986, Zabel 1995

- In der Grundschule sollte öfters eine ganze Unterrichtseinheit dem Erwerb von Formenkenntnissen gewidmet sein, wobei aus motivationalen Gründen auch spielerische Beschäftigungen mit Pflanzen und Tieren Berücksichtigung finden sollten, z. B. Ratespiele, Quartette, Memorys, Puzzles und dgl.,
- Präsentation und kurze Besprechung einzelner Arten (Pflanzen, Vogelstimmen) im Rahmen der sog. „Fünf-Minuten-Biologie" zu Beginn des Unterrichts,
- Unterrichtsgänge in das Schulgelände, den Schulgarten oder in die Umgebung der Schule,
- wechselnde, an phänologischen Gesichtspunkten orientierte Ausstellungen von Pflanzen und Tieren (Präparate) im Klassenzimmer (Pflanzentisch) oder in Schaukästen des Schulhauses,
- Einbindung formenkundlicher Aspekte in die Behandlung allgemeinbiologischer Themen. Von besonderer Relevanz sind Themen aus der Ökologie (Wiese, Wald, Gewässer, Hecke, Moor, Küstensäume), der Morphologie (Baupläne von Pflanzen und Tieren), der angewandten Biologie (Nutzpflanzen, Nutztiere), der Evolution und Ethologie,
- Ausweitung eines an einem Exemplum erarbeiteten Sachverhalts (z. B. Grundbauplan eines Insekts am Beispiel des Maikäfers) auf andere Vertreter dieser Tierklasse (Orientierungswissen), z. B. Käfer, Schmetterlinge, Libellen, Hautflügler.

Berck & Klee (1992) haben auf der Grundlage einer Analyse sowie von Hinweisen aus der Literatur ein Modell entwickelt, „wie Interesse an und Handeln mit frei lebenden Arten zu entstehen vermag". Diesem sog. „Siebenschrittmodell" zufolge (vgl. Abb. 84), würde die Genese von Arteninteresse vornehmlich durch eigene Naturbegegnungen angeregt, von denen eine gewisse Faszination ausgeht (z. B. eine erste Begegnung mit einem Laubfrosch). Solche Naturbegegnungen könnten von Kindern in der Phase der Universalinteressen (TODT 1995) als befriedigend empfunden und erlebt werden, was den Wunsch zur Folge haben könnte, sich aus eigenem Antrieb mit Pflanzen und Tieren zu beschäftigen und Wissenswertes über sie zu erfahren – vorausgesetzt, dass der Zugang zu Arteninteresse nicht schon durch andere Reizfelder (z. B. Computerspiele) besetzt ist.

Basierend auf Erkenntnissen der Lehr-Lernforschung über Effekte situierten Lernens, vor allem aber auf Befunden zum kontextabhängigen Lernen von Naturwissenschaft (Häussler & Hoffmann 1995) haben Starosta & Goller (2002) eine größere explorative Studie durchgeführt, die in Erfahrung bringen sollte, wie ein kontextbezogener, situierter formenkundlicher Unterricht sich auf den Erwerb von Formenkenntnissen auswirkt. Vorrangiges Ziel dieser Studie war es, zu erkunden, innerhalb welcher Kontexte Schüler / innen bereit sind, sich interessiert auf das Kennenlernen pflanzlicher und tierischer Formen einzulassen, und inwieweit instruktionale Maßnahmen des situierten Lernens, das auf den Erwerb bedeutungshaltigen und transferierbaren Wissens fokussiert, geeignet sind, die Formenkenntnis entscheidend zu verbessern.

Analog zu den Befunden aus der Physik, gingen die Autoren von der Annahme aus, dass die Einbindung formenkundlicher Lerninhalte in entsprechende Kontexte,

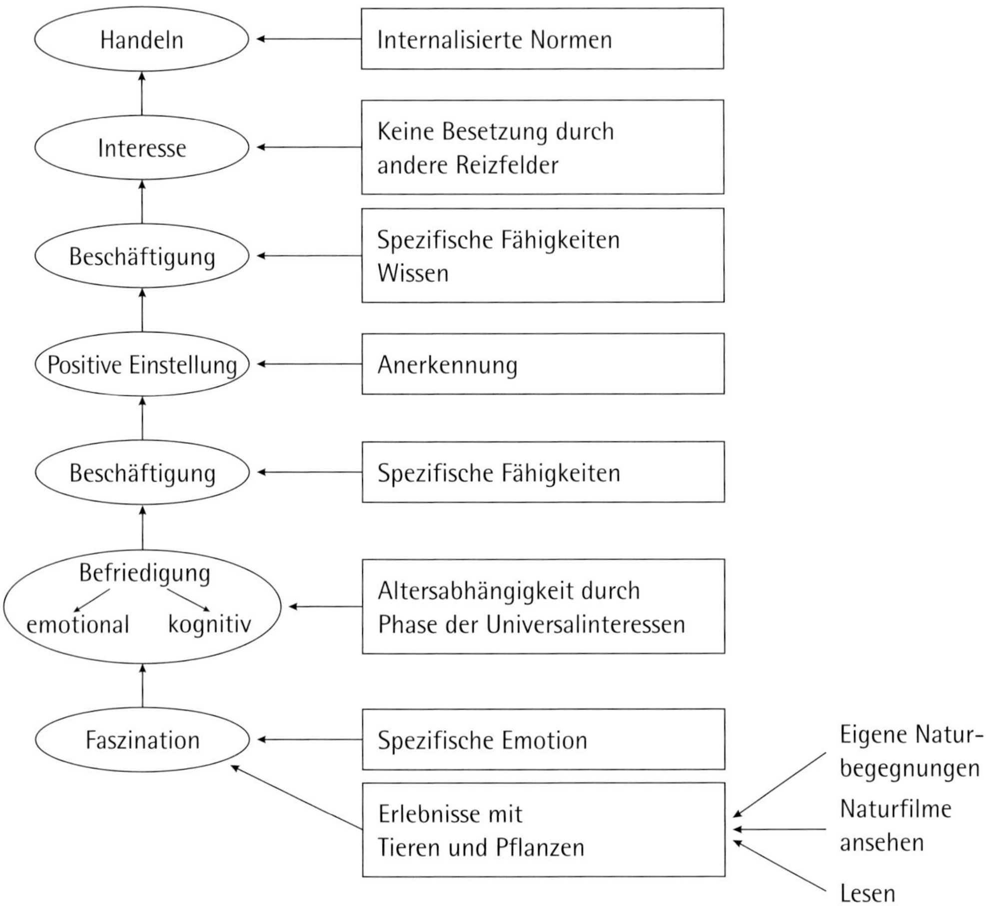

Abb. 84: Modell zur Genese von Arteninteresse; Siebenschrittmodell – von der Faszination zum Handeln; Pfeile: „führt zu" (aus BERCK & KLEE 1992)

die Schülerinnen und Schülern interessant und bedeutungshaltig erscheinen, den Aufbau formenkundlichen Wissens erfolgreich unterstützen. Aufgrund fachlicher Überlegungen und umfangreicher Befunde aus der Literatur zum Interesse an Pflanzen und Tieren kann davon ausgegangen werden, dass für das Kennenlernen pflanzlicher und tierischer Formen die folgenden Kontexte von Relevanz sind:

- aus fachlicher Perspektive: ein *systematisch-morphologischer Kontext,*
- aus fachlicher und gesellschaftlicher Perspektive: *ein ökologisch-umweltlicher Kontext,*
- aus pädagogisch-didaktischer Perspektive sowie aus der Interessenlage der Schüler / innen: vornehmlich ein *lebensweltlicher Kontext.*

Abb. 85 gibt das Ergebnis der Analyse des Interesses am Kennenlernen pflanzlicher und tierischer Formen wieder, ausgeführt mit 319 Schülerinnen und Schülern einer 5., 6. und 7. Jahrgangsstufe des Gymnasiums. Die Analyse wurde mittels eines Fragebogens durchgeführt, in dem die Schüler / innen zu entsprechenden Items auf einer 4-stufigen Ratingskala Stellung nehmen mussten (1 = gar nicht gern,

4 = sehr gern). Die Analyseergebnisse zeigen, dass das Interesse am Kennenlernen von Pflanzen und Tieren sowohl im lebensweltlichen als auch ökologisch-umweltlichen Kontext im Mittel groß, im systematisch-morphologischen Kontext eher gering ist. Der Unterschied ist höchst signifikant ($p \leq 001$). Entsprechend der Interessenlage der Schüler/innen sind daher auch die kontextabhängigen formenkundlichen Lerngewinne und Behaltenseffekte in einem lebensweltlichen Kontext am größten, in einem systematisch-morphologischen am geringsten; die Unterschiede sind höchst signifikant (s. Abb. 85).

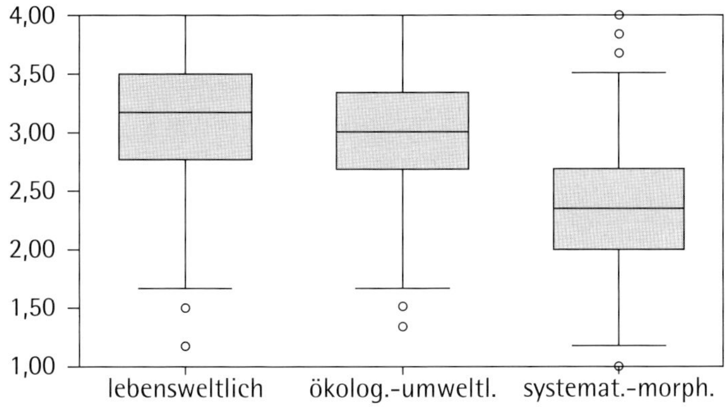

Abb. 85: Verteilung der mittleren Likert-Skalenwerte für das Merkmal „Interesse an Arten und Formen" im jeweiligen Kontext

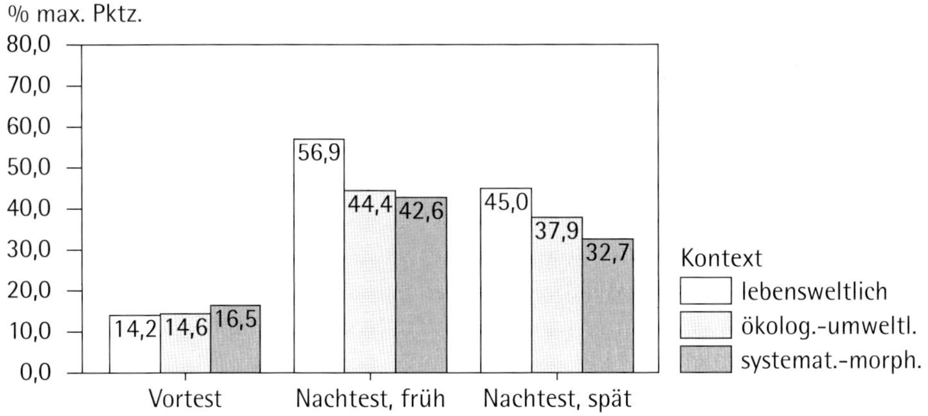

Abb. 86: Mittlere Prozentwerte der maximal erreichbaren Testpunktzahlen vor und nach dem formenkundlichen Unterricht, aufgeschlüsselt nach Kontexten

Das Kennenlernen von Pflanzen und Tieren sollte sich daher im formenkundlichen Unterricht bevorzugt an deren lebensweltlicher (z. B. Nutzen für den Menschen, Bezüge zur Kultur, Brauchtum, Herkunft des Namens usw.) und/oder ökologisch-umweltlicher Bedeutung orientieren (z. B. Beziehungen zu anderen Lebewesen, Angepasstheit etc.). Systematisch-morphologische Aspekte sollten nur in dem Umfang berücksichtigt werden, wie sie zur Erklärung ihrer ökologischen Funktion (z. B. Hebelmechanismus des Wiesensalbeis) oder für das Wiedererkennen einer bestimmten Form im Freiland erforderlich sind (GOLLER 2001).

Formenkunde im Unterricht

Das Kennenlernen pflanzlicher und tierischer Formen ist zwar ein wichtiger Lerninhalt des Biologieunterrichts, aber kein eigenständiges Thema der Allgemeinen Biologie. Formenkundliche Lerninhalte sind daher einzubinden in diejenigen Themenkreise, für deren Behandlung konkrete Beispiele aus dem Pflanzen- oder Tierreich erforderlich sind. Dies trifft in besonderem Maße für Themen aus der Ökologie zu. So lassen sich die Lebensräume Wiese, Wald, Wasser, Hecke, die bereits ein Thema des Sachunterrichts der Grundschule sind, am anschaulichsten durch deren typische Vertreter charakterisieren. Die Lehrpläne aller Schularten sehen daher für die Behandlung dieser Themen das Kennenlernen einiger *kennzeichnender Pflanzen und Tiere* dieser Lebensräume vor sowie Unterrichtsgänge ins Freiland.
In der *Grundschule* kann das Kennenlernen von Formen mit dem Ordnen nach bestimmten Kriterien verknüpft werden, z. B. nach Blattform, Blütenfarbe, Blütezeit, nach ökologischen Kategorien, wie Frühblüher, Wiesenblumen, Gartenvögel, oder nach anwendungsbezogenen Gesichtspunkten, wie Obst- und Gemüsearten, Getreidearten, Heil- und Gewürzkräuter. Die *Auswahl der Pflanzenarten* sollte sich nach STICHMANN & STICHMANN-MARNY (1992) – vornehmlich in der Grundschule und Unterstufe – bevorzugt an folgenden Kriterien orientieren:

(1) Häufigkeit: Arten, die am Schulort und in der Umgebung der Schule häufig anzutreffen sind,
(2) Auffälligkeit: Pflanzen, die durch ihr Erscheinungsbild besonders auffällig sind;
(3) Bedeutung für den Menschen: Pflanzen, die als Nutz- oder Zierpflanzen oder als Bioindikatoren wichtig sind,
(4) Rolle der Überlieferung: Pflanzen, die in der Mythologie, der Kultur oder im Brauchtum eine besondere Rolle spielen,
(5) Eignung als Beispiel für andere unterrichtliche Sachverhalte: Pflanzen, die für morphologische Merkmale (z. B. Bau der Blüte), systematische Gruppen, Metamorphosen, ökologische Angepasstheit oder physiologische Prozesse exemplarisch sind.

In der *5./6. Jahrgangsstufe* ist in vielen Lehrplänen die Behandlung des Körperbaus und der Lebensweise von Wirbeltieren sowie des Grundaufbaus einer Blütenpflanze vorgesehen. Durch Vergleich kennzeichnender Merkmale ausgewählter Vertreter z. B. aus der Klasse der Säugetiere bzw. der zweikeimblättrigen Blütenpflanzen lassen sich Verwandtschaftsbeziehungen erkennen und Kriterien für das Einordnen von Organismen in ein phylogenetisches System erarbeiten. So könnte z. B. eine Aufgabe darin bestehen, ausgewählte Säugetiere aus der Ordnung der Beutegreifer, z. B. Dachs, Luchs, Braunbär, Fischotter, Wolf, Eisbär, Löwe und Fuchs, aufgrund von Verwandtschaftsmerkmalen den Familien der Marder, Hun-

de, Bären und Katzen zuzuordnen und aus den systematischen Kategorien Art, Familie, Ordnung, Klasse ein einfaches phylogenetisches System der Klasse der Säugetiere nach dem Muster von Abb. 83 zu erstellen.
Eine analoge Aufgabe ließe sich auch mit originalen Pflanzen durchführen: Im Mai/Juni blühen auf Wiesen und an Waldrändern Scharfer und Wolliger Hahnenfuß, Klatschmohn, Schöllkraut, Taubnessel, Wiesensalbei, Augentrost, Gamander-Ehrenpreis. Durch Vorgabe der Namensliste sollen die Schüler/innen unter Zuhilfenahme eines Pflanzenführers (z. B. Spohn, Golte-Bechtle & Spohn 2015).

- den Pflanzen den richtigen Namen zuordnen,
- ihre Familienzugehörigkeit ermitteln,
- herausfinden, in welchen Merkmalen sie große Übereinstimmung zeigen (Bau der Blüte, Blattform, Blattstellung),
- allgemein Wissenswertes und lebensweltlich Interessantes über sie erkunden (dazu sollten auch andere Pflanzenbücher und, soweit im Klassenzimmer verfügbar, auch das Internet herangezogen werden),
- die Pflanzen nach dem Muster von Abb. 87 in ein phylogenetisches System einordnen, wobei die Namen der Ordnung, Klasse und Abteilung anzugeben und die vorerst leeren Kästchen für die Arten und Familien von den Schülerinnen und Schülern auszufüllen wären.

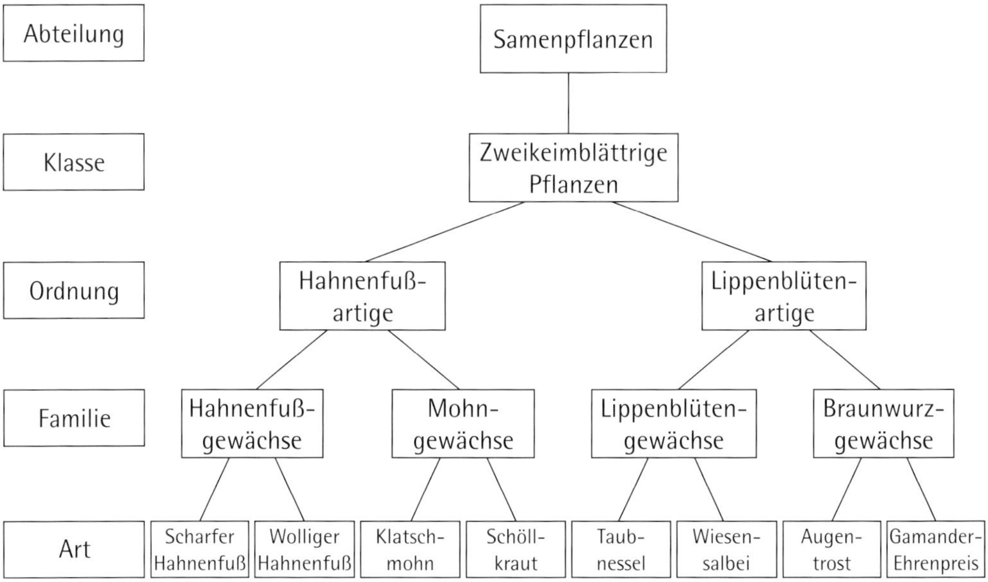

Abb. 87: Beispiel für die Einordnung von Blütenpflanzen in ein phylogenetisches System

Die Ausweitung des formenkundlichen Wissens über Pflanzen beschränkt sich in der Unterstufe in der Regel auf das Kennenlernen einiger weniger Vertreter ausgewählter Pflanzenfamilien, wie z. B. der Hahnenfuß-, Kreuzblüten-, Lippenblüten-,

Schmetterlingsblüten- und Korbblütengewächse, sowie deren kennzeichnende Merkmale.
Eine vertiefte Beschäftigung mit einer einzelnen Pflanzenfamilie könnte auch in Form eines Projekts erfolgen, das unabhängig vom laufenden Unterricht über einen längeren Zeitraum und überwiegend außerhalb der Unterrichtszeit durchgeführt wird. So könnten z.B. die Schüler/innen im Rahmen eines Projekts über Rosengewächse

- von ausgewählten Vertretern Steckbriefe anfertigen und ein Herbar anlegen,
- Sträucher und Bäume aus der Familie der Rosengewächse mithilfe von Lexika und des Internets kurz charakterisieren und deren Blätter pressen,
- verschiedene Fruchttypen der Rosengewächse sammeln, zeichnen und sich über deren Verwendung kundig machen,
- sich in Lexika und im Internet sowohl über die biologische als auch kulturelle und wirtschaftliche Bedeutung der Rosengewächse informieren.

Auch *phänologische Beobachtungen* im Freiland und fotografische Dokumentationen von Pflanzen, Tieren (z.B. Libellen bei der Eiablage, Nektar saugende Schmetterlinge) oder überschaubaren Biozönosen (z.B. vergesellschaftete Pflanzen des Trockenrasens, Waldrandes, Gewässers etc.) fördern das Interesse an Pflanzen und Tieren und tragen zum Erwerb von Formenkenntnissen bei.
In der *Mittelstufe* sollen die Schüler/innen in der Regel auch einige auffällige und häufig vorkommende Vertreter aus anderen Formengruppen kennenlernen: Laub- und Nadelgehölze, Farne, Moose, Pilze, Gliederfüßer (insbesondere Insekten), Weichtiere, einzellige Lebewesen. In vielen Fällen reicht es dabei aus, wenn bestimmte Organismen aus diesen Gruppen nur mit dem Namen einer höheren systematischen Kategorie benannt werden, wie z.B. Laubmoos, Lebermoos, Laufkäfer, Köcherfliegenlarve, Großlibellenlarve, Nacktschnecke, Fadenalge usw.

Methodische Anregungen und Lernhilfen für den formenkundlichen Unterricht

Vorrangiges Ziel formenkundlichen Unterrichts sollte es sein, Schüler/innen anzuleiten, in Partnerarbeit oder in Kleingruppen Pflanzen und Tiere möglichst im Freiland zu entdecken, diese mittels einfacher Erkennungshilfen zu identifizieren und zunächst ihren Namen zu ermitteln. Um den Naturobjekten eine Bedeutung zu verleihen, ist es wichtig, dass die Schüler/innen darüber hinaus auch noch etwas biologisch oder ökologisch-umweltlich oder lebensweltlich Bedeutsames in Erfahrung bringen, damit ihnen die Beschäftigung mit Arten und Formen lohnenswert und wichtig erscheint. Andernfalls verlieren Schüler/innen das Interesse am Bestimmen, und die Namen geraten schnell in Vergessenheit.
Zur motivationalen Einstimmung auf eine mit formenkundlichen Übungen verbundene Unterrichtseinheit haben sich nach unseren Erfahrungen selbst angefertigte *Beobachtungsbögen* bewährt, auf denen einige ausgewählte, im Freiland mit Sicherheit anzutreffende und leicht zu entdeckende Pflanzen und Tiere abgebildet sind. Im Falle eines Unterrichtsganges zu einem Schulteich könnten das

z. B. folgende Objekte sein: Wasserschwertlilie, Rohrkolben, Kalmus, Fieberklee, Teichrose, Krebsschere, Wasserfrosch, Teichmolch, Spitzschlammschnecke, Tellerschnecke, Rückenschwimmer, Wasserläufer, Azurjungfer, Plattbauch- und Vierflecklibelle. Aufgabe der Schüler/innen ist es lediglich, nach den abgebildeten Formen Ausschau zu halten, die entdeckten Objekte im Beobachtungsbogen anzukreuzen und anschließend über ihr Erscheinungsbild kurz zu berichten.
Für das schnelle und vor allem sichere Identifizieren von krautigen Pflanzen und Kleintieren, z. B. eines Gewässers oder des Waldbodens, haben sich in der Praxis sowohl in der Grundschule als auch in weiterführenden Schulen sog. *Steckbriefe* bewährt. Für krautige Pflanzen sollten diese möglichst farbig ausgefertigt sein, da die Blütenfarbe ein wichtiges Erkennungsmerkmal ist. Auf der Vorderseite des Steckbriefes sollte das Naturobjekt deutlich abgebildet sein; auf der Rückseite wird dieses kurz beschrieben bezüglich seines Namens, der Zugehörigkeit zu einer systematischen Kategorie, einiger weniger Kennzeichen und des Vorkommens. Ferner sollte die Beschreibung auch noch Hinweise auf allgemein Interessantes und Wissenswertes im Sinne der Formenkunde enthalten (s. Abb. 88). Die Steckbriefe können in Folie eingeschweißt und in einem Ringheft abgelegt werden.

Bunte Kronwicke
(Coronilla varia)

Familie: Schmetterlingsblütengewächse *(Fabaceae, Leguminosae)*

Kennzeichen:
- Pflanze 30–80 cm hoch
- Blätter unpaarig gefiedert mit 6–11 Paaren von Teilblättern
- Stängel niederliegend-aufsteigend
- Blüte: 12–20 Blüten in kopfig-doldigem Blütenstand, um 1,2 cm lang, weißlich bis rosarot, an eine Krone erinnernd

Blütezeit: Juni–September

Vorkommen: Trockengebüsche, Wege

Wissenswertes:
- Die Bunte Kronwicke wird nicht selten an Böschungen angesät, weil sie durch ihre Wurzelknöllchen den Boden verbessert, das heißt indirekt mit Stickstoffsalzen anreichern kann (Knöllchenbakterien)
- enthält u. a. Coronillin und Alkaloide (giftig)
- Fiederblättchen werden nachts nach oben geklappt
- Blüte sondert an der Außenseite des Kelches Nektar ab

Abb. 88: Beispiel eines Pflanzensteckbriefs: Vorder- und Rückseite des Steckbriefs der Bunten Kronwicke (Coronilla varia L.) (Abbildung aus SCHAUER & CASPARI BLV Pflanzenführer)

Zur Bestimmung von Pflanzen und Tieren eignen sich auch die für den formenkundlich interessierten Laien angebotenen *Pflanzen- und Tierführer*, wobei Ausgaben mit gezeichneten Abbildungen gegenüber solchen mit nur fotografierten zu bevorzugen sind. Pflanzenführer sind zumeist mit einem einfachen Schlüssel versehen, der den Nutzer über die Merkmale „Blütenform" und „Blütenfarbe" in den Seitenbereich der zu identifizierenden Pflanze führt. Um das Auffinden zu beschleunigen und vor allem sicherer zu machen, empfiehlt es sich, die Namen

der im Freiland zu entdeckenden Pflanzen vorzugeben mit der Auflage, sich deren Aussehen zuerst im Pflanzenführer gut einzuprägen und diese dann im Freiland zu suchen.
Viele unserer heimischen Laubgehölze lassen sich eindeutig über die Form der Blätter und das Muster ihrer Aderung identifizieren. Als Erkennungshilfen eignen sich *Fotokopien von der Unterseite originaler Blätte*r (s. Abb. 89).

Abb. 89: Fotokopien von der Blattunterseite des Bergahorns und der Hasel

Ein stärker an einer wissenschaftlichen Methode orientiertes Verfahren zur Bestimmung von Pflanzen und Tieren ist die Verwendung eines *dichotome*n Schlüssels. Hierbei ist über ein bestimmtes Merkmal eine Entscheidung zu treffen, ob dieses zutrifft oder nicht. Die Aussage über das Merkmal wird gleichsam in zwei Teile gespalten, was griechisch als *dichotomos* bezeichnet wird. Da die Artenzusammensetzung von Ort zu Ort verschieden ist, empfiehlt es sich, solche Schlüssel (auch unter Einbeziehung der Schüler / innen) selbst anzufertigen, wobei insbesondere am Lernort mit Sicherheit vorkommende, auffällige und eindeutig bestimmbare Arten und Formen Berücksichtigung finden sollten. Abb. 30 in Kapitel 5.3.6 zeigt ein Beispiel eines vereinfachten dichotomen Schlüssels zur Bestimmung heimischer Nadelgehölze.
Um eine Pflanzen- oder Tierart zu bestimmen, orientieren sich Fachwissenschaftler und Lerner an bestimmten Merkmalen. Dabei sind die von Lernern benutzten Merkmale zur exakten Artbestimmung häufig nicht zielführend. Affeldt, Groß & Stahl (2012) untersuchten in einer qualitativen Studie mit 10–15-jährigen Schülern / innen des Gymnasiums, wie unter Anwendung des *Modells der Didaktischen Rekonstruktion* Vorstellungen von Fachwissenschaftlern und Lernern bei der Ansprache von Arten miteinander in Beziehung gebracht werden könnten, um daraus Leitlinien für die Gestaltung von Bestimmungsinstrumenten zu entwickeln. Das dafür in Betracht kommende Prozessmodell der *Artansprache* setzt sich aus drei Komponenten zusammen: Zeichen (Text, Grafik), Vorstellung (Konzept, Begriff) und Referenten (Pflanzen, Tiere).
Bei der *Artansprache* von z. B. marinen Muscheln spielen dabei die Zähne des Schlosses und die Mantellinie eine wichtige Rolle, die von Lernern nicht verstanden werden und daher im Rahmen der *Didaktischen Strukturierung* entsprechend

verständlich gemacht werden müssten. Bei der *Artansprache* von z. B. Bäumen an Hand der Blätter kommt es maßgeblich darauf an, ein einfaches von einem zusammengesetzten Blatt unterscheiden zu können. Ein wichtiges diesbezügliches Merkmal ist der Blattstiel, der an seiner Ansatzstelle zum Zweig immer verbreitert ist und in seiner Achsel eine Knospe birgt. Dieses Merkmal müsste in didaktisch strukturierten Hilfestellungen deutlich zum Ausdruck gebracht werden.
Über die genannten Beispiele hinaus gibt es noch verschiedene andere methodische Möglichkeiten und Hilfsmittel zum Kennenlernen von Formen:

- Erstellung einer *phänologischen Dokumentation* über ausgewählte, häufig vorkommende Arten einer Lebensgemeinschaft, z. B. Pflanzen des Magerrasens, Waldrandes, Ufersaumes, oder über ein einzelnes Naturobjekt, z. B. Entwicklung der Kirschblüte von der Knospe bis zur Frucht, Entwicklung eines Froschlurchs vom Ei bis zum fertigen Tier,
- Identifizierung von Singvögeln unter Zuhilfenahme von *Tonträgern*,
- Rückschlüsse auf die Anwesenheit bestimmter Tiere aufgrund verschiedener Spuren: *Suchen und Interpretieren von Tierspuren* (s. Kapitel „Naturnahe Lebensräume“: Wald),
- Kennenlernen von Pflanzen anhand ihrer Düfte: Proben von Pflanzenduftstoffen entsprechenden Abbildungen zuordnen: *Duftorgel*,
- Tier- und Pflanzenbilder aus Kalendern, Zeitschriften, Prospekten etc. sammeln, ins Schulheft einkleben und kurz beschreiben lassen.

10.4 Bau, Leistung und Umwelt: die Angepasstheit der Lebewesen[88]

Hand in Hand mit dem Erwerb von Artenkenntnissen sollte der Schüler/ die Schülerin Bau und Baueigentümlichkeiten einzelner ausgewählter Lebewesen näher kennenlernen. Ein wesentlicher Gesichtspunkt bei der Erarbeitung ist das Erfassen von Beziehungen zwischen Bau, Leistung und Umwelt.

10.4.1 Grundlegende Sachverhalte

Alle Lebewesen sind ihrem Lebensraum, ihrer Umwelt angepasst. Ein Fisch ist dem Medium Wasser angepasst, die Schwalbe der Fortbewegung in der Luft, der Maulwurf dem Leben unter der Erde. Beim Fischotter und noch ausgeprägter bei Walen ist der Säugerbauplan im Hinblick auf das Wasserleben stark abgewandelt. Kamele zeigen Anpassungserscheinungen an trockene, Rentiere an kalte Regionen. Auch bei Pflanzen sind solche Erscheinungen auffällig. Die Schafgarbe, die Hauswurz oder die Kakteen sind Beispiele für das Angepasstsein an trockene Lebensräume, die Sumpfdotterblume, die Teichrose oder die Wasserpest für das Gedeihen unter feuchten Umweltbedingungen bzw. im Wasser.

88 Literatur z. B. Eschenhagen, Kattmann & Rodi 1992, Kähler 1991, Müller 2003, Rüther 1988 u. 1992

Eng verknüpft mit den Beziehungen zwischen Organismus und Umwelt sind die Zusammenhänge zwischen Bau, Lebensweise und Leistung. Die Gestalt des Habichts steht in Einklang mit seinem Leben als Greifvogel, die des Spechts mit seiner Fähigkeit, Nahrung unter der Baumrinde hervorzuholen. Der Karpfen als ein Friedfisch ist anders gebaut als der räuberisch lebende Hecht.
Auch jedes einzelne *Organ* oder *Organsystem* zeigt diese Beziehung zwischen Bau und Leistung, zeigt die *Zweckmäßigkeit* biologischer Strukturen; von der Funktion her wird der Bau verständlich. Das Fleischfressergebiss des Fuchses kann gut Beute packen und Fleisch zerreißen, das Pflanzenfressergebiss des Rindes ist geeignet zum Zerkauen von Grünfutter; auch der Verdauungstrakt beider Tiere ist unterschiedlich gestaltet und der Tier- bzw. Pflanzennahrung angepasst (vgl. auch Abb. 77). Beim Grabfuß des Maulwurfs sind die Vordergliedmaßen ganz anders gestaltet als bei den Flügeln der Fledermaus, und doch handelt es sich nur um Abwandlungen desselben Grundbauplans einer Säugerextremität, deren biologischer Sinn unschwer zu erschließen ist.
Die Fortpflanzungsorgane von insekten- und windbestäubten Pflanzen sind an diese unterschiedlichen Bestäubungsarten besonders angepasst: auffällig gefärbte, duftende Blüten mit Nektar auf der einen Seite, viel Pollen, lockere Staubbeutel, unauffällige Blüten auf der anderen. Frühblüher verfügen über unterirdische Wasser- und Nährstoffspeicher, z. B. Zwiebeln, Rhizome etc., die nach der kalten (in tropischen Gegenden nach der trockenen) Jahreszeit ein rasches Austreiben und Blühen ermöglichen. Die Frühblüher im Biotop Laubwald sind in besonderer Weise auch an die jahreszeitlich wechselnden Lichtverhältnisse am Waldboden angepasst. Verhaltensweisen wie Vogelzug oder Winterschlaf sind ebenfalls Anpassungserscheinungen an wechselnde Jahreszeiten. Die Beispiele, die in der Regel auch gut für den Unterricht geeignet sind, ließen sich beliebig fortsetzen.
Die Ausbildung ähnlicher Körperformen und Funktionen bei systematisch nicht verwandten Arten, die unter ähnlichen Umweltbedingungen leben, veranschaulicht ebenfalls augenfällig die genannten Zusammenhänge zwischen Bau, Leistung und Umwelt und damit das Phänomen der Angepasstheit. Man spricht von *Konvergenzerscheinungen*. Beispiele hierfür sind etwa die ähnliche Körperform bei Maulwurf, Goldmull (Afrika), Beutelmull (Australien) und heimischer Maulwurfsgrille, bei Fisch, Wal und Pinguin, bei amerikanischen Kakteen und afrikanischen Wolfsmilchgewächsen etc. (vgl. auch Abb. 90 und 91)
Diese Phänomene zeigen, dass ein Lebewesen für die Existenz in einer bestimmten Umwelt biologisch sinnvoll bzw. zweckmäßig ausgestattet ist, dass es damit auch eine sog. *ökologische Nische* ausfüllt. Der Begriff ökologische Nische bedeutet nicht einen festgelegten räumlichen Standort, sondern er beschreibt die speziellen Ansprüche einer Art an ihre Umwelt sowie die Formen der Umweltnutzung durch eben diese Art.
Die Beziehungen zwischen Bau, Leistung und Umwelt werden mit der Frage nach dem biologischen Sinn oder der arterhaltenden Funktion einer Erscheinung, nach ihrer Zweckmäßigkeit – wozu dient das, wozu ist das gut – erschlossen. „In der Biologie sind Fragen nach dem Zweck nicht nur legitim, sondern von größtem heuristischem Wert" (Penzlin 1994, S. 84). Markl (1987) betont, dass die Zweckhaf-

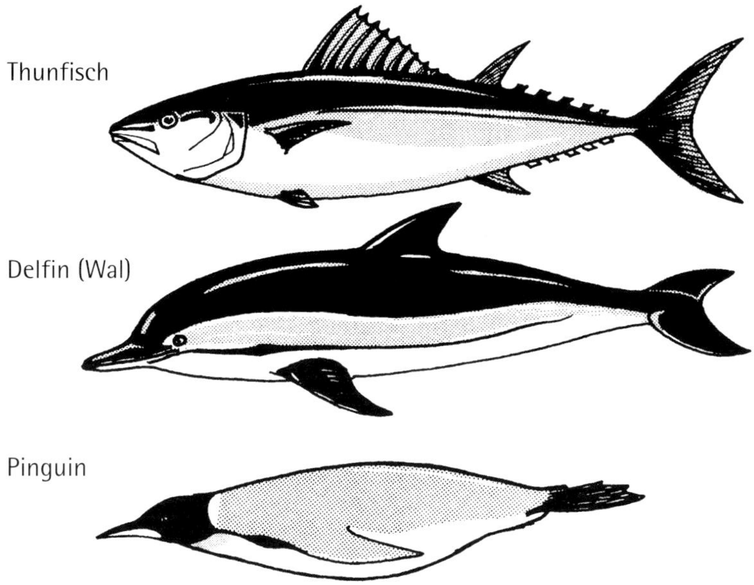

Abb. 90: Konvergenz bei Tieren: Fisch – Säuger – Vogel. Strömungsgünstige Körperform (vgl. OSCHE 1981)

Abb. 91: Konvergenz bei Pflanzen: Kaktee – Wolfsmilchgewächs – Korbblütler. Stammsukkulenz

tigkeit der Organisation eine grundsätzliche Perspektive des Lebendigen darstellt. „Man kann die Duftstoffe von Blütenpflanzen bis in jedes beliebige molekulare Detail hinein analysieren – und versteht dennoch sozusagen nur die Hälfte dessen, was sie sind und warum sie gerade so existieren, wenn man nicht auch mit einbezieht, wozu sie da sind, welchen Zweck sie erfüllen." Es handelt sich um teleonome Fragestellungen bzw. Erklärungsweisen (vgl. Kap. 2.2 und PENZLIN 2007, S. 10). Sie gehen in der Regel Fragen nach den Ursachen einer Erscheinung voraus, befruchten und ergänzen sie. Diese Fragen nach den Ursachen der Angepasstheit betreffen eine andere, nämlich die kausale Ebene. Die Antworten hierzu sind im Evolutionsprozess zu suchen, im Zusammenwirken von Mutation, Rekombination, Variabilität, Selektionsvorteilen, Änderungen am Genpool von Populationen usw.

10.4.2 Didaktische Bedeutung

- Die Frage nach dem biologischen Sinn, nach der Zweckmäßigkeit einer Struktur oder Erscheinung, nach dem Wozu, spielt in der wissenschaftlichen Biologie zur Deutung vieler Phänomene eine wichtige Rolle. Sie ist damit auch für den Biologieunterricht von großer Bedeutung.
- Angepasstsein, zweckmäßiges Zusammenwirken vieler Teilstrukturen und -prozesse sind Grundphänomene lebender Systeme, mit dem die Schüler/innen auf jeden Fall vertraut gemacht werden sollten. Bau und Gestalt eines Lebewesens oder Organs werden von der Funktion her leichter und besser verständlich. Schon JUNGE und SCHMEIL wiesen deshalb darauf hin, wie wichtig es sei, im Biologieunterricht Zusammenhänge zwischen Bau und Leistung bei Lebewesen bzw. Organen herauszustellen (= funktionell-morphologische Betrachtungsweise).
- Die unterrichtliche Auseinandersetzung mit Fragen des Angepasstseins fördert die intensive Beschäftigung mit Naturobjekten, verlangt nach originaler Begegnung, fördert fachgemäße Arbeitsweisen, wie Beobachten, Untersuchen, Vergleichen etc., und macht ggf. Unterrichtsgänge notwendig.
- Das genannte Erschließen von Beziehungen fördert in gleicher Weise problemorientiertes Vorgehen und damit verbunden Selbsttätigkeit der Schüler/innen, Gruppenarbeit, Lernen an Stationen etc. So werden allein vom Thema her moderne schülerzentrierte Vorgehensweisen angeregt.
- Themen zur Angepasstheit sind eng mit anderen wichtigen Teilgebieten der Biologie verknüpft, etwa mit ökologischen Fragen, zum Beispiel Nutzung von Lebensräumen durch verschiedene Arten, Einnischung, Artenzusammensetzung von Lebensgemeinschaften, Populationsdichte usw. Die Autökologie, Teilgebiet der Ökologie, beschäftigt sich u. a. speziell mit Anpassungserscheinungen. In gleicher Weise bestehen enge Verbindungen zu Themen der Evolution (vgl. oben).
- Schließlich bestehen auch Zusammenhänge mit tier- und pflanzengeografischen Themen, zum Beispiel bei der Charakterisierung von Fauna und Flora ganzer Erdregionen. Die Thematik ist fächerübergreifend.

Aus all den genannten Gründen erscheint es notwendig, dem hier behandelten Thema im Biologieunterricht aller Jahrgangsstufen Aufmerksamkeit zu schenken und die entsprechenden Themen in den Lehrstoff zu integrieren. In den unteren Klassen wird man sich zunächst auf ein Feststellen der Phänomene der Angepasstheit und auf ein Erörtern ihrer biologischen Bedeutung beschränken. Später muss auch auf Erklärungsmöglichkeiten für ihre Entstehung eingegangen werden. Der Aspekt des Angepasstseins darf andererseits nicht überbetont werden und etwa bei der Behandlung fast aller Tier- und Pflanzenarten im Vordergrund stehen. Das würde zur Einseitigkeit und zu einem Vernachlässigen anderer wesentlicher biologischer Phänomene führen. Schließlich kann auch nicht jede Form und jede Lebenserscheinung im Sinne von „zweckmäßig" erklärt werden.

10.4.3 Hinweise zum Unterricht

In den 3. und 4. Jahrgangsstufen der *Grundschule* können einfache *Erscheinungen des Angepasstseins* an ausgewählten Arten erörtert werden. Anhand weniger markanter Beispiele, möglichst aus dem Erfahrungsbereich des Kindes, werden erste Kenntnisse und Einsichten erarbeitet.
Zur Auswahl können als Unterrichtsthemen u. a. vorgeschlagen werden: Maulwurf („Bodentier"), Eichhörnchen („Baumtier"), Forelle („Wassertier"), Ente („Schwimmvogel"), Heidekraut, Mauerpfeffer, Kaktee („Trockenpflanzen"). Zur genaueren exemplarischen Behandlung genügt dabei jeweils eine Art aus dem Tier- und Pflanzenreich. Bei der Beschäftigung mit einem Lebensraum können darüber hinaus auch weitere kennzeichnende Lebewesen mehr oder minder orientierend vorgestellt werden, beim Bach beispielsweise Köcherfliegenlarve, Bachflohkrebs bzw. Schwertlilie, Brunnenkresse, Wasserminze. In diesen unteren Jahrgangsstufen ist es allerdings besonders wichtig, dass die Kinder Tiere und Pflanzen einfach kennenlernen und mit dem Lebensraum in Verbindung bringen.

In den *Jahrgangsstufen 5–10* wird an weiteren Beispielen das Thema *Lebewesen und Lebensraum – Gestalt und Leistungen* vertiefend behandelt, etwa bei Vögeln, Amphibien, Fischen oder bei Sumpfdotterblume, Seerose, Besenginster, Hauswurz. Das ausgewählte Lebewesen steht dabei unter dem Leitgedanken „Angepasstheit an die Umwelt". Die Betrachtung sollte nicht bei der einzelnen Art stehen bleiben, sondern Tiere bzw. Pflanzen mit ähnlichen Anpassungserscheinungen einbeziehen, um zu allgemeineren Aussagen zu gelangen. Es muss auf die biologische Bedeutung der behandelten Phänomene eingegangen werden, auf ihre Zweckmäßigkeit und damit auf ihre arterhaltende Funktion. Schließlich ist die Verbindung zu ökologischen Themen, z. B. Einnischung, Standort und Lebensgemeinschaft, oder auch zur Geografie zu suchen. Das Aufsuchen entsprechender Standorte im Freien wird empfohlen, etwa Gewässer mit charakteristischen Uferzonen, Trockenmauern, trockene Böschungen etc.
In gleicher Weise gilt das Augenmerk den Beziehungen zwischen Bau und Leistungen einzelner *Organe* bzw. *Organsysteme*. So werden zum Beispiel Zusammenhänge zwischen Nahrungsgrundlage von Tieren, Körperbau und Verdauungsorganen erschlossen. Gebisstypen von Säugern, Schnabelformen von Vögeln etc. geben Anlass zu vergleichenden Betrachtungen und Rückschlüssen auf Nahrung bzw. Nahrungsnischen. Im Pflanzenreich können Beziehungen zwischen Bau und Funktion zum Beispiel vergleichend an Blüten studiert werden, etwa an Obstbaumblüten, die von Insekten bestäubt werden, und Blüten von Gräsern oder

Nadelhölzern, die auf den Wind angewiesen sind. Auch ein Vergleich der Blätter von Pflanzen verschiedener Standorte gibt Einblick in Anpassungserscheinungen und in die Zweckmäßigkeit der Gestaltung verschiedener Organe, zum Beispiel Blattverkleinerung beim Besenginster.

In *höheren Jahrgangsstufen* wird man auch Vertreter wirbelloser Tiere oder der Nacktsamer bzw. Farne in die Betrachtungen über Angepasstheit einbeziehen. Insgesamt gibt es viele Gelegenheiten, um das genannte Thema anzusprechen, etwa Schutzfarben, Mimikry, Vogelzug, Organe des menschlichen Körpers usw. Die Einzelthemen zielen letztlich auf die allgemeine Einsicht, dass Lebewesen an ihren Lebensraum angepasst sind, dass Organismen und ihre Organe zweckmäßig gebaut sind, dass Struktur und Funktion einander bedingen und dass diese Erscheinungen „nützlich" für die Individuen und für die Erhaltung der Art sind. Als Erklärung für ihr Entstehen werden schließlich Prozesse der Evolution erläutert, die über sehr lange Zeiträume abliefen und als deren Ergebnis die jetzige Fauna und Flora mit ihren jeweiligen erfolgreichen Anpassungserscheinungen anzusehen ist.

In der *gymnasialen Oberstufe* nehmen Themen zur Angepasstheit der Organismen in Verbindung mit Fragen der Ökologie und Evolutionsbiologie einen breiten Raum ein. Es geht im Bereich der Ökologie zum Beispiel um Anpassung und Einnischung von Arten, um Fortpflanzungsstrategien, um Konkurrenz, um Wachstum von Populationen und um deren Genpool. Im Rahmen der Evolutionsbiologie taucht das Thema Angepasstheit etwa in Zusammenhang mit Selektionsfaktoren auf, bei der Artbildung, bei der Behandlung von Unterschieden zwischen individueller und genetisch bedingter Anpassung. Ein besonders schönes Beispiel für wechselseitige Anpassung bildet die Koevolution von speziellen Blüten und ihren genau den Blüten angepassten Bestäubern (z. B. Orchideen: Ophrys = Ragwurz-Arten). So können in dieser Stufe im Biologieunterricht auf Grundlage vertiefter Kenntnisse die funktionale und kausale Erklärung für das Angepasstsein der Organismen und für die Zusammenhänge zwischen Bau und Leistung zusammengeführt werden. Zugleich erfahren die Schüler/innen, was funktionales und kausales Erklären biologischer Phänomene bedeutet.

10.5 Umweltbeziehung der Lebewesen (Ökologie) und Umweltbildung

10.5.1 Didaktische Bedeutung ökologischer Themen[89]

In der freien Natur lebt kein Lebewesen für sich allein. Pflanzen und Tiere sind eingebettet in ihre Umgebung, sie sind abhängig von Umweltbedingungen, vom Standort, sie stehen mit anderen Lebewesen in mannigfachen Wechselbeziehungen. Die Ökologie untersucht die Beziehungen der Organismen zu ihrer unbeleb-

89 Literatur z. B. Berck & GRAF 2010, Gehlhaar & Graf 1997, Graf D. 1997, Kratochwil & Schwabe 2001, Sander 2003a,b; Schaefer 2003, Townsend et al. 2003, Wittig & Streit 2004

ten und belebten Umwelt; sie ist im ursprünglichen Wortsinne die Wissenschaft vom Haushalt der Natur (griech. oikos = Haus, Haushalt). Ökologische Forschungen standen lange Zeit in der biologischen Wissenschaft gegenüber morphologisch-systematischen und physiologischen Problemen im Hintergrund, sind aber heute ein wesentlicher Aspekt der modernen Biologie. Das hat seine Ursache auch darin, dass biologische Umweltforschung im Zeitalter einer starken Bevölkerungsvermehrung und vielfältiger Umweltbelastungen als Grundlagenwissenschaft für den Umweltschutz zur absoluten Notwendigkeit geworden ist. Ökologisches Gedankengut wurde schon früh in den Biologieunterricht eingeführt. 1885 schrieb Friedrich Junge sein bekanntes Unterrichtswerk „Der Dorfteich als Lebensgemeinschaft". Seine Vorschläge konnten sich allerdings nicht recht durchsetzen. Die wissenschaftliche Ökologie stand erst am Anfang; so wurden die Lebensgemeinschaften in den Volksschulen in erster Linie ein Stoffanordnungsprinzip. Namhafte Schulbiologen wie Otto Schmeil lehnten diese Betrachtungsweise ab (vgl. Kap. 3.1).

Heute spricht eine ganze Reihe von Gründen dafür, ökologischen Fragen große Aufmerksamkeit im Biologieunterricht aller Schularten zu schenken:

- Dem Schüler/der Schülerin treten Lebewesen in der Regel in ihrem Lebensraum entgegen. Zu einem Naturverständnis kann er/sie erst gelangen, wenn er/sie lernt, sie in dieser natürlichen Umwelt wahrzunehmen. Schülerinnen und Schüler gewinnen damit Einblick in elementare biologische Gegebenheiten und in ein wichtiges Teilgebiet der modernen Biologie.
- Ökologische Kenntnisse sind eine notwendige Voraussetzung für das Verständnis von Umweltproblemen. Sie ermöglichen es, Folgen menschlicher Eingriffe in Ökosysteme eher abzuschätzen und zu verstehen; sie stellen eine wesentliche fachliche Grundlage für nachhaltige Bewirtschaftung, für Umweltschutz und Umweltbildung dar.
- Themen der Ökologie können außerhalb des Schulgebäudes im Freiland bearbeitet werden. Damit verbunden ist handelndes Lernen in authentischen Situationen und Naturerleben. Die unmittelbare Naturbegegnung erleichtert das Begreifen von fachlichen Zusammenhängen und fördert so kognitive wie affektive Fähigkeiten.
- Insgesamt kann sich die Auseinandersetzung mit Themen der Ökologie positiv auf die Einstellung der Schüler/innen zur Natur auswirken und zu einem verantwortungsbewussten Verhalten beitragen.

10.5.2 Grundlegende ökologische Sachverhalte – Hinweise für den Unterricht

Lebewesen stehen mit verschiedenen Faktoren ihrer Umwelt in Beziehung:

- mit den *abiotischen Faktoren*, das sind die Gegebenheiten der unbelebten Umwelt, also physikalische und chemische Faktoren, z.B. Licht, Wärme, Wasser etc.,

- mit den *biotischen Faktoren*, das sind die Gegebenheiten der belebten Umwelt, also alle Wirkungen, die von anderen Lebewesen ausgehen, z.B. Konkurrenz, Feinde, Nahrung etc.,
- mit den *anthropogenen Faktoren*, das sind die umweltverändernden Maßnahmen des Menschen, die sich auf abiotische und biotische Gegebenheiten auswirken.

Die Einzelfaktoren wirken nie isoliert auf die Organismen, sondern sie treten immer als Gesamtheit, als Umwelt, auf. Nahrungsfaktoren können teils dem abiotischen, teils dem biotischen Bereich zugeordnet werden.
Der wissenschaftlichen Ökologie ist heute ein Netzwerk von Beziehungen zwischen den Lebewesen und ihrer Umwelt bekannt. Viele Zusammenhänge sind sehr komplex und nicht leicht durchschaubar. So können für den Biologieunterricht, der jeweiligen Altersstufe entsprechend, nur einzelne Teilaspekte herausgegriffen und veranschaulicht werden. Außerdem sind Artenkenntnisse Voraussetzung für das Verständnis vieler ökologischer Gegebenheiten. Ganze Ökosysteme zu behandeln, ist eine sehr anspruchsvolle Aufgabe, zumal in Stoffkreisläufen Mikroorganismen eine wesentliche Rolle spielen; man wird deshalb solche Themen der Mittel- bzw. Oberstufe vorbehalten. Es erscheint aber durchaus sinnvoll, von der Grundschule an Einblicke in ökologische Beziehungen anzubahnen.
Grundlegende Begriffe, die in Zusammenhang mit ökologischen Fragen in Lehrplänen und Schulbüchern immer wieder auftauchen, sind u.a.: Biotop (Lebensraum), Biozönose (Lebensgemeinschaft), Ökosystem.
Für diese Begriffe gibt es verschiedene Definitionen, wobei hier knappen Aussagen der Vorzug gegeben wird[90]. *Biotop* ist der Lebensraum einer *Biozönose*. Unter Biozönose verstehen zum Beispiel WEHNER und GEHRING (1995) „Vergesellschaftungen von mehreren Organismenarten (Pflanzen- und/oder Tierarten), die miteinander in gegenseitigen Wechselbeziehungen stehen." Ein Ökosystem setzt sich zusammen aus Biotop und Biozönose, es bildet eine Funktionseinheit. ELLENBERG definiert (1973): „Ein *Ökosystem* ist ein von Lebewesen und deren anorganischer Umwelt gebildetes Wirkungsgefüge, das sich weitgehend selbst reguliert."
Anzumerken ist, dass Biozönosen und damit auch Ökosysteme offene Systeme darstellen, die einem ständigen, nicht vorhersehbaren Wandel unterliegen können. Dynamik und Veränderungen in den Systemen werden heute als sehr bedeutsam erachtet; das gilt auch für „Gleichgewichtszustände" in der Natur (vgl. SANDER 2003a).

Grundschule

Im Vordergrund steht das Kennenlernen von Arten in ihrem Lebensraum und das Entdecken leicht erfassbarer, einfacher Beziehungen sowie das unmittelbare Erleben der Natur. So wird anhand von Versuchen und Beobachtungen, zum Beispiel an keimenden Bohnen oder Getreidekörnern, die Bedeutung einiger *abiotischer Umweltfaktoren* für das Gedeihen einer Pflanze veranschaulicht: Die Pflanze

90 Definitionen aus: Kratochwil & Schwabe 2001

braucht zum Leben Wasser, Luft, Licht, Wärme, Nährsalze; Pflanzentriebe wachsen auf das Licht zu, Keimlinge im trockenen Boden wachsen schlecht usw. Die besonderen Bedingungen einiger Frühblüher am Waldboden, z. B. Buschwindröschen, Leberblümchen, im Hinblick auf das Licht verdienen ebenfalls Aufmerksamkeit. Die Kinder können auch Beziehungen zwischen Gestalt und Lebensraum an wenigen Beispielen entdecken, etwa Fisch, Maulwurf (= Lebensformtyp). Dieses *Angepasstsein* wird im Rahmen von Lebensbildern vermittelt und kann auch zeichnerisch festgehalten werden.
In der Grundschule wird auch ein erster Einblick in die Vielfalt der Lebewesen in einem Lebensraum vermittelt und eine Vorstellung von gegenseitigen Abhängigkeiten angebahnt. Pflanzen dienen als Nahrung für Tiere, Insekten als Bestäuber für Blüten, Tiere als Verbreiter von Samen usw. Kurze *Nahrungsketten* können erstellt werden. Aus diesem Wissen und dem Erleben der Natur sollte allmählich der *Schutzgedanke* erwachsen, das Bewusstsein um die Verantwortung jedes Einzelnen für Pflanzen und Tiere. Schulklassen können Patenschaften, etwa für einen Bach oder eine Hecke, übernehmen.

Jahrgangsstufen 5–10

In unteren Jahrgangsstufen gilt die Betrachtung zunächst leicht durchschaubaren ökologischen Phänomenen, in den höheren sollen dann komplexere Sachverhalte erarbeitet werden.
Insgesamt gruppieren sich die ökologischen Themen um wenige Schwerpunkte:

- Zusammenhänge zwischen Körperbau, Lebensraum und Lebensweise: Angepasstsein der Organismen (vgl. Kap. 10.4),
- Beziehungen und Wechselwirkungen zwischen den Lebewesen, z. B. Nahrungsbeziehungen, Wettbewerb, Populationsschwankungen, Lebensgemeinschaften (biotische Umweltfaktoren),
- Stoffkreisläufe und Ökosysteme, ggf. Energiefluss,
- Eingriffe des Menschen, Schutz- und Pflegemaßnahmen.

Ausgewählte Beispiele aus der Pflanzen- und Tierwelt dienen dazu, die Zusammenhänge zwischen *Lebewesen und abiotischen Umweltfaktoren* zu verdeutlichen. Verschiedene Pflanzen des Grünlandes an feuchten und trockenen Standorten, „Trittpflanzen", wie Breiter Wegerich, oder die schon genannten Frühblüher bieten die Möglichkeit, auf das Thema „Pflanze und Umwelt" einzugehen. Auch das *Angepasstsein* von Tieren an ihre Umweltbedingungen kann wieder an einigen geeigneten Beispielen studiert werden, etwa an Fischen, Lurchen, Vögeln. Möglichst auf Unterrichtsgängen sollen die Schüler/innen erfahren, dass an Stätten mit ähnlichen äußeren Lebensbedingungen, den *Biotopen*, häufig dieselben Organismen vorkommen, zum Beispiel trockenheitsertragende Pflanzen an einer sonnigen Böschung oder auf größere Feuchtigkeit angewiesene Arten in den Pflanzengürteln an Gewässern. Soweit möglich, sollte ein schulnaher Biotop näher untersucht werden.

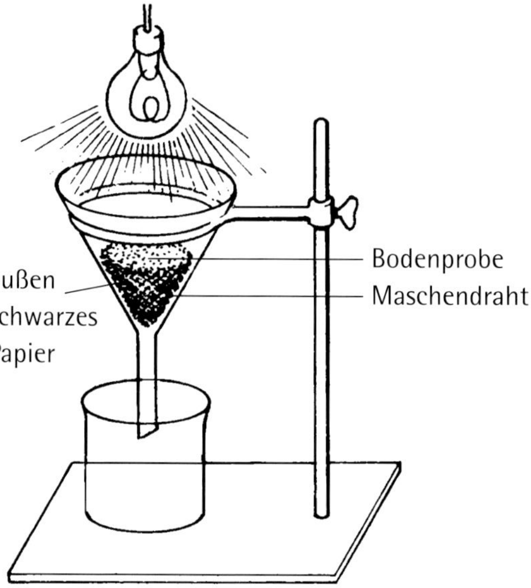

Abb. 92: Berlese-Tullgren-Apparatur (Berlese-Trichter) zur Erfassung von kleinen Bodenlebewesen. In den Trichter wird eine Erdprobe und feuchte Laubstreu eingefüllt und die Apparatur ca. 24–48 Stunden mit einer Glühlampe (Wärmeentwicklung notwendig) angestrahlt. Infolge negativer Fototaxis (Flucht vor dem Licht) und der Austrocknung des Bodens bzw. des Laubs wandern die Tiere nach unten und fallen in das Becherglas.

Beobachtungen und Untersuchungen zu Vorgängen im Waldboden

Durchsuche Proben aus der obersten Bodenschicht nach kleinen Tieren (mit Binokular oder Lupe)!

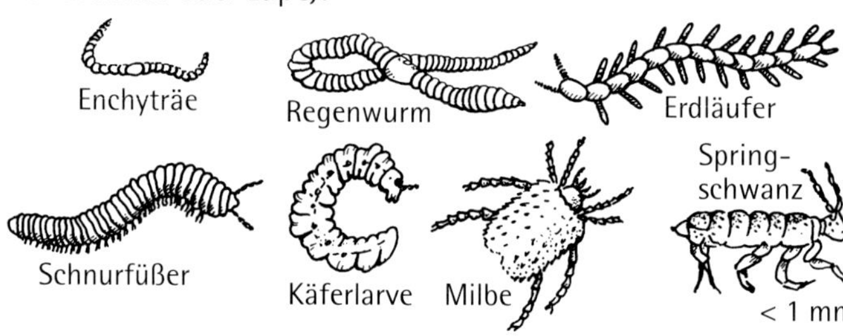

Skizziere alte Laubblätter vom Boden – mit Fraßspuren von Bodentieren!

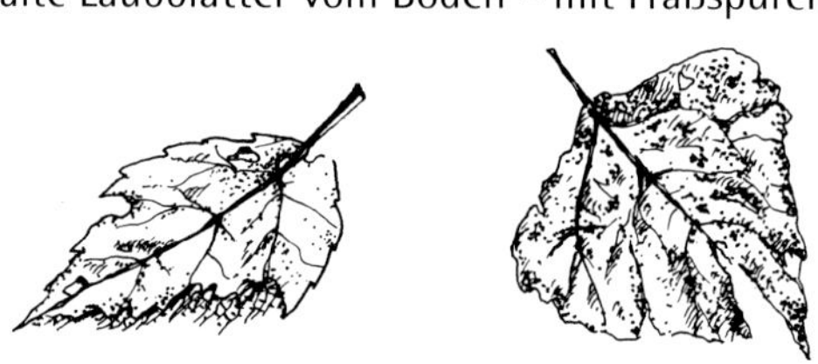

Abb. 93: Arbeitsblatt mit Beispielen für häufige Bodentiere

Ergänzend lernen die Schüler den *Boden* als Substrat der Pflanzen und Tiere näher kennen. Einfache Untersuchungen zeigen seine Zusammensetzung aus groben und feinen Bestandteilen, aus Humussubstanzen, seine Wasserkapazität, seinen Kalkgehalt und die Vielzahl kleiner Bodenlebewesen (Abb. 92 und 93). Erste Ansätze für die Betrachtung von Biozönosen ergeben Nahrungsbeziehungen. Am Lebensbild eines Singvogels, z. B. der Kohlmeise, kann gezeigt werden, dass dieses Tier in einer *Nahrungskette* steht, zu der auch der Greifvogel gehört (vgl. Abb. 94). Die Ernährungsweise als Insektenvertilger wird so in einen größeren Zusammenhang eingebettet. Andere Vögel, Säuger, Reptilien und Amphibien bieten weitere Möglichkeiten, Nahrungsketten darzustellen. In die Erarbeitung der Fische wird eine Nahrungskette im Wasser mit einbezogen, die das Kennenlernen einiger Kleinlebewesen, z. B. Wasserflöhe, Hüpferlinge, einschließt (vgl. Abb. 95).
Von Nahrungsketten ausgehend, kann ein *Nahrungsnetz* und schließlich eine *Nahrungspyramide*, die quantitative Verhältnisse andeutet (Abb. 96), abgeleitet werden. Nahrungsketten und -pyramiden bieten ein weites Feld für Schüleraktivitäten. Mehrere Ketten können zusammengestellt, verschiedene Lebewesen mit ihren wechselseitigen Beziehungen dabei in den Vordergrund gerückt werden.
Vögel bieten auch Gelegenheit, die *Konkurrenz* zwischen Lebewesen, das ist ein weiterer ökologischer Faktor, zu veranschaulichen, z. B. Wettbewerb um Brutstätten bei Höhlenbrütern oder um ein Revier. Die Konkurrenz zwischen Pflanzen kann am Beispiel der Ackerunkräuter erarbeitet werden. Sie treten mit den Kulturpflanzen in Wettbewerb um Nährstoffe und Licht.
Von Nahrungsbeziehungen ausgehend, können auch biotische Faktoren, die der Vermehrung einer Art in einem Lebensraum Grenzen setzen, erörtert und dabei die Begriffe Population und Populationsdichte eingeführt werden. Eine *Population* umfasst alle Individuen derselben Art innerhalb eines bestimmten Raumes. Populationsdichte bezieht sich auf die Individuenzahl. Beziehungen zwischen Insekten und ihren Feinden, z. B. Ameisen, Schlupfwespen, ermöglichen einen Einblick in Regulationsbeziehungen in der Natur. An einem Beispiel können in diesem Zusammenhang auch *Räuber-Beute-Beziehungen* studiert werden. Dabei muss aber deutlich werden, dass es in der freien Natur eine einfache, gegenseitige Abhängigkeit der Individuenzahlen zweier Arten, wie sie in manchen Lehrbüchern noch dargestellt wird (z. B. je mehr Wölfe, desto weniger Rehe – je weniger Rehe, desto weniger Wölfe – je mehr Rehe, desto mehr Wölfe usw.), wegen der Vielzahl verschiedener Räuber- und Beutetiere kaum gibt, allenfalls in sehr einförmigen, artenarmen Lebensräumen.[91]

Als einfacher Schulversuch zur Illustration von Räuber-Beute-Beziehungen sowie der biologischen Schädlingsbekämpfung wird vorgeschlagen, Marienkäfer und einen Zweig mit Blattläusen in einem Glasgefäß zu halten. Die Marienkäfer erweisen sich als wichtige Blattlausvertilger.

91 Ein solches System wurde neuerdings in Grönland zwischen Lemmingen und Hermelinen festgestellt (Science 2003, S. 866).

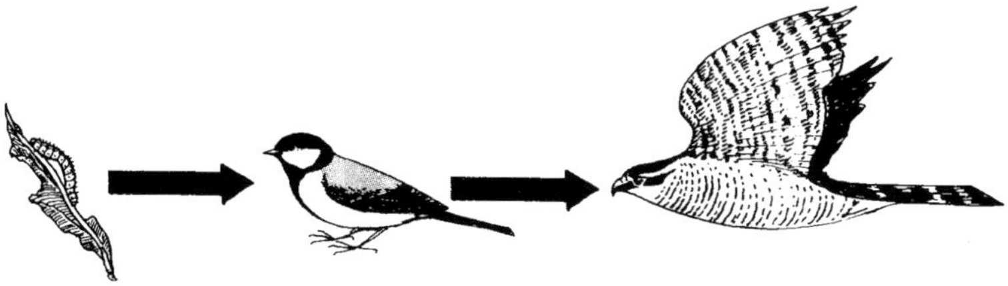

Abb. 94: Nahrungskette an Land (Grüne Pflanzen – Pflanzenfresser – Fleisch- oder Allesfresser – größerer Fleischfresser; Pfeile bedeuten „Nahrung für ...)

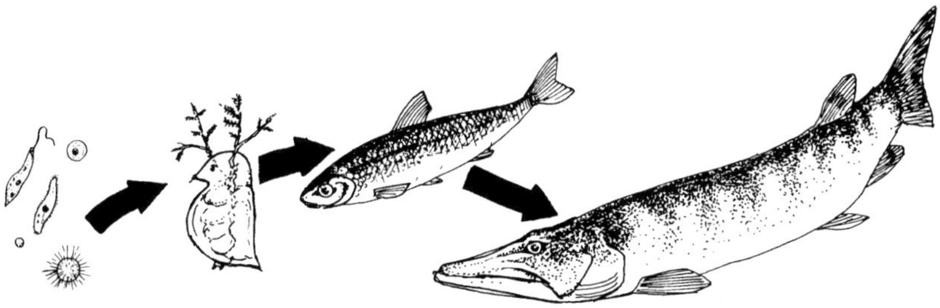

Abb. 95: Nahrungskette im Wasser (Algen – Wasserflöhe – kleine Fische – Raubfische; Pfeile bedeuten „Nahrung für ...)

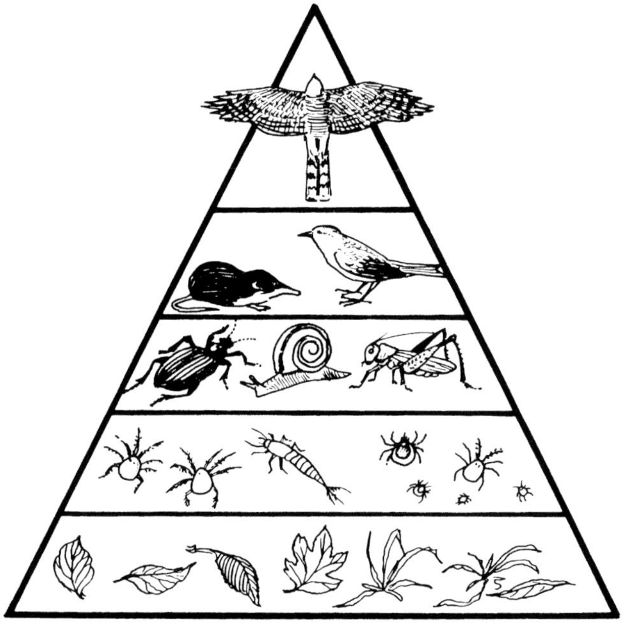

Abb. 96: Nahrungspyramide im Lebensraum Hecke. Individuenzahl und Biomasse nehmen von unten nach oben ab (Die Nahrungsbeziehungen können auch Stufen überspringen.).

Schließlich werden an geeigneter Stelle die Begriffe Lebensgemeinschaft und Ökosystem eingeführt. Dabei ist im Auge zu behalten, dass es in der Schule immer nur um Teilaspekte eines Netzwerkes von Beziehungen gehen kann.
In höheren Jahrgangsstufen sollten an einem ausgewählten Ökosystem die schon bekannten Sachverhalte zusammengefasst und weitere Beziehungsgefüge erarbeitet werden. Infrage kommen die Ökosysteme Wald, Gewässer oder Agrarflächen. Als Beispiel einer solchen übergeordneten Thematik dient hier die folgende Unterrichtseinheit.

„Der Stoffkreislauf im Ökosystem Wald"

Voraussetzung für die Erarbeitung sind physiologische Kenntnisse über Fotosynthese und Zellatmung sowie über einige abiotische und biotische Faktoren. Es kann direkt an Nahrungsbeziehungen zwischen den Organismen angeknüpft werden. Die Thematik eröffnet viele Möglichkeiten für Schüleraktivitäten und praktisches Arbeiten. So wird der Waldboden hinsichtlich des unterschiedlichen Zersetzungsgrades der Laub- oder Nadelstreu untersucht, zahlreiche Bodenlebewesen werden erfasst, benannt und hinsichtlich ihrer Funktion erläutert (vgl. Abb. 93). Versuche zum Abbau von Blättern bzw. Zellulose zeigen die Bedeutung der Bakterien und Pilze (vgl. Abb. 97).
Die Begriffe Produzenten (Erzeuger), Konsumenten (Verbraucher) und Destruenten (Zersetzer) werden eingeführt, der Kreislauf der Stoffe wird erschlossen (vgl. Abb. 98). Die Schüler/innen erkennen schließlich das Ganze als ein ausgewogenes System mit Fließgleichgewichten zwischen den Stoffen bzw. funktionellen Gruppen, wobei die Kreisläufe einzelner Elemente, z. B. Kohlenstoff, Stickstoff, mit einbezogen sind. Auch auf den Energiefluss im Ökosystem kann, je nach Vorbildung der Schüler/innen, eingegangen werden.
Bei *Gewässerökosystemen* werden sich andere Schwerpunkte als beim Wald ergeben. Unterrichtsinhalte können sein: Besiedlungszonen an einem Gewässer, Kleinlebewesen im Wasser und ihre Bedeutung, Nahrungsketten, Temperatur und Sauerstoffgehalt des Wassers und Folgen für Lebewesen, Stoffkreislauf, Verschmutzung und Folgen.
Werden *Agrarflächen* als Ökosysteme in den Mittelpunkt gestellt, so kann die Frage der Konkurrenz zwischen Kulturpflanzen und Unkräutern aufgeworfen werden. Chemische Unkrautbekämpfung und Gentechnik sind Folgethemen. Weitere mögliche Schwerpunkte bilden Bodenlebewesen und ihre Bedeutung, der Mineralhaushalt des Bodens, Stoffentnahme durch Ernte, Düngung (mineralisch, biologisch), Besonderheiten des Stoffkreislaufes, Massenvermehrung von Insekten und Bekämpfungsmaßnahmen (chemisch, biologisch, gentechnisch), biologischer Anbau, integrierter Pflanzenschutz usw.
An die fachliche Betrachtung eines Ökosystems schließen sich jeweils Überlegungen über dessen Bedeutung sowie über seine *Gefährdung* durch Maßnahmen des Menschen an. Beim Wald geht es etwa um die Bedeutung für den Kreislauf des Kohlenstoffs, um seine Funktion als Erosionsschutz, seine Wirtschafts- und Erholungsfunktion usw. Der anthropogene Eingriff in dieses System wird beim Vergleich forstlicher Monokulturen mit naturnahen Mischwäldern deutlich, die

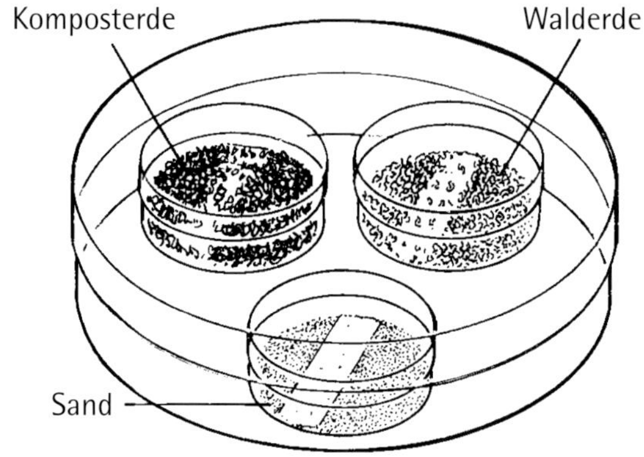

Abb. 97: Zellulosezersetzung durch Bakterien
Auf gut durchfeuchtete Bodenproben aus Garten- bzw. Komposterde, Waldboden und Sand werden Filterpapierstreifen (= Zellulose) aufgelegt; die Schalen mit den Proben werden zugedeckt und warm gehalten. Nach 1–2 Wochen treten Flecken auf dem Filterpapier auf; schließlich zerfällt es durch bakterielle Zersetzung (evtl. auch durch Schimmelpilze) ganz. Der Vorgang läuft in Sand deutlich langsamer ab.

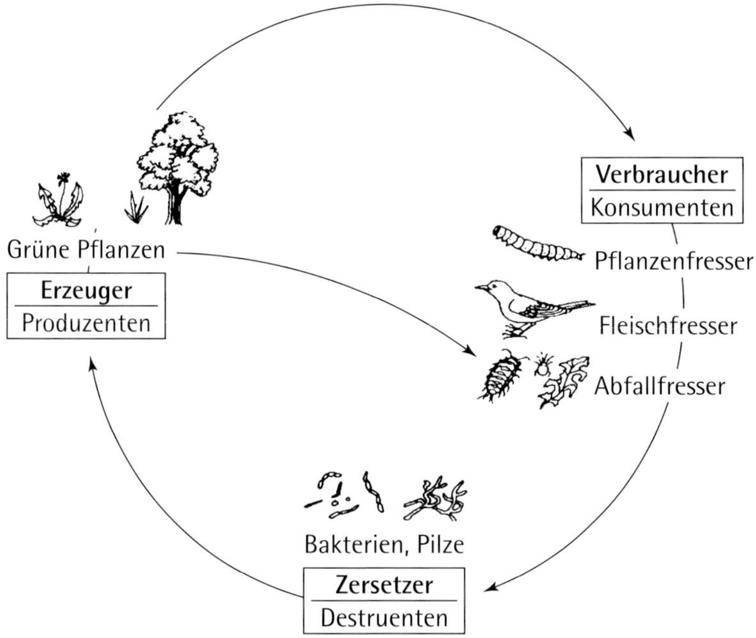

Abb. 98: Stoffkreislauf im Wald (vereinfachte Darstellung)

stärkere Anfälligkeit ersterer gegenüber tierischen Schädlingen wird aus ökologischer Sicht verständlich. Ein weiteres Thema sind die Schäden durch größere Pflanzenfresser, Rehe, Hirsche, Wildschweine, die bei uns nicht mehr durch Großraubtiere dezimiert werden und heute deshalb Regulation durch den Jäger erfolgt. Waldschäden durch Luftschadstoffe als großes überregionales Problem beschäftigen schon seit Langem die Öffentlichkeit. Auch der Begriff nachhaltige Bewirtschaftung muss erläutert werden (vgl. Abschnitt 10.5.3).

Gymnasiale Oberstufe

In der Oberstufe sollte eine zusammenfassende Darstellung ökologischer Sachverhalte erfolgen. Das geschieht am besten exemplarisch an einem ausgewählten Ökosystem, z. B. Wald, Gewässer (See). Dabei ist das Zusammenspiel verschiedener Umweltfaktoren zu erarbeiten, auch schwierigere Themen werden mit einbezogen, etwa Arten und ihre Zeigerfunktion, Populationsdynamik, Sukzessionen, Produktivität von Ökosystemen, Energiefluss. Die theoretischen Erörterungen sollten mit Freilandarbeit verknüpft sein, z. B. Kartieren eines Biotops mit Pflanzen- und Tierbestandsaufnahmen, ökologische Messungen, Untersuchung von Wasserproben, Bodenproben etc., etwa im Rahmen eines Projektes.
Bei einem solchen Thema kommt es in der Oberstufe insbesondere darauf an, die Vernetzung und gegenseitige Abhängigkeit einer Vielzahl verschiedener Faktoren in einem Ökosystem bewusst zu machen. Die Oberstufenschüler/innen sollen erfahren, dass hier nicht nur in monokausalen, linearen Beziehungen gedacht werden kann, sondern dass es wichtig ist, vernetzte Strukturen und Beziehungsgefüge zu erkennen, ganze Systeme und ihre möglichen Veränderungen in das Denken einzubeziehen. Computersimulationen, die die Abhängigkeit mehrerer Parameter in einem Ökosystem veranschaulichen, können dieses Denken in Systemen („vernetztes Denken") fördern (vgl. Abschnitt 7.10.3, HIERING 1990a,b; MAIERHOFER 2001).
Schließlich ist in Verbindung mit historischen und geografischen Aspekten das Augenmerk auch darauf zu lenken, dass es bei uns in Mitteleuropa kaum mehr natürliche, vom Menschen unbeeinflusste Lebensräume bzw. Biozönosen gibt und dass wir in einer anthropogen geprägten Kulturlandschaft leben. Betrachtungen über diese jahrtausendelangen Eingriffe des Menschen in Ökosysteme und deren Nutzung sowie Überlegungen zum sorgfältigen Umgang mit unseren Lebensgrundlagen, einschließlich des Prinzips der Nachhaltigkeit, runden in dieser Stufe ökologische Themen ab und führen hin zu Fragen des Natur- und Umweltschutzes.

10.5.3 Didaktische Bedeutung – Aufgaben der Umweltbildung[92]

Es hat in der Geschichte kaum Zeiträume gegeben, in denen die Menschen die Umwelt einem solch radikalen Wandel unterworfen haben wie in den vergangenen Jahrzehnten und in der Gegenwart. Mit dem Umbruch von der Agrar- zur Industriegesellschaft in Verbindung mit einem enormen Wachstum der Weltbevölkerung wurde die Natur, ja unsere gesamte Umwelt in sehr starkem Maße belastet und

92 Literatur z. B. BLK = Bund-Länder-Kommission f. Bildungsplanung u. Forschungsförderung 1998, Bögeholz 1999, Bogner 1997, 2003, Entrich 1997, Gebhard U. 1994, Gehlhaar et al. 1994, deHaan & Harenberg 1999, Hiering 2003, Janssen 1988, Killermann 2000, Kuckartz 1995, Kyburz-Graber 1996, Lerchner 1994, Schlüter 2002

verändert. Diese Belastung stellt eine globale Herausforderung der Menschheit dar. Es gilt, die Lebensgrundlagen der Menschen wie auch der Organismen langfristig zu sichern. Viele Probleme müssen, auch wenn sie kurzfristig nicht lösbar scheinen, auf lange Sicht hin bewältigt werden. Dazu ist auch ein verändertes Bewusstsein vieler Menschen, eine andere Haltung zu Natur und Umwelt notwendig. Daraus leitet sich ein Anspruch an Bildung und Erziehung ab, Einstellung und Verhalten der Menschen zu ändern. Diese Aufgabe wird als *Umweltbildung* bzw. Umwelterziehung bezeichnet. Der Begriff Umweltbildung ist umfassender, er spricht alle Altersstufen und Bevölkerungsschichten an und schließt die Bezeichnungen Umwelterziehung, Naturschutzerziehung mit ein. Umweltbildung bzw. Umwelterziehung (environmental education) ist heute weltweit als bedeutsam anerkannt. Internationale Konferenzen beschäftigten sich wiederholt mit diesem Thema, zum Beispiel die UNESCO-Konferenzen von Tiflis 1977 und Moskau 1987. Der EU-Ministerrat verabschiedete 1988 eine Resolution zur Umweltbildung. Die Umweltkonferenz in Rio 1992 setzte sich in ihrem Schlussdokument, der sog. „Agenda 21", auch mit Umweltbildung auseinander und sah als wichtige Aufgabe u. a., das Bewusstsein der Menschen für eine nachhaltige Entwicklung zu fördern.[93]
Dieses heute viel zitierte „Leitbild einer nachhaltigen Entwicklung (sustainable development) zielt darauf, die Lebensbedingungen aller heute und in naher Zukunft lebenden Menschen längerfristig zu sichern und zu verbessern, ohne die natürlichen Lebensgrundlagen zu gefährden" (vgl. BLK 1998 H. 69, S. 22).
Die deutschen Bundesländer fördern seit Längerem die Umweltbildung durch Gestaltung der Lehrpläne, durch spezielle Richtlinien, durch Maßnahmen der Lehreraus- und -fortbildung, Erarbeitung von Unterrichtsmaterialien usw. Welche Aufgaben und Ziele werden der schulischen Umweltbildung übertragen? Hierzu formulierte schon 1980 die (westdeutsche) Kultusministerkonferenz:
„Es gehört zu den Aufgaben der Schule, bei den jungen Menschen Bewusstsein für Umweltfragen zu erzeugen, die Bereitschaft für den verantwortlichen Umgang mit der Umwelt zu fördern und zu einem umweltbewussten Verhalten zu erziehen, das über die Schulzeit hinaus wirksam bleibt."
Heute wird Umweltbildung (in Anlehnung an die Agenda 21) in ein umfassenderes Aufgabenfeld einbezogen, sie gilt als ein zentrales Anliegen einer Bildung für nachhaltige Entwicklung. Die Lernenden aller Altersstufen sollen ein besseres Verständnis für die wechselseitigen Beziehungen von Mensch und Umwelt erlangen, insbesondere durch Verknüpfung ökologischer, ökonomischer und sozialer Gesichtspunkte. Zugleich sollen sie Verantwortungsbewusstsein aufbauen und Kompetenzen erwerben, um aktiv und umweltschonend sowie altersangemessen an der Gestaltung der Zukunft teilhaben und mitwirken zu können. In Verbindung damit ist die Bereitschaft zu fördern, sich selbst handelnd an der Lösung von

93 Die Agenda 21 ist das Schlussdokument der Konferenz der Vereinten Nationen über Umwelt und Entwicklung in Rio de Janeiro 1992, mit dem sich ca. 180 Staaten auf das Leitbild einer nachhaltigen Entwicklung" verständigt haben (vgl. BLK 1998).

Umweltproblemen zu beteiligen. Eine solche Zielsetzung bedarf der Orientierung an Werten, bedarf der ethischen Fundierung.
Umweltbildung zielt demgemäß auf drei Bereiche:

- den kognitiven = Wissen, Verständnis,
- den ethischen = Einstellung, Wertorientierung, Umweltbewusstsein,
- den Handlungsbereich = Bereitschaft und Kompetenz zum Handeln bzw. Gestalten.

Umweltbildung hat fächerübergreifenden Charakter. Neben der Biologie sind die Fächer Chemie, Physik, Geografie beteiligt und heute in verstärktem Maße Wirtschafts- und Sozialkunde, ferner Religion, Ethik, Deutsch. Fächerkooperation ist nötig, das Fach Biologie nimmt aber nach wie vor eine zentrale Stellung ein. Die Erarbeitung ökologischen Grundlagenwissens fällt in seine Kompetenz, in seinem Rahmen werden Fragen des klassischen Naturschutzes behandelt, also Artenschutz, Biotopschutz etc. Darüber hinaus vermittelt die Biologie Einsichten in die Auswirkungen von Umweltbelastungen auf Pflanze, Tier und Mensch, auf Vernetzungen und Kreisläufe in den Ökosystemen sowie auf mögliche Abhilfemaßnahmen.
Heute gibt es zur Umweltbildung eine fast nicht mehr überschaubare Fülle von Veröffentlichungen und Konzepten. Im Folgenden werden nur einige wesentliche Gesichtspunkte dargestellt.

10.5.4 Konzepte der Umweltbildung – Didaktische Komponenten

Wissenskomponente – kognitiver Zugang

(Konzept Wissen u. Verständnis)

Naturschutz- und Umweltfragen sind in Lehrplänen für Biologie aller Schularten schon seit Jahrzehnten verankert. Themen waren zunächst Schutz und Erhaltung seltener Arten sowie Schutz von biologisch wertvollen Gebieten. Später traten dann ökologische Aspekte sowie regionale und globale Umweltbelastungen in den Vordergrund. Die Behandlung solcher Themen erfolgte, wie die anderer Sachgebiete, in der Regel im Klassenverband, meist mit mehr oder minder konventionellen, lehrerzentrierten Unterrichtsformen. Wissensvermittlung hat bei diesem (älteren) Konzept Vorrang.
Didaktisch erwünscht ist *Problemorientierung.* Aktuelle Fragen des Natur- und Umweltschutzes werden angesprochen und in erster Linie aus fachlich-biologischer Sicht erörtert. Inhaltlich geht es bei den ökologischen Grundlagen vor allem um Strukturen und Beziehungen innerhalb von Ökosystemen. Heute kommt es besonders darauf an, nicht bei einfachen, monokausalen Beziehungen stehen zu bleiben, sondern auf das Zusammenwirken vieler Faktoren in der lebenden Umwelt einzugehen, Komplexität der Vorgänge und Vernetzungen in der Natur sowie mögliche Störungen aufzuzeigen.
Dieses Betonen fachlicher Kenntnisse geht von der Annahme aus, dass derjenige, der viel über Natur und Umweltbelastungen weiß, auch Bewusstsein für ökolo-

gisches, Ressourcen schonendes Verhalten (= Umweltbewusstsein) entwickeln und letztlich umweltbewusst handeln wird. Man denkt dabei an eine lineare Kausalkette, nämlich:

Umweltwissen → Umweltbewusstsein → Umweltverhalten (Umwelthandeln)

Wissen als Voraussetzung für Einstellungen und Handeln ist sicher wichtig, ja unabdingbar. Fachliche Kenntnisse bilden das kognitive Fundament.

So konnte SCHERF (1986) in einer empirischen Untersuchung eine positive Korrelation zwischen pflanzlichen Formenkenntnissen von Grundschülern (228 Schülerinnen und Schüler der 4. Jahrgangsstufe einbezogen) und schützender Einstellung gegenüber Pflanzen feststellen, die sich durch formenkundlichen Unterricht noch verstärkte.

Andererseits zeigen Alltagserfahrungen und viele Beobachtungen, dass Umweltwissen und Umwelthandeln nicht unbedingt konsistent sind; eines führt nicht automatisch zum anderen (vgl. z. B. KLENK 1988, ENTRICH 1997). Das äußert sich darin, dass man zwar weiß, warum man etwas tun oder nicht tun soll, aber gleichzeitig der Meinung ist, dieses Erfordernis würde für die augenblickliche individuelle Situation nicht gelten. Auch das Wissen über die gesundheitsschädlichen Folgen des Rauchens macht nicht jeden zum Nichtraucher.
Auch neuere Ergebnisse der empirischen Sozialforschung deuten darauf hin, dass der Zusammenhang zwischen Umweltwissen und Umweltbewusstsein relativ gering ist und die Effekte von Umweltwissen und Umweltbewusstsein auf das Verhalten unbedeutend sind. Aus positiven, auf Umweltschonung zielenden Grundeinsichten resultiert noch lange kein Handeln (vgl. ENTRICH 1997, S. 201, KUCHARTZ 1995). Für das Handeln spielen vielmehr die soziale Situation und weitere subjektive Gegebenheiten eine wichtige Rolle, so wird auch vom ökologisch-sozialen Dilemma gesprochen. Legt man diesbezügliche Veröffentlichungen zugrunde, dann tritt erwünschtes Umweltverhalten vor allem dann auf, wenn der persönliche Aufwand hierfür gering ist (vgl. DE HAAN & HARENBERG 1999, DIEKMANN & PREISENDÖRFER 1992, RINK 1996, BÖGEHOLZ 1999).
Um die Kluft zwischen Wissen und Handeln zu überwinden, gewinnen neuere Ansätze zur Umweltbildung an Bedeutung. Sie fordern unter Berücksichtigung der Leitidee einer nachhaltigen Entwicklung, nicht bei ökologischen Themen stehen zu bleiben, sondern verstärkt wirtschaftliche, soziale und kulturelle Aspekte mit einzubeziehen. Damit soll ein besseres Verständnis der Wechselbeziehungen von ökologischen, ökonomischen und sozialen Anliegen, die oft in entgegengesetzte Richtungen gehen, angebahnt werden. Menschliches Handeln in der Natur und dabei entstehende Umweltprobleme sollen besser beurteilt werden können.
So entwickelte zum Beispiel KYBURZ-GRABER ein Konzept für *sozioökologische Umweltbildung* (KYBURZ-GRABER et al. 1996). Ein Orientierungsrahmen der Bund-Länder-Kommission (BLK 1998) zielt in die gleiche Richtung. Richtlinien für die Umweltbildung an Schulen greifen ebenfalls solche Forderungen im Hinblick auf das Leitziel „nachhaltige Entwicklung" auf.

Emotionale und ethische Komponente – affektiver Zugang

(Konzept Naturerleben – Werteorientierung)

In den 80er- und 90er-Jahren wurden zur Verwirklichung der Ziele der Umweltbildung auch Ansätze entwickelt, die nicht so sehr auf die kognitive Dimension, also auf Wissen und Verständnis setzen, sondern vor allem den Bereich der Werte und der Emotionen in den Vordergrund stellen. Die Einstellung zur Natur soll dadurch im positiven Sinne beeinflusst, der Schüler bzw. die Schülerin zum umweltschonenden Handeln motiviert werden. Dazu müssen aber Natur und Umwelt nicht nur als notwendige Lebensgrundlage für den Menschen, sondern auch als Wert an sich erkannt werden. Wertvorstellungen und Werthaltungen sind aufzubauen. Sie sind zum Beispiel mit der Frage verknüpft: Warum schützen? Warum erhalten? Welche Sinnhaftigkeit steht dahinter? Sie umfassen also ethische Reflexionen.

Wertvorstellungen, Normen, beruhen einerseits auf Einsichten und Verständnis, andererseits aber wohl auf Erleben, auf persönlichen Erfahrungen, ggf. Betroffenheit; sie wurzeln auch im emotionalen Bereich. Unter diesen Aspekten wird die affektive Komponente von Bedeutung für die Umwelterziehung; sie ist sowohl eng mit der ethischen wie mit der kognitiven verbunden. Das Konzept Wissen und Verständnis wird ergänzt durch das Konzept Natur wahrnehmen und erleben. Im Vordergrund dieses Konzeptes steht die Begegnung mit den Lebewesen durch Wahrnehmen und Beobachten, auch durch spielerisches Erfassen. Das Erleben und *Wahrnehmen mit allen Sinnen* (multisensorisch) soll für die Vielfalt, den Formenreichtum und die Schönheit der Natur aufschließen. Es soll eine vielleicht verloren gegangene Mensch-Natur-Beziehung entwickeln und zugleich die Jugendlichen für die Belange der Umwelt, für Schutz und Erhalt der Organismen, sensibilisieren. Diese pädagogische Richtung knüpft an die Reformpädagogik an, sie wurde zum Beispiel durch CORNELL 1979, 1999a, GÖPFERT 1994, JANSSEN & TROMMER 1988 vertreten. Deren Überlegungen und Vorschläge rückten einen anderen Dreischritt in den Vordergrund, nämlich:

Natur wahrnehmen / erleben → Umweltbewusstsein →
Umweltverhalten (Umwelthandeln)

Das Konzept fand Eingang in didaktische Entwürfe zur Freiland- und Umweltbiologie, in Programme der Umweltzentren, Schullandheime, National- und Naturparks. Im Vordergrund stehen Erleben, Wecken von Gefühlen, intensives Wahrnehmen der Natur mit allen Sinnen, Erfahren der biologischen Vielfalt (Biodiversität), Handlungsorientierung. In den USA wurden hierzu sog. *Naturerfahrungsspiele* entwickelt, die auch bei uns Eingang fanden (vgl. Abschnitt 8.2.3). Positiv ist bei diesen Konzepten zu sehen, dass damit ein Gegenpol zum rein kognitiven Kennenlernen der Natur gesetzt wird, ein Gegenpol gegen das Vorherrschen bloßer fachlicher Information über Natur und Umwelt. Es ist vielleicht eine Möglichkeit, Jugendliche zur Wertschätzung der Natur und darüber hinaus zu ethischen Überlegungen zu führen. Weiterhin dominiert die Hoffnung, dass Natur erleben und bewusstes Wahrnehmen der Natur zum Interesse an der Umwelt und letztlich zu verantwortungsvollem Handeln motivieren kann. Es gibt bis jetzt jedoch keine empirischen Befunde, die solche Hoffnungen belegen. Man weiß wenig über einen Zusammenhang zwischen Natursensibilisierung, verändertem Bewusstsein und Umweltverhalten. So kann niemand sagen, wie viel umwelterhaltende Wirksamkeit vom Naturerleben ausgeht (vgl. Entrich 1997, S. 203; Berck & Graf 2010).

Verknüpfung verschiedener Komponenten – ganzheitlicher oder mehrdimensionaler Zugang

Natur kennenlernen und Natur erleben verläuft häufig gleichzeitig; Beobachten und Bestimmen von Pflanzen und besonders von Tieren wird oft erlebnisbetont sein. Kognitive und affektive Ebene sind bei Tätigkeiten im Freiland vielfältig miteinander verzahnt und können nicht streng getrennt gesehen werden. Auf der einen Seite werden Fachinhalte erschlossen, auf der anderen geht es gleichzeitig um Erlebnisse und Gefühle. Ein modernes Konzept zur Umweltbildung muss beide Komponenten in gleicher Weise berücksichtigen.

Wir vermögen heute noch wenig über den längerfristigen Effekt verschiedener Konzepte der Umwelterziehung zu sagen. Empirische Untersuchungen sind bislang dünn gesät; dazu kommt, dass sich bei solchen Arbeiten der Einfluss der Schule von dem des Elternhauses, der Massenmedien und des sonstigen Umfeldes kaum trennen lässt. Es kann aber festgestellt werden: Ohne fundiertes Wissen, ohne Verständnis für ökologische, ökonomische und soziale Fragen kann der Einzelne ein Umweltproblem nicht beurteilen, kann nicht sinnvoll Stellung nehmen oder selbst handeln. Andererseits reicht Wissen allein nicht aus, um tiefer gehende Schichten des Menschen zu erreichen, um Wertvorstellungen bzw. Verantwortungsbewusstsein aufzubauen und Verhalten zu beeinflussen. Letztlich steuert das eigene Wertesystem eines Menschen in Verbindung mit Wissen und Verständnis sein Handeln.

Es geht folglich darum, breit gefächerte fachliche Kenntnisse zu vermitteln und durch Naturbegegnung den Bereich des Erlebens, der Werte und ethischen Reflexionen sowie die Handlungskomponente mit einzuschließen. Ein solches Vorgehen, das rationale, emotionale und handlungsbezogene Elemente verbindet, entspricht dem bekannten Prinzip von Pestalozzi: Lernen mit „Kopf, Herz und Hand".

Wichtig erscheint auch, dass die Schüler die Bedeutung ökologisch notwendigen Handelns für ihr eigenes Leben erkennen und sich persönlich angesprochen fühlen.

So wird ein *ganzheitliches Konzept*, das sowohl die Ebenen des Wissens und Verständnisses wie auch des Erlebens, Wertens und Gestaltens umfasst, am ehesten dazu beitragen, die Ziele der Umweltbildung zu erreichen. Konkret kann es dem Einzelnen umweltgerechte Handlungsmuster nahebringen, die dann dank einer umweltbewussten Einstellung und entsprechender Fähigkeiten situationsabhängig in tatsächliches Verhalten münden. Abb. 99 veranschaulicht dieses Konzept. Wir müssen allerdings die Grenzen schulischen Bemühens in diesem Bereich erkennen.

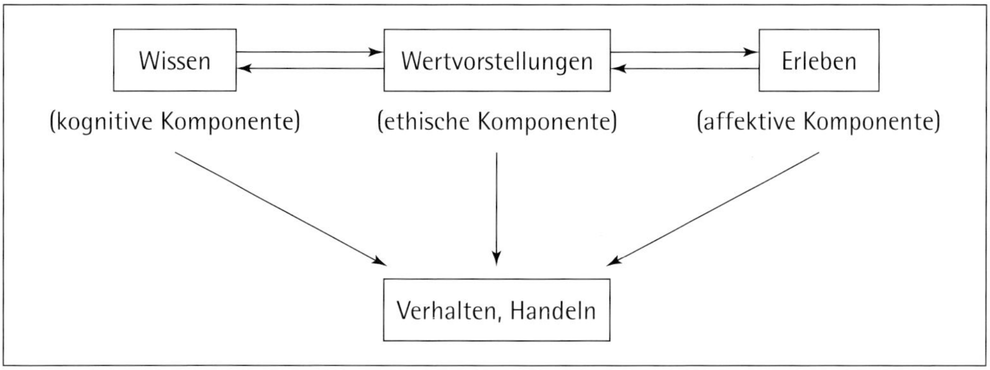

Abb. 99: Zusammenwirken verschiedener Komponenten auf umweltgerechtes Verhalten

Janssen (1988) hat den Zusammenhang zwischen verschiedenen Ebenen von Naturbegegnung, Umweltbewusstsein und Bereitschaft zum umweltgerechten Handeln in einem Schema dargestellt; es zeigt auch, dass aktionale und rationale Bereiche auf emotionale Fähigkeiten, auf den Reichtum des Erlebens, zurückwirken (s. Abb. 100).

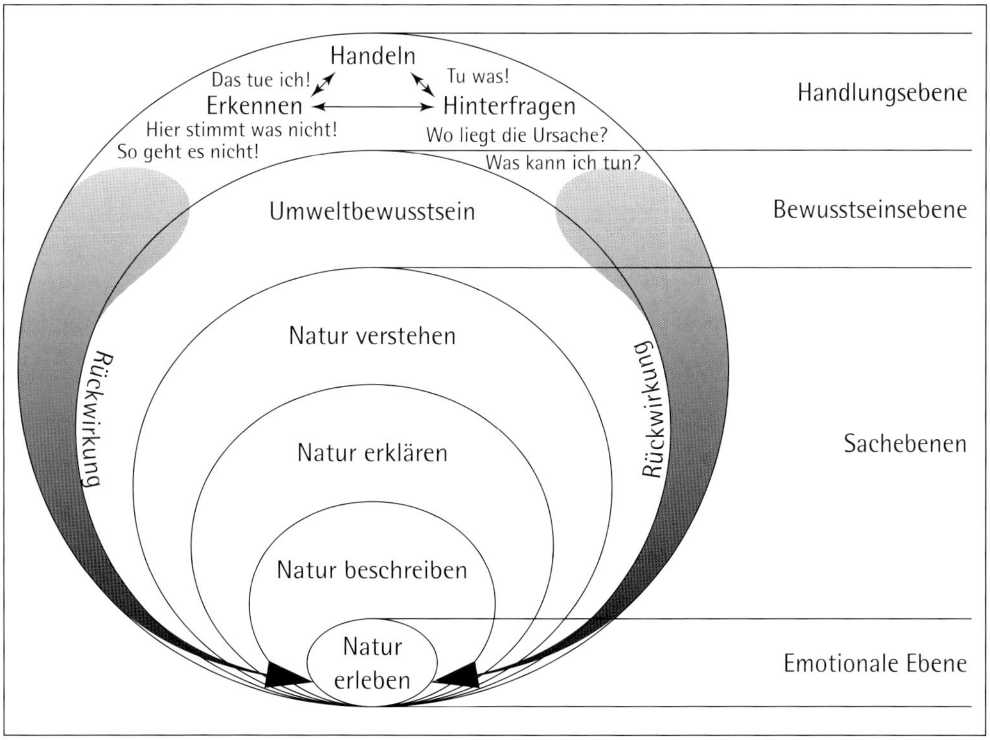

Abb. 100: Zusammenhänge zwischen emotionalen und rationalen Bereichen (JANSSEN 1988)

10.5.5 Methodische Prinzipien – Lehr- und Lernformen

Zeitgemäße Konzepte zur Umwelterziehung stellen auch höhere Anforderungen an *Lehr- und Lernformen*. Anstelle konventioneller, lehrerzentrierter Vorgehensweisen, die vor allem faktenträchtiges Wissen vermitteln, sollten neuere Unterrichtsformen, die auf selbstständiges Aneignen von Wissen, auf eigenständiges Wahrnehmen, Denken, Urteilen und Handeln abzielen, im Vordergrund stehen (vgl. Kap. 4.3).

Wesentliche Elemente eines modernen Umweltunterrichtes sind Problem-, Situations- und Handlungsorientierung.

Problemorientierung fördert nicht nur die Eigenaktivität der Schüler/innen, sondern auch ihre Fähigkeit zum selbstständigen Lösen komplexer Fragestellungen, ihre Bewertungs- und Urteilskompetenz.

Situationsorientierung knüpft an die konkrete Erfahrungswelt der Schüler/innen an. Mögliche Ansatzpunkte für den Unterricht sind lokale Gegebenheiten, die mit Naturschutz- und Umweltfragen zusammenhängen, zum Beispiel Straßenbau, Abfallwirtschaft, Pflege biologisch wertvoller Biotope. Globale Probleme werden in ihrer Bedeutung für regionale Fragen thematisiert, etwa Waldschäden. Lernen wird so in authentische, lebensnahe Kontexte eingebettet, ist anwendungsbezogen (= situiertes Lernen).

Handlungsorientierung bedeutet, dass der Unterricht vorrangig auf Selbsttätigkeit ausgerichtet ist, die auch praktische Aktivitäten der Schüler/innen mit einschließt, zum Beispiel Beobachten, Daten erheben, Beurteilen, Durchführen pflegerischer Arbeiten; Planen und Gestalten eines Vorhabens. Handeln und denkendes Nachvollziehen sollen ineinander verschränkt werden. Damit sollen die Schüler/innen auch *Gestaltungskompetenz* entwickeln, d. h. Konflikte analysieren und (eigene) konkrete Handlungsmöglichkeiten abwägen können.

Insgesamt sollten *schülerorientierte, offene Unterrichtsformen* bei Themen zur Umwelterziehung eine größere Rolle spielen (vgl. Kap. 8.2). Auch Methoden spielerischen Lernens, zum Beispiel Rollen- und Planspiele, können einbezogen werden. In Zusammenhang mit modernen *Medien* kommt der Arbeit mit Computersimulationen Bedeutung zu. Je nach Programm, können Schüler/innen Umweltparameter ändern und die Folgen selbstständig analysieren.

Umwelterziehung beschränkt sich nicht auf das Klassenzimmer. Das unmittelbare Schulumfeld wird mit einbezogen, also das Schulgelände mit verschiedenen Kleinbiotopen, der Schulgarten und die sonstige Umgebung der Schule (vgl. Kap. 5.3).

Auch der Besuch von *Umweltzentren* kann zu einer positiven Haltung zu Natur und Umwelt beitragen (vgl. Kap. 5.3.8). Manche *Schullandheime* und *Jugendherbergen* bieten ähnliche Möglichkeiten und Gelegenheit, umweltgerechte Verhaltensweisen zu praktizieren. Weitere außerschulische Lernorte, die im Rahmen der Umwelterziehung aufgesucht werden können, sind etwa Müllverbrennungsanlagen, Deponien, Kläranlagen. Hier können ökologische, ökonomische und soziale Probleme erörtert und Expertengespräche geführt werden. Auch die Zusammenarbeit mit Naturschutzbehörden, mit Forst- und Landwirtschaftsämtern fördert das Verständnis für Umweltbelastungen und mögliche Abhilfemaßnahmen sowie für gesellschaftliche Zwänge.

BOGNER (z. B. 1997, 1998) ging in empirischen Untersuchungen der Frage nach, wie sich handlungsorientierter Unterricht im Freiland auf Wissen der Schüler/innen, auf ihre Einstellung zur Natur und auf umweltbezogenes Verhalten auswirkt. In einer dieser Arbeiten waren 700 Schüler/innen des Sekundarstufen I-Bereiches einbezogen; das Freilandprogramm im Nationalpark Bayerischer Wald umfasste einen Tag bzw. eine Woche unter dem Leitgedanken *„affektiver Zugang auf kognitivem Fundament"*. Der Wissenszuwachs war nach einem Monat signifikant und sogar noch nach einem halben Jahr feststellbar. Das bedeutet einen nachhaltigeren Lernerfolg als beim üblichen Klassenzimmerunterricht. Eine positive Änderung konnte auch bei der Einstellung zur Natur und bei der Bereitschaft zu umweltbezogenem Verhalten konstatiert werden. Eine Beeinflussung der Verhaltensebene erfolgte jedoch nur beim einwöchigen Freilandprogramm. Einmal erreichte Änderungen scheinen anhaltende Wirkung zu haben; andererseits unterstreicht das Ergebnis nach Bogner die Notwendigkeit, mehrtägigen Unterricht im Freiland stärker zu fördern.
In weiteren, insbesondere auch internationalen Untersuchungen stellte Bogner (z. B. 2002, 2003, 2004) ebenfalls positive Auswirkungen von Freilandunterricht auf die Einstellung zur Umwelt zum Beispiel bei Schülern in Frankreich fest. Die mehrfach evaluierten Fragebögen gingen von zwei übergeordneten gegensätzlichen Kategorien aus, nämlich einer eher schützenden und einer eher ausnützenden Haltung gegenüber Natur und Umwelt.

Einen besonderen Stellenwert in der Umwelterziehung genießen Projekte. Sie werden als eine der wichtigsten Methoden für diese Aufgabe bezeichnet. Wesentliche Forderungen für eine zeitgemäße Umwelterziehung kommen bei einem Projekt zum Tragen (vgl. Abschnitt 8.2.4).
Projekte zu Umweltthemen können von der Primarstufe bis zur gymnasialen Oberstufe durchgeführt werden. In ihren Rahmen sowie zu den Aufgaben spezieller *Arbeitsgemeinschaften* passen ökologische Untersuchungen und besondere Aktivitäten außerhalb des Schulalltags, die Jugendliche zum Handeln motivieren und Möglichkeiten für persönliches Mitwirken aufzeigen, z. B.:

- Untersuchen eines Ökosystems unter Aspekten der Ökologie und Biodiversität, Einbeziehen möglicher Umweltprobleme und Abhilfemaßnahmen,
- umweltfreundliche Gestaltung des Schulgeländes, Anlage von schulnahen Biotopen,
- Durchführen von Artenschutzmaßnahmen, von Pflanz- und Säuberungsaktionen,
- Übernahme von Patenschaften im Naturschutz, z. B. Bach, Streuobstwiese, Weiher, Stadtbiotop,
- Aktionen zur Abfallverminderung, Abfallverwertung, Kompostieren.

Projekte, Besuche von Umweltzentren und anderen außerschulischen Institutionen, Aktivitäten außerhalb des normalen Schulalltags sind notwendig und sehr positiv zu werten. Sie ergänzen den „normalen" Unterricht in sinnvoller Weise, unterbrechen die tägliche Routine. Sie können und sollen aber nicht eine in den täglichen Unterricht im Klassenzimmer integrierte kontinuierliche fächerübergreifende Umwelterziehung, die sich konventioneller und moderner Lehr- und Lernformen bedient, ersetzen.

10.5.6 Inhalte der Umweltbildung – Biologische Schwerpunkte – Hinweise zum Unterricht

Inhaltlich bildet der sog. *klassische Naturschutz* einen ersten Schwerpunkt der Umweltbildung. Er umfasst den Artenschutz und den Schutz von biologisch wertvollen Arealen, also Natur- und Landschaftsschutzgebieten, Natur- und Nationalparks, Biosphärenreservate. In den letzten Jahrhunderten sind durch Kulturmaßnahmen und direkte Einwirkung des Menschen schon viele Pflanzen- und Tierarten von der Erde verschwunden. Die Roten Listen[94] vermitteln einen Überblick über die Gefährdung zahlreicher Arten in Deutschland. So ist es nach wie vor ein wichtiges Anliegen, Pflanzen- und Tierarten vor dem Aussterben zu bewahren und den Lernenden diese Aufgabe einsichtig zu machen. Wenn auch eine Art unter vielen tausend anderen als unwichtig erscheinen mag, so lassen sich doch wesentliche Argumente für ihren Schutz und damit für den *Erhalt der biologischen Vielfalt (Biodiversität)*, auch für kommende Generationen, erschließen. Infrage kommen zum Beispiel ökologische, wirtschaftliche, ästhetische und ethische Begründungen. Letztere bedeuten, wir schützen Tiere und Pflanzen auch aus der Überzeugung heraus, dass alle Mitgeschöpfe ein Recht auf Leben um ihrer selbst willen haben.

Im Vordergrund des öffentlichen Interesses stehen heute *globale Umweltbelastungen*, die sich auch auf den regionalen und lokalen Bereich auswirken. Es geht um Belastungen des Bodens, der Gewässer, der Atmosphäre, ganzer Ökosysteme und um Möglichkeiten, schädliche Auswirkungen abzumildern.

Es sollte aber auch die Einsicht vermittelt werden, dass der Mensch zur Erhaltung seiner Existenz immer schon in die Natur eingreifen musste und dass wir heute in einer *Kulturlandschaft* leben, deren Ökosysteme weitgehend vom Menschen geprägt sind. Diese historische Thematik bietet die Möglichkeit, die beherrschende Rolle des Menschen als Gestalter seiner Umwelt deutlich zu machen und zu erkennen, dass wir heute ein harmonisches Mit- und Nebeneinander von Mensch und Natur bzw. Mensch und den anderen Lebewesen anstreben sollten (vgl. HIERING 2003).

Nicht alle Fragenkreise können im Unterricht erörtert werden, auch wenn mehrere Fächer zusammenwirken. Je nach Jahrgangsstufe und lokalen Gegebenheiten, werden passende Exempla ausgewählt und für die Schule aufbereitet.

Bei vielen Themen wird die ökologische Dimension im Vordergrund stehen, aber allein nicht genügen. Neben den Ebenen des Sozialen und Ökonomischen ist der Blick auf *Industrie und Technik* notwendig, die einerseits Umweltschäden hervorrufen, andererseits durch ihre Fortschritte heute dazu beitragen sollen, Schäden und Belastungen zu verringern oder sogar wiedergutzumachen.

Im Folgenden geht es aber vor allem um den biologisch-ökologischen Bereich. In diesem Rahmen sollen positive Beziehungen zur Natur aufgebaut werden. Ein Vorgehen, das die Jugendlichen mit einseitig negativen Aussagen über die zerstörte Natur und Umwelt überschwemmt, die sog. *„Katastrophenpädagogik“*, erzeugt

---

94 Rote Listen gefährdeter Tiere, Pflanzen und Pilze, herausgegeben vom Umweltbundesamt (z. B. Band 1 Wirbeltiere 2009, Band 3 Wirbellose Teil 1, 2011)

allenfalls Ängste, Abwehrhaltung, Resignation und stellt das Erreichen der Ziele der Umweltbildung eher infrage. Ohne Beispiele zur Problembewältigung, ohne Lösungsmöglichkeiten, ohne die Überlegungen, dass jeder selbst zu einer besseren Umwelt beitragen kann, entwickeln sich keine Perspektiven, die Zuversicht aufkommen lassen (vgl. UNTERBRUNER 1988).

Grundschule

In dieser Stufe ist es ein vorrangiges Ziel, eine *pflegende, schützende Haltung* den Lebewesen gegenüber zu wecken und weiterzuentwickeln. Das kann geschehen durch Betreuen von Tieren in Vivarien bzw. Käfigen, durch Anregungen zum überlegten Füttern von Vögeln im Winter, zum Anbringen von Nistkästen usw. Negative Anthropomorphismen sowie Ekel und Abscheu gegenüber manchen Tieren, z.B. Wirbellosen, werden behutsam abgebaut (vgl. BAUHARDT 1990, BIEBERBACH 2000). Auch das Kennenlernen und Beobachten von Tieren und Pflanzen im Schulgelände, im Wald, am Bach etc. trägt dazu bei, eine schützende Einstellung zu entwickeln und Umweltbewusstsein anzubahnen. Es wäre selbstverständlich verfehlt, von vornherein zwischen nützlichen und schädlichen Organismen zu unterscheiden.
Mit den *Arten aus dem unmittelbaren Erfahrungsbereich* werden auch einige Lebewesen behandelt, die eines besonderen Schutzes oder spezieller Biotope, Nist- oder Laichplätze bedürfen, wie zum Beispiel Kröten, Eidechsen, Storch, Brachvogel oder Küchenschelle, Seidelbast, Orchideen. Daneben kann auch einmal über schutzbedürftige Tiere aus anderen Regionen gesprochen werden, die die Kinder durch Zoobesuche oder durch das Fernsehen kennen, etwa Wisent, Nashorn, Wale. Über einzelne Arten hinausgehend, lernen die Kinder auf Unterrichtsgängen oder im Rahmen von Projekten ganze *Lebensräume* näher kennen, zum Beispiel den Wald oder ein Gewässer. Sie entdecken die Artenvielfalt, erfahren von Beziehungen zwischen den Lebewesen und von möglichen Gefährdungen dieser Biotope sowie von der Notwendigkeit des Schutzes bzw. des pfleglichen Umganges. Gleichzeitig erleben sie die Natur mit allen Sinnen und nehmen sie bewusst wahr. Der Unterricht zielt darauf ab, die Kinder anhand konkreter Beispiele mit grundlegenden Fragen des erhaltenden Schutzes, des *Arten- und Biotopschutzes*, vertraut zu machen, eine schützend-bewahrende Einstellung zu entwickeln und den Einzelnen zu bewegen, selbst in diesem Sinne zu handeln – kein Zertreten von Tieren am Boden, kein mutwilliges Ausreißen von Pflanzen, kein Hinterlassen von Abfällen etc. Zusammenarbeit mit außerschulischen Partnern, Forstamt, Wasserwirtschaftsamt, Naturschutzbehörde, wird das Verständnis für die Zusammenhänge draußen sowie den Schutzgedanken fördern. Praktisches Handeln im positiven Sinne kann sich günstig auf die Einstellung auswirken.
Auch *Naturerfahrungsspiele* sind in diesen Jahrgangsstufen beliebt und leisten vielleicht einen Beitrag zum Entwickeln einer positiven Einstellung zur Natur und darüber hinaus zum entsprechenden Handeln (vgl. Abschnitt 8.2.3).
Andere Themen, wie Abfallentsorgung oder sparsamer Energieverbrauch, können Teil praktischen Tuns im Schulleben sein. Es handelt sich dabei um Probleme, die auch aus wirtschaftlicher und sozialer Sicht behandelt werden sollten.

Jahrgangsstufen 5–9 (10)

Das Thema *Arten- und Biotopschutz* bildet einen ersten Schwerpunkt. Probleme und Motive des erhaltenden Schutzes können exemplarisch sowohl an Arten aus den verschiedenen Wirbeltierklassen wie auch aus dem Reich der Insekten erarbeitet werden. In gleicher Weise werden auch gefährdete Pflanzen, etwa der Feuchtgebiete (z.B. Orchideen) oder der Mischwälder (z.B. Türkenbund etc.) in den Unterricht einbezogen. Die Schüler/innen sollen die Schönheit und Vielfalt unserer Pflanzen- und Tierwelt erfahren bzw. erleben; daraus erwächst die Verpflichtung, diese Biodiversität auch nachkommenden Generationen zu erhalten. Wichtige Themen in diesem Zusammenhang sind die *Ursachen des Artensterbens* und der heutigen Gefährdung vieler Pflanzen- und Tierarten. Das erfordert, Gesichtspunkte aus verschiedenen Sachgebieten zusammenzuführen. Die Schüler müssen erkennen, dass manche Arten zwar durch Bejagung oder Sammeln ausgerottet wurden bzw. bedroht sind, dass in erster Linie aber die Veränderung der Lebensräume durch den Menschen zur Dezimierung der Arten führt. Solche Überlegungen sind eng verknüpft mit sozialen, wirtschaftlichen und geografischen Aspekten: z.B. Anwachsen der Erdbevölkerung, ihre Ernährung, Notwendigkeit der Umwandlung von natürlichen Ökosystemen in landwirtschaftlich genutzte Flächen, Landverlust durch Besiedlung, Verkehr, Industrie usw. Dem Schüler wird die Einsicht vermittelt, dass wir in einer *Kulturlandschaft* leben, die heute mehr denn je sorgfältiger Pflege und Bewirtschaftung bedarf.
Aus solchen Überlegungen ergibt sich im Sinne einer *nachhaltigen Entwicklung* auch die Forderung, noch bestehende artenreiche Lebensräume zu erhalten und pflegerisch damit umzugehen sowie neue Lebensmöglichkeiten für Pflanzen und Tiere zu schaffen. Der Unterricht zeigt auf, wie der Einzelne hier tätig werden und umweltbewusst handeln kann – vielleicht in Zusammenarbeit mit Umweltschutzverbänden oder Behörden, z.B.: Anlegen von Hecken, von Nisthilfen für Vögel und Insekten, Schutz von Krötenwanderwegen, Ansäen von Nahrungspflanzen für Insekten im Schulgelände oder in Privatgärten (Naturwiesen!), Anlegen von Reisighaufen, Gestalten von Feucht- oder Trockenbiotopen usw. (vgl. Kap. 5.3)
Ein weiterer Schwerpunkt gilt dem Schutz und der Gefährdung ausgewählter *Ökosysteme.* Solche Themen schließen unmittelbar an die Behandlung ökologischer Fragen an. Als aktuelle überregionale *Umweltbelastung* wird die Gefährdung des Waldes durch Luftschadstoffe behandelt. Sie gelangen über Boden und Blätter bzw. Nadeln in den Stoffkreislauf und führen zu den schon seit längerer Zeit bekannten Waldschäden. Den Schülerinnen und Schülern soll bewusst werden, dass sich globale Umweltbelastungen auch lokal auswirken und umgekehrt. Bei Aufenthalten im Schullandheim oder Jugendwaldheim können sie Gefährdungen des Ökosystems Wald selbst erschließen; der Begriff nachhaltige Bewirtschaftung wird an Ort und Stelle erläutert. Mitarbeit bei Pflanz- und Säuberungsaktionen etc., wie schon für die Grundschule vorgeschlagen, fördert das eigene Umweltbewusstsein. Das Thema Wald kann in diesen Jahrgangsstufen in Verbindung mit geografischen und sozialen Überlegungen weltweit ausgedehnt werden auf die Gefährdung der *tropischen Regenwälder* mit ihrer großen biologischen Vielfalt. Das Thema

Kohlenstoffdioxid und Stoffkreislauf bietet Gelegenheit, auf die Problematik der Treibhausgase und ihrer Zunahme in unserer Erdatmosphäre sowie auf mögliche Klimaveränderungen einzugehen. Verbrauch fossiler Brennstoffe und Energieverschwendung sind Ansatzpunkte, um den Schülern eigene Möglichkeiten aufzuzeigen, den Energieverbrauch einzuschränken und damit zum Schutz unserer Umwelt wie auch zur Erhaltung natürlicher Ressourcen beizutragen. Fragenkreise dieser Art führen weit über den Rahmen des Faches Biologie hinaus. Sie bedürfen eines fächerübergreifenden Ansatzes.

Bei der Wahl anderer Ökosysteme ergeben sich ähnliche Fragestellungen und Möglichkeiten, auf Schutzmaßnahmen einzugehen. Es soll in allen Fällen deutlich werden, dass nicht nur die Allgemeinheit oder Industrie, Land- und Forstwirtschaft etc. etwas für den Erhalt unserer natürlichen Lebensgrundlagen tun müssen, sondern dass jeder Einzelne auch seinen Beitrag leisten kann.

Beim Kapitel *Humanbiologie und Gesundheitserziehung* werden Themen der Umweltbelastung in ihren Auswirkungen auf den Menschen und seine Gesundheit in den Vordergrund gestellt, z. B. Beeinträchtigung durch Luftschadstoffe, durch Lärm, durch Aufnahme von Pestiziden mit der Nahrung usw. (vgl. auch Kap. 10.6).

Gymnasiale Oberstufe

Themen der Umweltbildung schließen in der Regel unmittelbar an ökologische Betrachtungen an. Ausgehend von der Komplexität und von vielfältigen Beziehungen in einem Ökosystem, werden mögliche Störungen durch anthropogene Eingriffe und Belastbarkeit erörtert. Das *Ökosystem Gewässer* bzw. *See* bietet sich für eine vertiefende Behandlung an. Hier lassen sich ökologische Gegebenheiten sowie Besonderheiten von Flora und Fauna einerseits und anthropogene Belastungen andererseits in ihrem Mit- und Gegeneinander studieren. Es geht darum, Arten- und Biotopschutz sowie Erhalt der Kreisläufe mit sozialen und ökonomischen Gegebenheiten in Einklang zu bringen – ein dankbares, fachübergreifendes Thema. Über ein konkretes Ökosystem hinausgehend, sollten von der Vielzahl regionaler und globaler *Umweltbelastungen* nur einzelne herausgegriffen und exemplarisch vertieft werden, wobei durchaus auf Aktualität Wert gelegt werden kann. Als ein Beispiel sei die Belastung der Luft bzw. der *Atmosphäre* genannt. Es geht etwa um Schadstoffe, die zu den bekannten Waldschäden führen oder um Stoffe, die zur Abnahme der schützenden Ozonschicht beitragen; ferner um Zunahme des Kohlenstoffdioxids und anderer Treibhausgase, was sich verändernd auf unser Klima auswirkt. In dieser Schulstufe wird man sich dabei nicht allein auf die Feststellung von Fakten, von Ursachen und Wirkungen, beschränken. Es geht vielmehr auch um das Studium wissenschaftlicher Ausführungen, um das Interpretieren internationaler Verträge, um das Erörtern der Folgen für Klima, Vegetation, Meere, Wirtschaft. Das Problem der erneuerbaren Energien spielt dabei eine wichtige Rolle, ebenso Möglichkeiten von Industrie und Technik, durch moderne Entwicklungen die Belastungen der Umwelt zu verringern. Dazu kommt aber wieder die persönliche Frage an jeden Einzelnen bezüglich Energieverschwendung. Es ist auch ein Thema für fachübergreifendes, projektartiges Vorgehen.

In Zusammenhang mit Themen zum Umweltschutz sind in dieser Altersstufe wie auch in der Erwachsenenbildung Reflexionen über *ethische Aspekte* im Umgang mit der Natur bzw. mit unseren Lebensgrundlagen notwendig. Die Idee der nachhaltigen Entwicklung, die auch das Schicksal kommender Generationen im Auge hat, stellt eine ethische Herausforderung dar. Umweltschutz bedarf der Wert- und Sinnorientierung. Manche Denkgewohnheiten und Wertvorstellungen unterliegen einem Wandel. So wurde es in früheren Jahrhunderten als hoher Wert angesehen, ein Moor trockenzulegen oder einen Fluss zu begradigen. Heute versuchen wir, solche Maßnahmen durch Renaturierung rückgängig zu machen. Dieser Wandel ist den Lernenden bewusst zu machen. Ohne sie zu indoktrinieren, sollten wir versuchen, *Wertvorstellungen* zu vermitteln, die einmal den Erhalt der Lebensgrundlagen für kommende Generationen im Blickfeld haben, die aber auch ganz grundsätzlich unseren Mitgeschöpfen auf der Erde eine Daseinsberechtigung und Schutz auf Dauer zuerkennen.

10.6 Humanbiologie – Gesundheitserziehung – Sexualerziehung

10.6.1 Humanbiologie[95]

Unter dem Begriff Humanbiologie werden Anatomie und Physiologie des Menschen sowie Anthropologie im Sinne einer physischen Anthropologie zusammengefasst. Teilbereiche der Humanbiologie beschäftigen sich darüber hinaus mit der Evolution und Entwicklung des Menschen sowie mit der Humanethologie und der Soziobiologie. Bedeutung und Breite des Wissensgebietes führen dazu, dass auch im Biologieunterricht Themen der Humanbiologie einen erheblichen Anteil am Gesamtstoff besitzen. Die Schüler/innen sollen mit dem menschlichen Körper vertraut werden und die wichtigsten Organe mit ihren Funktionen und ihrem Zusammenwirken kennen. Mit der Vermittlung sachlicher Grundlagen leistet die Humanbiologie einen wesentlichen Beitrag zur Gesundheits- und Sexualerziehung.

Eine umfassende Behandlung des menschlichen Körpers und seiner Organsysteme ist nicht sinnvoll und auch aus zeitlichen Gründen nicht möglich. Ziel ist vielmehr ein Unterricht, der die *zentralen Lebensvorgänge* deutlich macht, indem an exemplarischen Beispielen die Funktionen verschiedener Organe in ihrer Bedeutung für den ganzen Organismus aufgezeigt werden. Knochen und Muskeln gemeinsam ergeben den Bewegungsapparat, dessen Funktion wiederum vom Nervensystem abhängt; das Zusammenwirken von Verdauungs-, Atmungs- und Blutkreislaufsystem ermöglicht die Versorgung der Zellen mit Nahrung und Sauerstoff. Anatomisches und morphologisches Teilwissen hat nur dann seine Berechtigung, wenn es für das Verständnis der Leistung eines Organs erforderlich ist. Das Kennenlernen einzelner Muskeln erfolgt beispielsweise unter dem Gesichtspunkt, wie weit damit bestimmte Bewegungen verstanden werden können.

95 Zur Fachinformation z. B. Faller 2012, Mörike u. a. 2001, Thews, Mutschler & Vaupel 1999

Der Bau der Darmwand ist im Hinblick auf die Einsicht in die Funktionsweise des Darms zu erarbeiten.
In den *Lehrplänen* verschiedener Schularten werden die Themen der Humanbiologie teils schwerpunktartig in einer oder in wenigen Jahrgangsstufen zusammengefasst, teils auf die einzelnen Jahrgänge verteilt. An der schwerpunktartigen *Zusammenfassung in einem Schuljahr* ist von Vorteil, dass sich damit das Zusammenwirken verschiedener Organsysteme besser aufzeigen lässt. Ferner kann die Erarbeitung in eine Altersstufe mit hohem humanbiologischem Interesse gelegt werden. Für die *stufenweise Behandlung* spricht, dass man die Arbeit an verschiedenen Teilthemen am wachsenden Verständnis der Schüler/innen und an ihren sonstigen biologischen Kenntnissen orientieren kann. Außerdem lässt sich die Humanbiologie mit pflanzen- und tierkundlichen Themen koppeln.
Themen mit humanbiologischem Aspekt sind in der *Grundschule* neben „Körperpflege“ und „gesunde Ernährung“ vor allem „Auge“ und „Ohr“. An diesen Sinnesorganen lassen sich die Leistung und der Wert eines gesunden Organs besonders gut veranschaulichen. Auf der Basis elementarer humanbiologischer Sachverhalte können gesundheitsorientierte Einstellungen, Verhaltensweisen und Handlungskompetenzen aufgebaut werden.
In der *Sekundarstufe I* werden die Schüler/innen mit zentralen Lebensvorgängen bekannt gemacht. Die Themen umfassen in der Regel Bau und Funktion des Bewegungsapparates, Schutzfunktion der Haut, Sinnesorgane, Ernährung und Verdauung, Atmung und Atmungsorgane, Blutkreislauf, Nerven- und Hormonsystem, Immunsystem, Fortpflanzung, Vererbung. Mit dem Verständnis der Leistungen und des Zusammenwirkens einzelner Organe lassen sich auch Auswirkungen von Krankheit und die Verantwortlichkeit für die eigene Gesundheit einsichtig machen.
In der *Sekundarstufe II* erfolgt die Festigung und Vertiefung der in der Mittelstufe erworbenen Kenntnisse. Themen der Humanbiologie werden mit zentralen biologischen Prozessen verknüpft und reichen von der molekularen Basis des Lebens bis zu anthropologischen Fragestellungen. Somit ist es möglich, weltanschauliche, ethische und philosophische Grundfragen auf solider fachlicher Basis zu reflektieren.
Zum traditionellen Themenspektrum der Humanbiologie gehört die Auseinandersetzung mit grundlegenden neurophysiologischen Vorgängen. Von aktueller Bedeutung sind hier *neuere Erkenntnisse der Neurobiologie*[96], da sie die zentrale Tätigkeit aller Schüler/innen betreffen, nämlich das Lernen.
Auswirkungen auf das Verständnis von Lernprozessen hat vor allem eine veränderte Sichtweise der Plastizität des menschlichen Gehirns. Beim Lernen ändert es sich physisch, indem Veränderungen an den Synapsen stattfinden, die die Informationsübertragung verbessern, neue Verknüpfungen schaffen oder Verknüpfungen, die nicht mehr gebraucht werden, abbauen. Lernen prägt somit die Struktur des Gehirns. Jeder Lernprozess erzeugt nicht nur neues Wissen, sondern schafft zugleich neue Potenziale und Strategien für weitere Lernprozesse. Die Leistungs-

96 Literatur z.B. Damasio 2002, 2004; Hüther 2003, Roth 2001, Singer 2003, Spitzer 2003

fähigkeit des Gehirns liegt insbesondere darin, Informationen verknüpfend zu verarbeiten. Somit sind Lernprozesse, welche die Vernetzung fördern, erfolgreicher als solche, die nur isoliertes Wissen erzeugen (vgl. Kap. 4.7). Lernen ist ein individueller Prozess, gesteuert durch die Beeinflussung von außen; es führt dazu, dass die Gehirne der Menschen sich in ihrer Struktur unterscheiden, ähnlich, wie sich Fingerabdrücke unterscheiden.
Bei Lernprozessen spielen Emotionen eine wichtige Rolle. Ereignisse, die individuell als bedeutsam eingeschätzt und emotionell besetzt werden, werden schneller und besser gespeichert. Emotionen und Lernprozesse gehören eng zusammen; emotionale Fähigkeiten sind Teil der Intelligenz.

Hinweise zum Unterricht

Das *Interesse* der Jugendlichen an humanbiologischen Themen schwankt in Abhängigkeit vom Lebensalter (vgl. u. a. die empirischen Untersuchungen von Löwe 1992a). Während Grundschüler/innen an Themen, die den menschlichen Körper betreffen, geringeres Interesse zeigen als an tier- und pflanzenkundlichen Sachverhalten, steigt dieses Interesse mit zunehmendem Lebensalter, wohl in Zusammenhang mit der Pubertät, stark an. Es übertrifft bei 14- bis 16-Jährigen das Interesse an tier- und pflanzenkundlichen Bereichen und bleibt in diesen Altersstufen etwa gleich hoch, wobei nur geringe Unterschiede zwischen Jungen und Mädchen bestehen. Vergleiche zwischen Organen oder Lebenserscheinungen und technischen Apparaturen bzw. Vorgängen sind mit Vorsicht zu verwenden (z. B. Auge – Fotoapparat, Herz – Pumpe, Computer – Gehirn). Solche Analogien können einzelne Baueigentümlichkeiten und Funktionen zwar besser durchschaubar und leichter verständlich machen, es darf aber keinesfalls dazu führen, dass das technische Gerät als komplexer und leistungsfähiger eingeschätzt wird. Beispielsweise kann der Vergleich mit dem Fotoapparat nur isolierte, physikalisch-chemische Details erfassen, nicht aber z. B. das Entstehen unserer Vorstellungen im Gehirn. Der Hörvorgang, das Empfinden von Luftschwingungen als Musik oder Geräusch, ist physikalisch ebenfalls nicht ausreichend zu erklären.
Auch in der Humanbiologie ist ein anschaulicher Unterricht vorteilhaft. Manche Sachverhalte können die Schüler/innen am eigenen Körper oder gegenseitig beobachten (vgl. Kap. 7.2). Ergänzend werden Präparate und Modelle sowie gelegentlich echte Organe von Tieren, z. B. Schweineherz oder Rinderauge, herangezogen. Auch das Experiment muss ein fester Bestandteil des humanbiologischen Unterrichts sein. Es gibt eine ganze Reihe von einfachen Versuchen, z. B. zu Funktionen der Sinnesorgane oder des Verdauungssystems, die mit nur geringem Materialaufwand von der Lehrkraft leicht durchgeführt werden können (vgl. Abschnitt 6.3.6). Als Grundausstattung sollte für die Humanbiologie zumindest vorhanden sein: künstliches Skelett, Strukturmodelle von Gelenken, Gliedmaßen, Torso, Modelle von Auge, Ohr, Herz, Gehirn, Haut, Nieren, Zahn; Bildtafeln, z. B. zum Blutkreislauf, zur Verdauung; evtl. Diaserien und Filme.

10.6.2 Gesundheitserziehung[97]

Der Gesundheitszustand vieler Schüler/innen lässt heute zu wünschen übrig. Häufige Diagnosen bei schulärztlichen Untersuchungen sind Übergewicht, Haltungsschwächen, Verhaltensstörungen, Karies. Sie beruhen oft auf ungesunden Verhaltensweisen, wie Bewegungsmangel, hohem Medienkonsum, unausgewogener, falscher Ernährung; dazu kommen Gefährdungen durch Alkohol, Nikotin und Drogen. Mehr und mehr prägen moderne Technologien das Freizeitverhalten der Schüler/innen. Die intensive Beschäftigung etwa mit Computerspielen fördert Kontaktarmut, häufig verbunden mit Verhaltensstörungen. Arbeitslosigkeit der Eltern, instabile familiäre Verhältnisse sowie Enttäuschungen im schulischen Fortkommen tragen zur seelischen Belastungssituation von Schülerinnen und Schülern bei.

Die Gesundheit beeinträchtigenden Verhaltensweisen werden sehr früh in der Kindheit adaptiert und meist im Erwachsenenalter beibehalten. Zahlreiche Erkrankungen Erwachsener gehen auf langjährige ungesunde Lebensweisen seit der Kinder- und Jugendzeit zurück.

Seit geraumer Zeit kann eine spürbare Sensibilisierung und gesteigerte öffentliche Aufmerksamkeit für Fragen der Verbesserung der Gesundheitssituation von Kindern und Jugendlichen konstatiert werden. Öffentliche und private Organisationen (Gesundheitsämter, Krankenkassen, Medien) treten gesundheitsschädlichen Gewohnheiten durch Aufklärungskampagnen entgegen. Sie informieren und versuchen, Einstellungen, Haltungen und Gewohnheiten, welche die Gesundheit betreffen, im positiven Sinne zu beeinflussen. In diesem Prozess wird den Schulen eine zentrale Rolle zugeschrieben.

Ziel schulischer Gesundheitserziehung ist es, gesundheitsgerechtes Verhalten anzubahnen und zu fördern sowie den jungen Menschen möglichst frühzeitig ihre Verantwortung für die eigene Gesundheit bewusst zu machen. In diesem Zusammenhang geht es darum, das individuelle Verhalten des Einzelnen zu beeinflussen, wobei hier sowohl Bezug auf die korrektive Ebene (Abbau gesundheitsbeeinträchtigender Verhaltensweisen) als auch auf die präventive Ebene (Aufbau gesundheitsfördernder Verhaltensweisen) genommen wird.

Das allgemeine Interesse an Gesundheitsfragen fördert auch die Öffnung der Schule nach „außen" und bedeutet unter anderem den Aufbau regionaler Kooperationsstrukturen. Das Ergebnis sollte eine konstruktive Zusammenarbeit zwischen Schulen, Gesundheitsdiensten, Behörden, Krankenkassen sowie Verbänden in der Region sein, um kommunale Ressourcen sowie menschliches und fachliches Potenzial besser zu erschließen (vgl. BARKHOLZ 1995). Das bedeutet zum Beispiel, dass externe Fachkräfte mit in die Gesundheitserziehung einbezogen werden, etwa Ärzte/Ärztinnen oder Ernährungsberater/innen, oder dass Informationsmaterial der Krankenkassen auch in den Schulen genutzt wird.

---

97 Literatur z.B. Barkholz 1995, Barkholz & Homfeldt 1994, Hurrelmann, Laaser & Razum 2006, Leppin 1995, Leppin, Hurrelmann & Petermann 2000, Bundeszentrale für gesundheitliche Aufklärung 2002; 2003–2009

Wenn durch Gesundheitserziehung Verhaltensänderungen erreicht werden sollen, muss die Schülerin/der Schüler auch emotional betroffen sein. Deshalb darf Gesundheitserziehung nicht nur die kognitive Entwicklung von Kindern ansprechen, sondern muss ihre gesamte emotionale und soziale Erfahrungswelt mit einbeziehen.
Man darf die Effizienz schulischer Gesundheitserziehung nicht überschätzen. Elternhaus, Gruppen Gleichaltriger sowie Medien und Werbung spielen eine wesentliche Rolle für entsprechende Gewohnheiten und Verhaltensweisen. Umso mehr fordert Gesundheitserziehung die Lehrkraft als Pädagogen. Bei allem Bemühen muss damit gerechnet werden, dass zwischen Wissen und Handeln im gesundheitlichen Bereich, vergleichbar dem Umweltverhalten, eine große Diskrepanz bestehen bleibt. Man spricht auch vom Phänomen der „kognitiven Dissonanz". Informationen, die im Widerspruch zu eingeschliffenen Verhaltensweisen stehen, führen nicht zwangsläufig zu Verhaltensänderungen, denn Wissensvermittlung ist zwar eine notwendige, aber nicht hinreichende Form der Gesundheitserziehung.
Informationsstand und Vorstellungen (preconceptions, vgl. Kap. 4.4) zu kennen und beim Lernprozess zu berücksichtigen, ist in der Gesundheitserziehung besonders wichtig. Die subjektiven Gesundheitskonzepte, also Annahmen von und Einstellungen zu Ursachen von Krankheitsentstehung und zu den Charakteristika von Gesundheit sind wesentliche Anknüpfungspunkte für alle Maßnahmen der Gesundheitserziehung.
Verhaltensänderungen steht entgegen, dass meist kein unmittelbarer Leidensdruck besteht; Folgen von ungesunden Verhaltensweisen machen sich häufig erst im späteren Lebensalter bemerkbar. Hieraus kann für Kinder ein Motivationsproblem entstehen, da sie nicht zukunftsorientiert, sondern emotional stark auf den Augenblick fixiert sind.
Aus der Sozialisationstheorie ist bekannt, dass Kinder schon frühzeitig das Verhalten der Eltern übernehmen und damit auch gesundheitlich bedenkliche Gewohnheiten; ferner nimmt die Beeinflussbarkeit der Schüler/innen bezüglich ihrer Verhaltensweisen mit zunehmendem Alter ab, wie auch aus einer länger zurückliegenden Lehrerbefragung der Bundeszentrale für gesundheitliche Aufklärung hervorgeht (1988, S. 147). Allgemein muss deshalb die Forderung erhoben werden, gesundheitsbewusstes Verhalten bereits im Grundschulalter einzuüben. Gerade in diesem Alter können gesundheitsrelevante Einstellungen und Verhaltensweisen noch angelegt und verfestigt werden, einmal eingeprägte Handlungsmuster aufgrund kindlicher Imitationslust zum Leitbild oder zur Gewohnheit werden. Dieses Verhalten ist später gegen Änderungen ziemlich resistent.

Konzepte der Gesundheitserziehung

Abschreckungskonzept

Die negativen Wirkungen gesundheitsschädlicher Verhaltensweisen werden in den Vordergrund gestellt und drastisch veranschaulicht, um damit Angst und Abschreckung zu erzeugen. Dies geschieht vor allem im Hinblick auf Missbrauch von Nikotin, Alkohol, Drogen, aber auch für andere gesundheitliche Bereiche (zum

Beispiel Darstellung eines Raucherbeines, einer Säuferleber oder eines jugendlichen Drogentoten). Diese Vorgehensweise bewirkt allenfalls eine kurzfristige Verhaltensänderung. Es kann zu Abwehr- bis hin zu Trotzreaktionen kommen, die in eine Oppositionshaltung münden. Die abschreckenden Inhalte haben zudem für die Schüler/innen kaum Bedeutung, da sie diese nicht auf sich selber beziehen. Auch empirische Untersuchungen bestätigen tendenziell diese These (Söllner 1982).

Aufklärungskonzept

Im Rahmen humanbiologischer Themen werden Organe und Organsysteme besprochen und die Schüler/innen dabei sachlich über mögliche Erkrankungen, ihre Symptome, ihren Verlauf sowie über Therapiemöglichkeiten aufgeklärt. Entsprechendes Fehlverhalten, das bestimmte Krankheiten verursachen kann, wird aufgezeigt; die Lehrkraft vermittelt Gesundheitsregeln. Die Schüler/innen werden bei diesem Konzept vor allem kognitiv angesprochen. Dem Konzept fehlen emotionale und soziale Komponenten. Die Schwachstellen dieser Modellvorstellung sind heute bekannt: Aufnahme und Anhäufung von Wissen bietet für sich allein noch keine Gewähr für eine Einstellungsänderung und für ein gesundheitsgerechtes Verhalten. US-amerikanische Evaluationsstudien konnten nachweisen, dass der wissensorientierte Ansatz wenig erfolgversprechend ist. Während das Wissen durch solche Programme verändert werden konnte, sind die Effekte auf das Verhalten in der Regel ausgeblieben (vgl. Leppin 1995).

Risikofaktorenkonzept

Dieses Konzept steht in enger Verbindung mit dem vorhergehenden. Es stellt besondere gesundheitliche Risiken, wie Genussmittelkonsum, Bewegungsmangel, falsche Ernährung, Übergewicht etc., in den Vordergrund und will damit das Risikobewusstsein bei Schülerinnen und Schülern schärfen sowie für ein präventives Verhalten motivieren. Die Bereitschaft für eine Risikofaktor mindernde und damit gesundheitsfördernde Lebensweise soll erhöht werden.

So wertvoll dieses Wissen erscheint, so reicht es als alleinige Strategie der Gesundheitserziehung sicher nicht aus. Die sachlogisch zutreffende Aufforderung zur Vermeidung von Risikofaktoren wird häufig ohne entsprechenden Leidensdruck psychologisch nicht akzeptiert und schlägt damit fehl. So werden auch in einem Bericht der Kultusministerkonferenz zur Gesundheitserziehung in Schulen Aufklärungs- und Risikofaktorenkonzept für überholt erklärt. An ihre Stelle soll ein ganzheitliches Lebensweisenkonzept treten, in dem Gesundheitsverhalten in einen sozialen Zusammenhang eingebettet wird und ein Gleichgewicht zwischen individueller und gesellschaftlicher Verantwortung gefunden werden muss (KMK 1992).

Konzept der gesunden Lebensweisen

Im Mittelpunkt der unterrichtlichen Maßnahmen steht die Anleitung zu einer Lebensführung, die die physische, psychische und soziale Gesundheit zu erhalten vermag. Es werden alltägliche Verhaltensweisen, Bedürfnisse und Schwächen der

Schüler/innen, die alle mehr oder weniger mit der individuellen Gesundheit zu tun haben, thematisiert. Ausgangspunkt ist die Lebenssituation der Schüler/innen, sind ihre konkreten Erfahrungen. Als konzeptionelle Forderung wird anstelle der bisherigen Ausrichtung auf Risikofaktoren eine Betonung auf Gesundheitsfaktoren (health enhancing factors) in Unterricht und Schulleben gelegt. „Gesundheitsfaktoren sind alle Faktoren, die als gesundheitsfördernd in persönlicher, sozialer oder umweltbezogener Hinsicht gelten können ... Dazu gehören zum Beispiel Ernährungsverhalten, körperliche und geistige Fitness, ... Hygienemaßnahmen, Förderung von Selbstbewusstsein ... usw." (nach Schneider 1994, S. 97).
Das Konzept der gesunden Lebensweisen ist ein schülerorientiertes Modell; es geht von dem Verständnis aus, dass Schüler/innen mit Kenntnissen, Fähigkeiten, Fertigkeiten und Handlungskompetenzen auszustatten sind, die sie zur erfolgreichen Auseinandersetzung mit vielfältigen Lebenssituationen befähigen. Das Lebensweisenkonzept bindet Gesundheitsverhalten auch in einen sozialen Zusammenhang.

Themenbereiche im Biologieunterricht

In der *Grundschule* werden vor allem angesprochen:
Körperliche Hygiene – ausgewogene Ernährung – ausreichende Bewegung, genügend Schlaf – Schutz der Augen, z. B. vor zu starker Lichteinstrahlung – Schutz der Ohren vor zu großer Lautstärke – erste Schritte zur Suchtprävention durch Stärkung der eigenen Persönlichkeit – Wissen um Wirkungen von Tabak und Alkohol.
In den *Jahrgangsstufen 5–10* werden die Themen aus der Grundschule vertieft, neue kommen hinzu.
In Verbindung mit humanbiologischen Themen geht es u. a. um: Zusammenhang von Ernährung und Gesundheit – Vorbeugen von Haltungsschäden – Erste-Hilfe- Maßnahmen – Schutz vor Infektionskrankheiten (auch AIDS), Aufgaben und Stärkung des Immunsystems – Gefährdung durch Alkohol, Nikotin, Drogen/Suchtprävention – Einflüsse des Medienkonsums – Belastung durch Schadstoffe – Allergien – gesundheitsfördernde Faktoren in ihrer Gesamtheit – Maßnahmen öffentlicher Gesundheitsvor- und -fürsorge, z. B. Impfungen, Seuchenschutz, Lebensmittelkontrolle – Gesundheit und soziale Gegebenheiten.
In der *gymnasialen Oberstufe* sind entsprechende Themen bei passender Gelegenheit zu erörtern. So wird zum Beispiel das Funktionieren des menschlichen Immunsystems genauer erarbeitet, etwa im Zusammenhang mit ansteckenden Krankheiten und möglichen Schutzmaßnahmen; Zusammenhänge zwischen Genen und bestimmten Krankheitsbildern werden aufgezeigt. Auch Suchtprävention ist von Bedeutung. Beziehungen zwischen körperlicher und seelischer Gesundheit werden erarbeitet, die Rolle sozialer Gegebenheiten und von Umweltfaktoren ist mit einzubeziehen. Eine ganzheitliche Betrachtung menschlicher Gesundheit und der sie beeinflussenden Verhaltensweisen steht im Vordergrund. Themen zur Gesundheitserziehung haben in der Regel fächerverbindenden Charakter. Sport, Deutsch, Religion oder Ethik spielen eine Rolle. Experten von außerhalb der Schule sollten mit einbezogen werden. Wie schon an anderer Stelle betont, bieten sich solche Themen besonders für Projektunterricht an (vgl. z. B. Abschnitt 8.2.4).

Sucht- und Drogenprävention

Die Themen Sucht, Drogen, Alkohol- und Nikotinmissbrauch begleiten die Schule nun schon seit Jahrzehnten. Prävention zählt zu den Aufgaben der Schule; verschiedene Unterrichtsfächer sind daran beteiligt, wobei Biologie besonders gefragt ist.

Für Drogenkonsum wie für Tabletten-, Alkohol- und Nikotinmissbrauch können schon früh Verhaltensdispositionen angelegt werden. Dabei muss dem sozialen Umfeld – familiäre und schulische Situation, Vorbilder oder „Idole", Gruppen Gleichaltriger, Werbung – eine große beeinflussende Wirkung zugemessen werden. „Die eigentliche Ursache für die Sucht liegt aber im Menschen selbst, der mit der Realität so, wie sie ist, bzw. wie er sie wahrnimmt, nicht nur vorübergehend, sondern auf Dauer nicht zurechtkommt" (ETSCHENBERG, 1994, S. 131). Aufgabe der Schule ist deshalb, im Rahmen der Prävention auch eine Lebensweise aufzuzeigen, die zur Bewältigung schwieriger Situationen andere Wege als die Betäubung mit Drogen oder Tabletten bietet.

Der *Beitrag des Biologieunterrichts zur Suchtprävention* wird einerseits darin bestehen, *Sachinformationen* über Drogen und Süchte zu vermitteln, um die Motivation, keine Drogen zu nehmen, zu stärken. Dazu zählen zum Beispiel grundlegende Kenntnisse über Herkunft und Wirkungsweise sowie Gefahren ausgewählter Drogen (etwa Kokain, Heroin, Designerdrogen). Auch das Schildern persönlichen Erlebens aus dem Bekanntenkreis kann durchaus Betroffenheit auslösen, ohne dabei in das überholte Abschreckungskonzept verfallen zu wollen. Andererseits ist jede Fachlehrkraft als Pädagoge gefragt, die im Sinne des Konzepts der gesunden Lebensweisen ihren Schülern und Schülerinnen hilft, sich mit den Gegebenheiten des Lebens wie der Schule so auseinanderzusetzen, dass sie diese ohne Suchtmittel bewältigen können. Sie sollte versuchen, erzieherischen Einfluss zu nehmen, das Selbstwertgefühl und Vertrauen der Schüler/innen, auch durch ihr eigenes Verhalten, zu fördern und andere Möglichkeiten von Konfliktlösungen – anstatt Drogengenuss – zu erarbeiten, etwa durch Diskussion von Fallbeispielen mit Schülerinnen und Schülern, damit sie Gefährdungssituationen verantwortungsvoll durchstehen können. Es geht bei der Suchtvorbeugung um Einflussnahme auf mögliche, Sucht einleitende Tendenzen, das sind zum Beispiel sog. „ausweichende Verhaltensweisen" (etwa Abgelenktsein, Träumen, Unruhe, Leistungsverweigerung, vgl. BRAUN & SCHULZ 1994, S. 141).

Eindringlich muss heute auch auf den Missbrauch von „legalen" Suchtmitteln wie *Alkohol* oder *Nikotin* eingegangen werden. Da das Gefahrenpotenzial, das von diesen Stoffen ausgeht, leicht unterschätzt wird, ist einerseits fachliche Aufklärung über gesundheitliche Risiken von Alkohol- und Nikotingenuss notwendig. Andererseits sollten Diskussionen über Werbung sowie über Gruppenverhalten Möglichkeiten aufzeigen, dem entsprechenden Konsumzwang Widerstand zu leisten. Es gilt, eine Haltung anzuregen, die die kritische Distanz gegenüber den in der Werbung angebotenen Genuss- und Suchtmitteln wahrt und zur Abstinenz gegenüber illegalen Drogen führt. Ein solches Konzept könnte unter das Motto gestellt werden: „Stark ist, wer ohne … auskommt."

Auch die *Tablettensucht* muss in den Unterricht mit einbezogen werden. Schüler/innen sind vor dem häufigen Einnehmen, zum Beispiel von Schlaf- und Beruhigungsmitteln oder von Stimulanzien ohne ärztliche Verordnung zu warnen. Eine gesunde Lebensweise kann manche Mittel entbehrlich machen. Wirkungsvolle Suchtprävention bedarf der Mitwirkung der Eltern. Kooperation ist auch mit den hierfür zuständigen außerschulischen Einrichtungen notwendig, zum Beispiel mit Sucht-und Drogenberatungsstellen, Gesundheitsämtern, Krankenkassen. Experten dieser Stellen sollten im Sinne einer Öffnung der Schule regelmäßig in den Unterricht eingeladen werden.

10.6.3 Sexualerziehung[98]

Mit den Empfehlungen der Kultusministerkonferenz von 1968 wurde die Sexualerziehung in den Schulen flächendeckend etabliert und ist seitdem, von der Grundschule an, fester Bestandteil in den Lehrplänen. Die schulische Sexualerziehung wurde aber von Anfang an von verschiedenen gesellschaftlichen Gruppen bekämpft. Es kam zu einem Verfahren vor dem Bundesverfassungsgericht. Das Urteil vom 21.12.1977 stellte die Gleichstellung von Elternrecht und Erziehungsauftrag des Staates fest und veröffentlichte Leitsätze von grundsätzlicher Bedeutung:

1. „Die individuelle Sexualerziehung gehört in erster Linie zu dem natürlichen Erziehungsrecht der Eltern im Sinne des Art. 6 Abs. 2 GG; der Staat ist jedoch aufgrund seines Erziehungs- und Bildungsauftrages (Art. 7 Abs. 1 GG) berechtigt, Sexualerziehung in der Schule durchzuführen.
2. Die Sexualerziehung in der Schule muss für die verschiedenen Wertvorstellungen auf diesem Gebiet offen sein und allgemein Rücksicht nehmen auf das natürliche Erziehungsrecht der Eltern und auf deren religiöse oder weltanschauliche Überzeugungen, soweit diese für das Gebiet der Sexualität von Bedeutung sind. Die Schule muss insbesondere jeden Versuch einer Indoktrinierung der Jugendlichen unterlassen.
3. Bei Wahrung dieser Grundsätze ist Sexualerziehung als fächerübergreifender Unterricht nicht von der Zustimmung der Eltern abhängig.
4. Die Eltern haben jedoch einen Anspruch auf rechtzeitige Information über den Inhalt und den methodisch-didaktischen Weg der Sexualerziehung in der Schule."

Da die Schulbildung in Länderhoheit liegt, verpflichtete das Bundesverfassungsgericht die Länder im fünften Leitsatz, „die Entscheidung über die Einführung einer Sexualerziehung in den Schulen selbst zu treffen". Seither ist sie in den Schulgesetzen der einzelnen Länder verankert – zumeist noch konkretisiert durch weitere Richtlinien.

Ziele und Inhalte[99]

Allen Richtlinien ist gemeinsam, dass sie sich an der klassischen Familie orientieren. In allen Richtlinien und Lehrplänen sind Themen wie Zärtlichkeit und Erotik an verantwortungsvolle Partnerschaft und Liebe gebunden. Die Richtlinien von Bayern, Hessen und Rheinland-Pfalz orientieren sich in der Sexualerziehung aus-

98 Literatur z. B. Etschenberg 1993, Hopf 2002, Janoschek 1993, Valtl 1994, 1998; Windisch 2000
99 Analyse der Richtlinien und Lehrpläne zur Sexualerziehung in den 16 Ländern: Bundeszentrale für gesundheitliche Aufklärung (2004)

drücklich an christlichen Werten und Normen. Danach sind Ehe und Familie die bevorzugten Orte für Sexualität. Gleichwohl wird die Vielfalt der Lebensformen in allen Bundesländern als gesellschaftliche Realität wahrgenommen.
Fester Bestandteil der Richtlinien aller Bundesländer ist die Gleichberechtigung der Geschlechter. Dies gilt ebenfalls für die Prävention von sexueller Gewalt gegen Kinder und Jugendliche. Priorität hat hierbei vor allem die Stärkung des Selbstbewusstseins von Kindern. Das Thema „Empfängnisverhütung" wird in allen Bundesländern als verbindlicher Unterrichtsinhalt vorgesehen. Auch das Thema AIDS ist fester Bestandteil der Sexualerziehung.
Sexualität ist ein existenzielles Grundbedürfnis des Menschen und ein zentraler Bestandteil seiner Identität und Persönlichkeitsentwicklung. Für jeden Menschen ist Sexualität mit ganz unterschiedlichen Hoffnungen, Erwartungen und Erfahrungen verbunden; sie ist darüber hinaus eingebettet in ein komplexes Netz aus Normen und Wertvorstellungen auf gesellschaftlicher Ebene. Eine darauf aufbauende Sexualaufklärung und Familienplanung beschränkt sich nicht auf bloße Wissensvermittlung über biologische Vorgänge wie Zeugung und Schwangerschaft, sondern thematisiert neben sachlichen Informationen auch die Beziehungen zwischen Menschen. Damit sind Liebe, Freundschaft und Emotionalität ebenfalls Gegenstand einer ganzheitlich orientierten Aufklärungsarbeit. Ziel ist es, Menschen zu einem eigen- und partnerverantwortlichen, gesundheitsgerechten Umgang mit Sexualität zu befähigen.
Für die schulische Sexualerziehung sind in der Regel folgende Themen vorgesehen:

Grundschule:
- Geschlechtsunterschiede, Geschlechtsmerkmale bei Jungen und Mädchen
- Zeugung, Schwangerschaft, Embryonalentwicklung, Geburt, Entwicklung des Säuglings
- Sexueller Missbrauch von Kindern
- Körperliche und psychische Veränderungen in der Pubertät
- Geschlechtstypisches Rollenverhalten

Ab Jahrgangsstufe 5:
- Pubertät, Menstruation, Samenerguss
- Freundschaft, Liebe, Partnerschaft, Kinderwunsch
- Selbstbefriedigung
- Partnerschaftliche Sexualität
- Schutz vor sexuell übertragbaren Krankheiten einschließlich AIDS
- Formen des Zusammenlebens, Ehe und Familie
- Sexualität in den Medien, Pornografie

Ab Jahrgangsstufe 8:
- Menschliches Sexualverhalten aus Sicht der Verhaltensbiologie
- Geburtenkontrolle, Familienplanung
- Prostitution
- Probleme des Schwangerschaftsabbruchs
- Erbkrankheiten und genetische Familienberatung

- Künstliche Befruchtung
- Formen des Sexualverhaltens (Hetero- und Homosexualität)
- Möglichkeiten der modernen Fortpflanzungsmedizin (künstliche Insemination, In-Vitro-Fertilisation, Pränataldiagnose PND, Präimplantationsdiagnostik PID usw. vgl. hierzu Abschnitt 10.7.3)

Hinweise zum Unterricht

- Fächerübergreifendes Arbeiten
  Sexualerziehung muss fächerübergreifend erfolgen, wobei in der Hauptsache die Fächer Sachunterricht (Grundschule), Biologie, Religionslehre / Ethik, Deutsch und Sozialkunde beteiligt sind. Es geht nicht nur um die Vermittlung biologischer Sachverhalte, sondern um eine ganzheitliche Erziehung zu selbstbestimmtem und verantwortlichem geschlechtlichen Verhalten.
- Zusammenarbeit mit den Eltern
  Sexualerziehung ist primär Aufgabe der Eltern bzw. der Erziehungsberechtigten. Aufgabe der schulischen Sexualerziehung ist die Ergänzung und Vertiefung der Erziehungsarbeit. Die Schule kann die Geschlechtlichkeit des Menschen in größere biologische und soziologische Zusammenhänge stellen. Für die Eltern ist es oft schwierig, das dafür notwendige Fachwissen zu erwerben. Von Vorteil kann auch sein, dass die Lehrkraft in keinem familiären Verhältnis zu den Jugendlichen steht. In der Zeit der allmählichen Ablösung des Kindes vom Elternhaus baut sich mitunter eine seelische Barriere auf, die das Gespräch zwischen Eltern und Kindern über intime Fragen erschwert.
  Der Kontakt mit den Eltern sollte eine angemessene Zeit vor dem Sexualunterricht hergestellt werden. Sie müssen wissen, welche Themen im Unterricht behandelt und welche Medien hierfür eingesetzt werden. Sie müssen Gelegenheit bekommen, zum gesamten Fragenkomplex Stellung zu nehmen und ihren Einfluss geltend zu machen. Zumindest in den unteren und mittleren Jahrgangsstufen sind deshalb Elternabende unerlässlich und auch in den höheren Klassen sehr zu empfehlen.
- Partnerschaftliche Kommunikation
  Der Unterricht zu Fragen der Sexualität und Partnerschaft soll in einer Atmosphäre des Vertrauens geführt werden. Dabei ist eine offene und natürliche Sprache zu pflegen und eine sachlich orientierte Ausdrucksfähigkeit für den Sexualbereich aufzubauen. Sexualerziehung ist Lebenshilfe für die Schüler / innen und ist von ihnen erwünscht.
  Der soziale Wandel in unserer Gesellschaft wie z. B. die Pluralisierung der familiären Lebensformen, verschiedenen Formen partnerschaftlichen Zusammenlebens sowie das Aufeinandertreffen unterschiedlicher Normen und Verhaltensmuster bei der aktuellen Migrationssituation bringen erhebliche zusätzliche Herausforderungen an einen zeitgemäßen, ethisch reflektierten Sexualunterricht. Eine verantwortungsvolle Pädagogik verfolgt das Ziel, niemanden an der Schule auszugrenzen und zu diskriminieren. Gegenseitige Achtung und Respekt sind Aufgabe aller Beteiligten im Bildungsbereich.

STAROSTA (1992) führte eine umfangreiche Fragebogenaktion zum Interesse von Schülern und Schülerinnen an Inhalt und Methodik schulischer Sexualerziehung sowie zu ihrer Einstellung zu diesem Bereich durch. 877 Schüler/innen 9. Jgst. bayerischer Gymnasien (also überwiegend 15-Jährige) wurden in diese Studie einbezogen. Sie zeigte u.a., dass sexualerziehlicher Unterricht von der großen Mehrheit der Schüler/innen (knapp 90%) erwünscht und für wichtig gehalten wird, dass das ungezwungene Unterrichtsgespräch sowie die freie Schülerdiskussion nach Auffassung der Schüler/innen die geeignetste Lehrform wäre. Ca. 40% der Jungen und Mädchen gaben an, über Übertragung und Auswirkung von Geschlechtskrankheiten und AIDS wenig Bescheid zu wissen, 80% fanden es ganz besonders wichtig, über die Problematik des Schwangerschaftsabbruches zu sprechen; das Thema Homosexualität hielten ca. 60% der Mädchen und nur 34% der Jungen für ganz besonders wichtig. Nur knapp die Hälfte aller Befragten gab an, jederzeit unbefangen mit ihren Eltern über sexuelle Probleme sprechen zu können. Starosta folgert u.a. daraus, den Aufklärungsunterricht auf die Fragebedürfnisse jeder einzelnen Klasse auszurichten, alle mit Sexualerziehung befassten Lehrkräfte auch in vertrauensbildender Gesprächsführung auszubilden usw.
Huch & Krüger (2010) untersuchten im Rahmen einer qualitativen und quantitativen Erhebung das Geschlechtsrollenverständnis von Schülern/innen einer 8. und 9. Jahrgangsstufe sowie deren Einstellungen zu sexuellen Orientierungen. Die diesbezüglichen Einstellungsausprägungen wurden den Kategorien traditionell, biologistisch, egalitär, dekonstruktivistisch und religiös zugeordnet. Die statistische Auswertung der geschlossenen Fragebögen ergab, dass eine hohe emotionale Zustimmung zur Gleichwertigkeit sexueller Orientierungen signifikant positiv mit einer egalitären und dekonstruktivistischen kognitiven Einstellungsausprägung korreliert und signifikant negativ mit einer biologistischen und religiösen. Auch zeigte die Befragung, dass Mädchen generell emotional zustimmender gegenüber verschiedenen sexuellen Orientierungen eingestellt sind als Jungen. Diese sind besonders stark emotional ablehnend gegenüber schwulen Jugendlichen eingestellt. Sollten sich diese empirischen Befunde in weiteren Studien erhärten, müssten die Einstellungen der Schüler/innen zum Geschlechtsrollenverständnis und zur sexuellen Orientierung im sexualerziehlichen Unterricht im Hinblick auf die Förderung ihrer Bewertungskompetenz entsprechend berücksichtigt werden.

- Einbindung von Experten
  Bei biologisch-medizinischen Themen der Sexualität ist eine Zusammenarbeit mit der Schulärztin/dem Schularzt sehr zu empfehlen. Auch außerschulische Institutionen, wie z.B. Gesundheitsämter, AIDS-Beratungsstellen usw., verfügen über sexualpädagogisch ausgebildetes Personal, das zur Beratung oder Mitgestaltung des Unterrichts herangezogen werden kann. Da diese Experten nicht in den Schulalltag und die damit verbundenen Leistungs- und Bewertungszusammenhänge eingebunden sind, fällt es ihnen manchmal leichter, mit Kindern und Jugendlichen über intime Dinge zu reden.

10.7 Genetik – Gentechnik – ethische Fragen

10.7.1 Grundlegende Sachverhalte[100]

Begriffe, Überblick

Die Genetik (Vererbungslehre) befasst sich mit den Strukturen und Prozessen, die der Ausbildung von erblichen Merkmalen, der Übertragung des Erbguts von den

100 Literatur z.B. Eberhard-Metzger 2003, Graw 2005, Hennig 2002, Janning & Knust 2004, Nowak & Hoffmann 2003, Regenass-Klotz 2005

Eltern auf die Nachkommen und der Konstanz und Veränderlichkeit der genetischen Information zugrunde liegen. Das Wissen um die Vererbung ist sehr alt. Es entstand z. B. durch Beobachtungen des Menschen an sich selbst und wurde bereits in den ältesten menschlichen Kulturen zur Züchtung von Kulturpflanzen und Haustieren praktisch angewandt. Die wissenschaftliche Auseinandersetzung mit der Vererbung begann Anfang des 19. Jahrhunderts und begründete die *klassische Genetik*. Sie entdeckte die Existenz von Genen und den Weg ihrer Weitergabe an die Nachkommen. Mit der Beschreibung der DNA-Doppelhelix verschob sich der Schwerpunkt auf die Erforschung der biochemischen Grundlagen der Vererbung und damit auf die *molekulare Genetik*. Als weitere Teilgebiete der Genetik sind zu nennen: *die Verhaltensgenetik* (untersucht die genetischen Elemente tierischen und menschlichen Verhaltens), die *Populationsgenetik* (untersucht die für Gruppen von Individuen geltenden genetischen Regeln und ihre Auswirkungen auf die Zusammensetzung und die Evolution der Organismen) und die *Entwicklungsgenetik*. Letztere beschäftigt sich mit dem genetischen Mechanismus der Zelldifferenzierung und der Entwicklung von Organismen. Sie setzt sich mit der hochaktuellen Frage auseinander, wie aus den im Erbmaterial festgelegten Informationen aus einer einzigen befruchteten Zelle erneut ein morphologisch und funktionell hochgradig differenzierter Organismus entstehen kann. Die *Gentechnik*, die man auch als DNA-Rekombinationstechnik bezeichnen kann, umfasst molekularbiologische Methoden zur Bildung von Konstrukten aus Genen oder Genanteilen unterschiedlicher Herkunft, die gezielte Übertragung dieser Konstrukte mittels Vektoren in geeignete Zellen oder Organismen sowie die Expression der Genkonstrukte in einem neuen zellulären Umfeld.

Klassische Genetik

Gregor Mendel (1822–1884) entdeckte durch Kreuzungsversuche, insbesondere an Erbsen, durch Analyse bestimmter phänotypischer Merkmale der einzelnen Generationen statistische Gesetzmäßigkeiten der Vererbung. Hieraus konnte er auf rezessive und dominante Merkmalsanlagen schließen. Es ergab sich das Konzept des Allels. Die Mendelschen Erbregeln wurden erst um 1900 einer breiteren Öffentlichkeit bekannt, als sie drei Forscher, nämlich Correns, Tschermak und De Vries, unabhängig voneinander, wiederentdeckten. Diese Regeln oder Gesetzmäßigkeiten bildeten, ebenso wie die von Mendel entwickelten Methoden, eine wesentliche Grundlage für alle weiteren Untersuchungen. Nach 1900 erlebte die Genetik einen stürmischen Aufschwung. Man erkannte, dass die Erbfaktoren oder Gene im Wesentlichen auf den Chromosomen im Zellkern lokalisiert sind und dass sie bei den Zellteilungen mit diesen an die Tochterzellen weitergegeben werden (Chromosomentheorie der Vererbung). Bei der Taufliege Drosophila konnte nachgewiesen werden, dass Gene in linearer Reihenfolge auf bestimmten Chromosomen liegen und damit gekoppelt vererbt werden. Einer Forschergruppe um den Amerikaner MORGAN gelang es, Anordnung und Reihenfolge der Gene auf den Chromosomen von Drosophila festzulegen und entsprechende Chromosomenkarten zu erstellen. Weitere Entdeckungen waren z. B. die Geschlechtsbestimmung durch Gene auf besonderen Chromosomen (beim Menschen X- und Y-Chromosom) oder die geschlechtsgebundene Vererbung, z. B. der Bluterkrankheit. Ferner lernte man die Erscheinung der Mutation als bleibende Änderung des Erbgutes kennen. Schließlich wurden auch Erbfaktoren gefunden, die nicht an die Chromosomen gebunden sind, sondern z. B. an die Plastiden oder an die Mitochondrien.

Molekulare Genetik

Die Untersuchung der chemischen Natur der Chromosomen brachte eine der großen biologischen Entdeckungen des letzten Jahrhunderts. Die Nukleinsäuren in den Chromosomen (DNA) wurden als Träger der Erbinformationen erkannt (1944 AVERY u. a.). Ihre Struktur konnte 1953 von WATSON und CRICK aufgeklärt werden.[101] 1961 wurde von amerikanischen Forschergruppen der *genetische Code*, d. h. die genaue stoffliche Art und Weise der Speicherung von Erbinformationen auf der DNA aufgedeckt.

Die DNA, ein großes, schraubig gewundenes, doppelsträngiges Molekül, besteht aus vielen kleinen Bausteinen, den Nukleotiden, die sich jeweils aus einem Molekül Zucker, Phosphorsäure und einer organischen Base zusammensetzen. Es gibt vier verschiedene Basen und entsprechend vier verschiedene Nukleotide. Der genetische Code liegt in der Basen-Nukleotid-Sequenz. Jeweils drei aufeinander folgende Nukleotide der DNA, ein Triplett, bilden eine Code- oder Informationseinheit (sozusagen ein „Wort" der genetischen Schrift). Eine solche Einheit bewirkt über ein Botenmolekül (mRNA) an den Ribosomen den Einbau einer der rund 20 in Lebewesen vorkommenden Aminosäuren in ein zu synthetisierendes Eiweißmolekül. Die so entstehenden Eiweißstoffe greifen als Enzyme und Hormone steuernd in die Lebensvorgänge der Zelle ein oder stehen für den Aufbau von Zellstrukturen zur Verfügung. Dadurch kommt es zur Ausbildung der in den Erbanlagen festgelegten Merkmale. Ein einzelnes *Gen* ist ein Abschnitt auf einem DNA-Molekül in der Längenausdehnung von etwa 1000 Bausteinen (Nukleotidpaaren). Vor der Kernteilung lösen sich die beiden Stränge der DNA voneinander und werden verdoppelt, sodass identische Ketten wie vorher entstehen (identische Reduplikation). Anfang der 70er-Jahre kam es zur Entdeckung der *Restriktionsenzyme*. Bakterien besitzen solche Enzyme und können mit ihrer Hilfe gezielt die DNA spalten, z. B. zum Schutz des eigenen Organismus vor artfremder DNA. Da der Aufbau der DNA, was das Bauprinzip angeht, bei allen Lebewesen gleich ist, verrichten die Restriktionsenzyme ihre Arbeit universell an jeder DNA. Im Labor kann man mithilfe dieser Enzyme die Erbsubstanz gezielt aufschneiden. 1986 wurde dann eine Methode gefunden, wie man aus kleinsten Spuren von DNA größere Mengen herstellen kann (Polymerase-Kettenreaktion, PCR). Aus technischen Gründen ist die Methode zwar auf kleine Gene begrenzt und besitzt eine hohe Fehlerrate, mit der Entdeckung dieses „Gen-Automaten" und der o. g. „DNA-Schere" wurde aber das Tor zur Gentechnik weit aufgestoßen.

101 vgl. Watson 1997

Gentechnik

Unter Gentechnik versteht man alle Methoden zur Isolierung, Charakterisierung, gezielten Veränderung und Übertragung von Erbgut. Aufgrund der Universalität des DNA-Codes kann man Abschnitte der DNA gezielt miteinander verknüpfen, auch DNA aus verschiedenen Organismen, die vorher nichts miteinander zu tun hatten. Ein Kernbegriff ist das „*Klonen*" oder die „Klonierung" von Genen. Das Verfahren besteht im Prinzip aus folgenden Schritten (s. Abb. 101):

1. Ein DNA-Fragment, welches das zu klonierende Gen enthält, wird in ein ringförmiges DNA-Molekül, den sog. Vektor, eingefügt. Es entsteht ein rekombiniertes DNA-Molekül („DNA-Chimäre"). Sowohl das Herausschneiden des Gens aus einem großen DNA-Molekül als auch das Aufschneiden des ringförmigen Vektor-Moleküls erfolgt mithilfe der Restriktionsenzyme von geeigneten Bakterien.
2. Der Vektor wirkt als Träger („Genfähre") und transportiert das Gen in eine Wirtszelle. Meist ist dies ein Bakterium, aber man kann auch andere lebende Zellen verwenden.
3. In der Wirtszelle vermehrt sich der Vektor, und es entstehen viele identische Kopien des Vektors und des in ihm enthaltenen Gens.
4. Wenn sich die Wirtszelle teilt, werden die Kopien des Vektors auf die Tochterzellen verteilt. In diesen vermehrt sich der Vektor erneut.
5. Durch viele Zellteilungen entsteht eine Kolonie, ein Klon gleichartiger Wirtszellen. Jede Zelle des Klons enthält das rekombinierte DNA-Molekül in einer oder mehreren Kopien.

Im Jahr 2012 publizierten Emmanuelle Charpentier und Jennifer Doudna in der renommierten Fachzeitschrift Science ein gentechnisches Verfahren, das es möglich macht, Gene aus einer DNA gezielt herauszuschneiden und neue Gene (entweder fremde oder synthetische) einzufügen. Man bezeichnet dieses Verfahren als Genome Editing. Es basiert auf dem sog. CRISPR/Cas-System, das viele Bakterienstämme anwenden, um sich gegen Bakteriophagen zur Wehr zu setzen. Bestimmte Abschnitte (spacer) in der sich wiederholenden Bakterien-DNA (repeats) sind nämlich identisch mit der Bakteriophagen-DNA. Ein Replikat der spacer-Nukleotidsequenz (cr-RNA) vermag in Verbindung mit einer Endonuclease, dem sog. Cas9-Protein, die identische Sequenz der viralen DNA zu erkennen und diese an der erkannten Stelle zu zerschneiden, so dass sich diese nicht mehr vermehren und keine neuen Phagen bilden kann. Das CRISPR/Cas-System ist aber auch geeignet, das Genom von Pflanzen, Tieren und Menschen zu verändern. Es ist eine „lenkbare Genschere", die es möglich macht, in Zukunft Erbkrankheiten zu kurieren, wie z. B. Chorea Huntington, Muskeldystrophie oder Mukoviszidose, die aber auch Krebszellen an der Vermehrung hindern oder Weizen vor Pilzinfektionen schützen kann. Auch könnten mit ihrer Hilfe Anophelesmücken gegen Malariaerreger resistent gemacht oder bakteriophagenresistente Bakterienstämme hergestellt werden, die in der Milch- oder Weinindustrie eine wichtige Rolle spielen. Es gibt bereits klinische Versuche, in Blutstammzellen von HIV-Infizierten das Gen für einen Rezeptor des HI-Virus auszuschalten, wodurch Heilung von AIDS möglich wäre. Da das CRISPR/Cas-System überdies in der Lage ist, kranke Gene gegen gesunde auszutauschen, stellt sich wieder die Frage nach dem Eingriff in die Keimbahn, den das Embryonenschutzgesetz verbietet. Warum, so fragen sich mittlerweile namhafte Genforscher, sollte es nicht möglich sein, krank machende

Gene in Keimbahnzellen gegen gesunde auszutauschen, wenn dadurch Erbkrankheiten verhindert werden könnten? Man kann davon ausgehen, dass dieses neue gentechnische Verfahren die Diskussion zur Keimbahntherapie erneut entfachen wird. Vorerst konzentriert sich aber die Genforschung darauf, zunächst Körperzellen zu therapieren.

10.7.2 Anwendungen der Gentechnik[102]

Im Alltagssprachgebrauch hat es sich eingebürgert, die Einsatzbereiche der Gentechnik anhand von Farbbezeichnungen grob zu differenzieren. Gezielte Eingriffe in das Erbgut und/oder in die biochemischen Steuerungsvorgänge von menschlichen Zellen bezeichnet man als rote Gentechnik (medizinische Anwendungen), entsprechende Eingriffe in Pflanzenzellen als grüne Gentechnik (Anwendungen in der Landwirtschaft und im Lebensmittelsektor). Als graue Gentechnik bezeichnet man die Herstellung von Enzymen oder Feinchemikalien für industrielle Zwecke mithilfe gentechnisch veränderter *Mikroorganismen.*

Gentechnische Anwendungen in der Medizin

Die Gentechnik hat sich zu einer leistungsfähigen Methode in der *biomedizinischen Grundlagenforschung* entwickelt. Ohne sie könnten bestimmte Fragestellungen überhaupt nicht oder nur mit erheblich größerem Aufwand bearbeitet werden (Erkenntnisse über Vererbungsprozesse, Individualentwicklung von Lebewesen, Funktionen des Stoffwechsels, Verlauf und Ursache von Krankheiten). Neben der Grundlagenforschung gibt es in der Medizin drei Anwendungsbereiche für gentechnische Methoden:

a) Entwicklung und Herstellung von Diagnostika und Arzneimitteln (Therapeutika)

In Deutschland befinden sich derzeit zahlreiche[103] gentechnisch hergestellte Arzneimittel und Impfstoffe mit verschiedenen Wirkstoffen auf dem Markt. Dazu gehören z. B. Humaninsulin für Diabetes-Patienten und Erythropoietin (ein blutbildendes Hormon), das bei Dialysepatienten einen wichtigen Beitrag zur Behandlung der Anämie leistet. Weitere wichtige Therapeutika sind Interferone und Interleukine, die zur Krebsbehandlung eingesetzt werden, menschliches Wachstumshormon, Blutgerinnungsfaktoren für Bluterkranke und Substanzen zur Behandlung von Thrombosen (z. B. Herzinfarkt). Zu den gentechnisch hergestellten Impfstoffen zählen beispielsweise Mittel gegen Kinderlähmung, Keuchhusten, Wundstarrkrampf, Diphtherie und Hepatitis.

102 Literatur z. B. Brandt 1997, 2004; Gassen & Hammes 1997, Kempken & Kempken 2004, Knorr 1997, Raem, Braun & Fenger 2000, von Schell & Mohr 1995, Schenkel 1995

103 Derzeit sind in Deutschland nach vfa-Recherchen 191 Arzneimittel mit 151 Wirkstoffen zugelassen, die gentechnisch hergestellt werden (Stand: 20.01.2016) (vfa = Verband forschender Arzneimittelhersteller)

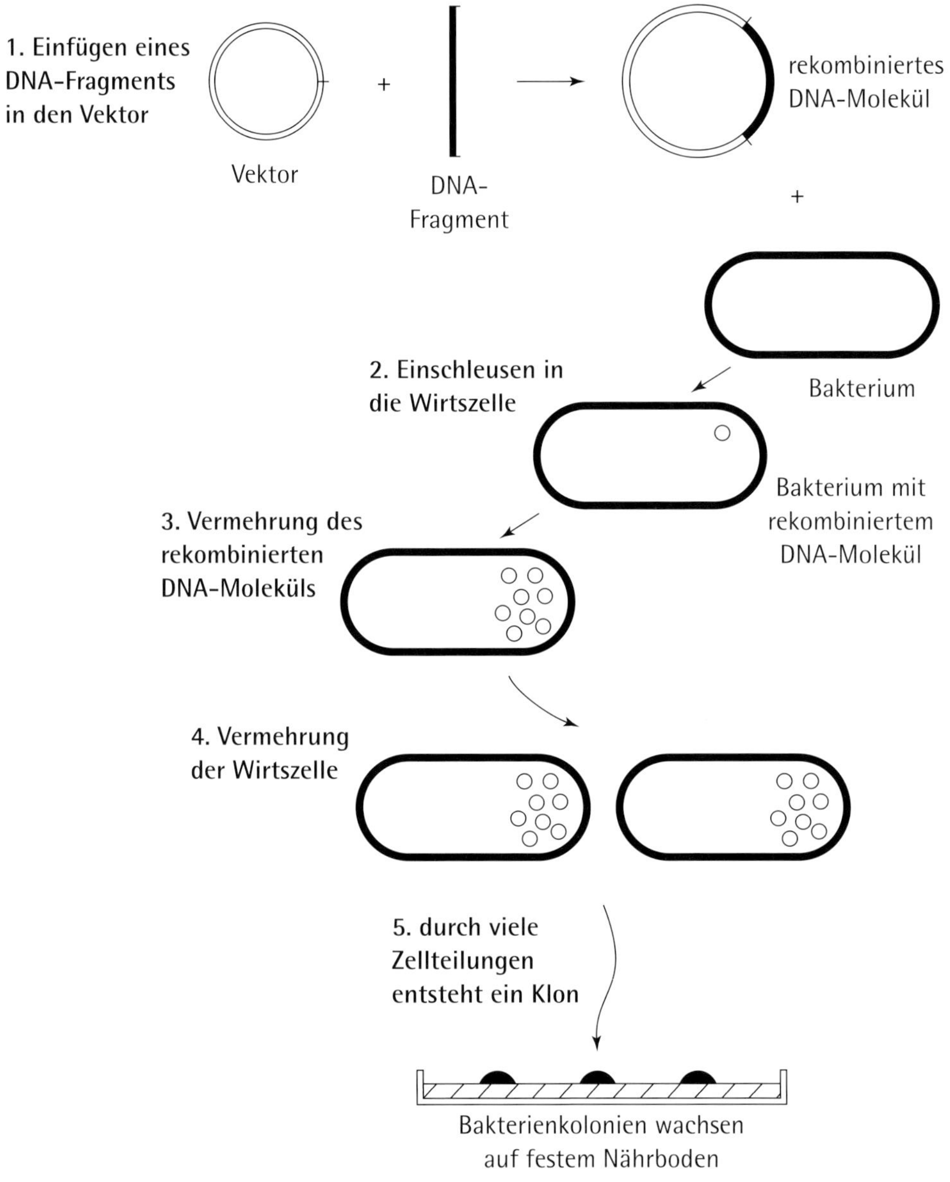

Abb. 101: Grundlegende Schritte der DNA-Klonierung (aus BROWN 1993, S. 17)

b) DNA-Diagnostik

Die DNA-Diagnostik entwickelt sich als leistungsfähiges Werkzeug der Präventivmedizin, da auf der Ebene der DNA erweiterte Diagnosemöglichkeiten zur Verfügung stehen. So kann beispielsweise der Nachweis von Infektionskrankheiten (u.a. AIDS und Hepatitis) auch dadurch verbessert werden, dass die Erreger selbst erkannt werden. Normalerweise sind Erreger von Infektionskrankheiten nur immunologisch, d.h. anhand der gegen sie gerichteten Antikörper nachweisbar. Die

DNA-Diagnostik ermöglicht weiterhin eine frühzeitige Erkennung verschiedener Tumorarten, da virale oder zelluläre Krebsgene bzw. Antikrebsgene erkannt werden können. Mithilfe der Genomanalyse hat die Diagnose von Erbkrankheiten erhebliche Fortschritte gemacht und wird im Rahmen von Vorsorgeuntersuchungen, Familienberatungen und Untersuchungen an Neugeborenen eingesetzt. Gentechnische Methoden verbessern auch die Möglichkeiten der pränatalen Diagnostik (zum Unterschied zwischen Pränataldiagnose PND und Präimplantationsdiagnostik PID siehe Abschnitt 10.7.3).
Die Gerichtsmedizin (Forensik) hat sich durch den Einsatz gentechnischer Analysemethoden grundlegend verändert. Mithilfe einer effektiven DNA-Vermehrungstechnik (PCR = Polymerase-Kettenreaktion) ist den Kriminalisten ein Werkzeug in die Hände gegeben, um feinste biologische Spuren am Tatort nachweisen zu können (*genetischer Fingerabdruck*). Verbesserte Verfahren ergeben sich auch beim *Vaterschaftsnachweis.*

c) Somatische Gentherapie

Im Gegensatz zur Diagnostik beinhaltet die Gentherapie die *aktive Veränderung von Erbsubstanz*. Hierbei müssen die Methoden, die sich auf die Therapie von Körperzellen beziehen (somatische Gentherapie), ganz scharf von denjenigen unterschieden werden, die an den Keimbahnzellen des Menschen angreifen (Keimbahntherapie). Bei der Therapie von Körperzellen geht es um die Heilung eines Individuums, bei Eingriffen in die Keimbahn sind zukünftige Generationen betroffen. In Deutschland besteht Konsens, keine gentechnologischen Manipulationen an der menschlichen Keimbahn vorzunehmen. Die somatische Gentherapie versucht, das für die Krankheit verantwortliche Gen durch ein „gesundes" Gen zu ersetzen. Dies ist mit einer Organtransplantation vergleichbar. Die Gentherapie steht allerdings noch am Anfang. Man erhofft sich eine Linderung oder Heilung von rheumatischen Erkrankungen, Krebserkrankungen, AIDS und Erbkrankheiten (z. B. ererbte schwere Immunschwäche SCID, Bluterkrankheit).

Gentechnische Anwendungen in der Lebensmittelherstellung

In der *Landwirtschaft* konzentriert sich der Großteil der gentechnischen Veränderungen auf eine Stärkung der Abwehr gegen Schädlinge von *Nutzpflanzen* und die Verleihung einer Resistenz gegen Herbizide. Daneben wird auch eine Verbesserung der Haltbarkeit bzw. Lagerfähigkeit der Erträge oder der Qualität landwirtschaftlicher Erzeugnisse angestrebt. Um dies zu erreichen, werden entweder konventionelle Züchtungen gentechnisch optimiert oder transgene Pflanzen erzeugt. Sie entstehen durch einen gezielten Gentransfer, der der Zielpflanze die gewünschte Eigenschaft geben soll. Die häufigsten weltweit angebauten transgenen Pflanzen sind Soja, Mais, Baumwolle und Raps; im EU-Raum dürfen solche Pflanzen noch nicht für die landwirtschaftliche Nutzung angebaut werden (Ausnahme Bt-176 Mais). Auch bei der *Nutztierhaltung* werden gentechnische Verfahren erprobt und zum Teil bereits eingesetzt. Es werden ähnliche Ziele verfolgt wie bei den Nutzpflanzen. Zum einen soll die Widerstandskraft erhöht und damit die Gesundheit der Tiere gesteigert werden. Den Tieren werden dadurch weniger Tierarzneimit-

tel und andere Fremdstoffe verabreicht. Zum anderen ist eine Ertragssteigerung beabsichtigt.
Nicht nur Tiere und Pflanzen, die unmittelbar als Lebensmittel dienen, werden gentechnisch verändert, sondern auch Mikroorganismen, die zur Verarbeitung von Lebensmitteln dienen. Durch den Einsatz gentechnisch veränderter Organismen (GVO[104]) werden *Enzyme, Hilfs- und Zusatzstoffe* (z. B. Farbstoffe, Vitamine, Aromastoffe, Antioxidantien, Stabilisatoren, Emulgatoren, Geschmacksverstärker) und *Starterkulturen* (Kulturen von Hefen, Milchsäurebakterien oder Schimmelpilzen) produziert. Vorteilhaft sind u. a. höhere Ausbeuten, größere Produktqualität und -vielfalt sowie umweltschonendere Herstellungsverfahren. Ein weiteres Einsatzgebiet sind Nachweisverfahren. In Form von sog. „Gensonden" dienen GVO als Werkzeuge zur Kontrolle der Hygiene und Qualität von Lebensmitteln bzw. zum Nachweis gentechnischer Veränderungen. Entsprechend den Anwendungsbereichen, den gesetzlichen Vorgaben und der Sicherheitsbewertung, lassen sich gentechnisch veränderte Lebensmittel in drei Kategorien einteilen:

(1) Das Lebensmittel ist selbst der lebende GVO. Beispiele: Tomate, Sojabohne, Mais, Raps, Kürbis, Melone.
(2) Das Lebensmittel enthält lebende GVO. Beispiel: Joghurt mit Milchsäurebakterien.
(3) Das Lebensmittel enthält isolierte oder verarbeitete Produkte aus GVO, der lebende GVO wurde aber entfernt oder inaktiviert. Beispiel für entfernte GVO: Enzyme, Aminosäuren, Vitamine, Zucker, Stärken, Öle; Beispiele für inaktivierte GVO: Tomatenketchup, Kartoffelpüree, Fruchtmarmeladen, Bier, Brot, pasteurisierter Joghurt.

Anwendungen der „grauen" Gentechnik

Mit gentechnischen Verfahren werden chemische Stoffe durch biologische ersetzt oder neue Stoffe hergestellt, die bisher mit klassischen chemischen Verfahren nicht produziert werden konnten. Im Mittelpunkt der grauen Gentechnik stehen gentechnisch veränderte Enzyme. Das wohl bekannteste Beispiel ist der Einsatz solcher Enzyme in Waschmitteln zur besseren Entfernung von Fett und Schmutz bei reduzierter Waschmittelmenge und bei deutlich niedrigeren Temperaturen. Durch die gentechnische Optimierung biokatalytischer Verfahren eröffnen sich neue Produktionsbereiche, z. B. bei Feinchemikalien, Vitaminen, Pharmazeutika, Pestiziden, Polymeren, Treibstoffen, Futtermittelzusatzstoffen. Mithilfe von Enzymen ist es möglich, aus nachwachsenden Rohstoffen (Stärke, Cellulose, Chitin) hochwertige Produkte für die verschiedensten Anwendungsbereiche (etwa Kunststoffe oder Bioethanol als Bio-Kraftstoff) herzustellen. Sehr weit fortgeschritten sind beispielsweise die Experimente mit pflanzlichem Polyester. Dabei wandelt eine High-Tech-Bakterie Maisstärke in milchige Flüssigkeit um, die am Ende zu Polyester versponnen werden kann. In der Umwelttechnik verspricht man sich

104 Gentechnisch veränderte Organismen (GVO) sind Organismen, bei denen das genetische Material (DNA) in einer Weise verändert wurde, die in der Natur durch Kreuzung oder natürliche Rekombination nicht vorkommt.

Verbesserungen durch den Einsatz von gentechnisch veränderten Mikroorganismen bei der Boden- und Abwasserreinigung.

10.7.3 Ethische Aspekte der Gentechnik und der Biomedizin

Mit der experimentellen Verfügbarkeit des Erbgutes von Organismen sowie der Möglichkeit, dieses durch künstliche Eingriffe zu verändern, eröffneten sich für verschiedene Gebiete der Biowissenschaften und der Medizin völlig neue Dimensionen der wissenschaftlichen Forschung und praktischen Anwendung. Da viele gentechnische Entwicklungen die Menschen unmittelbar betreffen, diese aber in der Regel über die angewandten Verfahren und möglichen Folgen nur unzureichend informiert sind, ist es nur allzu verständlich, dass die Gentechnik viele Menschen verunsichert und Ängste bei ihnen auslöst. Verschiedene Anwendungsbereiche der Biotechnologie, der Gentechnik sowie der Stammzellforschung geben in der Tat Anlass zu sehr ernst zu nehmenden ethischen Bedenken, insbesondere was die Eingriffe in die Schöpfung und in die Würde des Menschen betrifft. Potenzielle Risiken bergen nach Einschätzung des Biologen und Theologen Günter Altner (2000) namentlich nachstehend genannte Verfahren und mögliche Folgeerscheinungen:

- horizontaler Gentransfer auf verwandte Wildpflanzen,
- Entstehung neuer Viren und Schädlinge, die gegenüber schädlingsresistenten Nutzpflanzen virulent sein könnten oder auch für höhere Organismen und den Menschen gefährlich sind,
- Bildung toxischer Inhaltsstoffe und Entstehung von Antibiotikaresistenzen,
- Auftreten neuer Allergien, z. B. ausgelöst durch gentechnisch erzeugte Proteine,
- Klonen und Keimbahntherapie bei Haus- und Nutztieren,
- Nutzung gendiagnostischer Verfahren für eugenische und selektionistische Zwecke (Auswahl von Embryonen nach der Qualität ihres Erbgutes),
- Gentechnik an Körper- und Keimbahnzellen des Menschen.

Anwendung der Gentechnik in der Biotechnologie

Gentechnik per se ist weder gut noch schlecht. Es kommt nur – wie bei anderen Techniken auch, z. B. der Atomkraft – darauf an, wie der Mensch sie nutzt. Neu an der Gentechnik ist die gezielte Übertragung einzelner Gene im Gegensatz zur Rekombination ganzer Genome bei der klassischen Züchtung. Mit gentechnischen Methoden können Gene auch zwischen Organismen übertragen werden, die sich sexuell nicht kreuzen lassen, wobei erstmals Artgrenzen überschritten werden. So lässt sich heute z. B. Humaninsulin biotechnisch in Bakterienzellen von Escherichia coli produzieren, und bestimmte Typen von Antikörpern (Immunoglobulinen) können in transgenen Tabakpflanzen erzeugt werden.
Obschon die Enquête-Kommission „Chancen und Risiken der Gentechnologie" des Deutschen Bundestages zu der Aussage gelangte, dass „eine mehr als zehnjährige intensive Grundlagenforschung bislang keinerlei Hinweise auf die hypothetischen neuen Risiken ergeben habe", bestehen bei breiten Schichten der Bevölkerung nach wie vor große Vorbehalte gegenüber der Anwendung gentechnischer Verfahren.

Langsam gewinnen aber auch in Deutschland die auf Gentechnik beruhenden Innovationen an Akzeptanz. So werden inzwischen gentechnisch hergestellte Medikamente und Rohstoffe mehrheitlich akzeptiert. Auf Ablehnung stoßen aber nach wie vor Nahrungsmittel, die aus gentechnisch veränderten Pflanzen stammen, wie z. B. Zucker aus Rhizomania-resistenten Zuckerrüben, obgleich sich dieser vom Zucker konventioneller Rüben nicht unterscheidet. Als für Fachleute nicht nachvollziehbar gilt die Ablehnung von Produkten aus transgenen Pflanzen, die gegenüber den ursprünglichen Erzeugnissen eine deutliche Verbesserung zeigen. So ist z. B. die vom transgenen Raps gebildete dreifach ungesättigte μ-Linolensäure diätetisch vorteilhaft, weil sie der Entstehung von Arteriosklerose entgegenwirkt und das Risiko für Herz-Kreislauferkrankungen verringert.
In der seit Mai 1997 geltenden Novel Food Verordnung ist das Inverkehrbringen und die Kennzeichnung gentechnisch veränderter Erzeugnisse geregelt. Eine Kennzeichnung mit einem Hinweis auf das gentechnische Verfahren erfolgt allerdings nur, wenn das Lebensmittel selbst einen gentechnisch veränderten Organismus darstellt, wie z. B. die Flavr-Savr-Tomate („Anti-Matsch-Tomate"), bei der durch Ausschaltung des Enzyms Polygalakturonase der normale Zellwandabbau unterdrückt wird.
Mittlerweile werden auch in Deutschland Enzyme, Proteine, Hormone, Aminosäuren, Aromen und Vitamine bei der Nahrungsmittelherstellung verwendet, die von gentechnisch veränderten Mikroorganismen synthetisiert wurden. Sofern sich diese Stoffe von den traditionell erzeugten Produkten nicht unterscheiden, besteht gegen ihre Zulassung kein Einwand. Wenngleich bis jetzt noch keine Berichte über Unverträglichkeit gentechnisch erzeugter Nahrungsmittel oder Ergänzungsstoffe vorliegen, so hält man dennoch die Auslösung von Allergien für nicht ganz ausgeschlossen. Auch ist nicht völlig auszuschließen, dass beim Verzehr von gentechnisch veränderten Organismen, wie z. B. Bier- und Backhefe, Starterkulturen für die Fleisch-, Obst-, Gemüse- und Milchverarbeitung, diese mit den Mikroorganismen des menschlichen Darmes Gene austauschen. Daher dürfen solche Organismen keine Antibiotikaesistenzgene oder Gene für Toxine (Giftstoffe) in ihren codierenden Abschnitten enthalten.

Herbizidresistente Pflanzen

Nach wie vor umstritten ist die Erzeugung und Ausbringung herbizidresistenter Pflanzen. Während sich die Landwirtschaft erhebliche Einsparungen beim Verbrauch von Herbiziden (Unkrautvernichtungsmittel) verspricht, weisen Kritiker der „grünen Gentechnik" auf nicht abschätzbare ökologische Folgen hin. Die Bedenken richten sich vor allem gegen gentechnisch veränderte Kultursorten von Mais, Raps und Zuckerrüben, die gegen bestimmte Herbizide, wie z. B. Glufosinat-Ammonium, resistent sind. Das ausgebrachte Herbizid vernichtet die unerwünschten Wildkräuter, nicht aber die resistenten Kulturpflanzen. Es wird jedoch befürchtet, dass die Herbizide und ihre Umwandlungsprodukte nicht nur in die angezielten Unkräuter eindringen, sondern auch in die Nutzpflanzen und auf vielfältigen Wegen in Kleinorganismen, Tiere und Menschen. Auch bleiben sie nicht auf den engeren Raum ihres landwirtschaftlichen Einsatzes begrenzt, sondern können sich – wie einst das Insektengift DDT – in Wasser und Luft über weite Entfernungen hin ausbreiten (vgl. Bender & Gerber 1990). Dies könnte schließlich zu einer Beeinträchtigung der *genetischen Vielfalt* führen mit derzeit nicht abschätzbaren Folgen. Überdies wird befürchtet, dass sich die Resistenzgene der Kulturpflanzen auch auf eng verwandte Wildpflanzen übertragen oder dass Wildkrautmutanten entstehen, die gegen das verwendete Herbizid unempfindlich sind. Den hier aufgeführten Bedenken stehen aber auch positive Erfahrungen mit herbizidresistenten Pflanzen gegenüber. So konnte nach Angaben der Firma Monsanto (USA) durch den Anbau gentechnisch veränderter Baumwolle das Versprühen von rund 1000 Tonnen Insektizidlösung eingespart werden, wobei die Erträge sogar um 7 % höher lagen als bei konventionellen Sorten. Auch für transgene Sojabohnen konnte der Einsatz von Herbiziden beträchtlich reduziert werden, was einen Gewinn für die Umwelt bedeutete (Marquardt 1997).

Anwendungen der Gentechnik am Menschen

Die Entwicklung und Anwendung gentechnischer Verfahren beim Menschen stehen in einem engen Zusammenhang mit der *Fortpflanzungsmedizin*. Davon betroffen sind folgende Praktiken und Eingriffe:

- Separieren der Spermien zur Wahl des Geschlechts des geplanten Kindes
- Pränatale Diagnostik
- In-vitro-Fertilisation
- Präimplantationsdiagnostik
- Leihmutterschaft
- Forschung mit embryonalen Stammzellen und Embryonenforschung
- Somatische Gentherapie
- Eingriffe in die Keimbahn
- Reproduktives und therapeutisches Klonen

Die Praktizierung der genannten fortpflanzungsmedizinischen Verfahren wirft eine Reihe moralischer und ethischer Fragen auf, die auch im Unterricht der Familien- und Sexualerziehung eine gewichtige Rolle spielen. Unter *Moral* werden die in der Gesellschaft anerkannten und gelebten sittlichen Prinzipien und Normen verstanden. *Ethik* ist der nachdenkliche, kritisch prüfende und begründete Umgang mit den Inhalten von Moral. Zwar geben uns das Gentechnik- und Embryonenschutzgesetz sowie die Zentrale Ethikkommission der Bundesärztekammer bei der Erörterung und Beurteilung ethischer Probleme eine gewisse Hilfestellung, doch muss am Ende jeder für sich selbst eine Entscheidung treffen, die er vor sich zu verantworten hat. Eine allgemeine Übereinstimmung dürfte es darin geben, dass gentechnische Anwendungen im humanen Bereich an bestimmte moralische Prinzipien und Wertentscheidungen gebunden sind, die insbesondere die Grundrechte des Menschen auf Würde, Leben und körperliche Unversehrtheit betreffen. So sind z. B. alle Eingriffe, die nicht therapeutische, sondern eugenische, d. h. auf eine „Verbesserung des Erbgutes ausgerichtete“ Ziele verfolgen, zu verurteilen.

Vom Unterricht über ethische Probleme ist nicht zu erwarten, dass er Lösungsvorschläge für einzelne Probleme der Gentechnik macht. Die Erörterung ethischer Fragestellungen kann jedoch dazu beitragen, moralische Argumente zu formulieren und die Urteilsfähigkeit der Schüler/innen zu fördern. Ziel des Unterrichts sollte es sein, die Schüler/innen zu befähigen, sich selbstständig mit einzelnen Chancen und Problemen der Gentechnik auseinanderzusetzen und zu begründeten und reflektierten Urteilen zu kommen (vgl. Runtenberg 1997). Harms & Kross (1998) regen an, „der häufig sehr einseitig und sachlich unzureichenden Darstellung der Gentechnik in den Medien eine sachgerechte Aufklärung über dieses Thema im Unterricht entgegenzusetzen, um damit auch eine Bewertung dieser neuen Technik zu ermöglichen." So sollen die Schüler/innen selbst entscheiden, ob sie z. B. eine herkömmlich hergestellte oder transgene Tomate kaufen würden, wobei sie ihren Standpunkt unter Einbeziehung ihres erworbenen Wissens zu begründen hätten.
Zu den besonders umstrittenen Anwendungen im Zusammenhang mit Gentechnik und Fortpflanzungsmedizin gehören die *Pränataldiagnose* (PND) und die *Präimplantationsdiagnostik* (PID). Die Praktizierung dieser Verfahren ist mit schwerwiegenden ethischen Problemen verbunden, wie die Frage, wann schützenswertes menschliches Leben beginnt, welcher moralische Status menschlichen Embryonen zuzuerkennen ist, wie weit die menschliche Selbstbestimmung reicht oder wie mit Krankheit und Behinderung in unserer Gesellschaft umgegangen werden soll. Im Unterschied zur PND wird bei der PID der Fötus nicht im Uterus, sondern bereits in vitro nach einer künstlichen Befruchtung auf genetische (chromosomale) Abweichungen hin untersucht. Die Technik dient somit der Erkennung von Krankheiten des Embryos in der Phase vor seiner Übertragung in die Gebärmutter. In den USA wird die PID bereits seit 1990 angewandt; sie ist auch in den meisten europäischen Ländern erlaubt. In Deutschland ist die PID nach dem Embryonenschutzgesetz verboten, da die zur Analyse zu entnehmenden Zellen vermutlich noch totipotent sind, was bedeutet, dass sich aus ihnen bei entsprechender Kultivierung ein vollständiger Embryo entwickeln könnte. Altner (2000) hält es für höchst bedenklich, den Menschen nur noch aus der Perspektive seiner Erbfaktoren zu beurteilen. „Dann wäre man auf dem Weg zu einer inhumanen Eugenik, bei der nach Kriterien der sog. Erbgesundheit die einen Menschen wertvoller wären als die anderen. Damit wäre die ganze Phänomenalität des Menschen, wie sie im Laufe eines Lebens durch Zusammenwirken von Erbgut und Umwelt entsteht, ausgeblendet, und der Mensch wäre auf seine Erbfaktoren reduziert."
Die Enquête-Kommission für Recht und Ethik sieht in der PID eine Verletzung der Menschenwürde. Auch die christlichen Kirchen vertreten die Auffassung, dass PND und PID allein auf die Selektion menschlichen Lebens ausgerichtet sind. Dabei werden bewusst Embryonen erzeugt (im Falle der PID durch in-vitro-Fertilisation), um unter ihnen die geeignetsten auswählen zu können, was den Weg in Richtung einer positiven Eugenik öffnen würde. Leben, das durch eine künstliche Befruchtung erzeugt wurde, dürfe aber nicht wieder zerstört werden (vgl. Pinter 2003).

Nicht minder umstritten ist neben der PND und PID auch die Forschung mit *embryonalen Stammzellen* des Menschen. Hierbei handelt es sich um Körperzellen, die noch nicht auf bestimmte Funktionen spezialisiert sind. Sie erneuern sich durch Zellteilung selbst und können sich in einzelne oder mehrere verschiedene Zelltypen differenzieren. Bis zum Acht-Zellstadium des Embryos sind die Zellen totipotent, d. h. aus jeder einzelnen Zelle kann ein neuer Mensch entstehen. Nach dem Acht-Zellstadium sind die Stammzellen pluripotent, das bedeutet, sie können sich zu Zellen jedes beliebigen Gewebetyps entwickeln, aber nicht mehr zu einem vollständigen neuen Organismus. Mit den derzeit angewandten Methoden hat die Gewinnung von Stammzellen die Zerstörung der Blastozyste zur Folge, der Embryo ist somit nicht mehr überlebensfähig. Ziele der Stammzellforschung liegen zum einen im Bereich der Grundlagenforschung der Entwicklungsbiologie, zum anderen in der Medizin, wo man sich vom Einsatz transplantierbarer Zell- und Gewebekulturen Verbesserungen bei bestimmten Erkrankungen verspricht, z. B. bei Herzerkrankungen, Parkinson, Alzheimer, Blutkrebs und Immunschwächekrankheiten. Im Falle der Stammzellforschung tritt der damit verbundene ethische Konflikt besonders deutlich zutage, da hier den Aussichten auf Heilung schwerer Erkrankungen die Tötung von Embryonen gegenübersteht. Bedenkenträger raten daher, für Heilungszwecke die Forschung nicht auf embryonale Stammzellen zu konzentrieren, sondern dafür Stammzellen aus Nabelschnurblut oder adulte Stammzellen aus dem Knochenmark oder Fettgewebe des Menschen heranzuziehen.

Während mit der *somatischen Gentherapie* hoffnungsvolle Wege des Heilens beschritten werden, sind Eingriffe in die Keimbahn sowie Verfahren des *Klonens* aus ethischer Sicht höchst problematisch. Die *Keimbahntherapie* verfolgt die Absicht, gezielt in das Erbgut der Keimbahnzellen einzugreifen, was eine irreversible genetische Veränderung des gezeugten menschlichen Keimes zur Folge hätte. Da aber nach allgemeiner Rechtsauffassung jeder Mensch das Recht auf ein natürliches, unmanipuliertes Erbgut habe, das nicht nach Vorstellungen anderer Menschen verändert wurde, verletze ein derartiger Eingriff das fundamentale Recht des Menschen auf seine persönliche Individualität.

Reproduktives Klonen dürfte im Bereich der Humanmedizin kaum von Relevanz sein, wohl aber das sog. *therapeutische Klonen*. Hierbei wird der Zellkern einer somatischen Zelle in eine entkernte Eizelle übertragen und diese anschließend zur Teilung angeregt. Aus der sich entwickelnden Blastoszyste werden embryonale Stammzellen entnommen, um damit Zell- und Gewebekulturen zu erzeugen, die mit dem Gewebe des Zellkernspenders genetisch völlig identisch sind und bei einer Transplantation nicht von seinem Körper abgestoßen würden. Was die ethische Bewertung dieses Verfahrens betrifft, so unterscheidet es sich nicht von der Verwendung embryonaler Stammzellen für therapeutische Zwecke. Auch beim therapeutischen Klonen werden Embryonen verbraucht, was aus ethischer Sicht nicht verantwortbar ist.

10.7.4 Didaktische Bedeutung

Vererbung ist eine Grunderscheinung lebender Systeme. Die Erkenntnisse der Genetik, insbesondere der Molekulargenetik, sind für das moderne Weltbild der Biologie von wesentlicher Bedeutung. Genetische Kenntnisse sind u.a. Voraussetzung für das Verständnis von Fragen der Evolution, der Ökologie, der Ethologie usw. Die Biotechnologie und mit ihr die Gentechnik gilt als zukunftsweisende Schlüsseltechnologie des 21. Jahrhunderts. Schon aus fachlichen Gründen lässt sich ein hoher didaktischer Stellenwert von Lerninhalten zur Genetik ableiten.

Die Genetik hat darüber hinaus eine erhebliche lebenspraktische Bedeutung. Sie beeinflusst moderne Pflanzen- und Tierzüchtung. Anwendungsgebiete der Gentechnik, wie z.B. Nahrungsmittel aus gentechnisch veränderten Pflanzen oder die Gentherapie, werden im künftigen Leben der Schüler/innen eine wesentlich größere Rolle spielen, als es heute bereits der Fall ist. Neue Industriezweige entstehen, Gentechnik expandiert zu einem ständig wachsenden Wirtschaftsfaktor. Andererseits droht der Missbrauch der modernen Kenntnisse. Fragen zu Grenzen wissenschaftlichen Arbeitens müssen von der Allgemeinheit gestellt werden. Gerade die junge Generation sollte über die Grundlagen, Arbeitsweisen und Anwendungen der Gentechnik Bescheid wissen, um in Zukunft darüber fachlich fundierte Entscheidungen treffen zu können. Themen der Genetik sind also auch unter wirtschaftlichen, politischen und gesellschaftlichen Aspekten sehr wichtig.

Schließlich ist das Wissen um die Vererbung, insbesondere von Krankheitsanlagen (Humangenetik), für jeden Einzelnen von persönlicher Bedeutung, ebenso wie das Wissen um den Einfluss radioaktiver oder anderer Strahlen auf die Erbmasse.

Die Schule sollte aus diesen Gründen jedem Jugendlichen, seiner Altersstufe und seinem Verständnishorizont entsprechend, ein solides Basiswissen zur Verfügung stellen, um die zahlreichen Informationen und kontroversen Meinungen zum Thema verstehen und einordnen zu können.

Interesse Jugendlicher an Gentechnologie: empirische Befunde[105]

Die Aufnahme von Inhalten zur Gentechnik in die Lehrpläne weiterführender Schulen sowie die verstärkte Behandlung gentechnischer Fragen in den öffentlichen Medien haben in letzter Zeit auch eine Reihe biologiedidaktischer Forschungsarbeiten über diese Thematik angeregt (vgl. unten stehende Literaturangaben). TODT & GÖTZ (1997) haben an 654 Schülerinnen und Schülern der Jahrgangsstufen 10–12 die Interessen und Einstellungen Jugendlicher gegenüber der Gentechnologie untersucht und kamen dabei u.a. zu folgenden Ergebnissen:

- Interesse an Themen der Gentechnik entsteht offensichtlich erst beim Übergang von der Sekundarstufe I zur Sekundarstufe II. Vermutlich sind dafür kognitive und sozialemotionale Entwicklungen im vorgerückten Jugendalter verantwortlich. Insgesamt ist aber das Interesse an Gentechnik wenig wissensbasiert.
- Soziale und ethische Aspekte der Gentechnik werden – insbesondere von Mädchen – als interessanter eingestuft als wissenschaftliche.

---

105 Literatur z.B. Hössle 2001, Meixner 2002, Gebhard & Mielke 2002, Runtenberg 2001, Platzer 2001, Ansorge 2001, Lerchner & Schiller 2001, Harms & Eschenbach 2001, Schlüter 2000, Adley & Garvin 1997

- In der Vertrauenswürdigkeit der Informationsvermittlung über Gentechnik rangieren für Jugendliche des untersuchten Alters Experten aus der Universität und Fachlehrpersonen recht hoch, Vertreter der Kirchen, politischen Parteien und der Industrie ganz niedrig. Die Eurobarometerstudie von 1996 kam dagegen zu einem anderen Ergebnis. Auf die Frage, welche Informationsquelle insgesamt am vertrauenswürdigsten sei, nannten 40% der Deutschen die Verbraucherorganisationen, nur 8% votierten für die Universitäten (SCHLÜTER 2000).
- Risiken sehen Jugendliche vor allem im möglichen Missbrauch von Erkenntnissen der Gentechnik, weniger in der Forschung.
- Die Hoffnungen, die mit der Entwicklung der Gentechnik verbunden sind, beziehen sich vorrangig auf Anwendungen in der Medizin und im Umweltschutz. Befürchtungen äußern Jugendliche im Zusammenhang mit der gentechnischen Veränderung von Nutztieren und der Freisetzung transgener Organismen.

In Anbetracht dieser Befunde empfehlen TODT & GÖTZ (1997), ethische Aspekte von Anfang an im Unterricht zu behandeln. Dabei sollte dem Streben nach unabhängiger Urteilsbildung besondere Aufmerksamkeit gelten. Die Autoren raten, vom sog. „value clarification"-Ansatz auszugehen (wertungsfreie Darlegung der Fakten), da dieser die erforderliche Unabhängigkeit vom Lehrerurteil gewährleiste.

10.7.5 Hinweise zum Unterricht

Elementare Einsichten zur Vererbung lassen sich bereits in der *Grundschule* im Rahmen der Familien- und Sexualerziehung oder an Themen wie z. B. „vom Ei zum Schmetterling" oder „vom Laich zum erwachsenen Frosch" gewinnen. Auch beim Thema „Fortpflanzung" kann der genetische Aspekt der Formenkonstanz (Bestäubung bei Pflanzen oder Eier legenden und lebend gebärenden Tieren) mit einbezogen werden.

In den *Jahrgangsstufen 5/6* sind in den Lehrplänen in der Regel Haustiere enthalten. Anhand aktueller Tierrassen, die kaum mehr an die Ausgangsform erinnern, lässt sich aufzeigen, dass sich Arten ändern können (Formenwandel). Begriffe wie Bastard, Kreuzung, Erbanlage können erarbeitet werden. In den höheren Jahrgangsstufen der Sekundarstufe I sollten die Schüler/innen dann, unter Beschränkung auf die Kernpunkte, mit den ausgewählten Grundlagen der klassischen und der molekularen Genetik vertraut werden. Hierzu gehört die Bedeutung von Anlage und Umwelt für die Lebewesen, die Übertragung der Erkenntnisse auf Tier- und Pflanzenzucht sowie auf die Vererbung beim Menschen, die Besprechung menschlicher Erbgänge und die Reflexion von Möglichkeiten, Schädigungen des Erbgutes zu vermeiden (Schutz vor mutagenen Einflüssen). Für das Verständnis der molekularen Genetik und der Gentechnik sind Grundkenntnisse der Zellenlehre und der Chemie erforderlich. In der Mittelstufe können nur wenige elementare Sachverhalte behandelt werden (Chromosomen, Gene, Mutationen, Grundbau der DNS). Trotz des hohen Anspruchsniveaus darf wegen der lebenspraktischen Bedeutung für den Schüler/die Schülerin hierauf nicht verzichtet werden.

Auch in der *gymnasialen Oberstufe* geht es um grundsätzliche Erkenntnisse zur molekularen Genetik, wobei hier fachlich tiefer gehend gearbeitet werden kann.[106]

---

106 Vgl. z. B.: Daumer 1993, Hafner & Hoff 1984, Heftreihe „Molekularbiologie" (1991, 1992) des DIFF

Themen zur Molekulargenetik und Gentechnik sind hoch abstrakt. Daher sollten die zur Verfügung stehenden Möglichkeiten der Veranschaulichung genutzt werden, wie z. B. Modelle, Trickfilme und Computerprogramme.[107] Die meisten Experimente, vor allem zu gentechnischen Methoden, sind sehr aufwendig (material- und kostenintensiv, zeitaufwendig, strenge Sicherheitsvorschriften) und daher im Rahmen der Schule nur in Ausnahmesituationen durchführbar.[108] Die didaktische Bedeutung des Schülerexperiments ist aber hoch, sodass Institutionen und Firmen ihre Hilfe anbieten. In mehreren deutschen Städten wurden Genlabore[109] eingerichtet, in denen Schüler / innen, manchmal auch interessierte Erwachsene, didaktisch aufbereitete gentechnische Experimente (z. B. zur Analyse und Isolation von Erbgut, zur Polymerase-Kettenreaktion, zur Auftrennung von Erbgutproben, zum genetischen Fingerabdruck) durchführen können. Wällisch & Schneuwly (2003) haben für das Regensburger Experimentierlabor ein differenziertes Kursprogramm entwickelt, das Lehrkräfte und Schüler / innen u. a. noch mit Techniken des Restriktionsverdaus, der Gelelektrophorese, Transformation durch Elektroporation, Plasmidisolierung aus Bakterien und der klassischen DNA-Profilanalyse vertraut macht.
Daneben gibt es verschiedene mobile Experimentierkästen[110], die zum Verleih oder Verkauf angeboten werden.

10.8 Evolution

10.8.1 Das Phänomen der Vielfalt und seine Erklärung

Eines der auffälligsten Kennzeichen des Lebendigen ist die unvorstellbare Vielfalt der Lebewesen, die im Laufe eines mehr als dreieinhalb Milliarden Jahre währenden Evolutionsprozesses auf der Erde entstanden ist. Noch bis Ende des 18. Jahrhunderts war der Glaube an eine göttliche Erschaffung der Lebewesen weitverbreitet. Grundlage dieser Überzeugung war der biblische Schöpfungsbericht. Auch ging man davon aus, dass alle auf der Erde vorkommenden Arten unveränderlich seien. Zu Beginn des 19. Jahrhunderts erkannte man zunehmend, dass unter Lebewesen eine abgestufte Ähnlichkeit und Verwandtschaft besteht. Lamarck (1744–1829) zog daraus den Schluss, dass Arten nicht konstant, sondern veränderlich seien. Als Ursache des Wandels betrachtete er durch Umweltveränderungen hervorgerufene, veränderte Bedürfnisse der Organismen sowie einen den Lebewesen innewohnenden Trieb zur Vervollkommnung. Den Prozess der Anpassung erklärte Lamarck mit dem Gebrauch und Nichtgebrauch bestimmter Organe sowie mit der Vererbung von Eigenschaften, die im individuellen Leben erworben wurden.

107 Zur Beurteilung von Programmen zur Gentechnik siehe Krüger (2000)
108 Kreuz, J. und Durst B. (2000) berichten über Erfahrungen zum „genetischen Fingerabdruck"
109 Übersicht in Maxton-Küchenmeister (2003) und in „Lernort Labor" des Zentrums für Beratung und Qualitätsentwicklung im IPN Kiel (im WWW erreichbar), vgl. auch S. 130.
110 Z. B. Blue-Genes-Koffer des Verbands der Chemischen Industrie in Frankfurt; Experimentierkoffer der Erlanger Mikro

50 Jahre nach Erscheinen des Werkes von LAMARCK *„Philosophie zoologique"*, (1809) veröffentlichte CHARLES DARWIN (1809–1882) sein Buch über *„Die Entstehung der Arten durch natürliche Selektion"* (1859), worin er die Grundzüge seiner Abstammungslehre (Deszendenztheorie) darlegte, die zur damaligen Zeit für revolutionär gehalten wurden. Gemäß dieser Lehre stammen alle heute vorkommenden Lebewesen von früheren, einfacheren Formen ab, wobei die natürliche Auslese über viele Generationen eine Veränderung der Arten zur Folge hatte. Den Wandel der Arten und damit die Evolution der Lebewesen erklärt Darwin im Wesentlichen durch folgende Tatsachen und Schlussfolgerungen:

- Die Nachkommen einer Art sind nicht völlig gleich; sie variieren in verschiedenen Merkmalen; einige Variationen sind erblich.
- Alle Lebewesen erzeugen mehr Nachkommen, als zur Erhaltung der Art nötig wären.
- Die Überproduktion von Nachkommen führt unter den Individuen der Population zu einem „Kampf ums Dasein" (struggle for existence). Im natürlichen Wettbewerb um Nahrung, Lebensraum und Geschlechtspartner überleben nur diejenigen, die am besten an die bestehenden Umweltbedingungen angepasst sind (survival of the fittest).
- Der Prozess der natürlichen Auslese oder Selektion führt allmählich zu arterhaltenden Anpassungen an die Umwelt und im Laufe langer Zeiträume zur Abwandlung und Neubildung von Arten.

Treibende Kräfte der Evolution sind somit nach Darwins Theorie vor allem die ungerichteten erblichen *Variationen* der Individuen und die *natürliche Selektion*, die unter den vielen Varianten bevorzugt jene ausliest, die die bessere Anpassung zeigen (Selektionstheorie). Die Begriffe „struggle for existence" und „survival of the fittest" wurden jedoch mit der Übersetzung „Kampf ums Dasein" bzw. „Überleben der Stärkeren" falsch interpretiert. Bereits 1859 hatte DARWIN darauf hingewiesen, dass es sich hierbei im Wesentlichen um den Erfolg im Hinterlassen von Nachkommen handelt (KUTSCHERA 2003).

DARWIN konnte sich seinerzeit das Zustandekommen der biologischen Variabilität noch nicht erklären. Auch er glaubte übrigens wie Lamarck an die Vererbung von Eigenschaften, die im individuellen Leben erworben wurden. Erkenntnisse der Genetik und Populationsbiologie stützen heute Darwins Theorie in ihren Grundzügen und haben diese zu einer umfassenderen *„Synthetischen Theorie der Evolution"* erweitert. Als wichtigste Architekten der Synthetischen Theorie gelten der Genetiker DOBZHANSKY (1900–1975) und der Zoologe ERNST MAYR (1904–2005).

Variationen innerhalb einer Population beruhen einerseits auf den unterschiedlichen Erbanlagen der Individuen (genetische Variation), andererseits auf modifizierenden Einflüssen der Umwelt auf die Ausprägung von Merkmalen. Wichtigste Voraussetzung für den Prozess der Selektion ist die *genetische Variation*. Diese ist das Ergebnis von Mutation und Rekombination. Mutationen sind spontane Veränderungen des Erbgutes; mit Rekombination bezeichnet man die Neukombination von Allelen bei der geschlechtlichen Fortpflanzung. Weitere Ursachen

der Evolution sind verschiedene Mechanismen der Isolation (Unterbindung der Paarung), die Gendrift (zufällige, nicht durch Selektion bewirkte Veränderung des Genpools) und die adaptive Radiation (Aufspaltung einer Stammart in zahlreiche neue Arten mit unterschiedlichen Anpassungen).
Als Ergebnisse der stammesgeschichtlichen Entwicklung betrachtet man im Wesentlichen die folgenden beobachtbaren Erscheinungen:

- Formen biologischer Ähnlichkeit (Homologien, Analogien),
- Übereinstimmungen zwischen Vorfahren und Nachfahren mit Übergangsformen, z.B. Übergänge von Reptilien zu Vögeln,
- Entwicklungsreihen zu einer Höherentwicklung, z.B. Sporenpflanzen als Vorläufer der Blütenpflanzen,
- Übereinstimmungen von mehr oder weniger großen Bereichen der Erbinformation.

Manche Fragen sind jedoch noch offen. So bleibt vorerst ungeklärt, ob die großen Bauplanunterschiede zwischen höheren systematischen Kategorien oder komplizierte Sinnesorgane (z.B. Linsenauge) durch Addition von kleinen Mutationsschritten entstanden sein könnten. Auch der Mensch ist ein Glied in der stammesgeschichtlichen Entwicklung. Zahlreiche Knochenfunde sowie die große genetische Übereinstimmung mit Vertretern der Primaten beweisen, dass er seine Wurzeln im Tierreich hat. Die Abspaltung der Entwicklung des Menschen von der des Schimpansen, deren gemeinsame Vorfahren in Afrika lebten, erfolgte sehr wahrscheinlich vor 8 bis 5 Millionen Jahren.

Kreationismus und Schule

Ungeachtet der zahlreichen Belege für die Evolutionstheorie, glauben dennoch sehr viele Menschen an die *Schöpfungslehre* der Bibel im wörtlichen Sinne, wie sie im Buch Genesis aufgezeichnet ist. Dieser Lehre zufolge schuf Gott während der Schöpfungswoche sämtliche Grundarten (Grundtypen) von Tieren und Pflanzen, und seither sind keine neuen Arten mehr hinzugekommen, denn die Bibel spricht von einer vollendeten Schöpfung. Menschen, die weitgehend wortgetreu an die göttliche Schöpfungslehre glauben, nennt man Kreationisten (lat. creare = schaffen, erzeugen). Unter *Kreationismus* versteht man die in monotheistischen Religionen (Christentum, Judentum, Islam) vorkommende wörtliche Auslegung des Schöpfungsberichtes in Bibel- und Korantexten. Der in den westlichen Industrienationen zu beobachtende Kreationismus hat seine Wurzeln hauptsächlich im protestantischen Fundamentalismus der USA und ist als Reaktion auf das naturwissenschaftlich geprägte Weltbild zu verstehen, insbesondere aber auf die Darwinsche Evolutionslehre. Viele Kreationisten sind davon überzeugt, dass die Darwin-Lehre die Gesellschaft ins Verderben treibe und für alle Übel dieser Welt (Kriminalität, Drogen, Abtreibungen, Scheidungen, Weltkriege) verantwortlich sei. Ende der 20er-Jahre wurde die Evolutionstheorie an öffentlichen Schulen in mehr als 20 Bundesstaaten der USA entweder zur Irrlehre abgestuft oder ganz verboten, z.B. in Oklahoma, Tennessee, Mississippi und Arkansas. 1968 hob der

Oberste Bundesgerichtshof dieses Verbot wieder auf und erklärte es für verfassungswidrig. Einer Umfrage unter US-Amerikanern im Jahr 1999 zufolge glauben 47 % der Bevölkerung und nahezu ein Viertel der College-Absolventen, dass Gott den Menschen innerhalb der letzten 10 000 Jahre in der heutigen Gestalt erschaffen habe. Gegenwärtig treten konservative Kräfte in den USA dafür ein, dass in Schulen die Genesis gleichberechtigt neben der Evolutionslehre gelehrt oder dass die Evolutionslehre nach Darwin in Frage gestellt werden müsse.
Inzwischen versucht der Kreationismus sich mit Mitteln wissenschaftlicher Argumentation zu behaupten und gibt vor, nicht nur eine alternative, sondern die bessere Wissenschaft zu sein. Moderne Strömungen wie *Intelligent Design* rücken von o. g. extremen kreationistischen Aussagen ab, verweisen aber darauf, dass eine höhere überirdische Intelligenz in den Ablauf der Evolution eingegriffen haben muss, dass Strukturen, Vielfalt und Komplexität der Organismen nicht allein durch zufällige Mutationen und Selektion entstanden sein können. (vgl. Junker & Scherer 1993)
Die großen christlichen Kirchen haben sich öffentlich vom Kreationismus distanziert. 1996 erklärte Papst Johannes Paul II., dass die Evolutionstheorie mit der christlichen Lehre vereinbar ist.[111] In einer „Orientierungshilfe ...“ des Rates der Evangelischen Kirche in Deutschland 2008 wird u. a. ausgeführt, „... dass solche Hypothesenbildungen (Kreationismus, Intelligent Design) ... vor den Kriterien strenger Wissenschaft nicht bestehen können.“[112]
Biologielehrkräfte sollten kreationistische Argumente kennen und sich gründlich mit ihnen auseinandersetzen. Generell sollten die Grenzen zwischen biologischen und theologischen Aussagen beachtet, Glaube und Wissenschaft als verschiedene Kategorien akzeptiert werden.

10.8.2 Evolution im Unterricht

Die Frage nach der Entstehung und Entwicklung von Lebewesen gehört zu den zentralen Bildungsinhalten der Biologie. Die geschichtliche Sicht, welche die Evolutionsbiologie vermittelt, ist für ein tiefer gehendes Verständnis biologischer Phänomene unabdingbar. „Evolution ist das organisierende Prinzip der Biowissenschaften, da ohne historische Perspektive (d. h. Gewordensein der Organismen) die Lebewesen rätselhaft bleiben“ (Kutschera 2003). Oder in den Worten von T. Dobzhansky (1973): „Nothing makes sense in biology except in the light of evolution.“ Bezogen auf dieses Postulat, hat Kattmann (1995) ein Konzept entwickelt, in dem die naturgeschichtliche, evolutionäre Sichtweise zur Grundlage des gesamten Biologieunterrichts gemacht wird. Am Beispiel des Themas „Ordnen der Wirbeltiere“ legt der Autor dar, wie die traditionelle, typologische Vorgehensweise unter Berücksichtigung von Schülervorstellungen durch eine naturgeschichtliche, vom Evolutionsgedanken geleitete ersetzt werden könnte.

111 Botschaft an Mitglieder der Päpstlichen Akademie der Wissenschaften, 1996
112 Orientierungshilfe des Rates der EKD zum Thema „Weltentstehung, Evolutionstheorie und Schöpfungsglaube in der Schule“, März 2008

Bei der Behandlung des Themas „Evolution" im Unterricht speziell der *Oberstufe* sollten möglichst populationsbezogene, dynamische Prozesse im Vordergrund stehen: genetische Vielfalt, Mutation und Selektion, Isolation, Populationsveränderungen, Artumwandlungen und Artaufspaltungen (Radiation). In fachdidaktischen Zeitschriften finden sich dazu vielseitige Anregungen, wie mittels entsprechender Materialien und Simulationsexperimenten diese Mechanismen und Prozesse veranschaulicht werden könnten. Vergleichende Betrachtungen an Fossilien und lebenden Organismen sollten nicht dazu dienen, die Evolution zu begründen, sondern deren Aussagen zu überprüfen (KATTMANN 1992b). Auch wäre es wichtig, Alltagsvorstellungen und -konzepte der Schüler/innen zu kennen und im Unterricht zu berücksichtigen, da aus ihnen häufig anthropomorphe und teleologische Schlüsse hergeleitet werden, die im Rahmen der didaktischen Rekonstruktion durch wissenschaftliche Konzepte ergänzt bzw. korrigiert werden sollten. Die Beschäftigung mit Evolutionstheorien ist darüber hinaus in besonderer Weise geeignet, den historischen Prozess naturwissenschaftlicher Theoriebildung in der Schule zu veranschaulichen und die Problematik wissenschaftlicher Aussagen bewusst zu machen. Nicht zuletzt sind auch die Grenzen wissenschaftlichen Erkennens aufzuzeigen und das kritische Bewusstsein zu schärfen.
Bei der Behandlung der Stammesgeschichte des Menschen sollte deutlich gemacht werden, dass der Mensch im Prinzip den gleichen evolutionären Gesetzmäßigkeiten unterworfen ist wie alle anderen Organismen auch und er daher biologisch keine Sonderstellung einnimmt.
Bereits in der *Unterstufe* kann das Phänomen der Evolution in unterschiedlichen Zusammenhängen angesprochen und mit Schülern erörtert werden. Überlegungen, wie unsere Haustiere entstanden sein könnten, führen zu dem Schluss, dass diese von einer Wildform abstammen und durch menschliche Auslese (Selektion) im Laufe einer langen Zeit eine Veränderung erfahren haben. Gleiches gilt für viele unserer Kulturpflanzen, wie z. B. Getreide-, Kohl- und Obstarten. Ein anschauliches Beispiel für Veränderlichkeit durch Auslese (Züchtung) sind die vielen, sehr unterschiedlich aussehenden Hunderassen, die letztlich alle auf eine gemeinsame Stammform, den Wolf, zurückgehen. Das große Interesse der Kinder an Tieren, die in früheren Erdepochen lebten und inzwischen ausgestorben sind (Saurier, Ammoniten, Urvogel, Mammut usw.), sind ein willkommener Anlass, um den Evolutionsgedanken aufzugreifen und weiterzuentwickeln.
In der *Mittelstufe* soll den Schülern die Artenvielfalt als Ergebnis eines fortwährenden Entwicklungsprozesses bewusst werden. Mithilfe der Evolutionstheorie bekommen die Schüler eine Vorstellung von der Veränderlichkeit der Organismen durch Anpassung als Folge der sich verändernden Umweltbedingungen. Belege für das Evolutionsgeschehen sind zahlreiche Fossilien von Pflanzen und Tieren aus früheren Erdepochen, Brückentiere (Archaeopteryx, Schnabeltier) und Rudimente, z. B. Skelettreste von Hinterextremitäten bei Walen und Würgeschlangen. Ein schönes Beispiel für eine fossil belegte Entwicklungsreihe ist die Evolution des Pferdes, das sich aus einem etwa fuchsgroßen Urpferd zum heutigen Pferd von ca. 1,70 Meter Schulterhöhe entwickelt hat, wobei das Fußskelett von einer

ursprünglich fünfstrahligen zu einer einstrahligen Form eines Zehenspitzengängers abgewandelt wurde.
Als Ursachen für das Entstehen von Variabilität können in der Realschule und im Gymnasium bereits die Erscheinungen von Mutation und Rekombination angesprochen werden. Der Vorgang der Selektion lässt sich an Beispielen von Tarn-, Schreck- und Warneinrichtungen erklären. Auch die stammesgeschichtliche Entwicklung des Menschen und seine Einordnung in das natürliche System sind Gegenstand des Biologieunterrichts in der Mittelstufe.

10.9 Informationsverarbeitung und Verhalten[113]

10.9.1 Grundlegende Sachverhalte

Lebende Organismen haben die Fähigkeit, Informationen der Umwelt aufzunehmen und zu verarbeiten. Diese Eigenschaft ist besonders auffällig bei den frei beweglichen Tieren, aber auch Pflanzen nehmen Reize auf und reagieren entsprechend. Dem Empfang von Informationen dienen Sinneszellen, die bei einer gewissen Entwicklungshöhe eines Tieres in Sinnesorgane zusammengefasst sind. Nervenzellen leiten die Informationen weiter. Sie stellen durch ihre Fortsätze die Verbindung zu den Bewegungsorganen und Drüsen her. In ihrer Gesamtheit bilden sie das *Nervensystem*, das die Reize, nicht nur weitergeben, sondern auch verarbeiten und speichern kann.
Ein Sinnesorgan überträgt nur Informationen von bestimmter Modalität (Reizqualität), z. B. optische oder akustische Reize, an die Nervenzentren, d. h. es arbeitet selektiv und reagiert in der Regel nur auf adäquate Reize. Reizaufnahme und Informationsweiterleitung sind bioelektrische Vorgänge. Die Mehrzahl der auf einen Organismus einwirkenden Reize ist für diesen ohne Bedeutung; nur ein Bruchteil enthält biologisch wichtige Informationen. Ob Reize eine bestimmte Reaktion auslösen, hängt sowohl von Reizen aus der Umwelt ab, als auch von inneren Faktoren, wie Geschlecht, Erfahrungen, kognitiven Fähigkeiten, genetischer Veranlagung oder hormonellem Zustand. Die Verarbeitung von Reizen erfolgt durch Strukturen des *Zentralnervensystems* (ZNS). Abb. 102 zeigt im Prinzip den Weg des Informationsflusses von der Reizquelle bis zur Reizwahrnehmung im Gehirn. Grundelemente des Nervensystems sind die *Nervenzellen* oder *Neurone*. Neurone sind in der Regel Zellen, deren Zellkörper mit kurzen Fortsätzen, den sog. *Dendriten* besetzt ist. Über *Synapsen* an den Dendriten können Signale von anderen Nervenzellen aufgenommen und über einen in der Regel langen Zellfortsatz, das sog. *Axon*, an andere Nervenzellen oder Muskeln weitergeleitet werden. Axone von Wirbeltiernervenzellen sind oft von einer Myelinscheide umgeben, die das Axon elektrisch isoliert und eine wichtige Funktion bei der Erregungsleitung hat. Die Informationsübertragung durch Nervenzellen erfolgt auf bioelektrischem Wege. Aufgrund einer ungleichen Ladungsverteilung (hauptsächlich von Kaliumionen) zwischen dem Zellinneren und dem Außenmedium kommt es zur Ausbildung

113 Literatur z. B. Eibl-Eibesfeldt 1999, Scholpp 2004, Spitzer 2003, Weber 2001

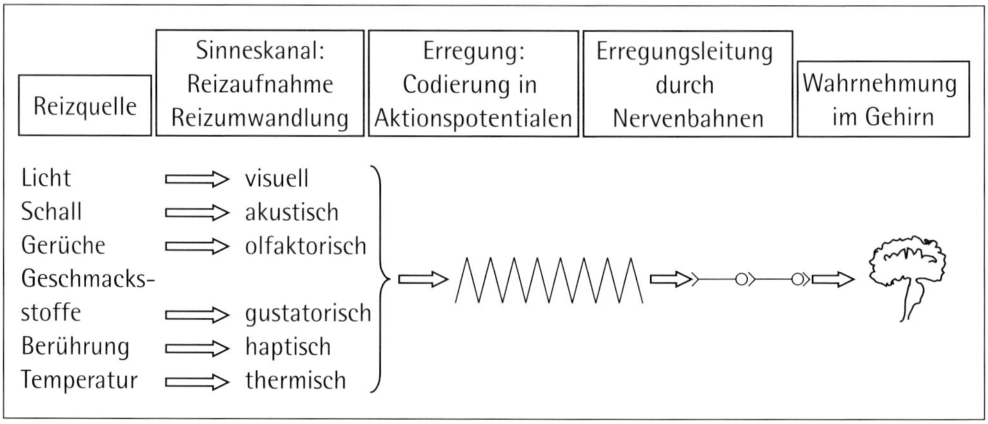

Abb. 102: Prinzip der Informationsübertragung im Sinnes-Nerven-System

einer elektrischen Spannung an der Membran der Nervenzelle (Ruhepotenzial). Ein Reiz löst eine Verschiebung der elektrischen Ladungen an der Zellmembran aus mit der Folge, dass das *Ruhepotenzia*l kurzzeitig zusammenbricht. Diese Potenzialänderung bezeichnet man auch als Aktionspotenzial. Das *Aktionspotenzial* pflanzt sich mit hoher Geschwindigkeit fort, und zwar vom Axonanfang am Zellkörper bis zu den *Synapse*n am Ende des Axons, wo es mittels Überträgerstoffe (Transmitter) auf andere Nervenzellen oder Muskeln übertragen werden kann. Die Weiterleitung von Aktionspotenzialen entlang der Nervenzellmembran bezeichnet man auch als *Erregung.*

Die eigentlichen Fenster zur Umwelt sind die *Sinnesorgane.* Alles, was wir über unsere Umwelt wissen, gelangt über die Sinne in unser Bewusstsein. Entsprechend der physikalischen Natur der Reize, werden verschiedene Sinne mit den entsprechenden Organen unterschieden: Lichtsinn, Gehörsinn, Geruchssinn, Geschmackssinn, Tastsinn, Temperatursinn, Schweresinn, Schmerzsinn. Wichtigster Bestandteil jedes Sinnesorgans sind die *Sinneszelle*n oder *Rezeptore*n. Alle Sinneszellen sind hoch selektiv, d.h. sie sprechen nur auf eine ganz bestimmte Reizart (Modalität) an und wandeln den Reiz in eine Erregung um. Diese wird bei höher entwickelten Tieren und beim Menschen über sensorische oder afferente Neurone zum Gehirn weitergeleitet, wo der Reiz wahrgenommen wird.

Das *Gehirn* bildet zusammen mit dem *Rückenmark* das *Zentralnervensystem* (ZNS). Die über Nervenbahnen im Zentralnervensystem eintreffenden Informationen aus der Umwelt oder dem eigenen Körper werden mit bereits gespeicherten Informationen verglichen und in der Regel in eine Reaktion umgesetzt, z.B. in eine Bewegung, die über motorische Nerven aktiviert wird. Eine Reaktion auf einen bestimmten Reiz, die ohne Beteiligung des Bewusstseins stets nach dem gleichen Muster abläuft, bezeichnet man als *Reflex* (z.B. Pupillenreflex). Wichtige Funktionen des menschlichen Gehirns sind u.a.

- Kontrolle, Steuerung und Regelung vegetativer Funktionen, z.B. Atmung, Herzschlag, Körpertemperatur, Blutdruck und dgl.,

- Koordination von Bewegungsabläufen und Orientierung im Raum,
- Leistungen auf der kognitiven Ebene, wie Lernen, Gedächtnis, Intelligenz, Sprache und Bewusstsein,
- Vermittlung von Gefühlen, z. B. Glück, Zufriedenheit, Ärger, Angst und dgl.

Die einzelnen Funktionen haben ihren Sitz in ganz bestimmten Arealen des Gehirns.
Auch *Pflanzen* nehmen Außenreize auf und reagieren entsprechend. Ihre Reaktionen können nicht so unmittelbar festgestellt werden, wie bei den frei beweglichen Tieren. Doch zeigen sie deutliche Bewegungs- und Wachstumserscheinungen, die durch Außenreize induziert oder beeinflusst sind. Bekannt sind Wachstumsbewegungen von Pflanzenteilen, z. B. in Richtung des Lichteinfalls bzw. der Schwerkraft (Tropismen), oder Bewegungsabläufe, die unabhängig von der Richtung des Reizes vor sich gehen (Nastien), z. B. das Zusammenfallen der Mimoseblättchen nach Berührung oder die Öffnungs- und Schließbewegungen vieler Blüten im Tag- und Nachtrhythmus.
Neben dem Nervensystem verfügen Wirbeltiere über ein weiteres Kommunikationssystem, das Informationen über die Blutbahn durch Botenstoffe, genannt *Hormone*, überträgt. Nervensystem und Hormonsystem stehen über den Hypothalamus des ZNS miteinander in Verbindung und werden durch diesen koordiniert. Hormone werden von endokrinen (innersekretorischen) Drüsen produziert und sind an der Regelung zahlreicher physiologischer Faktoren und Prozesse beteiligt, wie z. B. der Regelung des Blutzuckerspiegels (s. Abb. 52), des Grundumsatzes, der Körpertemperatur, der Reifung der Keimzellen. In einem Regelkreis wirkt die zu regelnde Größe auf sich selbst zurück. Man spricht daher auch von einem Kreisprozess mit Rückkoppelung (Feedback).
Die Verarbeitung von Informationen im Zentralnervensystem führt in der Regel zu sichtbaren Reaktionen oder *Verhaltensäußerungen*. Diese lassen sich bestimmten Funktionskreisen zuordnen, wie z. B. Fortbewegung, Ernährung, Fortpflanzung, Brutpflege, Feindvermeidung, Körperpflege usw. Das Verhalten von Tier und Mensch wird sowohl durch Erbinformationen als auch durch Einflüsse der Umwelt gesteuert. Das Zustandekommen einer angeborenen Handlung erklärt die Verhaltensbiologie, auch *Ethologie* genannt, durch das Zusammenwirken eines *auslösenden Reizes* (Schlüsselreiz oder Auslöser) mit einem *inneren Antrieb* (Prinzip der doppelten Quantifizierung). Angeborene Verhaltensweisen werden jedoch im Laufe der Ontogenese (Individualentwicklung) häufig durch Lernprozesse modifiziert. Vollzieht sich der Lernvorgang während einer genetisch festgelegten sensiblen Phase, so spricht man von *Prägung* (z. B. Nachfolgeprägung bei nestflüchtenden Vögeln). Darüber hinaus können durch andere Lernvorgänge, wie Konditionierung, Versuch und Irrtum, Nachahmung und Einsicht (kognitives Lernen), Verhaltensweisen erworben werden.
Mit Funktionskreisen des *Sozialverhaltens* beschäftigt sich die *Soziobiologie*. Diese versucht, das Verhalten von Tier und Mensch vor allem aus der Perspektive seines Anpassungswertes oder evolutionsbiologischen Nutzens zu erklären. In diesem Zusammenhang spielt der Begriff der *Fitness* (Überlebensrate) eine wichtige

Rolle. Im Mittelpunkt soziobiologischer Fragestellungen und Erklärungen stehen das Zusammenleben von Tieren in Gruppen, die Bewältigung innerartlicher Konfliktsituationen, die Ausbildung von Rangordnungen, Altruismus, die Besitznahme und Verteidigung von Revieren, die Zusammenführung von Geschlechtern und die Partnerwahl.

10.9.2 Didaktische Aspekte und Bemerkungen zum Unterricht

Die Aufnahme, Verarbeitung und Weitergabe von Information ist ein wesentliches Kennzeichen lebender Systeme. Dabei ist Schülerinnen und Schülern deutlich zu machen, dass Lebewesen durch ihre Sinnesorgane nur einen Ausschnitt aus dem Informationsangebot der Umwelt aufnehmen und dass jedes Lebewesen in einer artspezifischen, durch die Leistungen seiner Sinne bestimmten Umwelt lebt. Schülerinnen und Schülern ist die Unterschiedlichkeit der Wahrnehmungen von Tieren und Menschen oft nicht bewusst. Sie setzen stillschweigend voraus, dass Tiere ihre Umwelt genauso wahrnehmen wie wir Menschen. Daraus können sich Fehlbeurteilungen des Verhaltens und der Lebensbedürfnisse von Tieren ergeben, die auch die Beziehungen zwischen Mensch und Tier stören können (HEDEWIG 1997).

Auch sollten die Schüler/innen wissen, dass die von den Sinnesorganen aufgenommenen Reize erst durch die Verarbeitung im Gehirn zur Wahrnehmung gelangen. Ausgehend von eigenen Erfahrungen über die Leistungsfähigkeiten, über Grenzen der Sinneswahrnehmung (Sinnestäuschungen) und von Grundkenntnissen über die Funktion der Sinnesorgane, werden ab der Mittelstufe Grundlagen der Wahrnehmungsphysiologie erarbeitet: Die Informationen unterliegen auf dem Weg von der Rezeptorzelle zum Gehirn sowie bei ihrer Verarbeitung im Gehirn Veränderungen. Darüber hinaus beeinflussen der aktuelle emotionale Zustand sowie persönliche Erwartungen, bereits gemachte Erfahrungen und Interessen maßgeblich die Wahrnehmung mit der Folge, dass jeder Mensch für sich in seiner eigenen, subjektiv geprägten „Wahrnehmungswelt" lebt.

Zwischen der Menge der zur Verarbeitung gelangenden Informationen, der Ausbildung des Nervensystems und der Organisationshöhe einer Art bestehen enge Beziehungen. Die Schüler/innen sollen erkennen, dass die besondere Stellung des Menschen innerhalb der Lebewesen vornehmlich durch die enorme Leistungsfähigkeit des menschlichen Gehirns bedingt ist. In diesem Zusammenhang soll den Schülerinnen und Schülern auch bewusst werden, dass die Leistungen des Zentralnervensystems durch Drogen, Medikamente und Suchtmittel stark gestört werden können und dass die Flucht in Betäubung und Verdrängung keine Spannungen und Konflikte löst, sondern nur neue Probleme schafft und schließlich Leben sogar zerstören kann.

Schließlich sollten Lehrer/innen wie Schüler/innen der oberen Jahrgangsstufen Einblicke in moderne Erkenntnisse der Neurobiologie, zum Beispiel über Abläufe im Gehirn beim Lernen oder über das *Gedächtnis* des Menschen, gewinnen (vgl. Abschnitt 10.6.1). Solche Ergebnisse werden wohl in Zukunft stärkeren Einfluss auf Lerntheorien und damit auf das Vorgehen in der Schule nehmen. Es geht u.a. um Gedächtnisbildung, um Wege vom Kurzzeit- ins Langzeitgedächtnis, um Emotionen und Lernprozesse, etwa dass positiv assoziiertes Wissensangebot leichter gespeichert wird, um das Geschehen in Neuronen, im Hippocampus (eine Gehirnregion) und in der Großhirnrinde sowie um neuronale Netzwerke (s. z.B. Spitzer 2003).

Der Zusammenhang zwischen Reiz und Reaktion lässt sich im Unterricht durch zahlreiche *Versuche* gut veranschaulichen. So kann man am Beispiel des Pantoffeltierchens unter dem Mikroskop beobachten, wie bereits einzellige Lebewesen auf verschiedene Reizmodalitäten reagieren, nämlich auf taktile, chemische, thermische und von einem elektrischen Feld ausgehende Reize. Für die Mehrzahl der z.T. recht einfach durchzuführenden Versuche zur Sinnesphysiologie bietet sich die Humanbiologie an. Beliebte Schülerversuche sind u.a. der Pupillenreflex, das Aufsuchen des blinden Flecks, der Test auf Farbtüchtigkeit, das Phänomen der Nachbilder, die Lokalisierung von Geschmackszonen auf der Zunge, die Reizermüdung am Beispiel des Geruchssinns, das Aufsuchen von Wärme- und Kältepunkten in der Haut, der Nachweis des Richtungshörens, die Wahrnehmung von Drehbewegungen usw.

Ausgehend von Einsichten in die Grundstrukturen und die Leistungsfähigkeit des Nervensystems, sollen die Schüler/innen ferner erkennen, wie ein Organismus mithilfe angeborener und erworbener Verhaltensanteile auf rasch wechselnde Situationen in seiner Umwelt reagieren kann. Sie lernen dabei Ansätze der klassischen Verhaltenslehre (Lorenz, Tinbergen, Eibl-Eibesfeldt, Wickler) kennen, die sich vor allem mit angeborenem Verhalten von Tieren und Menschen auseinandersetzen und Modellvorstellungen zu dessen Erklärung entwickelt haben.

Schüler/innen sind an Themen der *Verhaltensbiologie* in der Regel sehr interessiert. In diesem Zusammenhang ist es wichtig, Fehldeutungen tierischen Verhaltens entgegenzuwirken und deutlich zu machen, dass das Verhalten von Tieren nicht aus menschlicher Sicht beurteilt werden darf. Ethologische Kenntnisse können so dabei helfen, falsche Vorstellungen abzubauen und ein echtes Bild vom Leben der Tiere, das zum biologischen Weltbild gehört, zu gewinnen.

Die moderne Ethologie bezieht auch den *Menschen* in ihre Forschungen ein. Verschiedene menschliche Handlungsweisen beruhen auf angeborenen Verhaltensformen und Antrieben, die Mehrzahl menschlicher Verhaltensäußerungen wird jedoch erlernt. Die Anteile von Anlage und Erziehung (Erbmasse vs. Milieu) am Verhalten des Menschen und seinen Fähigkeiten sind Gegenstand der Forschung und Diskussion in der Psychologie, Pädagogik und Soziologie. Kenntnisse der Verhaltensbiologie sind somit für das Selbstverständnis des Menschen von großer Bedeutung.

Literaturverzeichnis

Abkürzungen:

Biol. Did.	biologica didactica
BioS	Biologie in der Schule
Bl.f.Lehrerfortb	Blätter für Lehrerfortbildung
DIF	Deutsches Institut für Fernstudien
IPN	Institut für die Pädagogik der Naturwissenschaften
MNU	Der mathematische und naturwissenschaftliche Unterricht
NiUB	Naturwissenschaften im Unterricht Biologie
paed KEG	Zeitschrift „paed" der Katholischen Erziehergemeinschaft (KEG) Päd.
Welt	Pädagogische Welt
PdNBiol.	Praxis der Naturwissenschaften Biologie
SMP	Sachunterricht und Mathematik in der Primarstufe
UB	Unterricht Biologie
VdBiol	Verband deutscher Biologen
ZfDN	Zeitschrift für Didaktik der Naturwissenschaften

Adley, C. & Garvin, W. (1997): Gentechnik. Die Entwicklung der Einstellungen gegenüber den neuen Anwendungsbereichen der Gentechnologie. In: Bayrhuber, H. et al. (Hrsg.): Biologieunterricht und Lebenswirklichkeit. Kiel: IPN

Aebli, H. (1985): Zwölf Grundformen des Lehrens. Eine allgemeine Didaktik auf psychologischer Grundlage. Stuttgart

Affeldt, S., Groß, J. & Stahl, D. (2012): Die Artansprache verstehen – eine evidenzbasierte Analyse des Bestimmungsprozesses. In: Harms, U. & Bogner, F. X. (Hrsg.): Lehr- und Lernforschung in der Biologiedidaktik, Bd. 5. Innsbruck: Studienverlag

Altenburg, E. et al. (2003): Stationenlernen im fächerübergreifenden Sachunterricht. Donauwörth: Auer

Altner, G. (2000): Leben in der Hand des Menschen. Darmstadt: Primus

Anderson, J. R., Reder, L. M. & Simon, A. H. (1996): Situated Learning and Education. Educational Research 25 (4), 5–11

Ansorge, K. (2001): Grüne Gentechnik und Lebensmittel. – Ansätze für den fachübergreifenden Unterricht. In: Bayrhuber, H. et al. (Hrsg.): Biowissenschaften in Schule und Öffentlichkeit. Kiel: IPN

Apel, H. J. & Knoll, M. (2001): Aus Projekten lernen. München: Oldenbourg

Arbinger, R., Seitz, H., Todt, E. & Wildgrube, W. (1976): Stabilität und Veränderung der Interessen von Schülern der 5. bis 9. Klassenstufe an Problemen der Physik und Biologie. In: Spitznagel, A. & Todt, E. (Hrsg.): Beiträge zur pädagogischen Psychologie der Sekundarstufe I. Schriftenreihe der Universität Gießen, Nr. 2

Arnold, G. (2000): Neues Lernen? Didaktische und methodische Überlegungen. In: PdNBiol 1/49. Jahrgang 2000, Köln: Aulis Verlag Deubner & Co KG, 4–9

Auernheimer, A. & A. (1991): Der naturnahe Schulgarten. Donauwörth: Auer

Ausubel, D. P. (1980/81): Psychologie des Unterrichts. 2. völlig überarbeitete Aufl. Bd. 1/2, Weinheim: Beltz

Baalmann, W. (1997): Schülervorstellungen zur Evolution. Bericht über eine empirische Untersuchung. In: Bayrhuber, H. et al. (Hrsg.): Biologieunterricht und Lebenswirklichkeit. Kiel: IPN Baer, H. W. et al. (1988): Biologie – Lehrbuch für Klasse 8. Berlin: Volk und Wissen

Baird, J. H., Lazarowitz, R. & Allman, V. (1984): Science choices and preferences of middle and secondary schoolstudents in Utah. J. of Research in Science Teaching 21, 47–54

Bairlein, S. & Kuyten, G. (1993): Freiarbeit in der Heimat- und Sachkunde. 3. Jgst. Donauwörth: Auer

Baumann S. (2014):Selbständiges Experimentieren und konzeptuelles Lernen mit Beispielaufgaben in Biologie, Berlin: Logos

Baumert, J. & Kunter, M. (2006): Stichwort: Professionelle Kompetenz von Lehrkräften. Zeitschrift für Erziehungswissenschaft, 9 (4), 469–520

BMBF: Bildungsforschung Bd. 1. Zur Entwicklung nationaler Bildungsstandards. Expertise. Berlin 2007

Bang, P. & Dahlström, P. (2005): Tierspuren. München: BLV

Barkholz, U. (1995): Gesundheitsfördernde Schulen – ein Netzwerk im europäischen Ver bund. In: Prävention Nr. 4, 110–113

Barkholz, U. & Homfeldt, H. G. (1994): Gesundheitsförderung im schulischen Alltag. Weinheim, München: Juventa

Bastian, J. & Gudjons, H. (Hrsg.) (1993): Das Projektbuch II. Über die Projektwoche hinaus, Projektlernen im Fachunterricht. Hamburg: Bergmann & Helbig

Bastian, J. & Gudjons, H. (Hrsg.) (1994): Das Projektbuch. Theorie – Praxisbeispiele – Erfahrungen. Hamburg: Bergmann & Helbig

Bauer, R. (2002): Schülergerechtes Arbeiten in der Sekundarstufe. 1. Lernen an Stationen. 4. Aufl., Berlin: Cornelsen Scriptor

Bauhardt, V. (1990): Veränderung der Einstellung gegenüber Gliedertieren durch Interaktion mit lebenden Tieren im Biologieunterricht. (Diss.) In: Killermann, W. (Hrsg.): Münchner Schriften zur Didaktik der Biologie. Bd. 7, München

Baumert, J. (1998): Interest research concerning secondary level I: An overview. In: Hoffmann, L. et al. (Hrsg.): Interest and learning. Proceedings of the Seeon-conference on interest and gender. Kiel: IPN

Baumert, J.; Bos, W.; Lehmann, R. (Hrsg.) (2000): TIMSS/II. Dritte Internationale Mathematik- und Naturwissenschaftsstudie – Mathematische und naturwissenschaftliche Bildung am Ende der Schullaufbahn. Bd. 1: Mathematische und naturwissenschaftliche Grundbildung am Ende der Pflichtschulzeit. Leske+Budrich: Opladen

Baur M. (2015): Mikroskop. Was dem Auge verborgen bleibt, Werl: Tesloff

Bay, F. & Rodi, D. (1978): Grundzüge einer Biologiedidaktik der Sekundarstufe I. Tübingen: DIF

Bay, F. & Rodi, D. (1983): Einführung in das Mikroskopieren im Biologieunterricht der Hauptschule. In: Päd. Welt 37 (1983), H. 3,153 ff.

Bayrhuber, H. et al. (Hrsg.) (1994): Interdisziplinäre Themenbereiche und Projekte im Biologieunterricht. Kiel: IPN

Bayer. Staatsministerium f. Unterricht und Kultus (2003): Richtlinien für die Umweltbildung an den bayer. Schulen. 22.01.2003

Bayrhuber, H. (1997): Berücksichtigung von Schülervorstellungen im Biologieunterricht. In: Bayrhuber, H. et al. (Hrsg.): Biologieunterricht und Lebenswirklichkeit. Kiel: IPN

Bayrhuber, H. & Stolte, S. (1997): Schülervorstellungen von Bakterien und Konsequenzen für den Unterricht. In: Bayrhuber, H. et al. (Hrsg.): Biologieunterricht und Lebenswirklichkeit. Kiel: IPN

Behm, B.: (2001): Kumulatives Lernen. PdNBiol 7, 50. Jg., 2–5

Bell, B. F. (1981): When is an animal not an animal? Journal of Biological Education 15 (3), 213–218

Bellmann H. (2009): Der neue Kosmos Insektenführer, 2. Aufl., Stuttgart: Kosmos

Bender, W. & Gerber, U. (1990): Die selbstgestrickte Schöpfung. Stuttgart: Quell

Berck, K.-H. (1992): Der Einstieg in eine Biologiestunde. MNU 45, H. 1, 44–48

Berck, K.-H. & Graf, D. (1992): Begriffsauswahl und Begriffsvermittlung – Überblick über den Forschungsstand für den Biologieunterricht. In: Entrich, H. & Staeck, L. (Hrsg.): Sprache und Verstehen im Biologieunterricht. Alsbach: Leuchtturm-Verlag

Berck, K.-H. & Graf, D. (2010): Biologiedidaktik. Grundlagen und Methoden. 4. Aufl., Wiebelsheim: Quelle & Meyer

Berck, K.H. & Graf, D. (2003): Biologiedidaktik von A–Z. Wörterbuch mit 1 000 Begriffen. Quelle & Meyer: Wiebelsheim

Berck, K.-H. & Klee, R. (1992): Interesse an Tier- und Pflanzenarten und Handeln im Natur- und Umweltschutz. Frankfurt a. M.: P. Lang

Bertalanffy, L. von (1990): Das biologische Weltbild. Wien, Köln: Böhlau

Beuren, A. & Dahm, M. (2000): Lernen an Stationen. Basisartikel. In: Unterricht Biologie, 24. Jg., Heft 259. Seelze: Friedrich

Beyer, P. K. (2003a): Praktische Ethologie im Zoo. In: PdN-BioS 3 / 52 Jg., Köln: Aulis, 5–12

Beyer, P. K. (2003b): Projektarbeit im Zoo. In: PdN-BioS 7 / 52 Jg., Köln: Aulis, 1–4

Beyer, P. K. & Wehnelt, S. (2002): Ethologie in der Praxis. Eine Anleitung zur angewandten Ethologie im Zoo für Schüler und Studenten. Fürth: Filander

Bieberbach, M. (2000): Effizienz von Projektunterricht. (Diss.) In: Killermann, W. (Hrsg.): Münchner Schriften zur Didaktik der Biologie. Bd. 13, Herdecke: GCA

Bieberbach, M. & Killermann, W. (2005): Projektunterricht – wirklich sinnvoll? Ergebnisse einer empirischen Untersuchung. In: Grundschulmagazin 2 / 05, 33–39. München: Oldenbourg

Birkenheil, H. (1999): Schulgärten. Stuttgart: Ulmer

Blankertz, H. (2000): Theorien und Modelle der Didaktik. 15. Aufl., München: Juventa

BLK-Expertise (1997): Gutachten zur Vorbereitung des Programms „Steigerung der Effizienz des mathematisch-naturwissenschaftlichen Unterrichts“. Bonn: Bund-Länder-Kommission für Bildungsplanung und Forschungsförderung

BLK (Bund-Länder-Kommission f. Bildungsplanung und Forschungsförderung) (1998): Bildung für eine nachhaltige Entwicklung. Orientierungsrahmen. Materialien zur Bildungsplanung und zur Forschungsförderung, H. 69, Bonn: BLK

Bloom, B. S. (1956 / 1976): Taxonomie von Lernzielen im kognitiven Bereich. New York 1956; Weinheim, Basel 1976: Beltz

Bögeholz, S. (1999): Qualitäten primärer Naturerfahrung und ihr Zusammenhang mit Umweltwissen und Umwelthandeln. Springer-Link: http: / / link.springer.com / book / 10.1007 / 978-3-322-97445-7

Bogner, F. (1997): Einstellungen gegenüber der Natur und Bereitschaft zu umweltbezogenem Verhalten bei Schülerinnen und Schülern der Sekundarstufe I. In: Bayrhuber, H. et al. (Hrsg.): Biologieunterricht und Lebenswirklichkeit. Kiel: IPN, 360–364

Bogner, F. (1998): The Influence of Short-Term Outdoor Ecology Education on Long-Term Variables of Environmental Perspectives. Journal of Environmental Education 29, 17–29

Bogner, F. (2002): The influence of a residential outdoor education programme to pupils' environmental perception. European Journal of Psychology of Education. Vol. XVII, 19–34

Bogner, F. (2003): Wirkungen von Unterrichtsansätzen in Natur- und Artenschutz. In: Bauer, A. et al. (Hrsg.): Entwicklung von Wissen und Kompetenzen. VdBiol Tagungsbericht Berlin-Kiel: IPN

Bogner, F., Wiseman, M. (2004): Outdoor ecology education und pupils' environmental perception in Preservation und Utilisation, Science Education International, 15 / 1, 27–48

Bojunga, W. & Dylla, K. (1972): Zur Didaktik eines zeitgemäßen Biologieunterrichts in der Sekundarstufe I. In: MNU 25, 391–396

Bortz, J. (1985): Lehrbuch der Statistik für Sozialwissenschaftler. Berlin: Springer

Brandt, P. (Hrsg.) (1997): Zukunft der Gentechnik. Basel, Boston, Berlin: Birkhäuser

Brandt, P. (2004): Transgene Pflanzen. Herstellung, Anwendung, Risiken und Richtlinien. 2. überarb. Aufl., Basel, Boston, Berlin: Birkhäuser

Braun, B. & Schulz, W. (1994): Suchtprävention – ein aktuelles Konzept für Schulen des Landes Schleswig-Holstein. In: Bayrhuber, H. et al. (Hrsg.): Interdisziplinäre Themenbereiche und Projekte im Biologieunterricht. Kiel: IPN

Brennich, J. (1993): Biologische Fachbegriffe im Unterricht. Auszählungen und Analysen im Biologieunterricht und in Schulbüchern der Sekundarstufe I. Schriftl. Hausarbeit am Institut f. Didaktik der Biologie Universität München

Bretschneider, J. (1994): Lebende Objekte im Biologieunterricht. In: BioS 43 H. 3, 169–172

Brown, T. A. (1993): Gentechnologie für Einsteiger. Grundlagen, Methoden, Anwendungen. Aus dem Englischen übersetzt v. S. Vogel, Heidelberg, Berlin, Oxford: Spektrum Akad. Verlag

Bruner, J. S. (1974): Entwurf einer Unterrichtstheorie. Berlin: Berlin-Verlag

Bruner, J. S. (1981): Der Akt der Entdeckung. In: Neber, H. (Hrsg.): Entdeckendes Lernen. Weinheim: Beltz

Buehl, G. S. (1965): Zum Einsatz des Lichtbildes im Naturkundeunterricht. In: Bl. f. Lehrerfortb. 17, 144 ff.

Bundeszentrale für gesundheitliche Aufklärung (1988): Evaluation der Unterrichtswerke der BzgA und Entwicklung eines revidierten Ziel- und Aktionsrahmens. Köln

Bundeszentrale für gesundheitliche Aufklärung (2002): Schulische Gesundheitserziehung u. Gesundheitsförderung. Köln (Maslon, E., Redaktion)

Bundeszentrale für gesundheitliche Aufklärung (2003–2009): Broschüren, Unterrichtsmaterialien, Medien, Internetangebote zu Themen der Gesundheit und Gesundheitserziehung Bund-Länder-Kommission f. Bildungsplanung und Forschungsförderung

Bundeszentrale für gesundheitliche Aufklärung (2004): Richtlinien und Lehrpläne zur Sexualerziehung. Eine Analyse der Inhalte, Normen, Werte und Methoden der Sexualaufklärung in den sechzehn Ländern der Bundesrepublik Deutschland. Expertise im Auftrag der BZgA von A. Hilgers, Fachheftreihe Band 4, Köln

(BLK) (1998): Bildung für eine nachhaltige Entwicklung. Orientierungsrahmen. Materialien zur Bildungsplanung und zur Forschungsförderung, H. 69. Bonn: BLK

Bunk, H.-D. (1990): Zehn Projekte zum Sachunterricht. Berlin, Frankfurt a. M.: Cornelsen

Burk, K. & Claussen, C. (1981): Zur Methodik des Lernens außerhalb des Klassenzimmers. In: Burk, K. & Claussen, C. (Hrsg.): Lernorte außerhalb des Klassenzimmers II. Arbeitskreis Grundschule, Bd. 49, Frankfurt a. M.

Campbell, N. (2003): Biologie. Heidelberg: Spektrum

Chinery, M. (2016): Pareys Buch der Insekten. 2. Aufl., Stuttgart: Kosmos

Clausnitzer, H.-J. (1983): Die Problemfindungsphase im Biologieunterricht. NiUB 31, H. 5, 147–149

Claussen, C. (1995): Freie Arbeit als Element eines Konzepts der Öffnung von Schule und Unterricht. In: Claussen, C. (Hrsg.): Handbuch Freie Arbeit. Konzepte und Erfahrungen. Weinheim: Beltz, 13–23

Collins, A., Brown, J. S. & Newman, S. E. (1989): Cognitive Apprenticeship: Teaching the Crafts of Reading, Writing, and Mathematics. In: Resnik, L. B. (Edr.): Knowing, Learning and Instruction. Hillsdale, N. J.: Erlbaum, 453–494

Comenius, J. A. (1632, Neuaufl.1927): Didactica magna. Langensalza: Beyer

Comenius, J. A. (1658): Orbis pictus

Cornell, J. (1979 / 1999a): Mit Kindern die Natur erleben. Neuausgabe, Mülheim / Ruhr: Verlag a. d. Ruhr; (Originalausgabe 1979: Sharing nature with children USA, Nevada City)

Cornell, J. (2011): Mit Freude die Natur erleben. Mülheim / Ruhr: Verlag a. d. Ruhr

Crisci, J. V., Mc Inerney, J. D. & Mc Wethy, P. J. (1993): Order and Diversity in the Living World: Teaching Taxonomy and Systematics in Schools. National Association of Biology Teachers, Reston (USA)
Damasio, A. R. (2004): Descartes' Irrtum. Fühlen, Denken und das menschliche Gehirn. 1. Aufl. (Neuausgabe), München: Ullstein
Damasio, A. R. (2002): Ich fühle, also bin ich. Die Entschlüsselung des Bewusstseins. 3. Aufl., München: Ullstein
Deci, E. L. & Ryan, R. M. (1993): Die Selbstbestimmungstheorie der Motivation und ihre Bedeutung für die Pädagogik. Zeitschrift f. Pädagogik 39, 223–238
Dewey, J. (1916/2000): Demokratie und Erziehung. Weinheim, Basel: Beltz
Dieckmann, A. & Preisendörfer, P. (1992): Persönliches Umweltverhalten. Diskrepanzen zwischen Anspruch und Wirklichkeit. Kölner Zeitschrift f. Soziologie u. Sozialpsychologie, Bd. 44/2, 226–251
Dieckmann, U. (2003): Wie Lerner ein Ökosystem verstehen. Lehr-Lernforschung am Beispiel des außerschulischen Lernortes „Heiliges Meer". In: Berichte des Instituts für Didaktik der Biologie, Universität Münster
Dobzhansky, T. (1973): Nothing in biology makes sense except in the light of evolution. The American Biology Teacher 35, 10–21
Duit, R. (1995): Zur Rolle der konstruktivistischen Sichtweise in der naturwissenschaftlichen Lehr- und Lernforschung. Zeitschrift f. Pädagogik, 41. Jg., Nr. 6, 905–923
Duit, R. (1996): Lernen als Konzeptwechsel im naturwissenschaftlichen Unterricht. In: Duit, R. & v. Rhöneck, Ch. (Hrsg.): Lernen in den Naturwissenschaften. Kiel: IPN
Eberhard-Metzger, C. (2003): Das Molekül des Lebens. Einführung in die Genetik. München: dtv
Eibl-Eibesfeldt, I. (1999): Grundriss der vergleichenden Verhaltensforschung. Vierkirchen-Pasbach: Buch Vertrieb Blank
Ellenberg, H. (1973): Ökosystemforschung. Heidelberg, Berlin, New York: Springer
Engelhardt, W. u. a. (2015): Was lebt in Tümpel, Bach und Weiher? 17. Aufl., Stuttgart: Kosmos
Entrich, H. (1997): Natur schützen – Zukunft öffnen. Das Dilemma der Umwelterziehung und Umweltbildung in der Schule. In: Biologie in der Schule 46, 197–205
Erhart, M. (1991): Biologieunterricht im Freien. Päd. Welt 4, 159–167
Erhart, M. (1992): Arbeitsteilige Gruppenarbeit im Biologieunterricht. In: Päd. Welt, H. 6, 246–251
Erhart, M. (1995): Das Museum als Lernort für den Biologieunterricht. In: Päd. Welt 49, H. 4, 161–166
Erhart, M. (2005): Selbstgesteuertes Lernen im Biologieunterricht. In: Killermann, W. (Hrsg.): Münchner Schriften zur Didaktik der Biologie. Bd. 16, Herdecke: CGA
Eschenhagen, D. (1985): Vermittlung von Pflanzen- und Tierkenntnissen in der Grundschule. Sachunterricht und Mathematik in der Primarstufe 13, 120–126
Eschenhagen, D. (1990): Das Projekt, eine auch für den Biologieunterricht wichtige methodische Grundform. In: Killermann, W. & Staeck, L. (Hrsg.): Methoden des Biologieunterrichts. Köln: Aulis, 40–44
Eschenhagen, D., Kattmann, U. & Rodi, D. (Hrsg.) (1992): Handbuch des Biologieunterrichts Sekundarbereich I, Bd. 2: Lebensformen und Verwandtschaft. Köln: Aulis
Eschenhagen, D., Kattmann, U. & Rodi, D. (2003): Fachdidaktik Biologie. 6. Aufl., Köln: Aulis, Deubner
Eschenhagen, D., Kattmann, U. & Rodi, D. (2008): Fachdidaktik Biologie. 8. Aufl., Köln: Aulis, Deubner
Esser, H. (1980): Der Biologieunterricht. Hannover: Schroedel
Etschenberg, K. (1983): Welche biologischen Objekte können Schüler beim Übergang in die Sekundarstufe I benennen? In: Naturwiss. im Unterricht, Biologie 31, (10), 344–351

Etschenberg, K. (1993): Sexualerziehung. Basisinformationen. In: Eschenhagen, D., Kattmann, U. & Rodi, D. (Hrsg.): Handbuch des Biologieunterrichts, Sekundarbereich I, Bd. 5: Entwicklung, Fortpflanzung, Sexualität. Köln: Aulis, Deubner
Etschenberg, K. (1994): Sucht – auch ein didaktisch-methodisches Problem im Biologieunterricht? In: Bayrhuber, H. et al. (Hrsg.): Interdisziplinäre Themenbereiche und Projekte im Biologieunterricht. Kiel: IPN
Etschenberg, K. et al (2006): Fachdidaktik Biologie. 7. Aufl., Köln: Aulis, Deubner
Eulefeld, G. & Winkel, G. (Hrsg.) (1986): Umweltzentren – Stätten der Umwelterziehung. IPN: Kiel
Faller, A. (2012): Der Körper des Menschen. 16. Neuauflage, München: dtv
Faust-Siel, G. (1995): Lernzirkel. Themenbezogene Freiarbeit im wahldifferenzierten Unterricht. In: Claussen, C. (Hrsg.): Handbuch Freie Arbeit. Konzepte und Erfahrungen. Weinheim: Beltz, 24–31
Fiedler W. (2015): Die Vögel Europas sicher bestimmen, 1. Aufl, Heidelberg: Quelle&Meyer
Finke, E. (1998): Interesse an Humanbiologie und Umweltschutz in der Sekundarstufe I – Empirische Untersuchung zu altersbezogenen Veränderungen und Anregungsfaktoren. Hamburg (Diss. Univ. Gießen)
Finke, E. (1999): Faktoren der Entwicklung von Biologieinteressen in der Sekundarstufe I. In: Duit, R. & Meyer, J. (Hrsg.): Studien zur naturwissenschafts-didaktischen Lern- und Interessenforschung. Kiel: IPN
Finke, E. & Klee, R. (1999): Interessen an Humanbiologie in der Sekundarstufe I – Ergebnisse einer Längsschnittuntersuchung. In: Bayrhuber, H. et al. (Hrsg.): Biologie und Bildung. Kiel: IPN
Fischbeck-Eysholdt, M. (2001): Umweltbildung in botanischen Gärten am Beispiel des Botanischen Gartens Oldenburg. In: Bayrhuber, H. et al. (Hrsg.): Biowissenschaften in Schule und Öffentlichkeit. Tagungsband, Kiel: IPN
Fisgus, C. & Kraft, G. (2004): Hilf mir, es selbst zu tun! 8. Aufl., Donauwörth: Auer Fochtmann, M. (1998): Eine Mauer als Lebensraum. UB 135, 12. Jg., 20
Freiman, T. (2001): Kumulatives Lernen im Biologieunterricht. PdNBiol 7, 50. Jg., 1–2
Frey, K. (2002): Die Projektmethode. 9. Aufl., Weinheim, Basel: Beltz
Fritz, J. (1993): Theorie und Pädagogik des Spiels. Weinheim: Juventa
Fuchs, R. (2005): Gentechnik. Neue Strategie mit Gesundheitsversprechen. In: Raum & Zeit, 23. Jg., Nr. 134
Füller, F. (1992): Biologische Unterrichtsexperimente: Bedeutung und Effektivität. Diss. d. Fakultät für Biologie der Universität München. In: Killermann, W. (Hrsg.): Münchner Schriften zur Didaktik der Biologie. Bd. 8., München
Gagné, R. M. (1980): Die Bedingungen menschlichen Lernens. 5. Aufl., Hannover: Schroedel
Gassen, H. G. & Hammes, W. P. (1997): Handbuch Gentechnologie und Lebensmittel. Hamburg: Behr's
Gebauer, M. (1994): Ergebnisse einer Studie zur Tierkenntnis von Grundschülern. In: Bayrhuber, H. et al. (Hrsg.): Interdisziplinäre Themenbereiche und Projekte im Biologieunterricht. Kiel: IPN
Gebhard, U. (1994): Wie viel Natur braucht der Mensch? In: Schreier, H. (Hrsg.): Die Zukunft der Umwelterziehung. Hamburg: Krämer
Gebhard, U. (1995): Die Lesbarkeit der Welt. Zur psychischen Funktion von Formenkenntnissen. In: Mayer, J. (Hrsg.): Vielfalt begreifen – Wege zur Formenkunde. Kiel: IPN
Gebhard, U. & Mielke, R. (2002): Alltagsmythen und Selbstkonzepte zur Gentechnik. Innsbruck: Studienverlag
Gebhard, U. (2003): Kind und Natur. 2. Aufl., Wiesbaden: Westdeutscher Verlag

Gehlhaar, K. H. et al. (1994): Bericht über das Symposium „Biologieunterricht und Umwelt". In: Bayrhuber, H. et al. (Hrsg): Interdisziplinäre Themenbereiche und Projekte im Biologieunterricht. Kiel: IPN

Gehlhaar, K. H. & Graf, D. (1997): Bericht über das Symposium „Ökonomie, Ökologie und Lebenswirklichkeit". In: Bayrhuber, H. et al. (Hrsg.): Biologieunterricht und Lebenswirklichkeit. Kiel: IPN, 155–159

Gehlhaar, K.-H., Fankhänel, K. & Klepel, G. (1999): Zur Entwicklung von Interessen an Pflanzen, Tieren und Naturschutz bei Schülern der Klassen 5 bis 10 – Eine empirische Studie. In: Bayrhuber, H. et al. (Hrsg.): Biologie und Bildung. Kiel: IPN

Gentürk E. (2009): Experimente im Biologieunterricht. Definition, Bedeutung, Kompetenzerwerb,

Studienarbeit, München: Grin-Verlag (E-Book)

Gerhardt-Diercksen, A. (1995): Mehr Formenkunde im Biologieunterricht? In: Mayer, J. (Hrsg.): Vielfalt begreifen – Wege zur Formenkunde. Kiel: IPN

Gerstenmaier, J. & Mandl, H. (1995): Wissenserwerb unter konstruktivistischer Perspektive. In: Zeitschrift f. Pädagogik 41, 867–888

Glaubrecht, M. (2004): Ernst Mayr – Vom Systematiker zum Begründer einer neuen Biophilosophie. Naturwissenschaftliche Rundschau, 57. Jg., H. 7, 357–368

Glowinski, I. (2008): Schülerlabore im Themenbereich Molekularbiologie als Interesse fördernde Lernumgebungen. IPN-Blätter, 25. Jg., 1/08

Goller, H. (2001): Kontextabhängiger Erwerb von Arten- und Formenkenntnissen im Biologieunterricht des Gymnasiums. Dissertation der Naturwissenschaftlichen Fakultät III an der Universität Regensburg

Gräsel, C. (2000): Gestaltung problemorientierter Lernumgebungen. In: Bayrhuber, H. & Unterbrunner, U. (Hrsg.): Lehren & Lernen im Biologieunterricht. Innsbruck: Studienverlag

Graf, D. (1989): Die Anwendung der Mapping-Methode zur Begriffsvermittlung und Begriffsüberprüfung am Beispiel einer Unterrichtseinheit „Ernährung und Verdauung" für die Klassen 5 und 6. MNU 42, 427–432

Graf, D. & Berck, K.-H. (1990): Begriffslernen im Biologieunterricht der Klassen 5 und 6. In: Killermann, W. & Staeck, L. (Hrsg.): Methoden des Biologieunterrichts. Köln: Aulis

Graf, D. (1997): Die Wechselwirkungen zwischen Ökonomie und Ökologie als Thema für den Biologieunterricht. In: Bayrhuber, H. et al. (Hrsg): Biologieunterricht und Lebenswirklichkeit. Kiel: IPN, 150–154

Graf, E. (1995): Unterrichtseinstiege im Biologieunterricht. Biologie in der Schule 44, H. 1, 2, 3, und 4

Graf, E. (1997): Lernen an Stationen. Lernzirkel im Biologieunterricht. In: Friedrich Jahresheft XV, Lernmethoden-Lehrmethoden. Seelze: Friedrich

Graf, E. (2004): Biologiedidaktik. Donauwörth: Auer

Graf, J. (1939/40): Biologie für Oberschule und Gymnasien Band 1–3, München, Berlin: Lehmann

Graw J. (2005): Genetik. 4. Aufl., Berlin: Springer

Greinstetter R. (2008): Naturwissenschaftliches Experimentieren in der Grundschule, Europäische Hochschulschriften Reihe XI, Pieterlen (Schweiz): Lang

Grimm, H. (2003): Lernen an Umweltzentren. Unterricht Biologie 285, Seelze: Friedrich

Gropengießer, H. & Kattmann, U. (1994): Lehren fürs Leben. Biologie in der Schule 43, H. 5, 321–328

Gropengießer, H. & Kattmann, U. (2006): Fachdidaktik Biologie. Köln: Aulis, Deubner

Gropengießer, H. (1997): Schülervorstellungen zum Sehen. Zeitschrift f. Didaktik der Naturwissenschaften, Jg. 3, H. 1, 71–87

Grupe, H. (1977): Biologie-Didaktik. 4. Aufl., Köln: Aulis

Gudjons, H. (2003): Handbuch Gruppenunterricht. 2. Aufl., Weinheim u. Basel: Beltz de Haan, G. & Harenberg, D. (1999): Bildung für eine nachhaltige Entwicklung. Materialien zur Bildungsplanung und Forschungsförderung, H. 72. Bonn: BLK

Hackl, B. (1994): Projektunterricht in der Praxis. Utopien, Frustrationen, Lösungswege, Band 1. Innsbruck: Österreichischer Studien Verlag

Hänsel, D. (Hrsg.) (1997): Handbuch Projektunterricht. Weinheim: Beltz

Häussler, P. & Hoffmann, L. (1995): Physikunterricht – an den Interessen von Jungen und Mädchen orientiert. Unterrichtswissenschaft, 23. Jg., H. 2, 107–126

Hage, K. (1985): Das Methodenrepertoire von Lehrern. Opladen: Leske & Budrich

Hagstedt, H. (1998): Stationenlernen. In: Haarmann, D. (Hrsg.): Wörterbuch Neue Schule. Weinheim: Beltz

Halbach, U. (1974): Modelle in der Biologie. In: Naturwissenschaftliche Rundschau 27, H. 8, 293–305

Hallmen, M. (1990): Bau eines Hummelkastens. In: Die Biene 3, 119–121

Hamann, M. (2003): Wissensvoraussetzungen bei problemorientiertem Vergleichen in der Ökologie. In: Bauer, A. et al.: Entwicklung von Wissen und Kompetenzen im Biologieunterricht. Internationale Tagung der Sektion Biologiedidaktik im VdBiol, Berlin 2003

Hamann, M. & Bayrhuber, H. (2003): Kriteriengeleitetes Vergleichen: wie Lernende Kriterien beim Ordnen von Tieren verwenden. In: Bauer et al. (Hrsg.): Entwicklung von Wissen und Kompetenzen. VdBiol, Kiel: IPN

Hampl, U. (2000): Außerschulische Lernorte im Biologieunterricht der Realschule. Untersuchungen zu kognitiven und affektiven Aspekten am Beispiel des außerschulischen Lernortes „Lehrbienenstand". (Diss.) München. In: Killermann, W. (Hrsg.): Münchener Schriften zur Didaktik der Biologie. Bd. 14, Herdecke: CGA

Handbuch zur Software von CASSY (1991): Messen und Auswerten. Hürth: Leybold Didactic GmbH

Hanke, P. (2005): Öffnung des Unterrichts. In: Einsiedler, W. et al. (Hrsg.): Handbuch Grundschulpädagogik und Grundschuldidaktik. 2. Aufl., Bad Heilbrunn: Klinkhardt

Harms, U. & Kross, A. (1998): Aktuell und wichtig: das Thema Gentechnik. Praxis in der Schule 5–10, H. 1, 38–42

Harms, U. & Bünder, W. (1999): Zuwachs von Kompetenz erfahrbar machen: Kumulatives Lernen. BLK-Programmförderung, Erläuterungen zu Modul 5

Harms, U. & Eschenbach, J. (2001): Einfluss verschiedener inhaltlicher Kontexte auf Schülerinteresse im Biologieunterricht über Molekulargenetik. In: Bayrhuber, H. et al. (Hrsg.): Biowissenschaften in Schule und Öffentlichkeit. Kiel: IPN

Hartinger, A. (1997): Interessenförderung. Eine Studie zum Sachunterricht. Bad Heilbrunn: Klinkhardt

Hartinger, A. (2005): Entdeckendes Lernen. In: Einsiedler, W. et al. (Hrsg.): Handbuch Grundschulpädagogik und Grundschuldidaktik. 2. Aufl., Bad Heilbrunn: Klinkhardt

Harvey, M. R. (1989): Children's experiences with vegetation. Children's Environments Quaterly 6 (1), 36–43

Haupt, O.J. (2007): Deutsche Telekom Stiftung fördert zukünftig Lernort Labor ... In: IPN-Blätter, Jg. 24, H. 3/07, 1-3

Haymann, P. & Hume, R. (2004): Die Vögel Europas. Stuttgart: Kosmos

Heany, S. (1971): The effect of three teaching methods on the ability of young pupils to solve problems in biology: An experimental and quantitative investigation. Journal of Biological Education 5, 219–228

Hecker F. (2016): Der Kosmos Tier- und Pflanzenführer, 11. Aufl. Stuttgart: Kosmos

Hedewig, R. (1988): Naturvorstellungen von Schülern – Ergebnis einer Befragung von Schülern der Jahrgangsstufen 3 bis 10 unterschiedlicher Schulformen. In: Hedewig, R. & Stichmann, W. (Hrsg.): Biologieunterricht und Ethik. Köln: Aulis

Hedewig, R. (1992): Biologieunterricht heute. Biologie heute, Nr. 396, 7
Hedewig, R. (1993): Biologieunterricht und Projekte. In: Unterricht Biologie 188/17, Seelze: Friedrich, 4–12
Hedewig, R. (1995): Die Vermittlung von Formenkunde bei überwiegend allgemeinbiologischer Orientierung des Unterrichts. In: Mayer, J. (Hrsg.): Vielfalt begreifen – Wege zur Formenkunde. Kiel: IPN
Hedewig, R. (1997): Tiere nehmen die Welt anders wahr. UB 228, 21. Jg., 42–47
Hegele, I. (1999): Lernziel Stationenarbeit. 4. Aufl., Weinheim: Beltz
Heimann, P., Otto, G. & Schulz, W. (1976): Unterricht, Analyse und Planung. Hannover: Schroedel
Hennig, W. (2002): Genetik. 3. Aufl., Berlin, Heidelberg, New York: Springer
Herbart, J. F. (1983): Allgemeine Pädagogik aus dem Zweck der Erziehung abgeleitet. Herman Holstein (Hrsg.), 6. Aufl., Bochum: Kamp
Hesse, M. (1983): Artenkenntnis bei Studienanfängern. Biologieunterricht 19, H. 4, 94–100
Hesse, M. (1984): Empirische Untersuchungen zum Biologie-Interesse bei Schülern der Sekundarstufe I. Naturwissenschaften im Unterricht Biologie 32, 344–350
Hiering, P. G. (1983): Der Stellenwert facheigener Denk- und Arbeitsweisen im naturwissenschaftlichen Lernbereich der Grundschule. In: Bl. f. Lehrerfortb. 35 (1983), H. 4, 135–138
Hiering, P. G. (1988): Entwicklung eines Computermodells für den Biologieunterricht zur Veranschaulichung ausgewählter Zusammenhänge im Ökosystem „See". Diss. d. Fakultät für Biologie der Universität München 1988. In: Killermann, W. (Hrsg.): Münchner Schriften zur Didaktik der Biologie. Bd. 6, München
Hiering, P. G. (1990): Computersimulation im Biologieunterricht – Möglichkeiten und Grenzen. In: Killermann, W. & Staeck, L. (Hrsg.): Methoden des Biologieunterrichts. Köln: Aulis, 59–67
Hiering, P. G. & Killermann, W. (1991): Original oder Abbild. Überlegungen zu einer permanenten Kontroverse im Biologieunterricht. In: Biologie in der Schule, H. 6/91, 228–232
Hiering, P. G. (2003): Wozu ist die Äskulapnatter gut? Probleme bei der Erhaltung der Artenvielfalt. In: Geiss, J., Wortmann, D. & Zuber, F. (Hrsg.): Nachhaltige Entwicklung – Strategie für das 21. Jahrhundert? Opladen: Leske u. Budrich, 81–105
Hössle, C. (2001): Moralische Urteilsfähigkeit – Eine Interventionsstudie zur moralischen Urteilsfähigkeit von Schülern zum Thema Gentechnik. Innsbruck: Studienverlag
Hoffmann, L. & Lehrke, M. (1986): Eine Untersuchung über Schülerinteressen an Physik und Technik. Zeitschrift f. Pädagogik 2, 189–204
Hopf, A. (2002): Sexualerziehung. Unterrichtsprinzip in allen Fächern. Neuwied: Luchterhand
Huch, S. & Krüger, D. (2010): Geschlechtsrollenverständnis und Einstellungen von Schülern/innen zum Thema „Sexuelle Orientierungen". In: Harms, U. & Mackensen-Friedrichs, J. (Hrsg.): Lehr- und Lernforschung in der Biologiedidaktik, Bd. 4. Innsbruck: Studienverlag
Hügel, B. (2000): Die Ambivalenz der Reproduktionsmedizin beim Menschen infolge hormoneller Stimulation der Eierstöcke, Retortenzeugung (IVF) und Embryonentransfer (ET). In: Süßmuth, R. (Hrsg.): Empfängnisverhütung. Fakten, Hintergründe, Zusammenhänge. Holzgerlingen: Hännsler
Hurrelmann, K., Laaser, U. & Razum, O. (Hrsg.) (2006): Handbuch Gesundheitswissenschaften. Weinheim: Juventa
Hüther, G. (2003): Über die Beschaffenheit des neurobiologischen Substrats, auf dem Bildung gedeihen kann. Neue Sammlung 43 (2003), H. 1, 31–43
Huber, G. L. (1970): Begriffsbildung im Unterricht. Empirische Untersuchung über Denkprozesse bei Schülern. München: Ehrenwirth
Hundt, R. et al. (1986): Biologie – Lehrbuch für Klasse 11. Berlin: Volk und Wissen
IPN (1974 ff.): Einheitenbank Curriculum Biologie. Köln

IQB (2013): Institut zur Qualitätsentwicklung im Bildungswesen (2013): Kompetenzstufenmodelle zu den Bildungsstandards im Fach Biologie für den Mittleren Schulabschlus; Kompetenzbereiche „Fachwissen" und „Erkenntnisgewinnung"; Beschluss der Kultusministerkonferenz (KMK) vom 08.12.2011; Stand 29. 10. 2013; Humboldt-Universität Berlin
Jacobi, K. (2004): Das farbige Hausbuch der Zimmerpflanzen. 17. Aufl., München: BLV
Jäkel, L. (1997): Vorstellungen zu biologischen Phänomenen bei Lehramtsstudenten im Vergleich zu Alltagsvorstellungen von Schülern. In: Bayrhuber, H. et al. (Hrsg.): Biologieunterricht und Lebenswirklichkeit. Kiel: IPN
Jahn, I. (2002): Einführung über Gegenstand, Methodik und Tradition der Biologiegeschichtsschreibung. In: Geschichte der Biologie. 2. Aufl., Heidelberg, Berlin: Spektrum
Jannig, W. & Knust, E. (2004): Genetik. Allgemeine Genetik, Molekulare Genetik, Entwicklungsgenetik. Stuttgart, New York: Thieme
Janssen, W. (1988): Natur erleben. In: UB 12, H. 137, 2–7
Janssen, W. & Trommer, G. (Hrsg.) (1988): Themenheft „Natur erleben". UB 12, H. 137
Janoschek, I. (1993): Sexualerziehung in multikulturellen Klassen. In: Die Grundschulzeitschrift 65, 20f.
Jedicke, E. (Hrsg.) (1997): Die Roten Listen. Gefährdete Pflanzen, Tiere, Pflanzengesellschaften und Biotope in Bund und Ländern. Stuttgart: Ulmer
Jerg, M. (1994): Geschützte Pflanzen und Naturschutz. MPZ-Themenheft. München
Jerg, M. (1998): Unterricht im Botanischen Garten München-Nymphenburg. In: Museumspädagogik für die Schule. MPZ München, 131–140
Joller K., (2008): Naturerfahrung mit allen Sinnen, Aarau (Schweiz): AT Verlag AZ Fachverlage
Jüdes, U. & Frey, K. (1993): Projektmethode – eine kurze Einführung. In: Biologie in Projekten. Kiel: IPN, 9–33
Jung, W. (1986): Alltagsvorstellungen und das Lernen von Physik und Chemie. In: Naturwissenschaften im Unterricht 34, 2–6
Jungbauer, W. (Hrsg.) (1990): Themenheft „Lichtmikroskopie". PdN-B, 39, H. 6
Jungbauer, W. (1992): Einfache Funktionsmodelle in der Biologie (Teil 1 – Teil 3). In: PdN-B, 41, H. 3–5
Junge, F. (1885, 1985): Der Dorfteich als Lebensgemeinschaft. St. Peter Ording: Lühr & Dircks
Junker, R. & Scherer, S. (1993): Evolution – Ein kritisches Lehrbuch. Pascal: Berlin
Kähler, H. (1991): Anpassung – Angepasstheit. In: PdN, B 40, H. 7, 1–8
Kammermeyer, G. (1999): Zur Bedeutung der Vorbereitungs-, Reflexions- und Verarbeitungsphase für erfolgreiches Lernen an Stationen. In: unterrichten / erziehen Nr. 6 / 99, 318–320
Kammermeyer, G. & Schlierf, B. (1999): Wovon hängt erfolgreiches Lernen an Stationen ab? In: unterrichten / erziehen Nr. 3 / 99, 137–139
Kath, F. M. & Kahlke, J. (1985): Das Umsetzen von Aussagen und Inhalten: didaktische Reduktion und methodische Transformation. Eine Bestandsaufnahme. 2. Aufl., Alsbach: Leuchtturm
Kattmann, U. (1992a): Evolution im Unterricht. UB 179, 16. Jg., 44–48
Kattmann, U. (1992b): Von der Macht der Namen – was mit biologischen Fachbegriffen gelernt wird. In: Entrich, H. & Staeck, L. (Hrsg.): Sprache und Verstehen im Biologieunterricht. Alsbach: Leuchtturm
Kattmann, U. (1995): Konzeption eines naturgeschichtlichen Biologieunterrichts: Wie Evolution Sinn macht. Zeitschrift für Didaktik der Biologie 1, 1. Jg., 29–42
Kattmann, U., Duit, R., Gropengießer, H. & Komorek, M. (1997): Das Modell der Didaktischen Rekonstruktion. Ein Rahmen für naturwissenschaftliche Forschung und Entwicklung. Zeitschrift f. Didaktik der Naturwissenschaften, Jg. 3, H. 3, 3–18
Kattmann, U. (2000): Lernmotivation und Interesse im Biologieunterricht. In: Bayrhuber, H & Unterbrunner, U. (Hrsg.): Lehren & Lernen im Biologieunterricht. Innsbruck: Studienverlag

Keck, R. W. & Feige, B. (2005): Lernorte. In: Einsiedler, W. et al. (Hrsg.): Handbuch Grundschulpädagogik und Grundschuldidaktik. 2. Aufl., Bad Heilbrunn: Klinkhardt

Keckstein, R. (1980): Die Geschichte des biologischen Schulunterrichts in Deutschland. In: biol. did. 3, H. 4, 1–99

Kellert, S. (1980): American's attitudes and knowledges of animals. – Transact. of the 45th North American Wildlife and Natural Resources Conference. Washington: Wildlife Management Institute

Kellert, S. (1985): Attitudes Toward Animals: Age Related Development Among Children. Journal of Environmental Education 16 (3), 29–39

Kempken, F., Kempken, R. (2004): Gentechnik bei Pflanzen – Chancen und Risiken. 2. Aufl., Berlin, Heidelberg, New York: Springer

Kern, M. (2002): Grüne Gentechnik und Bevölkerungswachstum. In: Biologen heute, H. 5/2002, VdBiol. München

Kerschensteiner, G. (1963): Wesen und Wert des naturwissenschaftlichen Unterrichts. 6. unveränderte Aufl., München, Düsseldorf: Oldenbourg

Killermann, W. & Stöhr, E. (1980): Didaktische Vereinfachung, insbes. Modellmethode im Biologieunterricht. In: Rodi, D. & Bauer, E. W.: Biologiedidaktik als Wissenschaft. Köln: Aulis, 224–229

Killermann, W. & Scherf, G. (1986): Die Vermittlung von Formenkenntnissen als grundlegende Aufgabe des Biologieunterrichts. Päd. Welt 4, 146–158

Killermann, W. (1990): Methoden des Biologieunterrichts in unserer Zeit. In: Killermann, W. & Staeck, L. (Hrsg.): Methoden des Biologieunterrichts. Köln: Aulis, 24–34

Killermann, W. (1993): Natur erkennen – Natur erleben. Möglichkeiten biologischer Umweltbildung an außerschulischen Institutionen. In: Verh. Ges. f. Ökologie Bd. 22, Zürich, 371–377

Killermann, W. & Rieger, W. (1996): Unterricht mit Video oder Mikroskop? Vergleichende empirische Untersuchungen zur Effizienz dieser Verfahren. In: ZfDN, Jg. 2, H. 2, 15–20

Killermann, W. (1998): Research into biology teaching methods. In: Journal of Biological Education 33, 4–9

Killermann, W. (1999): Zoopädagogik – eine Chance für alternative Lehrmethoden. In: Tagungsbericht der 14. Tagung deutschsprachiger Zoopädagogen, München

Killermann, W. (2000): Ganzheitliche Naturschutz- Umwelterziehung. Pädagogisch- didaktische Grundlagen. Ber. ANL 24, Laufen, 21–26

Klafki, W. (1963): Studien zur Bildungstheorie und Didaktik. Weinheim: Beltz

Klafki, W. (1964a): Didaktische Analyse als Kern der Unterrichtsvorbereitung. In: Roth, H. & Blumenthal, A. (Hrsg.): Didaktische Analyse. Die deutsche Schule. 9. Aufl., Hannover: Schroedel

Klafki, W. (1964b): Das pädagogische Problem des Elementaren und die Theorie der kategorialen Bildung. Weinheim: Beltz

Klafki, W. (1969): Didaktische Analyse als Kern der Unterrichtsvorbereitung. In: Roth, H. & Blumental, A. (Hrsg.): Auswahl, Didaktische Analyse. Hannover: Schroedel

Klafki, W. (1993): Allgemeinbildung heute, Grundlinien einer gegenwarts- und zukunftsbezogenen Konzeption. In: Päd. Welt 3, Donauwörth: Auer

Klafki, W. (2007: Neue Studien zur Bildungstheorie und Didaktik. 6. Aufl., Weinheim: Beltz

Klautke, S. (1990): Für und Wider das Experiment im Biologieunterricht. In: Killermann, W. & Staeck, L. (Hrsg.): Methoden des Biologieunterrichts. Köln: Aulis, 70–82

Klautke, S. (1997): Experimentieren im Biologieunterricht. In: MNU 50, 323–329

Klautke, S. & Tutschek, R. (1997): Chancen und Probleme fächerübergreifenden Unterrichts. Schulmagazin 5 bis 10, 1, 8–11

Klautke, S. (2000): Bedingungen eines fächerübergreifenden Unterrichts – Beispiel: Naturwissenschaftliche Fächer. Biologie in der Schule 49, 65–69

Kleber, E. W. & Kleber, G. (1994): Handbuch Schulgarten. Weinheim: Beltz

Kleber, E. W. (1995): Handlungsspielräume für Freie Arbeit und offenen Unterricht. In: Claussen, C. (Hrsg.): Handbuch Freie Arbeit. Konzepte und Erfahrungen. Weinheim: Beltz, 202–211

Kleine, A. & Vogt, H. (2002): Einfluss der didaktisch-methodischen Ausgestaltung des Unterrichts auf Interessiertheit der Kinder bezüglich eines unbeliebten Unterrichtsgegenstands des Sachunterrichts. In: Klee, R. & Bayrhuber, H. (Hrsg.): Lehr- und Lernforschung in der Biologiedidaktik. Innsbruck: Studienverlag

Kleine, A. (2003): Entwicklung von Interesse und Nicht-Interesse bei Schülern bezüglich biologischer Themen in Abhängigkeit von der didaktisch-methodischen Ausgestaltung des Unterrichts: In: Bauer, A. et al. (Hrsg.): Entwicklung von Wissen und Kompetenzen. VdBiol. Kiel: IPN

Klenk, G. (1988): Das Problem der Inkonsistenz von Umweltwissen und Umwelthandeln. In: Päd. Welt 42, 6; 257–262

Klieme E. / Leutner D. (2006): Kompetenzmodelle zur Erfassung individueller Lernergebnisse und zur Bilanzierung von Bildungsprozessen. Beschreibung eines neu eingerichteten Schwerpunktprogramms der DFG. In: Zeitschrift für Pädagogik 52 (2006), S. 876 – 903

Klieme, E. & Hartig, J. (2007). Kompetenzkonzepte in den Sozialwissenschaften und im erziehungswissenschaftlichen Diskurs. In M. Prenzel, I. Gogolin & H.-H. Krüger (Hrsg.), Kompetenzdiagnostik (S. 11–29). Wiesbaden: VS Verlag für Sozialwissenschaften

KMK (1992) Sekretariat der ständigen Konferenz der Kultusminister in der Bundesrepublik Deutschland (1992): Zur Situation der Gesundheitserziehung in der Schule. Bericht der Kultusministerkonferenz 5./6.11.1992, Bonn

KMK (2003): KMK-Richtlinien zur Sicherheit im Unterricht – Naturwissenschaften, Technik/Arbeitslehre, Hauswirtschaft, Kunst. Empfehlungen der Kultusministerkonferenz (KMK), Beschluss vom 28.03.2003

KMK (2005): Sekretariat der Ständigen Konferenz der Kultusminister der Länder in der Bundesrepublik Deutschland (KMK): Bundesweit geltende Bildungsstandards zur Entwicklung und Vergleichbarkeit der Qualität schulischer Bildung im föderalen Wettbewerb der Länder. München, Neuwied

KMK (2015): Gesamtstrategie der Kultusministerkonferenz zum Bildungsmonitoring. Neuwied; URL: http://www.kmk.org/fileadmin/Dateien/veroeffentlichungen_beschluesse/2015/2015_06_11-Gesamtstrategie-Bildungsmonitoring.pdf

Knoll, J. (Hrsg.) (1987): Themenheft „Mikroskopieren". UB 11 (1987), H. 129

Knorr, Ch. et al. (1997): Mikrobieller Schadstoffabbau – Ein interdisziplinärer Ansatz. Friedr. Vieweg & Sohn Verlagsgesellschaft mbH

Knutzen, F. (1993): Biologische Untersuchungsmethoden. In: PdN-B 42 (1993), H. 5, 38–40

Kochanek, H. et al. (1996): Umweltzentren in Deutschland. Schriftenreihe der ANU Bd. 5, München

Kopeszki, H. (2013): Biologie 50 Experimente. 9. – 13. Jhgst., Brunn (Österr.): Ikon

Köck, P. & Ott, H. (2002): Wörterbuch für Erziehung und Unterricht. 7. Aufl., Donauwörth: Auer

Kögel, A., Regel, M., Gehlhaar, K.-H. & Klepel, G. (2000): Biologieinteressen der Schüler. Erste Ergebnisse einer Interviewstudie. In: Bayrhuber, H. & Unterbrunner, U. (Hrsg.): Lehren & Lernen im Biologieunterricht. Innsbruck: Studienverlag

Köhler K. u. a. Spörhase U. (Hrsg.) (2012): Biologiedidaktik. Praxishandbuch für die Sekundarstufe I und II. 7. Aufl. Berlin: Cornelsen Scriptor

Köhnlein, W. (Hrsg.) (1998): Der Vorrang des Verstehens: Beiträge zur Pädagogik Martin Wagenscheins. Bad Heilbrunn: Klinkhardt

Köller, O; Baumert, J. (2001): TIMMS Third International Mathematics and Science Study, in Weinert, Franz E.: Leistungsmessung in Schulen. Beltz: Weinheim und Basel

Kopp, F. (1977): Didaktik in Leitgedanken. 2. Aufl., Donauwörth: Auer
Kratochwil, A. & Schwabe, A. (2001): Ökologie der Lebensgemeinschaften. Stuttgart: Ulmer
Kramp, W. (1964): Hinweise zur Unterrichtsvorbereitung für Anfänger. In: Roth, H. & Blumenthal, A. (Hrsg.): Didaktische Analyse. Die deutsche Schule. 9. Aufl., Hannover: Schroedel
Krapp, A. (1996): Die Bedeutung von Interesse und intrinsischer Motivation für den Erfolg und die Steuerung schulischen Lernens. In: Schnaitmann, G. W. (Hrsg.): Theorie und Praxis der Unterrichtsforschung. Donauwörth: Auer
Krapp, A. (1998): Entwicklung und Förderung von Interessen im Unterricht. Psychologie, Erziehung, Unterricht, 45. Jg., 185–201
Kremer B. P. (2012): Mikroskopieren ganz einfach, 2. Aufl., Stuttgart: Kosmos
Kreuz, J. & Durst, B. (2000): „Genetischer Fingerabdruck". Ein Beispiel für ein Experiment zur Gentechnik in der Schule. In: Praxis der Naturwissenschaften-Biologie 2/49. Jahrgang 2000, Köln: Aulis Verlag Deubner & Co KG, 28–33
Kriterien zur Begutachtung von Lernmitteln des Bayerischen Staatsministeriums für Unterricht und Kultus (Stand November 2004). München
Krüger, D. (2000): Gentechnik-Unterricht mit dem Computer – Chance oder Flop? In: Praxis der Naturwissenschaften-Biologie 2/49. Jahrgang 2000, Köln: Aulis Verlag Deubner & Co KG, 18–21
Krüger, D. (2001): Qualität computergestützten Biologieunterrichts. Empirische Untersuchung zweier Gentechnik-Programme in der Sekundarstufe II. Biowissenschaften in Schule und Öffentlichkeit. Abstractband zur Jubiläumstagung zum 25jährigen Bestehen der Sektion Biologiedidaktik im VdBiol., Rendsburg, 56–59
Krüger, D. & Vogt, H. (Hrsg.) (2007): Theorien in der biologiedidaktischen Forschung. Berlin, Heidelberg: Springer
Kuckartz, U. (1995): Umweltwissen, Umweltbewusstsein, Umweltverhalten. Umweltbewusstsein und Massenmedien (Hrsg. de Haan). Berlin: Akademie
Kuhn, W. (1975): Methodik und Didaktik des Biologieunterrichts. Harms Pädagogische Reihe Band 22, München: List
Kutschera, U. (2003): Evolution: Generaldisziplin der modernen Biologie. Biologen heute, Nr. 3, 2–6
Kyburz-Graber, R. et al. (1996): Lernen in der Umwelt: Sozio-ökologische Umweltbildung. Förderung umweltbezogener Lernprozesse in Schule, Unternehmen und Branchen (Hrsg. Roux u. Bürgin). Basel: Birkhäuser, 15–41
Lankes, E.-M. (2005): Problemorientiertes Lernen. In: Einsiedler, W. et al. (Hrsg.): Handbuch Grundschulpädagogik und Grundschuldidaktik. 2. Aufl., Bad Heilbrunn: Klinkhardt
Leisen J. (2011): Kompetenzorientiert unterrichten, Unterricht Physik, Heft 123/124, S. 100-106, Seelze: Friedrich
Leppin, A. (1995): Gesundheitsförderung in der Schule. In: Kolip, P. (Hrsg.): Jugend und Gesundheit. München
Leppin, A., Hurrelmann, K. & Petermann, H. (Hrsg.) (2000): Jugendliche und Alltagsdrogen. Neuwied: Luchterhand
Lerchner, W. (1994): Erkennen der Umwelt in ihrer Komplexität – Möglichkeiten und Grenzen. In: Bayrhuber, H. et al. (Hrsg.): Interdisziplinäre Themenbereiche u. Projekte im Biologieunterricht. Kiel: IPN
Lerchner, W. & Schiller, C. (2001): Gentechnik und Bioethik – Ein problemorientiertes Konzept für den Biologieunterricht in der gymnasialen Oberstufe. In: Bayrhuber, H. et al. (Hrsg.): Biowissenschaften in Schule und Öffentlichkeit. Kiel: IPN
Linder, H. (2010): Biologie. 11.–13. Jgst. 23. Aufl., Hannover: Schroedel
Litsche, G. (1985): Arbeit mit gedanklichen Modellen im Unterricht. In: BioS 34, H. 7/8, 262–266

Litt, T. (1968): Naturwissenschaft und Menschenbildung. 5. Aufl., Heidelberg: Quelle & Meyer
Löwe, B. (1983): Interessenänderung durch Biologieunterricht. Dissertation Uni München. In: Killermann, W. (Hrsg.): Münchner Schriften zur Didaktik der Biologie. Bd. 2, München
Löwe, B. (1984): Schülerinteressen zum Biologieunterricht und ihre Veränderbarkeit. Eine empirische Untersuchung an Grund- und Realschülern. In: Hedewig, R. & Staeck, L. (Hrsg.): Biologieunterricht in der Diskussion. Köln: Aulis
Löwe, B. (1987): Interessenverfall im Biologieunterricht. Unterr. Biologie 11, H. 124, 62–65
Löwe, B. (1990): Biologische Arbeitsweisen im Spiegel der Schülerinteressen. In: Killermann, W. & Staeck, L. (Hrsg.): Methoden des Biologieunterrichts. Köln: Aulis, 265–279
Löwe, B. (1992a): Biologieunterricht und Schülerinteresse an Biologie. Weinheim: Deutscher Studien Verlag (Schriftenreihe der Pädagogischen Hochschule Heidelberg, Bd. 9)
Löwe, B. (1992b): Interessenentwicklung für das Unterrichtsfach Biologie und der Einfluss unterrichtlicher Maßnahmen. In: Maier, H. (Hrsg.): Naturwissenschaft – Schüler – Unterricht. Regensburger Beiträge zur Fachdidaktik. Bochum: Universitätsverlag Brockmeyer, 127–155
Löwe, B. (1992c): Vergleich der Entwicklung biologischer Interessen von Schülern aus Brandenburg und Baden-Württemberg. Biologie in der Schule 41, 283–291
Lohmann, M. (1990): Der natürliche Garten. München: BLV
Lorenz, K. & Wuketits, F. M. (Hrsg.) (1983): Die Evolution des Denkens. München: Piper
Lüttge, U., Kluge, M. & Bauer, G. (2002): Botanik. Ein grundlegendes Lehrbuch. Weinheim: VCH
Lumer, J., Picard, F. & Hesse, E. (1998): Concept-Mapping-Verfahren zur Konsolidierung des Lernstoffes. PdNBiol 1, 47. Jg., 31–36
Maelicke, A. (Hrsg.) (1990): Vom Reich der Sinne. Weinheim: VCH
Mager, R. F. (1965, 1977): Lernziele und programmierter Unterricht. Weinheim: Beltz
Maierhofer, M. (2001): Förderung des systemischen Denkens durch computerunterstützten Biologieunterricht. Dissertaton Universität Salzburg, Herdecke: GCA
Mair, O. & Ellenrieder, O. (Hrsg.) (1990): Methodik und Methoden der zoopädagogischen Arbeit. Tagungsbericht Augsburg. Zoologischer Garten. Mair, O. (2004): eigenes Manuskript
Mandl, H., Gruber, H. & Renkl, A. (1993): Lernen im Physikunterricht – Brückenschlag zwischen wissenschaftlicher Theorie und menschlichen Erfahrungen. In: Deutsche Physikal. Gesellschaft; Fachverband. Didaktik Physik (Hrsg.): Didaktik der Physik, 21–36
Mandl, H., Gruber, H. & Renkl, A. (1994): Lehren und Lernen mit dem Computer (Forschungsbericht Nr. 30). München: LMU
Mandl, H., Gruber, H. & Renkl, A. (1996): Wenn zuviel Wissen den Blick verstellt. Forschung, Mitteilungen der DFG 3, 8–9
Markl, H. (1987): Hier der große Erhalter, dort der große Zerstörer? In: Geistige Welt. Die Welt, Nr. 242
Marquardt, R. (1997): Standpunkt zur Anwendung der Gentechnik. Biologen heute, 3, 1–3
Masuch, G. (1993): Abiturwissen Zellbiologie. Stuttgart: Klett
Maxton-Küchenmeister, J. (2003): Genlabor & Schule – eine Übersicht über Experimentierangebote zur Vermittlung von Gen- und Biotechnologie an Schulen. In: BIOspektrum, 4/03, 9. Jg.
Mayer, J. (1992): Formenvielfalt im Biologieunterricht. Kiel: IPN
Mayer, J. & Horn, F. (1993): Formenkenntnis – wozu? UB 189, 17. Jg., 4–13
Mayr, E. (2000): Das ist Biologie. Heidelberg: Spektrum Akadem. Verlag
Meixner, R. G. (2002): Alltagsvorstellungen Jugendlicher und junger Erwachsener zum Thema „Genfood" – empirische Rekonstruktion der Bezugrahmen. Innsbruck: Studienverlag
Merkert, R. (1992): Medien und Erziehung. Darmstadt: Wiss. Buchgesellschaft
Meyer, E. & Zimmermann, K. (o. J.): Lebenskunde – Lehrbuch der Biologie für Höhere Schulen, Bd. 4. (Klassen 6, 7, 8 der Oberschulen für Jungen). Für das Sudetenland u. Böhmen-Mähren, Reichen-Berg: Sudetendeutscher Verlag F. Kraus

Meyer, H. (2003a): Unterrichtsmethoden. Bd. 1 Theorie, 10. Aufl., Bd. 2 Praxis, 9. Aufl. Berlin: Cornelsen Scriptor

Meyer, H. (2003b): Leitfaden zur Unterrichtsvorbereitung, 12. Aufl., Berlin: Cornelsen Scriptor

Mitchell, A. & Wilkinson, J. (2015): Pareys Buch der Bäume. 2. Aufl., Stuttgart: Kosmos

Möller, K. (2001): Konstruktivistische Sichtweise für das Lernen in der Grundschule? In: Roßbach, H.-G. et al. (Hrsg.): Forschungen zu Lehr- und Lernkonzepten für die Grundschule. Opladen: VS

Mörike, K. u. a. (2001): Biologie des Menschen, 15. Aufl., Heidelberg: Quelle & Meyer

Mössel, W. (2001): Kumulatives Lernen – Verknüpfung von Wissen durch Begriffsnetze. PdNBiol 7, 50. Jg., 5–7

Moisl, F. (Hrsg.) (1988): Themenheft „Experimente". UB 12 (1988), H. 132

Mohr, H. (1997): Brauchen wir wirklich transgene Pflanzen? In: Brandt, P. (Hrsg): Zukunft der Gentechnik. Basel: Birkhäuser

Müller, G. u. Chr. (2003): Geheimnisse der Pflanzenwelt. Leipzig, Jena, Berlin: Urania

Müller, W. A. (2004): Tier- und Humanphysiologie. 2. Aufl., Berlin: Springer Münz, K. et al. (1986): Biologie – Lehrbuch für Klasse 12. Berlin: Volk und Wissen

Neuhaus, B. (2007): Unterrichtsqualität als Forschungsfeld für empirische biologiedidaktische Studien. In: Krüger, D., Vogt, H. (Hrsg.): Theorien in der biologiedidaktischen Forschung. Berlin, Heidelberg: Springer, 243–254

Neuhaus, B. & Braun, E. (2007): Testkonstruktion und Erhebungsstrategien für empirisch arbeitende Didaktiker. In: Bayrhuber, H. et al. (Hrsg.): Kompetenzentwicklung und Assessment. Innsbruck: Studienverlag, 135–165

Neuhaus, B., Sandmann, S. & Schubert, P. (2008): Wie viel Feinstaub atmen wir im Mittel im Laufe unseres Lebens ein? Ein Egg–Race zur Vitalkapazität der Lunge. Unterricht Biologie, 336, 24–33

Neuhaus, B. & Vogt, A. (2008): Qualität der Lehrerausbildung und des Biologieunterrichts aus der Sicht von Biologielehrkräften. MNU 61, 266–272

Neuhaus, B. & Vogt, H. (2005): Dimensionen zur Beschreibung verschiedener Biologielehrertypen aufgrundlage ihrer Einstellung zum Biologieunterricht. Z. f. Did. d. Naturw. 11, 67–78

Niegemann, H. M. (1995): Computergestützte Instruktion in Schule, Aus- und Weiterbildung. Theoretische Grundlagen, empirische Befunde und Probleme der Entwicklung von Lehrprogrammen. Frankfurt a. M.: P. Lang

Norton, B. (1992): Waren, Annehmlichkeiten und Moral: Die Grenzen der Quantifizierung bei Bewertung biologischer Vielfalt. In: Wilson, E. O. (Hrsg.): Ende der biologischen Vielfalt? Heidelberg: Spektrum

Novak, J. D. (1990a): Concept mapping: a useful tool for science education. Journal of Research in Science Teaching 27, 937–949

Novak, J. D. (1990b): Concept maps and Vee diagramms: two metacognitive tools to facilitate meaningful learning. Instructional Science 19, 29–52

Nowak, R. & Hoffmann, G. (2003): Genetik, Gentechnik, Gen-Ethik. Von der Stammbaumanalyse bis zur Stammzellforschung. Lichtenäu-Scherzheim: AOL-Verlag

Nultsch, W. (2001): Allgemeine Botanik. Stuttgart: Thieme

OBIS (Outdoor Biology Instructional Strategies 1981): Unterrichtswerk f. Biologie im Freien. Lawrence Hall of Science University of California, Berkeley. Nashua: Delta Education Oblinger, H. (1968): Naturkundeunterricht – biologisch betrieben. In: Bl. f. Lehrerfortb. 20, H. 1, 1–16

OECD (2005): Definition und Auswahl von Schlüsselkompetenzen. (http://www.oecd.org/dataoecd/36/56/ 35693281.pdf)

Oehmig, B. (1990): Die Rolle biologischer Fachausdrücke für die Verständlichkeit von Schulbuchtexten – Ergebnisse einer empirischen Untersuchung. In: Killermann, W. & Staeck, L. (Hrsg.): Methoden des Biologieunterrichts. Köln: Aulis, 291–295
Ohnesorge, G., Scheiba, B. & Uhlenhaut, K. (1995): Tierspuren und Fährten in Feld und Wald. Augsburg: Naturbuch-Verlag
Osche, G. (1975): Die vergleichende Biologie und die Beherrschung der Mannigfaltigkeit. Biologie in unserer Zeit 5 (5), 139–146
Osche, G. (1981): Ökologie (studio visuell). Freiburg: Herder
Pant H. A. & Stanat P. (2013): Qualitätssicherung durch kompetenzorientierte Bildungsstandards im allgemeinbildenden Schulsystem. BiBB. BWP 2/2013. Netzpublikation, archiviert bei der Deutschen Nationalbibliothek, URN: urn:nbn:de:0035-bwp-13206-4
PdN Biologie (1993): Unterricht im Botanischen Garten. H. 4/Jg. 42, Köln: Aulis
Penzlin, H. (1994): „Leben" – was heißt das? In: Biologen in unserer Zeit. VdBiol 6/94, 81–86
Penzlin, H. (2007): Biologie: Eine autonome Wissenschaft. In: biologen heute. Mitt. VBIO, H 4/07, 6–13
Peterßen, W. H. (2015): Einführung in die Schulpädagogik und die Unterrichtsplanung; Hamburg: AAP Lehrerfachverlage GmbH
Pfligersdorffer, G. (1988): Ein Konzept zur methodisch-didaktischen Gestaltung von Freilandunterricht. In: PdNBiol 8, 35–37
Pinter, J. (2003): Einflüsse der christlichen Bioethik auf die deutsche Humangenetik-Debatte. Münster: LIT Verlag
Piaget, J. (1972): Theorien und Methoden der modernen Erziehung. Wien: Molden
Plattner, H. & Hentschel, J. (2002): Taschenbuch der Zellbiologie. Stuttgart: Thieme
Platzer, K. (2001): Ethische Urteilsbildung im Kontext moderner Technologien: Zum Beispiel Biotechnologie und Gentechnik. In: Bayrhuber, H. et al. (Hrsg.): Biowissenschaften in Schule und Öffentlichkeit. Kiel: IPN
Pondorf, P. (1998): Computereinsatz im Biologieunterricht der Realschule – Untersuchungen zu kognitiven und affektiven Aspekten. (Diss.) In: Killermann, W. (Hrsg.): Münchner Schriften zur Didaktik der Biologie. Bd. 11, Herdecke: GCA
Popper, K. (1998): Objektive Erkenntnis. 4. Aufl., Hamburg: Hoffmann & Campe
Prenzel, M. (1995): Zum Lernen bewegen. Blick in die Wissenschaft. Forschungsmagazin der Universität Regensburg, H. 7, 4. Jg., 58–66
Prenzel, M. & Lankes, E.-M. (1995): Anregungen aus der pädagogischen Interessenforschung. Grundschule 6, 12–13
Prenzel, M. (1997): Situiertes Lernen. Möglichkeiten im Unterricht. In: Bayerhuber, H. et al. (Hrsg.): Biologieunterricht und Lebenswirklichkeit. Kiel: IPN
Prenzel, M. (1998): Stärkung der mathematisch-naturwissenschaftlichen Kompetenz. schulreport 2, Bayer. Staatsmin. UKWK
Prenzel, M. (2003): Lernformen und Theorien des Lernens im Überblick. Vorlesungsskript, Kiel: IPN
Prenzel, M. (2004): Aus Schwächen lernen: Befunde aus TIMSS und PISA zum naturwissenschaftlichen Unterricht. In: Looß, M. e.a. (Hg.): Naturwissenschaftlich⊠technischer Unterricht auf dem Weg in die Zukunft. Frankfurt am Main
Priebe, B., Israel, G. & Hurrelmann, K. (Hrsg.) (1993): Gesunde Schule. Weinheim, Basel: Beltz
Probst, W. (1983): Das Experiment als ein Grundelement naturwissenschaftlicher und schülergemäßer Erkenntnisgewinnung im Biologieunterricht der Hauptschule. In: Bl. f. Lehrerfortb. 35, H. 4, 146ff.
Probst, W. (1995): Vom Naturerlebnis zur Formenkenntnis. In: Mayer, J. (Hrsg.): Vielfalt begreifen – Wege zur Formenkunde. Kiel: IPN
Raem, A. M., Braun, R. W. & Fenger, H. u. a. (Hrsg.) (2000): GenMedizin. Eine Bestandsaufnahme. Berlin, Heidelberg: Springer

Rausch, M. (2000): Unterrichtsideen mit dem Internet. Teil 3: DNA im Internet. In: PdN. – Biol. 49, H. 7, 29–33
Regenass-Klotz, M. (2005): Grundzüge der Gentechnik. 3. erw. Aufl., Basel, Boston, Berlin: Birkhäuser
Renkl, A. (1996): Träges Wissen: Wenn Erlerntes nicht genutzt wird. Psychologische Rund schau 47, 78–92
Resnik, L. B. (1989): Introduction. In: Resnik, L. B. (Edr.): Knowing, Learning, and Instruction. Hillsdale, N. J.: Erlbaum, 1–24
Richter R. (2007): Biologieunterricht im Umbruch. Unterricht Biologie 328 / 11, S. 2 ff., Seelze: Friedrich
Richtlinien für die Volksschulen in Bayern 1966, 1. mit 9. Schülerjahrgang. München: Maiß 1971
Rieger, W. (1995): Das Mikroskop als Arbeitsmittel im Biologieunterricht der Hauptschule und sein Einfluss auf Lernerfolg und Motivation. (Diss.) Institut für die Didaktik der Biologie Univ. München. Münchener Schriften zur Didaktik der Biologie, Bd. 10
Rink, G. (1996): Umweltpädagogik als Element einer Erziehung zur Emanzipation. Biologie in der Schule 45 / 3, 134–144
Robinsohn, S. B. (1967,1981): Bildungsreform als Revision des Curriculums. Neuwied: Luchterhand
Rödler, P. (2011): Bildungsstandards und Kompetenzmodelle. In: Astrid Kaiser, Ditmar Schmetz, Peter Wachtel und Birgit Werner (Hg.): Didaktik und Unterricht. Behinderung, Bildung, Partizipation – Enzyklopädisches Handbuch der Behindertenpädagogik Bd. IV. Stuttgart: Kohlhammer, S. 297–303
Röpke, R. (1990): Messen und Experimentieren. Anleitungen und Versuche zur biologischen Messwerterfassung. Bonn: Dümmler
Rolletschek, H. (2001): Einfluss von Fernsehsendungen mit biologischem Inhalt auf Wissen und Einstellungen von Grundschülern der 3. und 4. Jahrgangsstufen. Diss. der Fakultät für Biologie der LMU München. In: Killermann, W. (Hrsg.): Münchner Schriften zur Didaktik der Biologie. Bd. 15, Herdecke: CGA
Rolletschek, H. (2004): Lernen mit Löwenzahn? Untersuchung zum Einfluss einer Sendung auf Wissen und Einstellungen von Grundschülern. In: Televizion – Zeitschrift des Internationalen Zentralinstituts für das Jugend- und Bildungsfernsehen (IZI) 17 / 2004 / 1, München: Selbstverlag (Bayerischer Rundfunk)
Rost, J., Prenzel, M., Carstensen, C. H., Senkbeil, M., & Groß, K. (2004): Naturwissenschaftliche Bildung in Deutschland. Methoden und Ergebnisse von PISA 2000. Wiesbaden: Verlag für Sozialwissenschaften
Roth, G. (2001): Das Gehirn und seine Wirklichkeit. Kognitive Neurobiologie und ihre philosophischen Konsequenzen. 6. Aufl., Frankfurt a. M.: Suhrkamp
Roth, H. (1983): Pädagogische Psychologie des Lehrens und Lernens. 16. Aufl., Hannover: Schroedel
Rottländer, E. (2000): „Neue“ Medien im Biologieunterricht. In: Praxis der Naturwissenschaften-Biologie 1 / 49. Jahrgang 2000, Köln: Aulis Verlag Deubner & Co KG, 1–4
Rüther, F. & Stephan-Brameyer, B. (1984): Die Beobachtung im Biologieunterricht der Sekundarstufe I. Empirische Untersuchungen zur Effektivität vergleichender und monographischer Verfahren. In: Hedewig, R. & Staeck, L.: Biologieunterricht in der Diskussion. Köln: Aulis, 96–113
Rüther, F. (1988): Angepasstheit bei Tieren. In: UB, H. 133, 4–12
Rüther, F. (1992): Angepasstheit von Pflanzen. In: UB, H. 173, 4–13
Runtenberg, Ch. (1997): Leitideen eines Unterrichts über ethische Probleme der Gentechnik aus der Sicht der Philosophie. In: Bayrhuber, H. et al. (Hrsg.): Biologieunterricht und Lebenswirklichkeit. Kiel: IPN

Runtenberg, Ch. (2001): Kompetenzförderung im Unterricht über ethische Probleme der genetischen Frühdiagnostik. In: Bayrhuber, H. et al. (Hrsg.): Biowissenschaften in Schule und Öffentlichkeit. Kiel: IPN

Ruppert, W. (2002): Handlungsorientierung im Biologieunterricht. UB 273, 26. Jg., 4–10

Ryman, D. (1984): Childrens' Understanding of the Classification of Living Organisms. Journal of Biological Education 8, 140–144

Sander, E. (2003a): Harmonisch-stabile oder „fließende" Natur? Zum Naturverständnis in der Ökologie bei Schülerinnen und Schülern. In: Vogt, Krüger & Unterbruner (Hrsg.): Erkenntnisweg, Biologiedidaktik. Salzburg: VdBiol, 83–40

Sander, E. (2003b): Deskriptive und normative Elemente im Naturverständnis von Lernenden – Eine Untersuchung vor dem Hintergrund des Perspektivenwechsels in Ökologie und Naturschutz. In: Bauer, A. et al. (Hrsg.): Entwicklung von Wissen und Kompetenzen im Biologieunterricht. IPN Berlin: VdBiol-Tagung, 183–186

Sandrock, F. (1992): Hummeln, Wespen, Hornissen. UB 174, 16. Jg., 4–13

Schaefer, G. (1992): Begriffsforschung als Mittel der Unterrichtsgestaltung. In: Entrich, H. & Staeck, L. (Hrsg.): Sprache und Verstehen im Biologieunterricht. Alsbach: Leuchtturm

Schaefer, M. (2003): Wörterbuch der Ökologie. Berlin: Spektrum

Schauer, T. & Caspari C. (2015): Der illustrierte BLV-Pflanzenführer für unterwegs. 7. Aufl., München: BLV

von Schell, T. & Mohr, H. (Hrsg.) (1995): Biotechnologie / Gentechnik – eine Chance für neue Industrie. Heidelberg: Springer Schenkel, J. (1995): Transgene Tiere. Labor im Focus. Berlin: Spektrum

Scherf, G. (1986): Die Bedeutung pflanzlicher Formenkenntnisse für eine schützende Einstellung gegenüber Pflanzen und zur Methodik formenkundlichen Unterrichts. In: Killermann, W. (Hrsg.): Münchner Schriften zur Didaktik der Biologie. Bd. 3, München

Scherzer, H. (1930): Lebensvoller Naturkundeunterricht. H. 7, Ansbach: Prögel Scheuerl, H. (1969): Die exemplarische Lehre. 3. Aufl., Tübingen: Niemeyer Schickor, H. (2001): Arbeit mit dem bzw. im Internet. In: MNU 54, 51–52

Schiefele, U. & Köller, O. (2001): Intrinsische und extrinsische Motivation. In: Rost, D.H. (Hrsg.): Handwörterbuch Pädagogische Psychologie. Weinheim: Psychologie-Verlags-Union

Schießl, O. (1995): Was ist neu am neuen Lehrplan? In: Staatsinstitut für Schulpädagogik und Bildungsforschung (Hrsg.): Der Bildungs- und Erziehungsauftrag der Schule – Handreichung zu den neuen Lehrplänen für bayer. Schulen, München

Schlüter, K. (2000): Zwei Fallstudien zur Gentechnik und ihre Wirkung. In: Bayrhuber, H. & Unterbrunner, U. (Hrsg.): Lehren und Lernen im Biologieunterricht. Innsbruck: Studienverlag

Schlüter, K. (2002): Umsetzung von Umweltbildungskonzepten in der Lehramtsausbildung. Lehr- und Lernforschung in der Biologiedidaktik, Bd. 1, 201–214 (Hrsg. Klee, R. & Bayrhuber, H.). Innsbruck: Studienverlag

Schmeil, O. (1896): Über die Reformbestrebungen auf dem Gebiet des naturwissenschaftlichen Unterrichts. Stuttgart: Nägele. Neuauflage: Donauwörth 1976

Schmeil O. (1965): Pflanzenkunde. 186. unveränderte Auflage bearb. von Koch, H. Ausgabe in 2 Bänden, Heidelberg: Quelle & Meyer

Schmid, B. & Killermann, W. (1984): Empirische Untersuchungen zu Unterrichtsverfahren des Faches Biologie, speziell zum Medieneinsatz. In: Hedewig, R. & Staeck, L. (Hrsg.): Sprache und Verstehen im Biologieunterricht, 114–116

Schmid, B. (1988): Untersuchungen zum Einfluß biologischer Unterrichtsfilme auf den Lernerfolg: Empirische Arbeiten in der gymnasialen Unter- und Mittelstufe zum Einsatz von Super-8-Kurzfilmen. Diss. der Fakultät für Biologie der Universität München 1987. In: Killermann, W. (Hrsg.): Münchner Schriften zur Didaktik der Biologie. Bd. 5., München

Schmidt, E. G. (1992): Systemimmanente Grenzen exakter Begriffsbestimmungen. In: Entrich, H. & Staeck, L. (Hrsg.): Sprache und Verstehen im Biologieunterricht. Alsbach: Leuchtturm
Schmitt, C. (1926): Heraus aus der Schulstube! Naturgeschichte im Freien. 4. Aufl., Langensalza: Beltz
Schneider, V. (1994): Gesundheitsförderung auf neuen Wegen. Von der Vermeidung der Risikofaktoren zu Förderung von Gesundheitsfaktoren. In: Bayrhuber, H. et al. (Hrsg.): Interdisziplinäre Themenbereiche und Projekte im Biologieunterricht. Kiel: IPN, 95–99
Scholpp, H. (2004): Das Sehen als Medium menschlicher Bildungsprozesse. München: Utz
Sehrbrock, P. (1995): Freiarbeit in der Sekundarstufe I. Frankfurt a. M.: Cornelsen Scriptor
Seitz, M. & Hallwachs, U. (2002): Montessori oder Waldorf? München: Kösel
Sennebogen, S. & Neuhaus. B. J. (2012): Wann wird Gruppenarbeit zu guter Gruppenarbeit? MNU, 65 (5), 260 – 266
Shulman, L. (1987): Knowledge and Teaching: Foundations of the New Reform. Havard Educational Review, 57, 1-22
Siemens, H. W. (1930,1952): Grundzüge der Vererbungslehre, Rassenhygiene und Bevölkerungspolitik (für Gebildete aller Berufe). 13. Aufl., München: J. F. Lehmann
Simpson, G. (1969): Verhalten und Evolution. In: Roe & Simpson (Hrsg.): Evolution und Verhalten. Frankfurt a. M.: Suhrkamp
Singer, W. (2003a): Hirnentwicklung – neuronale Plastizität – Lernen. In: Klinke, R. & Silbernagl, S. (Hrsg.): Lehrbuch der Physiologie. 4. Aufl., Stuttgart: Thieme
Söllner, H. (1982): Strategien der Drogenprävention. In: Händel, J. (Hrsg.): Drogen und Drogenprävention. Schriftenreihe Biologie des VdBiol, Landesverband Bayern, Bd. 5, Erlangen, 19–34
Spitzer, M. (2003): Lernen. Gehirnforschung und die Schule des Lebens. Korr. Nachdruck, Berlin: Spektrum, Akad. Verlag
Spohn M. (2011): Kosmos Baumführer, 1. Aufl., Stuttgart: Kosmos
Spohn, M, Golte-Bechle & Spohn R. (2015): Was blüht denn da?. 8. Aufl., Stuttgart: Kosmos
Staeck, L. (1998): Zeitgemäßer Biologieunterricht. 5. Aufl., Berlin: Cornelsen
Stahl-Schnitzler, S. (1988): Förderung der Artenkenntnis im Biologieunterricht. In: paed KEG. Beiträge für Studenten und Junglehrer Nr. 2 / 88; Beilage zu „Christ und Bildung". Buchloe
Stangl, A. (1999): Entwicklung, Einsatz und Evaluation eines multimedialen, interaktiven In-ormationssystems. (Diss.) In: Killermann, W. (Hrsg.): Münchner Schriften zur Didaktik der Biologie. Band 12, München
Starosta, B. (1990): Erkundung der belebten Natur durch Schüler nach dem Prinzip des entdeckenden Lernens. Didaktische Konzepte und Ergebnisse einer empirischen Untersuchung. In: Killermann, W. & Staeck, L. (Hrsg.): Methoden des Biologieunterrichts. Köln: Aulis 1990, 296–298 u. 316–326
Starosta, B. (1991): Empirische Untersuchung zur Methodik des gelenkt entdeckenden Lernens in der freien Natur und über den Einfluss der Unterrichtsform auf kognitiven Lernerfolg und Interesse für biologische Sachverhalte. MNU 47, H. 7, 422–431
Starosta, B. (1992): Was erwarten Jugendliche von der Sexualerziehung in der Schule? Ergebnisse einer Befragung an bayerischen Gymnasien, Heft 3 der Beiträge zur Sexualwissenschaft und Sexualpädagogik (Hrsg. Kluge, N. & Daumenlang, K., Universität Koblenz-Landau 1992)
Starosta, B. & Kirchhöfer, R. (1994): Projektorientierter Unterricht mit formenkundlichen Übungen in der Grundschule – ausgeführt am Beispiel Getreide in einer 3. Jahrgangsstufe. In: Bayrhuber, H. et al. (Hrsg.): Interdisziplinäre Themenbereiche und Projekte im Biologieunterricht. Kiel: IPN, 411–415

Starosta, B. & Goller, H. (2002): Erwerb von Formenkenntnissen unter situierten Lernbedingungen im Biologieunterricht. In: Klee, R. & Bayrhuber, H. (Hrsg.): Lehr- und Lernforschung in der Biologiedidaktik. Innsbruck: Studienverlag
Steinbuch, K. (1977): Denken in Modellen. In: Schaefer, G., Trommer, G. & Wenk, G. (Hrsg.): Denken in Modellen. Braunschweig: Westermann
Stephan-Brameyer, B. (1985): Die „Beobachtung" im Biologieunterricht der Sekundarstufe I. Empirische Untersuchungen zur Effektivität vergleichender und monographischer Verfahren. Dissertation Univ. Bonn
Stichmann, W. (1973): Biologie. 2. Aufl., Düsseldorf: Schwann
Stichmann, W. & Stichmann-Marny, U. (1992): Pflanzenkenntnis durch Anschauung und Stützwissen. UB 16. Jg., 176, 18–21
Storrer, J. & Arend, D. (1984): Einsatz von Dia- und Overheadprojektoren im experimentellen Biologieunterricht II. In: PdN-B 33, H. 8, 249–253
Strasburger, E. (2002): Lehrbuch der Botanik. Neubearbeitung v. Sitte P., Weiler E. W., Kadereit J. W., Bresinsky A., Körner C. 35. Aufl., Heidelberg, Berlin: Spektrum, Akad. Verlag
Sturm, H. (1982): Formenkenntnis. UB 6, H. 68, 2–13
Suwelack W. (2010): Lehren und Lernen im kompetenzorientierten Unterricht; in: MNU 63/3, S. 176-182, Neuss: Seeberger
Tamir, P. (1985): Interest in learning about plants and animals. In: Lehrke, M. et al. (Hrsg.): Interests in Science and Technology Education. Kiel: IPN
Tausch, A.-M. & Tausch, R. (1973): Erziehungspsychologie. Psychologische Prozesse in Erziehung und Unterricht. 7. Aufl., Göttingen: Hogrefe
Terhart, E. (1999): Konstruktivismus und Unterricht. In: Zeitschrift für Pädagogik 45, 629–647
Terhart, E. (2000): Perspektiven der Lehrerbildung in Deutschland. Weinheim: Beltz
Teutloff, G. (1994): Natur- und Umweltfilme. In: UB 18, H. 192, 4–13
Teutloff, G. (1991): Schulgärten erhalten! In: Biologie in der Schule 40, H. 5, 182–184
Theiss, H. & Hügel, B. (1996): Experimente zur Entwicklungsbiologie der Pflanzen – Phytohormone. Biolog. Arbeitsbücher Nr. 54. Wiesbaden: Quelle & Meyer
Thews, G., Mutschler, E. & Vaupel, P. (1999): Anatomie, Physiologie, Pathophysiologie des Menschen. 5. Aufl., Stuttgart: Wiss. Verlagsgesellschaft.
Timmermann, J. (1978): Geschichte des Biologieunterrichts und der Biologiedidaktik. In: Killermann, W. & Klautke, S.: Fachdidaktische Studien in der Lehrerbildung – Biologie. München: Oldenbourg
Todt, E. (1985): Die Bedeutung der Schule für die Entwicklung der Interessen von Kindern und Jugendlichen. In: Unterrichtswissenschaft, H. 4, 362–376
Todt, E. (1995): Entwicklung des Interesses. In: Hetzer, H. (Hrsg.): Angewandte Entwicklungspsychologie des Kindes- und Jugendalters. 3. Aufl., Heidelberg: Quelle & Meyer
Todt, E. & Götz, C. (1997): Interessen und Einstellungen Jugendlicher gegenüber der Gentechnologie. In: Bayrhuber, H. et al. (Hrsg.): Biologieunterricht und Lebenswirklichkeit. Kiel: IPN
Todt, E. & Götz, C. (1998): Interesse von Jugendlichen an der Gentechnologie. ZfDN, Jg. 4, H. 1, 3.12
Townsend, C. R., Harper, J. L. & Begon, M. E. (2003): Ökologie. Berlin, Heidelberg: Springer
Traub, S. (2000): Schrittweise zur erfolgreichen Freiarbeit. Bad Heilbrunn: Klinkhardt
Trommer, G. (1991): Naturerleben – ein naturwissenschaftlich unmöglicher aber notwendiger Begriff für Umweltbildung. In: Homfeldt, H.-G. (Hrsg.): Erziehung und Gesundheit. 2. Aufl., Weinheim: Deutscher Studienverlag
Trowbridge, J. E. & Mintzes, J. J. (1985): Student's Alternative Conceptions of Animals and Animal Classification. School Science and Mathematics, Vol. 85, 304–316
Trowbridge, J. E. & Mintzes, J. J. (1988): Alternative conceptions in animal classification: a cross-age study. Journal of Research in Science Teaching, Vol. 25, 547–571

Uhlig, A., Baer, H.-W. & Dietrich, G. u.a. (1962): Didaktik des Biologieunterrichts. Berlin: Deutscher Verlag der Wissenschaften
Uihlein, A. (1998): Untersuchungen zum Begriffslernen von Schülern der Sekundarstufe I im Biologieunterricht. In: Bayrhuber, H. et al. (Hrsg.): Biologie und Bildung. Kiel: IPN
Unterbruner, U. (1988): No future – Future? Über den Umgang mit (Zukunfts-)Ängsten in der Umwelterziehung. In: Hedewig, R. & Stichmann, W. (Hrsg.): Biologieunterricht und Ethik. Köln: Aulis
Unterricht Biologie (1990): Botanischer Garten. H. 156, 14. Jg., Seelze: Friedrich
Urhahne, D. et al. (2003): Quantitative u. qualitative Evaluation des instruktionalen Designs eines Informationssystems zur Biodiversität. In: Bauer, A. et al. (Hrsg.): Entwicklung von Wissen und Kompetenzen. VdBiol. Kiel: IPN
Valtl, K. (1994): Warum überhaupt Sexualerziehung in der Schule? In: Sielert, U.: Expertise zur Weiterentwicklung des Rahmenkonzepts für die schulische Sexualerziehung, erstellt für das Landesinstitut für Schule und Weiterbildung. Soest: Eigenverlag des Landesinstituts, 5–9
Valtl, K. (1998): Sexualpädagogik in der Schule. Didaktische Analysen und Materialien für die Praxis. Primar- und Sekundarstufe. Weinheim: Beltz
Viehbahn, W. (1976): Modell und Biologieunterricht (I, II, III). In: BioS 25 (1976), H. 1, 1–8, H. 2/3, 74–83, H. 5, 196–205 u. 224
Vogt, H. (1998): Zusammenhang zwischen Biologieunterricht und Genese von biologieorientiertem Interesse. In: ZfDN, Jg. 4, H. 1, 13–27
Vollmer, G. (1986/88): Was können wir wissen? Bd. 1 und 2. Stuttgart: Hirzel
Vollmer, G. (1990): Evolutionäre Erkenntnistheorie. Stuttgart: Hirzel
Vollmer, G. (1994): Teleologie – Teleonomie. In: Herder Lexikon der Biologie. Heidelberg: Spektrum, Akadem. Verlag
Wadouh, J., Sandmann, A. & Neuhaus, B. (2009): Vernetzung im Biologieunterricht – deskriptive Befunde einer Videostudie. ZfDN 15, 69–87
Wällisch, J. & Schneuwly, S. (2003): Erstellen und Optimieren eines Kursprogrammes für das „Regensburger Experimentierlabor". Zulassungsarbeit am LS für Entwicklungsbiologie (Prof. Schneuwly) der Universität Regensburg
Wagenschein, M. (1962): Erwägungen über das exemplarische Prinzip im Biologieunterricht. In: MNU 14, H. 1, 1–9
Wagenschein M. (1964): Zum Problem des genetischen Lernens. In: Fritz u.a. (Hrsg.): Zeitschrift für Pädagogik. 1964, 10. Jahrgang, Weinheim, 308
Wagenschein, M. (1966): Zum Problem des genetischen Lernens, aufgenommen in: Verstehen lernen 1991
Wagenschein, M. (1966b): Zum Begriff des Exemplarischen Lehrens. Weinheim: Beltz
Wagenschein, M. (1970a): Ursprüngliches Verstehen und exaktes Denken. Bd. I. Stuttgart: Klett
Wagenschein, M. (1970b): Ursprüngliches Verstehen und exaktes Denken. Bd. II. Stuttgart: Klett
Wagenschein, M. (1970c): Verstehen lehren. Weinheim: Beltz
Wagenschein, M. (1997): Verstehen lehren: genetisch – sokratisch – exemplarisch. 11. Aufl., Weinheim: Beltz
Wagenschein, M. (2003): Kinder auf dem Wege zur Physik. Neuausgabe Weinheim, Basel: Beltz
Wallrabenstein, W. (2001): Offene Schule – Offener Unterricht. 9. Aufl., Reinbeck b. Hamburg: Rowohlt
Wandersee, J. H. (1986): Plants or animals – which do junior high school students prefer to study? J. of Research in Science Teaching 23, 415–426
Watson, J. D. (1997): Die Doppelhelix. Reinbek b. Hamburg: Rowohlt

Weber Boris (2010): Filme im Biologieunterricht. Wissenschaftliche Hausarbeit zur Ersten Staatsprüfung für das Lehramt an Haupt- und Realschulen. Abteilung Biologiedidaktik der Universität Kassel. Eine Studie zu Einsatzmöglichkeiten von Filmen im Unterricht und zur Gestaltung von Unterrichtsssequenzen mithilfe von Foto- und Videohandys
Weber, H. E. (1976): Das Problem der didaktischen Reduktion im Biologieunterricht. In: BU 12 (1976), H. 3, 4–26
Weber, U. (Hrsg.) (2001): Biologie Oberstufe. Berlin: Cornelsen
Weber, W. (1992): Das Biologie-Schulbuch in der Unterrichtspraxis. Ergebnisse einer Lehrerbefragung. PdNBio 4/41, 44–46
Wedekind, J. (1990): Computer im Biologieunterricht. In: Biologie Heute (VDBiol Mitteilungen), Nr. 377, 1–6
Wehner, R. & Gehring, W. (1995): Zoologie. Stuttgart: Thieme
Weigelt, Ch. (1990): Bio-Net – Eine Initiative des VdBiol. In: Biologie Heute Nr. 379, 1–3
Weinert, F. E. (1996 a): Lerntheorien und Instruktionsmodelle. In: Weinert, F. E. (Hrsg.): Psychologie des Lernens und der Instruktion. Bd. 2, Göttingen: Hogrefe
Weinert, F. E. (1996 b): Für und Wider die „neuen Lerntheorien“ als Grundlagen pädagogisch-psychologischer Forschung. In: Zeitschrift f. Pädagog. Psychologie, 1, 1–12
Weinert, F. E.: (1998): Lehrerkompetenz als Schlüssel der inneren Schulreform. schulreport 2, Bayer. Staatsmin. UKWK
Weinert, F. E. (2000): Lehren und Lernen für die Zukunft. Ansprüche an das Lernen in der Schule, in: Pädagogische Nachrichten Rheinland-Pfalz, 2, 1-16
Weinert, F. E. (2001): Vergleichende Leistungsmessung in Schulen – eine umstrittene Selbstverständlichkeit. In: Weinert F. E. (Hrsg.): Leistungsmessung in Schulen. Weinheim 2001
Wellinghorst, R. (1993): Wirbellose Tiere des Süßwassers. Seelze: Friedrich
Wellnitz, N. & Mayer, J. (2012): Beobachten, Vergleichen und Experimentieren: Wege der Erkenntnisgewinnung. In: Harms, U. & Bogner, F. X. (Hrsg.): Lehr- und Lernforschung in der Biologiedidaktik, Bd. 5. Innsbruck: Studienverlag
Wengler, S. (1994): Naturerfahrungsspiele – Möglichkeiten und praktische Erfahrungen. Schriftl. Hausarbeit am Institut f. Didaktik der Biologie. Universität München
Wenk, K. & Trommer, G. (Hrsg.) (1978): Unterrichten mit Modellen. Leitthemen 2/78, Köln: Aulis
Wiater, W. (1991): Die Sachen klären, die Menschen stärken. Die Funktion der Sachanalyse bei der Unterrichtsplanung. Pädagogische Welt 10/91, Donauwörth: Auer
Wilde, M. & Klautke, S. (2003): Lernen im Naturkundemuseum – Konstruktion od. Instruktion. In: Bauer et al. (Hrsg.): Entwicklung von Wissen u. Kompetenzen im Biologieunterricht. VdBiol-Tagung Berlin. Kiel: IPN
Wilde, M. (2004): Biologieunterricht im Naturkundemuseum im Spannungsfeld zwischen Instruktion und Konstruktion. Eine empirische Untersuchung zu kognitiven und affektiven Lerneffekten. Diss. Universität Bayreuth
Willi, F. (1960): Natur als Heimat – Naturkundliches Arbeitsbuch, Teil I, 5. und 6., Teil II, 7. u. 8. Schuljahr. Donauwörth: Auer
Wilmes, A. (1993): Biologische Untersuchungsmethoden. In: PdN-B 42 (1993), H. 4, 39–42
Wilson, E. O. (1992): Ende der biologischen Vielfalt? Heidelberg: Spektrum
Winde, P. (1977): Die Black-Box-Methode. In: Schaefer, G., Trommer, G. & Wenk, G. (Hrsg.): Denken in Modellen. Braunschweig: Westermann, 122–139
Windisch, A. (2000): Geschlechtserziehung in der Grundschule. Leipzig, Stuttgart, Düsseldorf: Klett
Winkel, G. et al. (Hrsg.) (1997): Das Schulgarten-Handbuch. Seelze: Kallermeyersche
Wisniewski, H. (1994): Einsatzmöglichkeiten, kognitive Effizienz und emotionale Wirkung ausgewählter Schulfernsehsendungen im Biologieunterricht der Realschule. Diss. d. Fa-

kultät für Biologie der Universität München 1994. In: Killermann, W. (Hrsg.): Münchner Schriften zur Didaktik der Biologie. Bd. 9, München

Wittig, R. & Streit, B. (2004): Ökologie. UTB basics, Stuttgart: Ulmer

Wüsten, S., Schmelzing, S., Sandmann, A. & Neuhaus, B. J. (2010): Fachspezifische Qualitätsmerkmale von Biologieunterricht. In: Harms, U. & Mackensen-Friedrichs, J. (Hrsg.): Lehr- und Lernforschung in der Biologiedidaktik, Bd. 4. Innsbruck: Studienverlag

Wuketits, F. M. (1982): Biophilosophie heute – Argumente, Probleme, Perspektiven. MNU, 35. Jg., H. 2

Zabel, E. (1995): Vermittlung von Sippen- (Formen-)kenntnissen in einem allgemein biologisch orientierten Unterricht. In: Mayer, J. (Hrsg.): Vielfalt begreifen – Wege zur Formenkunde. Kiel: IPN

Zimmerli, E. (1980): Freilandlabor Natur. Zürich: WWF

Zimmermann, H. D. (Hrsg.) (1994): Akademie für Lehrerfortbildung Dillingen. Freies Arbeiten. Donauwörth: Auer

Sachregister